btb

Alexej Rakitin

# Die Toten vom Djatlow-Pass

## Eines der letzten Geheimnisse des Kalten Krieges

Aus dem Russischen
von Kerstin Monschein

btb

Die Originalausgabe erschien unter dem russischen Originaltitel *Pereval Dyatlova (Перевал Дятлова)* bei Кабинетный ученый.
Die Übersetzung bezieht sich auf die 2., korrigierte und ergänzte Ausgabe des Originals, Moskau/Jekaterinburg, 2014.

Penguin Random House Verlagsgruppe FSC® N001967

4. Auflage
Deutsche Erstausgabe Oktober 2018

Lektorat: Marion Voigt
Umschlaggestaltung: semper smile, München
Umschlagmotiv: © all photos by courtesy of Alexej Rakitin and
The Dyatlov's Group Memorial Foundation (Jekaterinburg).
Satz: Uhl + Massopust, Aalen
Druck und Einband: CPI books GmbH, Leck
SK · Herstellung: sc
ISBN 978-3-442-71604-3

www.btb-verlag.de
www.facebook.com/btbverlag

# INHALT

# EINFÜHRUNG

Diese Geschichte heizt die Fantasie seit Jahrzehnten an. Über sie wurden Bücher geschrieben, Filme gedreht, ihr sind Tausende Beiträge in Internetforen und Blogs gewidmet. Verschiedene Autoren stellten im Lauf der Jahre über 20 mehr oder weniger anerkannte und glaubwürdige Theorien auf, um die seltsamen und widersprüchlichen Ereignisse in das Prokrustesbett ihrer eigenen Logik hineinzuzwängen, wobei sie Unpassendes wegließen und ihrer Meinung nach Notwendiges ergänzten. Doch die Ereignisse am Abend des 1. Februar 1959 am Hang des Bergs Cholat Sjachl im nördlichen Ural entzogen sich der wahrheitsgetreuen Wiedergabe, und so wird es wohl bleiben.

In diesem Buch sollen alle Informationen analysiert werden, die sich bis zum Jahr 2014 über den rätselhaften Tod der Wanderer aus Swerdlowsk, dem heutigen Jekaterinburg, im Winter 1959 auf dem Djatlow-Pass angesammelt haben. Ruhig und ausgewogen werden die wichtigsten Theorien über die Vorfälle untersucht, die Handlungen der an der Tragödie Beteiligten rekonstruiert und so genau wie möglich die Logik, die kausalen Zusammenhänge und die gegenseitige Bedingtheit der widersprüchlich erscheinenden Ereignisse erklärt. Dabei kommt der Autor den Schuldigen sehr nahe.

Ihre Namen können jedoch nicht genannt werden. Warum – das ergibt sich aus der Lektüre.

Die Leser sind eingeladen, dem Autor auf seiner Spurensuche zu folgen.

# 1. KAPITEL

## DIE WANDERUNG. TEILNEHMER UND ABLAUF

Am 23. Januar 1959 brach aus Swerdlowsk eine Gruppe von zehn Wanderern auf. Sie wollten eine Skitour des dritten Schwierigkeitsgrads (damals der höchste) durch die Wälder und Berge des nördlichen Urals unternehmen. In 16 Tagen mussten sie auf Ski mindestens 350 Kilometer überwinden und den Aufstieg auf die Berge Otorten und Ojko-Tschakur bewältigen. Veranstaltet wurde die Tour von der Wanderabteilung des Sportklubs des Polytechnischen Instituts des Urals (UPI) anlässlich des bevorstehenden 21. Parteitags der KPdSU*, wobei von den zehn Wanderern vier keine Studenten waren. Hier die einzelnen Mitglieder der Gruppe:

1. Igor Alexejewitsch Djatlow, geboren 1937, Leiter der Gruppe, Student im fünften Studienjahr an der Fakultät für Funktechnik des UPI, war ein hochgebildeter Experte und zweifellos talentierter Ingenieur. Nach ihm wurde der Gebirgspass, an dem sich das Unglück ereignete, später benannt. Bereits im zweiten Studienjahr entwickelte und baute Igor UKW-Funkgeräte, die 1956 für die Kommunikation zweier Gruppen während einer Wanderung durch das Sajangebirge verwendet wurden. Er erfand einen Mini-Ofen, der in Wanderungen 1958 und 1959 erfolgreich zum Einsatz kam. Igor Djatlow erhielt das Angebot, nach seinem Studienabschluss am UPI zu bleiben, um weiter wissenschaftlich zu arbeiten, und bekam Anfang 1959 eine Assistentenstelle an einem der Lehrstühle.

---

* Kommunistische Partei der Sowjetunion

Igor Djatlow, 1958

Djatlow verfügte über große Erfahrung mit langen Touren verschiedener Schwierigkeitsgrade und galt als einer der besten Sportler unter den Mitgliedern der Wanderabteilung des UPI-Sportklubs. Igors Bekannte bezeichneten ihn als ernsten Menschen, der nicht zu überstürzten Entscheidungen neigte und bedächtig handelte (allerdings in dem Sinn, dass er alles ohne Hast schaffte). Djatlow war für die Route der Wanderung verantwortlich, zu der die Gruppe am 23. Januar aufbrach. Einigen Aussagen zufolge hatte er eine Schwäche für Sina Kolmogorowa, was anscheinend auf Gegenseitigkeit beruhte. Sie nahm ebenfalls an dieser Wanderung teil.

2. Juri Nikolajewitsch Doroschenko, geboren 1938, Student im fünften Studienjahr an der Fakultät für Funktechnik des UPI, war gut trainiert und erfahren auch im Weitwandern auf schwierigen Strecken. Er hatte eine Zeit lang Sina Kolmogorowa umworben und sie zu ihrer

Igor Djatlow gegenüber dem Hauptgebäude des Polytechnischen Instituts des Urals (UPI)

Familie in Kamensk-Uralski begleitet. Später ging die Beziehung auseinander, doch das hinderte Juri nicht daran, ein gutes Verhältnis zu Sina und seinem erfolgreicheren Rivalen Igor Djatlow zu pflegen.

3. Ljudmila Alexandrowna Dubinina, geboren 1938, Studentin im vierten Studienjahr an der Fakultät für Bauingenieurwesen des UPI, nahm von den ersten Studientagen an aktiv am Programm des Wanderklubs des Instituts teil, konnte hervorragend singen und

Zwei der Teilnehmer an der Wanderung anlässlich der Eröffnung des 21. Parteitags der KPdSU: Juri Doroschenko und Ljudmila Dubinina

fotografieren. (Viele Fotos der Tour im Winter 1959 stammen von Dubinina.) Sie war eine geübte Wanderin. Bei einer Tour über das östliche Sajangebirge 1957 wurde sie durch den Fehlschuss eines jagenden Mitwanderers am Bein verletzt und ertrug tapfer sowohl die Verletzung als auch den folgenden (sicher schmerzhaften) Transport. Im Februar 1958 leitete sie eine Wanderung des zweiten Schwierigkeitsgrads durch den nördlichen Ural.

4. Semjon (Alexander, Sascha) Alexejewitsch Solotarjow, geboren 1921, war der älteste Teilnehmer an der Wanderung und die wohl rätselhafteste Person dieser Liste. Er wollte Sascha genannt werden und erscheint deshalb in vielen Dokumenten und Erinnerungen unter diesem Namen. Tatsächlich hieß er jedoch Semjon und war ein Auswanderer aus dem Nordkaukasus (ein Kubankosake, aus der Kosakensiedlung Udobnaja an der Grenze zur ASSR* Karat-

* Autonome Sozialistische Sowjetrepublik

schai-Tscherkessien), wohin er regelmäßig zu seiner Mutter fuhr. Er wurde in eine Familie von Feldscheren geboren, gehörte einer Generation an, die am schlimmsten im Großen Vaterländischen Krieg* gelitten hatte (von den 1921/22 geborenen Rekruten überlebten nur ca. 3 %), und diente praktisch den ganzen Krieg hindurch. (Er war von Oktober 1941 bis Mai 1946 beim Militär.) 1944 wurde er Kandidat zur Aufnahme in die WKP(B)**, er war Komsomolorganisator*** des Bataillons und trat nach dem Krieg in die Partei ein. Er besaß vier Kriegsauszeichnungen, darunter den Orden des Roten Sterns, den er für die Errichtung einer Pontonbrücke unter Feindesbeschuss erhalten hatte. Auf die Kriegsvergangenheit von Semjon Solotarjow werden wir später noch zurückkommen.

Nach Ende des Kriegs versuchte Semjon, seine militärische Karriere fortzusetzen. Im Juni 1945 immatrikulierte er sich an der Militärtechnischen Schule Moskau, die jedoch Einsparungen zum Opfer fiel, weshalb er im April 1946 mit seinen Studienkollegen an die Militärtechnische Schule Leningrad wechselte. Doch auch diese Schule wurde geschlossen. Letztendlich landete Semjon Solotarjow im Institut für Körperkultur Minsk (GIFKB), an dem er 1950 sein Studium erfolgreich abschloss. Mitte der 50er Jahre arbeitete er während der Saison als Wanderführer in verschiedenen Touristenherbergen des Nordkaukasus und später in der Station Artybasch (im Altai), von wo er im Sommer 1958 in das Gebiet Swerdlowsk übersiedelte und oberster Wanderführer der Herberge Kourowka wurde. Direkt vor der Otorten-Wanderung mit der Gruppe um Igor Djatlow hatte Solotarjow übrigens bei der Kourowka gekündigt. Er war Junggeselle, für jene Zeit ziemlich ungewöhnlich. Äußerst interessant waren seine Tätowierungen: ein fünfzackiger Stern, eine

---

* Sowjetische Bezeichnung für den deutsch-sowjetischen Krieg (1941–1945) als Teil des Zweiten Weltkriegs

** Kommunistische Allunions-Partei (Bolschewiki), Vorgänger der KPdSU

*** Vertreter der sowjetischen Jugendorganisation der Kommunistischen Partei

Semjon Solotarjow

Rübe, der kyrillisch geschriebene Name »Гена«, das Jahr »1921«, die Buchstabenkombinationen »ДАЕРММУАЗУАЯ«, »Г+С+П=Д«, »Г. С« und der einzelne Buchstabe »+ С«* neben dem Stern und der Rübe. Mit Ausnahme von »Гена« am Daumenansatz der rechten Hand waren die Tätowierungen von der Kleidung bedeckt, sodass die anderen Wanderer wohl nichts von ihnen wussten.

5. Alexander Sergejewitsch Kolewatow, geboren 1934, Student im vierten Studienjahr an der Physikalisch-Technischen Fakultät des UPI, ist (neben Solotarjow) eine weitere unbekannte Größe in der Gruppe. Vor dem Swerdlowsker Polytechnischen Institut hatte Alexander bereits die Swerdlowsker Fachschule für Bergbau und Metallurgie absolviert (im Fachbereich Metallurgie für Nichteisen-Schwermetalle); er verließ die Stadt, um nach Moskau zu gehen und als leitender Laborant in einem geheimen Institut des Ministeriums für Mittleren Maschinenbau zu arbeiten, das zu jener Zeit unter

* Transkriptionen: »Gena«, »DAERMMUASUAJA«, »G+S+P=D«, »G. S«, »+ S«

Alexander Kolewatow und Georgi Kriwonischtschenko

dem Postfach 3394* firmierte. Später wurde dieses »Postfach« zum Allsowjetischen Wissenschaftlichen Forschungsinstitut für Anorganische Materialien, das sich mit Entwicklungen im Bereich der Materialwissenschaft für die Atomindustrie beschäftigte. Während Alexander Kolewatow in Moskau arbeitete, immatrikulierte er sich im Allsowjetischen Polytechnischen Institut für Fernunterricht, studierte ein Jahr und wechselte dann im zweiten Studienjahr ans Swerdlowsker Polytechnische Institut. Die Geschichte seines Umzugs nach Moskau, der dreijährigen Arbeit dort (August 1953 bis September 1956) und der darauffolgenden Rückkehr nach Swerdlowsk war in jener Zeit äußerst ungewöhnlich.

* Geheime geschlossene Einrichtungen in der Sowjetunion erhielten inoffiziell eine Postfachnummer als Bezeichnung.

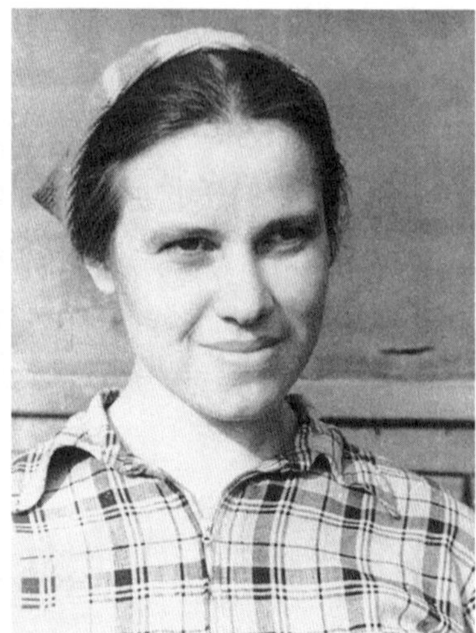

Sina Kolmogorowa

Wie bei Solotarjow werden die auffälligen Details im Leben dieses jungen Mannes später noch genauer analysiert, vorläufig ist nur anzumerken, dass Kolewatow 1959 bereits Erfahrung mit Touren verschiedener Schwierigkeitsgrade hatte. Alexanders Bekannte schrieben ihm starke Charakterzüge zu wie Genauigkeit, die mitunter bis zur Pedanterie ging, methodisches Vorgehen, Pflichttreue und außerdem ausgeprägte Führungsqualitäten. Alexander rauchte als Einziger in der Gruppe Pfeife.

6. Sinaida (Sina) Alexejewna Kolmogorowa, geboren 1937, Studentin im fünften Studienjahr an der Fakultät für Funktechnik des UPI, war die Seele des Wanderklubs des Instituts. Sie verfügte ebenso über große Erfahrung mit Touren verschiedener Schwierigkeitsgrade im Ural und im Altai. Bei einer dieser Wanderungen wurde sie von einer Viper gebissen und schwebte kurze Zeit in Lebensgefahr. Tapfer ertrug sie die Schmerzen. Sina Kolmogorowa zeigte eindeutige Führungsqualitäten, konnte ein Team zusammenschweißen und war willkommener Gast bei jeder Studentenrunde.

Eine von vielen ähnlichen Aufnahmen aus den Fotoapparaten der Wanderer. *Von links:* Nikolai Thibeaux-Brignolle, Ljudmila Dubinina, Semjon Solotarjow, Sinaida Kolmogorowa. Thibeaux-Brignolle überließ Solotarjow seinen Filzhut und trägt selbst dessen Baskenmütze. Die Freunde sind offensichtlich bestens gelaunt.

7. Georgi (Juri) Alexejewitsch Kriwonischtschenko, geboren 1935, Absolvent des UPI, arbeitete 1959 als Bauleiter beim Kombinat Nr. 817 (heute als Produktionsverbund Majak bekannt) in Tscheljabinsk-40, einer geschlossenen Anlage im Gebiet Tscheljabinsk, wo waffenfähiges Plutonium hergestellt wurde. Am 29. September 1957 geschah dort eine der weltweit schlimmsten technischen Katastrophen, sie wurde erst nach der Perestroika öffentlich bekannt. Eine Folge dieser Katastrophe (oft Kyschtym-Unfall genannt) war die Bildung der sogenannten radioaktiven Osturalspur mit einer Ausdehnung von circa 300 Kilometern. Georgi war Zeuge der Katastrophe und an den Aufräumarbeiten beteiligt. Wir merken uns diesen Umstand.

Kriwonischtschenko war ein Freund von Djatlow und nahm an praktisch all seinen Wanderungen teil. Er war auch mit den meisten anderen Mitgliedern der Gruppe befreundet, die oft in der Wohnung seiner Eltern in Swerdlowsk zu Besuch waren. Obwohl Kriwonischt-

Thibeaux-Brignolle und Solotarjow albern herum, die Stimmung ist gut.

schenko in Wirklichkeit Georgi hieß, nannten ihn die Freunde normalerweise Juri (also eine ähnliche Situation wie bei Solotarjow).

8. Rustem Wladimirowitsch Slobodin, geboren 1936, Absolvent des UPI, arbeitete als Ingenieur in einem geschlossenen branchenspezifischen Konstruktionsbüro (Postfach 10). Manche glauben, dass Rustems Vater 1959 Vorsitzender der Gewerkschaftsleitung am UPI war, doch dies entspricht nicht den Tatsachen. Der Vorsitzende war nur ein Namensvetter, während Rustems Vater als Professor an einer anderen Hochschule in Swerdlowsk arbeitete. Rustem Slobodin hatte seit einigen Jahren an Touren verschiedener Schwierigkeitsgrade teilgenommen und war zweifellos ein geübter Wanderer; lebhaft, ausdauernd, begeisterter Langstreckenläufer und Mitglied der Boxabteilung des UPI. Rustem spielte ausgezeichnet Mandoline und hatte das Instrument auch auf dieser Wanderung dabei.

9. Nikolai Wladimirowitsch Thibeaux-Brignolle, geboren 1934, Bauleiter aus Swerdlowsk, absolvierte 1958 die Fakultät für Bauinge-

nieurwesen des UPI. Thibeaux-Brignolle stammte aus einer Familie bekannter französischer Bergbauingenieure, die seit mehreren Generationen im Ural lebten. Nikolais Vater wurde in der Stalinära Opfer der Repressionen, seine Mutter war im Internierungslager, als der Junge zur Welt kam. Thibeaux-Brignolle zog aus Kemerowo nach Swerdlowsk, er war ein guter Student, der das Institut mit einem Notendurchschnitt von 4,15* abschloss. Nikolai hatte Erfahrung mit Touren verschiedener Schwierigkeitsgrade und kannte die Studenten des UPI beziehungsweise die Mitglieder des Wanderklubs gut. Er wurde für seine Energie, Unternehmungslust, Freundlichkeit und seinen Humor geschätzt.

10. Juri Jefimowitsch Judin, geboren 1937, Student im vierten Studienjahr an der Fakultät für Wirtschaftsingenieurwesen des UPI, wanderte gern und hatte bereits an sechs langen Touren teilgenommen, unter anderem des dritten, damals höchsten Schwierigkeitsgrads.

Das Hauptmotiv für diese Wanderung war der Enthusiasmus der Teilnehmer. Einen materiellen Nutzen versprach die Skitour nicht. Von der Gewerkschaftsleitung des Instituts bekam jeder Student einen Zuschuss von 100 Rubel, doch da diese Unterstützung rein symbolischen Charakter hatte, steuerten die Mitglieder der Gruppe je 350 Rubel zur Wanderkasse bei. Einen Teil der Ausrüstung erhielten sie vom Institut, der Rest war ihr Eigentum. Alle Wanderer waren gesund, und das Vorhaben entsprach vollkommen ihrem Können und der technischen Ausstattung.

Es sind einige Worte zum Teamgeist innerhalb dieser kleinen Gruppe angebracht. Jeder Teilnehmer besaß entweder einen Hochschulabschluss oder studierte noch, wobei zu berücksichtigen ist, dass eine solche Ausbildung damals einen ungleich höheren Stel-

* Bei einer Notenskala von 1 bis 5 mit 5 als bester Note

lenwert hatte als heute. Es waren wirklich vielseitig begabte, sehr gebildete Menschen, die außerdem über eine gewisse Lebenserfahrung verfügten und spezielle »Belastbarkeitstests« bestanden hatten. Fast alle waren bei früheren Wanderungen in der Taiga bereits auf wilde Tiere gestoßen. Der Schlangenbiss von Sina Kolmogorowa und Ljudmila Dubininas Verletzung sprechen für sich. Diese jungen Frauen waren zuverlässige, in Ausnahmesituationen erprobte Kameradinnen. Zweifellos waren die Wanderer unter Stress psychisch stabil und hatten einen ausgeprägten Sinn für Verantwortung und gegenseitige Hilfe. Die meisten von ihnen kannten sich seit mehreren Jahren und vertrauten einander. Der einzige, der allen nur wenig bekannt war, war Semjon Solotarjow.

Innerhalb der Gruppe gab es mindestens eine engere Beziehung, und zwar zwischen Igor Djatlow und Sina Kolmogorowa. Platonische Zuneigung ist natürlich hoch zu schätzen, sie kann jedoch unter außergewöhnlichen Umständen äußerst gefährlich werden und den Führungsanspruch eines Einzelnen untergraben. In Extremsituationen wirkt sich dieses Gefühl womöglich negativ auf eine wichtige Entscheidung aus, bringt einen Menschen zur Befehlsverweigerung oder zu einer (aus Sicht der Mehrheit) fragwürdigen Handlung. Und solche Extremsituationen traten bei der Wanderung bestimmt auf…

Am 23. Januar 1959 verließ die Gruppe also Swerdlowsk und kam in der Nacht vom 24. auf den 25. Januar in der Siedlung Iwdel an (ungefähr 350 km nördlich vom Ausgangspunkt). Unterwegs gab es zwei erwähnenswerte Vorfälle mit Milizionären. Einmal ließ man die Wanderer nicht im Bahnhofsgebäude der Stadt Serow übernachten, und Georgi Kriwonischtschenko begann, vor der geschlossenen Bahnhofstür spöttisch um »Almosen für Pralinen« zu bitten. (Diese Blödelei endete für ihn mit einem Ausflug auf die Bahnhofswache.) Im zweiten Fall wurden sie im Zug von Serow nach Iwdel von einem Säufer belästigt, der behauptete, sie hätten ihm eine Flasche Wodka gestohlen, die er zurückhaben wollte. Es legte sich natürlich niemand mit ihm an, doch das reizte den Unruhestifter noch mehr. Schließlich musste der Schaffner ihn den Milizionären am Bahnhof übergeben. Für die Gruppe hatten beide Vorfälle keine negativen Folgen, da aus ihren Papieren hervorging, dass sie aus »besonderem Anlass« reisten (nämlich der Eröffnung des Parteitags der KPdSU), was sie vor allen Hindernissen und überflüssigen Fragen von offizieller Seite bewahrte.

Am Nachmittag des 26. Januar hatten die jungen Leute Glück und konnten per Anhalter von Iwdel in die Waldarbeitersiedlung 41. Kwartal fahren. Das war tatsächlich das Ende der bewohnten Welt, danach gab es nur noch die menschenleeren, düsteren und unwirtlichen Wälder des Urals. Zwischen 19 und 20 Uhr erreichte die Gruppe ohne Zwischenfall die Siedlung und richtete sich für die Nacht im Wohnheim der Waldarbeiter ein. Rjaschnew, Leiter des ersten Forstreviers und örtlicher Alleinherrscher, stellte den Wanderern großzügig einen Kutscher mit Pferdefuhrwerk zur Verfügung, dem sie am 27. Januar ihre Rucksäcke anvertrauten; die nächste Teilstrecke bis zur Bergwerkssiedlung Wtoroi Sewerny legten sie auf Ski zurück. Diese Ortschaft, einst Teil des verzweigten Straflagersystems Iwdel-LAG, war 1959 bereits verlassen. Von den 24 Häusern besaß nur eines ein solides Dach und konnte als Quartier dienen. Hier übernachtete die Gruppe. Der gesamte Norden des Gebiets Swerdlowsk und der ASSR der Komi war in jenen Jahren gespickt mit Überresten des ehemaligen stalinistischen Gulag*. Ein sehr hoher Prozentsatz der Uralbevölkerung war damals auf die eine oder andere Weise mit dieser einst mächtigen repressiven Maschinerie verbunden. In der Gegend lebten ehemalige Gefangene, Freigänger und Lagerpersonal. Anfang 1959 war das einstige Gulagsystem bereits weitgehend verkümmert, die schreckliche Abkürzung verschwand schon 1956 (damals wurde das Kunstwort Gulag ersetzt durch das unaussprechliche GUITK,

* Straf- und Zwangsarbeitslagersystem in der UdSSR

Aufnahmen vom Vormittag des 28. Januar 1959: Im Bild oben verabschiedet sich Sina Kolmogorowa (links) von Juri Judin (Mitte), Semjon Solotarjow (rechts) schaut zu. Im Bild unten wird Judin (Mitte) von Ljudmila Dubinina (rechts) umarmt und Igor Djatlow (links) schaut zu.

Hauptverwaltung der Strafkolonien), aber die Menschen … die Menschen blieben! Vor dem Hintergrund der weiteren Geschehnisse ist das nicht ohne Bedeutung.

Während des Aufenthalts in Wtoroi Sewerny (27. bis 28. Januar) erkrankte einer der Wanderer, Juri Judin. Er musste die Tour abbrechen und wurde am Morgen des 28. Januar 1959 von der Gruppe herzlich verabschiedet. Judin kehrte zur Siedlung 41. Kwartal zurück, während die anderen ihren Weg fortsetzten.

Im Grunde endet hier der Teil der Wanderung der Gruppe, der durch Aussagen von Außenstehenden belegt ist. Alles Weitere können wir nur anhand der Tagebucheinträge der Wanderer und der Ermittlungsunterlagen der Staatsanwaltschaft erschließen.

Igor Djatlow und seine Gruppe planten die Tour im nördlichen Ural so, dass sie in den ersten Februartagen den Berg Otorten (bzw. Otyrten, Höhe 1234 m) erreichen und am 12. Februar in der Siedlung Wischai ankommen sollten. Von dort aus wollten sie sich per Telegramm beim UPI melden. Doch bereits am 28. Januar hatte Djatlow Zweifel, dass dieser Termin zu halten war, und er bat Judin beim Abschied, dem Sportklub mitzuteilen, die Ankunft werde sich möglicherweise verschieben. Es ging um eine Verzögerung von ein bis zwei Tagen, der Kontrolltermin wurde also auf den 14. Februar festgelegt.

Mitte Februar kehrten andere Skitourengeher im nördlichen Ural an das UPI zurück (eine Gruppe unter Leitung von Juri Blinow). Sie berichteten von schweren Schneefällen in diesem Gebiet, sodass Djatlows Entscheidung über den Aufschub des Rückkehrtermins durchaus überlegt und vernünftig erschien.

Jedoch tauchte die Gruppe weder am 14. noch am 15. noch am 16. Februar in Wischai auf und der Sportklub des Polytechnischen Instituts erhielt auch kein Telegramm. Zu dieser Zeit begannen die Studenten nach den Ferien ans UPI zurückzukehren, darunter auch Juri Judin, der sich von der Djatlow-Gruppe auf halbem Wege verabschiedet hatte. Er wurde natürlich über den Verbleib der anderen und die Bedingungen der Tour befragt, doch Juri konnte keine Klarheit schaffen; er bestätigte nur, dass es bis Mittag des 28. Januar keine Konflikte, keine Notfälle, keine verdächtigen Momente gegeben hatte. Am 17. Februar 1959 riefen einige Angehörige der Wanderer (vor allem von Ljudmila Dubinina und Alexander Kolewatow) den Leiter des UPI-Sportklubs an und forderten Aufklärung über das Schicksal der vermissten Personen. Entsprechende Anrufe gingen auch an die Parteileitung des Instituts.

Der Vorsitzende des UPI-Sportklubs Lew Semjonowitsch Gordo versuchte, den beginnenden Skandal zu verhindern. Am 18. Februar meldete er dem Sekretär der UPI-Parteileitung Saostrowski, er hätte ein Telegramm über eine Verzögerung von Djatlow erhalten. Offenbar ging Gordo davon aus, dass die verschollene Wandergruppe in ein oder zwei Tagen auftauchen und das Problem sich von selbst lösen werde.

Doch das Problem verschwand nicht. Die Angehörigen der Studenten wandten sich an das Stadtkomitee der Partei von Swerdlowsk und nun stellte auch die Parteiführung der Institutsleitung unangenehme Fragen. Es drängte sich auf, eine Rettungsexpedition auszusenden, doch da wurde klar, dass keiner der Verantwortlichen im Sportklub oder in der Stadt die genaue Route der Djatlow-Gruppe kannte. Das war eine grobe Verletzung der Richtlinien zur Organisation von Wanderungen. Hektisch wurden Personen befragt, die von den Plänen der vermissten Gruppe gehört hatten. Die Situation rettete ein Mann, der mit dem Sportklub des Instituts rein gar nichts zu tun hatte: Ignati Fokitsch Rjagin, ein Freund der Familie Kolewatow, der Mitte Januar mit Alexander ausführlich über die bevorstehende Tour gesprochen hatte. Rjagin rekonstruierte die Route aus dem Gedächtnis und am 19. Februar übergab Rimma Kolewatowa, Alexanders Schwester, die Karte an Oberst Georgi Semjonowitsch Ortjukow, Dozent für Gefechtslehre am Lehrstuhl für Militärwesen des UPI. Er leitete im Februar die Suche nach der Gruppe und unternahm später viele Anstrengungen, um den Ablauf der Wanderung aufzuklären.

## 2. KAPITEL

# BEGINN DER SUCHAKTION. ALLGEMEINE CHRONOLOGIE. DIE ERSTEN LEICHEN

Am 20. Februar 1959 hielt die Wanderabteilung des UPI eine außerordentliche Versammlung mit nur einem Tagesordnungspunkt ab: »Notfall Djatlow-Gruppe!« Der Inhaber des Lehrstuhls für Sportpädagogik des Polytechnischen Instituts A. M. Wischnewski und der Vorsitzende der studentischen Gewerkschaftsleitung W. E. Slobodin eröffneten die Sitzung. Sie gaben offiziell bekannt, dass von der Gruppe um Igor Djatlow jede Nachricht fehle und man sich um das Schicksal der Wanderer sorge. Die Anwesenden beschlossen einstimmig eine kurzfristig organisierte Such- und Rettungsaktion mit Freiwilligen aus dem Kreis der Studenten. Des Weiteren wurde entschieden, die Wanderabteilungen anderer Hochschulen und Institutionen in Swerdlowsk um Hilfe zu bitten. Am selben Tag stellte die Gewerkschaftsleitung Geld für den Kauf von Lebensmitteln und Material zur Verfügung. Es wurde eine 24-Stunden-Telefonleitung zum Koordinieren der Tätigkeiten im Rahmen der bevorstehenden Operation eingerichtet. Ein eigener Punkt betraf die Gründung einer Zentrale für die Rettungsarbeiten bei der studentischen Gewerkschaftsleitung.

Am nächsten Tag, dem 21. Februar, machten sich zwei Gruppen von Wanderern um Juri Blinow und Sergej Sogrin, die gerade erst nach Swerdlowsk zurückgekehrt waren, auf den Weg ins Suchgebiet. Eine dritte Wandergruppe unter der Leitung von Wladislaw Karelin, die sich zufälligerweise schon im nördlichen Ural befand, erklärte sich ebenfalls bereit, an der Rettungsaktion teilzunehmen.

Aussicht vom Hang des Cholat Sjachl auf das Flusstal der Loswa. Das Foto vom März 1959 gibt eine ziemlich genaue Vorstellung von der Landschaft jener Orte.

Am selben Tag brachen der Vorsitzende des Sportklubs des UPI Lew Gordo und der erwähnte Juri Blinow, leitendes Mitglied der Wanderabteilung, mit einem Sonderflug der Maschine An-2 von Swerdlowsk nach Iwdel auf. Sie machten Erkundungsflüge und folgten der Route der Vermissten in der Hoffnung, von der Luft aus entweder die Wanderer selbst oder von ihnen hinterlassene Zeichen zu finden. Die Flüge erbrachten jedoch weder an diesem Tag noch an den nächsten irgendwelche Ergebnisse.

Am 22. Februar inspizierte die Zentrale im UPI-Hauptgebäude die zusammengestellten Gruppen. Deren Leiter waren Moisej Axelrod, Diplomand am UPI, Oleg Grebenik, Student im vierten Studienjahr, und Boris Slobzow, Student im dritten Studienjahr. Zu diesem Zeitpunkt lieferte auch die Aktivität der Gebietsverwaltung Ergebnisse. Es wurde bekannt, dass eine Gruppe von Soldaten des Innenministeriums unter dem Befehl von Hauptmann A. A. Tschernyschow (Begleitposten des IwdelLAG) sowie eine Gruppe von Stu-

Das Suchgebiet Ende Februar 1959. Die Fotos wurden von den Teilnehmern des Suchtrupps gemacht. In der waldlosen Zone erreichte die Dicke der Schneedecke gegen Ende des Winters einen Meter. Dieser Schnee war mit einer festen Eiskruste bedeckt und trug das Gewicht eines Menschen, der ihn mit einem schweren Rucksack überqueren konnte, ohne einzubrechen.

denten der Unteroffizierschule des Innenministeriums unter dem Befehl von Oberleutnant Potapow (sieben Personen) sich an der Suche beteiligen würden. Das lokale Militär stellte für die Operation

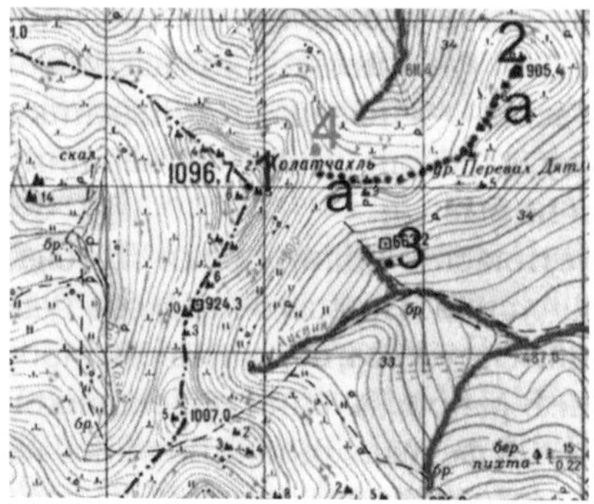


Kartenausschnitt: Die punktierte Linie »a–a« ist der Pass als Wasserscheide zwischen den Tälern der Flüsse Loswa (nach Norden) und Auspija (nach Süden). Er hatte 1959 noch keinen Namen, wurde später zum »Pass der Djatlow-Gruppe« oder einfach »Djatlow-Pass«. Die Zahl 1 bezeichnet den Berg Cholat Sjachl; 2 die unbenannte Höhe 905,4 Meter; 3 das Lager der Suchmannschaft von Boris Slobzow, das am Abend des 26. Februar 1959 im Wald nahe der Auspija aufgeschlagen wurde; 4 markiert die Lage des Zelts der Djatlow-Gruppe am östlichen Hang des Cholat Sjachl.

Diensthundeführer mit Hunden, Pioniere mit Minensuchgeräten und Funker mit Funkgeräten zur Verfügung. Von der forstwirtschaftlichen Gebietsverwaltung wurden zwei Förster abgestellt. Es bot sich an, dass sie die Rolle der Bergführer übernahmen. Zum selben Zweck wurden in Iwdel zwei Jäger der Mansen entsandt. Das Gebiet, auf dem die Suchaktion durchgeführt werden würde, war ihr angestammtes Territorium (d. h. Wohn- und Jagdgebiet).

In diesen Tagen kamen aus Moskau die bekannten Wander- und Bergsportexperten Bardin, Schuleschko und Baskin an, um die Lage zu beurteilen und den Akteuren beratend zur Seite zu stehen. Die operative Leitung der Suche direkt vor Ort, in den Bergen des nördlichen Urals, übernahm der wahrscheinlich erfahrenste und renommierteste Swerdlowsker Wanderexperte und Meister des Sports* J. P. Maslennikow.

* Höchste staatliche Auszeichnung für erfolgreiche Sportler in der UdSSR

Der Ablauf der Rettungsoperation sah vor, die Freiwilligen mit Hubschraubern an verschiedenen Punkten der Route der Djatlow-Gruppe abzusetzen. Sie sollten nach Spuren suchen, die das Schicksal der Wanderer aufklären konnten (von Interesse waren Lagerplätze, Skispuren, hinterlassene Zeichen etc.). Es hatten sich übrigens nicht nur Studenten aus dem Polytechnischen Institut für die Suche gemeldet, sondern auch Wanderer aus einigen anderen Hochschulen und Organisationen in Swerdlowsk. Die Skigruppen starteten am 23. Februar 1959 in das Suchgebiet.

Die elfköpfige Gruppe unter Leitung des UPI-Studenten Boris Slobzow wurde am 23. Februar am Berg Otorten ausgesetzt, dem Hauptziel der Tour von Igor Djatlow und seinen Freunden. Wenn die verschwundenen Wanderer den Gipfel erreicht hatten, dann musste es Spuren ihres Aufenthalts geben, zum Beispiel ein gut sichtbares »Depot« mit einer Notiz. (Solche Depots wurden normalerweise mit einem Steinhaufen markiert und waren nicht schwer zu finden.) Aufgrund eines Fehlers des Piloten landete die Gruppe nicht am höchsten der drei Gipfel des Otorten, sondern auf einem benachbarten Gipfel, was sie etwas aufhielt. Am nächsten Tag, dem 24. Februar, begannen die Skifahrer die aktive Suche, bestiegen den richtigen Gipfel und überzeugten sich davon, dass die Djatlow-Gruppe nicht dort gewesen war.

Dann stieg der Suchtrupp zunächst ins Loswatal hinab und ging dann weiter ins Auspijatal. Der Befehl dazu enthielt eine Notiz des Oberst Ortjukow, die aus einem vorbeifliegenden Flugzeug abgeworfen worden war. Im Gebiet der Auspija erwartete die Slobzow-Leute der erste Erfolg: Am 25. April stießen sie auf eine alte Skispur, die ihrer Meinung nach von den Gesuchten stammen musste. In der Folge bestätigte sich diese Vermutung. Slobzow und seine Mannschaft hatten tatsächlich die Skispur der vermissten Gruppe gefunden. Damit war klar, dass diese sich nicht weit weg befinden konnte, buchstäblich wenige Kilometer entfernt (da es bis zum Otorten nicht mehr als 15 Kilometer waren und die Vermissten den Berg nicht erreicht hatten).

Es ist wichtig, dass keiner der suchenden Studenten an einen tragischen Ausgang der Djatlow-Wanderung glaubte. Alle tendierten zu der Version, dass jemand in der Gruppe verletzt oder erkrankt sei, weshalb Djatlow und seine Freunde in einem gut ausgestatteten Lager sitzen und auf Hilfe warten würden. Die Einheimischen, die ebenfalls an der Suche teilnahmen, waren skeptischer, aber ihre Meinung wurde zu jenem Zeitpunkt ignoriert.

Bereits am Nachmittag des 25. Februar versuchte Slobzow festzustellen, in welche Richtung sich die Djatlow-Gruppe bewegt hatte. Dafür teilte er trotz der Dämmerung seine Mannschaft auf und schickte sie die Auspija stromauf- und -abwärts. Der Teil, der stromaufwärts ging, verlor die alte Skispur schnell aus den Augen, der andere Teil stieß auf einen leeren Lagerplatz. Laut allgemeiner Meinung musste er von der gesuchten Djatlow-Gruppe stammen. Es war jedoch nicht möglich, den Lagerplatz zu datieren, weshalb man mit dem Fund nichts erreichte.

Am nächsten Tag wurde die Suche mit doppelter Energie fortgesetzt. Das Gefühl, den Gesuchten nahe zu sein, verlieh zusätzliche Kräfte. Am Morgen des 26. Februar teilte sich die Mannschaft von Slobzow in drei Teile: Eine Gruppe sollte den Lebensmittelvorrat ausfindig machen, den die Djatlow-Gruppe unweigerlich vor dem Aufstieg auf den Berg zurückgelassen haben musste; die zweite Gruppe sollte den Ort suchen, an dem die Wanderer das Auspijatal verlassen hatten; und die dritte Gruppe sollte der alten Skispur folgen, um festzustellen, ob es unterwegs zu einem Notfall gekommen war.

Die Suchmannschaft teilte sich also auf und jede Gruppe machte sich an die Erfüllung ihrer Aufgabe. Diejenigen, die herausfinden sollten, wo die Wanderer das Auspijatal verlassen hatten, bestiegen den Pass. Er stellte eine Wasserscheide in Form eines Bergsattels dar, der sich zwischen den Flusstälern der Auspija beziehungsweise der Loswa erhob. Die Gruppe bestand aus drei Personen: den UPI-Studenten Boris Slobzow und Michail Scharawin sowie dem einheimischen Förster Iwan Paschin aus Wischai.

Der Grat des Passes, den die drei Tourengeher erreichten, verband den Berg Cholat Sjachl und eine namenlose Höhe von 905,4 Metern. Der Bergführer Iwan war vom Aufstieg auf den Pass erschöpft und blieb zurück, während die Studenten Slobzow und Scharawin allein weitergingen. Nach einiger Zeit zog ein schwarzer Punkt am nordöstlichen Hang des Cholat Sjachl ihre Aufmerksamkeit auf sich. Bei genauerem Hinsehen erkannten die Studenten ein halb zugeschneites Zelt.

Als sie näher kamen, wurde ihnen klar, dass sie endlich das Zelt der Djatlow-Gruppe gefunden hatten. Dieses Zelt war höchst ungewöhnlich und dadurch leicht erkennbar – es bestand aus zwei zusammengenähten Viermannzelten, was seine Länge verdoppelte. Es maß 1,8 x 4 Meter. Boris Slobzow hatte 1956 persönlich beim Herstellen des Zelts geholfen, sodass er sich in diesem Punkt nicht irren konnte.

Der Eingang des Zelts war nach Süden ausgerichtet. Der nördliche Teil lag unter einer Schneedecke von 15 bis 20 Zentimetern Dicke. Art und Dichte des Schnees zeugten davon, dass er nicht von einer Lawine herrührte, sondern vom Wind angeweht worden war. Neben dem Zelt steckte ein Paar Ski im Boden und direkt beim Eingang ragte ein Eispickel aus dem Schnee. Auf dem Eispickel lag eine Windjacke, die Igor Djatlow gehörte. (Slobzow und Scharawin erzählten zu verschiedenen Zeitpunkten Unterschiedliches über die Entdeckung dieser Windjacke: Einmal lag sie auf dem Eispickel beim Eingang, ein andermal direkt im Schnee neben dem Eingang, dann wieder schaute nur ihr Ärmel aus dem Zelt.) Die beiden unteren Knöpfe des Zelteingangs waren geöffnet, aus dem Schlitz ragte ein Laken heraus, das als Vorhang diente. Das Aussehen des Lagers ließ sofort darauf schließen, dass sich im Zelt keine Überlebenden befinden konnten. Auf dem Zeltdach lag eine Taschenlampe chinesischer Herstellung auf einer Schneeschicht von 5 bis 10 Zentimetern, während auf der Taschenlampe selbst kein Schnee war. Später wurde die Taschenlampe als Eigentum von Igor Djatlow identifiziert. Als Boris Slobzow sie einschaltete, funktionierte sie.

Scharawin und Slobzow zogen die Ski aus und machten sich daran, das Zelt zu untersuchen. Ersterer begann, den angehäuften Schnee wegzuschaufeln, während Letzterer mit dem Eispickel die Zeltwand bearbeitete, um einen schnellen Zugang zur Mitte zu schaffen. Es war nicht schwierig, die Plane aufzureißen, vor allem da sie an einigen Stellen bereits zerschnitten war. Bei diesem Vorgehen traf die Klinge des Eispickels (wie sich etwas später herausstellte) einen Beutel mit Zwieback und durchschlug ihn.

Slobzow und Scharawin schoben die aufgerissene Zeltplane beiseite und hatten Zugang zum Zeltinneren. Sie stellten erleichtert fest, dass keine Leichen darin lagen. Das gab ihnen Hoffnung, die Kameraden lebendig und gesund an einem anderen Ort zu finden.

Sie durchsuchten das Zelt nicht gründlich – dafür war keine Zeit, da sich das Wetter verschlechterte, und ein Schneesturm begann. Slobzow und Scharawin nahmen den Eispickel, die Taschenlampe, Djatlows Windjacke, das Wandertagebuch, drei Fotoapparate und eine Feldflasche mit Alkohol, die sie beim flüchtigen Untersuchen des Zelts gefunden hatten, und kehrten in ihr Lager zurück. Gegen 16 Uhr schlossen sich der Slobzow-Gruppe die mansischen Jäger als Bergführer sowie der Funker Jegor Semjonowitsch Newolin an. Dieser Mann war wohl als Einziger von Anfang bis Ende der Suchaktion unmittelbar zugegen. Newolin hatte sein Funkgerät dabei, sodass die Slobzow-Gruppe nun über eine feste Verbindung mit der Zentrale verfügte. Um 18 Uhr (die Zeit ist genau bekannt) übermittelte Newolin nach Swerdlowsk per Funk, dass das Zelt entdeckt wurde. Bald kam die Antwort mit der Anweisung, einen Ort für die

Aufnahme einer großen Suchmannschaft vorzubereiten. Für deren Unterbringung sollten zwei Militärzelte für jeweils 50 Personen aufgestellt werden. Außerdem würden ein Mitarbeiter der Staatsanwaltschaft, der vor Ort alle notwendigen Ermittlungen durchführen sollte, und Oberst Ortjukow eingeflogen werden. Letzterer würde die Leitung der Suche übernehmen.

Das Wandertagebuch der Djatlow-Gruppe, das Slobzow aus dem Zelt mitgenommen hatte, wurde von den Mitgliedern des Suchtrupps aufmerksam gelesen. Der letzte Eintrag war auf den 31. Januar datiert und gab Auskunft darüber, dass die Wanderer an diesem Tag versuchen wollten, das Auspijatal zu verlassen und innerhalb von zwei Tagen einen schnellen Marsch zum Otorten zu unternehmen, dem Hauptziel ihrer Tour. Um das Gewicht ihrer Rucksäcke so gering wie möglich zu halten, beschlossen sie, ein Vorratslager anzulegen für die Dinge und Lebensmittel, die sie in der nächsten Zeit nicht brauchen würden. Mit anderen Worten, sie wollten den Berg mit minimaler Last besteigen. Nach der Rückkehr vom Otorten würden sie die zurückgelassenen Dinge wieder mitnehmen. Der Tagebuchaufzeichnung zufolge erfreute sich die ganze Gruppe am 31. Januar bester Gesundheit und Laune. Eine gute Neuigkeit.

Eine weitere gute Neuigkeit war, dass sich in der Windjacke, die Slobzow und Scharawin mit ins Lager gebracht hatten, eine Metallschachtel befand, die Igor Djatlows Pass, 710 Rubel und die Eisenbahnfahrkarten der ganzen Gruppe enthielt. Dass eine beträchtliche Geldsumme unangetastet geblieben war, zeugte nach überwiegender Meinung in der Suchmannschaft davon, dass die vermissten Wanderer nicht etwa geflohenen Kriminellen zum Opfer gefallen waren.

Beim Abendessen wurde beschlossen, den im Zelt gefundenen Alkohol auszutrinken, was die Anwesenden (verständlicherweise) nicht ungern in die Tat umsetzten. Auf diese Begebenheit wird im weiteren Verlauf der Erzählung noch zurückzukommen sein. Dabei entspann sich ein interessanter Wortwechsel. Boris Slobzow schlug vor, auf die Gesundheit der Vermissten zu trinken, worauf der Förster Iwan Paschin düster erwiderte: »Ihr trinkt mal besser auf ihr Seelenheil!« Die Studenten wurden wütend, sie fanden die Antwort des Försters zynisch und unangebracht. Es kam fast zu einer Rauferei. Sogar zu diesem Zeitpunkt, nach der Entdeckung des verlassenen Zelts, wollte keiner von ihnen an einen schlechten Ausgang glauben …

Am nächsten Tag, dem 27. Februar 1959, musste das Lager aus dem Auspijatal ins Loswatal geschafft werden. Da aus dem Tagebucheintrag hervorging, dass die Djatlow-Gruppe sich von der Auspija entfernen wollte, war es nur logisch anzunehmen, dass die Vermissten dies auch getan hatten. Somit wurde die Suche auf einen Punkt der angenommenen Route verlegt, der näher am Otorten lag.

Die Slobzow-Gruppe teilte sich wieder auf: Ein Teil wurde zur Suche des Vorratslagers abgestellt, ein Teil baute das Zelt ab und zwei Personen, Juri Koptelow und Michail Scharawin, sollten im Loswatal einen neuen Lagerplatz suchen. Sie gingen in Richtung Pass, sodass sich der Berg Cholat Sjachl links von ihnen befand, das Auspijatal hinter ihnen und das Loswatal direkt vor ihnen. Ihre Aufmerksamkeit wurde von einer hohen Zeder angezogen, die auf einer Anhöhe über einem Bach stand, etwas unterhalb des Passes. Dieser Bach war einer der zahlreichen Zuflüsse der Loswa. An diesem Wintertag war er natürlich vollkommen zugefroren und zugeschneit. Die Zeder stand am Steilufer des Bachs. Um zu ihr zu gelangen, musste man etwa 5 bis 7 Meter aufsteigen. Die ebene Fläche beim Baum versprach einen hervorragenden Überblick über den Hang des Cholat Sjachl, und die beiden Suchenden steuerten, ohne sich darüber abzustimmen, darauf zu.

Als sie noch etwa 10 bis 15 Meter vom Baum entfernt waren, sahen sie direkt unter der Zeder zwei Leichen. Daneben erkannten sie die Überreste eines alten Lagerfeuers.

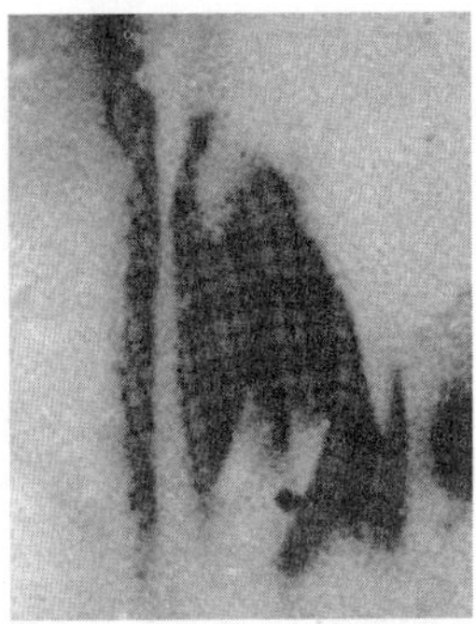

Die beiden Leichen, die gegen Mittag des 27. Februar 1959 unter einer Zeder entdeckt wurden. Mit dem Gesicht nach oben liegt Georgi Kriwonischtschenko, neben ihm Juri Doroschenko. Deutlich erkennbar ist das karierte Hemd von Georgi Kriwonischtschenko (rechts). Später hieß es, die Leichen wären mit einer Decke zugedeckt gewesen, doch dieses Foto, das vor Entfernung des Schnees entstand, widerlegt das Gerücht.

Dieselben Leichen aus einem anderen Winkel und vom Schnee befreit: Georgi Kriwonischtschenko mit dem Gesicht nach oben, neben ihm Juri Doroschenko, zunächst falsch als Semjon Solotarjow identifiziert.

Die Schneedecke betrug nur 5 bis 10 Zentimeter, da der Baum an einer dem Wind stark ausgesetzten Stelle wuchs. Juri und Michail beschlossen, sich den Körpern nicht zu nähern; sie umrundeten die Zeder in der Erwartung, die Leichen der anderen Wanderer zu fin-

Die Leichen von Georgi Kriwonischtschenko und Juri Doroschenko aus einer weiteren Perspektive

Georgi Kriwonischtschenkos Leiche; den toten Juri Doroschenko hatte man bereits weggebracht.

den, was aber nicht der Fall war. Dafür machten sie eine andere Entdeckung: Um die Zeder herum gab es etwa ein Dutzend Stümpfe von abgeschnittenen jungen Tannen. Die Bäumchen selbst waren

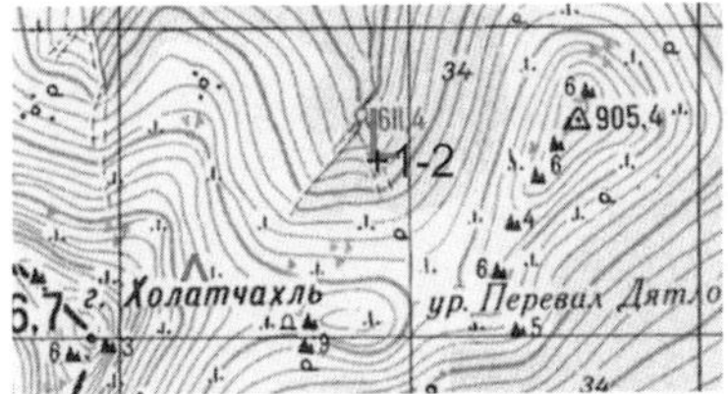


Auf dem Kartenausschnitt ist mit ^ die Lage des Zelts der Djatlow-Gruppe am Osthang des Cholat Sjachl markiert; L bezeichnet die Zeder über dem vierten Zufluss der Loswa; + zeigt den Fundort der ersten beiden Leichen (Kriwonischtschenko und Doroschenko).

allerdings nirgends zu sehen, deshalb dachten die beiden, sie wären verfeuert worden. Aber warum verwendete jemand Zeit und Energie für das Abschneiden von lebenden Bäumen, wo es doch ringsum ausreichend dürres Holz gab? Erst viel später sollte sich diese Frage aufklären. Wir kommen darauf zurück.

Die Studenten machten sich auf den Rückweg zum Lager, um den anderen von dem schrecklichen Fund zu berichten. Auf dem Pass trennten sie sich. Scharawin blieb zurück, um den Hubschrauber abzupassen, der gerade über ihren Köpfen kreiste und zur Landung ansetzte. Koptelow ging weiter ins Lager.

Am 27. Februar kamen die Suchtrupps von Karelin und Hauptmann Tschernyschow sowie die Jäger Moisejew und Mostowoi mit zwei Hunden am Ort der Operation an. Jewgeni Petrowitsch Maslennikow und der Staatsanwalt von Iwdel Wassili Iwanowitsch Tempalow trafen ebenfalls ein. (Sie landeten mit dem Hubschrauber zwischen 13 und 14 Uhr.) Außerdem begann die Lieferung des Materials zur bevorstehenden Vergrößerung des Lagers, da weitere mit der Suche beschäftigte Personen in den nächsten Tagen erwartet wurden. Laut den Erinnerungen der Beteiligten war der ganze Pass zwischen den Tälern der Auspija und der Loswa an diesem Tag übersät mit Rucksäcken und allen möglichen Transportgütern aus dem Hubschrauber.

Es wurde beschlossen, das Lager einstweilen nicht aus dem Auspijatal zu verlegen. Der Fund der Leichen im Loswatal machte dort

Die Leiche von Igor Djatlow zum Zeitpunkt ihrer Entdeckung am Hang. Aus dem Schnee ragen nur die an die Brust gepressten Unterarme hervor.

Die Leiche von Igor Djatlow, nachdem der Schnee weggegraben wurde. Die ärmellose Pelzweste ist vorn offen und die Körperhaltung entspricht so gar nicht der »Haltung eines frierenden Menschen«.

Ermittlungstätigkeiten notwendig, bei denen die Anwesenheit von Außenstehenden nur stören konnte.

Inzwischen schritten die Ereignisse unerbittlich fort. (Der 27. Februar war allgemein ein Tag voller tragischer Entdeckungen.) Beim Absuchen des Hangs des Cholat Sjachl wurde auf dem Weg vom verlassenen Zelt zur Zeder noch eine männliche Leiche (die dritte) entdeckt. Der Staatsanwalt von Iwdel W. I. Tempalow, der sich zu diesem Zeitpunkt bereits im Suchgebiet aufhielt, untersuchte die Leiche persönlich und bestimmte die Entfernung von ihrem

Die Leiche von Sina Kolmogorowa

Fundort zu der Zeder, unter der man die beiden anderen Leichen gefunden hatte, mit 400 Meter. Die Leiche lag auf dem Rücken hinter einer schiefen Zwergbirke, der Kopf zeigte bergauf in Richtung des Zelts. Die Schneeschicht war an dieser Stelle vergleichsweise dünn und bedeckte die Leiche nicht vollständig.

Der Verstorbene wurde als Igor Djatlow identifiziert, der Leiter der Wanderung.

Danach ging die Suche am Berghang weiter, und einige Stunden später entdeckte der Hund des Jägers Moisejew unter einer Schneeschicht von etwa 10 Zentimetern die vierte Leiche, diesmal eine weibliche. Ihre Entfernung zu Djatlows Leiche bestimmte Staatsanwalt Tempalow mit 500 Meter. Die weibliche Leiche lag mit dem Kopf in Richtung Berggipfel, das heißt in Richtung des Zelts. Die Verstorbene wurde als Sina Kolmogorowa identifiziert. Es fiel auf, dass sich das Zelt am Hang, die Leichen von Kolmogorowa und Djatlow sowie die Zeder am Bach praktisch auf einer Linie im direkten Sichtbereich befanden.

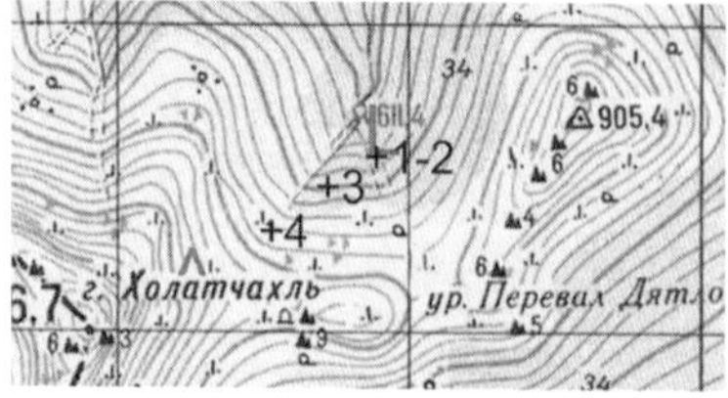


Kartenausschnitt: ^ steht für das Zelt der Djatlow-Gruppe am Osthang des Cholat Sjachl; L bezeichnet die Zeder über dem vierten Zufluss der Loswa; +1–2 zeigt den Fundort der Leichen von Georgi Kriwonischtschenko und Juri Doroschenko, +3 die Lage von Igor Djatlows Leiche (etwa 400 Meter von der Zeder entfernt), +4 die Lage von Sina Kolmogorowas Leiche (nach Schätzung des Staatsanwalts Tempalow etwa 500 Meter von Djatlows Leiche entfernt).

Die Leichen unter der Zeder waren anfänglich als Georgi Kriwonischtschenko und Semjon Solotarjow identifiziert worden. Erst nach mehreren Tagen stellte sich heraus, dass es sich bei Letzterem um Juri Doroschenko handelte. Die Leichen waren gefroren und hatten wenig Ähnlichkeit mit den lebendigen Menschen. Alle, die die Toten gesehen hatten, bemerkten die auffällige Veränderung der Hautfarbe, wobei diese Farbe von verschiedenen Personen unterschiedlich beschrieben wurde, von Gelb-Orange bis bräunlich. Die Worte eines Augenzeugen beim Begräbnis der verstorbenen Studenten gibt diesen seltsamen Eindruck präzise wieder: »Es war, als lägen Schwarze in den Särgen.« Die subjektive Wahrnehmung der Farbe wurde sowohl von den Lichtverhältnissen als auch vom Gefühlszustand der Augenzeugen beeinflusst, doch der Anblick der Verstorbenen war ohne Zweifel sehr ungewöhnlich, um nicht zu sagen furchterregend. Außerdem waren auf den sichtbaren Stellen der am 27. Februar gefundenen Körper verschiedenartige Abschürfungen, Wunden und Ergüsse wie blaue Flecken oder Leichenflecke zu sehen. Das Unbehagen der Betrachter wurde noch dadurch verstärkt, dass die Leichen nur spärlich bekleidet waren. Sie trugen weder Kopfbedeckung noch Schuhe, und die Leichen unter der Zeder waren außerdem in langen Unterhosen. Man kann nur rätseln, welche Bedrohung die Menschen in Socken und Unterhosen aus dem Zelt in die Kälte einer wilden, unbesiedelten Gegend gejagt hatte.

Am 27. Februar begannen die Suchmannschaften, den Hang mithilfe von Skistöcken abzusuchen. Man erwartete den Fund neuer Leichen. Bald wurden die Skistöcke durch Lawinensonden ersetzt, spitze Metallstäbe von 3 Metern Länge, die man in den Schnee stieß, um womöglich darunter verborgene Körper zu ertasten. Die Suchenden bildeten eine Kette und bewegten sich in vorgegebener Richtung, ohne die Kette zu unterbrechen, und stießen die Sonde auf jedem Quadratmeter mindestens fünfmal in den Schnee. Das war nicht nur eine schwierige, sondern eine wirklich zermürbende Arbeit, die neben Körperkraft auch eine hohe Moral erforderte – schließlich suchte man nach verstorbenen Menschen!

Während am Hang des Cholat Sjachl die Suche nach den Wanderern lief, machte sich eine andere Gruppe daran, das Zelt der Djatlow-Gruppe abzubauen. Es ist unklar, warum diese außerordentlich wichtige Tätigkeit ohne Mitwirkung des Staatsanwalts durchgeführt und nicht dokumentiert wurde, weder durch ein Protokoll noch durch Fotos. Was mit der Djatlow-Gruppe auch geschehen war, dieses Ereignis hatte beim Zelt begonnen. Also waren die Gegebenheiten rund um das Zelt sowie die Lage der Dinge im Inneren sehr wichtig, um die Vorfälle zu verstehen. Die Arbeit am Zelt, die Untersuchung der Gegenstände darin und ihr Abtransport den Hang hinab gingen sehr nachlässig vonstatten. Einer der Beteiligten an dem dubiosen Abbau des Zelts (der faktischen Zerstörung von Spuren), ein gewisser W. D. Brusnizyn, beschrieb das Vorgehen später bei einer Vernehmung: »Der Schnee wurde mithilfe von Ski und Skistöcken beseitigt. Es arbeiteten zehn Personen ohne System. Das meiste wurde direkt aus dem Schnee gezogen, deshalb war es äußerst schwierig festzustellen, wo und wie jedes Ding gelegen hatte.«

Um eine bessere Vorstellung davon zu geben, wie chaotisch das Durchsuchen des Zelts ablief und wie achtlos man mit den potenziell wichtigen Beweisstücken verfuhr, soll eine Filmrolle erwähnt werden, die den Hang hinunterrollte und erst am folgenden Tag entdeckt wurde. Es ist klar, dass bei einer solchen Organisation der Tätigkeiten keine Rede von Spurensicherung sein konnte. Deshalb mussten die Mitarbeiter der Staatsanwaltschaft die Gegebenheiten im und um das Zelt nach den Aussagen der Beteiligten rekonstruieren.

Der Hang des Cholat Sjachl weist ein relativ sanftes Gefälle von durchschnittlich 10 bis 12 Grad auf. Stellenweise erhöht sich dieser Winkel auf 20 Grad, doch es kommen auch ebene Flächen vor. Auf einer solchen Fläche hatte die Djatlow-Gruppe ihr Zelt aufgestellt. Über Spuren rund um das Zelt ist nichts bekannt. Es gibt Aussagen, dass eine Skispur vom Auspijatal zum Zeltplatz bis zum 6. März sichtbar war. Doch laut anderen Versionen wurden weder beim Eingang noch in der Nähe des Zelts deutliche Spuren entdeckt; am wahrscheinlichsten ist, dass zu jener Zeit einfach niemand auf Spuren geachtet hatte. Dennoch waren sich alle Suchteilnehmer, die am 27. und 28. Februar 1959 beim Zelt gewesen waren, einig, dass es dort keinerlei verdächtige Spuren gab (etwa die eines großen Tiers). Außerhalb der ebenen Fläche begannen mehrere Bahnen gut erkennbarer Spuren, die den Hang hinabführten. Die Abdrücke im Schnee erlaubten nicht nur, Bewegungsrichtung und Verteilung innerhalb der Gruppe zu bestimmen, sondern ließen auch auf Socken oder Filzstiefel schließen. Alle, die diese Spuren auf dem Hang gesehen hatten, bestätigten, dass sie von acht bis neun Paar Füßen stammten, also zweifellos von den Wanderern der Djatlow-Gruppe. Der Abstieg vom Zelt hatte geordneten Charakter, die Wanderer liefen nicht chaotisch bergab, sondern als geschlossene Gruppe.

In einer Entfernung von 80 bis 90 Metern vom Zelt teilten sich die Spuren auf. Zwei Personen (zwei Paar Spuren) trennten sich von den anderen, doch sie entfernten sich nicht weit, sondern gingen parallel zur Hauptgruppe und blieben offenbar in Rufweite. Die Spuren waren auf dem Hang mehr als einen halben Kilometer weit gut zu verfolgen. Demnach hatte sich die Gruppe nahezu geradlinig in Richtung Loswatal bewegt. (Boris Jefimowitsch Slobzow beschrieb die Umgebung des Zelts und die Spuren in seiner offiziellen Aussage bei den Ermittlungen folgendermaßen: »Vom Zelt […] wurden in einer Entfernung von ungefähr 0,5 bis 1 Meter einige Pantoffeln aus verschiedenen Paaren entdeckt, außerdem waren Skimützen und andere kleinere Sachen verstreut. Ich erinnere mich nicht und achtete nicht darauf, von wie vielen Personen es Spuren gab, doch ich muss betonen, dass die Spuren am Anfang dicht beisammen waren, eine neben der anderen, sich später jedoch trennten, aber wie das genau aussah, daran erinnere ich mich jetzt nicht mehr.«)

Während sie die Spuren untersuchten, wurden die Mitglieder des Suchtrupps auf einen Abdruck von Schuhen mit Absätzen aufmerksam. Leider war er der einzige und niemand schätzte seine Wichtigkeit gebührend ein, zumindest nicht in jener Zeit. Niemand wunderte sich, warum es viele Spuren von Socken oder Filzstiefeln gab, aber nur eine Spur von einem Schuh mit Absatz. Nach allgemeiner Auffassung war einer aus der Gruppe mit solchen Schuhen abgestiegen. Erst viel später stellte sich heraus, dass keiner der neun Wanderer derartige Schuhe getragen hatte … Die Spur wurde nicht in der nötigen Weise dokumentiert, ja nicht einmal vermessen. Es gibt nur ein einziges Foto, das die Existenz dieses Schuhabdrucks neben den Spuren der Wanderer belegt.

Beim Zelt wurde ein Paar Ski gefunden, wobei die Meinungen über ihre genaue Lage später auseinandergingen: Jemand sagte, dass die Ski beim Zelteingang vertikal im Schnee steckten, aber es ist auch eine Aussage bekannt, dass die Ski zusammengebunden im Schnee lagen. In einer Entfernung von 10 Metern seitlich vom Zelt wurden im Schnee Sachen gefunden, die, wie sich später erwies,

Das Zelt der Djatlow-Gruppe, fotografiert von Wadim Brusnizyn. Gewöhnlich wird diese Aufnahme auf den 28. Februar 1959 datiert, doch der Fotograf selbst nennt als Datum den 26. Februar. Im Vordergrund Koptelow, ein aktiver Teilnehmer der Suchaktion.

Igor Djatlow gehörten: ein Paar Socken und Stoffpantoffeln, die in ein kariertes Hemd eingewickelt waren.

Dieses Bündel lag wie zur Seite geworfen da. Das Zelt der Djatlow-Gruppe war ordentlich aufgestellt worden, doch außer beim Eingang waren die Spannseile gerissen, wodurch der nördliche Teil der Plane nach einiger Zeit offenbar unter dem Druck des Windes nachgab. Als die Suchmannschaft das Zelt entdeckte, war es bereits von einer 20 bis 30 Zentimeter dicken Schneeschicht bedeckt. Unter dem Zeltboden lagen acht Paar Ski, im Inneren waren neun Rucksäcke ausgelegt, um dem Boden mehr Stabilität zu verleihen.

Auf der Südseite des Zelts (wo sich der Eingang befand) war der First an einem Skistock befestigt, auf der Nordseite war er eingefallen und nicht fixiert. Über den Rucksäcken waren zwei Decken ausgebreitet und sieben weitere Decken bildeten entweder gefaltet oder zusammengeknüllt einen gefrorenen Haufen. Auf den Decken lagen sechs achtlos hingeworfene Wattejacken.

Das Zelt der Djatlow-Gruppe auf der letzten Wanderung. Die Bilder aus den Fotoapparaten der Verstorbenen wurden in den letzten Tagen des Januar 1959 im Auspijatal aufgenommen. Auf dem oberen Bild ist die am First des Zelts angenähte Schlaufe zu erkennen, durch die das Spannseil gezogen ist. Das Seil wurde entweder an einem Ast befestigt, wenn es Bäume in der Nähe gab, oder über einen Ski geführt und an einen Skistock gebunden, der den Hering ersetzte. Auf dem unteren Foto sieht man den Rauchabzug von Igor Djatlows selbst gebautem Ofen am hinteren Ende des Zelts.

Direkt beim Eingang wurde links (vom Eingang aus gesehen) fast das gesamte Schuhwerk der Gruppe gefunden: sieben Filzstiefel (dreieinhalb Paar) und sechs Paar Skischuhe, unordentlich durcheinandergeworfen. Weitere zwei Paar Skischuhe lagen im mittleren Teil des Zelts auf der rechten Seite. Ebenfalls rechts, nur etwas

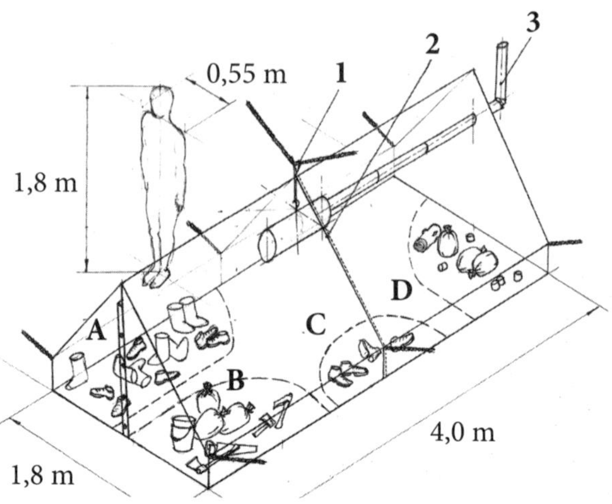


So könnte das Zelt der Djatlow-Gruppe zum Zeitpunkt der Entdeckung am Cholat Sjachl ausgesehen haben (in der Schemazeichnung fehlen die am Boden ausgelegten Rucksäcke der Wanderer, die Decken und die Wattejacken). Zum Größenvergleich ist ein Mann von J. Doroschenkos Körperbau abgebildet (Größe 180 cm, Schulterbreite 55 cm). *Zeichenerklärung:* 1 – die Schlaufe auf dem Zeltfirst, durch die die Spannseile gezogen wurden; 2 – die Doppelnaht auf der Dachschräge und der Seitenwand, die durch das Zusammennähen zweier Viermannzelte entstand; 3 – Igor Djatlows selbst gebauter Hängeofen mit Rauchabzug. Zone »A« – der Platz links vom Eingang, wo fast alle Schuhe der Gruppe lagen; Zone »B« – die Stelle rechts vom Eingang, wo das hauswirtschaftliche Inventar aufbewahrt wurde; Zone »C« – der Platz in der Mitte rechts vom Eingang, wo zwei Paar Skischuhe gefunden wurden; Zone »D« – der hintere Teil des Zelts, in dem die Lebensmittel lagen und Holzscheite für den Ofen.

näher zum Eingang, befanden sich die Sachen, die man als hauswirtschaftliches Inventar bezeichnen kann: Äxte (zwei große und eine kleine), eine Säge in der Scheide, zwei Eimer (anfangs lag in einem von ihnen die Feldflasche mit Alkohol, die Boris Slobzow am Vortag mitgenommen hatte), zwei Kessel sowie der zylinderförmige Ofen, der beim Eintreten des Notfalls offensichtlich nicht in Verwendung war. Neben dem hauswirtschaftlichen Inventar lagen zwei oder drei Beutel mit Zwieback.

Ebenfalls beim Eingang, über den anderen Sachen, wurde ein Skistock gefunden. Der Stock sah aus, als ob jemand versucht hätte, ihn mit dem Messer abzuschneiden. Mit diesem Stock hängt eine von vielen bedeutsamen Ungewissheiten um den Tod der Wanderer zusammen. Es geht darum, dass sie keine Ersatzskistöcke dabeihatten und die Beschädigung auch nur eines Stocks das Fortkommen der ganzen Gruppe beträchtlich erschwert hätte. Es ist vollkommen unverständlich, wer so etwas Sinnloses und geradezu Schädliches hätte tun können und wozu. Außerdem ist unklar, wie man den Bambus überhaupt mit dem Messer schneiden konnte (laut Judin besaß die Gruppe ausschließlich Skistöcke aus Bambus). Es gibt das Gerücht, dass der im Zelt gefundene Stock nicht aus Bambus war, doch das lässt sich heute weder bestätigen noch widerlegen – er wurde nicht fotografiert und sein weiterer Verbleib ist unbekannt.

Der Rettungsmannschaft, die das Zelt untersuchte, fielen ein großes (etwa drei Kilogramm schweres) Stück Speck auf, das unverpackt war, sowie ein davon abgerissener Streifen Schwarte auf der Decke. Zu dem Zeitpunkt, als die Notsituation bei der Djatlow-Gruppe auftrat, waren die Wanderer offenbar gerade dabei, diesen Speck für das Abendessen aufzuschneiden.

Im selben Bereich nahe beim Zelteingang wurde das »Abendblatt Otorten« gefunden, eine scherzhafte Wandzeitung, die die Wanderer selbst auf einem Heftblatt zusammengestellt hatten. Es lohnt sich, ihren Inhalt zu zitieren, da einige Theorien über die Tragödie damit zusammenhängen:

»ABENDBLATT OTORTEN«. Nr. 1. 1. Februar 1959.
*Leitartikel.* Wir begehen den 21. Parteitag mit einer Erhöhung der Wanderergeburtenrate!
*Wissenschaft.* In letzter Zeit gibt es unter Wissenschaftlern eine lebhafte Diskussion über die Existenz eines Schneemenschen. Nach jüngsten Erkenntnissen ist der Schneemensch im nördlichen Ural heimisch, in der Gegend um den Berg Otorten.
*Philosophisches Seminar »Liebe und Wandern«.* Wird täglich in

den Räumlichkeiten des Zelts (Hauptgebäude) abgehalten. Es dozieren Doktor Thibeaux und die Kandidatin der Liebeswissenschaften Dubinina.

*Frage an Radio Eriwan.* Kann man mit einem Ofen und einer Decke neun Wanderer wärmen?

*Technik.* Wanderschlitten. Hervorragend bei der Fortbewegung mit Zug, Auto oder Pferd. Nicht zu empfehlen für die Beförderung von Lasten über den Schnee. Für etwaige Fragen steht Chefkonstrukteur Genosse Kolewatow zur Verfügung.

*Sport.* Das Funktechnikteam, bestehend aus den Genossen Doroschenko und Kolmogorowa, stellte einen neuen Weltrekord in der Kategorie Ofenzusammenbau auf: 1 Stunde 02 Minuten und 27,4 Sekunden.

*Herausgegeben von der Gewerkschaftsorganisation der Gruppe »Chibina«.*

Das Original dieser Wandzeitung befindet sich übrigens nicht in der Verfahrensakte. Es gibt nur eine maschinengeschriebene Kopie, deshalb wissen wir nichts über den oder die Verfasser. Außerdem ist nicht ganz klar, wo sich das Blatt im Zelt genau befand; es gibt Aussagen, dass es mit einer Stecknadel an den inneren Vorhang angeheftet war, doch das ist nicht gesichert.

Im hintersten Teil des Zelts lagen Lebensmittel (Zucker, Salz, Grütze, Kondensmilch) und Holzscheite, wohl zum Heizen.

Die Männer des Suchtrupps durchstöberten das Zelt, holten die Sachen daraus hervor und brachten sie für den späteren Abtransport den Hang hinab. Unter dem Zelt wurden drei Paar Ski hervorgezogen, von denen man zwei den Jägern Moisejew und Mostowoi gab, während die Ski des dritten Paars als Markierungspflöcke der Fundorte von Kolmogorowas und Djatlows Leichen dienten.

Am 28. Februar 1959 eröffnete der Staatsanwalt Wassili Iwanowitsch Tempalow das Ermittlungsverfahren aufgrund der Entdeckung der Leichen von vier Wanderern aus der Djatlow-Gruppe.

Das Zelt ist vollständig abgebaut und zur Seite gelegt, die Ski der Gruppe stecken im Schnee, die Rettungsmannschaft bewegt sich hangabwärts. Links im Bild: der Journalist Juri Jarowoi und der Staatsanwalt Lew Iwanow. Das Foto erlaubt es, die Steigung am Cholat Sjachl oberhalb des Zeltplatzes genau zu bestimmen. Sie beträgt nur 15 Grad.

Am 1. März wurden das Zelt und die darin gefundenen Sachen ohne Inventarisierung mit dem Hubschrauber nach Iwdel gebracht. Die Identifizierung der Gegenstände und ihre Zuordnung zu den einzelnen Wanderern erfolgten unter Mitwirkung von Juri Judin bereits dort.

Am selben Tag, dem 1. März, kam Lew Nikitowitsch Iwanow im Suchlager an, der einzige Staatsanwalt für Strafsachen im Gebiet Swerdlowsk. Er übernahm die Leitung der Ermittlungen zum Tod der Djatlow-Gruppe. Ab diesem Zeitpunkt begann das Absuchen des Cholat Sjachl mit den Lawinensonden, die ins Lager geliefert worden waren. Die Teilnehmer waren mit vollem Einsatz bei der Sache, pro Tag sondierte jeder von ihnen bis zu 1000 Quadratmeter, während sie sich durch Schneemassen von bis zu 1,5 Metern Dicke bewegten.

Die zu bewältigende Aufgabe war enorm. In einer Woche (vom 2. bis zum 9. März) sondierten die Suchmannschaften plangemäß den Hang des Cholat Sjachl vom Zeltplatz der Djatlow-Gruppe bis

Transport einer der Leichen, die im Februar beziehungsweise Anfang März 1959 gefunden wurden, zum Hubschrauberlandeplatz am Pass. Das Foto stammt aus der Sammlung von Alexej Koskin und dem »Gedenkfonds der Djatlow-Gruppe«, einer gemeinnützigen Organisation zur Erforschung der Tragödie. Diese Aufnahme ist besonders interessant, da sie in direkter Nähe zur Waldgrenze gemacht wurde. Wie man erkennt, endete der Zwergbirkenbewuchs abrupt und es begann ein nackter Hang ohne jegliche Übergangsstrauchzone. Die Waldgrenze verlief 1959 auf einer Seehöhe von etwa 700 Metern. Seither hat sie sich laut Augenzeugen deutlich den Hang hinauf verschoben, möglicherweise eine Folge der Klimaerwärmung.

zum Loswatal, durchkämmten methodisch den Wald in der Gegend um die Zeder, wo die ersten zwei Leichen gefunden worden waren, und machten eine kreisförmige Begehung der Höhe 905,4. Des Weiteren überprüften sie den Abstieg von dieser Höhe zur Loswa und eine lange Schlucht 50 Meter von der Zeder. Die Schlucht wurde über eine Strecke von 300 Metern sondiert, doch diese Arbeit war nicht effektiv, da der Schnee dort über 3 Meter tief war und die Sondenlängen dafür nicht annähernd ausreichten.

Im Lauf dieser Operation wurde eine unversehrte chinesische Taschenlampe mit leerer Batterie gefunden, die eingeschaltet war.

Sie wurde im dritten Steinfeld etwa 400 Meter vom Zelt entfernt entdeckt. (Den Hang des Cholat Sjachl kreuzen drei lange Stein-

Untersuchung des Vorratslagers, das von der Djatlow-Gruppe am letzten Halteplatz vor dem Aufstieg auf den Cholat Sjachl angelegt worden war. Der Suchtrupp hatte große Hoffnungen, dass der Fund des Vorratslagers die Gründe für die Tragödie aufklären würde. Es wurde vom Beginn der Suchoperation an im Gebiet des Cholat Sjachl systematisch und ununterbrochen gesucht. Doch seine Entdeckung enttäuschte den Suchtrupp. Im Vorratslager befanden sich Trockengut (Grütze, Zucker), ein Paar Ersatzski, Skischuhe von Igor Djatlow, jedoch keinerlei Notizen. Ein ganz gewöhnliches Vorratslager einer Wanderung.

felder, die fast horizontal gelegen sind. Das oberste, erste Feld ist vom Zelt etwa 200 Meter entfernt, das zweite 250 bis 280 Meter und schließlich das dritte und letzte ungefähr 400 Meter. Die Djatlow-Gruppe musste beim Abstieg zur Zeder unweigerlich alle drei überwinden.) Der Fundort der Taschenlampe auf der Linie »Zelt–Zeder« entspricht der Theorie, dass die Gruppe (oder ein Teil von ihr) in Richtung des Baums gegangen war, unter dem sich später die Leichen von zwei Wanderern fanden.

Am 2. März 1959 entdeckte ein Trupp aus drei Studenten und zwei Mansen das Vorratslager, das die Djatlow-Gruppe vor dem Aufstieg auf den Cholat Sjachl angelegt hatte. Es befand sich, wie vermutet, im Auspijatal, etwa 300 Meter vom Suchlager entfernt.

Das ebenerdige Vorratslager war mit Tannenzweigen umgeben,

als Markierung hatten die Wanderer an der Stelle ein Paar Ski vertikal in den Schnee gesteckt und zerrissene Stulpen darübergezogen. Es lag etwa 100 Meter vom Ufer der Auspija entfernt, einen halben Kilometer von der Waldgrenze, und wirkte unberührt. Es enthielt verschiedene Lebensmittel (Grütze, Zucker etc., insgesamt 19 Sachen mit einem Gesamtgewicht von 55 Kilogramm), kleingehacktes Brennholz sowie Gegenstände, die die Wanderer in den nächsten Tagen für ihren Aufstieg auf den Otorten und die Rückkehr ins Auspijatal nicht benötigen würden. Darunter waren die Mandoline, das erwähnte Paar Ski, zwei Paar Schuhe (Skischuhe und Bergschuhe), ein Eispickel sowie eine Mütze, eine Skimaske und ein Hemd (je ein Stück). Dieses Vorratslager, von dem die Entdecker sich Aufklärung über das Schicksal der Gruppe erhofft hatten, fügte zu den der Suchmannschaft bereits bekannten Informationen nichts Neues hinzu. Es zeigte nur, dass nach dem eiligen Verlassen des Zelts keiner der Wanderer hierher zurückgekehrt war.

Am nächsten Tag, dem 3. März 1959, wurde am Flughafen von Iwdel der Besitz der Vermissten, den der Hubschrauber aus dem Suchgebiet dorthin gebracht hatte, analysiert und protokolliert. Die für die vorliegende Abhandlung bedeutendsten Gegenstände und persönlichen Dinge aus dem Zelt sind folgende: neun Windjacken, acht Wattejacken, eine Pelzjacke, zwei Pelzwesten, vier wetterfeste Hosen, eine Baumwollhose, vier Schals, 13 Paar Handschuhe (aus Pelz, Tuch oder Leder), acht Paar Skischuhe, sieben Filzstiefel, zwei Paar Pantoffeln, acht Paar Stulpen, drei Eislaufmützen, eine Pelzmütze, zwei Filzbarette, drei Kompasse, eine Taschenuhr, ein Finnenmesser, drei Äxte (zwei große und eine kleine in einer Lederhülle), 19 Gamaschen, zwei Eimer, zwei Kessel, zwei Feldflaschen, ein Verbandskasten. Es gab auch eine beträchtliche Anzahl von kleineren Sachen (Socken, Fußlappen, Skimasken, Zahnbürsten), die aus den Rucksäcken herausgenommen worden waren, was ihre Zuordnung zu den einzelnen Wanderern erschwerte.

Was lässt sich aus der Analyse der im Zelt gefundenen Gegenstände folgern? Als Erstes verließen die Mitglieder der Djatlow-Gruppe ihre Unterkunft ohne Oberbekleidung, wie Wattejacke, Windjacke, Schuhe, Filzstiefel und Kopfbedeckung. Nur eine überaus ernste Bedrohung konnte neun junge und körperlich kräftige Menschen dazu bringen, das Lager im Winter abends in einem unbewohnten Waldgebiet überstürzt zu verlassen. Es gab offenbar nur zwei Möglichkeiten: Abstieg über den Hang oder unmittelbar drohender Tod am Zeltplatz. Dabei ist festzuhalten, dass die Gruppe nicht gänzlich unbewaffnet war. Die Wanderer ließen drei Äxte und ein Finnenmesser im Zelt zurück, außerdem hatten sie wahrscheinlich weitere Messer bei sich, da sie später junge Bäume bei der Zeder abschnitten. Jedoch war die Gefahr, die die Djatlow-Gruppe bedrohte, von einer Art, gegen die Äxte und Messer nichts ausrichten konnten.

Neben dieser Schlussfolgerung zogen die Ermittler eine weitere scheinbar offensichtliche: Die Krisensituation trat beim Umziehen ein (vor dem Schlafengehen). Damit erklärte sich, warum praktisch alle Schuhe und die ganze Oberbekleidung im Zelt verblieben.

Am selben Tag, dem 3. März 1959, verließ die Gruppe um Boris Slobzow, die aus Studenten des Swerdlowsker Polytechnischen Instituts bestand, das Suchgebiet. Die Gründe dafür waren ihre extreme Erschöpfung sowie die Notwendigkeit, baldigst zu ihren Studien zurückzukehren. In der Institutsleitung hätte niemand aufgrund der Teilnahme der Studenten an der Suchaktion ihre Prüfungen verschoben oder das Vernachlässigen ihrer akademischen Pflichten entschuldigt. Am selben Tag trafen die bereits erwähnten Moskauer Experten Bardin, Schuleschko und Baskin im Suchlager ein. Ihre Aufgabe war es, vor Ort die Durchführung der Operation zu bewerten und vorläufige Schlüsse über die Art der Vorfälle zu ziehen, die den Tod eines Teils der Djatlow-Gruppe zur Folge hatten. Bardin und Baskin blieben bis zum 8. März im Suchgebiet, während Schuleschko einen Tag später abflog.

Anhand ihres Aufenthalts im Lager und der Prüfung der Situation vor Ort fertigten die Moskauer Experten einen Bericht an, eine Art Sachverständigengutachten, in dem sie versuchten, die Geschehnisse um die Djatlow-Gruppe unvoreingenommen und nüchtern zu analysieren. Das Verlassen des Zelts und den Marsch zur Zeder erklärten sie mit einer andauernden Bedrohung, die auf dem Hang in Erscheinung getreten war und die Wanderer veranlasste, sofort Rettung im Loswatal zu suchen. Da die Kleidung der Verstorbenen offenkundig nicht den Wetterbedingungen entsprach, nahmen die Experten an, dass die Bedrohung beim Umziehen eintrat. Diese Annahme wurde über viele Jahre zu einem selbstverständlichen Bestandteil der meisten Theorien über die Vorfälle. Im Großen und Ganzen trafen die Moskauer Experten überaus vorsichtige, um nicht zu sagen ausweichende Aussagen. Sie schrieben niemandem die Schuld an der Tragödie zu und enthielten sich eindeutiger Wertungen. In ihren Formulierungen spürt man den Geist der Bürokratie, der potenziell gefährliche Inhalte meidet.

# 3. KAPITEL

## GERICHTSMEDIZINISCHE UNTERSUCHUNG DER LEICHEN VON JURI DOROSCHENKO, GEORGI KRIWONISCHTSCHENKO, SINAIDA KOLMOGOROWA UND IGOR DJATLOW

Am 4. März untersuchten Boris Alexejewitsch Wosroschdjonny, ein Experte des Büros für gerichtsmedizinische Gutachten des Gebiets Swerdlowsk, und Iwan Iwanowitsch Laptew, Gerichtsmediziner der Stadt Sewerouralsk, die Leichen der vier Wanderer. Die Verstorbenen waren nach Iwdel in die Leichenhalle der Sanitätsabteilung der Inneren Truppen gebracht worden (das sind die Begleittruppen zur Bewachung der Strafkolonie Iwdel, der sogenannte Truppenteil N-240). Damit die Umstände der Vorfälle am Hang des Cholat Sjachl richtig beurteilt werden können, beschreiben wir zunächst die Kleidung der Verstorbenen vor der anatomischen Untersuchung und ihre wichtigsten körperlichen Verletzungen.

1. Juri Doroschenko, einer der beiden unter der Zeder gefundenen Wanderer. Er war bekanntlich der Kräftigste und Größte (180 cm) aus der Djatlow-Gruppe. Er trug ein ärmelloses Unterhemd und ein kurzärmeliges, kariertes Hemd aus Zellwollstoff (d. h. aus dünnem Stoff, kein Flanell); eine Badehose, eine Satinunterhose und eine lange Unterhose aus Trikotstoff. Alle sechs Hemdknöpfe waren geschlossen, beide Brusttaschen leer. An den Füßen befanden sich unterschiedlich viele Socken: am linken Fuß zwei aus Trikot und eine dicke Wollsocke mit einer angebrannten Stelle von 2 x 5 Zentimetern, am rechten Fuß die Überreste einer Baumwoll- und einer

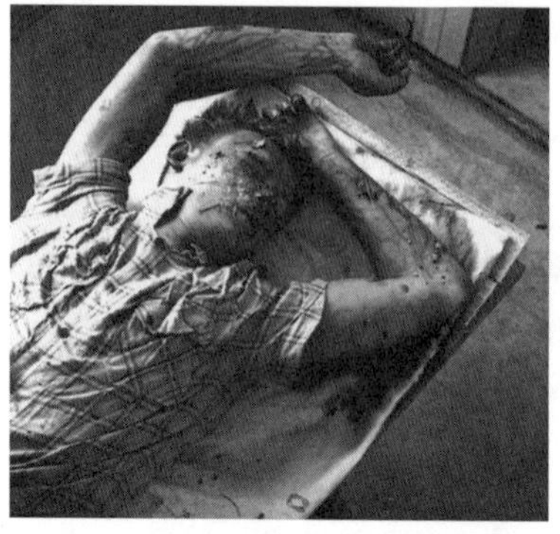

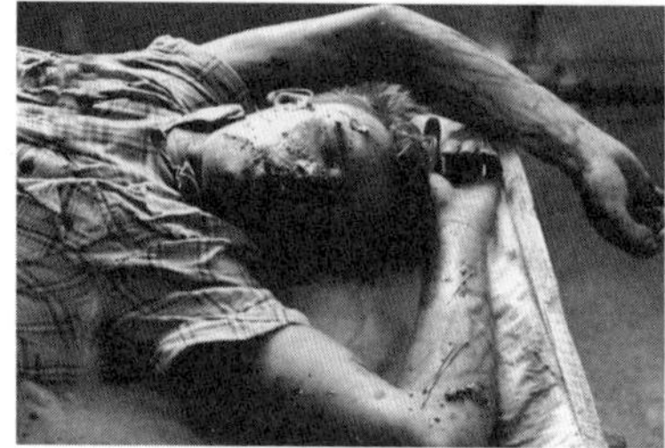

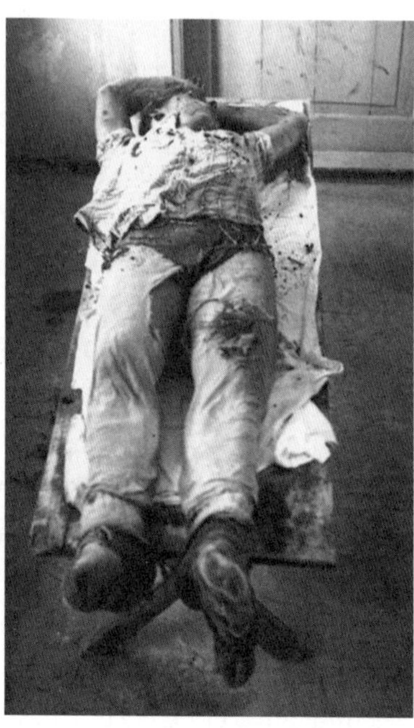

Die Leiche von Juri Doroschenko, fotografiert am 4. März 1959 nach dem Auftauen in der Leichenhalle. Die ausgeprägte Venenzeichnung auf den Armen sowie der Schaum auf der rechten Wange sind gut zu erkennen.

Wollsocke. Doroschenkos lange Unterhose war stark zerrissen: Das linke Hosenbein hatte im mittleren Drittel des inneren Oberschenkels einen Riss von 13 x 13 Zentimetern und das rechte Hosenbein einen noch größeren an der Vorderseite des Oberschenkels von 22 x 23 Zentimetern. In den Haaren des Verstorbenen entdeckte der Experte Teile von Moos und Tannennadeln, außerdem waren die Haarspitzen auf der rechten Seite des Kopfes von der Schläfe bis zum Hinterkopf versengt. Die Gesichtsfarbe wurde als »braunviolett« bestimmt. Leichenflecke befanden sich auf der Hinterseite des Halses, des Rumpfs und der Gliedmaßen, was im Widerspruch zu der Lage stand, in der die Leiche gefunden wurde (Juri Doroschenko lag mit dem Gesicht nach unten, dementsprechend müssten die Leichenflecke auf der Brust, dem Bauch und den Vorderseiten der

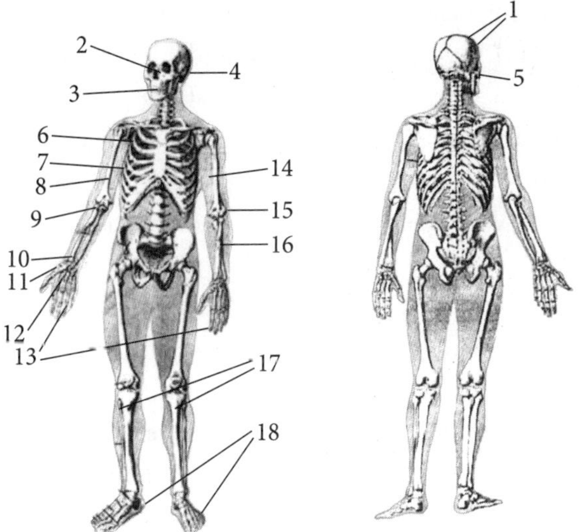


Übersicht der körperlichen Verletzungen von Juri Doroschenko

Gliedmaßen gewesen sein). Dieser Widerspruch wurde von den Experten in ihrem Gutachten überhaupt nicht erklärt, sondern einfach übergangen (wir kommen darauf zurück).

Wosroschdjonny und Laptew hielten die folgenden äußeren Verletzungen bei Juri Doroschenko fest (siehe Abbildung oben):

– Versengte Haarspitzen auf der rechten Kopfseite (1).

– Nasenrücken, Nasenspitze und Oberlippe sind voller Blut (2) (was offensichtlich von intravitalem Nasenbluten zeugt).

– Geschwollene Oberlippe, darauf ein roter Bluterguss von 1,5 x 2 Zentimetern Größe. (Der Grund für dieses Ödem ist schwer nachzuvollziehen, möglicherweise hatte sich der Verstorbene auf die Lippen gebissen.) (3).

– Die rechte Wange ist »bedeckt von einer Schicht einer schaumigen grauen Flüssigkeit, an der Mundöffnung Spuren einer ausgetretenen grauen Flüssigkeit«. (Die Gerichtsmediziner erklärten das Auftreten dieser seltsamen physiologischen Erscheinung nicht, weshalb deren mögliche Ursachen noch zu erörtern sind.)

– Eine feste braunrote Stelle von 6 x 1,5 Zentimetern im Bereich des rechten Ohrs (beim Ohrläppchen und Tragus, der kleinen Knorpelmasse an der Ohrmuschel knapp vor dem Gehörgang) (5), im Bereich des Tragus des linken Ohrs gibt es eine analoge Hautstelle mit pergamentartiger Konsistenz von 4 x 1 Zentimetern (4) (die Entstehung einer solchen Verletzung im Bereich der Ohren ist schwer verständlich, wenn man nur von einer natürlichen Ursache ausgeht).

– Hautabschürfung von 2 x 1,5 Zentimetern auf der rechten vorderen Axillarlinie (6).

– Auf der Innenseite des rechten Oberarms im mittleren Drittel gibt es zwei Schürfwunden von 2 x 1,5 Zentimetern mit »pergamentartiger Konsistenz ohne Bluterguss im darunter liegenden Gewebe. Im Bereich dieser Schürfwunden wurden zwei lineare Schnitte gemacht«. (Aus dem Aktentext geht nicht hervor, von wem diese Schnitte stammten – von den Experten im Rahmen der Obduktion oder von jemandem vorher. Falls Ersteres zutrifft, ist weder der Zweck dieser Schnitte noch ihre Erwähnung verständlich, da solche kleineren Eingriffe in gerichtsmedizinischen Gutachten üblicherweise nicht beschrieben werden.) (7)

– Kleine braunrote Schürfwunden mit pergamentartiger Konsistenz ohne Blutergüsse im darunter liegenden Gewebe (also Kratzer) auf der Vorderseite des rechten Oberarms (8).

– Braunrote streifenförmige Schürfwunden im Bereich des oberen Drittels des rechten Unterarms mit einer Größe von 4 x 1, 2,5 x 1,5 und 5 x 0,5 Zentimetern (9).

– Kleinere Schürfwunden im unteren Drittel des rechten Unterarms (10).

– Schwellung des weichen Gewebes und kleinere Schürfwunden auf der rechten Hand (11).

– Braunrote Schürfwunde von 2 x 1,5 Zentimetern Größe mit Bluterguss im darunter liegenden Gewebe am rechten Handrücken im Bereich des zweiten Mittelhandknochens (12).

– Dunkelviolette Färbung der Finger, besonders der Endglieder (Hinweis auf Erfrierungen, offenbar mindestens dritten Grades) (13).

– Auf der Innenseite des linken Oberarms im unteren Drittel gibt es drei braunrote Schürfwunden von 3 x 0,5, 1,5 x 0,7 und 1 x 1,5 Zentimetern (14).

– Kleinere braunrote Schürfwunden und eine Schürfwunde von 2 x 3 Zentimetern Größe mit Abrutschspuren auf der Seite des linken Ellbogengelenks (15).

– Auf der Innenseite des linken Unterarms zwischen dem mittleren und dem unteren Drittel (also etwas unterhalb der Mitte) gibt es eine Wunde von unregelmäßig ovaler Form und einer Größe von 0,6 x 0,5 Zentimetern mit verkrusteten Blutspuren (16).

– Eine 8 Zentimeter lange Narbe auf der Haut im rechten Krummdarmbereich (offensichtlich die Folge einer Blinddarmentfernung).

– Auf den Vorderseiten beider Unterschenkel sind im mittleren Drittel blassrote Hautabschürfungen mit pergamentartiger Konsistenz erkennbar: auf dem linken Bein 8 x 4, auf dem rechten 5 x 1,5 Zentimeter groß (17).

– Die Endglieder der Zehen sind dunkelviolett verfärbt. (Dieselben Erfrierungen wie bei den Fingern. Wäre Juri Doroschenko am Leben geblieben, hätte ihm die Amputation aller Finger und Zehen gedroht.) (18)

Beim Untersuchen der inneren Organe des Verstorbenen bemerkten die Experten eine Hyperämie der Hirnhäute, wie sie bei Tod durch Unterkühlung charakteristisch ist. Im Magen wurde eine große Menge von Blutergüssen entdeckt, sogenannte Wischnewsky-Flecken (nach dem russischen Wissenschaftler, einem Landarzt aus Saratow, der sie erstmals 1895 beschrieb). Das Vorhandensein dieser Flecken ist ein weiteres bedeutendes Anzeichen für einen Tod durch Einwirkung niedriger Temperaturen. Zusätzlich stellten die Experten eine Hyperämie der Nieren fest sowie eine Überfüllung des

Herzens mit Blut – ebenfalls Anzeichen für eine starke und dabei intravitale Abkühlung des Körpers.

In der Lunge wurde dieselbe »schaumige Flüssigkeit« entdeckt, die sich bei der äußeren Besichtigung am Mund gefunden hatte. (Hier der Wortlaut aus der Akte: »Die Lunge ist an der Oberfläche von bläulich-roter Farbe, fühlt sich teigig an, an den Einschnitten zeigt das Lungengewebe eine dunkelrote Färbung, bei Druck auf die Oberfläche eines Schnitts tritt in großer Menge flüssiges dunkles Blut aus sowie eine schaumige wässrige Flüssigkeit.«) Die Experten erklärten in der Akte nicht die Herkunft dieser »schaumigen wässrigen Flüssigkeit« – sie ignorierten diesen Umstand einfach. Dabei gibt es ganz wenige Gründe für das Auftreten einer so ungewöhnlichen physiologischen Erscheinung und keiner davon hat mit dem Erfrieren zu tun. Diese Beobachtung wird später noch eine Rolle spielen, wenn es darum geht, das Austreten von Schaum aus dem Mund des Verstorbenen als wichtigen Hinweis auf die letzten Minuten seines Lebens zu bewerten.

Die Harnmenge in der Blase betrug 0,15 Liter. Eine volle Harnblase ist eines der bedeutendsten Anzeichen für einen Tod durch Unterkühlung (das sogenannte Samson-Himmelstjerna-Anzeichen). Sie ist bedingt durch eine Hemmung des zentralen Nervensystems des erfrierenden Menschen und durch eine Störung der Innervation der Harnblase, wodurch diese ihre Fähigkeit verliert sich zusammenzuziehen. Es gilt die Faustregel, dass man von der Harnmenge indirekt auf eventuelle Handlungen zur Selbstrettung schließen kann – je mehr sich der Erfrierende bewegt, desto weniger voll ist seine Harnblase. Auch die Gegenannahme trifft zu – wenn sich ein Mensch in den Schnee legt, einschläft und erfriert, dann ist die Harnblase übervoll. Wosroschdjonny und Laptew wussten das sehr gut, deshalb bestimmten sie sorgfältig die Harnmenge bei jedem der Verstorbenen. Allerdings war 1959 nicht bekannt, dass dieser Zusammenhang nur bedingt bei Verstorbenen durch Ein-

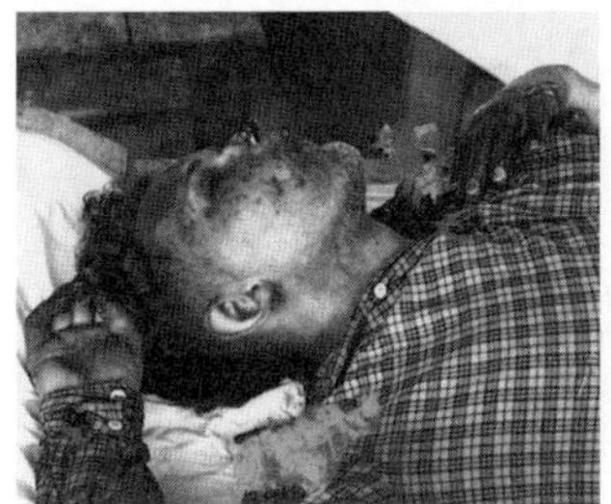
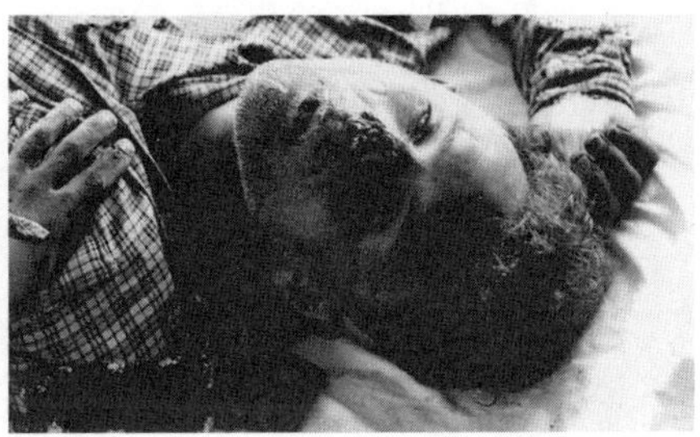

Die Leiche von Georgi Kriwonischtschenko

wirkung niedriger Temperaturen besteht. Inzwischen gilt, dass bei Körpern, die zur Gänze gefroren waren und anschließend auftauen, die Harnmenge nichts mehr über die Aktivität zu Lebzeiten aussagt. Deshalb würden heutige Gerichtsmediziner im vorliegenden Fall dieses Anzeichen wohl kaum für die Rekonstruktion der Todesumstände heranziehen. Im Übrigen werden die Besonderheiten des Gutachtens, das vor mehr als einem halben Jahrhundert angefertigt wurde, in dieser Abhandlung noch öfters zur Sprache kommen.

Die Experten stellten keine Frakturen an Knochen oder Knorpeln fest und auch keine Spuren von Alkohol.

Aufgrund aller Anzeichen für einen Tod durch Unterkühlung, die bei der Untersuchung der inneren Organe entdeckt wurden, sowie des Vorhandenseins von Erfrierungen stellten die Experten fest, dass »Doroschenkos Tod durch die Einwirkung niedriger Temperaturen (Erfrieren) eintrat«. Die körperlichen Verletzungen (Prellungen und Schürfwunden) zählen nach Meinung der Experten »zu den leichten ohne Gesundheitsschädigung«. Ihr Auftreten wurde durch einen Sturz Doroschenkos auf Eis oder einen Stein erklärt sowie durch sein Einschlagen oder Eintreten auf umliegende Gegenstände im Zustand der Agonie. Laut Expertengutachten trat der Tod sechs bis acht Stunden nach der letzten Nahrungsaufnahme ein.

2. Georgi Kriwonischtschenko wurde wie auch Juri Doroschenko unter der Zeder gefunden. Er hatte ein weißes Baumwollunter-

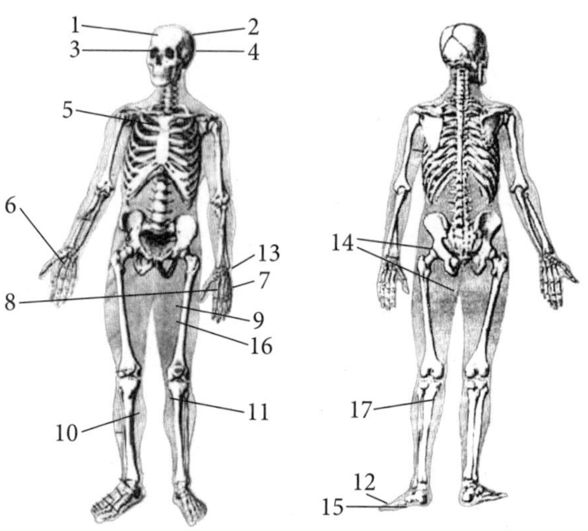


Übersicht der körperlichen Verletzungen von Georgi Kriwonischtschenko

hemd an und ein kariertes Hemd mit drei Knöpfen (von denen zwei geöffnet waren) mit einer selbst gemachten, leeren Innentasche. In den Brusttaschen des Hemds wurden eine Rolle Kupferdraht und ein Seidenband gefunden. Am Unterkörper trug er eine Badehose, eine stark verbrannte, lange Unterhose, bei der die linke untere Hälfte unregelmäßig abgerissen war (am Riss war der Stoff angekohlt), sowie eine zerrissene Baumwollsocke auf dem linken Fuß (ebenfalls mit angekohltem Rand). Die Größe des Verstorbenen wurde mit 169 Zentimeter bestimmt, Leichenflecke befanden sich auf der Hinterseite des Halses, des Rumpfs und der Gliedmaßen, was der Lage entsprach, in der die Leiche gefunden wurde. Die Haut des Halses, des Brustkorbs und der Gliedmaßen (bis zu den Handgelenken) wies eine rötlich violette Farbe auf. Bei der pathologisch-anatomischen Untersuchung beschrieb Boris Alexejewitsch Wosroschdjonny die folgenden äußeren Verletzungen von Kriwonischtschenko (siehe Abbildung oben):

– Braunrote runde Abschürfung im mittleren Teil der Stirn von 0,3 x 0,3 Zentimetern Größe und mit pergamentartiger Konsistenz

(1) sowie braunrote Schürfwunden im Bereich der linken Schläfe von 1,2 x 1,3 und 1 x 0,2 Zentimetern (2).

– Fehlen der Nasenspitze. Größe des Defekts im weichen Gewebe 1,8 x 2 Zentimeter, die Knorpel der Nasenscheidewand bilden den Wundgrund (mutmaßlich von Vögeln herausgepickt) (3).

– Bläulich rote geschwollene Ohrmuscheln (Erfrierung) (4).

– Abschürfungen auf der rechten Brustseite von 7 x 2, 2 x 1,2 und 1 x 1,2 Zentimetern Größe (5). Die Experten entdeckten keine mit diesen Abschürfungen einhergehenden Blutergüsse im darunter liegenden Gewebe, ein Hinweis auf ihre posthume Entstehung.

– Braunviolette Färbung der Finger beider Hände, dunkelbraune Endglieder, was von starken Erfrierungen zeugt. Dunkelbraune Wunden mit Verkohlungen von 1,5 x 1 und 1 x 0,5 Zentimetern Größe auf den Mittelgliedern des vierten und fünften Fingers der linken Hand (8). Sie deuten auf eine Brandverletzung der Finger hin, obwohl nicht klar ist, ob nur eine Verbrennung stattfand oder ob damit eine mechanische Hautverletzung einherging, etwa eine Abschürfung oder eine Schnittwunde.

– Dunkelrote Schürfwunde mit pergamentartiger Konsistenz im Bereich des linken Handgelenks von 5 x 2,5 Zentimetern Größe (13).

– Dunkelbraune Hautablederung mit abgelöster Epidermis quer über den gesamten linken Handrücken mit einer Größe von 8 x 2 Zentimetern (7). Linker Handrücken geschwollen.

– Ein Fragment der Epidermis vom Mittelglied des dritten Fingers der rechten Hand wurde im Mund des Verstorbenen hinter den Zähnen gefunden, die Größe dieses Hautstücks betrug ungefähr 1 x 0,5 Zentimeter (6).

– Braunrote Stellen mit sich ablösender Epidermis auf der äußeren Seite der linken Gesäßhälfte und des linken Oberschenkels mit Größen von 10 x 3, 6 x 2 und 4 x 5 Zentimetern (14). Aus dem gerichtsmedizinischen Gutachten geht nicht hervor, was solche Verletzungen hervorgerufen haben könnte.

– Dunkelbraune Schürfwunden auf der Vorder- beziehungsweise Innenseite des Oberschenkels (aufgrund des Kontexts muss es sich um den linken Oberschenkel handeln) von 3 x 2 beziehungsweise 1 x 1,5 Zentimetern und mehrere kleinere ähnliche Stellen (9).

– Drei Hautwunden mit glatten Rändern auf der Innenseite des linken Oberschenkels im oberen Drittel bis zu 0,3 Zentimeter tief und 1,5 x 0,4 Zentimeter groß (16). Aus dem Text geht nicht hervor, was für Wunden das waren – kleine Einschnitte oder tiefe Kratzer.

– Linker Unterschenkel geschwollen.

– Brandverletzung auf einer Stelle von 31 x 10 Zentimetern auf der Außenseite des linken Unterschenkels, im unteren Drittel braunschwarze Verbrennung mit Verkohlung des Gewebes und aufgeplatzter Haut, im mittleren und oberen Drittel hellbraune Verbrennung (11).

– Dunkelbraune Schürfwunden mit pergamentartiger Konsistenz auf der Hinter- beziehungsweise Innenseite des linken Unterschenkels von 8 x 1,3, 2 x 1,5 und 2 x 1 Zentimetern Größe (17).

– Brauner linker Fußrücken mit Ablösung der Epidermis von 10 x 4 Zentimetern. Das war keine Brandwunde (da auf dem linken Fuß die Baumwollsocke erhalten blieb), sondern eine Erfrierung. Die Ablösung der Epidermis und die Bildung von subkutanen Blasen mit dunklem blutigem Inhalt sind charakteristisch für Erfrierungen dritten Grades (15).

– Verkohlte Spitze der zweiten Zehe des linken Fußes (offenbar wurde die Sockenspitze durchgebrannt, doch das ist im gerichtsmedizinischen Gutachten nicht erwähnt) (12).

– Dunkelbraune Schürfwunden auf der Vorderseite des rechten Ober- und Unterschenkels von 5 x 2, 3 x 8, 7 x 1 und 2 x 1 Zentimetern Größe (ohne Angabe der genauen Lokalisierung) (10).

Die Harnmenge in der Blase setzte Wosroschdjonny mit 0,5 Liter an. Der Gerichtsmediziner war der Meinung, dass Georgi Kriwonischtschenkos Tod »infolge der Einwirkung von niedrigen

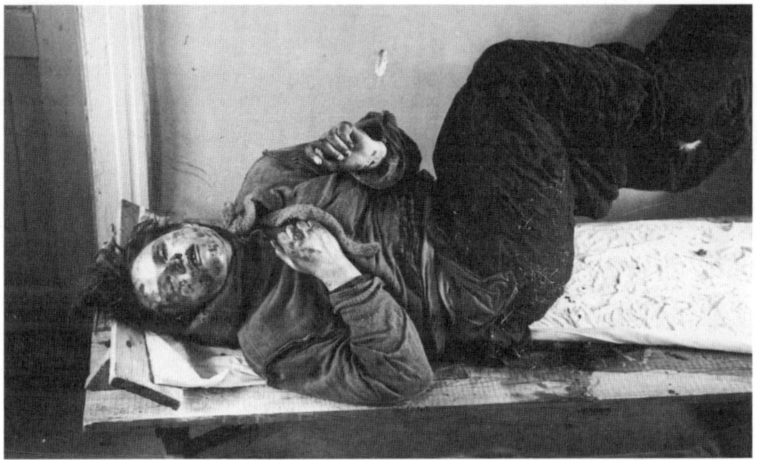

Die Leiche von Sinaida Kolmogorowa

Temperaturen (Erfrieren) eintrat... Die untersuchten äußeren Verletzungen in Form von Abschürfungen, Schürfwunden und Hautwunden konnten infolge eines Sturzes oder Aufpralls auf Steinen, Eis oder Ähnlichem entstanden sein«. Somit erklärte Wosroschdjonny den Tod der beiden jungen, sportlichen und gesunden Männer durch eine natürliche Ursache.

3. Sinaida Kolmogorowa war besser bekleidet als die Männer, die unter der Zeder gefunden wurden. Auf dem Kopf hatte sie zwei Mützen: eine dünne blaue Strickmütze, mit einer Spange an den Haaren befestigt, und eine rote Wollmütze, die mit einer Schleife unter dem Kinn zugebunden war. Über der Unterwäsche trug sie ein langärmeliges Oberteil, einen Pullover aus Vigognewolle verkehrt herum, ein kariertes Hemd und darüber einen blauen Pullover mit abgerissenem Aufschlag (Manschette?) am rechten Ärmel, den sie ebenfalls verkehrt herum anhatte. Der Unterkörper war ebenfalls mit mehreren Kleidungsschichten geschützt: einer eng anliegenden Hose aus aufgerauter Strickwolle, einer Trainingshose aus Baumwolle und einer Skihose, deren rechtes Bein unten drei kleine Risse aufwies.

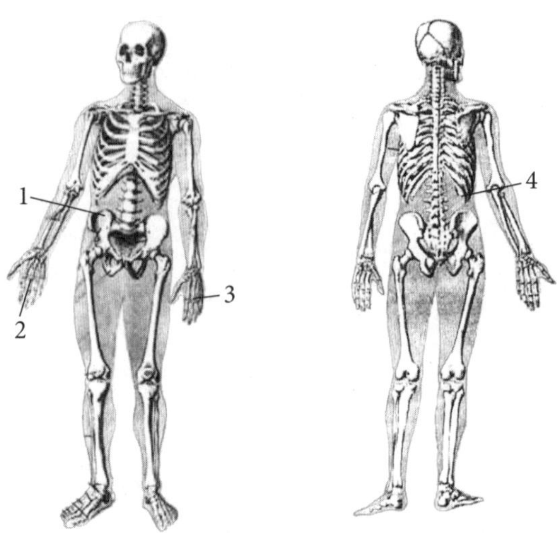


Übersicht der körperlichen Verletzungen von Sinaida Kolmogorowa

Die Verschlüsse der Skihose befanden sich seitlich und die Knöpfe waren auf beiden Seiten geöffnet (ein beachtenswertes Detail). An den Füßen trug Sina drei Paar Socken: zwei dünne aus Vigognewolle und ein Paar Wollsocken mit Einlagen. In Kolmogorowas Taschen wurden 5 Rubel gefunden und eine militärische Skimaske. Diese Maske befand sich auf der linken Brustseite zwischen dem oberen Pullover und dem Hemd. Das Vorhandensein von zwei verkehrt herum getragenen Pullovern mag seltsam erscheinen, doch das war eine auf Wanderungen verbreitete Methode, Kleidungsstücke direkt am Körper zu trocknen. Sinaida war 162 Zentimeter groß und damit die Kleinste in der Gruppe.

Der Gerichtsmediziner Wosroschdjonny verzeichnete folgende körperlichen Verletzungen und pathologischen Befunde (siehe Abbildung oben):

– Hirnhautödem (ein wichtiges Merkmal bei der Feststellung eines Todes durch Unterkühlung).

– Violettrote Färbung der Haut des Gesichts und der Hände (Erfrierung).

– Schürfwunde auf dem rechten Stirnhöcker von 2 x 1,5 Zentimetern Größe, die sich fest anfühlt. Daneben eine blassgraue Stelle von 3 x 2 Zentimetern, die bis zur rechten Braue reicht (vermutlich eine Schürfwunde mit blauem Fleck).

– Dunkelrote Hautabschürfungen auf den Oberlidern des linken und rechten Auges von 5 x 1 und 0,5 x 0,5 Zentimetern (sehr merkwürdige Verletzungen mit unklarer Ursache).

– Larcher-Flecken auf der Hornhaut des linken Augapfels. (Dieses Merkmal der Austrocknung des Augapfels zeugt davon, dass die Lider die ganze Zeit offen blieben. Über die Art des Todes sagen die Larcher-Flecken nichts aus.)

– Braunrote Schürfwunde auf dem Nasenrücken von 1 x 0,7 Zentimetern, die gleiche Schürfwunde mit pergamentartiger Konsistenz auf der Nasenspitze von 2 x 1 Zentimetern.

– Viele Schürfwunden im Bereich der Jochbogen, der Wangen und des Kinns von verschiedener Form und Größe (bis zu 6 x 2 cm).

– Braunrote Abschürfungen auf dem linken und rechten Handrücken im Bereich der Fingergrund- und Fingermittelgelenke, die sich fest anfühlen, mit Größen von 1,5 x 1 bis 0,3 x 3 Zentimetern (2, 3).

– Unregelmäßige Wunde an der Wurzel des dritten Fingers der rechten Hand von 3 x 2,2 Zentimetern mit einem abgelederten Hautlappen (2).

– Streifenförmige Hautabschürfung von 29 x 6 Zentimetern Größe in der Lendengegend von der rechten Rumpfseite bis zur rechten Bauchseite (1, 4).

Die Harnmenge in der Blase wurde von Wosroschdjonny mit 0,3 Liter bestimmt. Die Hirnhäute und das Herz waren gefüllt mit Blut, was für den Tod durch Unterkühlung charakteristisch ist. Bei der Untersuchung der Lunge stellten die Experten Anzeichen eines akuten Ödems fest, das sich offenbar zum Zeitpunkt der Agonie gebildet hatte, als es Unterbrechungen bei der Herztätigkeit gab.

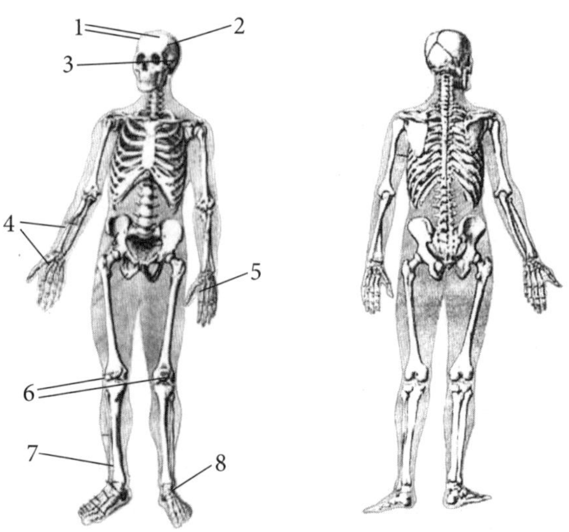


Übersicht der körperlichen Verletzungen von Igor Djatlow

Laut Gutachten zog sich Kolmogorowa die körperlichen Verletzungen intravital in der Sterbephase infolge eines Sturzes und Aufpralls auf Steinen, Eis oder Schnee zu. Ihr Tod wurde als »gewaltsamer Unfall« klassifiziert. Der Experte stellte außerdem fest, dass die Verstorbene sexuell nicht aktiv war. Dieser Umstand ist wichtig, um die Beziehung zwischen Sina Kolmogorowa und Igor Djatlow richtig einschätzen zu können.

4. Nun zu Igor Djatlow. 175 Zentimeter groß, die Gesichtsfarbe wird als »bläulich rot« beschrieben. Der Kopf des Verstorbenen war nicht bedeckt, er trug eine aufgeknöpfte Pelzweste (eine gesteppte Watteweste mit blauem Baumwollstoff auf der Außenseite und innen dunkelgrauem Pelz), darunter einen blauen Pullover, ein rot kariertes Baumwollhemd, in dessen Brusttasche sich eine Packung mit vier Streptocid-Tabletten befand, und unter dem Hemd ein blaues ärmelloses Trikotunterhemd. Aus der Beschreibung in der Akte des gerichtsmedizinischen Gutachtens geht nicht deutlich hervor, ob es sich um ein Unterhemd oder um ein normales T-Shirt

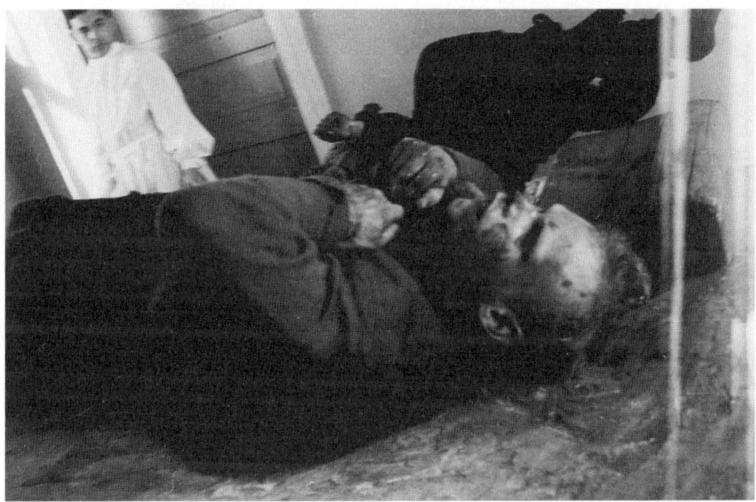

Die Leiche von Igor Djatlow in der Leichenhalle der Sanitätsabteilung der Inneren Truppen zur Bewachung der Strafkolonie Iwdel (das sogenannte Postfach N-240) vor der Obduktion. Im Hintergrund auf dem benachbarten Sektionstisch liegt Sina Kolmogorowas Leiche, deren Obduktion am selben Ort und Tag stattfand.

handelte. Auf jeden Fall war Igor Djatlows Rumpf nur mäßig gegen die Kälte geschützt. Beim Unterkörper sah es noch schlechter aus. Der Verstorbene trug eine Skihose aus aufgerautem Stoff mit einem Gummizuggürtel, darunter eine Trainingshose aus Barchent, ebenfalls mit Gummizug, und schließlich eine einfache schwarze Satinunterhose. Schuhe fehlten, am rechten Fuß hatte er eine Woll- und eine Baumwollsocke, am linken einen Kniestrumpf aus Baumwolle.

Alle Socken stammten aus verschiedenen Paaren. Das kann zweierlei bedeuten – entweder gaben die Wanderfreunde dem barfüßigen Djatlow wahllos von ihren eigenen Socken welche ab, als sich eine Möglichkeit dazu ergab, oder Igor zog selbst den Strumpf vom rechten Fuß und zog ihn über den linken. Er ergriff also offensichtlich Maßnahmen zur Selbstrettung. Dieser Befund erlaubt die für spätere Überlegungen interessante und wichtige Schlussfolgerung, dass die dramatischen Ereignisse auf dem Hang des Cholat Sjachl in

Die Leiche von Igor Djatlow

einem Moment begannen, als Igor Djatlow barfüßig war. Das wird zur gegebenen Zeit seinen Platz in dem Puzzle der Fakten finden. Die Uhr »Swesda« an Djatlows Arm zeigte, wie die Experten festhielten, 5:31 Uhr.

Wosroschdjonny und Laptew vermerkten die folgenden äußeren Verletzungen des Toten (siehe auch Abbildung auf Seite 70):

– Kleinere dunkelrote Schürfwunden an den Stirnhöckern (1).

– Braunrote Schürfwunden mit pergamentartiger Konsistenz im Bereich des linken Augenbrauenbogens (2).

– Kleinere Schürfwunden auf den Oberlidern beider Augen.

– Braunrote Stelle mit pergamentartiger Konsistenz auf dem Nasenrücken und der Nasenspitze von 2 x 1,5 Zentimetern Größe.

– Braunrote Abschürfungen im Bereich der beiden Jochbeine mit angetrockneter Kruste: links mit Größen von 3 x 1,5 und 3 x 0,5 Zentimetern (3), rechts kleinere.

– Verkrustetes Blut auf den Lippen. (Die Herkunft der Blutung wird im Gutachten nicht angeführt.)

– Im Unterkiefer fehlt ein mittlerer Schneidezahn, die Schleimhaut ist ohne Befund. Das deutet darauf hin, dass der Zahn wohl schon lange vor dem Tod ausgefallen war.

– Kleinere Schürfwunden auf der linken Wange.

– Kleinere dunkelrote Schürfwunden im unteren Drittel des rechten Unterarms und der Handfläche (4).

– Im Bereich der Fingergrund- und Fingermittelgelenke weist das weiche Gewebe eine braunviolette Farbe auf und ist mit angetrockneten Krusten und Blutergüssen im darunter liegenden Gewebe bedeckt. (Aus dem Kontext ist klar, dass es um die rechte Hand geht. In normale Sprache übersetzt heißt dies, dass bei Igor Djatlow die Knöchel der rechten Faust zerschlagen waren. Das geschah einige Zeit vor dem Eintritt des Todes, was zur Bildung einer Kruste aus getrocknetem Blut auf den Wunden im verletzten Bereich führte. Zu diesem Zeitpunkt war die periphere Durchblutung noch aktiv und funktionierte nahezu normal. Wenn die Verletzung unmittelbar vor dem Tod stattgefunden hätte, wäre der Erfrierungsprozess schon hinreichend weit fortgeschritten gewesen und es wäre kein Bluterguss im darunter liegenden Gewebe entstanden.)

– Auf der linken Hand wurden ebenfalls braunviolette Schürfwunden mit pergamentartiger Konsistenz festgestellt in Größen von 1 x 0,5 und 2 x 0,2 Zentimetern.

– Auf der linken Handfläche wurde eine lange oberflächliche Wunde vom zweiten bis zum fünften Finger mit einer Tiefe von bis zu 0,1 Zentimetern dokumentiert (5). Davon gibt es kein Foto. Am wahrscheinlichsten stammt eine solche Wunde von einem Schnitt, der beim Versuch entstanden ist, ein Messer an der Klinge festzuhalten.

– Im Bereich der Kniegelenke wurden dunkelrote Schürfwunden festgestellt, rechts 1 x 0,5 und links 0,5 x 0,5 Zentimeter groß (6).

– Hautabschürfung von 4 x 2 Zentimetern auf dem unteren Drittel des rechten Unterschenkels (7).

– Braunrote Abschürfungen im Bereich des linken oberen

Sprunggelenks vorn seitlich und hinten von 1 x 0,5 und 3 x 2,5 Zentimetern Größe mit Blutergüssen im darunter liegenden Gewebe (8).

Der Verstorbene wies keine inneren Verletzungen auf. Die Gerichtsmediziner dokumentierten Merkmale an den inneren Organen, die für einen Tod durch Unterkühlung charakteristisch sind: Hyperämie der Hirnhäute, Wischnewsky-Flecken auf der Magenschleimhaut, Blutüberfüllung der inneren Organe Herz, Leber, Niere.

Die Harnmenge in der Blase betrug fast 1 Liter, also mehr als bei den anderen Wanderern. Das bedeutet jedoch durchaus nicht, dass Igor Djatlow weniger um sein Leben und das seiner Freunde gekämpft hätte. Eher bestätigt es einmal mehr, dass dieses Merkmal bei einer gefrorenen Leiche keine Aussagekraft hat. Des Weiteren wird die Symptomatik eines akuten Lungenödems beschrieben, das allerdings nicht so ausgeprägt war wie bei Juri Doroschenko. Ein akutes Lungenödem kann sich im Agoniestadium entwickeln, wenn die Herztätigkeit und das zentrale Nervensystem gestört sind. Wie auch in den anderen drei Fällen kam der Experte Wosroschdjonny zu dem Ergebnis, dass der Tod bei Igor Djatlow infolge einer Unterkühlung eintrat und ein Unfall war.

Welche ersten Schlüsse lassen sich aus der Analyse des Gutachtens von Boris Alexejewitsch Wosroschdjonny ziehen?

Zuallererst ist der ungenügende Schutz der Verstorbenen gegen die Kälte hervorzuheben. Von den vier Wanderern trug nur Sina Kolmogorowa eine Kopfbedeckung, Schuhe hatte keiner von ihnen an.

Außerdem musste den Gerichtsmedizinern die ungewöhnliche Körperhaltung der Verstorbenen ins Auge fallen. In der sowjetischen gerichtsmedizinischen Wissenschaft gab es für die Feststellung des Todes durch Unterkühlung folgende Empfehlung: »Feststellung. Der Tod durch Unterkühlung steht im Zusammenhang mit einer primären Störung der Lebensfunktionen. Es gibt dabei keine eindeutigen anatomischen Kennzeichen. Deshalb haben das Fehlen von Erkrankungen, die zum Tod führen können, sowie das Fehlen von Anhaltspunkten für einen Tod durch andere äußere Faktoren eine grundlegende Bedeutung, wenn sich der Verstorbene unter Bedingungen befand, die einen Kältetod ermöglichen [...] Dazu gehören: a) Bei der äußeren Untersuchung: 1) Haltung der Leiche, die an einen frierenden Menschen erinnert...« (zitiert nach: Raiski, M. I., »Gerichtsmedizin für Studenten und Ärzte«. M.; Medgis, 1953, S. 232).

Und was sieht man im vorliegenden Fall? Keine der vier Leichen, die im Februar beziehungsweise März 1959 am Cholat Sjachl entdeckt wurden, wies diese »Haltung eines frierenden Menschen« (bzw. »Embryonalhaltung«) auf, wie in der Wissenschaft beschrieben. Ein Erfrierender hätte versuchen müssen, den Wärmeverlust reflexartig zu minimieren, also die Knie an die Brust ziehen, sie mit den Armen umfassen, den Kopf einziehen, um so die Körperoberfläche, durch die Wärme abgegeben wird, maximal zu verringern... So weit die Theorie. Und die Praxis? Alle vier lagen zu ihrer vollen Größe ausgestreckt da, Djatlows Pelzweste stand offen und war in Richtung Achseln hochgeschoben, zwei von drei Knöpfen seines Hemds standen offen (während die Manschetten zugeknöpft waren!). Wenn man dazu die Lage der Leichenflecke berücksichtigt, die in keiner Weise der Lage der Leichen bei ihrem Fund entsprachen, dann mussten die Ermittler zwangsläufig zu dem Schluss kommen, dass die Haltung der Verstorbenen und die Lage ihrer Körper verändert wurden, bevor die Totenstarre eintrat. Und die leeren Taschen auf der Kleidung der Wanderer wecken den Verdacht auf eine Durchsuchung nach dem Tod.

All dies entsprach nicht gerade dem klassischen Bild eines Erfrierungstodes.

Zudem musste das Ungleichgewicht bei der Kleidung der Wanderer auffallen: Djatlow und Kolmogorowa, die am Hang des Cholat Sjachl gefunden wurden, trugen mehrere Hosen, während Doroschenko und Kriwonischtschenko bis auf die langen Unterhosen ausgezogen waren. Dies ist durchaus wörtlich zu verstehen, da beide wohl tatsächlich nach dem Tod von ihren Freunden ausgezogen wurden, weil diese ihre Kleidung brauchten. Die Schnitte auf Doroschenkos Armen entstanden beim Versuch, die Ärmel des Pullovers beziehungsweise der Jacke abzuschneiden. Diese Ärmel waren allerdings noch nicht wieder aufgetaucht, als das gerichtsmedizinische Gutachten erstellt wurde. Die Ärmel von der Kleidung der Erfrorenen abzuschneiden erscheint völlig logisch, da sie als improvisierte Socken oder Handschuhe dienen konnten. Außerdem war ein umständliches Ausziehen der Leichen mit erfrorenen und erstarrten Händen eine fast nicht zu bewältigende Aufgabe, während der Einsatz eines Messers schnelle Abhilfe versprach.

Die Annahme, dass Kleidungsstücke Doroschenkos und Kriwonischtschenkos abgeschnitten wurden, stimmt mit den unter der Zeder gefundenen Teilen überein. Im Bericht des Staatsanwalts Tempalow wurden ein kariertes Hemd mit 8 Rubel in der Tasche erwähnt, eine durchgebrannte Socke, eine halb verbrannte Unterziehmütze; außerdem kommen in den Erinnerungen der Suchmannschaft weitere kleinere Textilien vor, insbesondere ein Taschentuch, das Dubinina gehörte, und der abgerissene (oder abgeschnittene) Ärmel eines schwarzen Pullovers. Sina Kolmogorowa wurde in einem Pullover mit abgerissenem Ärmelaufschlag gefunden, doch der Ärmel, der bei der Zeder lag, hatte eine andere Farbe.

Juri Judin, der zur Identifizierung der auf dem Pass gefundenen Sachen hinzugezogen wurde, erkannte die blaue Pelzweste, die Igor Djatlow trug, als seine eigene. Judin hatte sie Doroschenko beim Abschied am Morgen des 28. Januar gegeben. Dass sie sich dann im Besitz eines anderen Wanderers befand, bestätigte nur die Weitergabe von Sachen innerhalb der Gruppe.

Ein weiteres nicht unwichtiges Resultat des Gutachtens war die Feststellung, dass die Verstorbenen nüchtern gewesen waren und aktiv um ihr Leben gekämpft hatten. Es ist bekannt, dass sie zwei Feldflaschen Alkohol bei sich hatten, doch die gerichtsmedizinische Untersuchung entkräftete jeden Verdacht, die Wanderer hätten sich durch den Konsum von Alkohol unangemessen verhalten oder Konflikte untereinander ausgetragen. Dieser Umstand ist von grundlegender Bedeutung für das richtige Verständnis der Vorfälle um die Gruppe.

Eine der wichtigsten Fragen der Ermittler an die Gerichtsmediziner war die Bestimmung des Todeszeitpunkts. Das Gutachten, das Wosroschdjonny und Laptew nach Obduktion der ersten vier Leichen erstellten, liefert übereinstimmende Antworten: Den Experten zufolge trat der Tod sechs bis acht Stunden nach der letzten Nahrungsaufnahme ein. Allerdings darf man diesen Zeitraum nicht als fix definiert nehmen, da sich in der Kälte beziehungsweise beim Erfrieren die Stoffwechselvorgänge im menschlichen Organismus verlangsamen können, somit unterscheidet sich die Geschwindigkeit, mit der die Nahrung den Magen verlässt und in den Darmtrakt weitertransportiert wird, wesentlich von normalen Umständen. Wie dem auch sei, der hergeleitete Todeszeitpunkt der Wanderer zeigt, dass sie an ihrem letzten Lagerplatz keine Nahrung mehr zu sich genommen hatten.

Die Angabe von Unterkühlung als Todesursache bei jedem der vier Wanderer wirkt vollkommen begründet und steht kaum in Zweifel. Schließlich wiesen die Körper der Verstorbenen keine Spuren äußerer Gewalteinwirkung auf, wie Verbrennungen oder Verätzungen, Spuren von Tierklauen oder -zähnen, Schuss- oder Stichverletzungen. Auf Kriwonischtschenkos Unterschenkel befand sich zwar eine erschreckend große Brandwunde, doch das war nicht verwunderlich, denn die Leiche hatte neben dem Lagerfeuer gelegen. Kriwonischtschenko und Doroschenko hatten etliche Schürfwunden und kleinere Verletzungen an Armen und Beinen, doch da ihre Leichen nahe dem Lagerfeuer und der Zeder gefunden wurden, erschien es logisch anzunehmen, dass diese Verletzungen beim Reisigsammeln entstanden waren. Der Baum, unter dem das Lagerfeuer angezündet wurde, hatte bis in eine Höhe von 5,5 Metern abgebrochene Zweige und an seinem Stamm befanden sich zahlreiche Blutspuren. Als die Männer hinaufkletterten und sich mit vor Kälte gefühllosen Fingern festklammerten, schürften sie sich dabei unweigerlich die Haut auf. Die Art von Kriwonischtschenkos und Doroschenkos körperlichen Verletzungen passte also im Großen und Ganzen zu den Schlussfolgerungen der Experten.

Etwa auf diesem Stand waren die Ermittlungen, nachdem am 4. März 1959 das Gutachten der Gerichtsmediziner über die Todesursachen und -zeitpunkte von vier der neun Wanderer aus der vermissten Gruppe vorlag. Der Staatsanwalt Iwanow erkannte mit Sicherheit die Ambivalenz dieser Situation: Einerseits gab es das zerschnittene Zelt, die zu ihrer vollen Größe ausgestreckten Leichen, die möglicherweise von jemandem umgedreht und durchsucht worden waren, was eindeutig auf ein Verbrechen hinwies, andererseits hatten die Gerichtsmediziner als natürliche Todesursache eindeutig die niedrigen Temperaturen bestimmt. In welche Richtung würde man weiterermitteln?

# 4. KAPITEL

## WAS ÜBERSEHEN WURDE. LÜCKEN ZU BEGINN DER ERMITTLUNGEN

Von Anfang an unterliefen sowohl den Ermittlern als auch den Suchtrupps am Cholat Sjachl eine Reihe von Fehlern. Und sie schafften es nicht, Details aufzuklären, die äußerst bedeutend für das Verständnis der Vorfälle um die Djatlow-Gruppe waren. Die anfänglichen Fehler bewirkten, dass viele wichtige Schlussfolgerungen zu Recht angezweifelt wurden, was wiederum zur Bildung von Dutzenden Theorien über das Sterben der Wanderer führte.

Hier ein Überblick über die Ermittlungslücken:

1. Die Staatsanwälte Tempalow und Iwanow vernachlässigten das forensische Fotografieren des Tatorts. Als wesentliche Ermittlungsaufgabe war dies einer der Hauptgründe für ihren Aufenthalt im Suchgebiet von Ende Februar bis März 1959. In der Akte gibt es aber fast keine Fotos, die zulassen würden, die Lage der Leichen, der Beweisstücke und wichtiger Gegenstände in der Umgebung (Steine, Gruben etc.) vor dem Hintergrund von Orientierungspunkten zu bestimmen. Es gibt auch keine detaillierten Fotos, die kriminalistisch bedeutende Eigenschaften und Merkmale der Objekte wiedergeben. Bei den Fotos, die von den Staatsanwälten gemacht wurden, handelt es sich um ganz allgemeine Aufnahmen, die bei Weitem nicht den Anforderungen der Situation entsprechen. Jede Leiche hätte aus mindestens drei Winkeln aufgenommen werden müssen, und zwar von oben und von beiden Seiten, sowohl unberührt im Schnee als auch nach Entfernung des Schnees. Besonders wich-

Lew Iwanow, Staatsanwalt für Strafsachen (Fotos aus den 50er und 80er Jahren). Während des Zweiten Weltkriegs war Iwanow an der Front, 1945 begann er seine Arbeit in der Staatsanwaltschaft. Er galt 1959 als erfahrener Ermittler. Später diente er sich bis zum Justizrat 3. Klasse hoch, nach der Pensionierung betrieb er eine Anwaltspraxis in Kasachstan.

tig wären Detailaufnahmen vom Körper der Verstorbenen gewesen und von ihrer Kleidung, da die Beschreibung im Protokoll viele wichtige Einzelheiten nicht dokumentiert.

Nichts davon wurde gemacht. Nachdem die Ermittler die Unzulänglichkeit des Fotomaterials in der Akte erkannten, fügten sie die Fotos der Suchmannschaft hinzu. Diese hatten keinen besonderen kriminalistischen Wert und konnten nur als Anschauungsmaterial dienen. Dabei hatte die Kriminalwissenschaft in der UdSSR bereits Ende der 30er Jahre grundlegende Regeln zur Durchführung von Fotoaufnahmen bei Ermittlungen entwickelt, und die forensische Fotografie war längst etabliert.

2. Vollkommen ungenügend wurde die fotografische Dokumentation der Spuren im Schnee durchgeführt. Die Fußabdrücke, die sich am Hang des Cholat Sjachl unterhalb des Zelts über einen halben Kilometer erstreckten, hätten sehr viel über die Art des Abstiegs aussagen können – wie viele Personen es waren, ob es Schleifspuren gab, Stürze, wie sich die Gruppe fortbewegte (im Schritttempo, im Laufschritt), ob sie seitlich oder rückwärts gingen. (Letzteres könnte auf eine Bedrohung hinter der Gruppe hinweisen, die ihnen folgte.) Es wäre für das Verständnis der Vorfälle aufschlussreich zu wissen, wo sich die jungen Frauen in der Gruppe aufhielten, da die Männer sie bei anhaltender Gefahr am Hang unweigerlich in ihre Mitte genommen hätten; wenn die Frauen am Rand der Gruppe gingen, gab es beim Abstieg wohl keine unmittelbare Gefahr mehr. Insgesamt bargen die Spuren im Schnee viele überaus wertvolle Informationen über das Verhalten der Wanderer. Die Mitarbeiter der Staatsanwaltschaft konnten von Glück sagen, dass die Spuren erhalten geblieben waren. Leider machten sie sich dies nicht zunutze.

In der Kriminalistik gibt es bestimmte Regeln für das Fotografieren von Spuren im Schnee, die jedoch nicht befolgt wurden. Alles, was über die Spuren bekannt ist, stammt aus den mündlichen Beschreibungen von Teilnehmern der Suchaktion, die sich häufig widersprechen, sowie von ein paar wenig aussagekräftigen Fotos, die lediglich zeigen, dass Spuren in Form von Schneesäulen vorhanden waren.

3. Erstaunlich wenig Aufmerksamkeit schenkten die Ermittler der Zeltumgebung am Hang des Cholat Sjachl. Die Staatsanwälte waren bei der Entdeckung des Zelts am 26. Februar nicht dabei, doch Tempalow landete am nächsten Tag mit dem Hubschrauber am Pass und hätte alle Spuren und Beweisstücke beim Zelt gründlich dokumentieren und Maßnahmen zur Aufklärung ihrer Herkunft treffen müssen. Worum geht es?

Vor allem um eine einzelne Harnspur im Schnee. Über diese Spur ist nur bekannt, dass sie tatsächlich etwa einen Meter vom Zelt entfernt vorhanden war. Von wem sie stammte – von jemandem aus der Djatlow-Gruppe oder aus der Suchmannschaft –, ist nicht klar. Man nahm an, dass jemand aus der Djatlow-Gruppe seine Notdurft verrichtet hatte, doch die Suchmannschaft wurde von Tempalow dazu nicht befragt (und sei es, um sich vom Gegenteil zu überzeugen). Zudem gab Slobzow, der das Zelt am 26. Februar entdeckt hatte, ehrlich zu, sich nicht an eine Harnspur im Schnee zu erinnern.

Vergleichbar damit ist die Situation mit dem zerbrochenen Ski, der Anfang März auf der horizontalen Fläche gefunden wurde, auf der das Zelt der Djatlow-Gruppe stand. Was das für ein Ski war, ob er jemandem vom Suchtrupp gehörte, und falls ja, wem, wurde ebenfalls nicht geklärt. Dieser kaputte Ski taucht überhaupt nur in den Erinnerungen von Mitgliedern des Suchtrupps auf – in der Akte wird er nicht erwähnt.

Was in der Akte ebenfalls unerwähnt blieb, ist das höchst ungewöhnliche Kleidungsstück, das am Flughafen Iwdel unter den Sachen der verschwundenen Wanderer entdeckt wurde, nachdem der Hubschrauber sie dorthin gebracht hatte. Es geht um eine Wickelgamasche, einen Streifen aus Manteltuch, ungefähr einen Meter lang, mit Bändern an einem Ende; damit schützten sich die Soldaten der Roten Armee in der Vorkriegszeit an den Unterschenkeln gegen die Kälte. Mit der Verbreitung von Schaft- und Pelzstiefeln wurden die Wickelgamaschen von den Streitkräften nicht mehr verwendet, jedoch konnte man sie in den 50er Jahren durchaus noch an Gulag-Begleitposten und Häftlingen finden. Juri Judin, der an der Identifizierung der Sachen am Flughafen teilnahm, wies den Staatsanwalt Iwanow darauf hin, dass die Wickelgamasche keinem aus der Djatlow-Gruppe gehört hatte; sie gelangte nicht in das Protokoll der Ermittler und ihre Zugehörigkeit wurde nicht festgestellt. Der weitere Verbleib dieses Fundstücks ist bis heute unbekannt.

Ebenfalls ist nichts bekannt über die Sachen von Igor Djatlow, die in einiger Entfernung vom Zelt lagen (Pantoffeln und Socken, möglicherweise in ein kariertes Hemd oder eine Windjacke gewickelt). Wie weit entfernt und in welcher Richtung diese bedeutenden Beweisstücke entdeckt wurden, wie sie genau eingewickelt waren (und ob überhaupt), blieb ungeklärt.

Es gibt auch keine eindeutige Antwort auf eine so wichtige Frage wie die nach der Anzahl der Ski der neunköpfigen Gruppe. In einem Protokoll der Akte ist von acht Paar Ski die Rede, die sich unter dem Zeltboden befanden, in einem anderen von neun. Zählt man das Skipaar dazu, das neben dem Zelt gefunden wurde, das Paar am Vorratslager sowie den zerbrochenen Ski in der Nähe des Zelts, dann sind das zu viele.

Außerdem ist nichts über die genaue Lage des Skipaars neben dem Zelt bekannt. Manche Zeugen behaupteten kategorisch, dass diese Ski zusammengebunden waren und vor dem Eingang im Schnee lagen. Wenn das stimmt, musste der First des Zelts stark durchgehangen haben, ohne dass die Spannseile durch die Schlaufe in der Mitte des Zelts gezogen waren. Und das hieße, dass das Zelt noch nicht fertig aufgestellt war, als ein bedrohlicher Vorfall die Wanderer veranlasste, den Platz zu verlassen und ins Loswatal zu flüchten. Anderen Informationen zufolge steckten die Ski vertikal im Schnee, doch auch in diesem Fall ist ungewiss, ob das Zelt fertig aufgestellt war. Die Ermittler nahmen an, dass die dramatischen Ereignisse begannen, während die Wanderer sich auf das Abendessen vorbereiteten. Aber wie hätten sie das tun sollen in einem Zelt, dessen Wände fast bis zum Boden durchhingen, wenn der First nicht durch das über die Ski gespannte Seil hochgezogen war?

4. Die Informationen in der Akte sind völlig unzureichend, um zu verstehen, wie der Platz unter der Zeder aussah, an dem die ersten Leichen gefunden wurden (Kriwonischtschenko und Doroschenko). Bekannt ist, dass der Baum etwa 70 Meter von der Waldgrenze

Die bewusste Zeder, fotografiert im März 1959. Es gibt Hinweise darauf, dass der Baum noch im Frühling 1959 von Mitgliedern der Suchmannschaft gefällt wurde, um ihn nicht zu einem Wallfahrtsort für Wanderer werden zu lassen. Teilnehmer der jüngsten Expeditionen auf den Djatlow-Pass behaupten dagegen, sie hätten den Baum ausfindig gemacht und alle Berichte von seiner Beseitigung wären nur Legenden.

entfernt stand, also definitiv nicht am Waldrand. Dieser Ort war dem Wind ausgesetzt, da er sich deutlich über einen Bach (einen der Zuflüsse der Loswa) erhob. Es wurde bereits erwähnt, dass die Zeder, das Zelt und die Leichen von Kolmogorowa und Djatlow praktisch auf einer Geraden lagen, doch die Zeder war vom Zelt aus nicht direkt sichtbar. Der Baum – jedenfalls der untere Teil – befand sich etwas unterhalb der Sichtgrenze, bedingt durch Bodenunebenheiten. Diese wertvolle und teils paradoxe Beobachtung machte Alexej Koskin, ein bekannter Erforscher der Djatlow-Tragödie aus Jekaterinburg, während einer seiner Expeditionen zum Pass in den 90er Jahren. Und wenn man berücksichtigt, dass sich das Lagerfeuer der Wanderer direkt hinter dem Stamm der Zeder befand, der es zum Cholat Sjachl hin abschirmte, dann wird klar, dass die Wanderer nicht wollten, dass das Feuer vom Zelt aus bemerkt wurde.

Die Leichen von Juri Doroschenko und Georgi Kriwonischtschenko lagen so, dass sich das Feuer zwischen ihnen und der Zeder befand. Anscheinend erlosch das Feuer nicht, weil es kein Brennholz mehr gab, sondern weil keines mehr nachgelegt wurde. Einige aus dem Suchtrupp erinnerten sich, dass sich unter dem toten Georgi Kriwonischtschenko trockene Zweige befanden, die durch das Gewicht des Körpers zerdrückt waren, als ob er aus einer gewissen Höhe auf das Reisig gefallen und nicht mehr aufgestanden wäre. Doch im offiziellen Tatortbericht steht davon nichts; es gibt auch keine Fotos, die Licht auf dieses äußerst wichtige Detail werfen könnten. Wieder aus den Erinnerungen der Suchmannschaft ist bekannt, dass es um die Zeder herum ausreichend dürres Holz gab, das man hätte verfeuern können. Die Männer kletterten jedoch auf den Baum, brachen Zweige ab, schürften sich die Haut an den Händen ab und hinterließen Blutspuren auf dem Stamm.

Ein Teil der jungen Bäume, Tannen und Birken, die um die Zeder wuchsen, waren mit dem Messer abgeschnitten. Die Ermittler hielten sich nicht mit der Frage auf, wo die Bäumchen hingekommen

Fotos von der letzten Tour der Djatlow-Gruppe. *Links:* Juri Doroschenko bei einer Rast. *Rechts:* Georgi Kriwonischtschenko betrachtet mansische »Runen«. Sie bedeuten, dass hier drei mansische Jäger mit drei Hunden vorbeigekommen sind, und zeigen die Stammeszugehörigkeit der Jäger an. Im Auspijatal stießen die Wanderer einige Male auf Spuren mansischer Jäger und die Bilder der Ureinwohner des Urals fesselten ihre Fantasie. In Sina Kolmogorowas Tagebuch fanden sich russische Transkriptionen einiger mansischer Wörter und Ausdrücke.

waren. Wahrscheinlich tendierten sie zu der schlichten Antwort, sie seien verbrannt. Dabei störten die Exekutivbeamten sich nicht an der Sinnlosigkeit einer solchen Erklärung. Sie zählten die Stümpfe der abgeschnittenen Bäume nicht einmal. Außerdem wurden auch Stümpfe in einiger Entfernung entdeckt, etwa 50 bis 70 Meter vom Lagerfeuer, wobei die abgeschnittenen Tannenbäumchen selbst ebenfalls verschwunden waren. Doch auch hier zeigten die Ermittler eine unentschuldbare Nachlässigkeit bei der Dokumentation der Spuren. Es gibt keine Fotos, keine Markierung auf Karten oder Skizzen, keine halbwegs deutliche Beschreibung dieser Stelle. Es sollte noch ziemlich viel Zeit vergehen, bis die einzelnen Teile des Rätsels um den Vorfall unter der Zeder ein komplettes, wenn auch nicht ganz verständliches Bild ergaben.

Die Liste der Unzulänglichkeiten bei der Ermittlungsarbeit ließe sich fortsetzen, doch das hat wenig Sinn. Die angeführten Beispiele zeigen bereits, was die zahlreichen Verschwörungstheorien nährte, die bei einem bedeutenden Teil der Erforscher der Tragödie um die Djatlow-Gruppe äußerst populär sind. Diese Theorien unterstellen den Exekutivbehörden ein vorsätzliches Vertuschen der wahren Ursachen der Geschehnisse am Cholat Sjachl. Ihre Anhänger sind bis heute der Meinung, dass es keine objektiven Ermittlungen gab, sondern nur ein So-tun-als-ob, eine Art »Dienst nach Vorschrift« der sowjetischen Ermittler. Nebenbei bemerkt darf man der Staatsanwaltschaft keine unnötigen Sünden anhängen, sie ist schon sündhaft genug. Wir versuchen vielmehr nachzuweisen, dass die Ermittler Iwanow und Tempalow keine Tatsachen vorsätzlich vertuschten beziehungsweise verfälschten. Sie wollten die rätselhafte Geschichte wirklich aufklären und taten das nach ihren Fähigkeiten – äußerst mittelmäßig.

## 5. KAPITEL

## DIE SUCHE GEHT WEITER. RUSTEM SLOBODINS LEICHE

Zurück zur Chronik der Vorfälle auf dem Pass. Am 5. März, einen Tag nach der gerichtsmedizinischen Untersuchung der bis dahin gefundenen Toten in Iwdel, wurde die Leiche von Rustem Slobodin entdeckt. Sie befand sich auf dem Hang des Cholat Sjachl, fast in der Mitte zwischen den Stellen, an denen die Leichen von Sina Kolmogorowa und Igor Djatlow gelegen hatten. Nach Schätzung des Ermittlers betrug die Entfernung bis zu dem Ort, an dem Kolmogorowa stürzte, nicht mehr als 150 Meter hangaufwärts und zu der Stelle, wo Djatlow starb, 180 Meter hangabwärts. Die Leiche lag wie die anderen beiden auf einer fast geraden Linie zwischen Zelt und Zeder.

Sie befand sich unter einer Schneeschicht von 12 bis 15 Zentime-

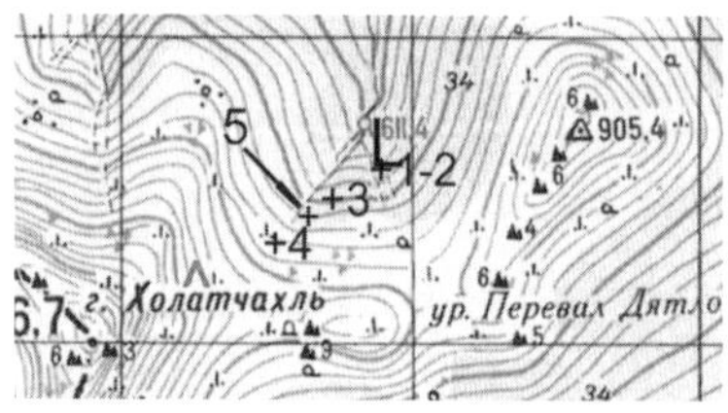


Fundorte der Leichen vom Februar/März 1959. *Zeichenerklärung:* ^ steht für das Zelt der Djatlow-Gruppe am Osthang des Cholat Sjachl; L bezeichnet die Zeder über dem vierten Zufluss der Loswa; +1–2 ist der Fundort der Leichen von Georgi Kriwonischtschenko und Juri Doroschenko, +3 markiert die Lage von Igor Djatlows Leiche (etwa 400 m von der Zeder entfernt), +4 die Stelle, an der Sina Kolmogorowa gefunden wurde (nach Schätzung des Staatsanwalts Tempalow etwa 500 m von Djatlows Leiche entfernt); bei +5 lag die Leiche von Rustem Slobodin.

Rustem Slobodins Leiche war vollständig mit festgepresstem Schnee bedeckt. Sie wurde erst eine Woche nach Beginn der Suche gefunden, obwohl viele Personen diesen Abschnitt des Hangs wiederholt bestiegen hatten. Dass Slobodins Leiche sich zwischen den Stellen befand, an denen zuvor Kolmogorowa und Djatlow gefunden wurden, veranlasste die Suchmannschaft dazu, den Hang des Cholat Sjachl den ganzen März und die erste Hälfte des April 1959 wieder und wieder abzusuchen. Erst nach der Schneeschmelze wurde klar, dass man die Suche weiter unten im Loswatal fortsetzen musste.

Die Leiche von Rustem Slobodin nach dem Abgraben der Schneemassen am Cholat Sjachl

tern Dicke, und der Kopf war hangaufwärts ausgerichtet. Die Leiche lag auf der Brust, der linke Arm war zur Seite gestreckt, der rechte mit der Faust zur Brust gedrückt, die Armbanduhr war um 8:45 Uhr stehen geblieben; das rechte Bein in einem Filzstiefel war an den Bauch gezogen, das linke ausgestreckt.

Rustem Slobodin lag als Einziger aus der Djatlow-Gruppe auf einem »Leichenbett«, das charakteristisch für einen Erfrierungstod ist: aufgetauter Schnee unter dem Körper, der bei der folgenden Abkühlung erkennbares Aufeis gebildet hat.

Die aufgetaute Schicht war 5 bis 7 Zentimeter dick; außer ihm bemerkten Zeugen einen weiteren Hinweis auf einen Kältetod: Im Gesicht (an den Brauen und Bartstoppeln) hatten sich Eiszapfen und Raureif gebildet. Allerdings kann dies bekanntlich auch bei lebenden Personen auftreten, ist hier also nur bedingt aussagekräftig.

Das Leichenbett ist ebenfalls kein Beweis für einen Tod durch Unterkühlung. Es bedeutet nur, dass der Körper in den Schnee fiel, während er noch warm war, und eine Zeit lang Wärme an die Umgebung abgab. Gerade Letzteres ist für diese Abhandlung sehr wichtig.

# 6. KAPITEL

## GERICHTSMEDIZINISCHE UNTERSUCHUNG VON RUSTEM SLOBODINS LEICHE. FRAGEN UND ANTWORTEN

Die gerichtsmedizinische Untersuchung der Leiche von Rustem Slobodin wurde am 8. März 1959 vom bereits erwähnten Experten des Büros für gerichtsmedizinische Gutachten Boris Wosroschdjonny durchgeführt, dieses Mal ohne Laptew, der bei den ersten vier Gutachten mitgearbeitet hatte. In der Akte wurden folgende Kleidungsstücke am Körper des Verstorbenen dokumentiert: ein schwarzer Baumwollpullover, darunter ein kariertes Hemd mit drei geschlossenen Knöpfen. (Die Manschetten beider Ärmel waren ebenfalls zugeknöpft.) In der linken Außentasche des Hemds befanden sich ein Pass auf den Namen Rustem Wladimirowitsch Slobodin, 310 Rubel und eine Füllfeder mit Tinte. Zwischen dem Pullover und dem Hemd steckten zwei Schuheinlagen aus Filz, die der Verstorbene offenbar zum Trocknen unter die Kleidung geschoben hatte. Unter dem Hemd trug er ein warmes Unterhemd aus aufgerautem Trikotstoff, das mit zwei Knöpfen geschlossen war, und darunter ein blaues Trikotunterhemd mit langen Ärmeln. Der Unterkörper war mit einer Skihose gegen die Kälte geschützt, unter ihr befand sich eine blaue Trainingshose aus Satin, eine lange, aufgeraute Unterhose und eine Satinunterhose. In Slobodins Hosentaschen steckte ein Sammelsurium verschiedenster kleiner Gegenstände: in der Skihose eine Streichholzschachtel mit 43 Streichhölzern, ein Taschenmesser an einer langen Schnur, ein Kamm im Plastiketui, ein Bleistift und eine Baumwollsocke. In der hinteren Tasche der Satinhose steckte

Die Leiche von Rustem Slobodin

ein Brief von der Gewerkschaftsleitung, datiert auf den 20. Januar 1959. Rustem war der erste der gefundenen Wanderer, der zumindest einen Schuh anhatte – einen schwarzen Filzstiefel rechts.

An den Füßen trug der Verstorbene vier Paar Socken (je zwei Paar aus Baumwolle und aus Vigogne, keine Wollsocken).

Wosroschdjonny beschrieb die folgenden äußeren Verletzungen des Verstorbenen (siehe Abbildung auf Seite 94):

– Kleinere braunrote Schürfwunden auf der Stirn, darüber zwei Kratzer von 1,5 Zentimetern Länge, dazwischen 0,3 Zentimeter Abstand (1).

– Braunrote Schürfwunde auf dem Oberlid des rechten Auges von 1 x 0,5 Zentimetern mit Bluterguss im darunterliegenden Gewebe (2).

– Spuren von Blutaustritt aus der Nase (3).

– Geschwollene Lippen.

– Rechte Gesichtshälfte »etwas geschwollen«, darauf viele kleinere unregelmäßige Schürfwunden (4).

– Schürfwunden derselben Art auf der linken Gesichtshälfte,

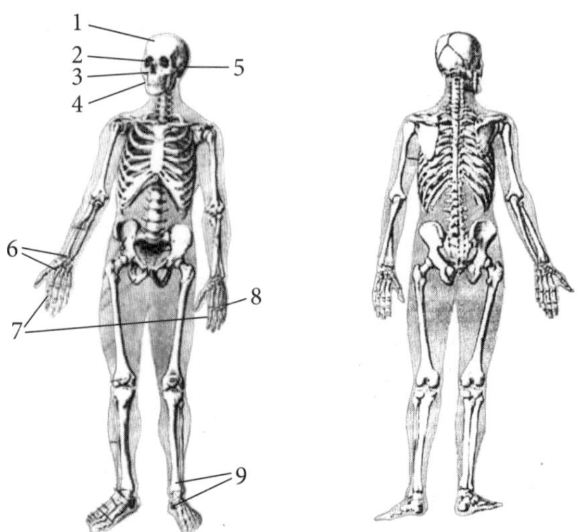


Übersicht der körperlichen Verletzungen von Rustem Slobodin

dazwischen eine Schürfwunde von 1,2 x 0,4 Zentimetern im Bereich des linken Jochhöckers (5).

– Im Bereich der Fingergrundgelenke beider Hände (der Knöchel) Abschürfungen der vorstehenden Bereiche auf einer Stelle von 8 x 1,5 Zentimetern (7).

– Rotbraune Abschürfung von 6 x 2 Zentimetern am ellenseitigen Rand der linken Hand mit Übergang zum kleinen Finger (8).

– Im unteren Teil des rechten Unterarms fehlt auf der Außenseite die Epidermis auf einer Fläche von 2,5 x 3 und 3,5 x 1,5 Zentimetern (6).

– Dunkelrote Abschürfungen auf dem unteren Drittel der Außenseite des linken Unterschenkels von 2,5 x 1,5 und 4 und 1,5 Zentimetern (9).

Die körperlichen Verletzungen von Rustem Slobodin sind vor dem Hintergrund der Geschehnisse mit der Gruppe äußerst interessant und unterscheiden sich deutlich von denen seiner Freunde. Doch die überraschendste Entdeckung machte Boris Alexejewitsch

Wosroschdjonny bei der inneren Untersuchung der Leiche. Der Experte stellte fest:

– diffuse Blutergüsse mit Infiltration des weichen Gewebes im Bereich der rechten und linken Schläfenmuskeln;

– Fissur ausgehend vom vorderen Rand des linken Schläfenbeins nach vorn und nach oben mit einer Länge von bis zu 6 Zentimetern und einem Spalt zwischen den Rändern von bis zu 0,1 Zentimetern; die Fissur befindet sich 1,5 Zentimeter von der Pfeilnaht entfernt;

– Aufklaffen der Schädelnaht zwischen Schläfen- und Scheitelbein links und rechts (als posthum bestimmt infolge des Gefrierens der Leiche).

Außerdem beschrieb der Gerichtsmediziner in seiner Akte die folgenden bedeutenden Details, die für das Verständnis der Vorfälle um Rustem Slobodin nicht unwichtig sind:

– Schädelbasisknochen intakt,

– Fehlen eines deutlich ausgeprägten Blutergusses in den Hirnhäuten,

– bläulich-rötliche Leichenflecke auf der Hinterseite des Halses, des Rumpfs und der Gliedmaßen.

Wosroschdjonny begriff, dass die von ihm beschriebenen Verletzungen sehr ernst waren, und bemerkte gesondert: »Das angeführte geschlossene Schädeltrauma wurde von einer stumpfen Waffe verursacht. Zum Entstehungszeitpunkt rief es einen kurzzeitigen Betäubungszustand Slobodins hervor und trug zu seinem schnelleren Erfrieren bei. Unter Berücksichtigung der oben erwähnten körperlichen Verletzungen konnte Slobodin sich in den ersten Stunden nach ihrer Zufügung fortbewegen beziehungsweise kriechen.« Und er kam zu der abschließenden Beurteilung: »Slobodins Tod trat infolge seines Erfrierens ein.«

Dieses Dokument von Wosroschdjonny ist sehr bemerkenswert. Die Analyse führt zu eher unerwarteten Ergebnissen.

Wie man weiß, verschlechtert sich bei frierenden Menschen das

Koordinationsvermögen und die Reaktionsgeschwindigkeit nimmt ab. Wer schon einmal gefroren hat, kennt das Gefühl, dass die Muskeln steif und die Bewegungen ungeschickt werden und die Körperbeherrschung nachlässt. Dabei kann ein frierender Mensch stürzen und unglücklich landen, er kann sich die Knochen brechen und die Haut an einer Eiskruste, an Steinen oder Zweigen verletzen. In der Gerichtsmedizin wurden bei Personen, die an Unterkühlung des Organismus starben, Verletzungen der Gliedmaßen, Abschürfungen an den Händen, an den Knien und im Gesicht schon vor ziemlich langer Zeit beschrieben. Slobodins Hautverletzungen ähneln Spuren eines Kampfes, anders ausgedrückt, die Hände des Verstorbenen sind so angeschlagen, als hätte er sich geprügelt. Solche Schürfwunden lassen sich dadurch erklären, dass ein Mensch, der in der Agonie stürzt, mit gekrümmten Händen auf den vereisten Boden aufschlägt, weshalb die Verletzungen nicht auf der Handfläche, sondern auf dem Handrücken entstehen. Das Umsichschlagen in der Agonie führt zu Hautverletzungen im Gesicht und an den Knien.

Dies ist sozusagen die nackte Theorie, die man mit Vorbehalt auf die Wanderer der Djatlow-Gruppe anwenden muss. Das Hinabsteigen eines Bergs vergleichen Gerichtsmediziner mit dem Hinabsteigen einer Treppe – beide Bewegungsarten können zu spezifischen Verletzungen führen. Unser Gleichgewichtsorgan ist so aufgebaut, dass es versucht, den Körper beim Sturz nach vorn fallen zu lassen und nicht nach hinten. Sogar Menschen, die im bewusstlosen Zustand stürzen oder im Stehen getötet werden, fallen in der Regel nicht auf den Rücken, sondern mit dem Gesicht voraus oder seitlich auf den Boden. Dieser unbedingte Reflex schützt den Menschen vor Verletzungen der Wirbelsäule und des Hinterkopfs.

Doch dieser rettende Reflex funktioniert nicht immer beim Berg- oder Treppabsteigen. In diesen Fällen stürzt ein Mensch, besonders wenn er verletzt und geschwächt ist oder friert, häufig äußerst untypisch für einen Homo sapiens, und zwar nach hinten. Er kann sich

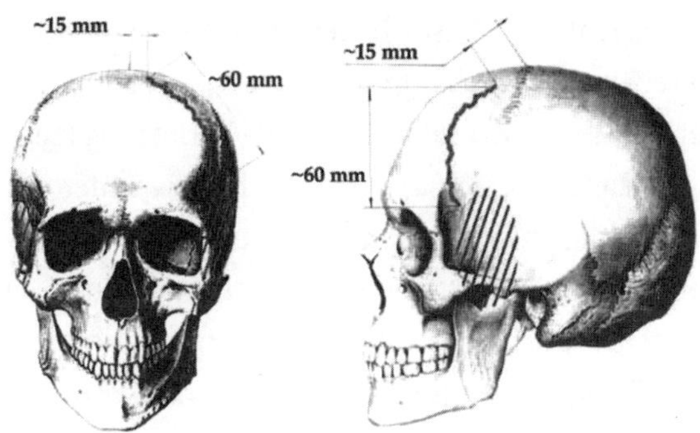


Fissur des Stirnbeins bei Rustem Slobodin, von vorn und von links. Da die genauen Maße seines Schädels nicht bekannt sind, gibt die Zeichnung nur die ungefähre Lage wieder. Der schraffierte Bereich zeigt die vermutete Position der »diffusen Blutergüsse« an den Schläfenmuskeln. Berücksichtigt man die Gesichtsverletzungen (zahlreiche Schürfwunden und ein Ödem auf der rechten Seite), dann dürfte es auf Rustems Kopf vor dem Tod keine heile Stelle mehr gegeben haben. Mit einer Ausnahme: der Hinterkopf, obwohl gerade er beim Sturz eines bergab gehenden Menschen, der an einem Schädel-Hirn-Trauma litt und von der Kälte ganz steif war, hätte verletzt werden müssen.

den Hinterkopf aufschlagen, das Steißbein brechen und so weiter. Eine solche Verletzung dokumentierte Wosroschdjonny bei Sina Kolmogorowa: eine 29 Zentimeter lange rechtsseitige Abschürfung. Die Frau fiel möglicherweise auf die Seite und schlug mit dem Lendenbereich auf einem Stein auf. Ob die Ursache dafür eine natürliche war, ist im Moment nicht das Thema, es soll lediglich angemerkt werden, dass ein seitlicher Sturz beim Abstieg von einem Berg denkbar ist.

Somit ist es aus Sicht der Gerichtsmedizin durchaus möglich, dass die Wanderer beim Absteigen am Hang nicht nur nach vorn gefallen sein konnten, sondern auch nach hinten.

Zurück zur Analyse der Verletzungen von Rustem Slobodin. Auf den ersten Blick mögen alle Verletzungen, die bei der Obduktion vermerkt wurden, für einen erfrierenden Menschen charakteristisch erscheinen. Doch dieser Eindruck täuscht.

Die erste seltsam anmutende Angabe des Gerichtsmediziners ist die Schwellung im Gesicht des Verstorbenen (geschwollen waren die Lippen und die rechte Gesichtshälfte).

Dieses Ödem weist eindeutig darauf hin, dass die Verletzung lange vor dem Erfrieren entstand, als sich das Blut noch aktiv unter der Haut bewegte (da bei starker Abkühlung der Blutstrom in den peripheren Gefäßen deutlich abnimmt und das Blut sich in die inneren Organe zurückzieht). Die Verletzungen, die das Ödem hervorriefen, waren ziemlich merkwürdig und beidseitig: links ein Stirnbeintrauma mit einer Fissur von 6 Zentimetern und zahlreichen Hautabschürfungen, rechts analoge Abschürfungen, darunter eine ziemlich große im Bereich des Jochbeins. Dabei war die linke Seite deutlich geringer verletzt, dort gab es keine Knochenfrakturen oder -fissuren. Man darf davon ausgehen, dass der Sturz eines Menschen mit dem Kopf auf einen Stein zu einer Fissur im Stirnbein führt und damit eine einseitige Verletzung des Gesichts nach sich ziehen muss. Doch wie sind die analogen Verletzungen der anderen Gesichtshälfte zu erklären? Rollte der Kopf wie ein Ball über den Stein? Das ist völlig ausgeschlossen, wenn man den Charakter der Kopfverletzung berücksichtigt, schließlich verursacht eine Schädelfissur einen garantierten Knockout, eine Unbeweglichkeit, den Verlust der Bewegungskoordination und der räumlichen Orientierung für eine gewisse Zeit. (Ein Knockout bedeutet nicht den Verlust des Bewusstseins, es ist einfach eine zeitlich begrenzte Unfähigkeit, den eigenen Körper zu steuern.)

Im Übrigen ist in Rustem Slobodins Fall ein Aufprall mit der Stirn auf einen Stein ausgeschlossen, da die Haut im Bereich des Aufpralls keine Schürfwunden und ausgeprägten Verletzungen aufwies. Die Fissur an dieser Stelle entdeckte Wosroschdjonny erst bei der Schädeltrepanation. Davor wies nichts auf eine so schwere Verletzung an dieser Stelle hin. (Es waren keine Schürfwunden zu sehen, keine Einschnitte, nicht einmal eine Blutspur.) Ein Schlag mit einem stumpfen Gegenstand, der deutlich härter als die menschliche Haut ist, zum Beispiel ein Hammer, ein Stein oder eine Schuhsohle, hätte unweigerlich einen erkennbaren Abdruck auf der Haut hinterlassen und sie aufplatzen lassen. Nichts davon wurde jedoch beschrieben. Sehr merkwürdig.

Und das Gefühl der Merkwürdigkeit verstärkt sich noch, wenn man die Verletzung des rechten Oberlids berücksichtigt, das heißt die Schürfwunde von 1 x 0,5 Zentimetern Größe. Das ist eine traumatische Verletzung, die nicht durch einen Sturz des Verstorbenen erklärt werden kann. Mit dem Auge auf einen Stein zu fallen und es dabei fertigzubringen, sich nicht das Auge auszuschlagen, sich nicht die Haut über dem Jochbein aufzuschneiden und die Braue heil zu lassen, das ist wohl noch niemandem gelungen. Die Braue blieb jedoch ebenso intakt wie das Jochbein. Wodurch kann das Augenlid auf einem Hang ohne Vegetation so verletzt werden? Durch welchen Zweig, welchen Stein? Sogar wenn man annimmt, dass Slobodin unkontrolliert in eine Schneewehe mit verdichtetem Altschnee fiel, ist das Auftreten dieser braunroten Schürfwunde trotzdem unbegreiflich. Der eisverkrustete Schnee kann punktförmige Blutergüsse unter der Haut verursachen; das kann man leicht an sich selbst testen, indem man nach dem Schwitzen in der Sauna in eine Schneewehe springt, dann sieht man, wie der Schnee der Haut zusetzt. Doch der Harsch ist trotzdem kein Schleifpapier.

Dabei darf man nicht vergessen, dass die Schädelbasisknochen des Verstorbenen intakt waren. Diese Angabe des Gerichtsmediziners ist hier relevant, schließlich brechen genau diese Knochen unweigerlich, wenn ein langsam wachsender Druck (eine Kompression) auf den menschlichen Kopf ausgeübt wird. Nur ein dynamischer Schlag bricht den Schädel dort, wo die Kraft angewandt wird, das ist eine unter Gerichtsmedizinern bekannte anatomische Besonderheit. Somit erhielt Rustem Slobodin einige Zeit (mindestens eine Viertelstunde) vor dem Tod einige schwere Schläge rechts und links auf den Kopf, auf die Nase und die Lippen, wobei einer der Schläge besonders stark war. Er führte zur Entstehung der Fissur im Stirnbein und rief einen Knock-out hervor, der ihn jedoch nicht umbrachte und ihm auch nicht die Fähigkeit zur selbstständigen Fortbewegung nahm.

Letztendlich erfror Slobodin – da stimmt also die Feststellung des Gerichtsmediziners Wosroschdjonny. Der Schlag, der die Fissur im Stirnbein verursachte, hätte zum Tod führen können, doch bevor es dazu kam, erfror Rustem. Das bestätigt das Fehlen eines schweren Blutergusses, der die Hirnfunktion hätte beeinträchtigen können.

Daraus ergibt sich also Folgendes: Als Rustem Slobodin den Hang des Cholat Sjachl hinabging, stürzte er mehrere Male äußerst unglücklich, wobei er den Kopf nie vor Verletzungen schützte. Er fiel sowohl mit dem Gesicht als auch mit der rechten und linken Kopfhälfte direkt in den Schnee (und rieb sich dabei die Haut auf der Stirn und über dem Jochbein auf) und schaffte es, mit der Stirn so auf einem Stein aufzukommen, dass er sich eine Fissur im Stirnbein zuzog, einem der härtesten menschlichen Knochen. Er schlug sich die Nase blutig und schürfte sich das Oberlid des rechten Auges an irgendetwas auf... Dabei fiel er allerdings kein einziges Mal nach hinten, obwohl das laut Gerichtsmedizin auf einem Hang sehr wahrscheinlich ist, vor allem bei Menschen mit einem Schädel-Hirn-Trauma wie im vorliegenden Fall. Dennoch gibt es bei Slobodin keine wesentlichen Verletzungen am Rücken und Hinterkopf. Irgendwie passt hier rein gar nichts zusammen!

Die spürbare Unlogik dieser Art und Weise des Fallens verstärkt sich noch, wenn man berücksichtigt, dass Rustem der wohl sportlichste der Wanderer war, ein Anhänger gesunder Lebensweise, der boxte, bis zum späten Herbst leicht bekleidet Geländeläufe unternahm und beim Skifahren und Volleyball alle übertraf. Er beherrschte seinen Körper nicht schlechter als die anderen und war nach der kurzen Skitour wohl kaum erschöpfter als seine Freunde. Doch von den fünf gefundenen Wanderern der Djatlow-Gruppe hatte nur er zahlreiche Hautabschürfungen im Gesicht, eine Schwellung am Kopf und eine Fissur im Stirnbein.

Die Merkwürdigkeiten der Ereignisse um Rustem Slobodin sind damit noch nicht zu Ende. Der Gerichtsmediziner beschrieb Abschürfungen im vorstehenden Bereich der Fingergrundgelenke beider Hände des Verstorbenen und gab ihre Größe mit 8 x 1,5 Zentimetern an. Einfach ausgedrückt geht es um aufgeschlagene Knöchel an beiden Fäusten. So etwas kann kaum von »Schlägen in der Agonie mit gekrümmten Händen« stammen. Erstens schlägt ein Mensch in Agonie nicht um sich wie ein Vogel; bei Sterbenden werden tatsächlich einige krampfartige Bewegungen beobachtet, doch sie haben keine große Spannweite und ähneln eher Spasmen als Faustschlägen. Zweitens ist eine gekrümmte Hand noch keine geballte Faust! Ein Schlag mit einer gekrümmten Hand führt unweigerlich zu Verletzungen der Finger, der Nägel und des Handrückens. Wenn man Rustem Slobodins Handverletzungen betrachtet, muss man feststellen, dass diese mit geballten Fäusten entstanden sind. Der Experte berichtete nichts von anderen Verletzungen, er wies konkret auf Abschürfungen an den Knöcheln der Faust hin und führte sogar die Größe der Schürfwunden an. Er betrachtete diese Verletzungen nicht nur, sondern nahm ein Lineal in die Hand und vermaß sie! Und nur sie, denn es gab sonst nichts zu vermessen. Der Verstorbene wies keine anderen Verletzungen auf, weder an den Fingern noch an den Nägeln noch am Handrücken noch am Handgelenk – nirgends sonst. Nur die Fäuste waren aufgeschlagen!

Übrigens wurden bei Igor Djatlow die gleichen Verletzungen an der rechten Hand festgestellt, was ebenfalls an einer natürlichen Ursache zweifeln lässt. Wenn man eine solche Blessur als Folge von Schlägen mit geballter Faust in der Agonie betrachtet (was an sich unrealistisch ist – ein Mensch in Agonie ist nicht fähig, mit geballten Fäusten zu schlagen), dann ist es vollkommen unverständlich, warum der sterbende Djatlow nur mit der rechten Hand hätte schlagen sollen.

Schließlich gibt es auf dem linken Schienbein des Verstorbenen noch zwei Schürfwunden unbekannten Ursprungs. Einerseits sind sie mit 2,5 x 1,5 und 4 x 1 Zentimeter nicht groß genug für eine ernste Verletzung, andererseits auch nicht so klein, dass sie als zufällige Kratzer beispielsweise von einer darauffallenden Kondensmilchdose erklärt werden könnten. Außerdem gibt es zwei Wunden, das heißt, dass es zweimal eine Einwirkung von gleicher Art und Stärke gab. Was konnte die Ursache dafür sein? Ein Zweig eines umgefallenen Baums? Grundsätzlich könnte man sich den Unterschenkel auf diese Weise verletzen, wenn man zweimal gegen so einen Zweig stößt. Doch es gibt zwei Argumente gegen diese Annahme: Erstens befand sich Slobodins Leiche über der Waldgrenze, und auf dem Körper und der Kleidung des Verstorbenen gibt es keine Anzeichen dafür, dass er im Wald oder beim Lagerfeuer bei der Zeder gewesen wäre. Zweitens müsste ein Aufprall auf einen Ast oder Zweig die Kleidung zerreißen (oder einreißen). Woschdjonny beschrieb den Zustand der Kleidung der verstorbenen Wanderer ziemlich genau, und man kann sicher sein, dass ihm eine Beschädigung von Slobodins Hose aufgefallen wäre und dass er sie in seiner Akte angeführt hätte. Doch das tat er nicht.

Was können Rustem Slobodins seltsame äußere Verletzungen also bedeuten?

An und für sich erinnern sie am ehesten an die Verletzungen eines Menschen, der in einer Prügelei zusammengeschlagen wurde. Und die aufgeschlagenen Knöchel beider Fäuste stammten auch nicht von Schlägen auf Schnee und Eis in Agonie. Das sind Folgen vom Versuch des Verstorbenen, sich gegen einen Gegner zur Wehr zu setzen. Die Schürfwunden auf dem linken Schienbein wurden dadurch hervorgerufen, dass man ihm zweimal gegen das Schienbein trat, um ihm das Bein wegzustoßen und ihn so aus dem Gleichgewicht zu bringen. Geht man von der Prügeltheorie aus, fügt sich alles zu einem Bild zusammen – Rustem Slobodins sämtliche Verletzungen erhalten eine logische und widerspruchsfreie Erklärung.

Die Frage, wer Rustem Slobodin geschlagen haben könnte und unter welchen Umständen, wird an anderer Stelle dieser Abhandlung zu diskutieren sein – mit dem Hinweis auf die Prügelei sind wir etwas vorausgeeilt. Im Moment soll dieses Thema noch nicht behandelt werden.

Bei Slobodins Leiche gibt es noch einige andere Seltsamkeiten, die bis heute viele Erforscher der Tragödie am Cholat Sjachl in Verlegenheit bringen. Eine davon ist die Mazeration der Füße des Verstorbenen, einfacher ausgedrückt die runzlige Haut an den Füßen wie nach einem Bad. Des Weiteren die Leichenflecke, die nicht der tatsächlichen Lage der Leiche bei ihrer Entdeckung entsprechen. (Eine ähnliche Unstimmigkeit gab es, wie sich aufmerksame Leser erinnern, auch bei Doroschenkos Leiche.) Anhänger von Verschwörungstheorien sehen in beiden Befunden Hinweise auf eine geheimnisvolle Manipulation von Slobodins Leiche durch gewisse Personen, die die Ermittlungen in eine Sackgasse führen wollten. Es gibt sogar eine überaus komplexe, um nicht zu sagen raffinierte Theorie von einer »Inszenierung« am Tatort. Laut dieser Theorie entsprechen die Situationen am Hang und bei der Zeder nicht dem, was wirklich vorgefallen ist, sondern sind die Früchte gezielter Anstrengungen einer vielköpfigen Gruppe äußerst mächtiger und böswilliger Menschen. Etwas später wenden wir uns allen möglichen Theorien über das Sterben der Wanderer zu, einstweilen soll nur bemerkt werden, dass beide Phänomene im Zusammenhang mit Slobodins Leiche gar nicht so geheimnisvoll sind, wie es scheint. Sie lassen sich ohne abgefeimte »inszenierende Regisseure« erklären.

Bekanntlich kann es in einer feuchten Umgebung zu einer Mazeration der Füße kommen, etwa bei Männern mit stark schwitzenden Füßen. Offenbar war dies bei Slobodin der Fall, und nach dem Tagesmarsch schaffte er es einfach nicht, die Socken zu wechseln. Dass er Einlegesohlen unter seinen Pullover gesteckt hatte, um sie an der Brust zu trocknen, weist ebenfalls darauf hin, dass nicht nur seine Socken nassgeschwitzt waren, sondern auch die Einlagen.

Der nächste Punkt ist die seltsame Positionierung der Leichenflecke am Körper des Verstorbenen. Slobodin wurde in einer ähnlichen Lage gefunden wie Kolmogorowa: auf dem Bauch mit dem Gesicht nach unten. In Wosroschdjonnys Akte werden die Leichenflecke jedoch auf der Rückseite des Halses und des Rumpfs vermerkt. Allerdings müssten die Leichenflecke sich bei einem Verstorbenen, der mit dem Rücken nach oben liegt, auf dem Bauch und der Brust befinden, da das Blut sich nach dem Herzstillstand eben dort sammelt, das heißt, es gibt einen Widerspruch, der anscheinend auf eine posthume Verlagerung der Leiche hinweist.

Doch der Schein trügt. Was Wosroschdjonny als Leichenflecke deutete, war tatsächlich ein sogenanntes Kälteerythem (eine Erweiterung der Hautkapillaren in der Kälte, üblicherweise an unbedeckten Körperstellen). In den 50er Jahren war das Kälteerythem in der Gerichtsmedizin noch nicht als eigenständiges Merkmal eines Todes durch Unterkühlung bekannt. In M. I. Raiskis Lehrbuch über Gerichtsmedizin aus dem Jahr 1953 findet sich kein Wort darüber. Dafür wird dort auf eine Veränderung der Farbe von Leichenflecken gefrorener Leichen hingewiesen. Laut Raiski hellen sie sich auf, wenn die Leiche in eine warme Umgebung gebracht wird. Die Farbe ändert sich von Purpurrot auf Hellrot und wird später wieder dunkler. Ein Kälteerythem ist ebenfalls hellrot, und die Farbe ändert sich beim Auftauen der Leiche. Deshalb ist es nicht verwunderlich, dass der Gerichtsmediziner Wosroschdjonny glaubte, Leichenflecke zu sehen. Das trifft auch im Fall von Juri Doroschenkos Leiche zu: Die vermeintlichen Leichenflecke waren in Wirklichkeit ein Kälteerythem, das sich an Stellen bildete, die dem Wind ausgesetzt waren (bei Bauchlage sind das der hintere Teil des Halses, der Rücken zwischen den Schulterblättern, der Oberarm vom Ellbogen aufwärts, also alle Stellen, an denen die Experten »Leichenflecke« sahen).

## 7. KAPITEL

# WANN STELLTEN DIE WANDERER DAS ZELT AM HANG DES CHOLAT SJACHL AUF?

Was war Mitte März 1959 die offizielle Sicht auf die Ereignisse um den Tod der Djatlow-Gruppe?

Aufgrund der Untersuchung der am 2. März 1959 entdeckten Spuren der Gruppe am Vorratslager und der im Zelt gefundenen Tagebücher der Wanderer (von Doroschenko, Djatlow, Kolmogorowa, Kriwonischtschenko und Thibeaux-Brignolle) galt als bewiesen, dass die Gruppe am 31. Januar 1959 den Fuß des Cholat Sjachl erreicht und versucht hatte, den Hang zu besteigen. Nachdem sie die Waldgrenze hinter sich gelassen hatten, fanden die Wanderer sich einem starken Wind ausgesetzt, was sie zur Umkehr zum Fluss Auspija bewegte, wo sie im Wald vor dem Berg übernachteten. Die Nacht zum 1. Februar verlief ohne Zwischenfälle. Am nächsten Tag standen die Mitglieder der Gruppe spät auf und waren gut ausgeruht. Es verging einige Zeit mit Essenszubereitung und -aufnahme, danach wurde das Vorratslager errichtet.

Der Aufstieg aus dem Auspijatal auf den Hang des Cholat Sjachl begann gegen 15 Uhr, also ziemlich spät, wenn man die Kürze des lichten Tages berücksichtigt. Laut Kalender musste die Sonne am 1. Februar um 17:02 Uhr untergehen. Aus den Fotoapparaten der Wanderer, die im Zelt gefunden wurden, gibt es Bilder, die bei schlechten Lichtverhältnissen entstanden. (Diese Aufnahmen sind heute im Internet weit verbreitet, beispielsweise in der recht vollständigen und informativen Sammlung von Alexej Koskin). Staatsanwalt Iwanow, der die Qualität der Bilder und die Lichtemp-

Die angeblich letzten Aufnahmen der Djatlow-Gruppe, laut den Ermittlern gegen 17 Uhr des 1. Februar 1959 fotografiert, während die Gruppe den Pass bestieg und am Hang des Cholat Sjachl das Zelt aufstellte. Die ersten beiden Fotos stammen von Georgi Kriwonischtschenko, die Herkunft des dritten ist nicht genau bekannt. Üblicherweise nimmt man an, dass hier das Vorbereiten des letzten Zeltplatzes festgehalten wurde. Da es jedoch keine räumlichen oder zeitlichen Anhaltspunkte für die Datierung gibt, könnte das Foto auch an einem der vorhergehenden Tage entstanden sein.

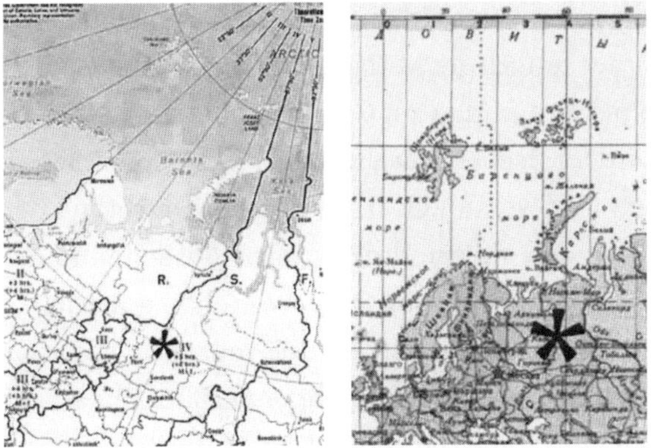

Zeitzonen der UdSSR. Rechts: Kartenausschnitt von 1940; die Zeitzone des Gebiets Swerdlowsk entspricht der wahren Zeit (+4 Stunden zur Greenwich-Zeit). Links: Kartenausschnitt aus den Jahren nach der Zeitzonenreform im März 1957. Der Zone mit dem Gebiet Swerdlowsk wurde eine Stunde hinzugefügt. Das Zeichen * markiert die ungefähre Lage des Cholat Sjachl.

findlichkeit des Films (65 GOST*) beurteilte, bestimmte als Aufnahmezeitpunkt etwa 17 Uhr. Er war also der Meinung, dass die letzten Bilder direkt vor Sonnenuntergang in der Abenddämmerung gemacht wurden.

Dabei unterlief dem Ermittler jedoch ein grober Fehler.

Es geht darum, dass am 1. März 1957 die Einteilung der UdSSR in Zeitzonen geändert wurde. Dabei kam das Gebiet Swerdlowsk zu einer Gruppe von Regionen, deren Zeit +5 Stunden zum Greenwich-Meridian betrug. Davor hatte es sich in einer Zone mit einer Stunde Abweichung weniger befunden, was eher der Ortszeit entsprach. Die Zeitzonenreform war überhaupt ziemlich ungeschickt und führte zu zahlreichen Absurditäten. So erhielt die Stadt Workuta, deutlich östlicher als Swerdlowsk, die Moskauer Zeit, während Swerdlowsk von dieser um zwei Stunden »abrückte«.

Im Rahmen dieser Abhandlung ist wichtig, dass Staatsanwalt Iwanow, wie übrigens die ganze Suchmannschaft, nach Swerdlows-

* Sowjetische Norm für Lichtempfindlichkeit; 65 GOST entsprechen 64 ASA.

ker Zeit lebte. Und er orientierte sich an ihr bei der Erstellung aller Dokumente. Doch der festgelegte Mittag in Swerdlowsk entsprach nicht dem astronomischen Mittag am Cholat Sjachl oder in Swerdlowsk selbst. Außerdem deckte sich die Dauer des lichten Tages, die von Astronomen für Swerdlowsk ermittelt wurde, nicht mit der in nördlicheren Gegenden aufgrund der großen Ausdehnung des Gebiets in Meridianrichtung. Mit anderen Worten, ein aufmerksamer Ermittler hätte nicht angenommen, dass man am 1. Februar gegen 17 Uhr auf 61° 45' nördlicher Breite ohne Blitz mit einem Film mit einer Lichtempfindlichkeit von 65 GOST fotografieren und dabei ein Bild von annehmbarer Qualität erzielen konnte.

Überdies hätte ein Meisterermittler die genaue Sonnenauf- und -untergangszeit am 1. Februar auf der Breite des Cholat Sjachl feststellen können und müssen. Es hätte übrigens auch nicht geschadet, sich über die Mondaufgangszeit zu informieren, da das Erscheinen des Erdtrabanten am Himmel und die Phase, in der er sich befand, Auswirkungen auf die Lichtverhältnisse am Tatort hatte. Wenn der Staatsanwalt die nötigen Berechnungen nicht selbst hinbekam, hätte er einen Astronomielehrer aus einer beliebigen Swerdlowsker Mittelschule befragen können. Leider kümmerte sich Iwanow nicht um solche Bagatellen, weshalb dies hier erfolgen soll.

Dabei ergeben sich einige unerwartete und hochinteressante Entdeckungen. Am Lagerplatz der Djatlow-Gruppe direkt vor dem Pass mit den Koordinaten 61° 45' nördlicher Breite und 59° 27' östlicher Länge ging die Sonne am Morgen des 1. Februar 1959 um 9:35 Uhr Ortszeit auf. Das Azimut des Aufgangspunkts (d. h. der Winkel zwischen der Nordrichtung und der aufgehenden Sonne) betrug annähernd 128°. Beim Blick auf die Karte der Gegend bemerkt man sogleich, dass sich der Aufgangspunkt hinter einer Höhe von 949,5 Metern befand. Das heißt, die Sonne war vom Lager der Gruppe aus nach 9:35 Uhr noch einige Zeit nicht sichtbar, da sie von einem Berg verdeckt wurde. Das ist der erste interessante Schluss, den man im Hinterkopf behalten sollte. Die Sonne ging an diesem Tag um 16:58 Uhr an einem Punkt mit dem Azimut 232° unter. Ungefähr 55 Minuten dauerte noch die sogenannte »bürgerliche Dämmerung«: das Zeitintervall vom sichtbaren Sonnenuntergang hinter den Horizont bis zum Absinken des Mittelpunkts der Sonne auf 6° unter der Horizontlinie. Während dieses Intervalls werden die oberen Schichten der Atmosphäre noch gut vom direkten Sonnenlicht beschienen und der Horizont ist deutlich erkennbar, obwohl gegen Ende dieses Zeitraums bereits einige helle Sterne am Himmelsgewölbe sichtbar werden. Die »bürgerliche Dämmerung« an diesem Tag endete in der angegebenen Gegend also um 17:52 Uhr.

Die Dauer des lichten Tages betrug 7 Stunden 23 Minuten und der wahre Mittag, also der Zeitpunkt des höchsten Sonnenstands über dem Horizont, fiel auf 13:16 Uhr. Da war die Sonne ungefähr 10° 12' über den gedachten Horizont gestiegen. (Das ist eine annähernde Berechnung, da der Meridian streng genommen kein Kreis ist und die exakten Koordinaten des Lagers der Djatlow-Gruppe vor dem Pass nicht bekannt sind. Doch für diese Abhandlung sind Abweichungen im Bereich von wenigen Minuten tolerabel.) Dieses Ergebnis stimmt jedoch, obwohl es sich bereits merklich von den Überschlagsrechnungen der Ermittler unterscheidet, noch immer nicht ganz. Die Berechnung wurde für einen geraden Horizont gemacht, während die Djatlow-Gruppe sich auf einem gebirgigen Gelände befand, das den Horizont nach oben »verschob«. Dieser Umstand ist noch zu berücksichtigen.

Dafür wird die Karte des Geländes herangezogen, die den Lauf des Flusses Auspija und die Position des Vorratslagers zeigt, das die Wanderer am letzten Lagerplatz in der Waldzone errichtet hatten. Die Seehöhe dieses Platzes beträgt etwa 650 Meter. Die Ausläufer des Uralrückens im Südwesten überragen ihn um 300 bis 350 Meter. Verdeckten diese Berge die niedrige Wintersonne am 1. Februar? Wenn ja, wann geschah das genau?

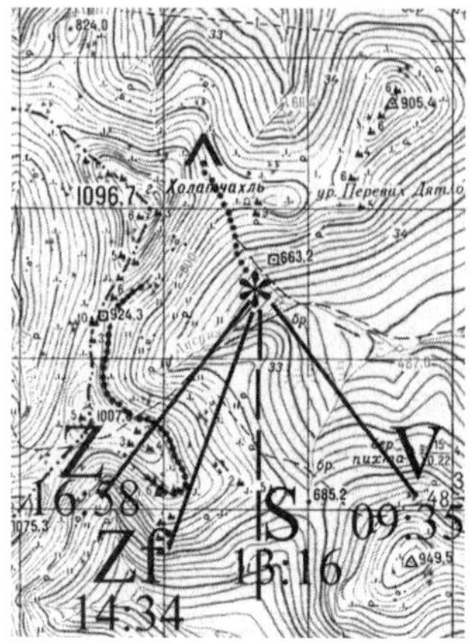


Bewegung der Sonne über den Himmel am 1. Februar 1959. *Zeichenerklärung:* * – Lagerplatz der Djatlow-Gruppe im Auspijatal; V – Richtung des Sonnenaufgangs um 9:35 Uhr, den die Wanderer nicht sehen konnten, da die Sonne hinter der Höhe von 949,5 Metern aufging; S – der wahre Mittag um 13:16 Uhr, zu diesem Zeitpunkt passierte die Sonne den Meridian des Lagers und befand sich exakt im Süden auf dem Zenitpunkt; Z – Richtung des Sonnenuntergangs, der auf der Breite des Lagers um 16:58 Uhr stattfinden musste (vom Lager aus ebenfalls nicht zu sehen); Zf – der tatsächliche Sonnenuntergang, der um 14:34 Uhr stattfand. Zu diesem Zeitpunkt ging die Sonne hinter den Ausläufern des Uralgebirges bei einem Sonnenstand von ungefähr 6° 30' unter. Die linke punktierte Linie zeigt eine Erhebung von 900 Metern, deren Höhenwinkel die Höhe des Sonnenstands nach 14:34 Uhr für einen Betrachter im Lager der Djatlow-Gruppe überstieg. Die rechte punktierte Linie zeigt die angenommene Richtung und Länge der letzten Wanderetappe der Gruppe.

Eine solche Berechnung stellt keine besondere Schwierigkeit dar. Also, wie weiter oben erwähnt, betrug der mittägliche Sonnenstand, wie er von der Djatlow-Gruppe gesehen wurde, am 1. Februar 1959 auf einer Breite von 61° 45' etwa 10° 12'. Danach begann die Sonnenscheibe, sich auf den Horizont zuzubewegen.

Die Gebirgsausläufer mit einer Höhe von 900 und mehr Metern, die vom Lager etwa 2,2 Kilometer entfernt waren, verschoben den Horizont für die Djatlow-Gruppe um mindestens 6° 30' nach oben und die Sonne verschwand nach dem Passieren des Zenits irgendwann hinter ihnen. Der Berghang verdeckte das Sonnenlicht im

Auspijatal gegen 14:34 Uhr, als die Sonne auf eine Höhe von 6° 30' über dem Horizont gesunken war. In diesem Moment konnten die Wanderer sich zum letzten Mal im Leben an ihrem Anblick erfreuen (vorausgesetzt, die Bewölkung ließ das zu). Von da an befand sich die Djatlow-Gruppe in einer Zone zunehmender Dämmerung.

All diese Ausführungen weisen einen gewissen Mangel auf, der weniger mit Rechenungenauigkeiten zu tun hat als vielmehr damit, dass die genaue Position des Lagers nicht bekannt und das Kartenmaterial leider nicht ganz exakt ist. Doch diese Umstände ändern nichts am grundlegenden Rückschluss: Die Dämmerung und danach die Dunkelheit traten für die Wanderer um einiges früher ein, als die Ermittler dachten. Die Fotos konnten auf keinen Fall »gegen 17 Uhr« entstanden sein, wenn die Sonne bereits gegen 14:34 Uhr hinter den Bergen verschwunden war. In Wirklichkeit war sie um 16:58 Uhr nicht nur vollständig unter die wahre Horizontlinie gesunken, sondern befand sich für einen Betrachter am Osthang des Cholat Sjachl noch tiefer (da der wahre Horizont in den Bergen nie sichtbar, sondern eine fiktive Linie ist, sieht der Betrachter die gezackte Linie der über ihm aufragenden Berge als Horizont).

Der Berg Cholat Sjachl bildet gemeinsam mit einer 3 Kilometer südlicher gelegenen Höhe von 1007,8 Metern eine Wand, in deren Schatten sich Igor Djatlows Gruppe nach 14:34 Uhr bewegte. Unter solchen Bedingungen war Fotografieren ohne Blitz nicht mehr möglich. Vor allem mit den von den Wanderern verwendeten Filmen mit niedriger Lichtempfindlichkeit (65 GOST; in jener Zeit waren zum Fotografieren in der Dämmerung Filme mit 130 GOST* üblich). Die letzten Fotos der Djatlow-Gruppe entstanden bei schlechter Sicht mit niedriger Bewölkung und Schneegestöber, was die Fotografierbedingungen noch verschlechterte. Dennoch ist ihre

* Entspricht 160 ASA.

Qualität durchaus zufriedenstellend. Das bedeutet wiederum, dass die letzten Fotos viel früher gemacht wurden, als Iwanow und Tempalow annahmen, nicht später als 15 Uhr, offenbar gleich nach dem Verlassen des Walds am Hang.

Um den astronomischen Teil der Abhandlung abzuschließen, betrachten wir auch die Bewegungsparameter des Mondes in der Nacht vom 1. auf den 2. Februar 1959 (obwohl dies, wie sich gleich zeigen wird, keine Bedeutung für das Schicksal der Wanderer hatte). Der Mond ging um 4:25 Uhr bei einem Azimut von 128° auf, und die Scheibe war zu 37 Prozent voll. Er ging um 11:53 Uhr an einem Punkt mit Azimut 230° unter, wobei die Scheibe noch zu 33 Prozent voll war. Also schien der Mond in der Nacht vom 1. auf den 2. Februar fast gar nicht, er zeigte sich nur in den Stunden vor der Morgendämmerung. Außerdem betrug seine Helligkeit nur ein Drittel des Maximums. Daher hätte das Mondlicht den Wanderern, als sie vom Zelt den Hang hinabgingen, an diesem Abend und in der Nacht wenig genützt.

Die hier dargelegten mathematischen und astronomischen Überlegungen sind keineswegs nur Denksport, sondern verfolgen einen höchst praktischen Zweck. Sie erlauben den wichtigen Schluss, dass den Wanderern am letzten Tag ihrer Tour ein fundamentaler Fehler unterlief, da sie die Dauer des lichten Tages falsch eingeschätzt hatten. An den vorhergehenden Tagen war die Djatlow-Gruppe den Fluss Auspija entlang über ein allmählich ansteigendes Geländerelief gewandert, das die Wirkung des Sonnenlichts nicht sonderlich negativ beeinflusste. Da waren die Bäume des Walds und die niedrige Bewölkung wesentlich größere Störfaktoren. Die Wanderer wussten zweifellos, dass der lichte Tag an der Auspija merklich kürzer war als in Swerdlowsk, und sie berücksichtigten dies entsprechend bei der Planung ihrer Aktivitäten.

Doch am 1. Februar befanden sie sich in einer völlig neuen Gegend. Vergleicht man die Berge um sie herum mit einer Schale mit gezackten Rändern, dann befand sich das Lager der Djatlow-Gruppe auf dem Boden dieser Schale. Das führte dazu, dass die Sonne sich nach dem subjektiven Empfinden der Wanderer am 1. Februar später als gewohnt über die Berge erhob und früher hinter ihnen unterging. Wenn die Gruppe diesen stark verkürzten lichten Tag berücksichtigt hätte, dann wäre sie nicht so spät aufgestanden und hätte das Vorratslager bereits am Vorabend angelegt.

Als sie in der Tagesmitte des 1. Februar bemerkten, dass die Sonne bald hinter den Bergen verschwinden würde, beschleunigten sie zweifellos ihre Tätigkeiten. Das geschah um 14 Uhr herum – eher früher als später. Die Gruppe, die ohnehin ihrem Zeitplan hinterherhinkte, lief plötzlich Gefahr, einen ganzen Tag zu verlieren! Sie packten so schnell wie möglich alles zusammen und verließen das Nachtlager, noch bevor die Sonne hinter der Höhe von 1007,8 Metern unterging, das heißt offenbar vor 15 Uhr, wovon die Ermittler ausgingen. Die Djatlow-Gruppe bewegte sich mit größtmöglicher Geschwindigkeit bei immer schlechter werdenden Lichtverhältnissen fort (dabei ist einstweilen noch nicht von Schneefall, Schneetreiben oder ähnlichen winterlichen Wetterphänomenen die Rede – das soll gesondert behandelt werden). Die Wanderung dauerte nicht lange, etwa anderthalb Stunden oder kürzer, denn die Gruppe schaffte am 1. Februar nur weniger als 2 Kilometer.

Der Fehler der Wanderer war von grundlegender Bedeutung. (Die Frage, ob dies ein absichtlicher »Fehler« war oder ob die Wanderer sich tatsächlich schlecht zurechtfanden, klammern wir zunächst noch aus. Die Antwort ist nicht so offensichtlich, wie es scheinen mag.) Genau dieser Denkfehler löste eine Kette von Ereignissen aus, deren unerbittliche Logik einige Stunden später zum Tod der Wanderer führte. Was diese zeitliche Verschiebung für das Schicksal der Djatlow-Gruppe bedeutete, müssen wir an anderer Stelle erörtern.

# 8. KAPITEL

## DIE ERSTE THEORIE: VON MANSEN ERMORDET

Bei den Ermittlungen, die Staatsanwalt Lew Iwanow mit fester Hand leitete, wurde fälschlicherweise davon ausgegangen, dass die Djatlow-Gruppe bis 17 Uhr marschierte und erst dann (oder noch später) das Zelt aufstellte. Die Ermittler glaubten, die Mitglieder der Gruppe hätten gegen 18 Uhr mit den Vorbereitungen für die Nacht begonnen: Sie zogen im Zelt ihre Skischuhe, Filzstiefel und Wattejacken aus (Letztere wurden später auf den Rucksäcken, aber unter den Decken gefunden), jemand schrieb das »Abendblatt Otorten«, ein anderer schnitt den Speck an … Und dann geschah etwas, das die Wanderer veranlasste, ohne Schuhe und warme Kleidung den Hang hinabzuflüchten und dabei den Erfrierungstod im nächtlichen Wald zu riskieren. Das taten sie nur, um nicht oben auf dem Hügel zu sterben. Mit anderen Worten versprach ihnen die Flucht eine Chance auf Rettung, während beim Zelt der sichere Tod auf sie wartete.

Was konnte dieses Etwas gewesen sein, das neun erwachsene Menschen dazu brachte, ihre einzige Unterkunft zu verlassen und in die eisige Dunkelheit zu flüchten?

Die Möglichkeit eines Lawinenabgangs wurde von allen erfahrenen Wanderern, die sich Februar/März 1959 am Cholat Sjachl aufhielten, verworfen. Es gab damals auch keine Spuren einer Lawine. Es waren überhaupt keine Naturkatastrophen für diese Gegend verzeichnet worden. Deshalb zog der Ermittler Iwanow zwei potenzielle Tätergruppen für die Rolle der tödlichen Bedrohung in Betracht: entflohene Häftlinge oder mansische Jäger, die aus gewissen Gründen den Stadtbewohnern gegenüber feindselig eingestellt waren.

Eine Überprüfung ergab, dass für den Januar 1959 die Strafkolonien in Iwdel keine Ausbrüche vermeldeten, das ganze »Spezialkontingent« befand sich an seinem Platz und deshalb kamen die Häftlinge beim besten Willen nicht als Täter infrage. Es war also kein Wunder, dass sich zwei Wochen nach Ermittlungsbeginn die Theorie von der Ermordung durch heimtückische mansische Jäger durchzusetzen begann.

Den Erinnerungen von Mitgliedern der Suchmannschaft zufolge hatte Staatsanwalt Iwanow nach dem Anblick des aufgeschnittenen Zelts sofort von Mord gesprochen, und zwar gegenüber verschiedenen Menschen zu verschiedenen Zeiten. Diese Theorie wurde von einer Reihe Entdeckungen und Mutmaßungen gestützt, die mit dem Aufenthalt von Mansen im nördlichen Ural zu tun hatten.

Zunächst stellten die Ermittler fest, dass sich ein mansischer Tschum* nordöstlich von der Basis der Djatlow-Gruppe befand. Außerdem zeigte sich, dass das Zelt der Wanderer aus Swerdlowsk nur einige Dutzend Meter oberhalb eines mansischen Pfads stand, der zu diesem Tschum führte. Mit anderen Worten war das Aufeinandertreffen eines mansischen Jägers (oder einer ganzen Gruppe) mit den Wanderern durchaus möglich gewesen. Ein falsches oder respektloses Verhalten der jungen Menschen gegenüber den Waldbewohnern oder eine Missachtung ihrer Traditionen konnten nach Meinung der Ermittler schlimme Folgen nach sich ziehen. Eine mündliche Auseinandersetzung hätte durchaus einen heftigen Konflikt provozieren können, bei dem sich die wütenden Jäger auf die Studenten stürzten, das Zelt zerschnitten und die ungebetenen Gäste den Hang hinunterjagten. Die Kälte und die leichte Bekleidung der Wanderer führten dann zum fatalen Ausgang.

Dieser Verdacht wurde mit dem archaischen religiösen Ritualis-

* Traditionelle Wohnbehausung der Mansen; ein kegelförmiges Zelt, das über Holzstangen gespannt wird.

Mansische Teilnehmer der Suchaktion

mus begründet, den das Volk der Mansen sich bewahrt hatte. Viele der Einheimischen, ganz zu schweigen von Experten in Heimatkunde, wussten von den heiligen Plätzen der Mansen, von den geheimen Gebetsteinen und den heidnischen Kultstätten, die über den nördlichen Ural verstreut waren. Das alles klang ziemlich mysteriös und unverständlich für einen sowjetischen atheistischen Staatsanwalt, und deshalb fielen diese Erzählungen offenbar bei den hervorragenden Vertretern der sowjetischen Rechtspflege auf fruchtbaren Boden. Daher darf man sich nicht wundern, dass die erste (und im Grunde einzige) Theorie, die im Zuge der offiziellen Ermittlungen bekannt gegeben wurde, eine Hypothese über die Schuld mansischer Jäger am Tod der Wanderer war.

1958 – und damit kurz vor der Tour der Djatlow-Gruppe – gab der noch von Stalin eingerichtete Rat für Angelegenheiten der russisch-orthodoxen Kirche eine infame atheistische Broschüre von J. Duluman heraus, einem ehemaligen Lehrer am Priesterseminar in Odessa, in der sowohl das orthodoxe Christentum als auch religiöse Traditionen im weitesten Sinne verunglimpft wurden. Im selben Jahr veröffentlichten die sowjetischen Massenmedien eine Erklärung der Erzpriester der russisch-orthodoxen Kirche P. Darmanski, A. Spasski und A. Tschertkow über ihre Abkehr von Gott. Der ideologische Auftrag der Staatsmacht war klar: Zum 21. Parteitag der KPdSU (genau diesem Parteitag war auch die Tour der Djatlow-Gruppe gewidmet) sollte das sowjetische Volk gelungene Beispiele für die Verbreitung der atheistischen Weltsicht präsentiert bekommen.

Deshalb fand der Verdacht, dass der religiöse Fanatismus der Mansen, die einem naiven Totemglauben anhingen, zum Mord an den jungen atheistischen Studenten geführt hatte, regen Anklang. Bekanntlich standen die Ermittlungen unter der Kontrolle des Swerdlowsker Gebietskomitees der KPdSU, und daher konnte eine »ideologisch richtige« Theorie dort nichts anderes als glühende Unterstützung hervorrufen.

Allerdings sprachen schwerwiegende Gründe gegen die »Mansenspur«. Es ist äußerst unwahrscheinlich, dass die Mansen, nachdem sie die Wanderer vom Berg verjagt hatten, nicht deren zurückgelassene Habseligkeiten plünderten. Wenn schon die Filzstiefel und Fotoapparate in den Augen der Waldbewohner keinen besonderen Wert besaßen, hätten sie wohl kaum den Alkohol zurückgelassen. An von der Zivilisation weit entfernten Orten ist dies buchstäblich »flüssiges Geld«. Auch gewöhnliches sowjetisches Geld wäre für die Jäger keine nutzlose Trophäe gewesen. Bei den Sachen im Zelt wurde eine beträchtliche Summe gefunden (insgesamt 1685 Rubel). Außerdem befanden sich in Rustem Slobodins Tasche weitere 310 Rubel. Schwer zu glauben, dass die Mansen eine solche Beute zurückgelassen hätten, denn trotz ihres abgeschiedenen Lebens benötigten sie viele Industriegüter, wie Streichhölzer, Salz, Patronen und anderes. Und die Mansen hatten gut drei Wochen Zeit, um sie ausfindig zu machen.

Doch sowohl der Alkohol als auch das Geld waren unberührt.

Dieser Widerspruch störte die Ermittler nicht besonders, zumindest nicht am Anfang. Die Verlockung, den Tod der Wanderer den einheimischen Mansen »anzuhängen«, war zu groß. Einige junge mansische Jäger wurden im Rahmen der von der Gebietsstaatsanwaltschaft durchgeführten Ermittlungen im März festgenommen und intensiv verhört. Es ist schwer zu sagen, welches Schicksal sie erwartet hätte. Immerhin hatte die sowjetische »Rechtsprechungsmaschinerie« in der Geschichte bereits oft genug ihre Fähigkeit bewiesen, benötigte Aussagen zu erzielen. Aber zum Glück der festgenommenen Mansen schlugen die Ermittlungen in der zweiten Märzhälfte einen unerwarteten Haken.

## 9. KAPITEL

# ÜBERRASCHUNG: DAS ZELT WURDE VON INNEN AUFGESCHNITTEN

Es gab eine scharfe Wende bei den Ermittlungen, als die Art der Schnitte im Zelt der verstorbenen Wanderer aufgeklärt wurde. Man erkannte, dass die Zeltwand rechts vom Eingang nicht von außen, sondern von innen aufgeschnitten wurde, also von den Wanderern selbst. Diese Entdeckung machte sofort die Annahme zunichte, ein zerstörerischer Angriff wäre von außen erfolgt. Der Faktor Angst blieb zwar das treibende Motiv für das eilige Verlassen des Zelts, doch die Ermittler kamen zu dem Schluss, dass die Mansen auf keinen Fall die Auslöser dieser Angst gewesen sein konnten.

Wladimir Iwanowitsch Korotajew, 1959 ein junger Ermittler der Staatsanwaltschaft Iwdel, erzählte später über die Ereignisse dieser Zeit, dass die erwähnte Entdeckung fast zufällig gemacht wurde. Das Zelt, das im Leninzimmer der Verwaltung für Innere Angelegenheiten Iwdel (dem größten Raum im Gebäude) aufgehängt war, wurde von einer Schneiderin gesehen, die man zum Nähen einer Uniform eingeladen hatte. Ihr reichte ein Blick, um überzeugt zu erklären: »Ihr Zelt wurde von innen aufgeschnitten!« Diese Aussage sorgte für großes Aufsehen, da die Ermittler bisher vom Gegenteil ausgegangen waren. Das Ergebnis war nicht nur eine neue Uniform für Korotajew, sondern ein kriminalistisches Gutachten für das Zelt, das wissenschaftlich genau die wahre Herkunft der Schnitte feststellen sollte.

Das Gutachten wurde im April 1959 im kriminalistischen Forschungslabor in Swerdlowsk von der leitenden Kriminalexper-

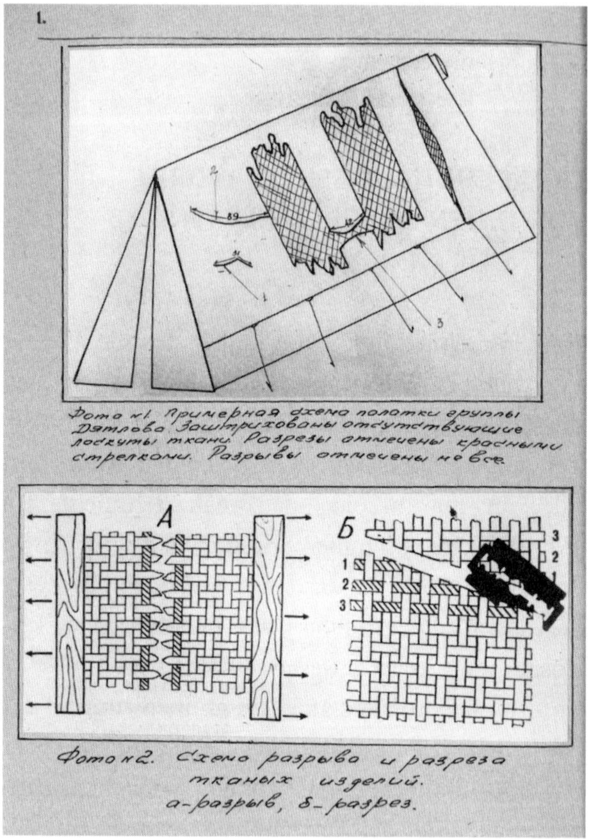


Aus dem Originalgutachten. So sah H. J. Tschurkina das hinterlassene Zelt der Gruppe. Die Anmerkung unter der oberen Skizze besagt, dass die Maße nur Annäherungen sind und nicht alle Schäden eingezeichnet wurden. Natürlich darf eine Skizze stark vereinfacht sein, doch in diesem Fall ähnelt sie der Vorlage überhaupt nicht. Siehe etwa die seitlichen Spannseile und die fehlenden Befestigungen für die Stirnseiten des Zelts.

tin und wissenschaftlichen Mitarbeiterin Henrietta Jelissejewna Tschurkina erstellt (vom 3. bis 16. April). Das Dokument ist vor allem deshalb interessant, weil das Zelt eine Art »Knotenpunkt« der Tragödie ist, der Ort, an dem die noch unerklärliche Kette der Ereignisse begann, die die Flucht der Wanderer ohne Oberbekleidung und Schuhe in die Eiseskälte nach sich zog.

Die Antwort auf die Frage, was mit ihnen in den letzten Minuten im Zelt geschah, erklärt zugleich die Verhaltenslogik der Wanderer bei ihrer Flucht.

Das Gutachten stellte fest, dass die Zeltwand, die bergab zeigte (d. h. rechts vom Eingang aus gesehen), drei große Schnitte aufwies (etwa 89, 31 und 42 cm lang); zwei ziemlich große Stoffstücke waren herausgerissen und fehlten. Außerdem gab es einen Schnitt vom First bis zur Seitenwand, der sich nahe der Rückwand befand. Die Expertin bemerkte auf der Innenseite der Plane »oberflächliche Beschädigungen des Stoffs in Form von […] Durchstichen, Einschnitten des Stoffs und sehr feinen Kratzern. […] Die Kratzer zeigen sich als oberflächliche Beschädigungen der Fäden: Die Fäden wurden entweder halb angeschnitten oder der Farbstoff wurde von ihnen gleichsam heruntergeschabt und die ungefärbten Teile sind sichtbar«. Die angeführten Beschädigungen wurden durch Messerschnitte von innen verursacht, wobei die Klinge den Stoff nicht gleich durchtrennte. Anders gesagt, die Person, die das Zelt zerschneiden wollte, musste mit dem Messer mehrere Male auf die Zeltwand einstechen.

Was lässt sich über ein solches Gutachten sagen? Es zufriedenstellend zu nennen ist unmöglich. Bei der Bewertung muss man Folgendes berücksichtigen:

1. Es wurden bei Weitem nicht alle Beschädigungen des Zeltstoffs von der Expertin beschrieben und untersucht, sondern nur ein geringer Teil. Der Grund für einen derartigen Umgang mit dem Untersuchungsobjekt ist nicht klar. Hinzu kommt, dass ein Riss (oder Schnitt) auf der hangaufwärts gerichteten Seite des Zelts (vom Eingang aus gesehen links) unerwähnt blieb. Es ist gesichert, dass so ein Riss (oder Schnitt) existierte und mit der zusammengerollten Jacke von Igor Djatlow zugestopft war. Doch es wurden weder die Maße dieser Beschädigung vermerkt, noch geht ihre genaue Position aus dem Gutachten hervor.

2. Warum die Expertin bei der Beschreibung und Untersuchung der Schnitte und Risse auf dem Zelt selektiv vorging, ist nicht nachvollziehbar, zumindest nicht aus den heute verfügbaren Verfahrensunterlagen. Vielleicht teilte H. J. Tschurkina die Schäden in »wichtig« und »unwichtig« ein, doch die Kriterien dafür sind völlig unklar. Es müsste auf jeden Fall der Ermittler sein, der die Bedeutung der Spuren auf dem Zelt bewertet, da er über alle Informationen verfügt, und nicht die Expertin, die zwar eine sehr wichtige, aber doch nur unterstützende Funktion ausübt.

3. Die Expertin hätte ein Urteil über den Zeitpunkt des Zerschneidens des Zelts und über die dafür verwendeten Mittel abgeben müssen. Letzteres war umso wichtiger, da es, wie man mit Bestimmtheit weiß, mehrere solcher Mittel gab, mindestens zwei (eines zum Aufschneiden des Zelts von innen und den Eispickel, den Slobzow am 26. Februar benutzt hatte). Dass der Ermittler diese Informationen nicht angefordert hat, ist bedenklich. Der Experte kann allerdings vom Gesetz her über den formalen Rahmen hinaus auch ungefragt wichtige Schlussfolgerungen ziehen. Dies tat H. J. Tschurkina nicht. Man kann also sagen, dass in diesem Fall beide verantwortlichen Personen nicht nur nachlässig vorgingen, sondern schlicht unprofessionell.

Beim Blick auf die bekannten Fotos vom Zelt der Djatlow-Gruppe fällt eine deutliche Diskrepanz zwischen der tatsächlichen Anzahl von Schnitten und den von Henrietta Tschurkina beschriebenen auf. Auf der fotografierten Zeltplane sind es weit mehr als drei. Allerdings existieren keine aus kriminalistischer Sicht fachgerecht ausgeführten Fotos. Es gibt Bilder, die im oben erwähnten Leninzimmer der Verwaltung für Innere Angelegenheiten Iwdel gemacht wurden, auf denen man das Zelt über einem schwach gespannten Seil hängen sieht, als wäre es ein gewöhnliches Bettlaken nach der Wäsche.

Der Fotograf stand zu nah am Aufnahmeobjekt, deshalb gibt es keine Gesamtansicht. Er machte zwei Fotos, wobei der vom Eingang

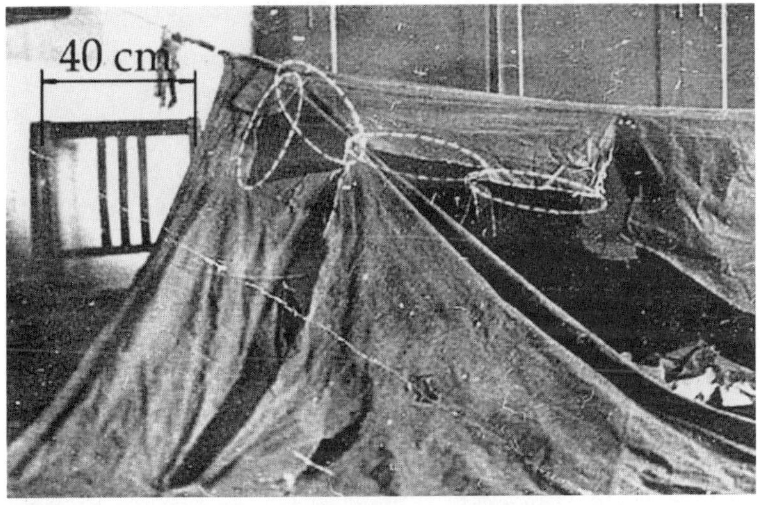


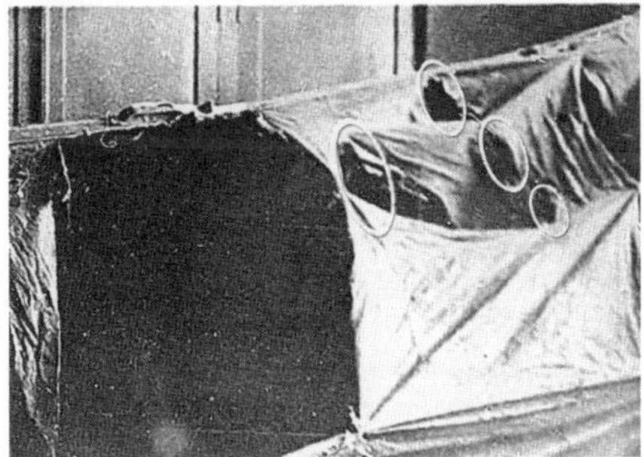

Das Zelt der Djatlow-Gruppe mit Details. Die Fotos erlauben nicht nur ein Urteil über das Ausmaß seiner Beschädigung, sondern auch die teilweise Rekonstruktion der Schnitte auf der rechts vom Eingang gelegenen Zeltwand. Die gestrichelten Ovale markieren die kleinen Schnitte, die großen (vom Dachfirst zur Wand) sind nicht hervorgehoben. Ziffer 1 auf dem Foto rechts unten zeigt die Lage der Öffnung im First, die zur Befestigung einer Stütze im Inneren des Zelts diente, möglicherweise wurde sie auch zum Aufhängen von Djatlows selbst gebautem Ofen verwendet. Ziffer 2 bezeichnet die Schlaufe für das Spannseil zur Stütze des Firsts.

entfernte Teil gar nicht festgehalten wurde. Beim Versuch, die beiden Fotos zusammenzufügen, zeigt sich, dass sie nicht den gleichen Maßstab aufweisen; offenbar änderte der Fotograf nach dem ersten Foto den Aufnahmepunkt und näherte sich dem Objekt.

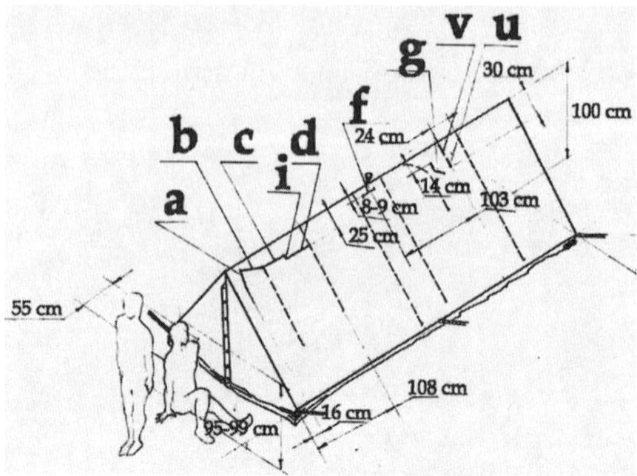


Isometrische Projektion des Zelts der Djatlow-Gruppe mit den eingezeichneten Schnitten auf der (vom Eingang aus) rechten Seite des Dachs. In der Abbildung wurden die Proportionen erhalten; zur Veranschaulichung ist neben dem Zelt ein Mann mit Juri Doroschenkos Statur stehend und sitzend dargestellt. Die gestrichelten Linien zeigen die langen Schnitte vom First zur Seitenwand, die durchgehenden Linien die kurzen Schnitte, die offenbar einem anderen Zweck dienten als die langen. Ihre annähernden Maße in Zentimetern: a = 25, b = 26, c = 32, d = 34, i = 6–6,5, f = 16,5 (diesen Riss verursachte Slobzow am 26. Februar 1959 mit dem Eispickel), g = ein Schnitt von unbestimmter Länge (zwischen 19 und 72 cm), auf dem Originalfoto von einem umgeschlagenen Stück Plane verdeckt; v = 14,5 und u = 13 Zentimeter. Aufgrund der mangelnden Qualität der Vorlage sind nicht alle kurzen Schnitte eingezeichnet.

Weit schlimmer ist jedoch, dass die Expertin bei ihrer Arbeit kein Messlineal verwendete, das exakte Angaben über die Beschädigungen erlaubt hätte.

Außer den bereits erwähnten Mängeln weisen diese Fotos einen weiteren ernsten Makel auf: Bei einem der größten Risse wurde der Stoff so zurückgeschlagen, dass er einen Teil der Zeltwand verdeckte. So kann man Beschädigungen des Stoffs nicht sehen, die es an dieser Stelle vielleicht gab. Vor der Aufnahme hätte dieses Stoffstück in eine natürliche Position gebracht werden müssen. Ein solches Vorgehen (d. h. ein Wiederherstellen des Ausgangszustands) hätte außerdem ein ziemlich genaues Urteil über die Größe der fehlenden Zeltstücke erlaubt und man müsste nicht auf die wenig informative Skizze von Henrietta Tschurkina zurückgreifen.

Dennoch lässt sich trotz des unzulänglichen Gutachtens und der schlecht gemachten Fotos versuchsweise nachvollziehen, was mit dem Zelt in den letzten Minuten passierte, in denen sich Menschen darin aufhielten.

Natürlich muss man zunächst das Aussehen des Zelts einigermaßen rekonstruieren. Auf Basis der bekannten Fotos werden dafür die sichtbaren Beschädigungen in eine maßstabsgetreue Skizze übertragen. Obwohl die genauen Abmessungen des Zelts nicht bekannt sind, weiß man, dass es aus zwei Viermannzelten PT-4 zusammengenäht war (jedes mit 2 m Länge, 1,8 m Breite, 1,8 m First- und 0,8 m Wandhöhe). Damit ergeben sich für das Zelt der Djatlow-Gruppe die folgenden Maße: 4 Meter Länge, 1,8 Meter Breite, 1,8 Meter First- und 0,8 Meter Wandhöhe. In »voller Höhe« stand es normalerweise im Wald. Auf einem Berghang oder an einem anderen windigen Ort wurde das Dach jedoch auf den Boden abgesenkt, um die Angriffsfläche für den Wind zu vermindern, das heißt, die Höhe betrug nur noch 1 Meter. Zwar existieren keine Fotos des Zelts mit einem Lineal, aber auf einer Aufnahme ist ein Stuhl zu sehen, der sich etwas hinter dem Aufnahmeobjekt befindet. Man kann die Berechnungen darauf aufbauen, da die Grundmaße von Stühlen (Höhe der Sitzfläche und Breite der Lehne) in der Sowjetzeit streng genormt waren. Es gab drei grundlegende Typen: Stühle für Konzertsäle und -räume, für Polstergarnituren und für Büros. Der Stuhl auf dem Foto gehört eindeutig zur letzteren Kategorie. Die Breite der Lehne betrug 40 Zentimeter.

Mit der Stuhllehne als »Lineal« kann man versuchen, alle auf dem Foto sichtbaren Beschädigungen der Zeltwand sowie ihre Position zu vermessen. Die Ergebnisse sind auf der links dargestellten Skizze ersichtlich. Es gibt jedoch zwangsläufig Abweichungen aufgrund der unterschiedlichen Maßstäbe auf den Fotos, für die kein Korrekturwert zwischen den Fotos bekannt ist.

Trotzdem kann man die Genauigkeit der Skizze überprüfen,

indem man die berechneten Ergebnisse mit den Messungen von H. J. Tschurkina im April 1959 vergleicht. Wie unschwer zu erkennen, sind die Schnitte b, c und d Teile des größten Schnitts, dessen Länge laut der Expertin »annähernd 89 cm« betrug. Die Summe dieser drei Schnitte ergibt 92 Zentimeter (b + c + d = 26 + 32 + 34 = 92 cm), was an die Länge von 89 Zentimetern herankommt, die Henrietta Tschurkina direkt gemessen hatte. Also ist die Genauigkeit der Berechnungen durchaus zufriedenstellend.

Die Analyse dieser Ergebnisse führt zu höchst unerwarteten Schlüssen:

1. Die Zeltwand, die hangabwärts ausgerichtet war, wies deutlich stärkere Beschädigungen auf, als aus den offiziellen Dokumenten hervorgeht. Die Skizze der Gutachterin gibt nicht einmal annähernd eine Vorstellung von der Anzahl, Größe und Anordnung der Schnitte und Risse im Zelt.

2. Die Beschädigungen der Zeltwand teilen sich in zwei Kategorien: lange Schnitte vom First zur Zeltwand (mindestens sechs, sie sind auf der Skizze gestrichelt dargestellt) und vergleichsweise kleine Schnitte am First bei der gegenüberliegenden Stirnseite des Zelts (mit durchgehenden Linien eingezeichnet).

3. Es gibt einen Riss im mittleren Teil der Zeltwand gleich neben der Schlaufe, der nicht der obigen Einteilung zu entsprechen scheint (mit dem Buchstaben f bezeichnet). Diese Beschädigung hat jedoch mit den Ereignissen vom 1. Februar 1959 nichts zu tun, da sie von Slobzows Versuch stammt, gleich nach der Entdeckung des Zelts mit dem Eispickel ins Innere vorzudringen. Am 15. Februar 2007 bestätigte dies Michail Scharawin gegenüber den Forschern Kunzewitsch (vom Gedenkfonds der Djatlow-Gruppe) und Jelder (vom Zentrum der zivilen Erforschung der Djatlow-Tragödie). Wörtlich sagte er: »Dort gibt es zwei Schnitte schräg und nach unten – das sind natürlich mit dem Messer gemachte Schlitze, und am First des Zelts, etwa in der Mitte, gibt es noch ein großes Loch – das haben

wir reingeschlagen. Dann gibt es dort noch so einen abgerissenen Stofffetzen, der stammt von uns.«

4. Beim Zerschneiden einer festen Zeltplane ist es sehr schwierig, mit dem Messer durchzudringen. Im vorliegenden Fall wurde dies außerdem durch die geringe Spannung der Zeltwand erschwert, die durch den Druck des Windes und des Schnees sowie durch ihr Eigengewicht stark durchhing. (In den Unterlagen der Strafakte und den Erinnerungen der Suchmannschaft gibt es keine Aussagen über ein Seil, das durch die Schlaufe in der Zeltmitte geführt war, und die Ski, über die es hätte gespannt sein müssen, wurden an der Stirnseite des Zelts gefunden. All das lässt darauf schließen, dass der First gar nicht gespannt war.) Ebendiese Schwierigkeit, die Plane zu durchdringen, erklärt die Stiche und Kratzer auf der Innenseite der Zeltwand, die Tschurkina in ihrer Akte erwähnte. Denn wenn die Person, von der die kurzen Schnitte stammten, tatsächlich vorgehabt hätte, eilig einen Ausgang durch die Zeltwand zu schaffen, hätte sie die Plane nach dem Durchstechen weit genug für eine entsprechend große Öffnung aufgeschnitten. Genauso entstanden die langen Schnitte vom First zur Seitenwand. Doch bei den kurzen Schnitten entlang des Firsts zeigt sich ein anderes Bild: Die Zeltplane wurde dreimal eingeschnitten. Dass diese Schnitte nicht den Zweck hatten, als Ausgang für die Menschen im Zelt zu dienen, erscheint hier nur logisch.

5. Aufgrund der erwähnten Schwierigkeiten, die Zeltplane mit dem Messer zu durchdringen, ist mit hoher Wahrscheinlichkeit davon auszugehen, dass die sieben beschriebenen kurzen Schnitte mindestens gleich viel Zeit, wenn nicht mehr in Anspruch nahmen als die sechs langen. Das untermauert die Schlussfolgerung, dass die Person (bzw. die Personen), die das Zelt zerschnitt, keineswegs beabsichtigte, ein hastiges Verlassen des Zelts zu ermöglichen.

6. Man darf nicht vergessen, dass die Person, die die Schnitte a, b, c und d machte, sich direkt beim Eingang des Zelts befand. Um das

Zelt schnell zu verlassen, hätte es gereicht, den Arm auszustrecken und mit einer einzigen Bewegung die Knöpfe abzuschlagen, mit denen der Eingang verschlossen war (ganze vier Stück). Das wäre in weniger als zehn Sekunden zu schaffen gewesen. Bekanntermaßen war die Stirnseite des Zelts beim Eingang mit einem Vorhang aus Laken verstärkt, der das Eindringen von Schnee verhindern sollte, doch so ein Laken stellt natürlich kein ernsthaftes Hindernis dar. Eine Person, die das Zelt schnellstmöglich verlassen wollte, hätte diesen Vorhang ohne lange Überlegungen einfach abgerissen. Stattdessen wurde die Zeltwand methodisch durchgeschnitten.

Warum macht also eine Person einerseits vergleichsweise kurze Schnitte von 20 bis 30 Zentimetern, ohne auf den Zeit- und Kraftaufwand zu achten, und andererseits lange Schnitte von einem Meter und mehr? Dafür kann es nur eine Erklärung geben: Diese Schnitte dienten verschiedenen Zwecken, und sie wurden zu unterschiedlichen Zeitpunkten gemacht.

Was für Zwecke waren das? Bei den langen Schnitten lag die Antwort für die Mitarbeiter der Staatsanwaltschaft klar auf der Hand: Sie wurden von erschrockenen Menschen zum hastigen Verlassen des Zelts gemacht. Die Ermittler gaben diese Erklärung, obwohl sie bei Weitem nicht die einzige und wohl kaum die richtige war.

Doch wozu die kurzen Schnitte in der Zeltwand dienten, darüber zermarterten sich die Vertreter der Staatsanwaltschaft nicht das Hirn. Die Ermittler bemühten sich, wie die Expertin Tschurkina diese Schnitte erst gar nicht zu erwähnen.

Alle Beschädigungen des Zelts, außer einem Riss (bzw. Schnitt), konzentrieren sich auf die Zeltwand, die in die Richtung zeigt, in der die Wanderer den Hang des Cholat Sjachl hinabstiegen. Wenn man davon ausgeht, dass die Mitte des Firsts nicht mit einem Seil gespannt war (und es gibt keinen Grund für eine gegenteilige Annahme), dann hingen die Zeltwände durch. Die Skizze auf Seite 129 zeigt, wie das Zelt in diesem Fall aussah. Diese Skizze ist zwar maßstabsgetreu,

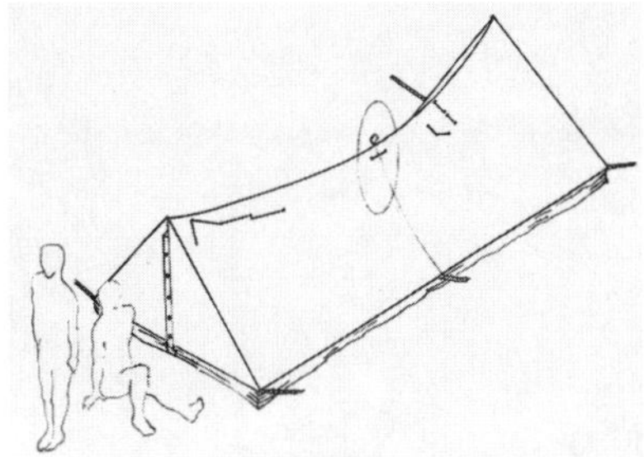

Skizze des Zelts mit der Lage der kurzen Schnitte in der rechten Zeltwand bei durchhängendem First, wie er am 1. Februar 1959 ausgesehen haben könnte. Das Oval bei der Schlaufe in der Mitte zeigt die Lage des Risses in der Plane, den am 26. Februar 1959 Slobzow mit dem Eispickel verursachte. Maßstabsgetreu sind vor dem Zelteingang zwei Figuren mit einer Größe von 180 Zentimetern stehend und sitzend dargestellt; sie veranschaulichen die Position der Schnitte im Verhältnis zu den Körpermaßen eines Mannes. Der besseren Übersicht wegen fehlen die vertikalen Schnitte vom First bis zur Seitenwand.

doch wahrscheinlich hing das Dach noch viel stärker durch. Fügt man dieser schlaffen Zeltwand nun kurze Schnitte zu, hängt der Stoff ebenfalls nach unten durch. Zum Vergleich sind zwei Figuren von Juri Doroschenkos Statur eingezeichnet, ein sportlicher Mann mit einer Größe von 180 und einer Schulterbreite von 55 Zentimetern. Im Sitzen ist er ungefähr 95 bis 99 Zentimeter groß (abhängig von der Körperhaltung). Das heißt, sein Kopf würde den Zeltfirst berühren, und die kurzen Schnitte befänden sich unterhalb seiner Augen. Die Lage der Schnitte gewährleistet eine optimale Übersicht über das Gebiet unterhalb des Zelts ohne »tote Winkel« am Berghang.

Die kurzen Schnitte wurden von Personen gemacht, die die abwärtsgelegenen Zugänge zum Zelt aus der Richtung des Loswatals überwachen wollten. Das zeigt sich besonders deutlich, wenn man die Schnitte beim Eingang betrachtet: Die Schnitte a und b bilden ein dreieckiges Fenster, wobei dessen ursprüngliche Größe nicht vom Messer herrührt, sondern zusätzlich durch den Riss c vergrößert wurde. Zwei Personen saßen einander zugewandt an den entgegengesetzten Enden im Zelt; die Person beim Eingang konnte den

Das Begräbnis der Wanderer; auf dem Weg zum Michailowskoje-Friedhof

nordöstlichen Bereich im Auge behalten, während die andere den Bereich im Südosten überwachte.

Gemeinsam kontrollierten sie die Richtung, in die die Djatlow-Gruppe geflüchtet war. Dabei hatte jeder den Bereich hinter dem anderen im Blick.

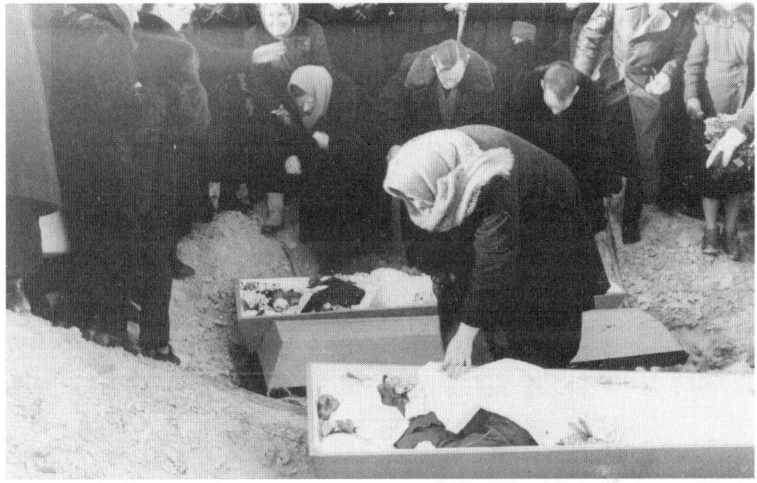

Das Begräbnis der Wanderer; Abschiedsszenen

Möglicherweise gab es neben den beiden Beobachtern noch eine dritte Person, die die Sachen der geflüchteten Wanderer durchsuchte. Auf jeden Fall störte der stark durchhängende First die Personen im Zelt: Er behinderte das Durchsuchen der Sachen, die auf einem chaotischen Haufen lagen, sowie das Zurechtfinden im Dunkeln … Um den First abzustützen und dieses Problem zu lösen, begann eine der Personen im Zelt, einen zu langen Skistock (140 cm) abzuschneiden, gab diese Tätigkeit jedoch bald wieder auf.

Der Objektivität halber muss man anmerken, dass die Theorie der »Fensterschnitte« bei Weitem nicht die einzige war, mit der die Erforscher der Djatlow-Tragödie die seltsamen Beschädigungen des Zelts zu erklären versuchten. Anderen Annahmen zufolge dienten die kurzen Schnitte dazu, Luft für die Menschen ins Zelt zu lassen oder um die Dicke der Schneeschicht zu überprüfen, die auf die Zeltwand drückte und die hintere Zeltstange umgeworfen hatte. Auf diese Hypothesen wird in jenem Teil der Untersuchung näher eingegangen, in dem die verschiedenen Theorien über das Schicksal der Wanderer analysiert werden; dort wird sich auch zeigen, dass diese Erklärungen sinnlos sind, denn sie erklären überhaupt nichts.

Die Suche nach den noch vermissten Mitgliedern der Djatlow-Gruppe wurde im März 1959 unter größten körperlichen und emotionalen Anstrengungen fortgeführt. Oberst Ortjukow, der die Suche unmittelbar vor Ort leitete (auf dem Hang des Cholat Sjachl und am Pass), schlug dem Leiter der Operation mehrere Male vor, die Arbeit einzustellen und sie auf einen späteren Zeitpunkt nach der Schneeschmelze zu verschieben. Doch er erhielt dafür keine Erlaubnis. Die Leichen der Vermissten sollten rasch gefunden werden, weshalb die Suche ohne Unterbrechung weiterlief.

Vor Mitte März (das genaue Datum ist nicht bekannt) wurde das Lager der Suchmannschaften aus dem Auspijatal ins Loswatal in die Nähe des Suchgebiets verlegt. Damit sollten Kraft und Zeit der Personen geschont werden, die jeden Tag unnötige Kilometer auf Ski bergauf und bergab zurücklegen mussten. Die Verlegung war bereits im Februar geplant gewesen, doch damals wurde sie durch die Entdeckung der ersten Leichen verzögert.

Die Behörden ließen die Begräbnisse der verstorbenen Wanderer an zwei Tagen durchführen. Zuerst wurden Juri Doroschenko,

Igor Djatlow, Sina Kolmogorowa und Georgi Kriwonischtschenko bestattet. Am nächsten Tag übergab man Rustem Slobodin der Erde. Vier der Verstorbenen fanden auf dem Michailowskoje-Friedhof ihre letzte Ruhe, während Georgi Kriwonischtschenko auf dem Iwanowskoje-Friedhof beigesetzt wurde, obwohl seine Eltern nichts gegen eine gemeinsame Beerdigung mit den anderen einzuwenden hatten. Die Behörden versuchten, die Begräbnisse klein zu halten und nicht zu viel Wind darum zu machen, womit sie einen zusätzlichen Schatten auf dieses ohnehin traurige Ereignis warfen. Zunächst versuchte das Gebietskomitee der KPdSU, die Angehörigen zu überreden, ihre Toten in Iwdel schnell und still zu begraben. Sie erinnerten die Eltern, Parteimitglieder, an ihr »Parteibewusstsein« und drohten ihnen unmissverständlich mit organisatorischen Maßnahmen bei Unnachgiebigkeit. Als klar wurde, dass alles Bemühen um die Zustimmung nicht zum gewünschten Resultat führte, gaben die Parteibonzen nach und erlaubten die Begräbnisse in Swerdlowsk. Die kommunistischen Anführer verstanden es jedoch nicht, die Trauerveranstaltung würdig zu organisieren und durchzuführen. Auf Befehl von Kasuchin, Parteileiter des UPI, wurden die Plakate, die über Ort und Zeit der bürgerlichen Totenfeier informierten, zweimal von der Informationstafel abgerissen. Das sollte offenbar die Anzahl der Menschen, die sich von den Verstorbenen verabschieden wollten, verringern. Dessen ungeachtet versammelten sich am 9. März 1959 im zehnten Gebäude des UPI, wo die Särge aufgestellt waren, und um das Gebäude herum mehrere Tausend Menschen. Auf dem Gelände des Michailowskoje-Friedhofs wurde der Trauerzug nicht wie gewohnt durch das Tor eingelassen, sondern von einer angrenzenden Straße aus, wofür der Zaun abgerissen werden musste. Grund für Gerede bot außerdem der Umstand, dass Georgi Kriwonischtschenko – als einziger der fünf Verstorbenen – in einem verlöteten Zinksarg begraben wurde. Bevor der Sarg mit Georgis Leiche der Erde übergeben wurde, stellte man ihn auf Drängen der Mutter für zehn Minuten in der Friedhofskirche aus, die man eigens dafür öffnete. Es gab keine Totenmesse und die Kirche selbst war schon seit mehr als 20 Jahren verwahrlost, doch um einen Skandal zu vermeiden, mussten die Behörden der vehementen Forderung der Mutter nachgeben.

Es ist nicht verwunderlich, dass die Sowjetmacht so unentschuldbar und respektlos mit den Menschen umging. Wie man weiß, gingen in der Sowjetunion keine Schiffe unter, es stürzten keine Flugzeuge ab und explodierten keine Raketen, stattdessen gab es nur Leistungen, Erfolge und Ruhmestaten der Arbeit. Es existierten höchstens ein paar wenige Relikte aus der Vergangenheit. Deshalb wurden jegliche Gespräche über Katastrophen, öffentliche Unordnung und gehäufte Todesfälle von der Regierungsspitze als »ideologische Sabotage« eingestuft und unmittelbar und unnachgiebig unterbunden. Die Sowjetmacht fürchtete sich pathologisch vor jeder negativen Information, die auch nur den kleinsten Schatten auf sie werfen sowie Zweifel daran wecken könnte, dass sie die beste Macht der Welt war. Das war der Grund für die geradezu irrationale Furcht davor, zu viel zu sagen oder zu erlauben; diese Angst bestimmte die Logik vieler Aktionen der Partei- und Sowjetführung auf allen Ebenen der Partei- und Beamtenhierarchie in der UdSSR. Der Tod der Mitglieder der Djatlow-Gruppe hätte die KPdSU und die Sowjetmacht keineswegs diskreditieren können, doch das sahen die Vertreter der Obrigkeit anders und sie versuchten, das Begräbnis im März so zu organisieren, dass möglichst wenig Aufhebens darum gemacht wurde. Das erwies sich als sinnlos (wie fast immer in der UdSSR), da die verstorbenen Studenten in Swerdlowsk ohnehin Stadtgespräch waren, außerdem blieb bei den Menschen ein Gefühl der Kränkung über den unangemessenen Umgang der Behörden mit dieser Tragödie zurück.

Am 13. März bestätigte das Swerdlowsker Gebietsexekutivkomitee einen Plan zur Suche im Loswatal. Diesem Dokument zufolge bildeten Studenten des UPI den größten Teil der Suchmannschaft (zwanzig Personen). Zu ihrer Verstärkung wurden Pioniere des Militärbezirks Ural hinzugezogen (zehn Personen). Die Gebietsverwaltung für Innere Angelegenheiten entsandte ebenfalls eine Gruppe von zehn Personen zur Suche und übernahm die Verantwortung für die Versorgung der Teilnehmer mit Material. Um den Transport kümmerte sich das Militär, wofür der Suchmannschaft zwei in Iwdel stationierte Hubschrauber Mi-4 zur Verfügung gestellt wurden. Die Aufgabe, die Kommunikation mit der Suchmannschaft zu organisieren, bekam die Nordexpedition der Geologieverwaltung Ural.

Am Freitag, dem 27. März 1959, hielt das Büro des Gebietskomitees eine Sondersitzung über den Verlauf der Suchaktion ab. Es sind keine Einzelheiten aus dieser Sitzung bekannt.

## 10. KAPITEL

## NEUE THEORIE: ACHTUNG, FEUERBÄLLE AM HIMMEL!

Am 31. März geschah etwas Bemerkenswertes: Alle Mitglieder der Suchmannschaft, die sich im Lager im Loswatal befanden, sahen ein Ufo. Valentin Jakimenko, ein Augenzeuge, beschrieb das Ereignis in seinen Erinnerungen: »Früh am Morgen war es noch dunkel. Der Diensthabende Viktor Meschtscherjakow verließ das Zelt und sah eine leuchtende Kugel, die sich über den Himmel bewegte. Er weckte alle. Zwanzig Minuten lang beobachteten wir die Bewegung der Kugel (oder Scheibe), bis sie hinter dem Berghang verschwand. Wir sahen sie in südöstlicher Richtung vom Zelt. Sie bewegte sich nach Norden. Diese Erscheinung versetzte alle in Aufruhr. Wir waren überzeugt, dass der Tod der Djatlow-Gruppe etwas damit zu tun hatte.« Die Zentrale der Suchaktion in Iwdel wurde über die Beobachtung informiert. Das Erscheinen eines Ufos gab den Ermittlungen eine unerwartete Richtung. Jemand erinnerte sich, dass bereits früher »Feuerbälle« in diesem Gebiet beobachtet worden waren. Davon wussten die Ermittler zweifellos, doch auf solche Informationen hatte bislang niemand geachtet. Nun kamen die Ermittler von den unglücklichen Mansen ab, die einfach nicht gestehen wollten, und wandten sich einer ganz anderen Spur zu.

Am 7. April 1959 befragte Wassili Iwanowitsch Tempalow, Staatsanwalt von Iwdel, eine Gruppe Soldaten der Inneren Truppen über eine seltsame Lufterscheinung, die sie am 17. Februar 1959 beobachtet hatten. Er protokollierte die Aussagen der vier Zeugen und fügte sie der Akte bei. Als Beispiel folgt ein Zitat aus einem dieser bemerkenswerten Dokumente, das eigenhändig von dem Offizier Alexander Dmitrijewitsch Sawkin verfasst wurde, dem ältesten der Befragten: »Am 17. Februar 1959 um 6:40 Uhr morgens, als ich meine Dienstpflichten ausübte, erschien eine grellweiße Kugel in südlicher Richtung (des Horizonts – *Anm. des Autors*), die in regelmäßigen Abständen von dichtem weißem Nebel verhüllt wurde. Innerhalb dieser Wolke befand sich ein hell leuchtender Punkt von der Größe eines Sterns. Die Kugel bewegte sich in Richtung Norden und war acht bis zehn Minuten lang zu sehen.« Die anderen Soldaten nannten etwas längere Zeitintervalle (bis zu 15 Minuten). Das ist eigentlich auch der einzige nennenswerte Unterschied zwischen den protokollierten Aussagen.

Nur eine Woche später, am 14. April, wurde der Vater des verstorbenen Georgi Kriwonischtschenko in Swerdlowsk befragt. Es lohnt sich, den wesentlichen Teil der Aussage von Alexej Konstantinowitsch Kriwonischtschenko ungekürzt zu zitieren: »Nach der Beerdigung meines Sohns am 9. März 1959 kamen Studenten, die an der Suche nach den neun Wanderern teilgenommen hatten, zu mir in die Wohnung zum Mittagessen. Darunter waren auch die Wanderer, die Ende Januar und Anfang Februar im Norden, etwas südlich des Bergs Otorten, unterwegs gewesen waren. Es gab offenbar mindestens zwei solcher Gruppen, zumindest erzählten die Teilnehmer zweier Gruppen, dass sie am Abend des 1. Februar 1959 eine erstaunliche leuchtende Erscheinung nördlich von ihnen beobachtet hatten: das außergewöhnlich helle Leuchten einer Rakete oder eines Geschosses. Das Leuchten war so stark, dass eine der Gruppen, die sich im Zelt schon auf das Schlafen vorbereitete, davon aufgeschreckt das Zelt wieder verließ und diese Erscheinung beobachtete. Nach einiger Zeit hörten sie ein Geräusch, das einem fernen lauten Donnern ähnelte.«

So tauchte in der Akte also die Verknüpfung einer gewissen optischen und akustischen Erscheinung mit dem Gebiet des Otorten und dem 1. Februar 1959 auf – dem angenommenen Todestag der Mitglieder der Djatlow-Gruppe.

Es ist klar, dass A. K. Kriwonischtschenko, nachdem er am 9. März von einer Explosion in der Gegend des Otorten erfahren hatte, dieses Geheimnis nicht einen Monat lang für sich behielt. Zweifellos wandte er sich damit an die Ermittler oder an Personen, die Einfluss auf die Ermittlungen hatten, doch zunächst stieß er auf taube Ohren. Es dauerte fünf Wochen, bis ein Mitarbeiter der Ermittler Kriwonischtschenko befragte! Das heißt, möglicherweise wurden bereits früher Gespräche mit ihm geführt, doch davon gelangte nichts in die Akte. Ein sehr interessanter Umstand, den wir im Hinterkopf behalten sollten.

Am Tag nach Kriwonischtschenkos Befragung – dem 15. April 1959 – wurde Wladislaw Georgijewitsch Karelin in das Gebäude der Gebietsstaatsanwaltschaft eingeladen. Er hatte an der Suchaktion am Cholat Sjachl im Februar teilgenommen und war stellvertretender Vorsitzender des Wanderklubs Swerdlowsk. Für das Gespräch mit Karelin gab es eine ganze Reihe von Gründen: Erstens hatte er Rustem Slobodin dabei geholfen, an seinem Arbeitsplatz unbezahlten Urlaub zu bekommen (was in jener Zeit in dem Rüstungsunternehmen, für das Rustem arbeitete, ziemlich schwierig war). Zweitens hatte er einige Wanderer der Djatlow-Gruppe persönlich gekannt (Djatlow selbst, Kolmogorowa, Kolewatow und andere). Drittens hatte er selbst ungefähr zur selben Zeit und im selben Gebiet wie die Djatlow-Gruppe an einer mehrtägigen Wanderung teilgenommen. Allerdings brach die Gruppe von Wladislaw Karelin später auf (am 9. Februar) und ihre Hauptroute lag etwa 60 Kilometer südlicher. Doch an einem Punkt, am Berg Ojko-Tschakur, überschnitt sie sich mit der Route der Djatlow-Gruppe. (Nach dem Aufstieg auf den Otorten hätte die Djatlow-Gruppe auch diesen Berg besteigen müssen, um danach die Sachen aus dem Vorratslager zu holen und in die Zivilisation zurückzukehren.) Es lohnte sich also, mit Karelin zu sprechen.

Karelin erzählte ebenfalls von den »Feuerbällen«, sei es aufgrund eines Hinweises des Ermittlers Romanow oder aus eigenem Antrieb. Es stellte sich heraus, dass er und seine Gruppe Zeugen des Vorfalls am 17. Februar gewesen waren. Mit den Worten des Augenzeugen: »Im Zusammenhang mit dem Sterben der Djatlow-Gruppe muss ich von der ungewöhnlichen Himmelserscheinung erzählen, die wir bei unserer Wanderung am 17. Februar 1959 auf den Wasserscheidegraten der Flüsse Sewernaja Toschemka und Wischai beobachteten. Gegen 7:30 Uhr morgens Swerdlowsker Zeit weckte mich ein Schrei des Diensthabenden, der das Frühstück zubereitete: ›Leute! Schaut, schaut! Was für eine seltsame Erscheinung!‹ Ich sprang aus dem Schlafsack und dem Zelt und stand ohne Schuhe nur in Wollsocken auf den Zweigen und sah (am Himmel – *Anm. des Autors*) einen großen hellen Fleck. Er vergrößerte sich. In seiner Mitte erschien ein kleiner Stern, der ebenfalls anzuwachsen begann. Der ganze Fleck bewegte sich von Nordosten nach Südwesten und fiel auf die Erde. Dann verschwand er hinter dem Grat und dem Wald und hinterließ am Horizont einen hellen Streifen. […] Diese ganze Erscheinung dauerte etwas mehr als eine Minute.«

Übrigens gab es über den Flug des mysteriösen Ufos am 17. Februar 1959 sogar einen Artikel in der Zeitung *Tagiler Arbeiter*, natürlich ohne Verweise auf die Begleitposten der Strafkolonie Iwdel und die Wanderer. Jemand berichtete den Ermittlern davon und der Zeitungsausschnitt wurde der Akte beigefügt, allerdings ohne jede Erklärung und damit ohne logische Verbindung.

Offenbar unterscheidet sich die Beschreibung des Himmelsobjekts von Wladislaw Karelin merklich von der Beschreibung durch die Begleitposten der Strafkolonie Iwdel. Doch es soll hier noch keine tiefgreifende Analyse der Zeugenaussagen erfolgen, sondern gemäß der chronologischen Reihenfolge die Aussage der nächsten Person behandelt werden, die den Ermittlern Informationen über das Mirakel am Himmel des nördlichen Urals lieferte.

Diese Person war der Vater von Ljudmila Dubinina, Alexander Nikolajewitsch Dubinin. Seine Aussage tauchte scheinbar wie von selbst am 18. April in der Akte auf, das heißt drei Tage nach der Befragung Karelins. Dabei beschrieb er dieselbe Erscheinung, die das Protokoll von Kriwonischtschenkos Befragung festhielt. Wörtlich zitiert: »Das unfreiwillige abrupte Verlassen des Zelts geschah aufgrund der Explosion eines Geschosses und der Strahlung nahe dem Berg 1079 (d. h. dem Cholat Sjachl – *Anm. des Autors*), dessen ›Inhalt‹ es erforderlich machte (und dort war jemand (Studenten – *Anm. des Autors*) aus der phys.-techn. Fakultät), so weit wie möglich wegzulaufen, und die, wie man annehmen muss, sich auf die Lebensfunktionen der Menschen und insbesondere auf ihr Sehvermögen auswirkte. Der Flug des Geschosses 2/II gegen sieben Uhr morgens wurde in der Stadt Serow gesehen. Es wurde, laut den Erzählungen der Studenten des UPI, von der zweiten Gruppe von Wanderern beobachtet, die zu jener Zeit auf einer Tour zum Berg Tschistop unterwegs war.«

Damit bricht die dubiose »Spur der Feuerbälle« in dieser Akte ab. Es gibt keine eindeutige Erklärung für die Erscheinung und man könnte denken, dass die Ermittler dieses Thema einfach vergaßen. Es ist nicht klar, warum es aufgegriffen und plötzlich wieder fallen gelassen wurde. Dabei dienten gerade die oben angeführten Aussagen als Grundlage für eine äußerst beständige (und ohne Übertreibung wahnwitzige) Theorie im Zusammenhang mit der Djatlow-Gruppe, laut der die Wanderer starben, weil eine große ballistische Rakete in der Nähe des Zelts abstürzte. Auf diese Theorie und die Versuche, sie logisch zu begründen, gehen wir an anderer Stelle noch ein (im 17. Kapitel, »Verrücktheitsranking. Theorien zum Tod der Wanderer für jeden Bedarf«).

Einstweilen steht etwas anderes im Vordergrund. Es drängt sich der überaus starke Verdacht auf, dass die dubiosen »unbekannten Flugobjekte« über verschiedenen Orten des nördlichen Urals bei

Weitem nicht so »unbekannt« waren, wie man annehmen könnte. Die Angaben aus den Protokollen erlauben es, die Chronologie der Ereignisse im Zusammenhang mit den »Feuerbällen« zu rekonstruieren:

– Am Abend des 1. Februar 1959 sahen Wanderer vom Berg Tschistop aus im Gebiet des Otorten ein starkes Leuchten und hörten ein Dröhnen. Der Otorten lag in nordöstlicher Richtung, die Entfernung betrug 45 bis 50 Kilometer, wobei der Otorten niedriger als der Tschistop ist. Wenn man all das berücksichtigt, wird klar, dass es sich um ein Luftphänomen handelte. Hätte etwas von dem Beschriebenen sich auf der Erdoberfläche abgespielt, dann hätten die Beobachter vom Tschistop aus rein gar nichts gesehen. Auch die zeitliche Zuordnung ist eindeutig: Das Ereignis fand am Abend statt, da es in der Erzählung heißt, dass sich die Gruppe für den Schlaf fertig machte.

– Am Morgen des 2. Februar 1959 beobachteten eine Gruppe von UPI-Studenten, wohl die Blinow-Gruppe, sowie einige ungenannte Bewohner der Stadt Serow erneut eine optische Erscheinung unbekannter Natur (laut Aussagen von A. N. Dubinin). Dabei ist die Entfernung zwischen Tschistop und Serow nicht gerade klein, und es ist nicht sicher, dass die Beobachter an diesen Orten dieselbe Erscheinung sahen. Es ist möglich, dass es um ähnliche Ereignisse zum selben oder zu nah beieinander liegenden Zeitpunkten geht.

– Schließlich wurde am 17. Februar 1959 in unmittelbarer Nähe zu Iwdel am Himmel erneut eine optische Erscheinung beobachtet, deren Natur die Betrachter sich nicht erklären konnten. Unter ihnen befanden sich die Soldaten der Inneren Truppen der Strafkolonie Iwdel, die sich am Rand einer Ortschaft aufhielten, sowie Bewohner südlicher gelegener Gegenden (insbesondere Arbeiter und Angestellte des Wysokogorski-Bergwerks, mehr als 350 km von Iwdel entfernt). Nach den Einschätzungen der Soldaten begann die Erscheinung um 6:40 Uhr morgens und dauerte zwischen 8 und

15 Minuten. Laut Meinung der Beobachter außerhalb von Iwdel begann sie um 6:55 Uhr und endete 10 Minuten später.

– Am selben Tag, dem 17. Februar 1959, sah die Wandergruppe von Wladislaw Karelin eine ähnliche Erscheinung. Die Gruppe befand sich auf der Wasserscheide zwischen den Flüssen Wischai und Sewernaja Toschemka, eigentlich nicht sehr weit vom Ort Wischai entfernt, also kann man nicht ausschließen, dass die Karelin-Gruppe die oben beschriebene Erscheinung sah. Zwei Unterschiede fallen hier jedoch auf: Mit 7:30 Uhr morgens wurde ein späterer Zeitpunkt angegeben als durch die Soldaten, und das Ereignis war viel kürzer, es dauerte nur eine Minute. Man könnte sagen, dass die Karelin-Gruppe nur das Ende beobachtet hatte, aber … das Ende wovon?

– Am 31. März 1959 wurden die Teilnehmer der Suche nach der Djatlow-Gruppe Zeugen einer ungewöhnlichen Himmelserscheinung. Was auch immer am Himmel über dem Zelt der Suchmannschaft geschah, es war nicht weit entfernt. Man kann darüber streiten, wie objektiv eine Person in der Dunkelheit eine Entfernung einschätzen kann, die sich ausschließlich an der optischen Wahrnehmung orientiert (ein Geräusch erwähnte bekanntlich nur Kriwonischtschenko, alle anderen berichteten von einem lautlosen Objekt am Himmel), doch oft erweisen sich intuitive Eindrücke als durchaus zuverlässig.

Wie man sieht, ergibt sich ein ziemlich interessantes Bild. Das Gebiet, in dem die Mitglieder der Djatlow-Gruppe den Tod fanden, erwies sich als Epizentrum dessen, was man als »verdächtige Aktivität« bezeichnen kann. Verdächtig im Sinne von unverständlich und potenziell gefährlich. Wenn man den seltsamen leuchtenden Kugeln keinen außerirdischen Ursprung zuschreibt, sondern auf dem Boden der Rationalität und des gesunden Menschenverstands bleibt, dann muss man entweder menschengemachte oder natürliche Vorgänge als Erklärung heranziehen. Und das tat der Ermittler Iwanow als Kommunist und Atheist auch.

Als er von den »Feuerbällen« hörte, musste er versuchen, Personen zu befragen, die aufgrund ihres Berufs und ihrer Dienstposition darüber Bescheid wissen oder zumindest in Erfahrung bringen konnten, was am sowjetischen Himmel passierte. Wahrscheinlich unternahm Iwanow einen solchen Versuch, obwohl das Ergebnis keinen Eingang in die Ermittlungsunterlagen fand.

Der Ermittler hätte den Meteorologischen Dienst konsultieren können, doch er hätte kaum etwas Wesentliches erfahren. Nun, man hätte ihm von »Kugelblitzen« erzählen können, über die nur bekannt ist, dass sie äußerst selten und sehr kurzlebig sind (unter einer Minute). Man hätte ihm von unterschiedlichen Effekten der Lichtbrechung in der Atmosphäre erzählen können (z. B. vom Zwei-Sonnen-Effekt). Man hätte mit gewichtiger Miene über atmosphärische Elektrizität sprechen können, die auch im Winter in verschiedenartigen Erscheinungsformen auftritt, doch aufgrund des geringen Forschungsstands hätte man ihm in Wirklichkeit nichts darüber erklärt. Deshalb wäre der praktische Nutzen für den Staatsanwalt Iwanow gleich null gewesen.

Militärpiloten hingegen hätten dem Genossen Iwanow von ganz anderen Erscheinungen berichten können, und es gibt Grund zur Annahme, dass ihre Informationen den Ermittler weitaus mehr interessieren mussten als die Fabeln über Kugelblitze, atmosphärische Elektrizität und die Brechung der Strahlen der Sonne, die sich noch nicht über den Horizont erhoben hatte.

Es geht darum, dass Mitte der 50er Jahre sowohl die Flugabwehrtruppen des Landes als auch die Luftstreitkräfte bereits Flugzeuge verwendeten, die mit Bordradargeräten ausgestattet waren. Doch die Besonderheit der ersten Radargeräte, nicht nur der sowjetischen, bestand darin, dass sie im Grunde für die Beobachtung des Raums vor und über dem Flugzeug vorgesehen waren. Wurde das Signal auf die Erde geschickt und von ihr zurückgeworfen, dann wurde es abgeschwächt und verursachte solche Störungen, dass das

Gerät das Signal nicht mehr wahrnehmen konnte. Wenn der Pilot eines Jagdflugzeugs versuchte, ein Ziel unter sich auszumachen, war er aufgrund der kompletten Ausleuchtung des Bildschirms praktisch blind – das Radargerät wurde nutzlos. Deshalb entwickelten die Flugabwehrkräfte für den Kampf mit tieffliegenden beziehungsweise mutmaßlichen Zielen eine recht originelle, wenn auch etwas aufwendige Methode.

Ging an der Befehlsstelle des Luftabwehrgebiets ein Signal über den Durchflug eines tieffliegenden unerkannten Ziels ein, dann gab es nach der Überprüfung und dem Treffen der Entscheidung zum Abfangen die folgende Vorgehensweise: Von einem Flugplatz erhoben sich Abfangjäger, von einem anderen ein paar Bomber mit Leuchtbomben an Bord. Auf der vermuteten Flugroute des unerkannten Ziels begannen die Bomber in einem bestimmten Intervall, ihre Ladung abzuwerfen, wodurch eine Art Lichtkorridor mit einer Länge von bis zu mehreren Dutzend Kilometern entstand. Ein beliebiges tieffliegendes Ziel, das in den von den Bomben erzeugten Lichtkegel gelangte, wurde so visuell gut für den Jagdpiloten erkennbar, er konnte es identifizieren und eine Entscheidung über einen Angriff treffen. In jener Zeit konnte das Sperrefliegen auf niedrigen Höhen nur durch langsame Kolbenmotorflugzeuge durchgeführt werden, bis zum schnellen Düsenzeitalter mit Terrainfolgeflügen war es noch weit. Deshalb war die Lichtbarriere, die beim Flug des gegnerischen Flugzeugs entstand, ein ernsthaftes Hindernis. Der Gegner musste entweder ein Manöver fliegen, um dem beleuchteten Gebiet auszuweichen (was nicht immer möglich war), oder über ein und derselben Stelle kreisen und abwarten, bis die Leuchtbomben verloschen. Auf jeden Fall war die Verwendung von Leuchtmitteln die einzige mehr oder wenige effektive Methode im Kampf der sowjetischen Luftstreitkräfte und der Luftabwehr gegen tieffliegende Luftgegner in der dunklen Tageshälfte. Die klassische Leuchtfliegerbombe passt in allen Punkten – sowohl was die Leuchtdauer betrifft (bis 1000 Sekunden) als auch die Höhe des Verbrennungsbeginns (ungefähr 5 km) und die Gleichmäßigkeit des Gleitflugs (etwa 5–8 m/s, weshalb es aussah, als würde die Lichtquelle unbeweglich am Himmel hängen beziehungsweise sich sehr langsam bewegen). Außerdem verringerte sich das Gewicht der Fliegerbombe mit dem Verbrennen des Leuchtmittels, und sie sank so immer langsamer ab.

Genau davon hätten die Offiziere der Flugabwehr dem Ermittler Iwanow erzählen können. Und das haben sie wahrscheinlich auch getan, denn es ist ein logischer und nachvollziehbarer Schritt, sich mit Fragen über geheimnisvolle leuchtende Objekte an Piloten zu wenden.

Im Übrigen ist die Taktik des Abfangens in der Luft an dieser Stelle nicht besonders wichtig. Interessant ist etwas anderes: Die beschriebene Methode, einen »beleuchteten Korridor« zu erzeugen, war in jener Zeit die einzige Methode zur Bekämpfung von tieffliegenden Luftgegnern in der Nacht durch die sowjetischen Luftabwehr- und Luftstreitkräfte, die mehr oder weniger effektiv war. Einstweilen wird die Frage, was für Gegner sich in solcher Entfernung von der Staatsgrenze befinden konnten, absichtlich außer Acht gelassen, das Problem ist sozusagen grundsätzlicher Natur.

Und dabei stellt sich unweigerlich die Frage: Wer konnte überhaupt tieffliegende Ziele ohne Erkennungszeichen entdecken? Es wird die Leser möglicherweise erstaunen, dass in den 30er bis 50er Jahren Grenztruppen und Gulag-Sicherungskräfte dafür abgestellt waren. Mit Telefonen ausgestattete Grenzhorchposten deckten durch Beobachtung Hunderte Kilometer Staatsgrenze an verschiedenen Punkten ab.

Natürlich gab es 1959 in Iwdel keine Grenzsoldaten, doch die Funktion der lokalen Flugabwehr war nicht umsonst für viele Jahrzehnte in den Händen des Innenministeriums (zuerst NKWD, später MWD). Nein, nicht weil die Träger der himbeerroten Streifen auf den Dienstmützen gegnerische Flugzeuge herunterschießen mussten, sondern aus einem viel prosaischeren Grund. Die Mitarbeiter des Innenministeriums waren oft die einzigen Vertreter der Sowjetmacht vor Ort und deshalb kam ihnen die ehrenhafte Rolle zu, das Erscheinen eines verdächtigen Flugzeugs am Himmel zu melden.

Nachdem der Ermittler Iwanow Militärpiloten konsultiert hatte – und es gibt keinen Zweifel daran, dass so ein Gespräch zwischen ihm und einem (oder mehreren) hochrangigen Offizier der Zentrale der Flugabwehrkräfte, die Swerdlowsk und Tscheljabinsk abdeckten, stattfand –, begriff der Staatsanwalt, dass die Geschichte mit den nächtlichen »Feuerbällen« am Himmel des nördlichen Urals drohte, die Ermittlungen auf eine völlig neue Spur zu lenken. Doch dieser Spur konnte man aus einer ganzen Reihe von Gründen nicht folgen. Es sollen nur zwei davon genannt werden: Alle Angelegenheiten, die direkt oder indirekt mit der Verletzung der Integrität der Staatsgrenze an Land, zu Wasser oder in der Luft zu tun hatten, lagen in der Verantwortung des KGB* und gingen die Gebietsstaatsanwaltschaft nichts an. Außerdem befanden sich Militärangehörige außerhalb der Jurisdiktion der zivilen Staatsanwaltschaft und das bedeutete, dass Iwanow streng genommen einen Offizier gar nicht zu Themen befragen konnte, die auch nur entfernt mit dessen dienstlichen Tätigkeiten zu tun hatten. Es konnte überhaupt keine Rede davon sein, dass die Gebietsstaatsanwaltschaft die Leitung der Flugabwehr des Landes (oder auch nur der Uralregion) befragte, ob ihre Truppen am 1., 2. oder 17. Februar 1959 und 31. März 1959 (d. h. an den Tagen, an denen im Gebiet des Otorten »Feuerbälle« beobachtet worden waren) Abfangflüge durchgeführt hatten.

Aus diesem Grund gelangten die Ermittlungen in eine Sackgasse. Iwanow wusste, dass in dem Gebiet, in dem sich die Tragödie um die Djatlow-Gruppe abgespielt hatte, gewisse verdächtige Tätigkeiten aufgefallen waren, und er konnte sich wahrscheinlich sogar

---

* Komitee für Staatssicherheit, sowjetischer Geheimdienst

vorstellen, womit sie zusammenhingen. Doch weiter als bis hierhin durfte er seine Überlegungen nicht verfolgen. Deshalb war es keineswegs Zufall, dass 1990 der ehemalige Ermittler Lew Nikitowitsch Iwanow, mittlerweile Anwalt, in einem seiner letzten Interviews sagte, er gebe eben den »Feuerbällen« die Schuld am Tod der Djatlow-Gruppe. Diese Aussage konnte zweierlei bedeuten: Einerseits machte Iwanow sich vielleicht einfach über die Anhänger anormaler Theorien lustig, andererseits wollte er möglicherweise zu verstehen geben, dass ihm bereits zum Zeitpunkt der Ermittlungen klar war, dass die Tragödie am Hang des Cholat Sjachl mit einer verdächtigen Aktivität in jenem Gebiet zu tun hatte.

Hier stellt sich natürlich die Frage: Wer führte diese verdächtige Aktivität zu welchem Zweck durch, und worin bestand sie eigentlich? Statt eine übereilte Antwort zu geben, werden wir diese Frage später noch genauer behandeln. Möglicherweise jedoch aus einer für die Leser unerwarteten Richtung.

## 11. KAPITEL

## ENDE DER SUCHAKTION – DIE LEICHEN VON LJUDMILA DUBININA, SEMJON SOLOTARJOW, ALEXANDER KOLEWATOW UND NIKOLAI THIBEAUX-BRIGNOLLE

Den ganzen April 1959 fuhr die Suchmannschaft fort, im Gebiet des Cholat Sjachl mit Lawinensonden die langsam dünner werdende Schneedecke zu überprüfen, sowohl im bewaldeten Tal der Loswa als auch an den Ufern ihrer Zuflüsse. Entlang der Loswa tasteten die Männer mehr als einen Kilometer ab. Ergebnislos. Es drängte sich der in dieser Situation einzig logische Schluss auf: Die noch Vermissten hatten das unmittelbare Gebiet des Cholat Sjachl verlassen, solange sie sich noch bewegen konnten. Diese Vermutung wurde indirekt dadurch bestätigt, dass die verschollenen Wanderer weitaus besser bekleidet gewesen sein mussten als die bereits gefundenen. (Die ganze Garderobe der Verstorbenen und die Sachen aus dem Zelt waren ja genau beschrieben und abgezählt worden.) Jedoch konnte keiner aus der Suchmannschaft sagen, in welche Richtung die Überlebenden sich gewandt hatten. Anzunehmen wäre gewesen, dass sie zum Vorratslager aufbrachen, doch das war unberührt.

Es ist ungewiss, wie sich die Operation weiter entwickelt hätte, wenn Anfang Mai nicht seltsame Funde aufgetaucht wären. Im Bereich der Zeder, bei der Kriwonischtschenko und Doroschenko gelegen hatten, gab der schmelzende Schnee abgebrochene Tannenzweige frei. Sie waren nicht wahllos verteilt, sondern schienen eine Art Pfad in südwestlicher Richtung zu bilden.

Es sah so aus, als wären einige bei der Zeder gefällte junge Tan-

*Links:* Die Schlucht südwestlich der Zeder. *Rechts:* Die zerschnittenen Sachen, die der Manse Kurikow nahe der Schlucht fand.

nenbäume in diese Richtung geschleift worden. Ähnliche Zweige tauchten bei einer Schlucht etwa 50 Meter von der Zeder entfernt aus dem Schnee auf, wo sich auch die abgeschnittenen Wipfel der Bäume befanden. Dieser Fund wäre vielleicht nicht weiter aufgefallen, doch am Morgen des 5. Mai entdeckte der mansische Jäger beziehungsweise Bergführer Kurikow, als er diesen »Tannenpfad« mit seinem Hund untersuchte, bei der Schlucht eine schwarze Trainingshose aus Baumwolle im Schnee. Genauer gesagt einen Teil von ihr, denn sie war stark angebrannt, und das rechte Hosenbein fehlte. Bei näherer Betrachtung stellte sich heraus, dass es mit dem Messer grob abgeschnitten worden war.

Die Hose hatte unter einer Schneeschicht von etwa 10 Zentimetern gelegen. Als die Männer in der unmittelbaren Umgebung des Funds die Schneewehen durchsuchten, stießen sie auf ein weiteres Kleidungsstück: die linke Hälfte eines hellbraunen Damenwollpullovers. Wie die Trainingshose war der Pullover mit groben Schnitten in der Mitte durchtrennt. Die rechte Hälfte (mitsamt Ärmel) fehlte. Nach Meinung der Suchmannschaft hatte der Pullover Ljudmila Dubinina gehört.

Es war nicht ausgeschlossen, dass sich nahe den Sachen die gesuchten Leichen befanden. Doch im Wald lag zu wenig Schnee, um die Toten zu verdecken. Der einzige Ort in der Nähe, der dafür infrage kam, war die Schlucht. Bereits Anfang März hatte man sie mit den Lawinensonden abgesucht, aber wahrscheinlich nicht tief genug.

Oberst Ortjukow beschloss, die Schneemassen in der Schlucht dort, wo die abgeschnittenen Tannen gefunden worden waren, weggraben zu lassen. Nur etwa 10 Meter von der ausgewählten Stelle entfernt hatte der Manse Kurikow an dem »Tannenpfad« die angebrannte Trainingshose gefunden. Der Suchtrupp begann die Grabungen am 5. Mai gegen 11 Uhr auf einer Gesamtfläche von ungefähr 20 Quadratmetern.

Je tiefer man grub, desto härter wurde der Schnee. Wie sich herausstellte, floss am Grund der Schlucht ein ziemlich wilder Strom von Schmelzwasser. Genau in diesem Strom wurde um 18:40 Uhr unter einer etwa 4 Meter dicken Schneeschicht ein menschlicher Körper in einem grauen Pullover gefunden, die Leiche von Ljudmila Dubinina.

Ortjukow meldete den Fund unverzüglich der Zentrale, wobei er auch die schweren Arbeitsbedingungen erwähnte und darum bat, sechs Pionierschaufeln, zwei Spitzhacken und kräftige Soldaten zu schicken.

Während die Suchmannschaft fortfuhr, den Schnee in der Schlucht abzutragen, entdeckte sie in der Nähe der ersten Leiche die anderen drei Vermissten: Solotarjow, Kolewatow und Thibeaux-Brignolle.

In derselben Schlucht wurde etwas weiter entfernt eine Auflage gefunden, hergestellt aus dünnen jungen Bäumen. Dafür waren 14 Tannenbäume und eine Birke abgeschnitten worden, die Fläche der Auflage gab Ortjukow mit ungefähr 3 Quadratmetern an.

Sie befand sich etwa 2,5 Meter tief im Schnee, das heißt deutlich tiefer als der an die Schlucht angrenzende Wald, doch bei Weitem nicht auf dem Grund der Schlucht.

Auf der Auflage waren einige Sachen der verstorbenen Wande-

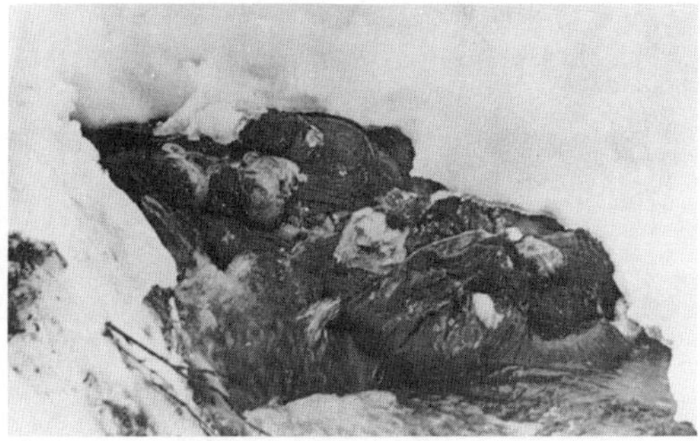

Die Leichen von Ljudmila Dubinina, Semjon Solotarjow, Alexander Kolewatow und Nikolai Thibeaux-Brignolle auf dem Grund der Schlucht. Sie lagen nicht mehr als 1 Meter voneinander entfernt.

rer ausgebreitet, unter anderem ein ärmelloser Wollpullover, eine warme Hose aus aufgerautem Trikotstoff (mit Gummizug an Bund und Beinen), das rechte Hosenbein der schwarzen Trainingshose, die Kurikow am Morgen des 5. Mai neben der Schlucht gefunden hatte. Außerdem ein brauner Wollpullover und eine Soldatenwickelgamasche aus Manteltuch mit braunem Band am Ende. Letzteres Kleidungsstück verwirrte Ortjukow dermaßen, dass er es sogar in seiner Funkmeldung an die Zentrale erwähnte (»die Entdeckung einer Wickelgamasche ist mir unverständlich«), was untypisch für ihn war.

Schon zum zweiten Mal tauchte eine militärische Wickelgamasche auf. Bereits Anfang März 1959 war eine Wickelgamasche ungeklärter Zugehörigkeit bei den Hinterlassenschaften der Wandergruppe am Flughafen Iwdel gefunden worden. Damals hatte Staatsanwalt Iwanow gemeinsam mit Juri Judin ein Verzeichnis der vom Pass überführten Sachen erstellt und ihre Zugehörigkeit bestimmt. Die geheimnisvolle Wickelgamasche gelangte nicht in die Verfahrensakte, und man weiß nur durch Judins Erinnerungen von ihr. Zweifellos wäre auch die zweite Wickelgamasche in Vergessenheit geraten, wenn Ortjukow nicht ihre Entdeckung in seiner Funkmeldung festgehalten hätte.

Auflage aus Tannenreisig in der Schlucht, etwa 2,5 Meter tief ausgegraben.

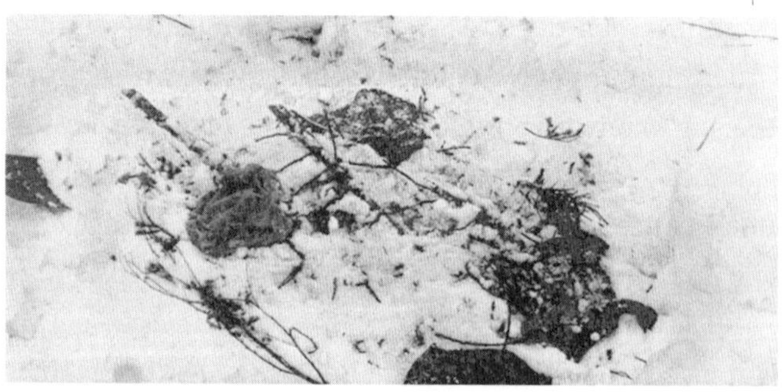

Die Auflage aus der Nähe, an den Ecken sind Kleidungsstücke der Wanderer zu erkennen.

So waren endlich die Leichen aller Personen der Djatlow-Gruppe gefunden. Sollten sich nun nicht sämtliche Unstimmigkeiten und Unklarheiten – zumindest theoretisch – aufklären lassen? Doch schon eine oberflächliche Analyse der Funde in (und bei) der Schlucht brachte nicht nur keine Klarheit in die Vorfälle am Hang des Cholat Sjachl, sondern steuerte im Gegenteil neue Ungewissheiten bei. Betrachten wir die Situation in der Schlucht wie eine Knobelaufgabe und versuchen wir herauszufinden, was hier nicht stimmt.

Zunächst einmal besteht kein Zweifel daran, dass die vier Wanderer, die am Grund der Schlucht gefunden wurden, bei der Zeder gewesen waren. Ein Teil der jungen Tannenbäume, die zur Herstellung der Auflage dienten, stammte von dort. Einige weitere Bäume wurden in der Nähe abgeschnitten, genau 10 Meter vom Rand der Schlucht entfernt. Von der Zeder zur Schlucht zu gehen war logisch, da das Eingraben in tiefem Schnee die größte Gefahr für einen frierenden Menschen beseitigt: den Wind. Doch warum suchten nur vier Zuflucht in der Schlucht? Warum schlossen Doroschenko und Kriwonischtschenko sich ihnen nicht an?

Dubinina, Solotarjow, Kolewatow und Thibeaux-Brignolle stellten die Auflage in der Schlucht zum Schutz gegen den Wind und zur besseren Wärmeisolation gegen den Schnee her. Wenn sie tatsächlich unter der Kälte litten und am Erfrieren waren, hätte man ihre Leichen auf der Auflage finden müssen. Doch dem Suchtrupp bot sich ein anderes Bild. Die Leichen waren so weit von der Auflage entfernt, dass eine Verlagerung im Lauf der Zeit (durch Abrutschen, Herabrollen, Absinken in den Schnee) ausgeschlossen war. Nach verschiedenen Einschätzungen betrug die Entfernung der Toten von der selbst gebauten Auflage 6 bis 10 Meter. Warum hatten sie sich davon wegbewegt?

Des Weiteren war der Umgang der in der Schlucht verstorbenen Wanderer mit den Kleidungsstücken völlig unverständlich. Die Suchmannschaft ging von Anfang an davon aus, dass die zuerst verstorbenen Doroschenko und Kriwonischtschenko von ihren Freunden ausgezogen worden waren. Die Leichen beim Feuer unter der Zeder zeigten einen deutlichen Mangel an Kleidung. Nun entdeckte man die fehlenden, teilweise abgeschnittenen Kleidungsstücke, aber nicht an den Menschen, die sie dringend gebraucht hatten, sondern aus irgendeinem Grund auf dem Weg zur Auflage und auf der Auflage selbst. Warum hatten die Wanderer sich nicht gleich beim Lagerfeuer umgezogen? Schließlich gibt es keinen Zweifel daran, dass sie zusätzliche Kleidung benötigten. Ihre Not war so groß, dass sie beschlossen, die Leichen ihrer kürzlich verstorbenen Freunde zu entkleiden.

Diese unangenehme Prozedur erforderte maximale Willenskraft und einen starken Überlebenswillen. Aber was geschah dann? Nachdem sie die wertvollen Hosen und Pullover ergattert hatten, trugen sie sie vom Lagerfeuer weg, verloren unterwegs Teile davon und schafften es nicht, sie anzuziehen, als sie die Auflage erreichten. (Nur zur Erklärung: Die Kleidung wurde nicht aus Gedankenlosigkeit oder versehentlich zerschnitten, sondern damit sie sich einfacher verwenden ließ. Ärmel oder Hosenbeine aus Trikotstoff können als Handschuhe oder Kopfbedeckung dienen. Man kann sie an einem Ende zusammenbinden und sie über den Kopf oder die Hand ziehen. Eine effektive Methode für den Notfall. Dass die Wanderer in der Schlucht versuchten, sich auf diese Weise zu wärmen, zeigt, dass sie sich vollkommen unter Kontrolle hatten und sich adäquat verhielten.)

Doch das war nicht einmal das Merkwürdigste an dem Fund in der Schlucht. Äußerst ungewöhnlich war die Position der Auflage. Die Zeder, bei der die Leichen von Juri Doroschenko und Georgi Kriwonischtschenko gefunden wurden, stand auf einer kleinen Anhöhe über dem vierten Zufluss der Loswa, etwa 70 bis 80 Meter von der Waldgrenze entfernt. Das war weder ein Hügel noch eine Bergkuppe, doch es gab eine steile Erhöhung über dem Tal von ungefähr 5 bis 7 Metern. Nach den Erinnerungen der Suchmannschaft konnte man nicht mit Ski bis zur Zeder fahren, sondern musste den Treppenschritt anwenden. Die Schlucht, in der sich die Auflage aus Tannenreisig befand, lag westlich der Zeder und hatte eine eindeutige Ausrichtung von Süden nach Norden. Die kürzeste Entfernung zwischen der Zeder und der Schlucht betrug nicht mehr als 25 Meter, die Entfernung zwischen der Zeder und der Auflage aber etwa 75 Meter. Denken wir nun daran, wie das von den Wan-

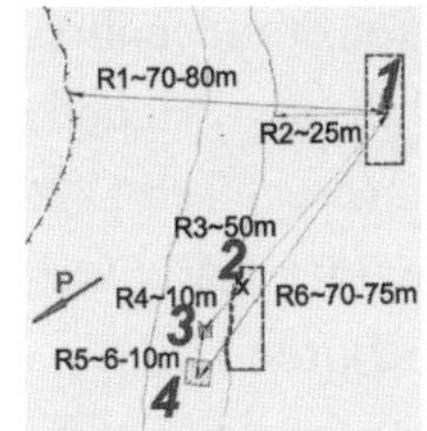


Anordnung der Hauptpunkte im Gebiet um die Zeder und die Schlucht. *Zeichenerklärung:* 1 – Zeder; 2 – Fundort der zerschnittenen Hose und des zerschnittenen Pullovers am Rand der Schlucht; 3 – Grube in der Schlucht, in der die Leichen gefunden wurden; 4 – Auflage aus Zweigen. Der Pfeil »P« zeigt in Richtung des verlassenen Zelts am Hang des Cholat Sjachl. *Entfernungen:* R1 – Entfernung zwischen Zeder und Waldgrenze; R2 – kürzeste Entfernung zwischen Zeder und Schlucht; R3 – Entfernung zwischen der Zeder und dem Fundort der zerschnittenen Kleidungsstücke; R4 – Entfernung zwischen dem Ort, an dem die zerschnittenen Sachen zurückgelassen worden waren, und dem Fundort der Leichen; R5 – Entfernung zwischen der Auflage und dem Fundort der Leichen; R6 – Entfernung zwischen Zeder und Auflage. Die gestrichelten Linien zeigen die Orte, von denen die Tannenzweige für die Auflage stammten.

derern verlassene Zelt am Hang des Cholat Sjachl und die Zeder angeordnet waren, zeigt sich etwas äußerst Unerwartetes: Nachdem Solotarjow, Kolewatow, Thibeaux-Brignolle und Dubinina einige Zeit unter dem Baum verbracht hatten, gingen sie ein Stück zurück. Ja, sie bewegten sich tatsächlich in Richtung des Zelts, aus dem sie gerade erst geflüchtet waren. Im Gegensatz zu Igor Djatlow und Sina Kolmogorowa beabsichtigten sie allerdings nicht, auf den Hang zurückzukehren, sondern suchten eine Zuflucht vor dem Wind. Dafür gingen sie nach Südwesten.

Aber warum gerade in diese Richtung? Bevor wir auf diese Frage eingehen, ist zu betonen, dass die Wanderer absolut angemessen und rational vorgingen und sich bis zum letzten Moment ihres Lebens den gesunden Menschenverstand bewahrten – das beweist die Logik ihrer Handlungen. Dies wird später noch begründet, einstweilen halten wir fest, dass es kein wahnsinniges oder rasendes Irren durch den Wald gab, keine chaotischen Aktionen und keine Missverständnisse untereinander in den letzten Stunden ihres Lebens. Dubinina, Solotarjow, Kolewatow und Thibeaux-Brignolle suchten gemeinsam einen Ausweg aus einer fast ausweglosen Lage und handelten dementsprechend. Genau das war der Fall. Doch warum gingen sie nach Südwesten und nicht nach Nordosten, Norden oder Osten? Schließlich hätten sie sich damit von der Gefahrenquelle, vor der sie geflohen waren, entfernt! Außerdem befand sich die Zeder, bei der Doroschenko und Kriwonischtschenko ein Feuer in Gang hielten, zwischen zwei Zuflüssen der Loswa. Einen der beiden überwanden die Wanderer, den zweiten erreichten sie nicht. Wenn Dubinina, Solotarjow, Kolewatow und Thibeaux-Brignolle in die ursprüngliche Richtung weitergegangen wären, dann hätten sie nach einigen Dutzend Metern eine andere Bodensenke gesehen (eine Schlucht) und dort Schutz vor dem Wind gefunden.

Doch das geschah nicht. Anstelle der erwarteten Vorwärtsbewegung machten sie eine Kehrtwendung um 180 Grad. Warum?

Dafür kann es mehrere Gründe geben. Möglicherweise wollten sie dem Wind den Rücken zukehren. Mit anderen Worten war es einfach komfortabler, in dieser Richtung im Dunkeln nach einer Zuflucht zu suchen. Nachdem sie sich von Kriwonischtschenko und Doroschenko beim Feuer getrennt hatten, waren sie auf sich gestellt, und die Bewegung nach Südwesten war aus ergonomischer Sicht optimal, das heißt, sie erforderte minimalen Energie- und Kraftaufwand. Zu diesem Zeitpunkt (also nach dem Abstieg vom Berg) mussten sie sich ihre Kraft genau einteilen. Die Nacht stand bevor, und alle zeigten bereits erste Erfrierungserscheinungen.

Die tatsächliche Windrichtung im Gebiet der Zeder in jener Nacht ist nicht bekannt. Wanderer, die am Djatlow-Pass waren, beobachteten dort starke Winde von Westen nach Osten, also über das Uralgebirge in Richtung Sibirien. Allerdings sind auch mächtige »Brisen« vom Polarmeer nicht selten, die das raue Klima Nordsibiriens bestimmen. Einen Hinweis auf die tatsächliche Windrich-

Beim Ausgraben der Leichen in der Schlucht. Der Mann in Uniform mit den gut erkennbaren Schulterklappen ist Ortjukow; auf dem Foto unten ist rechts mit gestreifter Mütze der Funker Newolin zu sehen.

tung am Nachmittag des 1. Februar 1959 gibt die Ausrichtung des verlassenen Zelts am Hang: Normalerweise stellt niemand ein Zelt mit dem Eingang zum Wind auf und auch nicht mit der Seite zum Wind, da die Zeltwand sonst wie ein großes Segel wirken würde. Ein Zelt wird so aufgestellt, dass der Wind die Rückwand anweht. Bekanntlich war das Zelt südwärts ausgerichtet (die Rückwand nach

Norden, der Eingang nach Süden), daher kann man mit Sicherheit annehmen, dass der Wind beim Aufstellen aus nördlicher, nordwestlicher oder nordöstlicher Richtung wehte. Daraus folgt, dass die vier Wanderer, als sie sich von der Zeder wegbewegten, den Wind im Rücken hatten. Diese Hypothese lässt sich heute weder beweisen noch widerlegen, doch sie erscheint nur logisch. Schließlich machten die vier sich nicht einfach nur auf die Suche nach einer Zuflucht vor dem Wind, sondern sie schleppten einige abgeschnittene Tannen mit sich. Jeder vernünftige Mensch hätte in der Situation vom 1. Februar 1959 versucht, die körperliche Belastung so gering wie möglich zu halten.

Wenn man davon ausgeht, dass die oben dargelegte Theorie über die Windrichtung zutrifft, dann kommt man zu einem für das Verständnis der Vorfälle im höchsten Maße unerwarteten und sehr wichtigen Ergebnis.

Und zwar: Als die Djatlow-Gruppe den Hang hinabstieg, bewegte sie sich ständig gegen den Wind. Sogar im für die Wanderer besten Fall – bei Wind aus nordwestlicher Richtung – mussten sie quer gegen die Windströmung gehen, was ebenfalls sehr unangenehm ist. Die Wanderer unternahmen einen in der Dunkelheit äußerst gefährlichen Abstieg vom Berg in eine alles andere als optimale Richtung. Sie wählten also von allen unter diesen Umständen möglichen Richtungen die ungünstigste: bergab gegen den Wind … Und das Ganze ohne Kopfbedeckung, Schuhe oder Handschuhe.

Naheliegend wäre es gewesen, in die andere Richtung mit dem Wind im Rücken zum Vorratslager zu gehen. Dort hätten sie Schuhe gefunden, Feuerholz, Zwieback … Aber nein! Die Djatlow-Gruppe ging nicht zum Vorratslager, sondern gegen den Wind ins Unbekannte. Bis zur Zeder.

Und wieder stellt sich die Frage: Warum? Die einzig mögliche Antwort: Die Gefahr, die sie bedrohte, kam nicht vom Hang oberhalb des Zelts zu ihnen herab, sondern von Süden aus Richtung des

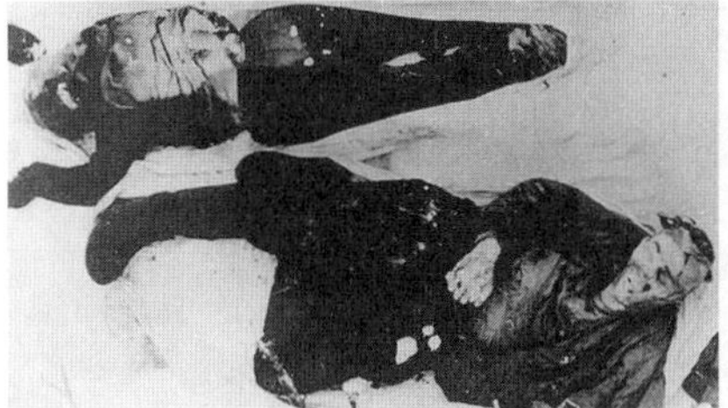

*Links:* Ljudmila Dubinina und Nikolai Thibeaux-Brignolle. *Rechts:* Semjon Solotarjow und Alexander Kolewatow. Die Fotos entstanden, bevor die Leichen in Leinensäcken zur gerichtsmedizinischen Untersuchung geschickt wurden.

Vorratslagers. Was auch immer die Wanderer aus dem Zelt verjagte, schnitt ihnen also den Weg zum Vorratslager ab und schloss somit die Möglichkeit zur Rückkehr dorthin aus. Mit anderen Worten, die Gefahr drohte nicht, ihr Zelt dem Erdboden gleichzumachen, es zu zertreten, es platt zu walzen. Die Gefahr versperrte den Weg nach Süden und wirkte dabei ernstzunehmend genug, dass keiner der neun Menschen versuchte, sich ihr entgegenzustellen. Unten bei der Zeder gab es dieses »Angstmoment« nicht mehr, und die vier Wanderer, die Schutz vor dem Wind suchten, konnten frei wählen, wie sie weiter vorgehen wollten. Sie trafen in ihrer Situation die beste Entscheidung, indem sie nach Südwesten gingen.

Das ist eine wichtige Schlussfolgerung, die auf Grundlage der beschriebenen Fakten übereilt wirken mag. Doch Geduld, zur rechten Zeit wird sie in einem ganz anderen Licht erscheinen.

Um die Ausführungen über die seltsame Position der Auflage – südwestlich der Zeder – abzuschließen, fehlt noch ein Detail. Die Tatsache, dass sich die vier Wanderer ein Stück zurückbewegten, hielten viele Erforscher der Tragödie von 1959 für absurd und völlig sinnlos. Das ging sogar so weit, dass einige Diskussionsteilnehmer in Internetforen ernstlich fragten, ob sich Ortjukow beim Bestimmen der Himmelsrichtung nicht geirrt hatte, und zu beweisen versuchten, dass die Auflage sich in Wirklichkeit nicht südwestlich von der Zeder befand, sondern südöstlich oder sogar nordöstlich. Das

Am Funkgerät; in der Mitte Jegor Newolin bei der Arbeit

ist eine ziemlich freche Annahme und noch dazu komplett unbegründet. Ortjukow hatte sich natürlich nicht beim Bestimmen der Himmelsrichtung geirrt, und dem Funker Newolin, der an allen Tätigkeiten bei der Zeder und der Schlucht teilnahm (es gibt ein Foto von ihm beim Ausheben der Schlucht, siehe auf Seite 157), wäre ein Fehler im von ihm übermittelten Text aufgefallen.

Es gibt keinen Grund, sich den Kopf über ein nicht vorhandenes Problem zu zerbrechen – die vier Wanderer richteten ihren Unterschlupf tatsächlich in der Schlucht südwestlich der Zeder ein. Und dabei handelten sie höchst logisch und vernünftig.

Zurück zu den weiteren Ereignissen. Die in der Schlucht gefundenen Leichen waren vollständig gefroren, doch von den Schneemassen befreit drohten sie schnell aufzutauen und zu verwesen.

Um diesen Prozess aufzuhalten, ordnete Oberst Ortjukow an, die Leichen mit Tannenzweigen einzuhüllen und in Planen einzunähen. Dies wurde auch gemacht, doch es stellte sich ein fast unlösbares Problem: Die Hubschrauberpiloten der Suchmannschaft weigerten sich, die Leichen nach Iwdel zu bringen, wo sie obduziert werden sollten. Die Piloten hatten einen einfachen und unumstößlichen Grund für ihre Ablehnung: Die Regeln für den Transport von Leichen mussten eingehalten werden. Sie forderten, die Leichen in Zinksärge zu legen. Man kann Oberst Ortjukows Empörung verstehen. Im Februar hatten dieselben Hubschrauberpiloten die Leichen der damals gefundenen Wanderer, die ebenfalls in Planen eingenäht waren, ohne unnötige Diskussionen im Frachtraum transportiert. Im Mai jedoch weigerten sie sich, das zu tun. Es kam zum Eklat, Ortjukow beschwerte sich sogar in der Zentrale der Suchaktion über die rebellischen Piloten. Am Ende wurden Zinksärge bestellt und geliefert.

Die Geschichte mit den Zinksärgen und den starrköpfigen Hubschrauberpiloten wird hier nicht zufällig erwähnt. Sie sollte in Erinnerung bleiben, da sie Anlass für einen der hartnäckigsten Mythen im Zusammenhang mit den 1959 verstorbenen Wanderern ist. Später wird noch darauf zurückzukommen sein.

# 12. KAPITEL

## GERICHTSMEDIZINISCHE UNTERSUCHUNG DER LEICHEN AUS DER SCHLUCHT

Am 9. Mai 1959 führte der Gerichtsmediziner Wosroschdjonny die Obduktion und Untersuchung der Leichen der letzten vier Wanderer der Djatlow-Gruppe durch. Dies fand in der Leichenhalle der Strafkolonie Iwdel statt, wie zwei Monate zuvor bereits die gerichtsmedizinische Untersuchung der anderen toten Wanderer. Nur dass dieses Mal im Protokoll des Gutachtens keine zusätzlichen Personen erwähnt wurden, obwohl die Rolle des zweiten Experten die bereits bekannte Henrietta Jelissejewna Tschurkina übernahm.

Dieser Umstand ist aus zwei Gründen interessant: Erstens war Tschurkina keine Gerichtsmedizinerin und konnte kein Urteil zu gerichtsmedizinischen Fragen abgeben, zweitens unterschrieb sie die von Boris Wosroschdjonny erstellten Dokumente nicht. Wir behalten dies in Erinnerung. Es ist nur eine von vielen Merkwürdigkeiten im Zusammenhang mit den untersuchten Gutachten.

Der Gerichtsmediziner Boris Alexejewitsch Wosroschdjonny entdeckte und beschrieb den Zustand der Leichen sowie ihre Kleidung folgendermaßen:

1. Ljudmila Alexandrowna Dubinina war mit einem gräulich braunen abgetragenen Pullover bekleidet, darunter trug sie einen beigen Wollpullover, darunter wiederum ein kariertes Hemd mit zugeknöpften Ärmeln. Die Erwähnung der zugeknöpften Ärmel ist umso merkwürdiger, da der Experte den Zustand der Hemdtaschen

und der dazugehörigen Knöpfe mit keinem Wort erwähnt. Das ist seltsam, vor allem wenn man bedenkt, dass Wosroschdjonny sonst nie vergaß festzuhalten, ob ein Kleidungsstück und dessen Taschen auf- oder zugeknöpft waren. Außerdem entsprach eine solche Beschreibung der Kleidung den Richtlinien zur Erstellung gerichtsmedizinischer Gutachten. Unter dem Hemd befand sich ein weißer Baumwoll-BH, der mit drei Knöpfen zugeknöpft war (hier vergaß der Gerichtsmediziner nicht, die Knöpfe zu erwähnen).

Wie war der Unterkörper gegen die Kälte geschützt? Auf diese Frage antwortet Wosroschdjonny wieder pedantisch und erschöpfend genau. Er beschreibt eine zerrissene Baumwollhose (»stellenweise stark zerrissen und verbrannt«), darunter einen schwarzen Baumwollschlüpfer (»im Schritt zerrissen«) und eine Männerunterhose aus Satin. An den Beinen befanden sich hellbraune Baumwollstrümpfe; links war der Strumpf herabgerutscht, rechts wurde er von einem Gummiband festgehalten. Zu den Strümpfen trug sie »einen grauen Strumpfhaltergürtel«. (Wosroschdjonny vergaß auch hier nicht zu erwähnen, dass der Gürtel zugeknöpft war.)

Die dunkelblonden Haare der Verstorbenen waren zu einem Zopf von 50 Zentimetern Länge frisiert, in den ein blaues Seidenband eingeflochten war. Ljudmila Dubinina war 167 Zentimeter groß, für die damalige Zeit eine stattliche, kräftige und sportliche Frau. Die Verstorbene war Jungfrau. Das mag heikel klingen, muss aber ebenfalls offen und unmissverständlich gesagt werden.

Der Gerichtsmediziner beschrieb Leichenflecke, die sich hinten und seitlich auf dem Rumpf und den Gliedmaßen befanden. Das bedeutet, dass der Körper zum Zeitpunkt des Todes und vor dem Gefrieren, während das Blut noch durch die Gefäße fließen konnte, »auf dem Rücken und etwas seitlich« lag, jedoch auf keinen Fall in der Position, in der er beim Ausgraben der Schlucht fotografiert wurde (auf den Knien, mit dem Gesicht und der Brust auf einem Stein).

Bei der äußeren Besichtigung der Leiche stellte Wosroschdjonny die folgenden Verletzungen fest (siehe Abbildung auf Seite 165):

– Fehlen des weichen Gewebes im Bereich der Augenbrauenbogen, Nasenwurzel, Augenhöhlen und über dem linken Schläfenbeziehungsweise Jochbein. Die Gesichtsknochen des Schädels liegen teilweise frei (1).

– Defekt des weichen Gewebes im Bereich des linken Scheitelbeins im Ausmaß von 4 x 4 Zentimetern, aufgrund dessen das Scheitelbein freiliegt (7).

– Fehlen der Augäpfel (1). In der Akte ist kein Grund für ihr Verschwinden angeführt. Aus dem Kontext kann man schließen, dass die Augäpfel nicht zerdrückt wurden, da in diesem Fall die Lederhaut (die Hülle des Augapfels) zurückgeblieben wäre, was ein Experte nicht hätte übersehen können. Es fand also eine vollständige Entfernung beider Augen statt.

– Die Knorpel der Nase sind platt gedrückt (die Knochen des Nasenrückens sind jedoch heil) (2). Eine merkwürdige Verletzung, die sich nicht so leicht erklären lässt. Die menschliche Nase ist eine ziemlich fragile Konstruktion, ihr Rücken bricht bereits bei unbedeutender Belastung und verschiebt beziehungsweise verzieht sich dabei. Am ehesten entspricht die Verletzung, die bei Ljudmila Dubinina beschrieben wurde, einem seitlichen Schlag auf die Nasenspitze.

– Fehlen des weichen Gewebes der Oberlippe rechts mit Freilegung des Oberkiefers und der Zähne.

– Fehlen der Zunge in der Mundhöhle. Bei der inneren Besichtigung konkretisiert Wosroschdjonny diesen Umstand: »Der Mundboden und die Zunge fehlen. Der obere Rand des Zungenbeins liegt frei.« Das ist alles! Ein erstaunlicher Lakonismus, der rein gar nichts erklärt. Die stilistischen Besonderheiten dieser und einiger anderer Formulierungen im gerichtsmedizinischen Gutachten mit der Unterschrift von Boris Alexejewitsch Wosroschdjonny werden später noch analysiert.

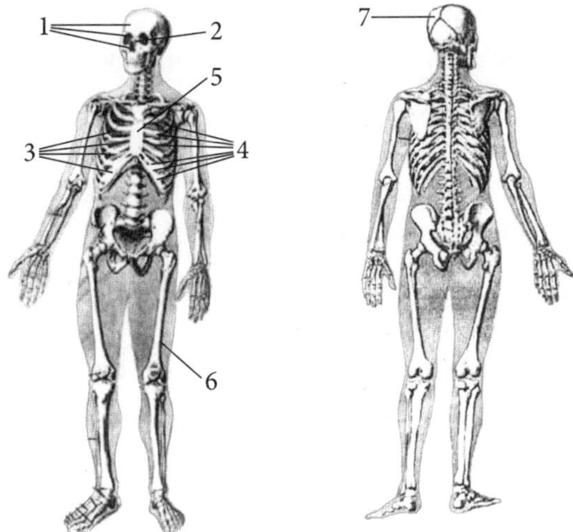


Übersicht der körperlichen Verletzungen von Ljudmila Dubinina

– Bläulich violetter diffuser Striemen im mittleren Drittel des linken Oberschenkels mit einer Größe von 10 x 5 Zentimetern sowie Bluterguss in der Hautschicht. Der Striemen befindet sich auf der äußeren Vorderseite des Beins (6).

– Weit fortgeschrittene Mazeration der Finger und Zehen links und rechts. Ablösung der Haut der Fingerendglieder zusammen mit den Nagelplatten.

– Ungewöhnliche Beweglichkeit der Hörner des Zungenbeins und des Schildknorpels beim Abtasten des Halses. (Ein deutlicher Hinweis auf eine Strangulation oder auf einen Schlag auf die Kehle von unten nach oben, obwohl man anmerken muss, dass das Zungenbein von Frauen als beweglicher gilt als das von Männern.)

Bei der inneren Untersuchung entdeckte der Gerichtsmediziner zahlreiche beidseitige Rippenfrakturen. Auf der rechten Seite der Leiche waren die Rippen von der zweiten bis zur fünften gebrochen, die Frakturlinien entsprachen der mittleren Klavikularlinie und der mittleren Axillarlinie (d. h. sie lagen in der Mitte der rechten Brusthälfte und von der Achsel hinab auf der rechten Seite des Oberkörpers) (3).

Links waren die Rippen von der zweiten bis zur siebten gebrochen, die Linie dieser Brüche entsprach der mittleren Klavikularlinie (4). Diese Verletzungen verursachten beträchtliche Blutergüsse in den Zwischenrippenmuskeln und im Bereich des sogenannten Brustbeinhandgriffs (der obere Teil der Brustmitte), was Wosroschdjonny ebenfalls festhielt. Außerdem vermerkte der Experte im Bereich der rechten Herzkammer einen »Bluterguss von unregelmäßig ovaler Form mit einer Größe von 4 x 4 Zentimetern mit diffuser Infiltration der Muskeln der rechten Kammer« (5). Diese Verletzung hing offensichtlich unmittelbar mit den Rippenfrakturen zusammen, obwohl der Experte nichts davon schrieb und keinen Grund für den Bluterguss im Herzmuskel anführte. Eine diffuse Infiltration des Muskels wies auf eine Einwirkung zu Lebenzeiten hin, die den Bluterguss hervorrief. Diese Verletzung allein ist bereits so gefährlich, dass sie für einen tödlichen Ausgang genügt hätte.

Außerdem wurde bei der Verstorbenen ein Lungenödem festgestellt, das dem von Juri Doroschenko ähnelte. (Im Text der Akte ist dies mit fast denselben Worten beschrieben: »Am Einschnitt zeigt das Lungengewebe eine dunkelrote Färbung, bei Druck auf die Oberfläche eines Schnitts tritt reichlich schaumige, blutige Flüssigkeit aus.«) Die Medizin war 1959 noch nicht in der Lage, die Pathogenese eines akuten Lungenödems zu erklären, und genau genommen auch nicht, es zu bekämpfen. Die Behandlung beschränkte sich auf die primitive und wenig effektive Methode der »zervikalen Novocainblockade«. Man war der Meinung, dass der Hauptgrund für die Entwicklung eines akuten Lungenödems in einem Versagen des zentralen Nervensystems liege. Ein solches Versagen könne durch eine ernste Störung der Herztätigkeit hervorgerufen werden (Hypertrophie und Dilatation des Herzens, zyanotischer Anfall mit Atemnot usw.); jedenfalls verband die Medizin bereits Störungen der Herztätigkeit mit akuten Lungenödemen. Deshalb warf das Lungenödem bei Ljudmila Dubinina, die eine äußerst schwere Herzverletzung erlitten hatte, keine besonderen Fragen auf, da Wosroschdjonny es logisch und eindeutig erklären konnte. Bei Juri Doroschenko war die Sache hingegen bei Weitem nicht so eindeutig und der Gerichtsmediziner überging in seinem Fall stillschweigend das bei der Obduktion entdeckte akute Lungenödem.

Sehr seltsam war bei Ljudmila Dubinina das Fehlen der Zunge und des Mundbodens (das sind die Muskeln, die den Boden der Mundhöhle bilden und an den Bewegungen des Unterkiefers beteiligt sind). Was mit der Zunge der Verstorbenen passierte, ist aus Wosroschdjonnys Dokument nicht ersichtlich. Das soll gar kein Vorwurf an den Experten sein, es ist eine reine Feststellung. Wenn die Zunge herausgeschnitten worden wäre, dann hätte dies (zumindest theoretisch) erkennbare Spuren hinterlassen müssen, doch solche Spuren wurden nicht beschrieben. Es ist schwer vorstellbar, welche natürlichen Ursachen zu einem Verschwinden der Zunge und des Mundbodens führen könnten. Bekanntlich können Wassertiere, vor allem Krustentiere, Leichen in kürzester Zeit überaus großen Schaden zufügen, doch in einem Schmelzwasserbach kann keine Rede von Fischen oder Krebsen sein. Mäuse scheiden als Verdächtige ebenfalls aus. Im Winter können Mäuse unter dem Schnee zwar bis zu drei Stunden am Tag aktiv sein, doch sie ernähren sich nicht von hartgefrorenem Fleisch (außerdem könnten sie kaum eine Menge verzehren, die ihr eigenes Gewicht um ein Vielfaches übersteigt). Die kulinarischen Vorlieben von Mäusen und Ratten sind schwer zu beurteilen, doch fressen sie normalerweise die hervorstehenden Teile des Kopfes – Nase und Ohren. Wären bei Dubinina solche Verletzungen verzeichnet worden, hätte das Verschwinden der Zunge nicht so verdächtig gewirkt. Es gab jedoch bei keinem aus der Djatlow-Gruppe Spuren von Hautverletzungen durch Kleintiere (mit Ausnahme der Leiche von Kriwonischtschenko, dessen Nasenspitze vermutlich von Vögeln abgehackt wurde). In Internetforen wurde eine Theorie diskutiert, der zufolge die steifgefrorene Zunge beim Transport der Leiche abgebrochen und aus dem geöffneten Mund gefallen sein könnte, doch diese Vermutung kann man wohl nur einfältig nennen. Eine gefrorene menschliche Leiche ist hart wie Holz, doch sie zerbricht nicht wie Glas, und es brechen bei einem Stoß keine Stückchen von ihr ab. Die Gerichtsmedizin weiß jedenfalls nichts davon, dass Teile eines gefrorenen Körpers bei einem unsanften Transport abbröckeln könnten.

Im Magen der Verstorbenen entdeckte der Experte etwa 100 Kubikzentimeter einer »dunkelroten schleimigen Masse«, die möglicherweise infolge der Entfernung der Zunge dorthin gelangt war. Es gab keine Spur von Wischnewsky-Flecken auf der Magenschleimhaut, und bei der Untersuchung des Gehirns wurde eine »schlechte Blutfüllung« der Hirnhäute festgestellt.

So fehlten die wichtigsten objektiven Anzeichen einer tiefen Unterkühlung. Außerdem waren Ljudmila Dubininas Ohren, Finger und Zehen nicht erfroren, was eindeutig zeigt, dass die Frau zum Zeitpunkt ihres Todes wenn überhaupt nur subjektiv an der Kälte litt. Der objektive Einfluss der niedrigen Temperatur auf ihren gesundheitlichen Zustand war bei Weitem nicht kritisch, und weder die Kälte noch der Wind verursachten ihren Tod.

Die Gesamtheit seiner Beobachtungen veranlasste den Gerichtsmediziner, zur Todesursache im Schlussteil des Gutachtens festzuhalten: »Meines Erachtens ist Dubininas Tod infolge einer extensiven Blutung in der rechten Herzkammer, mehrfacher beidseitiger Rippenfrakturen und einer massiven inneren Blutung in die Brusthöhle eingetreten.« Ljudmila Dubininas Tod hatte also nichts mit dem Aufenthalt in der Kälte in unzureichender Bekleidung zu tun. Um eine mögliche Frage zur Ursache der tödlichen Einwirkung vorwegzunehmen, fügte Wosroschdjonny der Akte die folgende überaus bedeutsame Passage hinzu: »Die angeführten Verletzungen können sich infolge der Einwirkung einer großen Kraft gebildet haben, die bei Dubinina ein geschlossenes tödliches Trauma des Brustkorbs nach sich zog. Dabei entstanden die Verletzungen intravital und waren Folge der Einwirkung einer großen Kraft mit anschließendem Sturz, Niederwurf oder einem Schlag gegen Dubininas Brustkorb.«

Da ist dem Genossen Wosroschdjonny ein sehr interessantes Dokument gelungen, und neugierige Leser könnten den Autor zu Recht fragen, ob er das kommentieren möchte. Jawohl, das möchte er! Aber dazu später.

2. Semjon Alexejewitsch Solotarjow war laut dem gerichtsmedizinischen Gutachten so gut bekleidet, dass er anscheinend fast in denselben Sachen gefunden wurde, die er beim Wandern trug. In seiner Garderobe fehlten nur die Handschuhe und die Windjacke. (Alle Windjacken der Gruppe wurden im Zelt gefunden.)

Auf dem Kopf trug Solotarjow zwei Mützen: eine dünne sportliche Strickmütze aus Wolle und eine Pelzmütze mit Ohrenklappen und Leder auf der Außenseite; er hatte einen Schal um den Hals und zusätzlich eine Wandermaske mit Riemen (vergleichbar einem Mundschutz, der bei starkem Frost das Einatmen von kalter Luft durch Nase und Mund verhindern soll). Der Rumpf wurde von einem Baumwollunterhemd aus Trikotstoff gewärmt. Darüber trug Solotarjow ein blaues langärmliges Hemd (ebenfalls aus Baumwolle) und einen schwarzen Pullover (wieder aus Baumwolle). Über den Pullover hatte er eine sportliche Flauschjacke mit Knöpfen gezogen. Der Experte vermerkte, dass die beiden oberen Knöpfe der Jacke sowie der Manschettenknopf am rechten Ärmel geöffnet waren. (Ein nicht unwichtiger Hinweis, vor allem da es um einen Mann geht, der an Unterkühlung gestorben sein soll.) Über der Jacke befand sich schließlich noch eine abgetragene Weste aus Schaffell. Der Unterkörper erwies sich ebenfalls als ausreichend vor der Kälte geschützt: eine Badehose über einer Satinunterhose, zwei Skihosen und außerdem ein Leinenoverall, in dessen hinterer Tasche eine durchweichte Zeitung steckte. In der Innentasche des Overalls befanden sich ein

Kamm und ein Garnknäuel, in der rechten Außentasche eine Zwiebel und Münzen zu 3, 5 und 15 Kopeken. Am linken Fuß trug Solotarjow eine Woll- und eine Baumwollsocke, am rechten eine Wollsocke. Außerdem hatte er ordentliche Schuhe an, sogenannte Filzschaftstiefel, hohe, warme Stiefel bis unters Knie, üblicherweise aus Filz und mit Ledersohlen. Am linken Handgelenk befand sich ein Kompass. Wie man weiß, wurde bei Solotarjow ein Fotoapparat gefunden, aber es ist nicht bekannt, ob darin ein Film war. (Anders gesagt: Man weiß nicht, ob der Film gefunden wurde, der sich in dem Fotoapparat befand, den Solotarjow zu retten versuchte.) Semjon Solotarjow war zweifellos der erste der untersuchten Wanderer, der vollständig bekleidet war. Das einzige Kleidungsstück, dessen Fehlen auffällt, sind die Handschuhe.

Bei der Untersuchung der Mundhöhle beschrieb der Experte die künstlichen Zähne und Kronen des Verstorbenen: im Oberkiefer rechts zwei Kronen und Zähne aus weißem Metall, im Unterkiefer vier Kronen aus weißem Metall. Die Größe des Verstorbenen betrug 172 Zentimeter. Bei der äußeren Besichtigung des Körpers wurden zahlreiche Tätowierungen auf beiden Armen festgehalten: Auf dem rechten Handrücken war am Daumenansatz das kyrillisch geschriebene Wort »Гена« sichtbar, auf der Außenseite des rechten Unterarms waren im mittleren Drittel eine Rübe und »+ С« dargestellt und auf der Außenseite des linken Unterarms die Tätowierungen »Г. С«, »ДАЕРММУАЗУАЯ«, ein fünfzackiger Stern, die Buchstabenkombination »Г+С+П=Д«* und die Zahl »1921«.

Die Tatsache, dass Semjon Solotarjow der Einzige aus der Djatlow-Gruppe war, der sich angesichts des Todes nicht von seinem Fotoapparat trennte, verdient besondere Erwähnung. Die Ermittler waren anfangs der Meinung, dass die Djatlow-Gruppe vier Fotoapparate bei sich hatte, die Igor Djatlow, Georgi Kriwonischtschenko,

* Transkriptionen: »Gena«, »+ S«, »G. S«, »DAERMMUASUAJA«, »G+S+P=D«

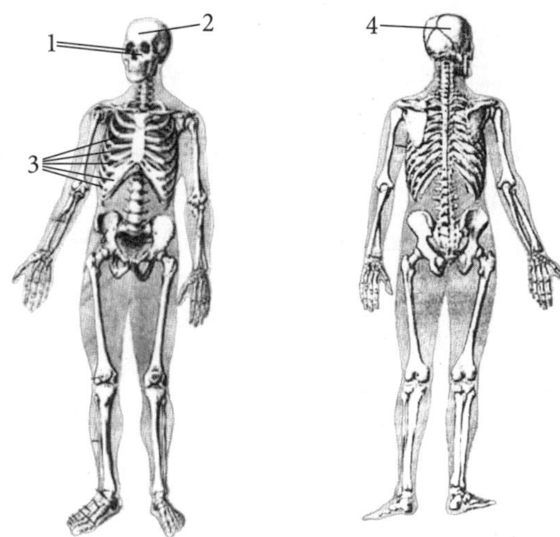


Übersicht der körperlichen Verletzungen von Semjon Solotarjow

Rustem Slobodin und Semjon Solotarjow gehörten. Diese Kameras wurden im Zelt gefunden und die Ermittler ließen ihre Zugehörigkeit feststellen, die Filme herausnehmen und entwickeln, weshalb wir die Wanderung mit dem tragischen Ende heute aus Sicht der Kamerabesitzer betrachten können. (Die Analyse der Aufnahmen erfolgt in einem eigenen Kapitel.) Und nun tauchte im Mai bei Solotarjows Leiche ganz unerwartet noch ein Fotoapparat auf – der fünfte. Juri Judin wusste nichts von seiner Existenz und konnte daher den Ermittlern nichts davon erzählen …

Es muss noch einmal betont werden, dass Judin einen der Fotoapparate aus dem Zelt mit Sicherheit als Solotarjows Eigentum identifiziert hatte. Dieser Apparat wurde im April 1959 der Mutter des Verstorbenen übergeben.

Heute gibt es keine Klarheit über die Herkunft des zweiten Fotoapparats. Man weiß nicht, ob sich ein Film darin befand, und falls ja, wie viele Bilder gemacht wurden. Doch zweifellos war Semjon Solotarjow diese Kamera sehr wichtig.

Der Gerichtsmediziner Wosroschdjonny stellte bei der Obduktion der Leiche die folgenden Verletzungen des Verstorbenen fest (siehe Abbildung auf Seite 171):

– Fehlen der Augäpfel (1).

– Auf dem Hinterkopf rechts eine Wunde von 8 x 6 Zentimetern mit Freilegung des Scheitelbeins (4).

– Im Bereich der Augen und Augenbrauenbogen kreisförmiger Defekt des weichen Gewebes mit einer Größe von 7 x 6 Zentimetern mit ausgedünnten Rändern und »Freilegung der Gesichtsknochen« (2).

– Frakturen der zweiten bis sechsten Rippen rechts entlang der »Parasternal- und der mittleren Axillarlinie« mit Bluterguss in den Zwischenrippenmuskeln (3).

In den Pleurahöhlen des Verstorbenen befand sich etwa 1 Liter dunklen Blutes, was auf die intravitale Entwicklung eines Hämatothorax hinwies. (Das ist die Ansammlung von Blut in der Pleurahöhle, woraufhin die Lunge sich beim Einatmen nicht mehr vollständig entfalten kann. Dieses Phänomen ist lebensgefährlich, da es zu einem schnellen Erstickungstod führt. Im Krankenhaus wird zur Bekämpfung eines Hämatothorax die Pleurahöhle punktiert, wenn nötig auch mehrmals. Ohne die richtige medizinische Versorgung bedeutet das Eindringen einer solchen Menge Blut in die Pleurahöhle den sicheren Tod.)

Das beschriebene Phänomen konnte durch die Rippenfrakturen verursacht worden sein. Obwohl jede der fünf gebrochenen Rippen je zwei Frakturen aufwies, wäre die genaue Zahl der Frakturen nur mit einer Röntgenuntersuchung der Leiche festzustellen gewesen. Bei einem Rippenbruch bilden sich nämlich an einigen Stellen kleine unregelmäßige Knochensplitter mit scharfen Rändern, und die Rippen selbst können an der Bruchstelle Unebenheiten und Zacken aufweisen. In der Tat gleicht Solotarjows rechte Brustseite einem Brei aus Knochensplittern und zerfetztem Fleisch, die Rippen konnten den Brustkorb nicht mehr stützen und somit auch nicht die inneren Organe vor verletzenden Einwirkungen selbst der geringsten Art schützen. Ein Mensch mit einer solchen Verletzung ist ohne die Unterstützung anderer völlig hilflos, sein rechter Arm ist »ausgeschaltet«, er kann ihn nicht einmal mehr heben, da die entsprechenden Muskeln an den oberen Rippen befestigt sind. Infolge der Verletzung musste Solotarjow sehr starke Schmerzen gehabt haben. Um am Leben zu bleiben, brauchte er absolute Ruhe, eine einzige ungeschickte Bewegung hätte ihn nicht nur bewusstlos werden lassen, sondern ihn buchstäblich umgebracht. Nur ein unverzüglicher chirurgischer Eingriff hätte ihn retten können, doch davon war er weit entfernt.

Natürlich trifft all dies genauso auf Ljudmila Dubinina zu, deren Verletzung nicht nur ähnlich, sondern sogar noch verheerender für den Organismus war.

Neben dem Hämatothorax wurden im Gutachten auch Spuren eines akuten Lungenödems festgestellt, ähnlich wie bei Doroschenko und Dubinina. Doch wie bei Ljudmila war dieser Prozess nicht weit fortgeschritten, die Hohlräume im Kehlkopf und in den Bronchien blieben frei von Schaum, das heißt, dass sich das Ödem in den letzten Lebensminuten zu entwickeln begann, möglicherweise bereits in der Agoniephase. Die Ursache für das Ödem war eine Störung der Tätigkeit des zentralen Nervensystems im Sterbevorgang. Außerdem wurde eine Mazeration mit Ablösung der Haut und der Nägel an Fingern und Zehen vermerkt. Das kam davon, dass die Leiche mehr als sechs Tage im Wasser gelegen hatte. Gleichzeitig wies die Intaktheit des Lungengewebes darauf hin, dass dieser Zeitraum nicht länger als 14 Tage war. So betrug die Aufenthaltsdauer von Semjon Solotarjows Leiche im Wasser zwischen 6 und 14 Tagen. (Diese Beobachtung lässt sich übertragen auf alle vier Wanderer, die in der Schlucht gefunden wurden.)

Auf der Unterwäsche des Verstorbenen wurden Fäkalspuren entdeckt, doch dieser Tatsache sollte nicht zu viel Bedeutung beigemessen werden. Eine Defäkation im Agoniezustand sagt weder etwas über die Schnelligkeit des Sterbevorgangs noch über besondere Umstände dabei aus. Eine reflexartige Entleerung der Harnblase, eine Defäkation und (bei Männern) ein Samenerguss sind vor dem Tod häufig zu beobachten, auch wenn dieser schnell eintritt.

Es gibt keinen Grund zur Annahme, dass Solotarjow direkt vor dem Tod seine Notdurft verrichtete, da er es einfach nicht geschafft hätte, zwei Unterhosen, zwei Skihosen und den Overall anzuziehen, dessen Träger sich noch dazu unter der Oberbekleidung befanden.

Wie bereits bei Ljudmila Dubinina überprüfte der Gerichtsmediziner Wosroschdjonny die Knochen des Verstorbenen nicht auf Sprödigkeit, da er dies offenbar für unnötig hielt. Der Experte brachte Semjon Solotarjows Tod nicht mit einer Unterkühlung in Verbindung. Nach Wosroschdjonnys Meinung starb er eines gewaltsamen Todes, bedingt durch die zahlreichen Rippenfrakturen und die dadurch hervorgerufene massive innere Blutung (den oben erwähnten Hämatothorax). Die Hautverletzung am Hinterkopf hielt der Experte für eine Folge der posthumen Verwesung und damit hatte er wahrscheinlich recht. Allerdings könnte der beschriebene ziemlich große »Defekt des weichen Gewebes« möglicherweise von einer kleineren Wunde zu Lebzeiten stammen. Aufgrund der Intaktheit des Lungengewebes schränkte Wosroschdjonny die Aufenthaltsdauer der Leiche im Wasser auf weniger als 15 Tage ein. Diese Einschätzung betraf alle vier Leichen aus der Schlucht. Die Mindestdauer von sechs Tagen basierte auf dem Stadium der Mazeration (mit Ablösung der Hautschichten, der Haare und der Nagelplatten). Also befanden sich die Leichen von Dubinina, Solotarjow, Thibeaux-Brignolle und Kolewatow zwischen 6 und 14 Tage lang im Wasser.

3. Alexander Sergejewitsch Kolewatow war im Grunde recht gut vor der Kälte geschützt, allerdings fehlte die Kopfbedeckung. Er hatte ein »Unterhemd aus aufgerautem Stoff« an (anscheinend mit langen

Ärmeln, obwohl der Experte das nicht präzisierte) und ein kariertes Baumwollhemd, in dessen Taschen sich eine Sicherheitsnadel, ein Schlüssel, ein Stück Packpapier und zwei Packungen Tabletten (Kodein und Soda) fanden. Über dem Hemd trug er einen Pullover, einen weiteren Pullover aus aufgerautem Stoff und eine Skijacke aus Barchent mit Reißverschluss. Die Jacke war beschädigt, auf dem linken Ärmel hatte sie ein großes Loch mit versengten Rändern, das ungefähr 25 x 12 x 13 Zentimeter groß war, und auf dem rechten Ärmel 7 bis 8 Zentimeter lange Risse. Die Jacke war geöffnet, die Taschen und Manschetten waren aufgeknöpft. Der Unterkörper war ausreichend gut geschützt: eine kurze und eine lange Unterhose, eine Skihose aus Flauschstoff mit seitlichem Verschluss (ein Taschentuch war eingesteckt), ein Leinenoverall mit Rissen unten, in der rechten Tasche des Overalls befand sich eine durchweichte Streichholzschachtel. Schuhe hatte der Verstorbene keine an, an seinen Füßen befand sich ein Paar selbst gestrickte Wollsocken, leicht angesengt, darunter am rechten Fuß eine und am linken drei Baumwollsocken. Auf dem linken Fußknöchel wurde unter der Kleidung ein Mullverband entdeckt, der eindeutig vor der Flucht aus dem Zelt angebracht worden war, da die Wanderer keinen Verbandskasten mitgenommen hatten.

Kolewatows Größe betrug 174 Zentimeter.

Wosroschdjonny beschrieb die folgenden Verletzungen der Leiche (siehe Abbildung auf Seite 177):

– Fehlen des weichen Gewebes im Bereich der Augenhöhlen und Augenbrauenbogen mit Freilegung der Schädelknochen, Fehlen der Brauen (1).

– »Der Nasenknorpel fühlt sich weich an, ungewöhnliche Beweglichkeit. Nasenbasis platt gedrückt.« (Nase gebrochen?) (2)

– Unregelmäßig geformte Wunde von 3 x 1,5 x 0,5 Zentimetern Größe hinter der rechten Ohrmuschel im Bereich des Warzenfortsatzes des Schläfenbeins, die bis zum Knochen durchgeht (6).

– Auf der rechten Wange »unregelmäßig ovaler Defekt des weichen Gewebes« mit einer Größe von 4 x 5,5 Zentimetern »mit zerdrückten, abgeflachten, ausgedünnten Rändern«. Auf dem Boden des Defekts liegen die Unterkieferknochen frei. »Um den Defekt auf der rechten Wange im Bereich des Unterkiefers ist das weiche Gewebe von purpurrot-grüner Färbung.« (Wörtliches Zitat aus der Akte. Sinngemäß stellt der Experte hier fest, dass die entdeckte Verletzung ein Verwesungsherd ist.) (3)

– Der Hals ist im Bereich des Schildknorpels deformiert (4).

– Ablösung der obersten Hautschicht des Brustkorbs. (Hier ist nicht von einer vollständigen Abtrennung der Haut die Rede, sondern nur von einer Abtrennung der Epidermis von der Lederhaut. Dies tritt häufig bei Leichen auf, die sechs Tage und länger im Wasser lagen. Die Ablösung der Kopfhaut mitsamt den Haaren, die bei allen vier Leichen in der Schlucht beschrieben wurde, gehört zu dieser Erscheinung. An und für sich sagt dieses Symptom nichts über eine ungewöhnliche Verletzung oder Verwesung der Leiche aus, sondern charakterisiert nur ihre Aufenthaltsdauer im Wasser und ist somit gemeinsam mit der Mazeration der Füße und Hände ein sicherer Indikator dafür.)

– Mazeration der Finger und Zehen.

– Diffuser Bluterguss im Unterhautgewebe des linken Kniegelenks (5).

Der Mund des Verstorbenen war geöffnet, die Zunge befand sich an ihrem Platz. Die Haut hatte eine grünlich graue und purpurrote Tönung. Im Bereich des Scheitel- und Hinterhauptbeins wurde eine Ablösung der Haare vermerkt, was charakteristisch ist für eine Leiche, die lange Zeit im Wasser gelegen hat und einer merklichen Zersetzung ausgeliefert war, wie bereits erwähnt.

Der Experte stellte Leichenflecke auf den seitlichen Hinterseiten des Rumpfs und der Extremitäten fest. Die Harnmenge in der Harnblase war mit 0,7 Liter die größte bei den untersuchten Verstorbenen.

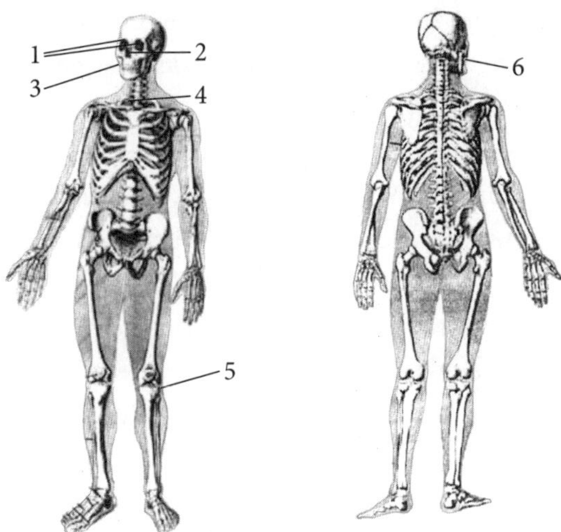


Übersicht der körperlichen Verletzungen von Alexander Kolewatow

Darüber hinaus wurde in den Pleurahöhlen des Verstorbenen bis zu 0,5 Liter blutiger Flüssigkeit entdeckt. Das ist ungefähr die Hälfte der Menge bei Solotarjows Hämatothorax. Aus der Akte ist die Ursache für eine solche Füllung der Pleurahöhlen nicht ersichtlich. Wenn dieses Phänomen zu Lebzeiten auftrat, dann hätte es unweigerlich zu Alexander Kolewatows Tod geführt.

Die histologische Untersuchung der biologischen Proben aus den inneren Organen und Zwischenrippenmuskeln zeigte kein Vorhandensein von Blutergüssen. Allerdings wurden starke Verwesungsspuren festgestellt.

Der Experte bestimmte bei Kolewatow einen gewaltsamen Tod infolge der Einwirkung der niedrigen Temperatur, während er die primären körperlichen Verletzungen (wie die Mazeration) als posthum einstufte. Für den zweiten Teil dieser Schlussfolgerung gab es wohl formale Gründe. Nur die Verletzung des linken Knies passierte zweifellos zu Lebzeiten, doch sie dürfte bei Kolewatows Tod keine Rolle gespielt haben, da er sich diese Verletzung vor den tragischen Ereignissen am Berghang zugezogen hatte. Jedenfalls deutet der Mullverband auf dem linken Fußknöchel darauf hin, dass die Knieverletzung verarztet wurde und der Verband später herunterrutschte.

Die Wunde hinter dem rechten Ohr, die mit einer Größe von 3 x 1,5 x 0,5 Zentimetern bis zum Warzenfortsatz des Schläfenbeins reichte, war eine sehr ernste Kopfverletzung. Wäre ihm diese Verletzung lange vor dem Tod zugefügt worden, hätte sie ein deutliches Ödem bilden müssen. Wosroschdjonny beschrieb kein Ödem hinter dem Ohr, doch das heißt durchaus nicht, dass diese Verletzung posthum passierte, da der Verstorbene auch unmittelbar vor dem Tod, also buchstäblich wenige Minuten davor, verletzt worden sein konnte. Im Grunde hätte gerade diese Verletzung dazu führen können, dass Kolewatow das Bewusstsein verlor und danach rasch im Schnee erfror. In dieser kurzen Zeit hätte sich kein Ödem hinter dem Ohr bilden können.

Mehr als in den anderen Akten fällt hier ein Widerspruch zwischen dem beschreibenden und dem abschließenden Teil auf. Anders ausgedrückt, passen die von Wosroschdjonny angeführten Fakten ganz und gar nicht zu seiner Schlussfolgerung. Die Akte des gerichtsmedizinischen Gutachtens ist unvollständig, die Behauptung vom Erkältungstod wirkt angesichts der beschriebenen körperlichen Veränderungen schlecht begründet beziehungsweise ganz und gar ungerechtfertigt.

In der Tat beschrieb der Experte keine erfrorenen Extremitäten (z. B. den Penis), was beim Erfrieren eines nüchternen Menschen, der aktiv gegen die Kälte ankämpft, charakteristisch wäre. Nicht festgehalten wurde außerdem ein so wichtiges Anzeichen für den Tod durch Unterkühlung wie die Blutüberfüllung der inneren Organe und vor allem der Hirnhäute (ihre Blutfüllung wurde als »ausreichend« charakterisiert). Im Magen wurden keine Wischnewsky-Flecken entdeckt, ein weiteres wichtiges Symptom für eine weit fortgeschrittene Hypothermie. Der einzige Hinweis auf einen

Unterkühlungstod war die Überfüllung der Harnblase, doch wie bereits angemerkt wurde, verliert dieses Anzeichen bei gefrorenen Leichen seine Aussagekraft. Außerdem kann es auch bei Gehirnerschütterungen auftreten.

Alexander Kolewatow war der einzige der vier Wanderer, die in der Schlucht gefunden wurden, dessen Tod Wosroschdjonny der Kälte zuschrieb. (Wörtlich: »Sein Tod trat infolge der Einwirkung der niedrigen Temperatur ein. Die körperlichen Verletzungen, die auf Kolewatows Leiche entdeckt wurden, sowie die ›Badehaut‹ stellen posthume Veränderungen der Leiche dar.«)

4. Nikolai Wladimirowitsch Thibeaux-Brignolle war wie bereits Semjon Solotarjow weitaus besser bekleidet als die anderen Wanderer. Auf seinem Kopf hatte er eine Leinenpelzmütze und eine Strickmütze aus Wolle, die, wie der Experte bemerkte, »eng zugebunden« war. Der Oberkörper war von einem Trikotunterhemd, das rechts und unten zerrissen war, einem verkehrt herum angezogenen Wollpullover und einer Schaffelljacke gegen die Kälte geschützt. In der rechten Jackentasche befand sich ein Paar Wollhandschuhe, in der linken Münzen zu 2, 10 und 20 Kopeken, zwei zusammengerollte Papierstückchen und ein Kamm. Der Unterkörper war ebenfalls durchaus ausreichend bekleidet: eine Satinunterhose, eine Trainingshose aus Baumwolle und eine warme Winterhose aus Tuch, ein Paar weiße selbst gestrickte Wollsocken und Filzstiefel. Im rechten Filzstiefel wurde eine verrutschte braune Wollsocke gefunden. In der Akte ist angegeben, diese Socke entspreche der Einlegesohle, woraus nicht verständlich ist, ob die Einlegesohle im rechten Filzstiefel ebenfalls zerknüllt war oder ob sie fehlte und die Socke an ihrer Stelle hineingelegt und beim Gehen verschoben wurde. An Thibeaux-Brignolles linkem Handgelenk entdeckte der Experte zwei Uhren, die ungefähr zur selben Zeit stehen geblieben sind: um 8:14 und 8:39 Uhr.

Der Verstorbene war 174 Zentimeter groß, Leichenflecke befan-

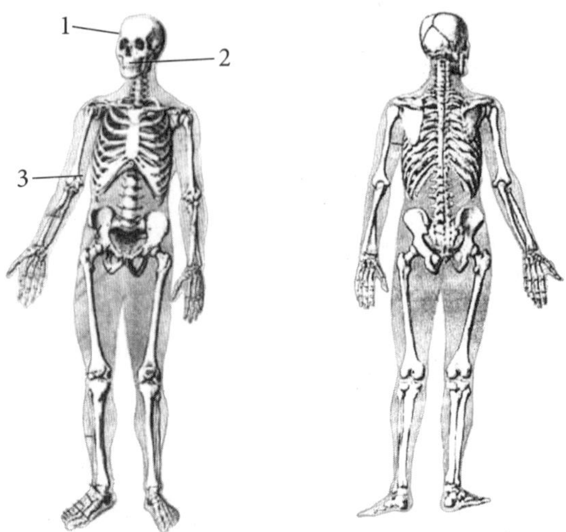


Übersicht der körperlichen Verletzungen von Nikolai Thibeaux-Brignolle

den sich seitlich und auf der Hinterseite der Brust, des Halses und der Extremitäten. Es wurde ein Ablösen der Epidermis des Kopfes mitsamt den Haaren verzeichnet (wie auch bei den anderen Leichen aus der Schlucht). Auf den Wangen, dem Kinn und der Oberlippe betrug die Bartlänge bis zu einem Zentimeter.

Der Gerichtsmediziner Wosroschdjonny beschrieb die folgenden körperlichen Verletzungen bei Nikolai Thibeaux-Brignolle (siehe Abbildung oben):

– Diffuser Bluterguss im rechten Schläfenmuskel (1). Impaktierte Fraktur im Bereich des Schläfen- beziehungsweise Scheitelbeins im Ausmaß von 9 x 7 Zentimetern (eingedrücktes Stück des Schläfenbeins 3 x 2,5 x 2 cm). »Das angegebene Knochenstück ist in die Schädelhöhle hineingedrückt und befindet sich auf der harten Hirnhaut. Mehrfragmentfraktur des rechten Schläfenbeins mit Aufklaffen und Übergang der Knochenfissur in die vordere Schädelgrube auf den Stirnbeinbereich über den Augen. […] Eine weitere Fissur mit aufklaffenden Rändern von 0,1 bis 0,4 Zentimetern auf dem Türkensattel im Bereich des Keilbeinfortsatzes zieht sich

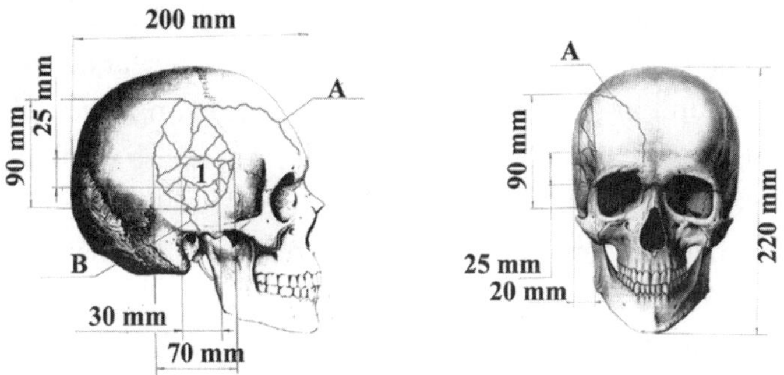


Schädel eines durchschnittlich großen Menschen mit Darstellung von Thibeaux-Brignolles Verletzungen. Obwohl die tatsächliche Ausrichtung und Anordnung der verletzten Bereiche nicht bekannt ist, gibt die Übersicht eine allgemeine Vorstellung vom Ausmaß der Schädelverletzungen. Sie ließen Thibeaux-Brignolle unter den gegebenen Umständen keine Chance auf ein Überleben. *Zeichenerklärung*: 1 – verletzte Fläche des Schläfenbeins von 2,5 x 3 Zentimetern, die 2 Zentimeter eingedrückt war; A – Fissur mit aufklaffenden Rändern, die bis zum Stirnbeinbereich über den Augen reichte; B – Fissur auf der Schädelbasis mit aufklaffenden Rändern bis zu 0,4 Zentimetern, die sich bis ins Keilbein vertiefte. Die Gesamtlänge, die Wosroschdjonny nach der Entfernung des Hirns maß, betrug 17 Zentimeter.

durch das Keilbein und geht dann in die mittlere Schädelgrube links über.

[…] Die Gesamtlänge der Fissur am Keilbein beträgt 17 Zentimeter. Außerdem lässt sich aufgrund der Kompressionsfraktur eine Asymmetrie des erwähnten Bereichs feststellen. (Vermutlich ist damit eine Asymmetrie der Hirnschale gemeint, die anscheinend mit bloßem Auge sichtbar ist.)

– Auf der Oberlippe links »unregelmäßig ovaler Defekt des weichen Gewebes« mit einer Größe von 3 x 4 Zentimetern (2).

– »Auf dem rechten Oberarm auf der vorderen Innenseite diffuser grünlich blauer Striemen von 10 x 12 Zentimetern auf dem mittleren und unteren Drittel. Im Bereich des Striemens gibt es einen Bluterguss im darunter liegenden weichen Gewebe« (3).

Der Gerichtsmediziner stellte in seinem Gutachten fest: »Meines Erachtens ist sein Tod infolge einer geschlossenen impaktierten Mehrfragmentfraktur im Bereich der Schädelkalotte und der Schädelbasis eingetreten, mit einer massiven Blutung unter den Hirnhäuten und in die Hirnsubstanz unter Einwirkung der niedrigen Umgebungstemperatur.« Wosroschdjonny war also nicht der Ansicht, dass Thibeaux-Brignolle an Unterkühlung starb.

Verletzungen an den Schädelknochen können manchmal sehr informativ sein. Bei einem Schlag mit hoher Geschwindigkeit können zum Beispiel die Haare des Opfers in den Schädelfissuren eingeklemmt werden und wenn die Einwirkungsfläche nicht groß ist (bis 15 oder 16 cm$^2$), dann gibt der Umriss des verletzten Abschnitts die Form der Schlagfläche wieder.

Dank dieser Besonderheit der Schädelknochen kann man problemlos die Ursache der Verletzung bestimmen, zum Beispiel den Schlag eines Hammers, eines Axtrückens oder eines Gewichtstücks. Die Art der Bruchstelle erlaubt häufig auch ein Urteil über die Anzahl der Kanten der Schlagfläche.

Die Menge der Knochensplitter lässt auf die Schlagstärke schließen (je stärker sie ist, desto mehr Bruchstücke gibt es). Bei Thibeaux-Brignolle hätte der Gerichtsmediziner einige Eigenschaften des Gegenstands benennen können, der die Verletzung verursachte, auch wenn er den Gegenstand selbst nicht kannte.

Die Gesamtgröße der Bruchstelle des Schläfen- und des Scheitelbeins – 9 x 7 Zentimeter – bezieht sich auf die Größe des deformierten Gebiets, was jedoch nicht heißt, dass sie der Schlagfläche entspricht (weder im Umriss noch in der Fläche). Die eingedrückte Fläche beträgt 7,5 Quadratzentimeter (d. h. 3 x 2,5 cm mit einer Tiefe von 2 cm), und wenn das die Oberfläche der verletzenden Einwirkung gewesen wäre, dann wäre in Thibeaux-Brignolles Schädel statt einer eingedrückten Stelle ein Lochbruch von genau derselben Fläche entstanden.

Man kann zweifellos sagen, dass die einwirkende (verletzende) Oberfläche die Grenze von 16 Quadratzentimetern deutlich über-

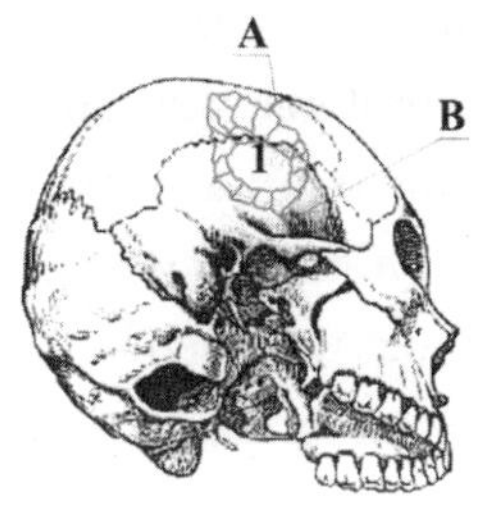


Maßstabsgetreue Skizze zu den Schädelverletzungen von Nikolai Thibeaux-Brignolle. Für die Zeichenerklärung siehe vorherige Abbildung.

schritt (das ist die Obergrenze für Lochbrüche) und zwischen 16 und 63 Quadratzentimetern betrug (63 $cm^2$ ist die Gesamtfläche des deformierten Schädelbereichs).

Ein Experte hätte bestätigen können, dass die Quelle der verletzenden Einwirkung keine scharfen Kanten hatte, da sich Schädelverletzungen von scharfen (Bajonett, Axt, Pfahl) und stumpfen Waffen (Hammer, Metallstange, Holzbalken) deutlich unterscheiden.

Ein Experte kann dies mühelos erkennen. Die Annahme, dass die Leinenpelzmütze und die Strickmütze auf Thibeaux-Brignolles Kopf den Schlag hätten merklich abschwächen und dessen Spuren verfälschen können, ist kaum haltbar. Das ist kein Schutz vor so einer starken Einwirkung. Der Schädel wurde von einer stumpfen Waffe gebrochen, da keine Wunden (d. h. Einrisse in der Haut) vorhanden sind.

Was Thibeaux-Brignolles Bekleidung betrifft, kann man feststellen, dass er wie Solotarjow offenbar dasselbe trug wie zuvor beim Aufstieg auf den Hang des Cholat Sjachl. Der Grund dafür lässt sich durch die Uhren am Handgelenk des Verstorbenen erschließen. Am 1. Februar hatte Thibeaux-Brignolle wahrscheinlich die Lageraufsicht inne, weshalb er sich eine zweite Uhr anlegte (um den frühen Aufstieg nicht zu verschlafen). Zwar war Nikolai nicht gerade warm angezogen – nur zwei Hosen und ein einziges Paar Socken in den Filzstiefeln –, doch das reichte offenbar dem abgehärteten Wanderer. Für eine Skitour mit Rucksack an den Schultern war er jedenfalls normal bekleidet.

Die Anzeige auf den Uhren der toten Wanderer erregte große Aufmerksamkeit unter den Erforschern der Tragödie am Cholat Sjachl. Irgendjemand verbreitete die Information, man könne dank der Uhr am Handgelenk einer Leiche bestimmen, wann der Tod eintrat, genauer gesagt wann der Arm auf die Außentemperatur abgekühlt war. Angeblich erstarrt das Schmiermittel im Gehäuse der Uhr, und sie bleibt innerhalb einer Stunde nach dem Tod stehen. Das ist natürlich Unsinn.

Wenn das Funktionieren eines Uhrwerks wirklich von der Körpertemperatur abhinge, gäbe es auch bei verschiedenen Außentemperaturen merkliche Abweichungen in der Anzeige der Uhrzeit (unter der Wüstensonne würden die Uhren vor- und bei Schnee und Eis nachgehen). Doch in Wirklichkeit passiert nichts davon und auf sowjetische Uhren war in dieser Hinsicht jederzeit Verlass.

## 13. KAPITEL

# KURZE ANALYSE DER GERICHTSMEDIZINISCHEN GUTACHTEN ZU DEN LEICHEN VON DUBININA, SOLOTARJOW, KOLEWATOW UND THIBEAUX-BRIGNOLLE

Nachdem wir die körperlichen Verletzungen, die die gerichtsmedizinischen Gutachten zu den toten Wanderern aus der Schlucht aufführen, beschrieben und ausgewertet haben, ziehen wir folgende Schlüsse:

1. Die Krafteinwirkung, die Dubinina, Solotarjow und Thibeaux-Brignolle tötete, war zweifellos sehr groß.

2. Bei Solotarjow und Dubinina gibt es eine erstaunliche Übereinstimmung sowohl bei der äußerlichen Krafteinwirkung als auch bei den durch diese verursachten Rippenbrüchen.

3. Diese Kraft wirkte sich sehr präzise und selektiv aus. Trotzdem sich Dubinina und Solotarjow in Größe und Gewicht unterschieden, ließ die äußerliche Einwirkung die Schlüsselbeine unversehrt, obwohl bei beiden jeweils die zweite (darunter liegende) Rippe verletzt wurde. Es ist erstaunlich, ja unglaublich, wie gezielt diese Kraft wirkte. Noch erstaunlicher ist, dass auch die Oberarmknochen unverletzt blieben. Schwer vorstellbar, in welcher Position sich ein menschlicher Körper befinden muss, damit ihm auf natürliche Weise so seltsame Verletzungen zugefügt werden können. Wenn ein Mensch auf dem Rücken liegt und eine beträchtliche Masse unkontrolliert auf ihn fällt, dann brechen auch die Schlüsselbeine, da diese sich im Liegen aufgrund der anatomischen Gegebenheiten über den Brustkorb erheben. In Seitenlage müssten bei einer ungezielten Ein-

wirkung einer großen fallenden Masse auf den Brustkorb die Knochen des oben liegenden Arms brechen … Doch nichts davon liegt vor. Eine ungezielte und ungesteuerte Naturgewalt (Lawinenabgang, Bewegung einer festen [Firn]Schneeschicht, ein auf die Brust stürzender Baum usw.) trifft wohl kaum zweimal genau die gleiche Stelle.

4. Auch bei den anderen körperlichen Verletzungen ist die Übereinstimmung verblüffend, vor allem bei den »Defekten des weichen Gewebes« auf der Kopfhinterseite. Solche »Defekte« kommen sowohl bei Ljudmila Dubinina vor (auf dem linken Scheitelbein) als auch bei Semjon Solotarjow (im rechten Scheitelbereich) und Alexander Kolewatow (hinter dem rechten Ohr). Der Gerichtsmediziner Wosroschdjonny stufte diese Verletzungen als posthum ein und hat dabei sicher nicht bewusst die Wahrheit verdreht. Jedoch entstehen Herde posthumer Verwesung fast immer dort, wo die Haut bereits verletzt ist. Mit anderen Worten erlitten drei der vier Verstorbenen kurz vor dem Tod, möglicherweise in den letzten Minuten ihres Lebens, Verletzungen mit Durchtrennung der Haut. (Das Fehlen einer Schwellung weist auf eine schnelle Unterbrechung des Blutkreislaufs hin.) Man könnte natürlich theoretisch annehmen, dass diese drei einfach nach hinten gestürzt waren und sich den Hinterkopf an einem festen Hindernis gestoßen hatten, etwa an einem Stein, Baumstamm oder Ähnlichem. Doch so ein Sturz mutet sehr seltsam an. Bekanntlich wiesen Ljudmila Dubinina, Semjon Solotarjow und Alexander Kolewatow keine Erfrierungen auf (im Unterschied zu ihren Freunden, die am Hang und bei der Zeder starben) und wenn sie unter der Kälte litten, dann war das eher ein psychisch-emotionales Leiden als ein physiologisches. Körperlich gesehen war die Unterkühlung bei ihnen noch nicht so weit fortgeschritten, dass es zu einer starken Hemmung des Nervensystems gekommen wäre mit so gefährlichen Folgen wie Verlust der Koordinationsfähigkeit, Herabsetzung oder vollständiger Verlust der Fähigkeit, das Gleichgewicht zu halten, usw. (sogenannter Sopor).

Wenn die Durchtrennung der Haut tatsächlich die Hauptursache für die von Wosroschdjonny angeführten »Defekte des weichen Gewebes« war, kann dies keineswegs durch natürliche Verletzungen erklärt werden. Dies widerspräche der alltäglichen Erfahrung und dem gesunden Menschenverstand.

5. An diesen Punkt anschließend muss man eine weitere seltsame Gemeinsamkeit erwähnen, die bei denselben drei der vier Wanderer aus der Schlucht bemerkt wurde (Dubinina, Kolewatow und Solotarjow). Es geht um die Position der »Defekte des weichen Gewebes« im Gesicht. Seltsamerweise waren diese Defekte im Bereich der Augenbrauenbogen und der Nasenwurzel gruppiert (mit Freilegung der Schädelknochen). Bei allen dreien fehlten die Augenbrauen und bei Dubinina und Solotarjow außerdem noch die Augen. Es fällt auf, dass Thibeaux-Brignolle, dessen Leiche sich in direktem Kontakt zu den Leichen von Solotarjow und Kolewatow befand, nichts Derartiges aufwies. Bei ihm stellte der Gerichtsmediziner eine Ablösung der Haare und der Epidermis fest, doch das war eine Folge des Aufenthalts im Wasser und lag nicht an einer besonders schnellen Zersetzung der Leiche. Hier hätte der Staatsanwalt den tollen Experten fragen können, wie die Gerichtsmedizin einen so merkwürdigen Unterschied der postmortalen Veränderungen bei Personen erklärt, die sich zur selben Zeit unter denselben Umgebungsbedingungen befanden, aber nein, eine solche Frage wurde nie gestellt. Dafür mag es zwei Gründe geben: Erstens wusste der Ermittler Iwanow, der eine kriminalistische Ausbildung hatte und sich in der Gerichtsmedizin gut auskannte, was Wosroschdjonny ihm antworten würde, und zweitens hätte ihm diese Antwort so gar nicht gepasst.

6. Außer den erwähnten gleichartigen Verletzungen des weichen Gewebes gibt es im Gutachten noch eine andere interessante Übereinstimmung, die wieder bei drei Wanderern vorkommt, dieses Mal bei Dubinina, Kolewatow und Thibeaux-Brignolle. Es geht

um einen Zersetzungsherd (»Defekt des weichen Gewebes«) im Kieferbereich der Verstorbenen. In der Akte des Gutachtens findet man bei Ljudmila Dubinina die Erwähnung eines fehlenden »weichen Gewebes der Oberlippe rechts mit ausgedünnten Rändern und Freilegung des Alveolarrands des Oberkiefers und der Zähne«. Bei Alexander Kolewatow war der Gerichtsmediziner genauer, er vermaß sogar die entdeckte Verletzung. (Wörtlich: »Im Bereich der rechten Wange unregelmäßig ovaler Defekt des weichen Gewebes auf einer 4 x 5,5 Zentimeter großen Stelle mit zerdrückten, abgeflachten, ausgedünnten Rändern. Auf dem Boden des Defekts [...] liegen die Unterkieferknochen frei.«) Und bei Nikolai Thibeaux-Brignolle steht schließlich: Im Bereich des Oberkiefers »links unregelmäßig ovaler Defekt des weichen Gewebes« mit einer Größe von 3 x 4 Zentimetern und mit ausgedünnten und leicht zerdrückten Rändern und mit Freilegung des Alveolarrands des Oberkiefers.« Wenn man annimmt, dass eine Hautverletzung der Auslöser für den Verwesungsherd war, dann hatten zwei Verstorbene (Kolewatow und Dubinina) eine ähnliche Wunde im unteren rechten Teil des Gesichts und Thibeaux-Brignolle im selben Bereich nur links. Die grundsätzliche Ursache für die »Defekte des weichen Gewebes« aus den Punkten 4 bis 6 waren höchstwahrscheinlich Hautverletzungen (mehr oder wenig schwer – das lässt sich heute nicht mehr beurteilen), doch diese Wunden blieben aufgrund der darauffolgenden fokalen postmortalen Veränderungen (Verwesung und Autolyse) nicht erhalten. Diese Fakten wurden vom Gerichtsmediziner nicht erläutert, weder im Gutachten noch in den Antworten auf die Fragen des Ermittlers, obwohl solche Annahmen nicht nur zulässig, sondern unabdingbar sind, da sie zur Aufklärung der Geschehnisse um die Verstorbenen kurz vor ihrem Tod hätten beitragen können.

7. Vollkommen ungewöhnlich ist auch die Position der Verletzungen auf Thibeaux-Brignolles Schädel. Einen Steinschlag (oder einen Sturz auf einen Stein) schloss der Gerichtsmediziner bereits

1959 in seiner Antwort auf die Fragen des Ermittlers Iwanow aus, als dieser die Ergebnisse des Mai-Gutachtens in das Verfahren aufnahm. Die entsprechende Befragung, übrigens sehr kurz und unverständlich, ist in der Akte enthalten. Als Erklärung für die seltsame Schädelverletzung von Thibeaux-Brignolle mutmaßten einige Laienerforscher, dass der Kopf während eines Lawinenabgangs auf dem Objektiv des Fotoapparats gelandet sei, das sich 2 Zentimeter in den Schädel hineindrückte. Allerdings hat noch niemand einen Fotoapparat mit einem nicht runden Objektiv gesehen, das 3 x 2,5 Zentimeter groß ist. Doch der »mörderische Fotoapparat« ist die einzige Erklärung, bei der man einigermaßen den menschlichen Faktor als Ursache für die Einwirkung auf Thibeaux-Brignolles Schädel außer Acht lassen kann. Schließlich passten keine anderen Gegenstände der Djatlow-Gruppe (Äxte, Aluminiumtassen usw.), da sie sich in der Größe deutlich von der verletzten Stelle unterschieden. Dabei kann, wie später noch festgestellt wird, von einem Lawinenabgang am 1. Februar 1959 auf dem Hang des Cholat Sjachl gar keine Rede sein. Außerdem hätte Thibeaux-Brignolle, wenn er sich bereits auf dem Hang verletzt hätte, einen nächtlichen Transport in das Loswatal nicht überstanden.

8. Eine unvoreingenommene Betrachtung der von Wosroschdjonny beschriebenen Verletzungen führt zur einzig logischen Schlussfolgerung über Ort und Zeit ihrer Entstehung. Dubinina, Solotarjow und Thibeaux-Brignolle erlitten die Verletzungen kurz vor ihrem Tod unten im Bereich der Schlucht. Anders gesagt, die Verletzungen verursachten ihren Tod entweder dort, wo im Mai 1959 ihre Leichen gefunden wurden, oder irgendwo in der Nähe. Die Annahme, die Wanderer hätten an einem anderen Ort, zum Beispiel auf dem Hang des Cholat Sjachl, verletzt werden können, ist völlig sinnlos.

9. Es gibt einen weiteren wichtigen Umstand, der genauer erläutert werden muss, da er sonst den meisten Lesern unverständlich

bleiben würde. Die Leichen, die man in der Schlucht fand, waren einer deutlichen Zersetzung unterworfen, was auch im Gutachten festgehalten wurde. Doch diese Zersetzung passierte nicht im Bach bei einer Wassertemperatur von ungefähr 0 Grad, wie man fälschlicherweise annehmen könnte. Sie trat in der Leichenhalle vom 5. bis 9. Mai 1959 beim Auftauen der gefrorenen Leichen ein. Im Bach fand die Mazeration der Haut statt, doch dieses Phänomen unterscheidet sich deutlich von der Verwesung und Autolyse. (Autolyse bezeichnet den Zerfall von Zellen unter Einwirkung eigener Enzyme ohne Beteiligung von Mikroorganismen; Verwesung ist die Zerstörung von Gewebe unter Einwirkung von Mikroorganismen, die beim Verschwinden der Immunbarriere entsteht.) Übrigens sind Fäulnisbakterien großteils aerob, das heißt, sie benötigen Sauerstoff, der im eisigen Wasser unter einer Viermeterschicht von Eis und Schnee kaum vorhanden war. Die Leichen wurden also fast in demselben Zustand aus der Schlucht geborgen, in dem sie sich am 1. Februar befanden. Das heißt, Semjon Solotarjows Augen sowie Augen und Zunge von Ljudmila Dubinina verschwanden genau zu diesem Zeitpunkt.

10. Die ungewöhnlichen körperlichen Verletzungen der Leichen aus der Schlucht lassen die Verletzungen der »ersten fünf« in einem anderen Licht erscheinen, vor allem die von Doroschenko. Der Austritt von grauem Schaum aus seinen Atemwegen ist ein ernsthaftes (wenn auch indirektes) Anzeichen für physische Gewalt, die er kurz vor seinem Tod erfahren hat. Möglicherweise rief genau diese spezifische Einwirkung seinen Tod hervor (oder beschleunigte ihn zumindest). Was ihre Ursache gewesen sein kann, wird an entsprechender Stelle der Abhandlung untersucht.

Die Argumente aus diesem und den vorherigen Kapiteln zeigen deutlich, dass das Bild der Vorfälle um die Wandergruppe bei Weitem nicht leicht zu rekonstruieren ist und dass es offenbar keine nachvollziehbaren Zusammenhänge zwischen den einzelnen Etappen der Tragödie gibt. Leider gelingt es beim besten Willen nicht, den Tod der Menschen mit logischen Überlegungen zu erklären. Deshalb müssen wir nach versteckten Zusammenhängen suchen, nach einer unkonventionellen Logik und absichtlich verschleierten Motiven.

Der Bericht über die gerichtsmedizinische Untersuchung der Leichen aus der Schlucht wäre nicht vollständig ohne ein überaus faszinierendes Detail, das zwar nicht in die Akte Einzug fand, jedoch seit mehreren Jahrzehnten für Spekulationen sorgt. In den Erinnerungen von Henrietta Jelissejewna Tschurkina, der Kriminalexpertin, die das Zelt der Djatlow-Gruppe im April 1959 untersucht hatte, ist diesem Detail ein Abschnitt gewidmet: »Ich war bei der medizinischen Begutachtung der Leichen dabei, die Boris Wosroschdjonny durchführte. Ich weiß noch genau, wie uns, als wir sie auszogen und die Kleidung auf eine Leine hängten, sofort auffiel, dass die Stücke eine seltsame hellviolette Färbung hatten, obwohl sie eigentlich ganz verschiedenfarbig waren. Ich fragte Boris: ›Kommt es dir nicht auch so vor, als wäre die Kleidung mit irgendetwas bearbeitet?‹ Er stimmte mir zu.«

Ehrlich gesagt weiß man nicht, worüber man sich mehr wundern soll bei dieser schlichten Erzählung, über die Nachlässigkeit oder die Naivität, die daraus spricht. Man sollte meinen, dass die beiden Experten Wosroschdjonny und Tschurkina, die zur Untersuchung von Leichen und deren Sachen in einem äußerst ungewöhnlichen Ermittlungsverfahren herangezogen wurden, jede verfügbare Information in Erfahrung zu bringen versuchten. Sie beobachteten ein ungewöhnliches Phänomen, eine seltsame violette Färbung in der Kleidung der Verstorbenen, also hätten sie doch alle Anstrengungen unternehmen müssen, um die Natur dieses Phänomens aufzuklären. Und was machen diese hochkompetenten Experten? Gar nichts. Als geschehe so etwas jeden Tag.

Nichts davon steht in der Akte, die hellviolette Färbung der Kleidung der Verstorbenen wird überhaupt nicht erwähnt. Alle Mützen, Unterhosen, Socken, die zusammengeknüllten Handschuhe in Thibeaux-Brignolles rechter Jackentasche werden aufgezählt, aber jede Notiz über die veränderte Farbe der Kleidung fehlt. Widersinnig genug ist die Tatsache, dass die Expertin Tschurkina bei ihrer Erzählung anscheinend nicht bemerkte, wie sie sich selbst bloßstellte, und Wosroschdjonny gleich dazu. Wie kann man ein solches Phänomen nur ignorieren? Und wenn es gefährlich war, wenn die Kleidung Spuren von Arsen enthielt … von Antimon … Quecksilber oder einem anderen mineralischen Gift? Man hätte in jedem Fall den Grund für die Färbung ausforschen müssen.

Die Leser mögen diesen Exkurs verzeihen, denn er ist für die vorliegende Abhandlung von besonderer Bedeutung. Wegen der seltsamen Färbung der Kleidung zogen einige Erforscher der Djatlow-Tragödie immer abenteuerlichere Schlüsse. Zum Beispiel, dass es am Unglücksort eine gewisse Substanz gegeben hätte, die das Bewusstsein der Wanderer trübte und sie zur Flucht über den Hang veranlasste. Oder dass eine Erblindung sie dazu gebracht haben sollte, auf die Zeder zu klettern, um tastend Brennholz zu sammeln … Kein Witz, mitunter lassen sich solche Gedankenspiele sehr weit treiben. Und die geheimnisvolle Substanz, die die Erblindung hervorrief, sollte aus ballistischen Raketen stammen, die in jener Nacht am Cholat Sjachl abstürzten.

In Wirklichkeit konnte dieses Phänomen, wenn es denn außerhalb von Tschurkinas Einbildung existierte (da Wosroschdjonny nie etwas Derartiges erwähnte), aus einer ganzen Reihe von Gründen nichts mit flüssigem Raketentreibstoff zu tun haben. (Der Treibstoff wird an anderer Stelle noch behandelt, da viele Theorien die Tragödie auf die eine oder andere Art mit Raketentests in Verbindung bringen. Doch Genaueres dazu später.)

Erstens: Flüssigsauerstoff und Kerosin, mit denen die damaligen strategischen Raketen R7 flogen, färben keine Kleidung. Flüssigsauerstoff ist ein kryogener Treibstoff, der tief herabgekühlt ist. Wenn er auf die Kleidung gelangt wäre, hätte er sie sofort tiefgefroren, und es hätte sich eine Frostschicht gebildet. Ein Mensch wäre in solcher Kleidung sehr schnell und mit äußerst charakteristischen Merkmalen an einer thermischen Einwirkung gestorben. Doch nichts dergleichen passierte mit den Wanderern, die im Bach gefunden wurden. Das in der Raketentechnologie verwendete Kerosin wurde nie blau eingefärbt, da ein beliebiger mineralischer Zusatzstoff sich negativ auf seine physisch-chemischen Eigenschaften hätte auswirken können. Zweitens: Ein anderer Raketentreibstoff, Heptyl (unsymmetrisches Dimethylhydrazin), den man seinerzeit in der sowjetischen Raketentechnologie zu entwickeln begann, wird in der Luft bereits in einer Konzentration toxisch, die etwa fünfzigmal niedriger ist als die Schwelle des menschlichen Geruchssinns. Die Wanderer hätten also Heptyl eingeatmet, ohne einen verdächtigen Geruch zu bemerken und flüchten zu können. Wäre eine Heptylrakete nahe dem Zelt abgestürzt, dann hätte die Wirkung auf die Djatlow-Gruppe keine Flucht über den Hang und kein blindes Erklettern der Zeder zugelassen.

Doch wenn die hellviolette Farbe der Kleidung nicht von Raketentreibstoff stammte, wovon dann?

Möglicherweise verbirgt sich die Erklärung dieses Phänomens in dem Umstand, dass nur die Kleidung der Personen aus dem Bach verfärbt war. Vielleicht enthielt also das Wasser einen bestimmten mineralischen Farbstoff, der für die hellviolette Tönung sorgte. Der Ural ist reich an Bodenschätzen und es kann durchaus sein, dass der Otorten und der Cholat Sjachl Vorkommen bestimmter Erze und Minerale in sich bergen, die knapp unter der Erde oder an der Oberfläche anzutreffen sind.

Der Farbton könnte vom Mineral Chalkanthit (auch Cyanosit genannt) stammen, das an Fundorten von Kupfersulfiden vorkommt. Es ist wasserlöslich und im Ural vorhanden, insbesondere im Gebiet der Turja-Bergwerke (im nördlichen Ural, etwa 240 km südlich vom Cholat Sjachl). Es ist durchaus vorstellbar, dass sich Spuren von Chalkanthit im Oberlauf der Loswa fanden. Diese Annahme wäre empirisch zu überprüfen (dafür muss man nur Stoffproben für einige Wochen in die Zuflüsse der Loswa im fraglichen Gebiet legen und abwarten, ob sie sich verfärben), doch sie ist weit vernünftiger als die Fantasien von einem ungewöhnlichen Raketentreibstoff, der selektiv auf vier von neun Wanderern im Zelt einwirkte, ohne Spuren chemischer Kontamination bei den Menschen zu hinterlassen, während er gleichzeitig auf wundersame Weise ihre Kleidung färbte.

Zum Abschluss der Analyse wichtiger Details aus den gerichtsmedizinischen Gutachten ist noch ein letzter makabrer Umstand zu erwähnen, der üblicherweise in diesem Zusammenhang angeführt wird. Es geht um die berüchtigte »ungewöhnliche Hautfarbe« der Verstorbenen, die Zeugen der Begräbnisse im März 1959 aufgefallen war. (Im Mai wurden Dubinina, Solotarjow, Kolewatow und Thibeaux-Brignolle in geschlossenen Särgen beerdigt, sodass kein Außenstehender etwas Besonderes sah, deshalb gab es bei ihnen auch keine Kommentare zur Hautfarbe.) In der seltsamen Hautfärbung der Gesichter und Hände der Toten sahen Teilnehmer an der Begräbnisprozession einen versteckten Hinweis auf die Ursache der Tragödie, den man nur richtig »deuten« müsse, um der Lösung des Rätsels näher zu kommen.

In Wirklichkeit handelt es sich hier um ein klassisches Gerücht, das sich aus zweierlei Quellen speist: a) ein reales Ereignis, das übertrieben wahrgenommen und beim Weitererzählen verzerrt wird; b) die Bereitschaft der Menschen, die verzerrte Information unkritisch aufzunehmen und weiterzugeben, wobei sie die Verzerrung durch ihre eigenen Annahmen noch verstärken.

Wie war es tatsächlich? Zweifellos sahen die Verstorbenen in den Augen eines einfachen Stadtbewohners seltsam und sogar unheimlich aus. Man darf nicht vergessen, dass die ersten fünf Wanderer stark gefroren waren, bei praktisch allen wurden Erfrierungen dritten und vierten Grads an den Fingern beschrieben. Eine solche Erfrierung lässt sogar die Hände eines lebenden Menschen aussehen, als wären sie mit Grafitpulver bestreut. Dabei handelt es sich um eine unumkehrbare Gewebsnekrose, die für den Betroffenen mit einer Amputation der erfrorenen Extremitäten endet. Zusätzlich wiesen Nase und Ohren einiger Verstorbener (z.B. bei Juri Doroschenko und Rustem Slobodin) mindestens Erfrierungen dritten Grads auf und waren deshalb purpurrot gefärbt. Gewiss hinterließ der Anblick von Händen und Gesichtern der Toten einen besonderen Eindruck bei den Teilnehmern des Begräbnisses.

Doch in Wahrheit enthalten alle Erzählungen über das »ungewöhnliche Aussehen« keine sachliche Information, sie führen eher in die Irre. Die Hautfarbe der verstorbenen Wanderer ist nur scheinbar ungewöhnlich. Die Körper lagen fast einen Monat im Freien und waren dabei nicht immer von Schnee bedeckt. Die freiliegenden Teile waren einem Gerbungsvorgang ausgesetzt. Und schließlich (das ist das Wichtigste!) waren alle Flüssigkeiten im Organismus gefroren, es bildeten sich Mikroeiskristalle, die bei ihrer Ausdehnung die intrazellulären Strukturen zerstörten. Als die Leichen später in der Leichenhalle auftauten, konnte natürlich keine Rede von einer Rückkehr zur natürlichen Hautfarbe sein.

Im Gutachten wird die Hautfarbe der Verstorbenen mit Formulierungen wie »violettrot« oder »braunvioletter Lippenrand« bezeichnet. Bei Wosroschdjonny kann man einige solcher Beschreibungen finden. Es gibt keinen Grund, hier als Ursache etwa eine chemische oder thermische Verbrennung anzunehmen. Wosroschdjonny selbst machte keine besonderen Bemerkungen zur Hautfarbe, da er sie wohl bei einem Tod durch Unterkühlung und nachdem der Körper sich fast einen Monat im Freien befunden hatte, nicht ungewöhnlich fand (obwohl Wosroschdjonny vieles in seinen Akten undokumentiert ließ, erscheint in diesem Fall seine Beschreibung objektiv und lückenlos). Deshalb lässt sich die Legende von der »ungewöhnlichen Hautfarbe« der Verstorbenen damit erklären, dass die Leiche eines erfrorenen, wiederaufgetauten Menschen für die meisten Menschen in Swerdlowsk und anderswo kein vertrauter Anblick ist. Somit können wir dieses Gerücht getrost vergessen, da es keine brauchbaren Informationen enthält.

# 14. KAPITEL

## PHYSIKALISCH-TECHNISCHES GUTACHTEN. EINE SPUR AUS DEM NICHTS INS NICHTS

Am 9. Mai 1959 beendete der Gerichtsmediziner Wosroschdjonny seine traurige Arbeit, und die Leichen der vier Wanderer aus der Schlucht wurden für die Bestattung nach Swerdlowsk geschickt. Die Verstorbenen befanden sich in geschlossenen Särgen, und die Angehörigen bekamen sie nicht zu sehen, nur Alexander Nikolajewitsch Dubinin, der Vater von Ljudmila Dubinina, setzte eine Ausnahmeregelung durch. Beim Anblick der sterblichen Überreste seiner Tochter verlor er beinahe das Bewusstsein.

Der Sarg mit Semjon Solotarjows Leiche wurde seiner Mutter übergeben, die aus dem Nordkaukasus angereist war. (Solotarjow wurde auf dem Iwanowskoje-Friedhof neben Georgi Kriwonischtschenko beerdigt.) Die anderen drei Wanderer fanden ihr Grab auf dem Michailowskoje-Friedhof neben ihren Wanderfreunden, deren Leichen im Februar und März gefunden worden waren. Heute steht dort ein gemeinsames Ehrenmal mit Fotos der Djatlow-Gruppe, einschließlich Kriwonischtschenkos und Solotarjows.

Zum Kern der Ausführungen über den Verfahrensablauf gehört zwingend der genaue Blick auf das abschließende radiologische Gutachten. Mit ihrem seltsamen und anscheinend unverständlichen Zickzackkurs ist die berüchtigte Akte eines der dunkelsten (und bis heute nicht aufgeklärten) Kapitel.

Worum geht es?

Eine Woche lang, vom 18. bis 25. Mai 1959, untersuchte das radiologische Labor der städtischen sanitär-epidemiologischen Sta-

Teil der Djatlow-Gruppe vor dem Zelt, wahrscheinlich am Morgen des letzten Tages fotografiert. *Von links nach rechts:* Igor Djatlow, in Richtung des Fotografen vorgebeugt, Semjon Solotarjow, Ljudmila Dubinina und Georgi Kriwonischtschenko, der Asche ausschüttet.

tion von Swerdlowsk biologisches Material, das den Leichen von Dubinina, Solotarjow, Kolewatow und Thibeaux-Brignolle entnommen wurde, sowie ihre Kleidung nach radioaktiven Substanzen. Untersucht wurden zehn Kleidungsstücke und 25 biologische Proben. Außerdem wurde im Rahmen des Gutachtens die Radioaktivität des biologischen Materials einer unbekannten Leiche aus Swerdlowsk überprüft, deren Daten als Referenzwerte dienten. Was die Radiologen aus Swerdlowsk dabei entdeckten, wird später behandelt. Zuvor eine an dieser Stelle notwendige Anmerkung.

In jener Zeit wurde Radioaktivität ganz anders wahrgenommen als heute. Einerseits wurde die Schädlichkeit der radioaktiven Strahlung eindeutig unterschätzt, besonders der Neutronenstrahlung, was die Entwicklung von Neutronenwaffen merklich verzögerte. (Diese Art von Thermonuklearwaffe tauchte erst Mitte der 70er Jahre auf.) Die ersten Reaktoren zur Herstellung von spaltbarem Material für Kernwaffen besaßen keinen von der Außenwelt isolierten primären

Wärmetauschkreis oder anders gesagt, der Dampf aus dem Reaktor floss nach der Kondensation in der Kühlanlage einfach in einen Wärmetauschsee. Auf Marinestützpunkten wurden die Brennstäbe für U-Boot-Reaktoren unter freiem Himmel hinter einem normalen Bretterzaun aufbewahrt, wie Brennholz auf der Datscha. Bei den Anzeigen verschiedener militärischer Geräte und Uhren wurden höchst aktive Isotope eingesetzt… Es gäbe noch mehr Beispiele, doch der Gedanke ist klar.

Andererseits waren spaltbare Materialien damals im Alltag wenig verbreitet, es gab sie weder in der Medizin noch in Brandmeldern oder Ähnlichem. Deshalb kamen in der Sowjetunion Radioaktivitätsquellen nur in zwei Lebensbereichen vor: beim Militär und in der Rüstungsindustrie. Für beide Bereiche war die Staatssicherheit zuständig, der damals allmächtige KGB, der jeden Hinweis auf das Auftreten von Radioaktivität von einem einzigen Gesichtspunkt aus betrachtete: »Gefährdet der Vorfall die staatliche Sicherheit der UdSSR?« Eine Gesundheitsgefährdung von Sowjetbürgern oder ein Verlust des extrem kostspieligen spaltbaren Materials standen erst an zweiter Stelle.

Aus diesem Grund bedeutete der Vorschlag des Ermittlers, die Leichen der verstorbenen Wanderer und ihre Kleidung auf Radioaktivität zu überprüfen, dass automatisch der KGB ins Verfahren einbezogen wurde. Damals eine Selbstverständlichkeit. Die Idee, ein radiologisches Gutachten zu beauftragen, konnte dem Ermittler Iwanow nicht einfach grundlos, aus purer Langeweile eingefallen sein. Für so ein Gutachten musste es gewisse objektive Indikatoren geben… oder eine Anordnung, die gewichtig genug war, dass man sie nicht ignorieren konnte.

Die Verfahrensakte gibt keinen Grund zur Annahme, dass radioaktive Elemente am Ort der Tragödie der Djatlow-Gruppe vorhanden waren. Und es gab in der UdSSR 1959 keine Regel (im heutigen Russland übrigens auch nicht), die Kleidung aller Leichen mit einem

Dosimeter zu überprüfen. Somit musste jemand dem Ermittler das radiologische Gutachten sehr überzeugend ans Herz gelegt haben. Iwanow selbst konnte dieses Gutachten überhaupt nicht brauchen. Das Verfahren ging eindeutig seinem Ende zu, und er hätte es seelenruhig ohne überflüssige Verzögerungen abschließen können. Die Leichen waren gefunden, es gab keine Spuren von fremden Personen am Tatort, warum das Ganze dann hinauszögern? Aber nein, er erhielt den Befehl dazu (oder die Empfehlung, wenn man so will), und das von höherer Ebene, sodass dem Ermittler Iwanow nichts anderes übrig blieb, als ihm Folge zu leisten.

Am interessantesten war das Ergebnis des Gutachtens. Es wurden tatsächlich Spuren von Radioaktivität entdeckt. Im Gegensatz zu den ergebnislosen Vernehmungen der Mansen über »Gebetssteine« und der Soldaten der Inneren Truppen über die »leuchtenden Kugeln« sowie der stümperhaften Identifizierung der Sachen sieht man hier eine vollkommen logische Ermittlungsaktion, zwar auf gut Glück durchgeführt, dafür aber erfolgreich.

Es besteht der ernsthafte Verdacht, dass derjenige, der Iwanow die Empfehlung (oder den Befehl) zu dem Gutachten gab, ganz genau über das zu erwartende Ergebnis Bescheid wusste. Und genau darin verbirgt sich das größte Rätsel um die Djatlow-Gruppe – nicht im zerschlagenen Schädel von Thibeaux-Brignolle oder in Solotarjows gebrochenen Rippen. Dies alles lässt sich schließlich recht einfach erklären, wie sich später noch zeigen wird. Die Hauptfaszination liegt im unerwarteten, unlogischen, unangebrachten und dabei so erfolgreichen radiologischen Gutachten.

Was haben die Experten des Swerdlowsker radiologischen Labors also entdeckt?

Die biologischen Proben, die den Leichen der vier in der Schlucht gefundenen Wanderer entnommen wurden, zeigten keine Radioaktivität. Genauer ausgedrückt, gab es bei ihnen keine Überschreitung der Aktivität, die durch natürlich vorkommende Isotope im menschlichen Organismus bedingt ist. Das bedeutete, dass Dubinina, Solotarjow, Kolewatow und Thibeaux-Brignolle kein verseuchtes Wasser getrunken und keinen radioaktiven Staub eingeatmet hatten. Sie hatten überhaupt keine Art von Radioaktivität aufgenommen.

Die Erde aus dem Bach wurde ebenfalls überprüft (wofür vorausschauend eine Probe unter Kolewatows Leiche genommen worden war). Auch sie enthielt keine radioaktiven Elemente.

Jedoch wurden auf drei Kleidungsstücken Spuren von radioaktiver Kontamination gefunden. Die Radioaktivität auf ihnen war lokal, das heißt, es gab mehrere einzelne radioaktive Stellen. Die Flächen mit der höchsten Strahlungsintensität waren jeweils nicht groß, nicht mehr als 100 Quadratzentimeter Stoff. Die maximale Aktivität auf einer 75 Quadratzentimeter großen Stelle von Ljudmila Dubininas Pullover betrug 9900 Zerfälle/min (165 Bq). Ein 55 Quadratzentimeter großes Stoffstück aus dem unteren Teil von Kolewatows Pluderhose wies 5000 Zerfälle/min (83 Bq) auf und ein 70 Quadratzentimeter großes Gürtelstück seines Pullovers 5600 Zerfälle/min (93 Bq). Nachdem sie drei Stunden in fließendes Wasser gelegt worden waren, sank die Hintergrundstrahlung deutlich (um 30–60 %). Das heißt, dass nicht die Fäden selbst, die für die Herstellung der Pullover und Hosen verwendet wurden, radioaktiv waren, sondern daran haftender Staub, den das Wasser abwaschen konnte.

Welches Isotop (bzw. welche Isotopenmischung) die Strahlungsquelle war, ist nicht bekannt. Das Labormessgerät registrierte eine Betastrahlung als Folge von Atomzerfällen. Alpha- und Gammastrahlung wurde nicht entdeckt.

Am radiologischen Gutachten ist durchaus nicht nur das interessant, was drinsteht, sondern auch das, was fehlt. In dieser Hinsicht ähnelt es der Akte des gerichtsmedizinischen Gutachtens aus der Feder von Wosroschdjonny, in dem das Verschwiegene bisweilen aussagekräftiger ist als der Text selbst. Was erfährt man also aus dem wunderbaren physikalisch-technischen Gutachten, das von Lewaschow durchgeführt wurde, dem leitenden Radiologen der Stadt Swerdlowsk?

Der werte Experte bemerkte, dass die »festen biologischen Proben radioaktive Substanzen innerhalb der natürlichen Grenzen enthalten«.

Des Weiteren stellte Genosse Lewaschow fest, dass »einzelne Proben der Kleidung etwas erhöhte Mengen von radioaktiven Substanzen beziehungsweise radioaktiven Substanzen, die Betastrahler sind, enthalten«. Er erwähnte auch die Auswaschung durch das Wasser, woraufhin er den völlig gerechtfertigten Schluss zog, dass der Grund der Radioaktivität der Kleidung weder ein Neutronenfluss noch induzierte Radioaktivität war, sondern eine Verseuchung durch einen Betastrahler darstellte. Verständlicher ausgedrückt war damit gewöhnlicher Staub gemeint, der spontan Elektronen oder Positronen emittierte. Im Grunde genommen nennt man die spontane Emission von Elektronen (oder Positronen) eben Betastrahlung.

Das ist eine ziemlich gefährliche Art von Radioaktivität. Im Gegensatz zur Alphastrahlung wird Betastrahlung nicht durch die menschliche Haut aufgehalten. Sie kann (abhängig von der Energie) bis zu einer Tiefe von 2,5 Zentimetern in den Körper dringen und die inneren Organe angreifen. Doch das ist noch gar nicht das Bemerkenswerteste an der radioaktiven Kontamination der Kleidung der verstorbenen Wanderer.

Vielmehr dies: Zahlreiche radioaktive chemische Elemente und ihre Isotope zeigen üblicherweise eine Mischform von Radioaktivität, das heißt, bei ihrem spontanen Zerfall kommt es zu einer Emission von mehreren Arten geladener Teilchen, zum Beispiel Betateilchen und Gammaquanten oder Alphateilchen und Gammaquanten oder zusätzlich noch freie Neutronen und so weiter. Die unterschiedlichsten Kombinationen sind möglich. Einige radioaktive Isotope und ihre Mischungen können eine Eigenerwärmung aufweisen, das bedeutet, die Zerfallsprozesse innerhalb ihrer Stäbe oder Kristalle laufen so intensiv ab, dass sie Wärme in den Raum abstrahlen. Beispielsweise erwärmt sich eine Curium-242-Oxid-Tablette von wenigen Gramm aufgrund des spontanen Zerfalls der Atome auf fast 1200 Grad und erfordert ständige Kühlung. Das ist natürlich ein Extrembeispiel, doch es zeigt, dass die Fähigkeit zur Wärmeerzeugung vieler Isotope ziemlich bedeutend ist.

Wie ausgereift war die Technik, die beim physikalisch-technischen Gutachten verwendet wurde? Aus der Akte weiß man, dass zur vorläufigen Bestimmung der Radioaktivität der Kleidung das Universalradiometer TISS eingesetzt wurde und die Messungen danach mit dem Geigerzähler STS-6 im Bleigehäuse durchgeführt wurden. (Das Gehäuse bestand tatsächlich aus Blei und war eine Art Tresor mit absperrbaren Türchen. Seine Wände waren normalerweise 4 bis 5 Zentimeter dick. Genug, um die natürliche Hintergrundstrahlung der Umgebung und die kosmische Strahlung abzuschirmen.) Das Radiometer TISS, bei dessen Herstellung Elektronenröhren verwendet wurden, ist aus heutiger Sicht eine wahre Antiquität. Beim Einschalten benötigte das bloße Aufwärmen aller Stromkreise fünf Minuten. Laut Leistungsbeschreibung registrierte es Alphastrahlung mit einer Teilchenenergie ab 3 MeV und Beta- und Gammastrahlung mit Energien ab 0,6 MeV (Megaelektronenvolt, das Maß für die Energie eines Teilchens und seiner Masse). Ganz pauschal kann man sagen, je höher diese Kennzahl, desto höher das Ionisierungsvermögen des Teilchens und desto gefährlicher ist es für den Menschen. Aufgrund der angeführten niedrigen Empfindlichkeitsschwelle des Radiometers TISS könnte man den übereilten Schluss ziehen, der leitende Swerdlowsker Radiologe Lewaschow hätte unberechtigterweise erklärt, dass es keine Alpha- und Gammastrahlung gab. Es hätte sie zwar geben können, doch das nicht gerade feinfühlige Radiometer TISS konnte sie einfach nicht erfassen.

Wie viel Wahrheit steckt in dieser Aussage? Schließlich weisen einige radioaktive Isotope tatsächlich einen Alphazerfall mit einer Teilchenenergie von unter 3 MeV auf, weshalb sie das Gerät nicht aufspüren könnte. Doch die TISS-Konstrukteure waren durchaus keine Dummköpfe und hätten die Empfindlichkeitsschwelle einfach senken können. Technisch stellte das keine Schwierigkeit dar. Doch das taten sie nicht, und sie hatten einen guten Grund dafür. Alphastrahlung mit niedriger Teilchenenergie tritt nur bei vergleichsweise wenigen Isotopen auf, und sie alle sind Elemente der seltenen Erden, also in Reinform chemisch sehr aktiv. Außerdem überwiegen bei ihnen kurzlebige Isotope mit sehr kurzen Halbwertszeiten. Wie die meisten der aktiven kurzlebigen Isotope verfügen sie über Gammastrahlung. Es gab also keinen Grund, die Empfindlichkeitsgrenze für Alphastrahlung unter 3 MeV zu senken. Das wäre außerhalb von Laboratorien für Kernphysik sinnlos gewesen. Wenn ein solches Isotop auf Kolewatows Pluderhose oder Dubininas Pullover gelangt wäre, dann hätte es entweder mit dem Flusswasser reagiert und wäre in die Loswa gespült worden, oder es hätte eine merkbare Gammastrahlung abgegeben. Auf die eine oder andere Art hätte das Gerät sie also »erfasst«. Deshalb sind alle Diskussionen darüber, dass auf der Kleidung der Wanderer möglicherweise ein Alphastrahler mit niedriger Teilchenenergie hätte vorhanden sein können, müßig. Es gab dort kein so spezifisches Isotop und Lewaschow hatte hundertprozentig recht, als er schrieb: »Keine Alphateilchen entdeckt.«

Nun zur Beta- und Gammastrahlung. Wie oben erwähnt ist die Empfindlichkeit des Radiometers TISS für diese Art von Radioaktivität deutlich höher. Die Untergrenze beträgt 0,6 MeV, das heißt, dass Elektronen und Quanten mit dieser oder einer höheren Energie erkannt werden. Die Logik der Konstrukteure ist klar, da diese Arten von Radioaktivität gefährlicher sind als die Alphastrahlung.

Bei selber Energie weisen Betateilchen eine größere Geschwindigkeit und ein deutlich größeres Durchdringungsvermögen auf als Alphateilchen. Ein Gammaquant wiederum übertrifft in dieser Hinsicht noch die Betastrahlung. Je größer die Teilchenenergie, desto härter die Strahlung und desto gefährlicher ist sie für den Menschen. Weiche Strahlungen werden gänzlich oder zum Großteil von der menschlichen Haut abgehalten, und solange sie nicht in das Innere des Organismus gelangen (durch Wasser, Nahrung oder eingeatmeten Staub), stellen sie keine besondere Gefahr dar. Nicht umsonst verwendeten Radiologen für die Charakterisierung der Strahlendosis lange Zeit nicht die normale physikalische Messgröße »Röntgen«, sondern »Rem« (engl.: roentgen equivalent in man, dt.: biologisches Röntgenäquivalent), das die Radioaktivitätsdosis angibt, die in den Organismus gelangt und dort durch Ionisierung Veränderungen auf Molekularebene hervorruft.

Für die Erfinder des Radiometers TISS waren vor allem die harten Strahlungen von Interesse, da sie für den Menschen gefährlicher waren. Die Schwelle von 0,6 MeV drückt objektiv die Gefährlichkeit der Beta- und Gammastrahlung aus. Bei natürlich ablaufenden Kernumwandlungen werden praktisch keine Gammaquanten mit geringer Energie gebildet. Wie bereits erwähnt, kommt Gammastrahlung allein nicht vor, sie tritt normalerweise gemeinsam mit Alpha- oder Betastrahlung auf (und dabei überträgt die Gammastrahlung mehr Energie als die Betastrahlung). Das heißt, wenn das Radiometer TISS Betaradioaktivität feststellte, dann hätte es die härtere Gammastrahlung erst recht entdecken müssen. Da dies nicht der Fall war, fand hier reine Betastrahlung statt ohne jede andere Radioaktivitätsform. Man muss noch hinzufügen, dass Betastrahlungen mit Energien von weniger als 0,6 MeV nur bei vergleichsweise wenigen Isotopen auftreten, die alle als weich und daher ungefährlich gelten. (Die kleinste heute bekannte Energie eines Betazerfalls beträgt nur 0,018 MeV.)

Aus diesem Grund kann man sogar vom Standpunkt der heutigen, im Vergleich zu 1959 viel strengeren Vorstellungen von nuklearer Sicherheit das Universalradiometer TISS nicht für ein grobes, ungenaues oder nutzloses Gerät halten. Ja, seine Bauweise und Komponenten sind veraltet, doch die Gesetze der Physik haben sich seit 1959 nicht geändert und die Ergebnisse des physikalisch-technischen Gutachtens sind nicht als unvollständig oder sogar fehlerhaft einzustufen. Wenn Lewaschow im Gutachten schreibt, es seien »keine Alphateilchen [...] entdeckt« worden, dann heißt das, dass es sie auf den vorgelegten Proben tatsächlich nicht gab. Wenn der leitende Radiologe erklärte, dass keine Gammaquanten nachgewiesen wurden, gilt genau dasselbe. Auf der radioaktiv verseuchten Kleidung gab es nur »reine Betastrahlung«. Leider ist der Energiewert dieser Teilchen nicht bekannt, man weiß nur, dass sie über 0,6 MeV lag. Die Strahlung war also ziemlich hart und für Menschen gefährlich.

Der Clou der Sache ist, dass es im Grunde nicht viele reine Betastrahler gibt, also radioaktive Elemente und ihre Isotope, die nichts als Elektronen oder Positronen in den Raum abgeben. Es sind weniger als 900 (von insgesamt etwa 2300 Isotopen), das entspricht etwa 35 Prozent der Gesamtzahl von radioaktiven Substanzen und ihren Isotopen. Und noch interessanter ist, dass ein beträchtlicher Teil der erwähnten reinen Betastrahler eine sehr geringe Halbwertszeit hat, das heißt, dass sich die Anzahl der »reinen Betastrahler« in vergleichsweise kurzer Zeit auf natürliche Weise verringert und ein anderes Isotop (oder auch mehrere) an seine Stelle tritt. Wenn es ein stabiles Isotop ist, dann verschwindet die radioaktive Strahlung, die Zerfallsreihe wird beendet. Bei einem instabilen Isotop erzeugt das Zerfallsprodukt zusätzliche Strahlung (ob Alpha- oder Gammastrahlung oder ein Neutronenfluss ist nicht wichtig). Ganz einfach ausgedrückt: Reine Betastrahlung ist ein äußerst seltenes Phänomen und verweist auf einige interessante Umstände, und zwar: 1) Der Betastrahler muss von hoher Reinheit sein, also ohne Zusätze. 2) Die Halbwertszeit dieses Isotops muss lang genug sein, um nach drei Monaten (von Ende Januar bis Mitte Mai, als das Gutachten erstellt wurde) keinen merklichen prozentualen Zerfall des ursprünglichen radioaktiven Materials aufzuweisen (wenn diese Prozentzahl groß wäre, dann wären unausweichlich begleitende Strahlungen entstanden, die jedoch im Gutachten nicht dokumentiert sind). 3) Der geheimnisvolle Betastrahler darf nicht besonders chemisch aktiv sein beziehungsweise zumindest nicht mit Wasser reagieren und sich nicht darin auflösen. Wenn dies der Fall gewesen wäre, dann wäre er während der Aufenthaltsdauer im Wasser (6 bis 14 Tage) einfach verschwunden und der leitende Swerdlowsker Radiologe hätte nichts zu untersuchen gehabt.

Diese vorläufigen Schlüsse sind äußerst interessant und geben zu denken. Substanzen in Reinform kommen ohne bestimmten Zweck fast nie vor. Chemische Reinheit ist eine Folge eines speziell überlegten und umgesetzten Prozesses. Wenn sich jemand mit der Herstellung eines Betastrahlers von hoher Reinheit beschäftigte, dann musste es dafür einen sehr gewichtigen Grund gegeben haben, da zu jener Zeit ein beträchtlicher Teil der Transurane und ihrer Isotope mehr kostete als Gold.

Das physikalisch-technische Gutachten bereitet allen Erforschern der Djatlow-Tragödie große Kopfschmerzen, ob sie nun Anhänger der Lawinentheorie sind oder an »blutrünstige Raketenspezialeinheiten« glauben. Das ist auch nicht erstaunlich, da allein der Umstand, dass ein Gutachten in Auftrag gegeben wurde, überhaupt nicht in ihre Theorien passt, und die Ergebnisse erst recht nicht. Um Lewaschows ziemlich ungewöhnliches Gutachten irgendwie zu neutralisieren, werden einige triviale und polemische Kniffe angewandt. Entweder wird das Argument ignoriert, oder es erhält eine Erklärung, die rein gar nichts erklärt.

Zwei solcher primitiven Erklärungen sind die folgenden inkompatiblen Annahmen. Laut der ersten gelangte die radioaktive Verseuchung aus dem Bach auf die Kleidung, laut der zweiten stammte sie noch aus der Zeit vor der Wanderung aus der Osturalspur.

Sehen wir uns die Erklärungsversuche genauer an. Eine Verseuchung des Bachs mit radioaktiven Rückständen von einem Atomtestgelände auf der Insel Nowaja Semlja lässt sich aus einer ganzen Reihe von Gründen ausschließen.

Als Erstes ist anzumerken, dass alle Atomexplosionen mit Abgabe von Radionukliden in die Atmosphäre in der UdSSR so geplant und durchgeführt wurden, dass die dabei entstandenen Wolken mit radioaktivem Staub durch Luftströme außerhalb des Landes getragen wurden (d. h. bei Explosionen auf Nowaja Semlja in die arktischen Gebiete der USA und Kanadas und bei Explosionen auf dem Testgelände Semipalatinsk nach China). Wie man aus den Dokumenten des JCAE (Gemeinsamer Ausschuss für Atomenergie des Kongresses der USA) verlässlich weiß, sprengte die Sowjetunion in den letzten Wochen vor der Einführung des Moratoriums für Atomtests im November 1958 verstärkt atomare und thermonukleare Waffen in den nördlichen Gebieten. Vom 20. September bis 17. Oktober 1958 wurden auf dem Testgelände auf Nowaja Semlja zwölf unterschiedlich starke thermonukleare Sprengsätze gezündet, zwei davon aus der Megatonnenklasse. Vom 18. bis 25. Oktober 1958, also innerhalb nur einer Woche, wurden weitere sechs Nuklearwaffen auf Nowaja Semlja gezündet, davon eine leistungsschwache Atomwaffe und fünf Thermonuklearwaffen der Megatonnenklasse. Schließlich wurden am 1. und 3. November 1958 noch zwei Atomsprengsätze mit geringer Stärke in Sibirien getestet.

Danach befand sich die Sowjetunion bis zum 1. September 1961 in einem Moratorium für Atomtests und sprengte nichts, was radioaktive Rückstände hätte hinterlassen können.

Trotz der großen Serie von atomaren und thermonuklearen Explosionen in der Atmosphäre, die in der UdSSR von September bis November 1958 durchgeführt wurden, konnte von Nowaja Semlja nichts in das Gebiet des Otorten geweht werden. Das gesamte »Bouquet« an Radionukliden erhielten die Herrschaften aus der NATO.

Doch selbst wenn man glaubt, dass aufgrund eines gewissen technischen oder meteorologischen Störfalls eine radioaktive Staubwolke bis in das Gebiet des Cholat Sjachl geflogen wäre, sich dort durch ergiebigen Regen abgesetzt und dabei das Erdreich verseucht hätte, gibt es trotzdem eine prinzipielle Unstimmigkeit bei dem »Schlamm« aus dem Bach. Nukleare und thermonukleare Explosionen erzeugen nämlich kurzlebige Isotope, deren Aktivität sich sehr schnell verringert. Es gibt die sogenannte Siebenerregel, die anschaulich zeigt, wie schnell die Radioaktivität der Produkte einer Atomexplosion fällt. Laut dieser Regel sinkt die Strahlungsbelastung im Gelände in 7-Stunden-Sprüngen um das Zehnfache (diese Beobachtung trifft in 75 % der Fälle zu). Einfacher ausgedrückt: 7 Stunden nach einer Explosion verringert sich die Radioaktivität um das Zehnfache und nach 7 x 7 Stunden um das Hundertfache. Nach 7 x 7 x 7 Stunden (etwa zwei Wochen) ist die Radioaktivität bereits um das Tausendfache gesunken. Das lernt man im Katastrophenschutzkurs, und das kann kein Erfinder einer Theorie über den Tod der Djatlow-Gruppe ignorieren. Sogar das Epizentrum einer thermonuklearen Explosion im Megatonnenbereich wird nach fünf Tagen wieder für Menschen ohne persönliche Schutzausrüstung begehbar, ohne dass ihre Gesundheit ernstlich gefährdet würde.

Aus diesem einfachen Grund wurden die von den Amerikanern ausradierten Städte Hiroshima und Nagasaki sehr schnell wiederaufgebaut und waren einige Monate nach der Bombardierung wieder völlig ungefährlich für die Bewohner.

Wenn man also einräumt, dass im Herbst 1958 auf wundersame Weise radioaktiver Staub von Nowaja Semlja in den nördlichen Ural geflogen sein könnte, dann hätte dieser Staub in der Zeit vom

3. November 1958 (Erklärung des Moratoriums für Atomtests) bis 1. Februar 1959 (als sich die Kleidung der Djatlow-Gruppe in der Schlucht befand) seine Aktivität so weit verloren, dass er sich auf der Kleidung nicht in Form von Strahlungsherden hätte festsetzen können, die die Umgebungsstrahlung um ein Vielfaches übertrafen.

Diese Argumentation wird direkt durch das physikalisch-technische Gutachten bestätigt: Die Erde, die dem Fundort der Leichen entnommen wurde, wies bei der Überprüfung keine nur irgendwie bemerkbare Radioaktivität auf. In der entsprechenden Tabelle im Gutachten ist einfach nur ein Strich eingetragen.

Deshalb kann man mit absoluter Sicherheit sagen, dass der radioaktive Staub im Bach von der Kleidung der verstorbenen Wanderer fort- und nicht in sie hineingespült wurde und zwar über einen ziemlich langen Zeitraum von 6 bis 14 Tagen. Wie das gerichtsmedizinische Gutachten aufgrund des Zustands der Lungen, der Nägel, der Haare und der Haut zuverlässig festlegte, befanden sich die Leichen von Dubinina und Kolewatow so lange im Wasser. Das bedeutet, dass Kriwonischtschenkos Kleidung, die an den beiden gefunden wurde, ursprünglich deutlich stärker radioaktiv verseucht war, als das physikalisch-technische Gutachten im Mai 1959 feststellte. Um wie viel stärker, das kann heute niemand mehr sagen.

Und nun zur Erklärung, laut der die Kontaminierung der Kleidung von Radionukliden aus der Osturalspur stammte. Sie ist viel raffinierter. Die radioaktive Osturalspur entstand im Herbst 1957 aufgrund einer technischen Katastrophe in Tscheljabinsk-40, als sich ein Tank mit radioaktiven Rückständen (dem sogenannten Behälter Nr. 14, wie er von den dort Beschäftigten genannt wurde) unkontrolliert selbst erwärmte, was zu einer Wärmeexplosion führte und den Tank undicht werden ließ. Der Vorfall wurde lange Zeit vertuscht und auch heute noch kann kaum ein Laie erklären, welche Rückstände wohin geflogen sind und was überhaupt im Herbst 1957 im südlichen Ural genau geschah.

Diese Theorie beruht auf dem verwirrenden Umstand, dass die Stadt Kamensk-Uralski, in der die Familie von Sina Kolmogorowa lebte, an das Gebiet der Osturalspur grenzt. Sina fuhr regelmäßig zu ihrer Familie dorthin und auch Juri Doroschenko war bei ihnen zu Besuch gewesen. Es scheint, als würden genau dort alle Fäden zusammenlaufen. In Kamensk-Uralski hatte sich Juri seine Kleidung schmutzig gemacht, die er später auf die Wanderung mitnahm. Nach seinem Tod unter der Zeder wurde ihm die Kleidung ausgezogen und unter den vieren in der Schlucht aufgeteilt. Damit fügt sich scheinbar alles einfach und endgültig zusammen.

Doch leider ist das nicht der Fall. Wie man im Folgenden sehen wird, zählt die Erklärung über den »Schmutz aus der Osturalspur« zu denen, die gar nichts erklären.

Zu Beginn müssen einige historische Fakten dargestellt werden. Der Ausgangspunkt für die Entstehung der radioaktiven Spur war die Explosion des Behälters Nr. 14 am 29. September 1957, in dem sich flüssige radioaktive Rückstände mit einer Gesamtaktivität von etwa 200 Millionen Curie befanden (das entspricht ungefähr 3/4 der Beladung eines produktiven Atomreaktors). Das war eine riesige Zahl, doch glücklicherweise stiegen nur etwa 10 Prozent der Rückstände in die Luft und formten in 1,8 Kilometer Höhe eine Wolke. Ein Wind aus Südwesten blies diese Wolke mit einer Geschwindigkeit von 5 m/s nach Nordosten. Ein Großteil der Rückstände ging auf dem Gelände des Kombinats Nr. 817 selbst nieder, daher fielen Radionuklide mit einer Gesamtaktivität von etwa 2 Millionen Curie auf die Gebiete Swerdlowsk und Tscheljabinsk. Der Niederschlag von verseuchten Rückständen hielt einige Tage lang an. Letztendlich bildete sich auf der Erdoberfläche ein Fleck, genauer gesagt ein Streifen mit einer Länge von 105 Kilometern und einer Breite von bis zu 10 Kilometern, dessen Verseuchungsdichte bei über 2 Curie pro Quadratkilometer lag. Rund um diesen Streifen gab es eine Zone geringerer Verseuchung, deren Fläche allmählich auf 23 000 Quadratkilometer anwuchs. Dabei zog sich die Bildung der radioaktiven Spur über einige Zeit hin. Der Fleck dehnte sich durch die Schneeschmelze im Frühjahr 1958 aus, wodurch radioaktive Isotope in das Grundwasser gelangten, sowie durch Waldbrände und vom Wind fortgeblasenen Sand. Dieser Vorgang erreichte im November 1959 sein Maximum. Danach sank die Gesamtfläche und Dichte der Verseuchung allmählich wieder.

Bereits in den ersten Tagen nach dem Unfall begann man, die Landstriche zu kontrollieren, die als Kontaminationszentren auf dem Boden galten. In den Städten und Dörfern, über die die Wolke hinwegzog, wurden Dekontaminationsarbeiten durchgeführt, die wie üblich als Subbotniks* und »überplanmäßige Arbeitseinsätze« getarnt waren. In Unternehmen wurden »Katastrophenschutzübungen« organisiert, bei denen ebenfalls Maßnahmen zur Dekontamination eingesetzt wurden. Die Bevölkerung, die den wahren Grund für den fieberhaften Kampf um Sauberkeit nicht kannte, glaubte, die »Dekontamination« werde nur geübt, erfüllte jedoch die Forderungen. Diese plötzlichen Aktivitäten dauerten den ganzen Oktober an, bis der Schnee zu fallen begann, der die verseuchten Gebiete mit einer isolierenden Schicht zudeckte und damit dem Problem vorerst die Dringlichkeit nahm.

Die Orte, an denen die Spitzenwerte der Kontamination zu hoch waren und deren Bewohner innerhalb von 30 Tagen eine Gesamtdosis von 0,01 Sievert und höher abbekommen würden, ließ man evakuieren. (0,01 Sievert entsprechen 1 Rem bei Gammastrahlung. Für die anderen Arten von Radioaktivität galt diese Rechnung nicht. Diese Schwelle wurde deshalb angesetzt, da die Bevölkerung in den betroffenen Gebieten innerhalb der nächsten zwei Jahre zu 100 Prozent von einer chronischen Strahlenkrankheit befallen werden würde.) Bis 10. Oktober 1957 wurden vier Dörfer, in denen knapp 1400 Men-

* Staatlich organisierte unbezahlte Freiwilligenarbeit an Samstagen

schen lebten, evakuiert. Die Menschen konnten nur ihre Dokumente und buchstäblich einen Satz Wäsche zum Wechseln mitnehmen.

Später folgten die Umsiedelungen den Bewegungen des kontaminierten Flecks. Bis November 1959 wurden 24 Orte evakuiert, in denen ungefähr 14 000 Menschen wohnten. 50 000 Hektar Land im Gebiet Tscheljabinsk und 47 000 Hektar im Gebiet Swerdlowsk wurden von der landwirtschaftlichen Nutzung ausgeschlossen. Im verseuchten Territorium entstand ein Schutzgebiet, in dem die Langzeitwirkung von Radioaktivität auf das Ökosystem erforscht werden sollte.

Das war eine kurze Geschichte über die Entstehung der radioaktiven Osturalspur. Nun einige Worte dazu, aus welchen Isotopen sie sich zusammensetzte.

Im Behälter Nr. 14 wurden flüssige Rückstände radioaktiver Produkte, wie Azetate und Nitrate, aufbewahrt. Üblicherweise wird im Zusammenhang mit der Radioaktivität der Osturalspur Strontium-90 erwähnt, weshalb man glauben könnte, dass dieses Isotop die Hauptkomponente in der Atmosphäre war. In Wirklichkeit kam Strontium-90 nur in kaum wahrnehmbaren Mengen vor. Laut Schätzungen von Greenpeace gelangten beim Unfall die Isotope folgender Elemente in die Atmosphäre (in % der Gesamtaktivität an Betastrahlung): 65,8 Prozent Cer, 24,8 Prozent Zirkonium, 5,4 Prozent Strontium, 3,7 Prozent Ruthenium sowie Prozentbruchteile sonstiger Isotope wie Plutonium oder Cäsium. (Diese Zahlen sind als hypothetisch zu betrachten, obwohl sie von internationalen Experten stammen. Die genauen Zahlen wird man nie erfahren, da Menge und Zusammensetzung der Elemente, die bei der Explosion in die Luft gelangten, prinzipiell nicht bestimmt werden kann. Für diese Abhandlung ist wichtig, dass die Schätzungen von Greenpeace und von internationalen Experten mit den russischen Daten im Großen und Ganzen übereinstimmen.)

Am gefährlichsten waren Strontium-90 und Cäsium-137, da sie

eine vergleichsweise lange Halbwertszeit aufweisen (im ersten Fall beträgt sie 28,8 Jahre, im zweiten 30,17 Jahre). Die Cäsium-Isotope waren übrigens die gefährlicheren der beiden, da sie neben der Betastrahlung mit ziemlich hoher Energie (1,17 MeV bei Cäsium-137 und 2,06 MeV bei Cäsium-134) auch noch Gammaquanten emittierten. Zusätzlich wurden die Cäsium-Isotope hervorragend von Pilzen und tierischem und menschlichem biologischem Gewebe absorbiert. Die Gammaquanten konnten bis zu 12 Zentimeter in den menschlichen Körper eindringen, was zu einer Ionisierung und schweren Beschädigung der inneren Organe führte. Dafür wurden vergleichsweise wenige Cäsium-Isotope ausgestoßen, sie machten nur 0,35 Prozent der Gesamtaktivität der Wolke aus.

Anfangs hatten die Radionuklide, die die Wolke und die eigentliche Spur auf der Erdoberfläche bildeten, eine hohe Gammaaktivität. Am Rand des Behälters Nr. 14 betrug sie über 1000 Röntgen/h, weshalb sich die Aufräumarbeiter dort nicht länger als 2 bis 3 Minuten aufhalten konnten. In der radioaktiven Emission waren viele Isotope enthalten, die harte Gammaquanten abstrahlen. So transmutiert zum Beispiel Ruthenium-106 in Radium-106, wobei eine Betastrahlung mit einer Energie von 3,5 MeV emittiert wird. Radium-106 wiederum wandelt sich sehr schnell in Palladium-106 um mit einer Strahlungsenergie der Gammaquanten von 2,5 MeV. Wie bereits erwähnt waren die Cäsium-Isotope die Quelle für die Gammastrahlung: Cäsium-134 zerfällt beispielsweise in Barium-134 und emittiert dabei Betateilchen mit einer Energie von 2,06 MeV und Gammaquanten mit einer Energie von 1,23 MeV. Cäsium-137 gibt ebenfalls Gammaquanten ab, doch nicht sofort, sondern als Folge einer zweistufigen Zerfallsreaktion. Zuerst bildet es mit einer Wahrscheinlichkeit von 94,4 Prozent das instabile Isomer Barium-137 mit einer Emissionsenergie der Betateilchen von 1,17 MeV. Danach gibt dieses Isomer beim Übergang in den Grundzustand Gammaquanten mit einer Energie von 0,66 MeV ab.

Alle diese Isotope waren durch die Explosion vermischt worden und konnten sich nicht spontan wieder trennen. Deshalb wies die Osturalspur in den ersten Jahren eine Mischform radioaktiver Strahlung auf. Es gab darin sowohl Beta- als auch Gammastrahlung. Die eine trat nicht ohne die andere auf.

Später begann sich die Qualität der Isotope zu verändern. Das hing damit zusammen, dass die Cer-Isotope (die 65,8 % der Gesamtaktivität der Emission ausmachten) vergleichsweise kurze Halbwertszeiten hatten: Bei Cer-144 betrug sie 284,9 Tage, bei Cer-139 noch 137,64 Tage und bei Cer-141 war sie mit 32,5 Tagen sogar noch kürzer. Bereits nach Ablauf von zehn Halbwertszeiten (d. h. bis 1965) war der Anteil der Cer-Isotope in der Gesamtradioaktivität der Osturalspur unbedeutend. Der Prozess verstärkte sich durch den Umstand, dass Cer ein aktives Seltenerdmetall ist, dessen Verbindungen sich leicht in Wasser lösen. Die große Anzahl von Cer-Isotopen trug dazu bei, dass sich die Osturalspur in alle Richtungen ausdehnte wie ein Tintenfleck auf einer Serviette. Dieser Prozess kam erst im November 1959 zum Stillstand.

Zurück zum Strontium-90. Die Radiologen hatten allen Grund, dieses Isotop als besonderen Indikator für den Zustand der Osturalspur auszuwählen. Neben einer ziemlich langen Halbwertszeit (28,8 Jahre) weist Strontium-90 einen zweistufigen Zerfall mit einer Energieemission der Betateilchen von 0,55 MeV bei der ersten Stufe und 2,28 MeV bei der zweiten Stufe auf. Dieses Isotop ist also zudem sehr gefährlich. Unter den Radionukliden, aus denen sich die Osturalspur zusammensetzt, gibt es noch viel langlebigere Isotope, zum Beispiel Zirkonium-93 mit einer Halbwertszeit von 1,53 Millionen Jahren oder Niob-92 mit 34,7 Millionen Jahren. Außerdem gibt es von diesen Isotopen quantitativ mehr als von Strontium-90. Doch die langlebigen Isotope haben eine viel weichere Betastrahlung als Strontium-90. (Bei Zirkonium-93 beträgt dessen Energie nur 0,093 MeV und bei Niob-92 nur 0,091 MeV.) Dementsprechend sind sie weniger gefährlich und stellen praktisch keine Bedrohung für den Menschen dar, wenn sie nicht durch Nahrungsmittel, Wasser oder eingeatmeten Staub in den Organismus gelangen.

Aus den genannten Gründen sind alle Diskussionen darüber, dass die Kleidung der verstorbenen Wanderer durch Radionuklide aus der Osturalspur verseucht gewesen sein könnte, völlig haltlos. In den ersten Jahren nach dem Unfall im Kombinat Nr. 817 konnte eine solche Verseuchung nur eine gemischte sein, also mit Beta- und Gammastrahlung. Dabei war es unmöglich, dass das Radiometer TISS, das beim physikalisch-technischen Gutachten zum Einsatz kam, die Gammastrahlung nicht bemerkte, da diese sehr hart war. Außerdem ist durch die Verschiebung der Grenzen der radioaktiven Spur und die Vergrößerung ihrer Fläche von 1958 bis 1959 überhaupt nicht sicher, dass die Stadt Kamensk-Uralski gerade kontaminiert war, als Juri Doroschenko im Sommer 1958 Sina Kolmogorowa besuchte. Es ist durchaus möglich, dass die Stadt erst später verseucht wurde, nach der Schneeschmelze im Frühling 1959. Dieser Punkt könnte nur durch ein Studium der genauen Karten mit den 1958 gemessenen Strahlungen geklärt werden, doch diese Karten sind zum jetzigen Zeitpunkt nicht veröffentlicht.

Aufgrund der beschriebenen Überlegungen können alle Schlussfolgerungen, die die Herkunft der Radioaktivität auf der Kleidung der Wanderer mit der Osturalspur erklären, als unhaltbar und nicht begründbar angesehen werden.

Wie groß waren die festgestellten Strahlungen und wie gefährlich waren sie für die Besitzer der Kleidung? Im Prinzip war die entdeckte Aktivität nicht sehr groß und nicht gefährlich. Ein kleines Beispiel: Anfang der 60er Jahre hatte die sowjetische Radiologie bereits eine Vorstellung von einem gesundheitsschädlichen Phänomen wie der Speicherung des Isotops Strontium-90 (Sr-90) in den Knochen, das nach einer Atomexplosion über radioaktiven Staub in den Körper gelangen kann. Deshalb wurde für Strontium-90, das eingeatmet werden und von der Lunge aus seine Reise durch den Körper antreten kann, eine Toleranzdosis von 2 Millicurie (2 mCi) festgelegt. Wenn man Millicurie in Becquerel umrechnet, sieht man, dass die sowjetische Medizin 74 Millionen Becquerel als Grenzwert nahm. Alles darunter galt als zulässig. Im vorliegenden Fall geht es um Hunderte Becquerel, das ist praktisch nichts. Zum Vergleich hier die aktuellen Werte dazu: Gemäß den Strahlenschutznormen, die seit 1999 in Russland gelten, darf bei Baumaterialien die spezifische effektive Aktivität natürlicher Radionuklide 370 Becquerel pro Kilogramm nicht überschreiten. Im benachbarten Weißrussland sind Pilze mit dieser spezifischen Aktivität als essbar eingestuft.

Man muss jedoch berücksichtigen, dass die Kleidung sich lange Zeit, laut Meinung der Ermittler ungefähr ab 20. April 1959, im Wasser befand und der radioaktive Staub allmählich herausgewaschen wurde. Diesen Standpunkt vertraten zumindest die Ermittler.

Und genau das machte die radioaktive Kleidung der verstorbenen Wanderer automatisch zu einem Problem für die Staatssicherheit.

Niemand konnte solche Kleidung zu Hause aufbewahren und damit auf eine Wanderung gehen. Nicht etwa, weil er damit seine eigene Gesundheit gefährdete, das beunruhigte den KGB überhaupt nicht, sondern weil radioaktiver Staub sehr viel über den Arbeitsplatz des Besitzers der Sachen aussagen kann.

Und hier hätten die Ermittler Alarm schlagen müssen, schließlich ging es nicht mehr um mythische Steine oder »Feuerkugeln«, die für niemanden eine Gefahr darstellten. Nun hätte die Frage so lauten müssen: Es gibt Indizien für eine reale Gefährdung der staatlichen Sicherheit, was sollen wir tun?

Zuallererst hätten die Ermittler den Isotopentyp, der die entdeckte Betastrahlung abgab, genau bestimmen lassen müssen. Und dann wäre es an der Zeit gewesen, eine Erklärung dafür zu finden, wie das Radionuklid auf die Kleidung der Wanderer gelangte, und wenn nötig, Maßnahmen zu ergreifen, die in Zukunft eine ähnliche radioaktive Kontamination von Kleidungsstücken verhindern würden.

Was tat nun der Ermittler Iwanow, als er das Gutachten des leitenden Swerdlowsker Radiologen Lewaschow in den Händen hielt?

Weder das eine noch das andere. Iwanow handelte wirklich paradox: Er entschied, die Ermittlungen abzuschließen und das Verfahren zu beenden! Am 28. Mai 1959 wurde die entsprechende Verfügung erlassen.

Darin heißt es: »In Anbetracht der Tatsache, dass es keine äußeren körperlichen Verletzungen und Zeichen eines Kampfs an den Leichen gab und dass alle Wertsachen der Gruppe vorhanden waren, und unter Berücksichtigung des gerichtsmedizinischen Gutachtens über die Todesursachen der Wanderer, muss man davon ausgehen, dass eine Naturgewalt, der die Wanderer nicht standhalten konnten, der Grund für ihren Tod war. [...] Da in diesem Verfahren kein Tatbestand gemäß Punkt 5 und 4 StPO der RSFSR* vorliegt, wird Folgendes verfügt: Das Strafverfahren über das Sterben der Wandergruppe wird eingestellt.«

Ohne Kommentar. Die Leser können selbst ihre Schlüsse daraus ziehen.

Man kann sich über das Dokument von Lew Iwanow wundern, man kann sich darüber aufregen, man kann irgendwelche Mutmaßungen anstellen, doch es ist bei diesem Ausgang der Ermittlungen auch ein zweifellos positiver Umstand hervorzuheben: Iwanow schrieb den Wanderern keine Schuld zu. Er beließ es bei der sachlichen Feststellung: »Djatlow fand ungünstige Übernachtungsbedingungen vor und traf den Entschluss, das Zelt auf dem Hang aufzustellen.« Die grundsätzliche Idee hinter der Verfügung, das Verfahren einzustellen, lässt sich mit den folgenden Worten ausdrücken: Es gab keine Schuldigen.

---

* Strafprozessordnung der Russischen Sozialistischen Föderativen Sowjetrepublik

Aber was ist mit den seltsamen Ergebnissen des physikalisch-technischen Gutachtens? Was ist mit dem geheimnisvollen Betastrahler, der vom fließenden Wasser weggespült wurde und offenbar eine Bedrohung für das Leben und die Gesundheit der Wanderer darstellte, bevor er in den Bach gelangte? Nichts ist damit. Das physikalisch-technische (radiologische) Gutachten, das ohne erkennbaren Grund beauftragt worden war, führte zu keinem sichtbaren Ergebnis. Es war eine Spur aus dem Nichts ins Nichts.

## 15. KAPITEL

## FÄLSCHUNG ODER SCHLAMPEREI?

Viele Personen sind fest davon überzeugt, dass im Zusammenhang mit den Vorfällen um die Djatlow-Gruppe böswillig Ermittlungsdetails verfälscht wurden. Ein ziemlich breiter Kreis der Leserschaft, mehr oder weniger mit den Todesumständen der Wanderer und den folgenden Ermittlungen vertraut, ist der Meinung, der sowjetische Partei- und Staatsapparat habe gezielte Anstrengungen unternommen, um die wahren Vorfälle am Hang des Cholat Sjachl zu vertuschen. Daraus schließen sie zwingend: Die Machthaber verschweigen etwas, das bedeutet, es gibt ein Geheimnis, das verschwiegen werden muss. Das vorsätzliche Verschweigen allein spreche also sehr deutlich für eine Beteiligung (eine Mittäterschaft) der Machthaber an der Tragödie.

Eine solche Schlussfolgerung ist höchst unlogisch, da die Staatsmacht häufig Ereignisse vertuscht oder verfälscht, an denen sie überhaupt keine Schuld hat, zum Beispiel das Ausmaß von Naturkatastrophen oder technischen Katastrophen. Der Begriff Staatsgeheimnis schreibt den Machtorganen ausdrücklich vor, bestimmte Maßnahmen zur Vertuschung gewisser Informationen zu setzen. Anders gesagt: Allein das Verschweigen gewisser Nachrichten oder das Verfälschen von Informationen, die für die Veröffentlichung bestimmt sind, bedeutet noch lange keine Schuld oder Böswilligkeit. Es entspricht einfach den Spielregeln für den Umgang des Staatsapparats mit dem Volk.

Gleichzeitig ist ein gewisses Misstrauen gegenüber der Sowjetmacht und ihren Exekutivbehörden durchaus angebracht. Ganz ehrlich – die Mitarbeiter der sowjetischen Geheimdienste (sowie des ganzen Systems zur Verteidigung der Rechtsordnung) lieferten in den Jahren unter der »Lenin-Stalin-Partei« sehr viele Beispiele für Verfälschungen, Manipulationen und geheime Ermordungen. Dabei wiesen die Verbrechen, die mit Billigung der Staatsmacht und durch ihre Mitarbeiter begangen wurden, einige spezifische Charakteristika auf.

Zuallererst gab es eine hochprofessionelle Planung und Umsetzung des kriminellen Vorsatzes. Da die staatlichen Täter stets über den Ablauf der Ermittlungen Bescheid wussten, legten sie frühzeitig eine falsche Fährte. Am sichersten war es, das Verbrechen nicht nach einem Verbrechen aussehen zu lassen, sondern nach einem Unfall, einem Fehler, einem technischen Versagen oder einem anderen nicht kriminellen Ereignis. Für solche Fälle wussten im Staatssicherheitssystem chemische und bakteriologische Labore, die Gifte für einen »stillen« Mord zu entwickeln. Wenn klar war, dass eindeutig kriminelle Vorfälle nicht vertuscht werden konnten, kaschierte eine spezielle Verschleierungsoperation das wahre Motiv und ließ das Verbrechen wie einen beliebigen alltäglichen, finanziellen oder anderen trivialen Interessenkonflikt mit Beteiligung des Opfers aussehen. Es gab auch Maßnahmen, um die persönliche Beteiligung der Täter zu vertuschen (dafür wurden fiktive Dienstreisen inszeniert, Urlaubs- oder Reisedokumente ausgestellt, falsche Alibis verschafft usw.).

Besonders interessant ist die Auswahl des Ziels, da bei einer Vergeltung die Motivation der Täter große Bedeutung hatte. Das Opfer war immer ein Staatsfeind und der Mord wurde von den Organisatoren und Ausführenden nicht als Akt persönlicher Rache eingestuft, sondern wie eine extreme Maßnahme zum Schutz der staatlichen Interessen. Man darf nicht außer Acht lassen, dass die Opfer von geheimen Staatsverbrechen nie gewöhnliche Menschen waren. Einen einfachen Menschen mundtot zu machen war besonders im totalitären Sowjetsystem das Einfachste überhaupt, dafür brauchte man keinen heimlichen Anschlag zu verüben. Das System der Exekutiv- und Justizbehörden war dafür »maßgeschneidert«, unliebsame Personen zum Schweigen zu bringen. Dafür musste man sie nicht umbringen. Zuerst verloren sie ihren guten Arbeitsplatz, dann ihren schlechten und zuletzt wurden sie für ein nichtiges Vergehen in eine Strafkolonie geschickt oder in die Irrenanstalt gesperrt. Die Sowjetmacht hatte im Einschüchtern gewöhnlicher Bürger gegen Ende der 50er Jahre phänomenale Erfolge erzielt, doch wenn trotzdem beschlossen wurde, eine Person umzubringen, dann taugten keine einfachen Methoden zu ihrer Eliminierung. Das Opfer wurde als unbelehrbarer Feind betrachtet, den man auf keine andere Art neutralisieren konnte. Das Herabwürdigen eines politisch motivierten Mords auf ein gewöhnliches Verbrechen hieße also, das Bild stark zu vereinfachen.

Nun sind einige Worte zu den Ermittlungen bei Verbrechen nötig, die auf direkte Weisung der Staatsmacht ausgeführt wurden. Es wäre leichtfertig zu glauben, dass die leitenden Persönlichkeiten des Staates so naiv und dumm gewesen wären, den Generalstaatsanwalt anzurufen und ihm zu befehlen, »beim Verfahren auf die Bremse zu steigen«. Mit genau demselben Erfolg hätten sie an ein Rednerpult treten und dem ganzen Land von der Tat erzählen können. Die Vertreter der sowjetischen obersten Gerichtsbarkeit, die es durch harte langjährige innerparteiliche Wettkämpfe ins Politbüro geschafft hatten, kannten nur zu gut die Überlebensregeln, laut denen der heutige beste Freund morgen zum erbittertsten Feind werden kann. In der Partei, die sich in den ersten 40 Jahren an der Spitze der Sowjetunion einige Male buchstäblich selbst aufgefressen hatte und wie Phönix aus der Asche wiederauferstanden war, lernte man äußerst schnell, wenig zu sagen und keine Dokumente zu unterschreiben, die die eigene Zukunft gefährden konnten.

Wenn man diese Überlegungen berücksichtigt, worauf basiert

dann die Annahme einer Fälschung bei den Ermittlungen der Staatsanwaltschaft?

Argumente dafür gibt es reichlich, doch sie lassen sich alle in zwei großen heterogenen Untergruppen zusammenfassen: a) Pannen und Fehler beim Anfertigen der Verfahrensakte; b) Ungenauigkeiten und innere Widersprüche, die in einem Ermittlungsverfahren für Strafsachen auf dieser Ebene unvertretbar waren. Es gibt also Beanstandungen sowohl bei der formalen Gestaltung der Dokumente als auch bei ihren Inhalten.

Die Argumente sollen nun genauer unter die Lupe genommen werden, um herauszufinden, worum es sich hier tatsächlich handelt: um eine vorsätzliche Fälschung beim Ermittlungsverfahren oder um seine schlampige Führung?

Zunächst also eine Liste der Fehler beim Anfertigen der Dokumentation:

1. Die Strafakte besitzt keine Nummer. Das stimmt. Manchmal wird die Nummer auf dem Telegramm des Assistenten des Generalstaatsanwalts der UdSSR, eines gewissen Terebilow, als Strafaktennummer angeführt (Seite 43 des zweiten Teils): 3/2518-59. Doch in Wirklichkeit ist das nur die laufende Nummer in den Anfragen an die Gebietsstaatsanwaltschaft. Warum fehlte die Strafaktennummer beim Fall der Djatlow-Gruppe?

Das Rechtssystem der Sowjetunion befand sich nach dem 22. Juni 1941, also nach Beginn des Großen Vaterländischen Kriegs, in einem Zustand völliger Zerrüttung. Der Kriegsalltag stellte sich als schlimmer heraus als es die bösartigste Faschisten- oder Emigrantenpropaganda darstellen konnte. Die sowjetische Justiz »zog die Daumenschrauben an«, und zwar sowohl an der Front (was mit dem Kampf gegen Feigheit und Panik und der nötigen Aufrechterhaltung der Truppendisziplin erklärt werden kann) als auch im Hinterland. Das Volk wurde de facto zu einem Heer rechtloser Sklaven gemacht. Der Begriff »Kriminalverbrechen« wurde enorm ausgeweitet und erreichte groteske Ausmaße.

Die Justizbehörden waren mit der Fülle an Ermittlungsverfahren überfordert und ergriffen bereits im Frühjahr 1942 präzedenzlose Maßnahmen. Es entstanden »spezielle Gerichte für Unternehmen der Rüstungsindustrie«. Es wurden also eigene Gerichte in Werken, Fabriken und Bergbaugruben gebildet.

Unter diesen Umständen war es einfach unmöglich, konsequent über die ermittelten und an die nächste Instanz weitergereichten Strafverfahren Buch zu führen. Das Nummerierungssystem aus Vorkriegszeiten wurde aufgegeben. Ein im Prinzip logischer Schritt, den die erschwerten Umstände rechtfertigten.

Später wurde die frühere Regelung nicht wiederaufgenommen. Die drakonischen Erlasse der Kriegszeit wirkten größtenteils bis 1948. Die Praxis der durchgehenden Verfahrensnummerierung innerhalb einer Behörde wurde erst nach Einführung einer neuen Strafprozessordnung 1960 wiedereingeführt. Aus diesem Grund ist das Fehlen einer Strafaktennummer im Fall der Djatlow-Gruppe kein Hinweis auf gefälschte Ermittlungsunterlagen, auch wenn das aus heutiger Sicht seltsam erscheinen mag. Es ist noch nicht einmal eine Nachlässigkeit. So sah einfach die Praxis der Staatsanwaltschaft in den einzelnen Regionen aus.

2. Die Vernehmungsprotokolle und Verfügungen über das Erstellen von Gutachten beziehungsweise über das Verlängern der Ermittlungsdauer enthalten keine Nummer der Akte, auf die sie sich beziehen. Zugegeben, es ist schwierig, auf eine Aktennummer zu verweisen, die es nicht gibt (siehe oben). Nach heutiger Rechtspraxis ist die Angabe der Aktennummer sowohl im feststellenden als auch im zusammenfassenden Teil der Ermittlungsunterlagen verpflichtend.

Doch die Strafprozessordnung von 1926 mit ihren zahlreichen Verbesserungen und Ergänzungen, nach der sich der Ermittler Iwanow bei seiner Arbeit richtete, sowie die allgemeine Ermittlungspraxis jener Zeit stellten keine solchen strengen Forderungen an die Ausstellung von Dokumenten. Es war ausreichend, das Verfahren nach seinen wesentlichen Merkmalen zu benennen, die eine zweideutige Auslegung ausschlossen. Deshalb gab es verschiedenste Bezeichnungen für die Ermittlungen: »Verfahren über den Tod der Wanderer Djatlow u. a.« (von Urakow, stellvertretender Staatsanwalt der RSFSR), »über den Tod der studentischen Wanderer des UPI« (vom Umschlag des zweiten Teils der Ermittlungsunterlagen), »Strafverfahren über den Tod der Wandergruppe« (Iwanow in der »Verfügung über die Einstellung des Ermittlungsverfahrens«). Man darf also der fehlenden Nummer in den Ermittlungsunterlagen keine allzu große Bedeutung beimessen. Bis zum Inkrafttreten der Strafprozessordnung 1960 entsprach das der gängigen Praxis.

3. Auf dem Umschlag des ersten Teils der Strafakte ist als Datum der Einleitung des Verfahrens angeführt: 6. Februar 1959. Dieses Datum treibt einen großen Teil der Anhänger von Theorien über eine »Kosmodrom-Spezialeinheit« oder andere Verschwörungen des KGB oder Militärs schier in den Wahnsinn. Die Laienerforscher glauben ernsthaft, die sowjetischen Staatsanwälte hätten bei der Fälschung der Ermittlungsunterlagen zwar alle wichtigen Dokumente manipuliert, doch ausgerechnet dem Umschlag der Akte keine Beachtung geschenkt. Obwohl die Datierung der Ermittlungen auf dem Umschlag tatsächlich ein sehr interessantes Indiz ist, darf man es nicht überbewerten. Wir kommen noch darauf zurück.

4. In der Akte gibt es ein Dokument, datiert auf den 6. Februar 1959, wobei das Datum zweimal erscheint und gut lesbar ist, was einen Flüchtigkeitsfehler ausschließt. (Es handelt sich um das Protokoll über die Vernehmung eines gewissen Popow, Nachrichtendienstleiter der forstwirtschaftlichen Zweigstelle Wischai, durch Kapitän Tschudinow, Leiter der Milizwache von Polunotschnoje.) Die Ermittlungsunterlagen enthalten tatsächlich ein solches Doku-

ment, was äußerst faszinierend ist. Es weist allerdings auf etwas ganz anderes hin, als die Anhänger der Fälschungstheorie denken. Um nicht Äpfel mit Birnen zu vergleichen, wird dieses Protokoll an anderer Stelle ausführlich behandelt (siehe 29. Kapitel, »6. Februar 1959 – der Tag, an dem nichts geschah«).

5. Das erwähnte Dokument ist nicht nur auf den 6. Februar 1959 datiert, sondern es wurde außerdem ein Formular des Innenministeriums dafür verwendet. Das ist merkwürdig, da die Ermittlungen von der Gebietsstaatsanwaltschaft durchgeführt wurden (auch hierzu mehr im 29. Kapitel).

Nun zu den Inhalten einzelner Dokumente und zu der Strafakte im Ganzen.

1. Der Staatsanwalt der Stadt Iwdel, Wassili Iwanowitsch Tempalow, gab in der »Verfügung über die Einleitung des Strafverfahrens« den 26. Februar 1959 an, doch in der »Verfügung über die Verlängerung der Ermittlungsdauer«, die vom Ermittler Iwanow unterschrieben wurde, findet sich der 28. Februar 1959 als Einleitungsdatum. Laut den Anhängern der Fälschungstheorie bedeutet diese Unstimmigkeit, dass Iwanow ein anderes von Tempalow unterschriebenes Dokument vor sich hatte statt des Dokuments, das sich heute in der Akte befindet. Die Unstimmigkeit scheint jedoch nur auf den ersten Blick rätselhaft. Sie lässt sich sehr leicht mit der speziellen Aktenführung jener Zeit erklären. Die vorrevolutionäre Rechtslehre und die Rechtswissenschaft der jungen Sowjetrepublik betrachteten eine Verfügung zur Einleitung des Strafverfahrens nicht als Rechtshandlung, die das Ausstellen eines eigenen Dokuments verlangte. Mit anderen Worten: Eine (mutmaßlich) kriminelle Tat löste automatisch ein bestimmtes vorgerichtliches Untersuchungsverfahren aus. Die vorläufige rechtliche Beurteilung des ursprünglichen Vorfalls (die Vorermittlung) war sehr einfach gehalten. Die Polizei im zaristischen Russland (bzw. die Miliz in der UdSSR) führte innerhalb

von 24 Stunden eine Fahndung aufgrund einer heißen Spur durch und nahm entweder den mutmaßlichen Täter fest oder übergab die Sache der Staatsanwaltschaft für eine vorgerichtliche Ermittlung. Diese Praxis wurde bis in die 20er und 30er Jahre beibehalten. Während des Großen Vaterländischen Kriegs änderte sich das Verfahren. Die Ermittlungsorgane der Kriegsmarine und der Roten Armee erhielten Richtlinien, in denen der Ablauf der Vorermittlungen und das Treffen einer prozessualen Entscheidung zur Einleitung eines Strafverfahrens genau vorgeschrieben waren. Es musste nun also ein entsprechendes Dokument angefertigt werden: die »Verfügung über die Einleitung des Strafverfahrens«. Die Neuerung erwies sich in vielerlei Hinsicht als nützlich. In den folgenden Jahren wurde diese Verfügung auch für die Ermittlungsorgane der Staatsanwaltschaften und der Staatssicherheitssysteme verpflichtend.

Wie das Dokument nun genau aussehen sollte, darüber gingen die Meinungen allerdings auseinander. Die einen Juristen meinten, dass die Verfügung über die Einleitung des Strafverfahrens mit dem Datum ausgestellt werden müsse, an dem das Delikt bekannt wurde. Sie begründeten ihren Standpunkt mit einer Definition aus dem römischen Recht: »Es ist kein Verbrechen, solange keiner davon weiß.« Die anderen Rechtstheoretiker waren der Meinung, die Verfügung dürfe nur aufgrund der Einleitung der Ermittlungen ausgestellt werden. Man solle sich nicht mit nachträglichen Aufzeichnungen beschäftigen, im Dokument müsse unbedingt das wiedergegeben werden, was tatsächlich vorliege. In dieser Frage gab es keine allgemeingültige Auffassung, also oblag die Entscheidung den lokalen Behörden. Sie wählten die passende Methode der Aktenführung selbst aus.

Wie stellt sich der Ablauf der Ereignisse nun tatsächlich dar?

Ganz einfach: Am 26. Februar 1959 wurden bekanntlich das mit Messern zerschnittene Zelt der Djatlow-Gruppe und die ersten Leichen gefunden und am nächsten Tag befand sich Tempalow, Staatsanwalt von Iwdel, bereits am Pass und arbeitete unter Hochdruck. In der Akte gibt es eine Funkmeldung, die am 27. Februar um 15:10 Uhr Moskauer Zeit abgeschickt worden war und in der der Zentrale der Suchaktion Folgendes mitgeteilt wurde: »Der Staatsanwalt und Maslennikow identifizieren die Personen, Suche nach den anderen wird fortgesetzt« (Teil 1, S. 148). Es gibt sogar ein offizielles Protokoll über die Befragung des Staatsanwalts Tempalow durch den Staatsanwalt Iwanow, in dem Tempalow eigenhändig schrieb: »Am 27. Februar 1959 wurde mir mitgeteilt, dass eine Leiche auf dem Berg 1079 (d. h. auf dem Cholat Sjachl – *Anm. des Autors*) entdeckt und das Zelt der Studenten gefunden wurde. Ich flog unverzüglich mit dem Hubschrauber zur Höhe 1079« (Teil 1, S. 310). Wie man sieht, gibt es keinen Widerspruch in diesen beiden Dokumenten, im Gegenteil, sie ergänzen einander hervorragend. Am 26. Februar war Tempalow nicht auf dem Pass, und er konnte somit die gefundenen Leichen nicht untersuchen und identifizieren. Indes wurden in der Verfügung über die Einleitung des Strafverfahrens bereits die Familiennamen der Leichen genannt: »Auf der Höhe 1079 wurden die gefrorenen Leichen von Kriwonischtschenko, Kolmogorowa, Djatlow und anderen Studenten des Swerdlowsker Polytechnischen Instituts gefunden.« Deshalb konnte das Dokument auf keinen Fall vor dem 27. Februar 1959 geschrieben worden sein, sondern eher erst am 28. Februar, da Wassili Iwanowitsch Tempalow am 27. sehr viel um die Ohren hatte. Er war an diesem Tag so ausgelastet, dass er es nicht schaffte, das Zelt und die Spuren auf dem Hang zu inspizieren, und dies auf den nächsten Tag verschob. Also war ihm am 27. Februar wohl kaum nach Schreibtätigkeiten zumute. Mit dem Datum der Einleitung des Strafverfahrens, dem 26. Februar 1959, bezog er sich in seiner »Verfügung« auf die tatsächliche Entdeckung des Zelts und der ersten Leichen. Es soll noch einmal darauf hingewiesen werden, dass laut der juristischen Praxis jener Zeit eine solche Datierung keinen Fehler darstellte, da zu diesem Datum bekannt geworden war, dass die Wanderer tot waren, und dieses Ereignis stellte den Ausgangspunkt für den Beginn der Ermittlungen dar.

Formal hätten die Ermittlungen zwei Monate dauern sollen, doch dieser Zeitraum reichte nicht aus. Deshalb musste er Ende April um 30 Tage verlängert werden. Der Ermittler Iwanow hatte wohl einfach versäumt, den Antrag auf Verlängerung der Ermittlungsdauer rechtzeitig bei der Gebietsstaatsanwaltschaft einzureichen, und bemerkte dies erst einige Zeit nach dem 26. April, offensichtlich um den 28. oder 29. April 1959 herum. Man darf so eine Nachlässigkeit nicht für unmöglich halten. Im Gegenteil, das entspricht genau seinem Stil. (Die Teilnehmer der Suchaktion erinnerten sich noch einige Jahre später daran, dass Iwanow auf dem Pass nichts fotografierte, sondern mit den Händen in den Taschen müßig herumging. Als die Zeit für den Rückflug kam, besann er sich und bat die Studenten, ihm die Filme aus ihren Fotoapparaten zu borgen, da man der Akte ja Fotomaterial beilegen müsse. Er versprach, die Filme ihren Besitzern zurückzugeben, was er freilich nicht tat. Natürlich ist ein solches Verhalten des Ermittlers aus professioneller Sicht unter aller Kritik.) Um sein Versäumnis zu vertuschen, »verschob« der Staatsanwalt einfach das Datum der Einleitung des Strafverfahrens auf das Ende des Monats. Diese kleine List wurde nicht bemerkt und am 30. April bestätigte der Gebietsstaatsanwalt Klinow die Verlängerung der Ermittlungen bis zum 28. Mai.

So entstand die Unstimmigkeit bei den Daten, die erst im 21. Jahrhundert Argwohn weckte. Wie man sieht, ist der Grund dafür äußerst prosaisch.

2. In der Akte gibt es eine geheime Anweisung an K. Bisjajew, den Leiter der städtischen Milizwache Iwdel, zur Durchführung von Erhebungen mit operativen Methoden, darunter die Überprüfung einer möglichen Beteiligung der Mansen an der Ermordung der Wanderer im Gebiet des vierten Zuflusses der Loswa. Das Doku-

ment trägt die Unterschrift eines gewissen Achmin, stellvertretender Gebietsstaatsanwalt für Spezialangelegenheiten, und ist auf den 12. März 1959 datiert. Darin kann man lesen: »Über die Ergebnisse der operativen Arbeit ersuche ich, Staatsanwalt Tempalow in Kenntnis zu setzen, der die Ermittlung im vorliegenden Fall führt.« Zu jenem Zeitpunkt hatte jedoch bereits die Gebietsstaatsanwaltschaft die Ermittlungen übernommen und der Staatsanwalt Iwanow war bereits zum Ort der Tragödie gefahren. Kannte Achmin etwa die Mitarbeiter seiner eigenen Behörde nicht und verwechselte Iwanow mit Tempalow? Die erwähnte geheime Anweisung rief keine besondere Begeisterung bei den Erforschern der Djatlow-Tragödie hervor und wurde nur von einem vergleichsweise kleinen Kreis diskutiert. Das hängt wahrscheinlich damit zusammen, dass die breite Öffentlichkeit gar nichts von ihrer Existenz weiß. Dabei ist dieses Dokument tatsächlich relevant, vor allem deshalb, weil es deutlich zeigt, dass ein größerer Personenkreis an den Ermittlungen beteiligt war, als allgemein angenommen wird.

Der Grund für diese Anweisung ist ebenfalls interessant. Die Exekutivbehörden erhielten eine ziemlich ungewöhnliche Information, über die Achmin im ersten Punkt des Dokuments berichtete: »Makruschin, Vorsitzender des Dorfrates in Burmantowo, verbreitet das Gerücht, dass der Manse Bachtijarow Pawel Grigorjewitsch sah, wie Wanderer vom Berg stürzten, wovon er anderen Mansen noch am 17.2.1959 erzählte.« Es gab also einen eindeutigen Hinweis darauf, dass die ansässigen Mansen über die Todesumstände irgendwelcher Wanderer informiert waren. Zugegeben, es wird davon mit Vorbehalt berichtet, offenbar ließ die Informationsquelle beim stellvertretenden Gebietsstaatsanwalt gewisse Zweifel aufkommen. Warum das so war, ist nicht bekannt, aber es ist möglich, dass sich Genosse Makruschin durch irgendetwas vor den Hütern des Gesetzes diskreditiert hatte und man ihm deshalb nicht vollständig vertraute. Darum geht es hier allerdings nicht.

Da in Achmins Anweisung ein handschriftliches Exemplar von Iwanows Dokument erwähnt wird, ist es offensichtlich, dass Letzterer sich bei der Erstellung im Büro des stellvertretenden Gebietsstaatsanwalts befunden und den Inhalt der Anweisung besprochen hatte. Das ist nur logisch – Iwanow war zu diesem Zeitpunkt bereits auf dem Pass gewesen, hatte die Identifizierung der Sachen der verstorbenen Wanderer, die zum Flughafen Iwdel gebracht worden waren, vorgenommen und hielt zu dieser Zeit, wie aus den Erinnerungen der Suchmannschaft bekannt ist, eindeutig an einer kriminellen Version der Vorfälle fest. Deshalb kam Makruschins Information über verdächtige Gespräche der Mansen gerade recht, da man so zu ausgezeichneten Verdächtigen kam. Außerdem wurden damals, wie heute bekannt ist, Gespräche über eine Beteiligung der ansässigen Mansen am Tod der Wanderer auch von Prodanow, dem Sekretär des Iwdeler Stadtkomitees der KPdSU, geführt, der etwas über Gebetssteine und heilige Mansengebiete orakelte.

Doch hier begannen die Feinheiten, über die der stellvertretende Gebietsstaatsanwalt für Spezialangelegenheiten besser als alle anderen Bescheid wusste. Es ist eine Sache, die Mansen eines Raubmords oder der Verschleierung eines Raubs zu bezichtigen, doch ein Mord aufgrund von religiösem Fanatismus ist etwas ganz anderes. So bezeichnete die sowjetische Rechtswissenschaft ganz pauschal sogenannte Ritualverbrechen. Anklagen im Zusammenhang mit der religiösen Überzeugung zählten automatisch zu den »Spezialangelegenheiten« und riefen bei Bewahrern des sowjetischen Rechts äußerst schmerzhafte Reaktionen hervor. Vor allem deshalb, weil sie grundsätzliche Probleme des religiösen Glaubens und der Ideologie berührten und damit eine Kampfansage an die kommunistische Doktrin darstellten. Ob es sich um eine versteckte oder offene Kampfansage handelte, spielte dabei keine Rolle. Viel wichtiger war, dass jemand sich der in der Gesellschaft vorherrschenden atheistischen Doktrin der KPdSU widersetzte. Deshalb war das Aufdecken einer Bande von Räubern und Mördern etwas ganz anderes als das Entlarven einer Sekte religiöser Fanatiker.

Achmin wusste wie kein anderer, dass Letzteres den ganzen Ermittlungen einen politischen Beigeschmack geben und die Aufmerksamkeit des Zentralkomitees der KPdSU auf die Vorfälle im nördlichen Ural lenken würde. Und das war in niemandes Interesse. Das ZK könnte sich nicht ohne Grund fragen, ob das Swerdlowsker Gebietskomitee die atheistische Erziehung der Arbeitenden so schlecht durchführte, dass die rückständigen Mansen immer noch heilige Plätze besuchten und sich dort vor Gebetssteinen verneigten.

Deshalb ist es vorstellbar, dass der stellvertretende Staatsanwalt für Spezialangelegenheiten den Ermittler Iwanow, nachdem dieser vom Pass zurückgekehrt war, zu sich ins Büro einlud und ihn über den Ermittlungsstand befragte. Als er vom zerschnittenen Zelt hörte (damals dachte man noch, es wäre von außen aufgeschnitten worden), von der leeren Schnapsflasche (man wusste noch nicht, dass die Flasche ursprünglich voll gewesen war und dass die Suchmannschaft den Alkohol vor Tempalows Ankunft ausgetrunken hatte), von den Spuren auf dem Hang und so weiter, erzählte Achmin Iwanow von den verdächtigen Gesprächen der Mansen. Und dann gab er kurz und bündig zu bedenken, ob sich die Gebietsstaatsanwaltschaft mit so einer undurchsichtigen Angelegenheit wie einem Gruppenmord aufgrund von religiösem Fanatismus befassen solle. Wäre es nicht besser, sich von der Untersuchung zu distanzieren und alles dem Staatsanwalt Tempalow zu überlassen? Eine wohlbegründete Frage für einen mächtigen Beamten mit Selbsterhaltungstrieb.

Es gab also konkrete Argumente dafür, dass die Gebietsstaatsanwaltschaft die Ermittlungen nicht selbst führte, und damit kann offenbar Tempalows Erwähnung als Amtsperson, die »die Ermittlung im vorliegenden Fall führt«, erklärt werden. Diese Formulierung ist kein Indiz für eine geheimnisvolle Verschwörung, sondern nur ein Hinweis auf ein kleines Beamtenspiel beziehungsweise sie zeigt, dass die Gebietsstaatsanwaltschaft erwog, sich aus der Untersuchung zurückzuziehen, falls die Ermittlungen sie in ein undurchdringliches Dickicht führen sollten.

3. Die Herkunft des oben erwähnten geheimen Dokuments an Bisjajew ist unbekannt. Auf seiner Rückseite gibt es eine Verteilerliste, auf der die Empfänger des Dokuments verzeichnet sind. Es wurde in zwei Exemplaren ausgestellt, das erste war für Bisjajew bestimmt, den Leiter der städtischen Milizwache Iwdel, das zweite handschriftliche Exemplar sollte in der Akte abgelegt werden, für die Iwanow verantwortlich war. So weit alles klar. Doch in der Akte ist das erste für Bisjajew bestimmte Exemplar abgeheftet, sogar mit dessen Unterschrift darauf. Das ist sehr merkwürdig, da dieses Dokument in der Akte der operativen Tätigkeiten hätte verbleiben müssen, die von den Milizionären in Iwdel angelegt wurde, und letzten Endes in ihrem Archiv. Wann und warum kehrte das Dokument aus Iwdel nach Swerdlowsk zurück oder hat es die Räume der Gebietsstaatsanwaltschaft gar nie verlassen und tauchte nur zur Vortäuschung reger Aktivitäten in der Akte auf? Die Frage der seltsamen Reise der maschinengeschriebenen geheimen Anweisung ist in Wirklichkeit noch einfacher zu beantworten als die vorherige. Es ist klar, dass ein solches Dokument nicht per Brieftaube von Iwdel nach Swerdlowsk gekommen sein kann. Es wurde auch nicht irrtümlich gebracht oder heimlich entwendet, sondern jemand hatte eine offizielle Vollmacht dafür.

Am Erstellungsdatum ist ersichtlich, dass die Anweisung des stellvertretenden Gebietsstaatsanwalts in dem Moment auftauchte, als man aktiv die »Mansenspur« zu verfolgen begann. Bekanntlich wurden in der zweiten Märzhälfte einige junge Mansen aus verschiedenen Stämmen verhaftet und Einschüchterungsmaßnahmen sowie physischem Druck ausgesetzt, um Geständnisse zu erhalten. Die Häftlinge befanden sich in Iwdel, wo sich die lokale Miliz mit ihnen befasste. In der heute bekannten Strafakte, die im staatlichen

Archiv von Jekaterinburg aufbewahrt wird, gibt es Vernehmungsprotokolle der mansischen Jäger Anjamow und der drei Brüder Bachtijarow, doch das sind nicht die Mansen, die in Haft saßen. Die Staatsanwaltschaft wartete offensichtlich darauf, dass die Milizionäre aus Iwdel die Häftlinge unter Druck setzten, um dann in den Protokollen ihre Geständnisse festhalten zu können. Und so wäre es auch abgelaufen, wenn die Ermittlungen in der ersten Aprilhälfte nicht einen Haken geschlagen hätten, der die Verfolgung der »Mansenspur« beendete.

Warum diese Spur aufgegeben wurde, kann heute niemand mehr mit Sicherheit sagen. Einige Erforscher führen das auf die Fahrt einer Gruppe von Swerdlowsker Staatsanwälten nach Moskau in die Staatsanwaltschaft der RSFSR zurück, wo sie angeblich gewisse Richtlinien erhielten. Diese Erklärung scheint etwas weit hergeholt, da man sich für den Erhalt von »Richtlinien« nicht persönlich nach Moskau begeben musste. Dafür gab es den speziellen Nachrichtendienst und den Gebietsstaatsanwalt, der für seine Untergebenen immer die nötigen Worte finden konnte. Doch es geht dabei um etwas ganz anderes: Nach der Abwendung von der »Mansenspur« konnte ein zuständiger Mitarbeiter der Gebietsstaatsanwaltschaft vorsorglich gefährliche Hinweise auf kriminelle Tätigkeiten der Miliz von Iwdel verschwinden lassen, die sie beim Ausführen der Anweisung des Genossen Achmin, des stellvertretenden Staatsanwalts für Spezialangelegenheiten, begangen hatten. Und der wusste wahrscheinlich davon. Deshalb wurde die Akte der operativen Tätigkeiten, die die Kriminalbehörde Iwdel angelegt hatte, von der Spezialabteilung der Miliz Iwdel an die Gebietsstaatsanwaltschaft zurückgegeben. Die Genossen aus der Staatsanwaltschaft entschieden aus gutem Grund, das kompromittierende Material lieber bei sich aufzubewahren. Falls es in der Zukunft zu Komplikationen kommen sollte, wäre immer noch genug Zeit, für die eigene Absicherung zu sorgen (bis hin zur Vernichtung gefährlicher Papiere).

Nachdem die Akte der operativen Tätigkeiten in der Gebietsstaatsanwaltschaft angekommen war, wurde Achmins Anweisung entfernt und der Djatlow-Akte beigelegt.

4. Die Erforscher, die von einer Fälschung der Ermittlungsmaterialien überzeugt sind, zeigen auf, dass bei den Gutachtenunterlagen der histologische Befund des biologischen Materials aus den Körpern von Doroschenko, Djatlow, Kolmogorowa, Kriwonischtschenko und Slobodin fehlt (also der ersten fünf Wanderer, die bereits im Februar bzw. März 1959 gefunden wurden). Außerdem berichtete Juri Jefimowitsch Judin, der zur Identifizierung der Sachen der Verstorbenen hinzugezogen wurde, in seinen Erinnerungen, dass er beim Transport der erwähnten biologischen Proben von Iwdel nach Swerdlowsk dabei gewesen war. (Er hielt beim Hubschrauberflug tatsächlich die Gefäße auf seinen Knien.) Die Anhänger der Fälschungstheorie glauben, die Ergebnisse der histologischen Untersuchung wären aus den Ermittlungsunterlagen entfernt worden, da sie einen eindeutigen Hinweis enthielten, dass die fünf Verstorbenen (oder einige von ihnen) zu Lebzeiten verprügelt wurden. Als die Ermittlungen von den kriminellen Theorien abwichen und sich der abstrakten »unüberwindlichen Kraft« als Ursache für den Tod der Gruppe zuwandten, hätte der histologische Befund in zu großem Widerspruch zu der allgemeinen Ermittlungslinie gestanden, weshalb das Dokument aus der Akte entfernt wurde. Diese Bemerkung ist dahingehend gerechtfertigt, dass in der Strafakte tatsächlich die Ergebnisse der histologischen Untersuchung der biologischen Proben aus den Körpern der ersten fünf Wanderer vorhanden sein müssten. Eine solche Untersuchung wurde schließlich bei den vier im Mai 1959 gefundenen Verstorbenen durchgeführt, und es kann keine Zweifel an den Erinnerungen von Juri Judin geben. Die Tatsache, dass er die Gefäße mit den in Formalin eingelegten Proben seiner Freunde auf den Knien stehen hatte, musste ihn nicht gerade wenig erschüttert haben. Eine solche Erinnerung

würde sich wohl jedem ins Gehirn einbrennen. Doch – und das ist das Wichtigste – das Fehlen der histologischen Untersuchungsergebnisse in den bekannten Unterlagen der Akte fällt bereits bei einem oberflächlichen Blick ins Inhaltsverzeichnis des ersten Teils auf. Hier geht es nicht um eine Fälschung der Ermittlungsunterlagen, sondern um einen banalen Verlust des Dokuments. Ob vorsätzlich oder nicht, ist eine andere Frage, Tatsache ist, dass so keine Dokumente gefälscht werden.

Der erwähnte Befund ging wahrscheinlich aus einem ziemlich trivialen Grund verloren. Die geheftete Mappe mit den Ermittlungsunterlagen wurde mehrmals auseinandergenommen, wobei einige Dokumente aus der Akte entfernt und andere hineingegeben wurden. Das geschah offenbar, um Kopien anzufertigen, da die Ermittlungsunterlagen, wie wir wissen, zur Einsicht nach Moskau in die Generalstaatsanwaltschaft der UdSSR und die Staatsanwaltschaft der RSFSR geschickt wurden. Wahrscheinlich wurde nicht das ganze Material geschickt, sondern nur das Wesentliche, um ein Bild der Vorfälle zu vermitteln: der Tatortbericht, das Protokoll über die Identifizierung der Sachen, die gerichtsmedizinischen Gutachten. Das heißt, es wurden einzelne Dokumente entnommen, kopiert und in die Akte zurückgelegt. Dann wurden sie ziemlich nachlässig und ohne Überprüfung wieder zusammengeheftet. Vielleicht sogar von Iwanow selbst. Darauf deutet ein seltsamer Fehler bei der Dokumentenreihenfolge hin. Gleich zu Beginn des ersten Teils der Akte stimmt die chronologische Abfolge nicht. Der handschriftliche »Fundbericht«, der von Iwanow vom 5. bis 7. März 1959 erstellt wurde, befindet sich vor dem »Verzeichnis der Kleidung und der Schuhe der Djatlow-Gruppe …«, datiert auf den 3. März. Es gibt noch einen weiteren Fehler bei diesen Dokumenten: Das »Verzeichnis der Kleidung und der Schuhe« fehlt im Inhaltsverzeichnis des ersten Teils überhaupt.

Dies ist ein bemerkenswertes Beispiel für die nachlässige Dokumentationsarbeit. Anscheinend war dieser Arbeitsstil bei der Swerdlowsker Gebietsstaatsanwaltschaft in jener Zeit die Norm. Es steht außer Zweifel, dass die erwähnten Verfehlungen genau in dieser Zeit und nicht später passierten, da das Inhaltsverzeichnis des ersten Teils (»Verzeichnis der Dokumente in der Ermittlungsakte«) eindeutig aus derselben Zeit wie die anderen Dokumente stammt. Außerdem wurde das Inhaltsverzeichnis vom Ermittler Iwanow unterschrieben, wenn auch nicht eigenhändig, da die Handschrift eindeutig weiblich ist.

Das aus der Akte verschwundene histologische Gutachten war im Prinzip gar nicht wichtig für den Nachweis oder die Widerlegung einer kriminellen Ursache für den Tod der Wanderer. Es stand ohnehin außer Frage, dass die ersten fünf Verstorbenen ihre körperlichen Verletzungen zu Lebzeiten erlitten hatten. Das geht aus den gerichtsmedizinischen Gutachten von Wosroschdjonny klar hervor. Wenn man etwas von den Ermittlungsunterlagen hätte verbergen wollen, dann wären das die gerichtsmedizinischen Gutachten gewesen. Deshalb lässt sich das Verschwinden des histologischen Gutachtens kaum als böser Vorsatz einstufen. Es ist viel wahrscheinlicher, dass hier ein weiteres typisches Beispiel für Iwanows nachlässige Arbeitshaltung vorliegt.

5. Bei den Unterlagen der Akte gibt es viele Unstimmigkeiten im Zusammenhang mit der Identifizierung der Sachen, ihrer Beschreibung, der Bestimmung ihrer Zugehörigkeit und so weiter. Ein charakteristisches Beispiel: Der zweite Teil der Akte enthält handschriftliche Notizen des Ermittlers Iwanow, die er offenbar als Gedächtnisstütze oder Spickzettel für die spätere Erstellung eines vollwertigen Dokuments angefertigt hatte. Die Seite 16 im zweiten Teil ist die Beschreibung der Kleidung von Ljudmila Dubinina, die anscheinend entweder gleich nach der Bergung der Leiche aus dem Fluss oder nach der Überführung nach Iwdel erstellt wurde, jedoch auf jeden Fall vor der Obduktion. (Iwanow war bekanntlich bei der Bergung der Leichen aus dem Wasser anwesend wie übrigens auch

der Gerichtsmediziner Wosroschdjonny; sie flogen eiligst zum Pass, nachdem sie die Funknachricht von Oberst Ortjukow erhalten hatten, in der er ihnen die Entdeckung der Leichen im Bach mitteilte. Bei der Obduktion in der Leichenhalle der Strafkolonie Iwdel war Iwanow nicht dabei, obwohl im gerichtsmedizinischen Gutachten etwas anderes angegeben ist.) Was stand nun in Iwanows eigenhändiger Notiz? »Dubinina: kariertes Hemd. Weißer Baumwollpullover – nicht ihrer. Ihre Hose.« Beim Vergleich mit der Kleidung, die Wosroschdjonny bei der Obduktion der Leichen beschrieb, fällt ein verblüffender Unterschied auf: Ljudmila Dubinina trug zwei Pullover aus Wolle (einen gräulich braunen und einen beigen), jedoch keinen aus Baumwolle. Beige Kleidung kann man mit einiger Fantasie weiß nennen, vor allem in einem inoffiziellen Dokument, doch sich beim Material zu vertun, ist unwahrscheinlich. Umso mehr, als Iwanow seine Notiz eindeutig nach der Identifizierung der Sachen gemacht hatte, als er ihre Zugehörigkeit feststellte, das heißt, er konnte sie genau begutachten, anfassen und von innen nach außen kehren. Ein weiteres Beispiel für eine Verdrehung der Ermittlungsergebnisse findet sich den Anhängern der Fälschungstheorie zufolge in den allerersten Identifizierungsdokumenten. Das »Protokoll über die Identifizierung der Sachen«, das Iwanow eigenhändig verfasst hatte, hält fest: »Gamaschen für die Schuhe (alle zerrissen) – 9 Paar«, während das »Verzeichnis der Kleidung und der Schuhe der Djatlow-Gruppe sowie der Gegenstände in Aufbewahrung auf dem Flughafen Iwdel« nur 6,5 Paar Gamaschen anführt, also 13 Stück. Beim aufmerksamen Studium der Akte tauchen ziemlich viele Unterschiede bei der Beschreibung der Sachen und der Bestimmung ihrer Zugehörigkeit auf. Man könnte den Eindruck gewinnen, dass sich manche Sachen im Zuge der Untersuchung in Luft auflösten, während andere aus dem Nichts auftauchten. Bei solchen Beispielen gibt es nichts zu diskutieren. Doch man muss berücksichtigen, dass die genaue Zuordnung der Sachen von neun

Personen nicht so einfach ist, wie es auf den ersten Blick erscheinen mag. Und das Ganze verkompliziert sich noch um ein Vielfaches, wenn man bedenkt, dass Juri Judin, der die Hauptarbeit beim Identifizieren übernahm, nur wenige Tage mit den Freunden verbracht und kein einziges Mal im Zelt übernachtet hatte, das heißt, er war nie beim vollständigen Ein- und Auspacken der Rucksäcke dabei. Dafür bewies er ein hervorragendes visuelles Gedächtnis, da er die Zugehörigkeit der meisten Sachen der Wanderer bereits in den ersten Märztagen 1959 richtig bestimmte. Dass Judin jedoch bei Weitem kein idealer Zeuge war, zeigt das Problem mit der Brille, die bei den Sachen der Verstorbenen gefunden wurde. Er wusste nicht, dass Ljudmila Dubinina, Juri Doroschenko und Nikolai Thibeaux-Brignolle Brille trugen, weshalb er sich schwertat, ein im Zelt gefundenes Etui mit Brille zuzuordnen. Maja Piskarewa, eine Erforscherin der Djatlow-Tragödie, die noch öfter in diesem Buch erwähnt werden wird, fand zu einem späteren Zeitpunkt heraus, dass die Brille Thibeaux-Brignolle gehört hatte, doch dies zeigt nur, wie schwierig Judins Aufgabe war. Deshalb wäre es einfach unvertretbar, von ihm ausschließlich vollständige und korrekte Antworten zu erwarten.

Die dargelegten Fakten lassen nur eine Schlussfolgerung zu: Bei den Unstimmigkeiten in der Identifizierung und Beschreibung der Sachen muss man den menschlichen Faktor berücksichtigen. Ein erfahrener Jurist weiß, dass ein Zeuge befangen sein kann, während ein Beweisstück immer objektiv ist. Neben den verschiedenen Unstimmigkeiten und Fehlern in der Akte gibt es auch Fälle, bei denen Iwanow sich sehr gut mit den Einzelheiten auskannte und frühere Fehler berichtigte. So korrigierte er beispielsweise die Höhe der Geldsumme, die der Familie von Igor Djatlow zurückerstattet werden sollte. Er erreichte, dass der Vater des Verstorbenen aus dem Fonds des UPI zusätzlich 700 Rubel erhielt. (Ursprünglich war eine Summe von 271 Rubel rückerstattet worden, doch der Ermittler bestand auf einer Nachzahlung.)

Nun einige Worte zu den Unstimmigkeiten bei der Anzahl der Gamaschen in beiden Dokumenten: 9 Paar, also 18 Stück, in einem und 13 Stück, also 6,5 Paar, im anderen. Die Ungenauigkeit scheint sehr spannend, doch das ändert sich schlagartig, wenn man das Ausstellungsdatum der beiden Dokumente betrachtet. Das Dokument mit den 13 Gamaschen wurde am 3. März erstellt, Iwanows Verzeichnis mit den 18 Gamaschen jedoch vom 5. bis 7. März, was später und somit genauer war. Woher die ursprünglich fehlenden Gamaschen kamen, ist einfach zu klären. Vom 3. bis 7. März wurden sie mit dem Hubschrauber vom Pass geflogen. (Zwischen Iwdel und dem Lager verkehrten täglich Hubschrauber.) Die Suchtrupps stiegen regelmäßig zum Zeltplatz auf, da sie sich von diesem Ausgangspunkt aus üblicherweise mit den Sonden den Hang hinabbewegten und dabei immer wieder den einen oder anderen kleinen Gegenstand fanden. Der letzte solche Fund wurde bekanntlich am 4. Mai gemacht, als der Schnee vollständig vom Hang des Cholat Sjachl geschmolzen war. (Damals fand man am Zeltplatz eine Hartgummischeide mit Nieten von Alexander Kolewatows Finnenmesser.)

So gibt es für diese Geschichte also eine triviale und glaubwürdige Erklärung, die rein gar nichts mit unterstellten gerissenen Manipulationen bösartiger Fälscher in der Staatsanwaltschaft zu tun hat.

Übrigens berührt dieser Punkt freiwillig oder unfreiwillig ein wichtiges Detail der Djatlow-Tragödie, über das noch an anderer Stelle und in einem anderen Kontext zu reden sein wird. Die 18 zerrissenen Gamaschen sind ein ernstzunehmender Hinweis auf bestimmte Tätigkeiten der Personen im Zelt (siehe 19. Kapitel, »Wer hat sie umgebracht? Skizze eines Täterprofils«). Die getrennte Entdeckung von Kolewatows Messer und der dazugehörigen Scheide (das Messer im Zelt, die Scheide außerhalb) erlaubt interessante Rückschlüsse auf die Art der Ereignisse beim Zelt und das Verhalten der einzelnen Beteiligten (siehe 20. Kapitel, »Abfolge der Ereignisse am Cholat Sjachl in einer ersten Annäherung«).

Doch wir wollen nicht zu weit vorpreschen. Zurück zum Thema dieses Kapitels.

6. Die Strafakte enthält zwar das physikalisch-technische Gutachten der Swerdlowsker sanitär-epidemiologischen Station, das Spuren radioaktiver Verseuchung auf drei Kleidungsstücken nachwies. Doch es gibt keinen Hinweis darauf, dass der Ermittler Iwanow bei anderen Organisationen um eine analoge Untersuchung angefragt hätte. Indessen erwähnte er im November 1990 in einem Interview für die kasachische Zeitung *Lenins Weg* aus Qostanai nebenbei: »Nach Absprache mit Wissenschaftlern der UFAW (der Uraler Filiale der Akademie der Wissenschaften der UdSSR) führte ich eine sehr gründliche Untersuchung der Kleidung und einzelner Organe der Verstorbenen auf ›Verstrahlung‹ durch. Dabei zogen wir zum Vergleich die Kleidung und inneren Organe von Personen hinzu, die bei Autounfällen oder eines natürlichen Todes gestorben sind. Die Ergebnisse waren erstaunlich.«

Wenn es ein Gutachten in irgendeiner Abteilung der UFAW gab, wo ist es dann? Dieses Interview in Qostanai, das Iwanow kurz vor seinem Tod gab, ist ziemlich interessant. Dem ersten Eindruck nach schwingt in seinem Wortlaut Ironie oder sogar Sarkasmus mit. Als würde er vorgeben, ernst zu sprechen beziehungsweise laut zu denken, während er sich über den Korrespondenten und die Leser lustig macht. Man kann sich nur schwer des Gefühls erwehren, dass der ehemalige Ermittler der Staatsanwaltschaft, ein Kommunist, Atheist und Frontsoldat, sich über den Korrespondenten mit den Segelohren und seine Leserschaft lustig machte. Ihr wollt also Außerirdische? Ihr wollt Aliens? Ihr wollt Ufos? Könnt ihr haben!

Nehmen wir trotzdem einmal an, Lew Nikitowitsch Iwanow hätte im Ernst gesprochen, und versuchen wir, den Widerspruch zu erklären. Iwanow behauptete, dass er sich an die UFAW gewandt hatte, doch die Akte enthält ein Gutachten der sanitär-epidemiologischen Station des Gebiets Swerdlowsk.

Was bedeutet das? Wo sind die Dokumente aus der UFAW?

Nach Meinung des Autors steckt hinter diesem Widerspruch nicht die Spur einer Verschwörung. Alles stützt sich auf den banalen Wunsch des ehemaligen Ermittlers, vor den Lesern als kompetenter dazustehen, als das tatsächlich 1959 der Fall war. Bei der Analyse des physikalisch-technischen Gutachtens fällt auf, dass das radiologische Labor der sanitär-epidemiologischen Station technisch ziemlich schlecht ausgestattet war. Im Grunde hatte der Leiter des Labors Iwanow genau dies bei seiner Befragung mitgeteilt. Das Labor konnte den Isotopentyp, von dem die Betastrahlung ausging, nicht bestimmen, da es nicht über die nötige Ausrüstung verfügte. Vorsichtig geschätzt, gab es diese Ausrüstung im Jahr 1959 in acht (wenn nicht mehr) wissenschaftlichen und gewerblichen Organisationen in Swerdlowsk, die für die Militärindustrie der UdSSR arbeiteten. Den Isotopentyp hätte man während der Ermittlungen durchaus bestimmen lassen können, Iwanow hätte eine entsprechende Analyse anfordern können, was er jedoch nicht tat.

Dieses Thema wird im 14. Kapitel, »Physikalisch-technisches Gutachten. Eine Spur aus dem Nichts ins Nichts«, behandelt. Iwanows Unwille, sich genauer mit dem Problem der radioaktiv verseuchten Kleidungsstücke zu beschäftigen, hatte einen wichtigen Grund. Er handelte nicht ignorant oder unterschätzte die Bedeutung des Problems, sondern er führte eine Anordnung von oben aus. Doch das konnte Iwanow nicht einmal 1990 zugeben, da die Sowjetunion und der allmächtige KGB noch existierten. Man kann sagen, was man will, doch der KGB war in jener Zeit ein ganz anderer als 1959. Diese von Andropow* gehegte Organisation besaß damals eine einmalige Macht und neben fast unerschöpflichen finanziel-

* Juri Wladimirowitsch Andropow war ein sowjetischer Politiker, der von 1967 bis 1982 den KGB leitete. Danach war er Generalsekretär der KPdSU und Vorsitzender des Präsidiums des Obersten Sowjets und somit Staatsoberhaupt der Sowjetunion bis zu seinem Tod 1984.

len Mitteln und einer bewaffneten Streitkraft auch enormen politischen Einfluss. Wer in dieser unruhigen Zeit etwas Doppeldeutiges über den KGB sagte, brachte sich in eine sehr missliche Lage. Man konnte zum »Kämpfer gegen das totalitäre Regime« werden oder man konnte mit der Diagnose »paranoide Schizophrenie« ins Irrenhaus einziehen. Iwanow kannte die politische Situation genau und beging keine Dummheiten.

Völlig logisch »umging« er das Thema. Um Fragen über Merkwürdigkeiten beim physikalisch-technischen Gutachten zu vermeiden, erwähnte er nichts von der sanitär-epidemiologischen Station von Swerdlowsk und Doktor Lewaschow. Er erzählte frei heraus von der UFAW, weil er wusste, dass ihn niemand der Lüge überführen würde. Das geheime Dokument des physikalisch-technischen Gutachtens war ja aus der Akte entnommen und befand sich mit anderen streng geheimen Unterlagen im Sonderbestand des Archivs der Staatsanwaltschaft.

Der ehemalige Ermittler Iwanow schwindelte den Korrespondenten also an, er verlieh seinen Worten mehr Seriosität, indem er sich auf die Autorität der Akademie der Wissenschaften berief... Er vertiefte sich in die Geschichte mit den »Feuerbällen« und band ihm sozusagen einen Bären auf.

Der Autor ist überzeugt, dass in der UFAW nie ein Gutachten über den Djatlow-Fall erstellt wurde. Iwanow, der die eine oder andere seiner prozessualen Entscheidungen geheim halten wollte, gab bewusst falsche Informationen weiter. Er riskierte damit absolut nichts. Selbst wenn ihn jemand mit Argumenten widerlegt hätte, hätte Iwanow nur mit den Schultern gezuckt und etwas in der Art gesagt: »Nun, verzeihen Sie einem alten Mann, ich habe es einfach vergessen.«

Das ist alles. Das ist die ganze »Verschwörung«, die hinter der »Aktenfälschung« steckt. Faulheit, Schlamperei, der Wunsch nach Absicherung und als Folge – Fehler, Schnitzer und Dokumente, die aus der Akte verschwanden oder umgekehrt plötzlich darin auftauchten.

Sogar in der heutigen juristischen Praxis, in der die Anforderungen an Vollständigkeit und Genauigkeit der Ermittlungsdokumente bedeutend strenger sind, treten regelmäßig abenteuerliche Fehler auf. Es kommt zu Verwechslungen bei den Strafaktennummern, bei den Namen der an den Ermittlungen beteiligten Personen und so weiter. Menschen machen Fehler, verlieren die Aufmerksamkeit oder lassen sich ablenken, das liegt in unserer Natur. Man kann bei fast jedem großen Ermittlungsverfahren bei aufmerksamer Lektüre der Unterlagen formale Fehler entdecken, oft sogar eine ganze Menge. Doch das heißt noch lange nicht, dass all diese Akten vorsätzlich gefälscht wurden.

Wenn man auf hoher Ebene beschlossen hätte, die Gruppe um Igor Djatlow wegen geheimer, jedoch gravierender Gründe zu liquidieren, dann hätte das Ermittlungsverfahren völlig anders ausgesehen. Es wäre in jeder Hinsicht perfekt oder nahezu perfekt gewesen. Die Akte hätte alle notwendigen Dokumente enthalten, die nichts aussagten und nichts erklärten. Es wäre ein kriminelles Szenario gewählt worden, überzeugend, vor allem für die Angehörigen der Toten, denn gerade sie können zu jener störenden und die Öffentlichkeit aufwühlenden Macht werden, die es zu neutralisieren gilt.

Die Frage, ob im vorliegenden Fall Ermittlungsunterlagen gefälscht oder das Verfahren nachlässig durchgeführt wurde, lässt sich eindeutig beantworten: Es war Nachlässigkeit. Gefälschte Dokumente sehen ganz anders aus.

## 16. KAPITEL

# ÜBER DIE KLEINEN OHREN EINES GROSSEN TIERS. DER KGB UND DIE DJATLOW-GRUPPE

Die folgende Frage ist keineswegs rhetorisch gemeint: Warum wurde die Verfügung über die Einstellung des Ermittlungsverfahrens drei Tage nach dem Hinzufügen des radiologischen Gutachtens zur Akte erlassen? Offenbar weil der Auftraggeber des Gutachtens dies für den optimalen Ausweg hielt. Er hatte das gewünschte Ergebnis und beschloss, alle Außenstehenden von den weiteren Aktivitäten zur Feststellung der Todesursache der Wanderer auszuschließen. Und daran knüpft sich die Frage: Wer konnte überhaupt dem Ermittler Iwanow beziehungsweise seinen Vorgesetzten vorschlagen, ein radiologisches Gutachten über die Kleidung der im Bach gefundenen Leichen anfertigen zu lassen? Im Prinzip kommen dafür mehrere Institutionen in Betracht, doch der wahrscheinlichste Kandidat für die Rolle des »wachsamen Auges« ist der KGB.

Wir wollen versuchen, das zu begründen.

Es gibt einige indirekte Argumente dafür, dass das Komitee für Staatssicherheit (= KGB) sehr aufmerksam den Verlauf der Suchaktion im Loswatal verfolgte. Und nicht nur, weil es die Aufgabe der »Kanzlei für gründliche Bohrungen« war, wie damals die Abkürzung manchmal scherzhaft ausgelegt wurde, militärische Truppen zu kontrollieren, sondern weil die sowjetische Staatssicherheit ihr eigenes, geheimes Interesse an der Suche der Vermissten hatte.

Unter den Wanderern war Georgi Kriwonischtschenko, der in der geschlossenen Stadt Tscheljabinsk-40 (auch »Sorokowka« – »Vierziger« – genannt) im Ural gearbeitet hatte, heute heißt sie Osjorsk.

Das war eine Stadt für Atomspezialisten, gemeinsam erbaut mit dem sogenannten Kombinat Nr. 817, das heute unter der Bezeichnung Produktionsverbund Majak bekannt ist. In den sechs Reaktoren dieser Anlage wurde waffenfähiges Plutonium gewonnen und anschließend gereinigt. Kriwonischtschenko gehörte also zu jenen Personen, die man damals »geheime Physiker« nannte und das auch nur hinter vorgehaltener Hand. Obwohl Georgi die Fakultät für Bauingenieurwesen absolviert hatte und streng genommen gar kein Physiker war, hatte er definitiv Zugriff auf Staatsgeheimnisse und war aufgrund seiner Arbeit in einem der geheimsten Objekte des Landes ein gut informierter Geheimnisträger. Übrigens ist die Bezeichnung »geheimer Physiker« heute fast in Vergessenheit geraten, während sie in den 50er und 60er Jahren in der Sowjetunion weit verbreitet war und immer mit aufrichtigem Respekt verwendet wurde. Die Arbeit mit Kernwaffen und in der Raketentechnik bedeutete damals, zur Elite der Gesellschaft zu gehören. Das sowjetische Volk wusste, dass irgendwo an geheimen Orten, verborgen vor Spionen und einfachen Außenstehenden, »geheime Physiker und Raketentechniker« lebten und arbeiteten, die den Atomraketenschild des Vaterlands schmiedeten, und das waren die besten Menschen des Landes! Dass der Großteil der Konstrukteure modernster Waffen gleich nebenan wohnte und oft durch dieselben Straßen ging, davon ahnten die sowjetischen Menschen nichts.

Als Georgi Kriwonischtschenko nach der Wanderung mit der Djatlow-Gruppe nicht zur Arbeit erschien, musste er sofort vermisst werden. Nicht so sehr von den Kollegen als vielmehr von den Mitarbeitern der Aufsichtsabteilung. Das Verschwinden eines Geheimnisträgers, der Zugriff auf Dokumente mit dem Vermerk »streng geheim« hatte, das war mindestens ein Störfall für den ganzen Betrieb. Man musste beginnen, die Gründe für sein Fehlen zu überprüfen, wobei die offizielle Erklärung – die Teilnahme an einer Wanderung von Studenten des Swerdlowsker Polytechnischen Instituts – gerechtfertigtes Misstrauen und Beunruhigung hervorzurufen hatte. Die Spionageabwehr sieht in allem immer das Schlimmste, Misstrauen ist für ihre Mitarbeiter eine professionelle Eigenschaft. Und da kommt so eine infantile Erklärung – eine Bergwanderung mit Studenten, mit denen der verschwundene Ingenieur nicht einmal studiert hatte. (Georgi hatte das Institut 1957 absolviert, mehr als anderthalb Jahre vor der Wanderung.)

Doch Georgi Kriwonischtschenko war nicht der einzige Geheimnisträger in der Wandergruppe. Es gab noch einen Mitarbeiter eines strikt geschlossenen Betriebs: Rustem Slobodin. Alles oben Gesagte trifft auf ihn genauso zu wie auf Georgi. Das bedeutet, es gab bei den Hütern der Staatsgeheimnisse doppelten Anlass zur Sorge.

Wirkte die lange Winterwanderung in den Augen eines Mitarbeiters der professionellen Spionageabwehr seltsam oder verdächtig? Und wie! Vielleicht war die »Wanderung« überhaupt nur die Legende eines potenziellen Vaterlandsverräters! Vielleicht ging die Gruppe ohne Kriwonischtschenko oder Slobodin los oder es entfernte sich einer der beiden von der Gruppe und war nun unterwegs zur chinesischen Grenze mit streng geheimem Material über die sowjetische Kerntechnologie im Rucksack. Oder in den Iran. Oder in die Türkei, noch dazu ein Mitglied der NATO. Oder plante ein Treffen mit einem westlichen Agenten. Was machte die Spionageabwehr in so einer Situation? Wartete sie, bis die Djatlow-Gruppe den Wald wieder verließ? Vielleicht kam sie gar nicht mehr heraus, wenn der Vaterlandsverräter an Gift gedacht hatte …

Nach dem Verschwinden eines Geheimnisträgers musste als Erstes eine Liste mit den Informationen und Dokumentationen erstellt werden, zu denen er Zugriff hatte, mit denen er arbeitete oder von denen er Kenntnis hatte. Dazu wurde das Formular der Geheimbibliothek eingesehen, sein Arbeitsplatz inspiziert; wenn etwas Verdächtiges auftauchte, konnte seine Wohnung durchsucht werden, durchaus auch heimlich. Es wurden nicht öffentliche Maßnahmen zur

Aufdeckung der Kontakte des Verschwundenen unternommen. Die Telefone seiner Vertrauten wurden möglicherweise abgehört und sie selbst beobachtet – wieder heimlich, unauffällig, um durch ihre Gespräche und ihr Verhalten herauszufinden, ob sie den wahren Grund für das Verschwinden des Geheimnisträgers kannten und durch ihre Handlungen vielleicht seine kriminellen Taten deckten. Im Zuge dieser Arbeit musste die Spionageabwehr in Kriwonischtschenkos Haus Spuren finden, die von der radioaktiv belasteten Hose und den Pullovern stammten.

So wäre ein grober Geheimhaltungsverstoß zum Vorschein gekommen. Die Kleidungsstücke mit den radioaktiven Spuren aus einem streng geheimen Betrieb hätten dessen Gelände nicht verlassen dürfen. Selbst minimale Spuren von Isotopen tragen eine umfassende Information darüber in sich, was und wie in radiochemischen Betrieben erzeugt wird. (Das sind Betriebe, die in Kernreaktoren gewonnene radioaktive Rohstoffe extrahieren und anreichern und so das Basisprodukt auf den nötigen Reinheitsgrad bringen.) In den Augen ausländischer Geheimdienste sind diese Spuren wertvoller als die geheimsten Generalstabskarten der Streitkräfte der UdSSR. Vor allem, da Ende der 50er Jahre das Nuklearpotenzial der UdSSR für westliche Geheimdienste eine echte Terra incognita darstellte. So musste die Logik der sowjetischen Spionageabwehr im Februar 1959 ausgesehen haben, als sie vom Verschwinden der Djatlow-Gruppe mit »ihren« Geheimnisträgern Georgi Kriwonischtschenko und Rustem Slobodin erfuhr. Zweifellos wurde nach ihnen gesucht und eine entsprechende Fahndung eingeleitet. Im Internet findet man darüber allerdings nichts und diejenigen, die Bescheid wissen, sprechen nicht über diese Fahndung.

Stopp!, sagen an dieser Stelle aufmerksame Leser, warum geht es hier überhaupt um Rustem Slobodin und Georgi Kriwonischtschenko? Der Erste ist nicht einmal bis zum Lagerfeuer gekommen, sondern am Hang gestorben, und der Zweite war nicht in der

Schlucht, seine Leiche wurde als eine der ersten gefunden, gemeinsam mit Juri Doroschenko unter der Zeder. Wie soll das mit dem seltsamen radiologischen Gutachten zusammenhängen, das zweieinhalb Monate später angefordert wurde?

Ganz direkt. Nachdem man Kriwonischtschenkos Leiche unter der Zeder gefunden hatte, gab es keinen Grund für ein Gutachten, da Georgi nur Unterwäsche trug (ein Unterhemd, ein kariertes Hemd, eine Badehose und eine lange Unterhose). Ein Blick genügte, um festzustellen, dass dem Verstorbenen die Kleidung ausgezogen worden war. Allerdings nicht von den Wanderern, die auf dem Hang gefunden wurden (sie trugen ihre eigene Kleidung), sondern von den anderen vier. Das heißt, dass einer der Wanderer, die bis dahin noch vermisst waren, seine Kleidung anhatte. Dass im März 1959 keine radiologische Untersuchung durchgeführt wurde, beweist eindeutig, dass der wahre Auftraggeber (der KGB) genau wusste, welche Kleidungsstücke mit radioaktivem Staub verseucht waren. Nämlich die Pullover und die Hose, die man nicht unter der Zeder gefunden hatte.

Und genau diese Kleidungsstücke versuchte die Suchmannschaft mit aller Kraft zu finden, den ganzen März und April über. Der KGB wollte das Schicksal der Kleidung mit dem Isotopenstaub aufgeklärt haben, weshalb Ortjukows Leute sie eifrig suchten, während sie glaubten, die Leichen zu suchen. Das glaubte auch der Ermittler Iwanow, da ihn niemand über die wahren Hintergründe für die Hartnäckigkeit der Leitung der Gebietsstaatsanwaltschaft aufgeklärt hatte. Oberst Ortjukow schlug übrigens wiederholt vor, die Suchaktion bis zur Schneeschmelze zu unterbrechen, und nannte dafür sehr vernünftige Gründe (Schonung der Kräfte der Suchmannschaft und der staatlichen Mittel, da man im schneefreien Gebiet die Anzahl der Suchenden deutlich verringern konnte). Doch Ortjukows Ratschläge interessierten die Entscheidungsträger nicht, schließlich ging es ihnen in erster Linie um die fehlende Kleidung mit den radioaktiven Spuren.

Es gibt ein weiteres, wenn auch zweitrangiges Argument dafür, dass eine gewisse gut unterrichtete Instanz über Georgi Kriwonischtschenkos radioaktive Kleidung Bescheid wusste. Wie bereits erwähnt, wurde Kriwonischtschenko (als einziger der ersten fünf gefundenen Wanderer) auf dem Iwanowskoje-Friedhof beerdigt, obwohl dieser zu jener Zeit geschlossen war. Für Kriwonischtschenko wurde eine Ausnahme gemacht und die Bestattung auf dem geschlossenen Friedhof genehmigt. Nur fällt bei dieser großherzigen Genehmigung der städtischen Behörde eine kleine Ungereimtheit auf – Georgis Eltern hatten gar nicht darum ersucht.

Außerdem begrub man Kriwonischtschenko (eine weitere Ungereimtheit) als Einzigen aus der ersten Gruppe in einem verschlossenen Sarg. Das Öffnen des Sargs zum Abschiednehmen wurde nicht erlaubt, obwohl es dafür keine objektiven Gründe gab. Beim Verstorbenen fehlte die Nasenspitze, doch das hätte ein Maskenbildner problemlos kaschieren können. Eine Nase aus Paraffin, Gummikitt, großzügig Puder und niemand hätte vermutet, hier wäre etwas ersetzt worden. Insgesamt sah Georgi Kriwonischtschenkos Leiche nicht stärker mitgenommen aus als die anderen. Während Sina Kolmogorowa mit schrecklich veränderter Hautfarbe und Gesichtsverletzungen und Rustem Slobodin mit geschwollenen blauen Flecken auf den Schläfen und einer Schürfwunde auf dem Oberlid in offenen Särgen beerdigt wurden, wollte man Georgi seinen Freunden und Verwandten nicht zeigen.

Kein Kommentar. Nur noch eines dazu: Der Vater des Verstorbenen, Alexej Konstantinowitsch Kriwonischtschenko, gehörte zur Nomenklatura, er leitete das riesige Bauunternehmen Uralenergostroimechanisazija, doch er stammte nicht aus Swerdlowsk. Ziemlich genau ein Jahr nach der Tragödie verließ er die Stadt und ging für ein wichtiges Bauvorhaben in den Nordkaukasus. Es mag durchaus sein, dass er bewusst um die Versetzung in eine andere Region gebeten hatte, um sich von dem Ort zu entfernen, der mit dem Tod seines

Sohns verbunden war. Am neuen Arbeitsplatz wurde Alexej Kriwonischtschenko wegen seiner weißen Haare »Großvater« genannt. (Damals war er erst 53 Jahre alt.) Nach seiner Abreise ersuchte er darum, Georgis sterbliche Überreste in seine Heimat, die Ukraine, überführen zu dürfen. Wie unschwer zu erraten, erhielt er eine Absage ohne Angabe von Gründen.

Neben all diesen Merkwürdigkeiten gibt es eine indirekte Bestätigung, dass der KGB über das Vorhandensein von radioaktivem Material in der Djatlow-Gruppe Bescheid wusste. Es existieren Erinnerungen eines jungen Mitarbeiters der Staatsanwaltschaft Iwdel, des bereits erwähnten Wladimir Iwanowitsch Korotajew. Darin erzählt er von der gerichtsmedizinischen Untersuchung der Leichen aus der Schlucht im Mai 1959. Laut Korotajew wurde ein 200-Liter-Fass mit Alkohol in die Leichenhalle in Iwdel geliefert, in dem sich alle bei der Obduktion anwesenden Personen abspülten. (Sie tauchten buchstäblich ein.) Eine äußerst seltsam anmutende, vollkommen unübliche Vorsichtsmaßnahme. Pathologen arbeiteten bereits in den 50er Jahren mit dicken Gummihandschuhen, die bis zum Ellbogen reichten und nicht mit normalen chirurgischen Handschuhen vergleichbar waren. Man konnte sie unmöglich per Zufall mit Instrumenten durchstechen oder schneiden. Das Alkoholfass als Desinfektionsmittel war also auch damals ungewöhnlich. Trotzdem spülten sich, wenn man Korotajew glauben kann, alle sieben anwesenden Personen gewissenhaft darin ab. Obwohl sie selbst nicht recht wussten, warum. Es wurde ihnen einfach so aufgetragen. (Von wem? Wann? Und wozu? Das geht aus Korotajews Erzählung nicht hervor, sie ist zu verworren und wirkt an einigen Stellen unglaubwürdig.)

Die Geschichte mit dem Alkoholfass in der Leichenhalle lässt sich nicht erklären ohne den folgenden kaum bekannten Umstand. In der Sowjetunion der 50er Jahre, als die Mittel beschränkt waren und es sogar an den elementarsten Dingen fehlte (man bedenke, dass die Djatlow-Gruppe nicht einmal Schlafsäcke besaß), wurde Alkohol als Allheilmittel gegen fast alle Krankheiten angesehen. Man glaubte, dass Alkohol besonders gut Staub beseitige. In jener Zeit erhielten die Besatzungen von U-Booten einmal in der Woche einen Becher Alkohol und einen Wattebausch zum Abreiben. Das ist kein Scherz, damals glaubte man wirklich, dass man mit Alkohol radioaktiven Staub besser vom Körper waschen könne als mit gewöhnlichem Wasser. Den jungen Matrosen wurde erklärt: »Rotwein entfernt Isotope aus dem Inneren des Organismus und reiner Alkohol schwemmt sie vom Körper.« Diese Art der Desinfektion wirkt heute natürlich skurril, aber sie entsprach der Praxis.

Im vorliegenden Fall war der Staat großzügiger. Er teilte ein ganzes Fass Alkohol zu. Interessant ist jedoch etwas anderes: Wer konnte bereits vor der radiologischen Untersuchung dieses Fass besorgt haben? Wer war so weitsichtig?

Darauf ist nur eine Antwort möglich: jemand, der wusste, dass die Djatlow-Gruppe radioaktiv belastete Sachen besaß. Oder der zumindest Grund zur Annahme hatte, dass es sie gab. Man darf nicht vergessen, dass in jener Zeit ein Fass voll Alkohol in einem abgelegenen Kaff wie Iwdel ein wahrer Schatz war, der erhebliche Mittel erforderte und nicht so leicht aufzutreiben war. Vermutlich kam es gar nicht aus dem winzigen Iwdel, sondern musste extra aus Serow oder sogar Swerdlowsk angeliefert werden. Trotzdem reichten die Verwaltungsressourcen der gut unterrichteten Instanz, um in den unermesslichen Weiten des Gebiets Swerdlowsk ein überzähliges Fass mit Alkohol ausfindig zu machen und es umgehend in die Gefängnisleichenhalle bringen zu lassen.

Aber lenken wir den Blick von einem Fass Alkohol, das aus dem Nichts auftauchte, lieber auf eine grundsätzlichere Frage: Hätte der Ermittler Lew Nikitowitsch Iwanow, nachdem er von der Existenz der Kleidungsstücke mit radioaktivem Staub erfahren hatte, die Isotopenzusammensetzung feststellen müssen? Unbedingt, denn einige radioaktive Isotope sind höchst toxisch. Wenn giftiger Staub (oder eine Lösung, das spielt keine Rolle) auf Georgi Kriwonischtschenkos Kleidung gelangt wäre, hätten diese Substanzen (bzw. diese Substanz) nicht eine Gefahr für die Menschen in unmittelbarer Umgebung dargestellt? An einem Tag gelangen die Isotope auf Kriwonischtschenkos Kleidung, am nächsten auf Iwanows, danach auf die eines gewöhnlichen Bürgers und nach einem halben Jahr ist Swerdlowsk eine Zone durchgängiger radioaktiver Kontamination, wie Hiroshima oder Nagasaki. Kann man das Entweichen eines potenziell höchst toxischen radioaktiven Isotops aus seinem Aufbewahrungsort ignorieren? Ein solches Isotop unterliegt schließlich strengsten Auflagen, und es gibt wahrscheinlich Personen, die für seine sichere Verwahrung verantwortlich sind. Liegt hier keine strafbare Pflichtverletzung von ihrer Seite vor? So würde ein Mann des Gesetzes denken, wenn er mit einem vergleichbaren Vorfall wie der Ermittler Iwanow konfrontiert wäre.

Der Ermittler hätte die Feststellung der Isotopenzusammensetzung in die Wege leiten müssen. Das radiologische Labor der städtischen sanitär-epidemiologischen Station von Swerdlowsk verfügte nicht über die nötige technische Ausstattung, das weiß man von Lewaschow, dem leitenden Radiologen der Stadt, den Iwanow nach dem physikalisch-technischen Gutachten befragte. (Zitat Lewaschow: »Das Fehlen der entsprechenden Geräte und Voraussetzungen im Labor erlauben keine radiochemische und spektrometrische Analyse, um die chemischen Strukturen des Strahlers und die Energie seiner Emission zu bestimmen.«)

Trotzdem war dieses Problem lösbar. In Swerdlowsk gab es zu dieser Zeit Betriebe, die die nötige Technologie zur Durchführung einer Kernspektroskopie beziehungsweise Radiometrie besaßen. In Tscheljabinsk-40 selbst hätte man eine solche Analyse erfolgreich und mit hoher Genauigkeit durchführen und das unbekannte Isotop (oder die Isotopenmischung) auf Milligrammbruchteile genau bestimmen können. Der Ermittler hätte die entsprechende Hilfe und nötige Auskunft in einer der profiliertesten Organisationen bekommen können.

Doch Staatsanwalt Iwanow verzichtete nicht nur auf eine solche Analyse, sondern erstellte am 28. Mai, einen Tag nach der Befragung des leitenden städtischen Radiologen Lewaschow, die Verfügung über die Schließung des Verfahrens. Das Vorgehen des Ermittlers wirkt auf den ersten Blick nicht nur unlogisch oder schlampig, sondern richtiggehend kriminell.

Doch ein Krimineller war Lew Nikitowitsch Iwanow natürlich nicht. Sein ganzes Vorgehen ergibt einen Sinn, wenn man die Existenz einer »gut unterrichteten Instanz« annimmt, die von Zeit zu Zeit wertvolle Ratschläge gab und den Ermittlungsverlauf im Verborgenen steuerte. Für diese Instanz war die Isotopenzusammensetzung des radioaktiven Staubs auf der Kleidung des Verstorbenen kein Geheimnis, doch es war ihr wichtig, dass dies für alle anderen ein Geheimnis blieb. Offenbar war dieses Isotop so spezifisch, dass jeder Experte, der nicht in die geheimen Hintergründe der Vorfälle am Cholat Sjachl eingeweiht war, über sein Vorkommen auf der Kleidung von normalen Wanderern erstaunt gewesen wäre.

Auf dieses Thema gehen wir später noch unter einem anderen Aspekt ein, wenn wir versuchen zu verstehen, welches Geheimnis der radioaktive Staub auf Kriwonischtschenkos Kleidung bergen könnte. In der Zwischenzeit nehmen wir an, dass die »gut unterrichtete Instanz« aktiv danach strebte, Diskussionen darüber zu unterbinden. Die Verstorbenen hatten viele Bekannte in der technischen Intelligenzija, darunter auch Personen, die zu viel wussten und womöglich die richtigen Schlüsse ziehen würden. Und der beste Weg, um künftiges Gerede zu verhindern, war, jegliche Ermittlungstätigkeit sofort einzustellen.

Was auch gemacht wurde. Wie das technisch aussah, weiß man nicht und wird es auch nie erfahren. Man kann nur vermuten, dass die »gut unterrichtete Instanz« Iwanow nicht direkt kontaktierte, sondern über seinen Kopf hinweg agierte. Die ursprüngliche Version der Verfügung über die Schließung des Verfahrens liegt vor, in der Iwanow die Ergebnisse des physikalisch-technischen (radiologischen) Gutachtens erwähnte. (Er verwechselte dabei Kolewatow und Solotarjow, doch solche Schlampereien des bemerkenswerten Staatsanwalts verwundern längst nicht mehr.) Dieses Dokument wurde von Iwanow selbst und dem Leiter der Ermittlungsabteilung der Gebietsstaatsanwaltschaft, einem gewissen Lukin, unterschrieben und landete danach auf dem Tisch des Gebietsstaatsanwalts Klinow. Und erweckte dessen Zorn. Der Gebietsstaatsanwalt war sich nicht zu schade, jede Seite diagonal durchzustreichen und eigenhändig wertvolle Gedanken und Meinungen dazuzuschreiben, die in der Verfügung offenbar fehlten. Der Genosse Klinow ärgerte sich besonders über die Erwähnung des physikalisch-technischen Gutachtens – drei entsprechende Absätze strich er sogar doppelt durch. Das ist die einzige Stelle im Text, die so energisch bearbeitet wurde.

Der endgültige Text der Verfügung über die Schließung des Verfahrens enthält kein einziges Wort über ein physikalisch-technisches Gutachten, wie wir wissen.

Der Gebietsstaatsanwalt konnte genau die Person sein, die Kontakt zur »gut unterrichteten Instanz« hatte und in deren Interesse handelte. Obwohl vielleicht auch er nicht direkt mit den Vertretern des KGB zusammenarbeitete, sondern von seinem Vorgesetzten aus Moskau Anweisungen erhielt, das heißt, dass die grundsätzliche Koordinationstätigkeit dort stattfand. Es ist wichtig, dass Klinows Untergebene in Unkenntnis der Verflechtungen fehlerhafte Entscheidungen trafen. (Schließlich fanden Iwanow und Lukin nichts Schlimmes daran, einen Abschnitt über das radiologische Gutachten in die Verfügung über die Schließung des Verfahrens einzufügen, wofür ihnen jedoch ihr Vorgesetzter »auf die Finger klopfte«.)

Die »gut informierte Instanz« bemühte sich, unbemerkt zu bleiben und keine offensichtlichen Spuren zu hinterlassen. Das ist ihr auch gelungen. Iwanows Akte ist das Interesse des KGB an einem bestimmten Ausgang der Ermittlungen nicht anzusehen. Doch die »Ohren« des KGB blitzen trotzdem hervor, wie sehr man sich auch bemühte, sie zu verstecken. Später wird sich zeigen, dass es ziemlich viele solcher »Ohren« gibt.

Wir wollen das hier nicht vertiefen, sondern uns einem anderen Thema zuwenden: den verschiedenen Theorien über die Tragödie am Hang des Cholat Sjachl. Erst nachdem alle derzeit existierenden Erklärungen für die Tragödie vom 1. Februar 1959 vorgestellt sind und ihre Haltlosigkeit bewiesen wurde, bekommen die Leser die logische und widerspruchsfreie Theorie des Autors präsentiert.

## 17. KAPITEL

# VERRÜCKTHEITSRANKING. THEORIEN ZUM TOD DER WANDERER FÜR JEDEN BEDARF

Die vielfältigen Theorien über die Tragödie um die Wanderer der Djatlow-Gruppe lassen sich zu drei großen Gruppen zusammenfassen. Sie unterscheiden sich durch unterschiedliche Einflussfaktoren:

- natürliche,
- paranormale oder
- kriminelle Ursachen.

*Natürliche Ursachen:* Wie zu erwarten, versuchen diese Theorien die Vorfälle auf dem Cholat Sjachl mit Naturerscheinungen zu erklären und verwenden dafür je nach Kompetenzen der Autoren naturwissenschaftliche Fakten und Begriffe.

Die fundierteste Theorie dieser Kategorie stammt von Jewgeni Wadimowitsch Bujanow, einem Erforscher der Djatlow-Tragödie aus St. Petersburg, der davon ausgeht, dass am Aufstellplatz des Zelts eine Lawine abging. Seine Theorie begründet Bujanow in dem Buch »Das Geheimnis des Djatlow-Unglücks«, das er gemeinsam mit Boris Jefimowitsch Slobzow verfasst hat, einem Mitglied des Suchtrupps (bereits mehrmals in dieser Abhandlung erwähnt). Das Buch ist sehr aufschlussreich, die Autoren verstehen es, sogar die langweiligen technischen und mathematischen Fakten ansprechend und unterhaltsam zu beschreiben. Nicht zuletzt aufgrund seiner literarischen Qualitäten ist Bujanows Werk sowohl weithin bekannt als auch sehr populär. Die Menschen, die seiner Hypothese glauben, werden gewöhnlich »Lawinenanhänger« genannt.

Laut der Lawinentheorie wurde durch unvorsichtige Handlungen der Wanderer ein Lawinenabgang ausgelöst, als sie die Schneeschicht beim Einebnen einer Fläche beim Zeltplatz »anschnitten«. Dadurch bildete sich über ihnen am Hang eine Mauer, deren oberer Teil sich irgendwann abwärtsbewegte und dabei das Zelt und die Menschen darin teilweise verschüttete. Streng genommen war das keine Lawine, bei der sich eine Schneemasse chaotisch den Hang hinabwälzt, sondern die Bewegung eines Schneebretts über einige Dutzend Meter. Es erwischte den hinteren Teil des Zelts, der Eingangsbereich blieb dagegen verschont. Harter gepresster Schnee (Firn) mit einer Dicke von etwa 50 Zentimetern kann einem Menschen durchaus schwere körperliche Verletzungen zufügen, somit erklären sich die Verletzungen von Dubinina, Solotarjow und Thibeaux-Brignolle. Die unverletzt gebliebenen Wanderer ergriffen alle möglichen Maßnahmen zur Selbstrettung. Sie machten viele kleine Schnitte in die (vom Eingang aus) rechte Zeltwand, um die Dicke der Schneeschicht auf dem Zelt zu bestimmen und die Luftzufuhr zu sichern, und danach eine Reihe langer Schnitte, die als Ausgänge dienten. Durch sie zogen sie auch ihre schwer verletzten Freunde auf den Hang und versuchten, sie so gut wie möglich zu wärmen – das erklärt, warum Solotarjow und Thibeaux-Brignolle besser angezogen waren als die anderen. Die Schläfe von Letzterem wurde vom Objektiv eines Fotoapparats eingedrückt, und er war zu diesem Zeitpunkt bereits bewusstlos. Zur Untermauerung dieser Annahme verweisen die Lawinenanhänger darauf, dass in seiner Jackentasche Handschuhe steckten und in seinem Filzstiefel eine zerknüllte Socke. Wenn Thibeaux-Brignolle bei Bewusstsein gewesen wäre, so die Argumentation, dann hätte er auf jeden Fall die Handschuhe angezogen und die störende Socke aus dem Stiefel gezogen.

Die Verletzten wurden von den anderen Wanderern ins Loswatal befördert, wo in der Schlucht für sie eine Grube ausgehoben und eine Auflage errichtet wurde. Als die Gruppe begriff, dass sie ohne

Handschuhe und Schuhe unweigerlich Erfrierungen und sogar den Tod riskierten, kehrten ein paar von ihnen zum Zelt zurück und verloren am Hang ihr Leben. Zwei Wanderer starben bei der Zeder, als sie mit letzter Kraft versuchten, ein Feuer in Gang zu halten, das als Orientierungspunkt für die anderen dienen sollte. Alexander Kolewatow blieb allein mit den verletzten Freunden zurück. So war der Ablauf der Ereignisse nach Meinung der Lawinenanhänger.

Man muss anerkennen, dass diese Hypothese sehr interessant klingt. Sie hat nur einen Nachteil – es fehlt jeder Bezug zur Djatlow-Gruppe.

Hier die wesentlichen Einwände gegen das Lawinenszenario:

1. Es wurden keine Lawinenspuren am Hang des Cholat Sjachl verzeichnet und niemand aus der Suchmannschaft, die im Februar beziehungsweise März auf dem Berg war, hatte ein Schneebrett gesehen. Zum Suchtrupp gehörten übrigens nicht nur einfache Wanderer, sondern auch Bergsteiger, die nicht das erste Mal mit Lawinen zu tun hatten. Alle, die den Zeltplatz gesehen hatten, darunter auch die Moskauer Experten, die sich dort ganz am Anfang der Suchaktion aufhielten, waren sich einig, dass es keine Gefahr gab. Die Lawinenanhänger erklären den fehlenden Schnee damit, er wäre »von einem starken Wind weggeblasen« worden, bevor der erste Suchtrupp ankam. Dabei ist es allerdings unerklärlich, dass dieser »starke Wind« die Fußspuren der Wanderer vom Zelt ins Loswatal nicht »weggeblasen« hatte. Diese Spuren blieben bis zum 6. März 1959 sichtbar.

2. Die Schneebewegung (bzw. Lawine) riss erstaunlicherweise nicht die Skistöcke auf beiden Seiten des Zelts mit sich, ja, sie fielen nicht einmal um. Die Spannseile am hinteren Teil des Zelts waren bekanntlich abgerissen, doch die im Schnee steckenden Stöcke hielten stand. Logischerweise hätte die bewegte Schneeschicht sie umwerfen müssen.

3. Die hereinbrechende Schneemasse hätte das Zelt unausweichlich einstürzen lassen müssen, was die bekannten Schnitte unmög-

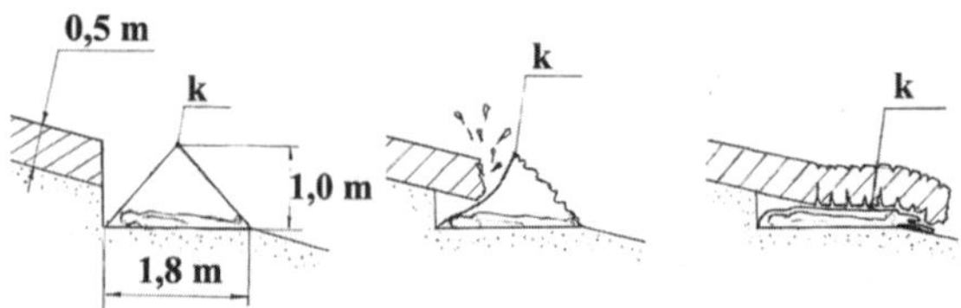


Skizze zum Abgang eines Schneebretts auf das Zelt der Djatlow-Gruppe. Links: die Ausgangssituation. Beim Aufstellen des Zelts »schnitten« die Wanderer unvorsichtig die Schneeschicht »an« und schafften damit eine Schneewand über dem Zelt. Mitte: die Abwärtsbewegung einer Schneeschicht von 0,5 Metern Dicke oder mehr. Rechts: die Endsituation. Der Abgang einer bedeutenden Schneemasse hätte das Zelt so zusammengeschoben, dass die linke hangaufwärts ausgerichtete Zeltwand die Personen im Inneren bedeckt hätte. Dabei wäre der Zeltfirst »k« bei einer Höhe der Zeltwand von ca. 1,4 Metern zu den Knien der vom Schnee niedergeworfenen Personen verrutscht. Sogar wenn die Wanderer unter dem Schnee die Möglichkeit gehabt hätten, auf dem Rücken liegend das Zeltdach zu zerschneiden (was äußerst zweifelhaft ist), dann hätten sie die Schnitte an der vom Eingang aus linken Zeltwand gemacht und nicht auf der rechten, wie es tatsächlich der Fall war.

lich gemacht hätte. Das Zelt war mit der (vom Eingang aus) linken Seite zum Hang ausgerichtet und ein schnell herabrollendes Schneebrett hätte unvermeidlich dazu geführt, dass die linke Zeltwand auf den Wanderern im Inneren zu liegen gekommen wäre. Gleichzeitig wäre der Zeltfirst bis zu den Knien der liegenden Gruppe verrutscht. Um nach draußen zu gelangen, hätten die Wanderer die linke Zeltwand aufschneiden müssen, doch es war die rechte, die zerschnitten war. Man kann natürlich annehmen, dass die Wanderer mit den Köpfen in die entgegengesetzte Richtung lagen, das heißt mit dem Kopf nach unten, doch das löst das Problem der zerschnittenen Plane nicht, sondern verstärkt es nur noch. Schließlich wäre die rechte Zeltwand wie ein Akkordeon zusammengeschoben gewesen und hätte so unmöglich zerschnitten werden können.

4. Die Lawinenanhänger erklären die kleinen, größtenteils horizontalen Schnitte am Zeltdach damit, dass die Wanderer mit ihnen die Schneedicke auf dem Zelt überprüfen und frische Luft ins Zelt lassen wollten.

Doch ein erheblicher Teil dieser Schnitte befand sich nahe dem Zelteingang, also in dem Bereich, der nicht von der Lawine betroffen war.

5. Die Selektivität der verletzenden Einwirkung auf Dubinina, Solotarjow und Thibeaux-Brignolle lässt sich nicht erklären, wenn der Ursprung dieser Einwirkung tatsächlich eine Lawine gewesen sein sollte. Damit Solotarjow die beschriebenen Rippenbrüche entlang der mittleren Axillarlinie erhielt, hätte er auf der linken Seite liegen müssen. Doch in dieser Position hätte er sich unweigerlich auch die rechte Hand verletzt. Selbst wenn er mit dem Arm hinter dem Kopf dagelegen hätte, hätte ein Schneebrett, das ungefähr eine halbe Tonne wiegt, beim Aufprall auch die Armknochen brechen müssen. Wenn ein Mensch in so einer Situation auf der Seite liegt, dann wird der oben liegende Arm viel eher verletzt als die Rippen. Doch Solotarjows Arm blieb heil. Bei Ljudmila Dubininas Verletzungen sieht das Ganze noch unglaubwürdiger aus. Ihre Rippenbrüche entstanden durch mindestens zweimalige starke Krafteinwirkung in verschiedenen Positionen (auf dem Rücken und auf der rechten Seite liegend). Man muss eine wirklich reiche Fantasie haben, um zu glauben, dass an ein und demselben Ort gleich zweimal eine Lawine abgeht. Vom Objektiv des Fotoapparats, das sich in die Schläfe von Nikolai Thibeaux-Brignolle eingedrückt haben soll, war bereits an anderer Stelle die Rede. Die eingedrückte Fläche von 3 x 2,5 Zentimetern entspricht kaum den Maßen des Objektivs, doch die Lawinenanhänger haben keine bessere Erklärung: Die festen Gegenstände (z. B. die Axt) passen nicht aufgrund ihrer Form und Größe und die hohlen (z. B. Tassen oder Flaschen) aufgrund ihrer geringen Stabilität. Eine Tasse oder Flasche wäre vom Kopf einfach zerdrückt worden.

6. Der Transport der von der Lawine verletzten Wanderer ins Loswatal wäre unter den gegebenen Umständen völlig unmöglich gewesen. Alle Überlegungen zu diesem Thema muss man als

Wunschdenken einstufen. Ljudmila Dubinina hatte einen Bluterguss im Herzmuskel und wäre gleich am Hang innerhalb weniger Minuten gestorben, Thibeaux-Brignolle wurde durch die Verletzung bewusstlos und konnte sich nicht selbstständig fortbewegen. Und Semjon Solotarjow mit seinen zahlreichen Rippenbrüchen benötigte ebenfalls Hilfe beim Gehen. Die sechs anderen Wanderer hatten beim besten Willen keine Chance, die drei verletzten Freunde den Hang hinab und bis zur Schlucht zu transportieren, dort eine Auflage zu bauen, Holz fürs Lagerfeuer zu sammeln und dann wieder den Hang in Richtung Zelt aufzusteigen. Die Teilnehmer des Suchtrupps waren sich einig, dass es auf dem Hang keine Schleifspuren gab und die Fußspuren eindeutig von mehr als sechs Personen stammten.

7. Die Lawine, die mit Leichtigkeit die Knochen von mindestens drei Wanderern der Djatlow-Gruppe gebrochen hatte, verschonte auf wundersame Weise die Flasche, den Eimer, den Ofen, das Rohr des Rauchabzugs und die Aluminiumtassen. Das waren dünnwandige Gegenstände mit einer geringen Formstabilität, von denen einige (z. B. das Rauchabzugsrohr) aus dünnem Blech bestanden, das sogar ein Kind hätte zerquetschen können. Die Selektivität der Lawine, die zwar die Menschen gnadenlos verstümmelte, die genannten Metallgegenstände jedoch verschonte, ist wahrlich bemerkenswert.

8. Selbst wenn man glaubt, dass eine Lawine tatsächlich die Hälfte des Zelts unter sich begraben hatte, wirkt die Flucht der Wanderer den Hang hinab völlig sinnlos. Aus den Erfahrungen von Bergsteigern ist bekannt, dass nach dem ersten Abgang einer Lawine eine zweite folgen kann (da sich die Gewichtsverteilung in der Schneekuppel verschiebt), doch vor dieser Bedrohung rettet man sich nicht mit einer Flucht nach unten, sondern weicht seitlich aus. In diesem Fall wäre die Djatlow-Gruppe besser nicht ins Flusstal abgestiegen, sondern auf dem Pass in Richtung Vorratslager gegangen. Die

Lawinentheorie erklärt nicht, warum die Djatlow-Gruppe eine nicht optimale und sogar fatal falsche Bewegungsrichtung wählte.

9. Zuallerletzt fehlt bei der Lawinentheorie die Erklärung für einen weiteren wichtigen Umstand, den man bei der Analyse der Handlungen der Wanderer nicht außer Acht lassen darf. Die meisten der Wanderer führten ein Tagebuch und besaßen Schreibmaterialien. Alexander Kolewatow, der nach einhelliger Meinung als Letzter starb, schrieb bei praktisch jedem Halt in sein Notizbuch. Da die Wanderer nicht gleichzeitig und auch nicht schnell starben, ist es unverständlich, warum keiner von ihnen Aufzeichnungen hinterlassen hat, die die Vorfälle erklären. Kolewatows Tagebuch wurde nicht gefunden, obwohl Juri Judin es auf der Wanderung gesehen hatte. Erfrorene Hände (die das Halten eines Bleistifts unmöglich machen) sind keine Begründung, da einfachste Texte auch mit einem Bleistift zwischen den Zähnen geschrieben werden können.

Man könnte noch viel mehr Argumente aufzählen, die die Lawinentheorie widerlegen, doch das Angeführte reicht völlig aus, um mit Bestimmtheit sagen zu können: Am 1. Februar 1959 lief alles ganz anders ab.

Während eine Lawine zwar ein vergleichsweise seltenes, doch den meisten Menschen geläufiges Phänomen ist, kommen bei den anderen Theorien über natürliche Ursachen kaum bekannte Naturanomalien ins Spiel. Die Autoren denken sich eine Art »Zauberstab« aus, dem sie besondere unerklärliche Eigenschaften zuschreiben. Der Name des »Zauberstabs« ändert sich jedes Mal, doch der Mechanismus für die Erstellung der Theorie bleibt derselbe. Die Naturgewalten wirken auf die Djatlow-Gruppe ein, nehmen den Menschen jegliche Vernunft und Willenskraft, worauf sie in Panik verfallen und ohne Kleidung und Schuhe aus dem Zelt flüchten, um in der Kälte Rettung zu suchen.

In diesen Theorien dienen die folgenden Naturereignisse als Auslöser für die dramatischen Ereignisse: Infraschall, Wintergewitter, Kugelblitze und ähnliche Phänomene. Der Infraschall entstand angeblich durch starke Winde, die Inselberge, also hoch aufragende Felsen auf dem Djatlow-Pass, umtosten. Ein Wintergewitter soll sich an der Grenze zweier Wetterfronten über dem Uralgebirge gebildet haben. Woher aber der Kugelblitz kam, das wissen nicht einmal die Autoren selbst, da bis heute nichts über das Entstehen von Kugelblitzen bekannt ist.

Bei aller Vielfalt unterscheiden sich diese Theorien praktisch nicht voneinander, sie gleichen eher einer Sammlung von Mythen und Schauermärchen. Niemand hat je davon gehört, dass Inselberge Infraschall hervorrufen, doch selbst wenn es diesen Effekt wirklich gäbe, wird seine Wirkung auf den menschlichen Organismus stark übertrieben. Kosmonauten sind beim Start einer Trägerrakete sehr starkem Infraschall mit einer Frequenz von 5 bis 7 Hertz ausgesetzt, der von Turbopumpen und den großen durch die Turbinenantriebe der Rakete gepumpten Treibstoffmengen erzeugt wird. Bei diesem Vorgang treten unangenehme physiologische Symptome auf. (Die Kosmonauten klagen insbesondere über das Gefühl, dass sich ihre inneren Organe bewegen.) Doch dies hat keinen Einfluss auf eine adäquate Wahrnehmung der Umgebung und die eigene Handlungsfähigkeit.

Diskussionen darüber, dass die Übereinstimmung sehr niedriger Schallfrequenzen mit einem der wichtigsten Biorhythmen des Gehirns zu einem Verlust der Selbstkontrolle führen und Aggressionen wecken kann, sind unhaltbar. Entsprechende Experimente wurden von vielen Geheimdiensten der Welt durchgeführt (nicht nur von der faschistischen Gestapo, sondern auch in der UdSSR, in den USA, in Israel und vielen anderen Ländern). Es entstanden höchst exotische Theorien über die Auswirkungen auf die Psyche der Befragten. So glaubte man zum Beispiel, dass ein Verlust des Tastsinns zu einer unausgeglichenen Selbstkontrolle führt und Panik oder Ähnliches hervorruft. Letzten Endes stellten sich all diese Erfindungen als völlig haltlos heraus, und es zeigte sich, dass eine gesunde menschliche Psyche sehr widerstandsfähig gegen äußere Reize ist.

Die Annahme, dass Infraschall ein mächtiges und effektives Folterinstrument sei, erwies sich als falsch und gänzlich aus der Luft gegriffen. Die größte unangenehme Wirkung war ein Schmerz in den Ohren, den die Testpersonen jedoch als erträglich einstuften und mit den Schmerzen bei entzündeten oder kariösen Zähnen verglichen. Außerdem darf man nicht außer Acht lassen, dass Wind, wie stark er auch sein mag, kaum eine Infraschallwelle erzeugen kann, dessen Stärke an die von Raketen oder Düsenflugmotoren heranreicht. Deshalb ist es unverständlich, warum die Wanderer unter dem Einfluss des Infraschalls (wenn er denn tatsächlich aufgetreten wäre) den Verstand und jegliche Selbstkontrolle hätten verlieren sollen. Nicht einmal die mächtigste Infraschallwelle, vom stärksten vorstellbaren Luftstrom hervorgebracht, könnte mit ihrem Höchstwert und ihrer übertragbaren Energie den Infraschall übertreffen, der in speziellen Lautsprecherboxen erzeugt wird. Erzählungen von Geisterschiffen, deren Besatzung sich angeblich unter dem Einfluss von Infraschall ins Wasser stürzte, wurden nie bestätigt. Das sind dieselben Fantastereien wie die über Infraschall auf Inselbergen des Urals.

Genauso exotisch wie der Infraschall sind ein Kugelblitz oder ein Wintergewitter als Gefahrenquelle. Kugelblitze sind außerdem äußerst selten, man nimmt an, dass nur einer von einer Million Menschen einen Kugelblitz gesehen hat. Durch Aufschneiden des Zelts ohne Schuhe und Handschuhe vor einem Kugelblitz zu fliehen ist eine nicht gerade naheliegende Reaktion. Es wäre viel logischer gewesen, einen Gegenstand auf die Erscheinung zu werfen, zum Beispiel den Eimer, die Axt, einen Filzstiefel. Es sind übrigens Fälle bekannt, in denen ein Kugelblitz vertrieben werden konnte, indem man einen langen Gegenstand auf ihn richtete, zum Beispiel einen

Zweig oder eine Schaufel. (Vielleicht hängt das damit zusammen, dass die Spitze eines solchen Gegenstands beim Auftreten eines Kugelblitzes statisch geladen ist. Genaueres ist schwer zu sagen, da es keine allgemeingültige Theorie über das Entstehen und Verhalten von Kugelblitzen gibt.) Wichtig ist die Feststellung, dass es sich um kurzlebige Objekte handelt, ihre Dauer beschränkt sich auf einige Dutzend Sekunden. Deshalb ist es völlig unverständlich, warum die Djatlow-Gruppe anderthalb Kilometer wegrennen musste.

Außerdem erklären die Theorien von einem Wintergewitter oder einem Kugelblitz nicht die Verletzungen der Wanderer, jedenfalls nicht durch natürliche Ursachen. Um diese Unstimmigkeit zu beseitigen, wurden sehr holprige Deutungen erfunden, laut denen Rustem Slobodin aufgrund eines Sturzes am Hang des Cholat Sjachl starb, während Solotarjow, Thibeaux-Brignolle und Dubinina auf den Stein stürzten, auf dem später ihre Leichen gefunden wurden. Dass dieser Stein im Februar von einer meterdicken Schneeschicht bedeckt gewesen sein musste, wird dabei ignoriert. Stattdessen wird argumentiert, der Februar sei der schneereichste Monat im nördlichen Ural und der November und der Januar am trockensten. Deshalb, so heißt es, sei der Boden der Schlucht praktisch schneefrei gewesen. Wie in einem solchen Fall die Auflage im Schnee ein paar Meter südlicher hätte gebaut werden sollen, ist unklar, doch in den Köpfen der Anhänger der Naturgewaltentheorien vertragen sich diese Widersprüche problemlos. Die merkwürdige »Sturzanfälligkeit« von vier der neun Wanderer, die ihren schnellen Tod nach sich zog, ruft ebenfalls kein Erstaunen bei ihnen hervor. Es gelingt ihnen nicht besonders gut, Gegensätze (die ursprüngliche Aussage und das Endresultat) zu vereinen.

*Paranormale Ursachen:* In diese Kategorie fällt ein ganzes Spektrum von Hypothesen, von eindeutig fantastischen bis hin zu folkloristisch-mystischen. Sie ist viel langweiliger als die anderen, da bei aller scheinbaren Vielfalt der Ansätze die Beweisführung immer auf das Wirken eines »Zauberstabs« hinausläuft, der willkürlich alle logischen Probleme und Diskrepanzen löst.

Zu den Theorien, die auf paranormalen Ursachen aufbauen, zählen die folgenden: a) »außerirdischer Kontakt« (»die gelben Kugeln waren außerirdische Raumschiffe«); b) ein von den Mansen verfluchter Ort (»die schlechte Energetik des Orts ließ die Menschen den Verstand verlieren«); c) Angriff eines Yetis; d) Einfluss einer »unreinen« Kraft (Waldgeister und Figuren aus der mansischen Folklore) und so weiter.

Es existieren auch einige Varianten, die mehrere der oben aufgezählten Hypothesen in sich vereinen. Ein anschauliches Beispiel ist die höchst ungewöhnliche Theorie des vielseitigen Journalisten Kisilow. Er meint, dass die Mitglieder der Djatlow-Gruppe durch geheime Experimente des KGB zur Entwicklung einer Superwaffe starben. So deutet dieser Autor die »Feuerbälle«. Herr Kisilow verfügt, wie es ihm selbst scheint, über eine klare Vorstellung von der Beschaffenheit der Welt und des Universums und besitzt die seltene Gabe, über komplizierte Sachverhalte einfach, kurz und knapp sprechen zu können. Dazu einige aussagekräftige Zitate, die zeigen, wie tief der Journalist Kisilow die Erscheinungen durchdrungen hat: »Die Art der Verletzungen erlaubt die Annahme, dass Menschenversuche durchgeführt wurden: Mord durch eine Strahlung unbekannter Herkunft. Zwei Personen wurden durch Einwirkung auf den Brustkorb getötet und zwei weitere durch eine Einwirkung auf den Schädel (auf den Kopf). […] Basierend auf modernen Menschen- und Tierversuchen, die bereits in die Tausende gehen, kann man mit Sicherheit davon ausgehen, dass in der UdSSR Ende der 50er Jahre Experimente an Menschen zur Zerstörung der inneren Organe und des Knochengerüsts durch eine unbekannte Energie durchgeführt wurden, die von bestimmten Apparaten auf Feuerbällen ausgestrahlt wurde. Ljudmila Dubininas Zunge konnte zu Versuchszwecken auf der Astralebene entfernt (zerstört) worden sein, woraufhin sie auf der physikalischen Ebene von selbst aufgrund des Verlusts der Astralbasis verschwand. […] Es fand ein Astralmord statt, der nicht nur der breiten Masse, sondern auch vielen Medizinern kaum bekannt ist. Das ist natürlich ein brutaler Mord.«

Wenn man so etwas liest, kann man sich nur schwer losreißen von der bizarren Weltsicht des Journalisten, laut der »Apparate auf Feuerbällen« bereits in den 50er Jahren die unermesslichen Weiten des Landes durchkreuzten, während noch ganze Mietshäuser auf einem einzigen Röhrengerät fernsahen, und nicht einmal das gab es in jedem Haus.

Es ließen sich noch viele exotische Theorien anführen, doch es hat keinen Zweck, diese fantastischen Spielereien hier zu diskutieren. Sie sind zu willkürlich und haben wenig Bezug zum echten Leben. Wie kann ein Mensch beispielsweise von der mansischen Sagengestalt Sorni-Ekwa verletzt werden, die weder der weltlichen Kriminalistik noch der Gerichtsmedizin bekannt ist? Außerdem polemisieren die Anhänger solcher Theorien lebhaft in entsprechenden Internetforen darüber und, was nicht unwichtig ist, sie verstehen einander. Doch wie sagte schon Genosse Stalin: »Das ist nicht unser Weg.«

Nun zu den realistischeren Theorien über die Ereignisse am Pass.

*Kriminelle Ursachen:* Die Theorien dieser Kategorie unterscheiden sich stark in den Details, doch sie haben eine Annahme gemeinsam: Die Wanderer um Igor Djatlow starben aufgrund der bösen Absicht einer Gruppe von Menschen. Alle Seltsamkeiten, die sowohl auf dem Zeltplatz als auch unten bei der Zeder zu bemerken waren, wurden laut den Anhängern dieser Theorien entweder durch einen Angriff verursacht oder es wurde ein Mord durch Unbekannte nachgeahmt (»inszeniert«).

Anders als bei den vorherigen Kategorien fließen in die Hypothesen ausführlichere Informationen ein, sie sind deshalb besser begründet. In diesem Sinn ist ihre Analyse für die vorliegende Abhandlung nicht nur interessant, sondern auch nützlich.

Die wichtigsten Theorien sollen der Reihe nach behandelt werden.

1. Die Wanderer starben infolge des Irrtums einer Spezialeinheit des Innenministeriums der UdSSR (»Säuberungstruppen«). Diese Hypothese läuft im Wesentlichen darauf hinaus, dass Soldaten und Offiziere einer gewissen »Spezialeinheit des Innenministeriums« die Swerdlowsker Wandergruppe für entlaufene Kriminelle hielten. Angeblich wurden die heldenhaften, doch dummen Männer der sowjetischen Spezialeinheit von der Leitung einer nicht genannten Strafkolonie ausgesandt, um entflohene Häftlinge zu verfolgen. Als die Soldaten am Cholat Sjachl das Zelt der Djatlow-Gruppe entdeckten, glaubten sie, die Geflüchteten gefunden zu haben. Die Wanderer sangen unvorsichtigerweise Gaunerlieder, deren Texte sie während der Wanderung aufgeschnappt hatten (ein entsprechender Eintrag findet sich in einem der Tagebücher der Wanderer), sodass die Spezialeinheit sich kurzerhand auf das Zelt stürzte, es beim Angriff zerschnitt und einige der Wanderer tötete. Nachdem sich die Situation aufgeklärt hatte und die Soldaten begriffen, dass sie Unschuldige umgebracht hatten, beschlossen sie, auch die anderen Wanderer umzubringen und die Spuren zu verwischen.

Um die innere Logik dieser Theorie zu verstehen, ist der folgende Umstand wichtig: Beim Verwischen der Spuren spielten die Vorgesetzten der einfältigen Spezialeinheit eine aktive Rolle. Sie beschlossen, die Mörder zu decken, und organisierten dafür eine echte »Deckungsoperation« unter Hinzuziehung einer anderen Behörde – des Verteidigungsministeriums. Die Leichen der Wanderer wurden erst mit einem Militärhubschrauber vom Pass geflogen und später, Ende des Monats, zurückgebracht. Die Aufbewahrung der Leichen unter wechselnden Bedingungen führte laut Meinung der Anhänger dieser Theorie dazu, dass sie unterschiedlich stark zersetzt waren. Der Unwille der Hubschrauberpiloten, die im Mai in der Schlucht gefundenen Leichen zu transportieren, bestätigt, dass sie bestens über den Zersetzungsgrad der Leichen in den Planen Bescheid wussten. Ein gewichtiges Argument für einen Mord durch sowjetische Soldaten ist der Umstand, dass die Rippenbrüche von Solotarjow und Dubinina der Größe nach zum Anschlagteil (zur Platte) des Kolbens einer automatischen Kalaschnikow passen. Doch genau genommen stimmt das gar nicht, da die Kolbenplatte einer AK-47 großflächigere Verletzungen auf den Körpern verursacht hätte (bei den automatischen Gewehren jener Zeit betrug die Länge 130 mm). Außerdem fiel ein Gewehrkolben in der damaligen gerichtsmedizinischen Klassifikation unter die Kategorie »stumpfer Gegenstand mit stumpfwinkliger Oberfläche«, eine von vier Arten stumpfer Handwaffen, die ein Gerichtsmediziner unterscheiden können musste. Sogar wenn er den Abdruck auf der Haut nicht erkannt hätte, hätte er in der Lage sein müssen, die Spur zu klassifizieren.

Alle Fehler bei den Ermittlungen von Lew Nikitowitsch Iwanow werden von den Anhängern dieser Theorie eindeutig als böswilliges »Verwischen von Spuren«, »Täuschung der Fahnder« und so weiter aufgefasst. Dass im Januar beziehungsweise Februar 1959 in der Strafkolonie Iwdel keine Ausbrüche verzeichnet wurden, wird als falsche Darstellung rundweg abgelehnt. Im Grunde wird alles, was von offizieller Stelle stammte, entweder als bewusst verdrehte oder frei erfundene Information eingestuft, während man allen möglichen Gerüchten, Erinnerungen und Familienüberlieferungen aufs Wort glaubt.

Damit klarer wird, worum es geht, hier ein paar Beispiele, stellvertretend für viele andere. Es wurde lebhaft diskutiert über die Erzählung eines Teilnehmers der Suchaktion, der behauptete, die Suchmannschaft hätte einige Nächte im Zelt der Djatlow-Gruppe übernachtet. Es soll keine großen Einschnitte im Zelt gegeben haben und die kleinen wurden mühelos zusammengenäht.

Als Bestätigung dieser Aussage werden anonyme Erinnerungen angeführt, die besagen, dass das Zelt in gutem Zustand im Gebäude der Verwaltung für Innere Angelegenheiten Iwdel anlangte und die Schnitte erst später auftauchten. Eine andere sehr populäre Diskussionsrichtung im Rahmen der »Säuberungstheorie« läuft auf die Annahme hinaus, dass die Djatlow-Gruppe nicht am 1. Februar angegriffen wurde, sondern später, und nicht am Cholat Sjachl, sondern nachdem sie den Berg Otorten erreicht hatte. Mit Beweisen sieht es allerdings mager aus. Einer davon besteht darin, die Studenten hätten das »Abendblatt Otorten« erst nach der Bezwingung des Gipfels geschrieben, auf keinen Fall vorher. Ein anderer »Beweis« stützt sich auf die Erinnerungen des Suchteilnehmers Moisej Abramowitsch Axelrod, der Igor Djatlow gut gekannt hatte. Er sagte in einem Fernsehinterview kurz vor seinem Tod 1991: »In der hinteren Ecke des Zelts lag ein Tagebuch mit dem Datum des letzten Eintrags – der 2. Februar 1959.« (Die Existenz eines solchen Tagebuchs wurde in den offiziellen Unterlagen nicht bestätigt.) Demzufolge entsprangen das Zelt am Cholat Sjachl und die Situation bei der Zeder nur der Fantasie böswilliger Fälscher.

Im Prinzip verdient die Überlegung, dass die Wanderer auf dem Rückweg nach der Bezwingung des Otorten starben, eine aufmerksame Analyse. Es finden sich jedoch keine ernstzunehmenden Beweise dafür, im Gegenteil, es gibt Fakten, die dem direkt widersprechen (das Fehlen von Einträgen in den Tagebüchern der Wanderer, der Lebensmittelbestand, der auf dem Rückweg zum Vorratslager unweigerlich zu Ende gehen musste). Übrigens werden die Lebensmittelvorräte von den Anhängern dieser Theorie ebenfalls als Indiz für eine Fälschung interpretiert. Angeblich stellten die Mörder überreichliche Vorräte bereit, um das Verbrauchte auszugleichen. Unter dem »überreichlichen Lebensmittelbestand«

werden gewöhnlich die 3 Kilogramm Zucker verstanden, die die Djatlow-Gruppe im Vorratslager gelassen hatte; doch so ein Vorrat kann für eine zweiwöchige Wanderung von zehn Personen (man denke an den erkrankten Judin, der ebenfalls berücksichtigt worden war) wohl kaum als übermäßig bezeichnet werden.

Man sieht hier den klassischen Aufbau einer Verschwörungstheorie: Die Machthaber (nicht personifiziert und gesichtslos) hintergehen ihr Volk, behandeln es wie ein unmündiges Kind, und die Begründer der Theorie samt Anhängern übernehmen die ehrenvolle Aufgabe, alles aufzudecken.

Die hübsche Verschwörungstheorie gründet sich auf zahlreiche Beispiele für »Aufdeckungen in der Sowjetära«, die allen Russen heute wohlbekannt sind. Diese Theorie ist sehr zeitgemäß, das offenbart sich sowohl in der Einschätzung der sowjetischen Vergangenheit durch ihre Verfechter als auch in dem völligen Verkennen der tatsächlichen Umstände in der UdSSR.

Und die Umstände waren so, dass sich im Februar 1959 aus mehreren Gründen weder eine »Spezialeinheit des Innenministeriums« noch ein »Säuberungstrupp« auf dem Cholat Sjachl (oder Otorten) aufhalten konnte:

– 1959 existierte überhaupt keine »Spezialeinheit des Innenministeriums«. Was die heutigen Anhänger der Theorie unter diesem Begriff verstehen, trifft am ehesten auf die sogenannte Gefängnisspezialeinheit zu, eine Untereinheit der Inneren Truppen des Innenministeriums mit der Aufgabe, Aufstände und Protestaktionen in Strafanstalten niederzuwerfen. Heute obliegt diese Aufgabe der Spezialabteilung der territorialen Verwaltung des Föderalen Dienstes für den Strafvollzug (FSIN RF) des Justizministeriums der Russischen Föderation. Doch eine »Gefängnisspezialeinheit«, die es in der Sowjetzeit übrigens nur inoffiziell gab, tauchte in großen »Zuchthäusern« erst in den 80er Jahren auf. Das waren einfach körperlich starke Mitarbeiter, die bei ersten Anzeichen von Ungehorsam des »Spezialkontingents« für Ordnung sorgen sollten. An Verfolgungsjagden und Schusswechseln waren sie allerdings nie beteiligt. 1959 gab es in den Strafkolonien noch keine Einheiten speziell ausgebildeter Skiläufer, die geflohene Häftlinge durch die Taiga verfolgen sollten.

– Die Verfolgung flüchtiger Krimineller erforderte Mitte der 50er Jahre keine Heldentaten mitten in der Natur. Ein Trupp aus erfahrenen, sportlichen Wächtern der Strafkolonie und Rekruten der Inneren Truppen konnte nur »heiße Spuren« verfolgen, und das nur an unbewohnten Orten. Die Verfolgung wurde nach Sonnenuntergang für die Nacht unterbrochen. Gewöhnlich teilten die Verfolger sich in zwei Gruppen, wobei zu jeder ein Diensthundeführer mit Hund und ein Funker gehörten. Die aktive Gruppe und die Reservegruppe wechselten sich regelmäßig ab, damit sich vor allem die Hunde erholen konnten. In den 30er und 40er Jahren waren beide Gruppen zu Fuß unterwegs, aber in den 50ern, als die Organe des Innenministeriums mit immer mehr Fahrzeugen ausgestattet wurden, fuhren die Reservegruppen in Geländefahrzeugen mit.

Nächtliche Verfolgungen führte man aus naheliegenden Gründen nicht durch. Die flüchtigen Häftlinge konnten, vor allem wenn sie Feuerwaffen dabeihatten, die Dunkelheit für einen Hinterhalt nutzen. Die Hauptrolle bei der Verfolgung spielten die speziell ausgebildeten Hunde, auf deren Abrichtung sehr viel Wert gelegt wurde. So durften die Hunde zum Beispiel die Gegenstände, die die Flüchtigen fallen ließen, nicht berühren, da auf der Fluchtstrecke möglicherweise Minenfallen angelegt sein konnten. Sie mussten fähig sein, eine »Spur zu halten«, sie also auch bei einer versuchten Täuschung nicht zu verlieren. Die Hunde mussten frühe und spätere Spuren ein und desselben Menschen unterscheiden können. Dadurch wurden Verwirrungen vermieden, falls der Flüchtige im Kreis ging. Wenn der Flüchtige beschloss, die »Spur zu verschließen«, indem er einige Zeit denselben Weg wieder zurückging, mussten die Hunde erkennen, wo er den Weg wieder verlassen hatte, und den Suchtrupp auf die neue Spur führen. Noch wichtiger war es, dass die Hunde den Geruch des Verfolgten nicht mit dem eines Außenstehenden verwechselten, darin wurden sie streng geschult.

Die Soldaten der Inneren Truppen, die Teil eines Verfolgungstrupps waren, waren berechtigt, ohne vorherige Warnschüsse bei kleinsten Anzeichen von Ungehorsam der angehaltenen Personen das Feuer zu eröffnen. Das ist ein sehr wichtiges Detail – es waren prinzipiell keine Nahkämpfe mit Häftlingen vorgesehen. Entweder erfüllten die Flüchtigen alle Befehle des Verfolgungstrupps widerspruchslos oder sie erhielten eine Gewehrsalve in die Brust. Das Vorgehen zur Ergreifung war sommers wie winters dasselbe.

Diese Informationen erlauben einige wichtige Rückschlüsse:

a) Falls ein Verfolgungstrupp aus einem der neun Standorte der Strafkolonie Iwdel tatsächlich am 1. Februar 1959 eine Gruppe entflohener Häftlinge verfolgt hätte, hätte er auf keinen Fall irrtümlich auf die Skispur der Djatlow-Gruppe stoßen und beim Zelt am Cholat Sjachl im Glauben auftauchen können, die Geflüchteten erwischt zu haben. Das ist völlig ausgeschlossen. Der Spürhund hätte zwar die Spur verlieren können, doch er hätte sie nicht mit der Spur der Wanderer verwechselt. Nur Menschen, die nicht mit dem speziellen Abrichtungsverfahren von Diensthunden vertraut sind, können ernsthaft annehmen, dass ein Hund, der für militärische Verfolgung zugelassen wurde, so einen groben Fehler machen könnte.

b) Selbst wenn man annimmt, dass die Leitung der Strafkolonie Iwdel bewusst die Gebietsstaatsanwaltschaft getäuscht hatte (was nicht sehr wahrscheinlich ist) und im Gebiet des Otorten und Cholat Sjachl am 1. Februar 1959 doch flüchtige Verbrecher verfolgt wurden, wäre diese Operation mit Einbruch der Dunkelheit abgebrochen worden. Und das bedeutet, dass die Verfolger nicht über das Zelt der Wanderer stolpern und dort all das veranstalten konnten, was zur Tragödie führte.

c) Sogar wenn der Verfolgungstrupp aufgrund gewisser unwahrscheinlicher Umstände das Zelt entdeckt und darin die geflüchteten Kriminellen vermutet hätte, wäre die Situation ohne Blutvergießen aufzulösen gewesen. Djatlow hätte seinen Pass und den Brief der Gewerkschaftsleitung des UPI gezeigt, in dem stand, dass die Gruppe eine Wanderung anlässlich des 21. Parteitags der KPdSU unternahm, und die Sachlage wäre im Handumdrehen geklärt gewesen. Aufgrund der gefährlichen Umstände durch die Spezialoperation hätten die Studenten ihre Wanderung aufgeben müssen und wären zur Reservegruppe geschickt worden. Es ist möglich, dass der Leiter der Gruppe bei der Lagerleitung zusätzliche Geländefahrzeuge angefordert hätte, um die Gruppe wegzubringen. Alles wäre ohne Drama abgelaufen.

d) Wenn man jedoch von einem unwahrscheinlichen Zusammentreffen unglücklicher Umstände ausgeht und glaubt, dass der Verfolgungstrupp auf die Djatlow-Gruppe stieß und von ihrer Seite Widerstand (durch Meinungsverschiedenheiten oder Ungehorsam) erfuhr, woraufhin die Soldaten der Inneren Truppen Gewalt ausübten, dann hätten die Folgen einer solchen Handlung völlig anders ausgesehen, als aus den Unterlagen des Strafverfahrens bekannt ist. Man würde von Leichen mit zahlreichen Schussverletzungen und gut erkennbaren Kugeln vom Kaliber 7,62 Millimeter in den Körpern der Toten lesen. Es hätte keine Rippenbrüche, keine zerschlagenen Gesichter und keinen gebrochenen Schädel bei Thibeaux-Brignolle gegeben. Die Soldaten hätten einfach mit ihren AK-47 auf sie geschossen. Erstens, weil sie das konnten und zum Waffengebrauch berechtigt waren, und zweitens, weil ihnen niemand spezielle Methoden des Nahkampfs beigebracht hatte. In dieser Hinsicht braucht man sich keinen Illusionen hinzugeben. Die Soldaten hätten ihre Schusswaffen eingesetzt und damit unauslöschliche Spuren bei den Leichen hinterlassen.

– Nimmt man trotz des oben Angeführten an, dass die Tragödie tatsächlich mit Soldaten der Inneren Truppen zu tun hatte, heißt das, sie begann für die Djatlow-Gruppe völlig unerwartet, eskalierte rasch und forderte bereits in den ersten Sekunden fatale Opfer, was eine versöhnliche Lösung des Konflikts unmöglich machte. Doch eine solch sprunghafte Entwicklung der Intensität ist nur bei Schüssen auf die Wanderer vorstellbar und Schussverletzungen hatten die Verstorbenen bekanntlich nicht.

– Man darf eine Besonderheit der Zeit Ende der 50er Jahre nicht außer Acht lassen, die das Verhalten von Mitarbeitern des Innenministeriums auf allen Ebenen beeinflusste. Chruschtschows Welle des Aufdeckens von Verbrechen aus der Stalinära zeigte, dass sogar hochrangigste Leiter der Geheimdienste und der Armee für die Vergehen vergangener Jahre vor Gericht gestellt werden konnten.

Die Säuberung betraf nicht nur den staatlichen Sicherheitsdienst, sondern auch einen großen Personenkreis aus dem Parteiapparat, Mitarbeiter der Staatsanwaltschaften, der Miliz, des Militärs und so weiter, also diejenigen, die sich bei den Repressionen in den 30er und 40er Jahren besonders die »Hände schmutzig gemacht« hatten. Die Arbeit der Organe des Innenministeriums und des KGB wurde unter Chruschtschow wesentlich humaner: Die Überwachung durch die Staatsanwaltschaft wurde verstärkt, die Anforderungen zur Beachtung der Rechtsnormen wuchsen, die uneingeschränkte Macht der leitenden Mitarbeiter (zumindest aus den mittleren Rängen) wurde beschnitten.

Unter diesen Bedingungen würde der Leiter einer Strafkolonie, der erfährt, dass seine Untergebenen irrtümlich Studenten getötet hatten, sich kaum schuldig machen, indem er eine »Vertuschungsoperation« organisierte. Eine solche Aktion würde ihn eindeutig zum Beteiligten an einem Verbrechen machen, das er nicht begangen hatte. Ein vernünftiger Leiter würde einen Untergebenen, der eine so schwere Tat begangen hatte, eiligst als Erster anzeigen, um ruhigen Gewissens bis zur Pension weiterarbeiten zu können. Schließlich verfolgte das wachsame Auge des KGB aufmerksam die Tätigkeiten des Innenministeriums im Allgemeinen und der Begleittruppen im Speziellen. Der Leiter eines Straflagers oder einer Strafkolonie konnte natürlich bis zu einem gewissen Grad nach eigenem Gutdünken rechtswidrig schalten und walten, doch dabei gab es Grenzen. Vor einem Mord an neun unschuldigen Menschen hätte der KGB auf keinen Fall die Augen verschlossen. Der vorgesetzte Milizionär, der törichterweise beschloss, seinen Untergebenen zu decken, hätte riskiert, in kürzester Zeit selbst bei dem »Spezialkontingent« zu landen, das er zuvor so eifrig bewacht hatte.

– Zum Schluss kommt das wichtigste und allgemeinste Argument gegen alle Verschwörungstheoretiker, die Vertreter der Sowjetmacht (nicht nur des Innenministeriums, sondern auch des Militärs und des KGB) für den Mord an den Wanderern verantwortlich machen.

Wenn die Mitglieder der Djatlow-Gruppe tatsächlich mit Kenntnis eines hohen sowjetischen Parteileiters umgebracht worden wären, hätte die Vertuschung des Vorfalls keine Maßnahmen wie eine ausgeklügelte Inszenierung erfordert. Die totalitäre Macht fürchtete keine Enthüllungen, weil sie eben totalitär war. Die Leichen hätte man in verlöteten Zinksärgen nach Swerdlowsk gebracht und nicht erlaubt, diese zu öffnen. Den Verwandten hätte man erklärt, dass die Wanderer den Körper eines verendeten Tiers gefunden hätten (Hirsch, Luchs, Bär, Vielfraß o. Ä., je nach Belieben), dem sie unsachgemäß die Haut abzogen. Doch das Tier war an der Pest (Rotzkrankheit o. Ä., wieder nach Belieben) verendet. Und die unglücklichen Wanderer infizierten sich mit der gefährlichen Krankheit und starben innerhalb weniger Tage. Ein Vertreter der Macht hätte den Verwandten und Freunden der Verstorbenen entsprechende Gutachten mit schönem Wappensiegel ausgehändigt und damit wäre die Sache erledigt gewesen. Niemand hätte ein Strafverfahren eingeleitet. Es hätte kein Gutachten über ein zerschnittenes Zelt gegeben, keine Verzeichnisse der Gegenstände, die an die

Verwandten zurückgegeben wurden … Nichts wäre zurückgegeben, sondern alles verbrannt worden. Die Krankheit war schließlich ach so ansteckend! Und es hätte nie eine Geschichte über den geheimnisvollen Tod von UPI-Studenten am Cholat Sjachl gegeben, sondern es wäre eine überaus einfallslose Geschichte über Studenten gewesen, die unvorsichtigerweise einen pestverseuchten Kadaver häuteten und aufgrund ihrer eigenen Dummheit starben. Es muss jedem klar sein, dass die Sowjetmacht sich nicht gerechtfertigt und die eigene Tat vertuscht hätte, einfach weil sie sich nie vor ihrem Volk rechtfertigte. Alljährlich starben Dutzende junger gesunder Menschen im ganzen Land wegen grober Verstöße gegen die Sicherheitsvorschriften, verbrecherischer Fahrlässigkeit und Dummheiten von Vorgesetzten des sowjetischen Militärs, und die Sowjetmacht dachte nicht einmal über ein Verwischen von Spuren nach. Die seit Jahrzehnten angewandte Methode war einfach und ausnehmend sicher: Man übergab den Eltern die Leichen ihrer Kinder mit der Auflage, die Särge geschlossen zu lassen, und dem nachdrücklichen Ratschlag, von antisowjetischen Affronts Abstand zu nehmen. Das war die wahre Handschrift der Sowjetmacht.

Mit diesem Einwand gegen die Theorie eines möglichen Säuberungstrupps der Inneren Truppen des Innenministeriums am Cholat Sjachl kann die Diskussion beendet werden. Zusammenfassend lässt sich sagen, dass eine solche Version der Vorfälle unüberwindliche innere Widersprüche in sich birgt, nicht der Realität jener Zeit entspricht und daher unmöglich ist.

2. Die Mitglieder der Djatlow-Gruppe starben infolge krimineller Handlungen einer Spezialeinheit des sowjetischen Militärs (»Raketentheorie«). Diese Hypothese kann man als moderne Version der vorherigen ansehen.

Es geht um geheime Tests des Verteidigungsministeriums der UdSSR, in deren Epizentrum die Djatlow-Gruppe hineinstolperte. Die Wanderer, die Opfer dieser Tests wurden, wurden von einer

Spezialeinheit entdeckt, die am Cholat Sjachl auftauchte, die Lebenden umbrachte und die Spuren der Tat verwischte. Im letzten Punkt stimmen diese und die vorherige Theorie überein, weshalb wir ihn hier außer Acht lassen. Betrachten wir stattdessen die »streng geheimen Tests« genauer. Das können Atomtests gewesen sein, Tests von Vakuumbomben, von großkalibrigen Fliegerbomben und schließlich von ballistischen Raketen. Diese abenteuerlichen technischen Idiotien sollen der Reihe nach behandelt werden.

Man weiß, dass in den Anfangszeiten der »Atomära« die Sowjetmacht ein Gelände für Atomtests nutzte, dessen Zentrum die Koordinaten 64° 00' nördlicher Breite und 55° 00' östlicher Länge hatte. Das ist der Süden der ASSR der Komi, am Oberlauf des Flusses Nem. Als Erstes berichteten die Amerikaner über die Existenz dieses Testgeländes in einer Pressemitteilung der Atomic Energy Commission (AEC) des Energieministeriums vom 26. Oktober 1954. Amerikanische technische Aufklärungsmittel registrierten dort mindestens sieben Atomexplosionen von Mitte September 1954 bis Februar 1956 (die 8. bis 14. Atomexplosion in der Geschichte der UdSSR). Das war im Prinzip nicht weit entfernt vom Djatlow-Pass, etwa 200 Kilometer westlicher, man musste nur das Uralgebirge überwinden. Es ist also nicht ganz abwegig anzunehmen, dass eine Atomexplosion im Gebiet des Otorten stattgefunden haben könnte. Die Gegner dieser Theorie weisen jedoch darauf hin, dass die Sowjetunion wegen eines Moratoriums vom 3. November 1958 bis zum 1. September 1961 keine Atomtests durchführte. Es war ein bilaterales Moratorium mit den USA, und seine Einhaltung wurde von den technischen Aufklärungsmitteln beider Länder kontrolliert. Es wäre nicht möglich gewesen, selbst eine schwache Atomexplosion im nördlichen Ural zu verheimlichen. Die Amerikaner registrierten sogar Explosionen von wenigen Kilotonnen zuverlässig (z. B. eine Explosion am 29. Juli 1955 mit einer Stärke von 5 kt oder am 2. Februar 1962 mit einer Stärke im Bereich von 10 bis 20 kt).

In der Nachkriegszeit wurde die Sowjetunion kein einziges Mal der Verletzung von Zusagen zur Einschränkung oder Kontrolle der Aufrüstung überführt. Es gibt keinen Grund zur Annahme, dass Chruschtschow am 1. Februar 1959 plötzlich beschloss, dieses Mal gegen eine sehr ernste internationale Verpflichtung zu verstoßen und eine schwache Atomexplosion außerhalb eines militärischen Testgeländes zu sanktionieren. Eine solche für jeden Politiker widersinnige Aktion verhieß keinerlei politischen Gewinn oder technologischen Durchbruch. Außerdem hätte eine Atomexplosion zu einer mehr oder weniger gleichmäßigen radioaktiven Verseuchung der Kleidung aller Wanderer geführt, was aber nicht der Fall war. Auch die Leichen hätten eine merkliche Radioaktivität aufweisen müssen, da die Wanderer Zerfallsprodukte eingeatmet haben mussten, die von Staub, Asche und Feuchtigkeit übertragen wurden. Eine radioaktive Kontamination der inneren Organe, vor allem der Lunge, wurde im physikalisch-technischen Gutachten, wie man mit Sicherheit weiß, nicht festgestellt.

Mit Beweisen für die berüchtigte Vakuumbombe (Aerosolbombe) sieht es sogar noch schlechter aus als bei der Atomexplosion. Zunächst einmal tauchte diese Munitionsart erst viel später auf – Ende der 60er Jahre. Doch zur Not könnte man von der Entwicklung eines misslungenen Prototyps ausgehen. Am meisten spricht gegen solche Tests, dass die Leichen der Opfer Spuren von schweren Verletzungen hätten aufweisen müssen, die von Druckveränderungen und hohen Temperaturen stammten. Solche Verletzungen wurden allerdings nicht verzeichnet. Außerdem hat die Explosion einer streng geheimen Munition außerhalb des Testgeländes wenig Sinn. Der Sinn eines Feldversuchs jeder Waffe liegt gerade darin, ihre wesentlichen Merkmale zu entdecken, sie nach Effektivitätskriterien mit einer analogen Waffe zu vergleichen und die baulichen und technologischen Entscheidungen in der Praxis zu überprüfen. Eine einzelne Explosion an einem einsamen Ort wird diesen Ansprüchen nicht gerecht. Deshalb kann das Militär solche Tests in den unberührten Bergen des Uralgebirges nicht durchgeführt haben.

Zur selben Reihe von »Ingenieursdummheiten« gehört die Theorie, dass eine großkalibrige Testfliegerbombe auf den Cholat Sjachl fiel. Angeblich wurde die Bombe in der Dunkelheit abgeworfen, sie fiel auf den Hang, rollte zum Zelt herab und ihre Heckflosse verletzte Thibeaux-Brignolle, Solotarjow und Dubinina. Es gab keine Explosion, da es sich um eine Testbombe ohne Sprengstofffüllung handelte. Kein Witz, dieser Schwachsinn wurde ernsthaft in einem der Foren diskutiert, und da die Forenteilnehmer bezweifelten, dass eine Fliegerbombe ein Heck hat, lud der Einfaltspinsel sogar eine Skizze der Bombe mit Heckflosse hoch. Als der Autor der vorliegenden Abhandlung höflich, ohne die Diskussionsteilnehmer kränken zu wollen, vorschlug, über den Unterschied zwischen plastischen und elastischen Verformungen nachzudenken, wurde er schlichtweg nicht verstanden. Wäre eine solche Bombe auf den Cholat Sjachl gefallen, hätte sie sich trichterförmig in den Boden gebohrt, ihre dünnwandige Umhüllung wäre zerknautscht worden und nirgendwo mehr hingerollt. Eine solche Bombe hätte der Djatlow-Gruppe nur dann Schaden zufügen können, wenn sie das Zelt direkt getroffen hätte. Aber auch das war bekanntlich nicht der Fall.

Kommen wir zur populärsten der technischen Theorien – der Theorie vom Abwurf einer ballistischen Rakete auf den Cholat Sjachl, deren toxische Komponenten des Treibstoffs (Oxidationsmittel und Brennstoffe) die Wanderer vergifteten. Nach dem Abwurf tauchte eine »Kosmodrom-Spezialeinheit« vor Ort auf und führte eine Säuberungsaktion durch. Zur Bestätigung dieser Theorie wird alles Mögliche angeführt, sogar Aussagen, die ihre Verfechter selbst nicht verstehen. Ihren Fantasien zufolge stammte die hellviolette Färbung der Kleidung der vier Wanderer aus der Schlucht vom Raketentreibstoff; die seltsame Hautfarbe der Verstorbenen war ein

Symptom der Vergiftung durch Treibstoffkomponenten; die Wanderer fällten die grünen Tannenbäumchen bei der Zeder, weil sie durch die Vergiftung erblindet waren; die Schnitte im Zelt ermöglichten die Flucht vor der vom Himmel fallenden gezündeten Raketenstufe …

Auf die Frage, wo denn die mörderische Rakete selbst abgeblieben sei, antworten die Anhänger der Theorie frech, die Spezialeinheit habe sie fortgebracht. Genau so war es: Sie säuberte den Hang, tötete die Studenten, brachte die Rakete fort und der Schneefall im Februar verdeckte die Spuren ihrer Arbeit.

Ungeachtet des geballten Intellekts der Erfinder dieser Theorie und der Versuche, sie mit technischen Details zu untermauern, legen alle Präzisierungen ihre Unzulänglichkeit bloß. Hier einige von vielen Dutzend Widersprüchen:

– Obwohl im Bezirk Plessezk im Januar 1957 der Bau eines Kosmodroms begonnen wurde (während des Baus hieß das Objekt »Angara«), gab es bis zum 1. Februar 1959 dort keinen einzigen Raketenstart. Das heißt, dass eine ballistische Rakete nur von Baikonur oder Kapustin Jar aus gestartet werden konnte. Die letzte Option kann man jedoch ausschließen, da diese Anlage zu jener Zeit auf die Entwicklung operativ-taktischer Raketen spezialisiert war. Die Raketenflugbahnen von Baikonur lagen viel südlicher als der Ural und verliefen über das Gebiet Dscheskasgan und den Altai. Es gab in Baikonur niemals planmäßige Abschüsse ballistischer Raketen in Richtung Norden aufgrund der zahlreichen Großstädte in diesem Gebiet wie Perm, Tscheljabinsk oder Swerdlowsk.

– Eine Fehlfunktion des Steuerungssystems, aufgrund derer die ballistische Rakete von Baikonur in das Gebiet des Otorten flog, ist gänzlich auszuschließen. Vor allem, da die ersten R7-Raketen, deren Reichweite den nördlichen Ural als Zielgebiet infrage kommen ließ, zusätzlich zu ihrem autonomen Steuerungssystem von der Erde aus per Funk gesteuert werden konnten. Fiel das autonome System aus, übernahm die Steuerung der Rakete ein Operator, der keine Abweichung vom Kurs zuließ. Falls beide Steuerungssysteme ausfielen und die Rakete anschließend durch eine Roll-, Kipp- oder Gierbewegung um 7 Grad vom berechneten Winkel abwich, zerstörte sie sich selbst. Anfänglich erfolgte diese Selbstzerstörung durch ein Ausschalten des Motors, später durch eine Sprengung der Rakete. Auf diese Weise war die R7 vollkommen abgesichert gegen maßgebliche Abweichungen von der Flugmission, was auch der langjährige Einsatz dieser Rakete und ihrer zahlreichen Varianten bestätigt.

– Es gab nie eine »Kosmodrom-Spezialeinheit«, die Kosmodrome wurden während des ganzen Bestehens der Sowjetunion von einfachen Wehrdienern bewacht. Sie wären niemals zur Suche der Absturzorte der Beschleunigerstufen von Trägerraketen herangezogen worden.

– Nach dem Plenum des Zentralkomitees der KPdSU im Oktober 1957, in dem G. K. Schukow (bis dahin Verteidigungsminister) und S. M. Schtemenko (Chef der Hauptverwaltung für Aufklärung des Generalstabs*) abgesetzt wurden, wurden die Sondereinsatzkräfte des sowjetischen Militärs stark reduziert. Während bei der Gründung der Spezialeinheit 1950 für die Armeen, Bezirke und Flotten 46 selbstständige Sonderkompanien aufgestellt wurden, verblieben davon nach dem erwähnten Plenum nur noch sechs in Randbezirken, die sich auf hoher Bereitschaftsstufe für den Beginn von Kriegshandlungen befanden. Alle inneren Militärbezirke der UdSSR verloren ihre Sonderkompanien.

– Es war ebenfalls unmöglich, dass eine »Spezialeinheit des KGB« im Gebiet des Cholat Sjachl auftauchte. Aufgrund einiger Transformationen in der poststalinistischen Ära wurde das namhafte Büro

---

* Leitendes Zentralorgan des sowjetischen militärischen Geheimdiensts mit der Aufgabe, militärisch relevante Informationen zu beschaffen und Spione innerhalb der sowjetischen Streitkräfte abzuwehren (Abk. GRU).

Nr. 1 (zuständig für Sabotagetätigkeiten im Ausland), das im MGB* als eigene Verwaltung existierte und einen Personalbestand von etwa 1000 Personen hatte, zur 13. Abteilung der Ersten Hauptverwaltung mit nur 82 persönlichen Mitarbeitern degradiert. Diese Spezialeinheit konnte gemäß den Abteilungsvorschriften nicht innerhalb des Landes eingesetzt werden, und ihr Einsatz außerhalb der UdSSR erforderte eine schriftliche Anordnung der höchsten Staatsleitung. Das streng geheime Büro Nr. 2 des MGB (zuständig für »spezielle Aufgaben innerhalb der UdSSR zur Unterbindung feindlicher Tätigkeiten einzelner Personen«) unter Leitung des Generalmajors W. A. Drosdow wurde formal am 1. September 1953 aufgelöst. Obwohl das Personal dieser wichtigen Abteilung beim KGB verblieb und die Methoden und Fertigkeiten der operativen Arbeit des verschwundenen Büros nicht verloren gingen, muss man das Auftauchen solcher Spezialisten am Cholat Sjachl als völlig unmöglich einstufen. Das Büro Nr. 2 war eine städtische Spezialeinheit, abgestimmt auf die Arbeit im städtischen Milieu. Sie wäre für einen Kampfeinsatz auf Ski in der Taiga absolut ungeeignet gewesen.

– In der Sowjetunion kümmerte sich niemand darum, auf die Erde gefallene Trägerraketenteile einzusammeln. Ein solches Unternehmen hielt man für sinnlos. (Schrottteile in der unbewohnten Einöde aufzulesen und sie mit dem Hubschrauber wegzubringen lohnte sich aus finanziellen Gründen nicht.) Erst in den 90er Jahren entstanden auf Verlangen internationaler und nationaler Umweltschutzorganisation Pläne (und der Beginn ihrer teilweisen Umsetzung) zur ökologischen Wiederherstellung der Absturzfelder von Raketenstufen und zur Wiederverwertung der Teile.

– Sauerstoff-Kerosin-Raketenantriebe stellen keine große Gefahr für Menschen im Absturzgebiet dar und 1959 gab es noch keine

* Ministerium für Staatssicherheit: sowjetische Staatssicherheitsbehörde ab 1946; wurde 1954 vom KGB abgelöst.

Antriebe für ballistische Raketen, die das giftige Heptyl verwendeten. Übrigens wird die Giftigkeit des Letzteren von Nichtexperten stark übertrieben, seine höchstzulässige Konzentration ist nur zwanzigmal niedriger als die von gewöhnlichem Salmiakgeist, wie er in der Medizin eingesetzt wird. Zur Gefährlichkeit von Heptylraketen verweisen Vertreter ökologischer Organisationen auf das »planmäßige Austreten des Treibstoffs an der Absturzstelle«, was in Wirklichkeit gar nichts besagt. Damit beziehen sie sich auf die Treibstoffreste in den Tanks, die von der Treibstoffleitung aufgrund baulicher Besonderheiten nicht erfasst werden können. Dabei gehen die Ökologen automatisch davon aus, dass der gesamte Treibstoff an der Absturzstelle in den Boden und in die Luft gelangt. Zwar können die Treibstoffreste tatsächlich beträchtliche Ausmaße annehmen, bei der Rakete Zyklon-3 betragen sie zum Beispiel 616 Kilogramm Heptyl bei der ersten Stufe und 215 Kilogramm bei der zweiten. Doch in der Realität kommt es zu keiner wesentlichen Verschmutzung des Geländes an der Absturzstelle, da die Stufen ihre Dichtheit in großer Höhe verlieren, meist bei einer Explosion, sodass im schlimmsten Fall einige Eimer Treibstoff auf die Erde fallen. Sorgfältige Untersuchungen zeigten, dass bereits 100 Meter von der Absturzstelle einer beliebigen Beschleunigerstufe kein Heptyl mehr feststellbar war, weder im Wasser noch im Boden noch in den Pflanzen. Selbst wenn man glaubt, dass am Cholat Sjachl eine Beschleunigerstufe einer unbekannten Heptylrakete abstürzte, hätte das in unmittelbarer Nähe des Zelts passiert sein müssen, um die Mitglieder der Djatlow-Gruppe chemisch zu verletzen. Doch die Suchmannschaft fand auf dem Pass keinerlei Spuren eines Absturzes tonnenschwerer Raketenteile aus großer Höhe.

– Wenn man trotzdem davon ausgeht, dass eine Heptylrakete gleich neben dem Zelt am Cholat Sjachl abstürzte und die Wanderer sich chemische Verletzungen durch den ausgetretenen Treibstoff zuzogen, ist nicht klar, warum die Djatlow-Gruppe von einer nicht existenten »Kosmodrom-Spezialeinheit« getötet werden musste. Eine solche Praxis der »Säuberung« der eigenen Bevölkerung gab es weder vor 1959 noch jemals danach.

Als Beispiel eignet sich hier die Katastrophe mit der strategischen Rakete R16 im Oktober 1960 in Baikonur, bei der der Oberkommandierende der Strategischen Raketentruppen, Hauptmarschall der Artillerie Mitrofan Iwanowitsch Nedelin starb. Kaum jemand weiß, dass in das Geheimnis dieser Tragödie auch Menschen eingeweiht waren, die normalerweise keinen Zugang zu vertraulichen Informationen hatten, wie etwa die Mitarbeiter des Krankenhauses, in das die Opfer gebracht wurden, und die Bewohner um die Eisenbahnstation Tjuratam, hauptsächlich Kasachen, die keinen Bezug zum Kosmodrom hatten. Und was passierte? Der KGB erschoss niemanden, steckte niemanden ins Gefängnis und holte nicht einmal Unterschriften über eine Verschwiegenheitspflicht ein. Die Menschen wussten auch so über die Macht des Staatsgeheimnisses und des KGB Bescheid.

– Die Flugabwehrrakete S-75, die im November 1957 in die Streitkräfte eingeführt wurde und bei der zweiten Stufe ein Flüssigkeitstriebwerk besaß, das mit Heptyl arbeitete, konnte aufgrund ihrer geringen Reichweite (29 km bei der ersten Version) nicht zum Cholat Sjachl gelangen. Es ist vollkommen unklar, wo diese Rakete hätte starten sollen, da nichts über Flugabwehrtruppen im nördlichen Ural zu jener Zeit bekannt ist. Die Landstreitkräfte des sowjetischen Militärs hatten 1959 das Kurzstreckenraketensystem R-11M mit der Flüssigkeitsrakete 8K11 mit einer Schussreichweite bis 180 Kilometer in Gebrauch. Drei Raketenbrigaden, die mit dieser Waffe ausgestattet waren, waren in den Militärbezirken Vorkarpaten, Kiew und Woronesch stationiert, das heißt, Probeläufe in diesen Gebieten konnten nicht zu einem zufälligen Raketeneinschlag in der Nähe des Cholat Sjachl führen.

Unter den Anhängern der Raketentheorie ist die Vorstellung verbreitet, dass die »Feuerbälle« am Himmel des nördlichen Urals von optischen Effekten bei Starts ballistischer Raketen in großer Entfernung stammten. Wie bekannt ist, trieb die Sowjetunion ab 1957 das Programm zur Entwicklung von Weltraumraketen und militärischen Interkontinentalraketen energisch voran. Die Rakete R7 wurde in Baikonur getestet und obwohl sie nur nach Osten (in Richtung Kamtschatka) flog, glauben viele Erforscher der Tragödie am Cholat Sjachl, dass man ihre Triebwerke auch aus dem Gebiet des Otorten sehen konnte.

Die Vertreter der Raketentheorie sind der Meinung, dass sie ein starkes und unwiderlegbares Argument für einen Zusammenhang zwischen den Starts ballistischer Raketen in Baikonur und den Vorfällen im nördlichen Ural aufgedeckt haben: Ein Notstart einer R7-Rakete und die Beobachtung der »Feuerbälle« durch die Suchmannschaft fielen auf denselben Tag – den 31. März 1959. Diese Koinzidenz entdeckte der bereits erwähnte Jewgeni Bujanow. Sie ist natürlich interessant, führt allerdings nirgendwohin, da solche Koinzidenzen allgemein keine zuverlässigen Hinweise liefern können.

Es lässt sich mathematisch beweisen, dass Raketenstarts im Kosmodrom Baikonur aus dem Gebiet des Djatlow-Passes unabhängig vom Wetter und von atmosphärischen Sichtverhältnissen nicht wahrnehmbar sind. Aufgrund der Krümmung der Erdoberfläche befindet sich für einen Beobachter im nördlichen Ural das Kosmodrom Baikonur im »nicht sichtbaren Bereich«, das heißt unter dem Horizont.

Bestimmen wir einmal die erhöhte Grenze des »Sichtbereichs« über Baikonur beziehungsweise klären wir, wie hoch eine Rakete sich über das Kosmodrom erheben muss, damit ihr Feuerstrahl von einem Beobachter im Gebiet des Djatlow-Passes gesehen werden kann. Das ist ziemlich einfach, wenn man die genaue geografische Lage des Start- und des Beobachtungspunkts kennt (Djatlow-Pass: 61° 45’ 17” nördlicher Breite, 59° 27’ 46” östlicher Länge; Baiko-

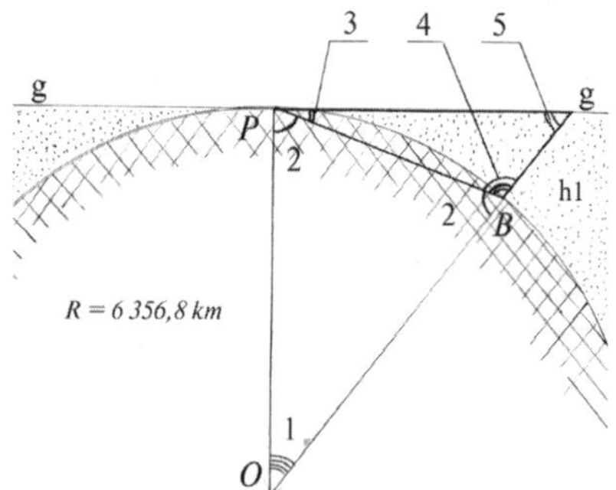


Der »nicht sichtbare Bereich« über Baikonur für einen Beobachter auf dem Djatlow-Pass (nicht maßstabsgetreu). *Zeichenerklärung:* P – Lagerplatz der Suchmannschaft im Gebiet des Djatlow-Passes; B – Baikonur; O – Mittelpunkt der Erde; g–g – gedachte Linie des »horizontalen« Horizonts bei absolut flacher Erdoberfläche um das Lager; h1 – Höhe des »nicht sichtbaren Bereichs« über Baikonur. Die Punkte OPB ergeben ein gleichschenkeliges Dreieck mit Schenkellängen von 6356,8 km und den folgenden Winkeln: »1« = 15° und »2« = 82° 30'.

nur: 45° 57' 58" nördlicher Breite, 63° 18' 28" östlicher Länge). Nun einige kleine Berechnungen. Es wird davon ausgegangen, dass beide Orte auf einem Meridian liegen und der Winkelabstand in der Breite zwischen ihnen 15 Grad beträgt. (In Wirklichkeit trifft das nicht ganz zu, aber beide Toleranzen sind zugunsten der Anhänger der Raketentheorie, da sie die Entfernung zwischen den bedeutenden Punkten verkleinern; beispielsweise beträgt der Unterschied in der Breite eher 16 Grad [61° 45' 17"–45° 57' 58" = 15° 47' 19"], doch es wird trotzdem abgerundet.)

Der Polradius der Erde ist bekannt: 6356,8 Kilometer. Wie man sieht, bilden der Radius vom Mittelpunkt der Erde bis zum Djatlow-Pass und der Radius nach Baikonur ein gleichschenkeliges Dreieck, dessen Maße man leicht errechnen kann. Die Basiswinkel sind gleich [180°–15°]/2 = 82° 30', die Basis x (nach dem Sinussatz) beträgt also: x/sin 15° = 6356,8/sin 82° 30', also ist x = 1659 km. So erhält man die Entfernung zwischen den Punkten P und B (d. h. zwischen dem Djatlow-Pass und Baikonur) auf einer Geraden, ohne die Erdkrümmung zu berücksichtigen. Die Höhe des angrenzenden Dreiecks h1 soll nun bestimmt werden. Man kann sie herausfinden, wenn man die Winkelwerte 3, 4 und 5 kennt. Das ist nicht schwierig: Winkel 3 = 90°–82° 30' = 7° 30', Winkel 4 = 180°–82° 30' = 97° 30' und Winkel 5 = 180°–[7° 30' + 97° 30'] = 75°. Des Weiteren wird wieder aus der Verhältnisgleichung gemäß dem Sinussatz die gesuchte Höhe h1 bestimmt: 1659/sin 75° = h1/sin 7° 30', das heißt, h1 = 224,14 km.

Das ist um einiges höher als der Punkt, an dem die Triebwerke der zweiten Stufe der Rakete R7 ausgeschaltet werden (etwa in der 300. Flugsekunde und auf einer Höhe von 150 bis 190 km), sodass diese ermittelte Antwort alle müßigen Diskussionen erübrigt, ob die »Feuerbälle optische Effekte beim Start der Rakete R7« waren. Doch diese Antwort ist noch gar nicht endgültig, da der »nicht sichtbare Bereich« über Baikonur für einen Beobachter aus dem Suchlager am 31. März 1959 in Wirklichkeit viel höher lag. Man muss bedenken, dass das Lager in das Loswatal versetzt wurde und dass sich südlich davon der Djatlow-Pass befand, der die Fernsicht von Meschtscherjakow (und der restlichen Suchmannschaft) am südlichen Firmament begrenzte. Sie sahen also keinen geraden Horizont, sondern ihr Horizont folgte den zerklüfteten Linien des Passes. Nun soll bestimmt werden, um welchen Wert der tatsächliche Horizont den theoretischen, horizontalen, überstieg.

Die genaue Position des Suchlagers ist nicht bekannt, doch es ist nicht falsch, davon auszugehen, dass es in der Waldzone aufgeschlagen worden war, das heißt in einer Höhe von 600 bis 700 Metern. Es soll angenommen werden, dass das Lager sich auf 650 Metern und 1,5 Kilometer nördlich des Passes befand, eine Schätzung, die den Opponenten sehr entgegenkommt. In Richtung Baikonur beträgt die erhöhte Horizontlinie: [840–650 m =] 190 m bei einer Entfernung von 1,5 km; also beträgt der Winkel der Erhöhung: tg [190/1500] = 0,126 (6) => Winkel 6 = 7° 12'.

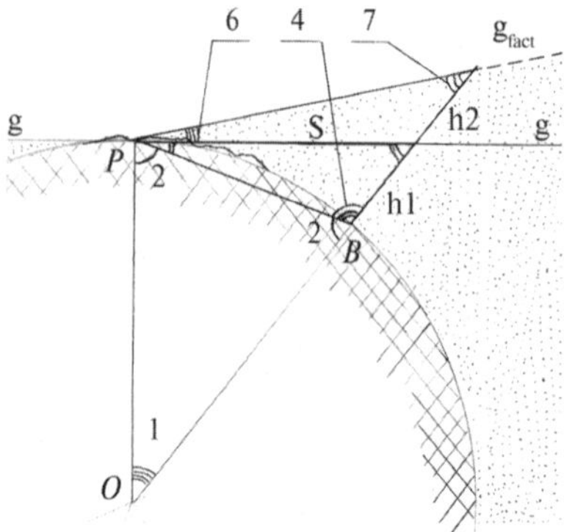


Der erhöhte »nicht sichtbare Bereich« über Baikonur für einen Beobachter auf dem Djatlow-Pass, bedingt durch die Unebenheit des Bergreliefs (nicht maßstabsgetreu). *Zeichenerklärung:* P – Lagerplatz der Suchmannschaft im Gebiet des Djatlow-Passes; B – Baikonur; O – Mittelpunkt der Erde; g–g – gedachte Linie des »horizontalen« Horizonts bei einer absolut flachen Erdoberfläche um das Lager; $g_{fact}$ – tatsächliche Horizontlinie, deren Erhöhung über »g–g« durch die Erhebung des Passes über das Suchlager bedingt ist. Winkelwerte: »6« = 7° 12'; »7« = 67° 48'. Streckenlängen: S = 1702,78 km; h1 = 224,14 km; h2 = 230,44 km. Entsprechend ist der Winkel 7 = 180°–[7° 12' + (180°–75°)] = 67° 48' und die Länge von S = 1702,78 km. Laut Sinussatz ist h2/sin 7° 12' = S/sin 67° 48' => h2 = S x sin 7° 12'/sin 67° 48' => h2 = 1 702,78 x 0,1253/0,9259 = 230,44 km. Die aktiven Flugabschnitte aller ballistischen Interkontinentalraketen, die je in Baikonur gestartet sind, liegen unter der Linie $g_{fact}$ und bleiben deshalb vom Djatlow-Pass bei beliebigen atmosphärischen Verhältnissen unsichtbar.

Somit beträgt die Gesamthöhe des »nicht sichtbaren Bereichs« über Baikonur für einen Beobachter aus dem Lager im Loswatal: h1 + h2 = 224,14 + 230,44 = 454,58 km. Keine zweistufige Rakete erreichte (jemals!) eine Höhe von 450 Kilometern mit eingeschalteten Triebwerken, weder in den 50er Jahren noch in den folgenden Jahrzehnten. Das Ergebnis schließt mit absoluter Sicherheit jeglichen Zusammenhang zwischen den seltsamen optischen Effekten im Gebiet des Otorten und den R7-Raketenstarts in Baikonur aus. Die »Feuerbälle« wurden ebenso wenig von Baikonur aus erzeugt wie durch einen Tsunami in Ceylon oder durch das Ozonloch in der Antarktis.

Das ist sehr wichtig, denn das berüchtigte Phänomen lässt den Erforschern der Djatlow-Tragödie keine Ruhe. Der Ermittler Iwanow selbst bestätigte in seinen Interviews bereits in der Perestroika-Zeit, dass der Tod der Wanderer seiner Meinung nach etwas mit den »Feuerbällen« am Uralhimmel zu tun hatte. Diese Annahme soll nicht leichtfertig verworfen werden. Bei der Theorie über die Ereignisse, die der Autor der vorliegenden Abhandlung entwickelt hat, stören die »Feuerbälle« im Gebiet des Otorten nicht, sondern unterstützen sie sogar. Doch hängen sie nach Meinung des Autors nicht mit mystischen Außerirdischen oder Raketen aus Baikonur zusammen, was gerade bewiesen wurde. Diese Bälle hatten eine gänzlich irdische Herkunft, sie waren menschengemacht, und es war kein Zufall, dass ihr Erscheinen über dem nördlichen Ural ganz plötzlich Anfang der 60er Jahre endete.

Doch davon später.

Diese Theorie diffamiert die Verteidiger des sowjetischen Vaterlands, die Menschen, deren kompromisslose Ansichten und gewissenhafte Erfüllung ihrer Dienstpflicht ihrem Vaterland mehr als ein halbes Jahrhundert friedlichen Lebens ermöglicht hat.

Zurück zur Analyse der Theorien, die technische Ursachen mit kriminellem Hintergrund als Erklärung für die Vorfälle am Cholat Sjachl heranziehen.

3. Die Mitglieder der Djatlow-Gruppe starben infolge krimineller Tätigkeiten von »bösen wildernden Generälen«, die zur Leitung der Strafkolonie Iwdel gehörten oder sogar zum Kommandostab des Militärbezirks Ural. (Hier sind Varianten möglich, doch das Wichtigste ist, dass die Wilderer hochrangige Militärs der Inneren Truppen oder des Verteidigungsministeriums waren.) Das ist eine weitere ziemlich seltsame Version, die vor ungefähr einem Jahr beim Brainstorming einiger Laienerforscher der Djatlow-Tragödie entstanden ist. Ohne die Persönlichkeit des Autors dieser Theorie beurteilen zu wollen, kann man doch seine Extravaganz

nicht unerwähnt lassen. Er veröffentlichte die Theorie ursprünglich als mystische Erzählung, die halb in Form von Erinnerungen der Wanderer vor ihrem Tod abgefasst ist und halb als Beichte von einem unmittelbar an den Geschehnissen Beteiligten, also einem der Mörder… Inwiefern ein solcher literarischer Zugang zulässig ist, mag dem Gewissen des Autors selbst überlassen bleiben. Doch die literarischen Besonderheiten seines Werks, die psychologische Unglaubwürdigkeit der Verhaltensmuster und die Unkenntnis realer Einzelheiten der Vorfälle demonstrieren deutlich, wie konstruiert die Geschichte ist.

Worauf läuft diese Theorie von den »jagenden Generälen« nun hinaus? Gewisse hochrangige Militärs (die »bösen Wilderer«) nutzten ihre Dienststellung, um im Gebiet des Otorten zu wildern. Was diese »bösen sowjetischen Pinochets« eigentlich jagen wollten, bleibt ein Rätsel, da Bären im Winter schlafen, Elche im Tiefschnee nicht einmal von Olympiasiegern im Skistaffellauf eingeholt werden können (deshalb werden Elche normalerweise bei Treibjagden geschossen oder auf der Lauer an ihren Futterstellen), Vielfraße keine Jagdtiere sind und Hirsche überhaupt nicht gejagt werden müssen. Es genügt, einen Fähnrich mit ein paar Flaschen Wodka in den nächsten mansischen Tschum zu schicken und das Hirschfleisch reicht für die Wochenration einer ganzen Garnison. Doch beim Aufdecken der Machenschaften von »garstigen sowjetischen Generälen« wird strategisch gedacht, und man lässt sich nicht durch Kleinigkeiten irritieren. Der Autor dieser Hypothese will ein allgemeines Bild der Vorfälle geben, da er genug gesunden Menschenverstand besitzt, um zu wissen, dass sich Generäle nicht auf Ski zur Jagd begeben. Wie man es von Generälen erwarten würde, flogen sie mit dem Hubschrauber zu ihrem illegalen Einsatz. Das ist sehr modern, man kennt die Berichte jüngerer Zeit von Unfällen hochrangiger Beamter, die mit dem Hubschrauber zur Jagd fliegen wollten.

Also, die »bösen Wilderer« tauchten im Gebiet des Cholat Sjachl auf, wo sie auf die UPI-Studenten trafen. Es kam zu einem Konflikt zwischen »Gut und Böse« und die »Bösen« ärgerten sich über die Komsomolzen, jagten sie in die Kälte hinaus, ohne dass sie zunächst vorhatten, sie umzubringen. Sie wollten ihnen nur eine Lektion erteilen. Der Zweck dieser Lektion ist nicht ganz klar, da sogar geistig nicht ganz helle Menschen die Gefahr einer solchen Aktion verstehen. Doch den Autor dieser kniffligen Theorie stört das kein bisschen, er weiß genau, dass ein sowjetischer General kein Gefreiter ist, sondern ein viel schlimmerer Typ! Also erklang der Befehl und die Wanderer marschierten hilflos den Hang hinab. Als die Wilderer jedoch erkannten, dass ihr leichtfertiges Tun fatale Folgen hatte und den Tod des unschuldigen Rustem Slobodin nach sich zog, beschlossen sie, die ganze Gruppe umzubringen, um die Spuren zu verwischen und der juristischen Vergeltung zu entgehen.

Was soll man dazu sagen? Die Theorie über die »Pinochets am Berghang« erforderte anscheinend die gesamten intellektuellen Kräfte des Autors, und es war ihm nicht zu mühsam, zuvor die erste Version von Rakitins Essay »Den Tod im Nacken …« gründlich zu studieren, der Anfang Januar 2011 zum ersten Mal vollständig im Internet gepostet worden war. Der Autor der Wilderertheorie verarbeitete das Gelesene auf kreative Weise, natürlich im Rahmen seines Vorstellungsvermögens und Einfallsreichtums. Leider begriff er einen ziemlich offensichtlichen Umstand nicht. In der Theorie, um die es in dem Essay und der vorliegenden Abhandlung geht, passen alle Einzelheiten zueinander, und es existiert ein kausaler Zusammenhang zwischen allen Schlussfolgerungen. Man kann nicht die Hälfte von Rakitins Ausgangsdaten hernehmen und sie beliebig neu zusammensetzen. Dabei kommt nur dummes Zeug heraus. Und genau das war beim Autor dieser Theorie der Fall.

Es soll genügen, hier auf einzelne prinzipielle Ungereimtheiten hinzuweisen, die alle Mutmaßungen über »wildernde Generäle«

definitiv beenden. Generäle, wie auch alle anderen zurechnungsfähigen Wilderer, benötigen einen gewissen Komfort. Ein Jagdhäuschen mit einer ordentlichen Banja an einem stillen Teich auf einem bewachten Areal des Verteidigungsministeriums, wohin sich kein Förster verirrt, kein Wanderer, kein Manse, also einen Ort, an dem ein hochrangiger Militär Geist und Körper erholen kann. Ein kahler Berg in der Taiga, 100 Kilometer von der nächsten Unterkunft entfernt, ist nicht gerade verlockend für einen General, der gern Wodka trinkt und Wildtiere erschießt.

Doch es gibt auch andere, viel ernsthaftere Probleme im Zusammenhang mit der Arbeit der Organe der Staatssicherheit und der Inneren Truppen. Diese Arbeit wird sehr geschraubt »Sicherung der Spionageabwehr« genannt, doch tatsächlich umfasste sie viel mehr als das, nämlich die Bekämpfung ausländischer Geheimdienste. Die Mitarbeiter der Sonderabteilungen, die zur 3. Hauptverwaltung des KGB beim Ministerrat der UdSSR gehörten, bildeten eine echte Vertikale von Informanten – vom gemeinen Soldaten einer abgelegenen Garnison bis zum Adjutanten des Verteidigungsministers im Offiziersrang. Das Hauptaugenmerk der Arbeit lag natürlich auf der Kontrolle höherer Offiziere, da Nikita Sergejewitsch Chruschtschow deren Illoyalität am meisten fürchtete. Für jeden mehr oder weniger hochrangigen Offizier der sowjetischen Armee war ein Informant der Sonderabteilung abgestellt, oft sogar mehr als einer oder zwei … Niemand konnte diesen zugewiesenen »Aufpasser« loswerden, das heißt, versuchen konnte man es natürlich, doch an die Stelle eines beseitigten Informanten traten zwei neue, unbekannte, was noch schlimmer war.

Die Generäle und Marschälle wussten selbstverständlich davon und kämpften nicht dagegen an – Genosse Stalin hatte ihnen eine solche Eigeninitiative bereits Anfang der 30er Jahre abgewöhnt, als er Prozesse gegen ehemalige zaristische Offiziere führte. Jeder beliebige übermächtige Marschall wusste, dass er einen »Spitzel« der

Sonderabteilung im Nacken sitzen hatte, weshalb man zwar Unfug treiben konnte, aber nur innerhalb bekannter Grenzen. Der Mord an neun unschuldigen Studenten überstieg alle zulässigen Grenzen, eine solche Eskapade hätte man niemandem verziehen. Keinem der hochrangigen Militärs wäre ein solcher Mord in Friedenszeiten überhaupt in den Sinn gekommen. Keiner hätte eine solche Tat eines Generals oder Marschalls gedeckt, im Gegenteil, der erstbeste Untergebene hätte ihn gleich am nächsten Tag bei den Offizieren der Sonderabteilung angezeigt. Und er hätte dafür neue Abzeichen und Sterne auf den Schulterklappen erhalten. Die »Spitzel« hätten sich darum gerissen, ihren Betreuer anzurufen, und gewetteifert, wer mehr und schneller erzählen konnte.

So funktionierte das militärische Kontrollsystem, das bereits in der Stalinära eingeführt worden war. Ein Verbrechen wie das vom 1. Februar 1959 am Cholat Sjachl zu vertuschen hätte kein einziger Marschall des Landes, nicht einmal der einflussreichste und angesehenste, vermocht. Der KGB hätte davon erfahren und damit auch die höchste Partei- und Staatsführung, die nicht den geringsten Grund hatte, Exzesse und Massenmorde, die von Verbrechern mit Schulterklappen begangen wurden, zu decken. Chruschtschow riss seinen Lieblingen für viel geringere Vergehen die Schulterklappen ab. Deshalb hätte kein einziger, nicht einmal der wahnsinnigste wildernde General den Befehl gegeben, die unglücklichen Studenten zu ermorden. Er hätte befohlen, sie zu retten. Vielleicht hätte er ihnen später etwas angehängt. Um seine Adjutanten herauszureden, hätte er sich eine Geschichte über ein ungebührliches Verhalten dieser »betrunkenen Lackaffenstudenten« ausgedacht, über Pöbeleien von ihrer Seite oder sogar einen Angriff. Irgend so etwas hätte er sich zusammengereimt, doch ihre Ermordung hätte er nicht erlaubt. Einfach aus der Angst heraus, dem Chef der Sonderabteilung (des Militärs oder des Bezirks, ganz egal) kompromittierendes Material über sich selbst zu geben.

Die Verfechter der Theorie über die »knallharten wildernden Generäle« verstehen diese Feinheiten leider nicht, dafür glauben sie aufrichtig an ihr literarisches Talent und wundern sich, warum niemand ihre Theorie im Internet ernsthaft diskutiert. Rakitin wird in allen Foren besprochen, mit Rakitins Zitaten beginnen und enden alle Debatten, aber die »wildernden Generäle« werden nicht richtig beachtet. Es existieren inzwischen bereits vier Versionen dieser Theorie, aber einen Sinn ergibt keine von ihnen. Das ist natürlich schlimm, doch es hat nichts mit der Djatlow-Tragödie oder Rakitin zu tun. Das Problem ist die Naivität und Ignoranz der Autoren selbst, doch dabei kann ihnen niemand helfen.

4. Die Mitglieder der Djatlow-Gruppe starben infolge eines Angriffs von Verbrechern, die aus der Strafkolonie Iwdel geflohen waren. Diese Theorie ist viel vernünftiger als die über Raketen und Spezialeinheiten, da ein Auftauchen von Verbrechern am Cholat Sjachl viel glaubwürdiger war. Allerdings steht sie in klarem Widerspruch zu den aufgelisteten Sachen der Wanderer: Das ganze Geld und die Dokumente der Gruppe blieben unberührt, der Alkohol war noch da und auch die Fotoapparate und Uhren ließen die Verbrecher nicht mitgehen … Es gibt noch ein wichtiges Detail: Wäre das Zelt der Djatlow-Gruppe tatsächlich von geflüchteten Verbrechern angegriffen worden, hätten sie die Frauen nicht fortgelassen. Dabei geht es gar nicht darum, ob eine Vergewaltigung bei 20 Grad unter null überhaupt möglich ist, wie die Mitglieder eines Internetforums lebhaft diskutierten. Die Verbrecher hätten die Frauen einfach deshalb bei sich behalten, um sich ihren Spaß mit ihnen zu machen.

Außerdem wären die Verbrecher nicht gerade zimperlich mit ihren Opfern umgegangen, das heißt, bei den Leichen wären Kiefer zertrümmert gewesen, Zähne ausgeschlagen, und es hätte mit Sicherheit Stichverletzungen gegeben. Ein aus dem Lager geflüchteter Krimineller ist ohne Messer einfach nicht vorstellbar. Doch der

Gerichtsmediziner Wosroschdjonny stellte nichts dergleichen fest. Die verstorbenen Wanderer wurden sehr sorgfältig ermordet, falls man das so sagen darf.

Aufgrund all dieser Überlegungen ist ernsthaft zu bezweifeln, dass entflohene Häftlinge etwas mit der Djatlow-Tragödie zu tun hatten.

5. Die Wanderer starben infolge eines Angriffs illegaler Goldsucher. Diese Hypothese ist eine Variante der vorherigen. An die Stelle der geflüchteten Häftlinge treten Goldsucher als Mörder, die illegal Gold im Loswatal wuschen. Laut dieser Theorie gehörte die Auflage, die in der Schlucht gefunden wurde, den Goldsuchern, da die von der Kälte gequälten Wanderer sie keineswegs aus eigener Kraft herstellen konnten. Das Gewerbe der »schwarzen Goldsucher« war absolut gesetzeswidrig, und es ist durchaus vorstellbar, dass sie zum Mord bereit waren, wenn sie fürchteten, verraten zu werden. Man muss hinzufügen, dass beim illegalen Fördern und Verkaufen von Gold in der UdSSR bis zur Perestroika deportierte Tschetschenen und Inguschen eine große Rolle spielten. Das Marktvolumen wurde Mitte der 80er Jahre auf 10 Tonnen Gold pro Jahr geschätzt. Auch wenn die Ausmaße Ende der 50er Jahre wohl weitaus bescheidener waren und es streng genommen auch kein organisiertes Verbrechen gab, darf man dieses Phänomen doch nicht unterschätzen.

Die Annahme, dass die Mitglieder der Djatlow-Gruppe von »schwarzen Goldsuchern« getötet wurden, ist jedoch nicht haltbar. Im Winter wird kein Gold gewaschen, nicht einmal in eisfreien Bächen: Erstens ist das Wasser dafür zu kalt und zweitens ist die helle Tageszeit zu kurz. Außerdem darf man nicht vergessen, wie schwierig die Versorgung einer solchen Gruppe war. Die Skispuren von der Unterkunft hätten den ansässigen Mansen die Anwesenheit ungebetener Gäste verraten. Ganz allgemein ist ein solches geheimes Unterfangen im Winter unmöglich. Es sind zwar Fälle bekannt, in denen »schwarze Goldsucher« sich im Winter Geheimverstecke neben den Halden von Goldgruben einrichteten und direkt vor der Nase der Wachen (möglicherweise sogar mit deren Wissen) siebten. Doch das hat keinerlei Bezug zum vorliegenden Fall.

Außerdem hätten sich die Goldsucher, nachdem sie die Wanderer umgebracht hatten, nicht den Besitz ihrer Opfer entgehen lassen. Warum hätten sie sich zurückhalten sollen, sie trugen ohnehin schon schwere Schuld, da wäre es bei einer Verhaftung auf Raub nicht angekommen. Doch das war nicht der Fall. Zusätzlich trifft wieder das Argument über die Art der Verletzungen zu, die die Opfer hätten aufweisen müssen. Es gab keine Stich- oder Schnittverletzungen und keine auffälligen Spuren einer Schlägerei.

6. Die Mitglieder der Djatlow-Gruppe starben infolge eines Absturzes der Hängegondel eines nicht steuerbaren amerikanischen Ballons. Das ist milde ausgedrückt eine sehr merkwürdige Theorie, deren Wahrscheinlichkeit mit einem Meteoritenabsturz vergleichbar ist. Diese Hypothese entstand wohl dadurch, dass der amerikanische Geheimdienst viele Jahre lang nicht steuerbare Ballons mit Fotoausrüstung in Richtung Sowjetunion losschickte. Manchmal stürzten sie ab, manchmal wurden sie abgeschossen wie zum Beispiel am 16. November 1959 bei Wolgograd. Damals wurde ein Spionageballon von einer Flugabwehrrakete S-75 in einer Höhe von 20 Kilometern zerstört. Seine Bruchstücke präsentierte man der Weltöffentlichkeit.

Laut dieser Theorie »rutschte« die Gondel eines Ballons, der aufgrund einer Beschädigung seiner Hülle an Höhe verlor, über das hintere Ende des Zelts, ohne erkennbare Spuren im Schnee zu hinterlassen, und verletzte Dubinina, Solotarjow und Thibeaux-Brignolle dabei schwer. Letzterer schlief auf dem Fotoapparat und … klingt bekannt, nicht wahr? Danach flohen die Studenten den Hang hinab, erschrocken von dem unbekannten Objekt, das hinterhältig vom Himmel auf das Zelt fiel … erfolgloser Kampf ums Überleben … Erfrierungstod.

Die Einwände gegen diese Version der Vorfälle sind im Großen und Ganzen dieselben wie gegen eine herabrollende Bombe oder eine Lawine (die unmögliche Beförderung der Verletzten über den Hang usw.), doch gibt es ein paar spezifischere Argumente. Ein Ballon, der an Höhe verliert, kann, nachdem seine Gondel auf dem Boden aufgeschlagen ist, unmöglich wieder aufsteigen und in den Himmel verschwinden. Er müsste unweigerlich ganz in der Nähe des Zelts abgestürzt sein. Doch die Suchmannschaft fand ihn nicht, obwohl die Gegend des Cholat Sjachl gewissenhaft abgesucht wurde. Um das Fehlen des Ballons zu erklären, muss man wieder eine geheime Spezialeinheit in die Handlung einführen, die das vom Himmel gefallene Objekt vor dem Auftauchen der Suchmannschaft verschwinden ließ. Doch wie bereits erwähnt, gab es keine besondere mobile Spezialeinheit in der UdSSR, die auf dem Gebiet des Otorten nach dem Geheimobjekt hätte suchen und es wegbringen können. Außerdem ist nicht klar, warum die Sowjetmacht den Tod von Sowjetbürgern durch die Schuld amerikanischer Spionagetechnik geheim halten sollte. Im Gegenteil, diesen Vorfall hätte man öffentlich machen und ordentlich auswalzen müssen. Das war ein hervorragender Trumpf im Ärmel der ideologischen Opposition.

Gegen die Theorie vom »Mörderballon« spricht auch die Annahme, dass die Wanderer, nachdem die Gondel auf sie gestürzt war, aus dem Zelt den Hang hinabflüchteten. Eine solche Schreckhaftigkeit ist höchst unglaubwürdig, die Wanderer wussten bestens über Ballons Bescheid, da sie in jener Zeit nicht so exotisch waren wie heute. Selbst wenn man davon ausgeht, dass die abstürzende Gondel drei Wanderer schwer verletzte, ist es völlig unklar, warum die anderen das Zelt verließen, ohne warme Sachen mitzunehmen. Natürlich stellt eine Gondel, die unkontrolliert über die Erde schleift, eine gewisse Bedrohung dar, doch bei Weitem keine so verhängnisvolle, dass man vor ihr ohne Stiefel, Handschuhe und Mütze ins Unbekannte fliehen müsste. Im Gegenteil, es wäre sinnvoller, das gefährliche Objekt zu beobachten, vor Ort zu bleiben und erst nach seinem Verschwinden aktiv zu werden.

Die Theorie vom Ballonabsturz muss also als absurd, naiv und völlig unbegründet betrachtet werden. Dem ist nichts hinzuzufügen.

Damit endet die Analyse der existierenden Theorien. Es bleibt festzustellen, dass alle bisher vorgebrachten Erklärungen für die Vorfälle am Djatlow-Pass im Februar 1959 weit hergeholt, widersprüchlich und wenig überzeugend wirken.

# 18. KAPITEL

# VORLÄUFIGE ANALYSE DER EREIGNISSE AM CHOLAT SJACHL VOM 1. FEBRUAR 1959

Das »Angstmoment« und sein Einfluss auf die Entscheidungen der Wanderer

Nachdem die anderen Theorien sich als haltlos erwiesen haben, wird nun dargelegt, was nach Überzeugung des Autors am 1. Februar 1959 gegen 16 Uhr am Cholat Sjachl vorgefallen ist.

Bekanntlich enthält eine richtig gestellte Frage bereits die halbe Antwort. Also versuchen wir, die wichtigste Frage, die sich ein Erforscher der Djatlow-Tragödie nach dem Studium aller zugänglichen Fakten stellen muss, richtig zu formulieren: Was macht die Geschichte vom Tod dieser Wanderer eigentlich so verworren, unverständlich und undurchschaubar? Oder anders: Was irritiert den Erforscher, worin unterscheidet sich der Tod dieser Wanderer grundlegend von vielen anderen Fällen, in denen Menschen bei Bergtouren ums Leben gekommen sind?

Eine ausführliche Antwort auf diese Frage erklärt das Wesen jener Kraft, die die Wanderer tötete, ihre Ursache und die Besonderheiten ihres Vorgehens.

Also nehmen wir uns der Reihe nach die auffälligsten Merkwürdigkeiten bei den Geschehnissen vor:

1. Die offensichtliche räumliche und zeitliche Trennung der Einflussfaktoren: Neben dem Zelt am Hang geschah die »Einschüchterung« beziehungsweise das »Angstmoment«. Die schweren Verletzungen mit Todesfolge jedoch passierten weiter unten bei der

Zeder und in der Schlucht einige Stunden nach dem ersten Angstmoment am Hang. Warum nicht gleich beim Zelt? Die Studenten verließen das Zelt ohne Schuhe zu Fuß und überquerten drei Steinfelder. Sie hätten auf keinen Fall vor einer Bedrohung, die sie verfolgte, fortlaufen können. Trotzdem tötete diese Bedrohung keinen von ihnen gleich oben. Nur Rustem Slobodin ist scheinbar eine Ausnahme, doch er wurde ebenfalls nicht beim Zelt getötet. Er bewegte sich einige Zeit selbstständig bergab und erfror dann am Hang. Warum geschah der Mord also nicht beim Zelt? Eine Antwort könnte folgendermaßen lauten: Die Person, die die Wanderer einschüchterte, wollte nicht, dass ihre Leichen beim Zelt gefunden werden. Eine weitere Antwort ergänzt die erste noch: Es fiel dem Auslöser des Angstmoments schwer, die ziemlich große Wandergruppe unter Kontrolle zu halten, es war leichter, sie zu verjagen in der Hoffnung, dass die Kälte und der Wind die ganze Arbeit für ihn erledigen würden. Für diese Annahme gibt es eine gewichtige Bestätigung: Thibeaux-Brignolle und Solotarjow schafften es im Unterschied zur restlichen Gruppe, Kleidung und Schuhe anzubehalten. Die Annahme, dass sie von den Freunden bekleidet wurden, hält keiner Kritik stand, da Igor Djatlow wohl kaum zugelassen hätte, die Schuhe Semjon Solotarjow anstelle der ihm näherstehenden Sina Kolmogorowa zu überlassen. Es gibt nur eine realistische Erklärung dafür, dass Thibeaux-Brignolle und Solotarjow Schuhe und ausreichend Kleidung anhatten (außer den Windjacken, die im Zelt gefunden wurden): Die beiden befanden sich eine gewisse Zeit lang außerhalb der Kontrolle ihrer Gegner und nutzten dies, um sich von der Gruppe zu entfernen.

2. Was auch immer der Grund für das Angstmoment gewesen sein mag (das verdient eine eigene Diskussion), die Bedrohung war objektiv gegeben. Thibeaux-Brignolle und Solotarjow trugen Schuhe und ausreichend Kleidung, sie waren gesund und nicht von einem langen Fußmarsch erschöpft. Welche Kraft sie auch aus dem

Zelt verjagt hatte, sie hätten die Nacht hundertprozentig überleben müssen. Die Erforscher der Djatlow-Tragödie lieben es, über alle möglichen sowjetischen Spezialeinheiten zu diskutieren, von denen sie wenig verstehen, doch dabei wissen sie anscheinend nicht einmal, dass sowjetische Agenten keine Zelte hatten. Sie standen ihnen grundsätzlich nicht zu. Sogar unter arktischen Bedingungen mussten sowjetische Spezialeinheiten auf dem Schnee überleben können. Bei jener Auflage, die Solotarjow, Dubinina, Thibeaux-Brignolle und Kolewatow in der Schlucht bauten, handelt es sich um ein typisches »Partisanenlager«. Das bedeutet, mindestens zwei Wanderer – Thibeaux-Brignolle und Solotarjow – hätten die Nacht ohne größere gesundheitliche Schäden überleben müssen. Doch sie starben. Warum? Weil sie ermordet wurden. Was auch immer den Wanderern am Cholat Sjachl Angst eingejagt hatte, es folgte ihnen ins Loswatal und überwältigte sie dort.

3. Warum gab es überhaupt ein Feuer bei der Zeder? Welche Funktion erfüllte es? Als Erstes fällt einem dazu ein, dass die Flammen Wärme spenden und ein Lagerfeuer in einer Winternacht (bzw. an einem Winterabend) zu einer Quelle der Energie, Kraft und des Lebens selbst wird. Dieser Gedanke täuscht jedoch, denn bei Wind kann man sich unmöglich an einem Lagerfeuer wärmen. Die ausgekühlte Körperfläche ist immer größer als die gewärmte, das wissen erfahrene Wanderer nur zu gut. Die zweite Erklärung ist weniger offensichtlich, doch glaubwürdiger: Das Lagerfeuer war eine Orientierungshilfe für die anderen, vor allem für Slobodin, der eindeutig nicht beim Feuer war und bereits beim Abstieg am Hang starb. Die erhöhte Lage der Zeder stützt diese Hypothese. Zum Wärmen hätte man das Feuer in der Schlucht entfachen müssen, doch dort konnte es nicht zur Orientierung dienen. Was ergibt sich daraus? Die Mitglieder der Djatlow-Gruppe verspürten am Hang große Furcht, doch weiter unten verflog ihre Angst so weit, dass sie ein Lagerfeuer entfachten, ohne an die Gefahr zu denken, sich selbst zu verraten.

Anscheinend fürchteten sie keine Verfolgung. Doch wie das oben Erwähnte zeigt, lag hier ein klarer Fehler bei der Einschätzung des Gegners vor, der die Gruppe aus dem Zelt verjagt hatte.

4. Die Gruppe hatte sich bei der Zeder getrennt. Man weiß genau, dass die vier Wanderer, die in die Schlucht weitergingen, bei der Zeder gewesen waren und möglicherweise sogar geholfen hatten, das Lagerfeuer anzuzünden. Warum kam es danach zur Trennung? War es Zufall, dass die ältesten Wanderer (mit der meisten Lebenserfahrung) den Platz an der Zeder verließen, und zwar Solotarjow (geb. 1921), Thibeaux-Brignolle (geb. 1934) und Kolewatow (geb. 1934)? Warum sie auch planten, das Lagerfeuer zu verlassen, ihre Argumente überzeugten Ljudmila Dubinina, sich ihnen anzuschließen. Es fällt auf, dass sie kein Feuer machten, obwohl dies auf den ersten Blick logisch gewesen wäre. Sie waren in der Schlucht zwar vor dem Wind geschützt, aber ein Feuer hätte ihnen gutgetan. Warum verzichteten die vier auf ein Lagerfeuer in der Schlucht? Darauf kann es nur eine Antwort geben: Sie befürchteten, sich zu verraten, beziehungsweise hatten Angst vor einer möglichen Verfolgung. Somit lässt sich festhalten, dass die Gruppe sich aufgrund unterschiedlicher Einschätzung der Gefährlichkeit des Gegners trennte. Die älteren Wanderer fürchteten ihn mehr als die jüngeren.

5. Wenn die vier Wanderer, die in die Schlucht gingen, tatsächlich an eine Verfolgung glaubten, warum versuchten sie nicht, weiter in den Wald zu flüchten? Man sollte meinen, wenn man sich vor einem bösartigen Feind fürchtet, dem man nicht gewachsen ist, dass man um sein Leben rennen und den Vorsprung ausnutzen würde. Doch das wäre nur scheinbar ein Ausweg aus ihrer Lage gewesen. Sie wogen ihre Möglichkeiten gegen den Gegner gut ab und trafen die optimale Entscheidung. Ohne Zweifel wurde die Option erörtert, tiefer in den Wald vorzudringen, sie ließ mehrere Ausführungsarten zu (Aufteilung in Paare, Rückkehr der ganzen Gruppe zum Vorratslager oder Flucht in willkürliche Richtung in den Wald), wurde aber

verworfen. Es mag viele Gründe dafür geben, doch nur einer konnte sie garantiert von der Flucht abhalten: das Fehlen von Ski, ohne die die Fortbewegung durch den verschneiten Wald äußerst schwierig gewesen wäre. Mit anderen Worten, die Personen in der Schlucht begriffen, dass sie im Fall einer Verfolgung nicht würden weglaufen können. Sie versteckten sich nicht nur vor dem Wind. Wer auch immer die Position der Auflage ausgewählt haben mochte, Solotarjow oder jemand anderer, hatte sich für den besten aller möglichen Orte entschieden.

Die Auflage in der Schlucht befand sich südwestlich von der Zeder (siehe Skizze auf Seite 155), ein hervorragender Ort, um den Hang des Cholat Sjachl im Auge zu behalten. Die Personen auf der Auflage konnten Verfolger beobachten, wobei sie selbst im Dunkeln (genauer gesagt in ihrer Schneegrube) blieben, während die Personen bei der Zeder diese Möglichkeit natürlich nicht hatten (weil schlecht beleuchtete Details nicht zu sehen sind, wenn man sich nahe einer starken Lichtquelle befindet – hier das Lagerfeuer). Also konnte man von der Auflage aus sehen und hören, wie sich der Feind der Zeder näherte. Dabei blieben die Beobachter selbst unbemerkt, da die Spuren vom Zelt zur Zeder seitlich an ihnen vorbei verliefen.

6. Das völlige Fehlen von Aufzeichnungen der Wanderer, die Licht auf die Vorfälle in den letzten Stunden ihres Lebens hätten werfen können, legt den Verdacht nahe, dass die Leichen durchsucht wurden. Dieser Verdacht verstärkt sich noch, wenn man bedenkt, dass Alexander Kolewatows Notizblock verschwunden war, den er bekanntermaßen immer bei sich trug, so auch bei dieser Wanderung (nach Aussage von Juri Judin). Die Vermutung, dass Kolewatows Notizblock zum Anzünden des Feuers verwendet wurde, ist nicht haltbar, da es bei der Zeder nicht an Heizmaterial fehlte. Erstens besaßen die Wanderer Papiergeld (das unberührt blieb) und zweitens wuchsen ringsum Birken. Es gibt kaum ein besseres Material zum Anfeuern als Birkenrinde.

Ein indirekter Hinweis auf eine Durchsuchung der Leichen ist auch der Umstand, dass fast alle Knöpfe auf den Jackentaschen der Verstorbenen geöffnet waren. Allerdings wurden Wertgegenstände, Geld und Dokumente der Verstorbenen nicht angetastet. (Dasselbe gilt für die Sachen im Zelt, von denen zumindest auf den ersten Blick nichts Wesentliches fehlte. In der Folge wird zu beweisen versucht, dass das nicht zutrifft. Auf jeden Fall ging der Plan der Diebe auf und die Entwendung blieb unbemerkt, übrigens auch vom Großteil der Laienerforscher der Tragödie.) Dies lässt nur eine vernünftige Erklärung zu: Die Angreifer interessierten sich nicht für materielle Wertgegenstände, sondern suchten in den Taschen der Verstorbenen gezielt nach Aufzeichnungen sowie nach dem Film aus dem geheimen Fotoapparat von Semjon Solotarjow, den er um den Hals gehängt hatte, der jedoch in den Ermittlungsakten mit keinem Wort erwähnt wird.

7. Die Beschädigungen des Zelts erscheinen merkwürdig, unlogisch und zunächst unerklärbar. Wozu dienten sie, wenn sie, wie weiter oben bewiesen wurde, weder zum Bestimmen der Schneedicke auf der Zeltwand noch zum Hereinlassen von Luft ins Zeltinnere vorgesehen waren? Die einzige widerspruchsfreie Erklärung lautet folgendermaßen: Die kurzen (hauptsächlich) horizontalen und die langen vertikalen Schnitte wurden von den Verbrechern erst nach der Vertreibung der Wanderer gemacht und erfüllten verschiedene Zwecke. Die kurzen Schnitte dienten der Kontrolle des Hangs in Richtung der Djatlow-Gruppe, die langen sollten das Zelt unbenutzbar machen und somit dessen spätere Verwendung verhindern. Die Mörder setzten die Schnitte, bevor sie bergab zum Lagerfeuer bei der Zeder gingen. Möglicherweise argwöhnten sie, dass das Feuer sie ablenken sollte und dass, während sie zum Loswatal hinabstiegen, jemand aus der Djatlow-Gruppe versuchen würde, das Zelt oder Sachen daraus mitzunehmen. Falls einem der Wanderer dieses Kunststück gelänge, würde die von mindestens sechs lan-

gen Schnitten zerfetzte Zeltwand den Wert der ergatterten Trophäe erheblich mindern.

8. Warum lag auf dem Zeltdach eine funktionstüchtige Taschenlampe, die Igor Djatlow gehörte? Sie befand sich auf einer Schneeschicht (max. 10 cm) direkt auf dem Zelt. Man würde meinen, einer aus der Gruppe hätte sie beim Weggehen mitnehmen müssen. Doch die Taschenlampe wurde dorthin geworfen, und zwar einige Zeit nach dem Aufstellen des Zelts (darauf weist die angewehte Schneeschicht hin). Warum? Es gibt nur eine vernünftige Antwort: Die Taschenlampe wurde von der Djatlow-Gruppe nicht freiwillig zurückgelassen, sondern unter Zwang. Erst danach wurde sie von den Angreifern benutzt, die die Gruppe bedrohten und in den Frost hinausjagten. Wofür verwendeten sie die Taschenlampe? Offenbar dafür, die Umgebung des Zelts im Dunkeln abzusuchen. Hierzu passt auch die Frage nach Djatlows kariertem Hemd mit den eingewickelten Pantoffeln und Socken, das ungefähr 10 Meter vom Zelt entfernt gefunden wurde. Natürlich hätte Igor das Hemd mitgenommen, wenn er gekonnt hätte, vor allem da er es in der Hand hielt, als er das Zelt verließ. Er musste es jedoch wegwerfen, und das tat er bestimmt nicht freiwillig. Also setzten die Angreifer durch, dass die Wanderer nichts mitnahmen.

9. Beim vorigen Punkt ergibt sich noch eine Ungereimtheit, jedoch erst bei näherem Hinsehen. Sechs der neun verstorbenen Wanderer trugen keine Schuhe, sondern nur Socken. Der siebente, Rustem Slobodin, hatte einen Filzstiefel an. Jedoch besaßen alle Wanderer Ersatzschuhe für den Aufenthalt im Zelt. Wenn ein Wanderer tagsüber mit Skischuhen unterwegs war, zog er abends Filzstiefel an (oder umgekehrt, wie auf den Fotos zu sehen ist, konnte man dank einer halb starren Befestigung auch mit Filzstiefeln auf den Ski stehen). Übrigens dienten auch Pantoffeln als Schuhe fürs Zelt – zwei Paar stehen auf der Liste der Sachen, die man im Zelt gefunden hatte. Man denke an die Einlagen, die auf Rustem Slo-

bodins Brust gefunden wurden, er hatte sie aus den Skischuhen genommen, nachdem er die Filzstiefel angezogen hatte, von denen einer an seinem Fuß blieb. Jedenfalls war ein Aufenthalt im Zelt in Socken undenkbar, es wären einem schlicht und einfach die Füße abgefroren (schließlich herrschten Minustemperaturen). Verständlicherweise wurden die Schuhe ziemlich rasch gewechselt, wer wollte schon eine halbe Stunde lang an den Füßen frieren. Doch an den Leichen der Wanderer fand man weder Filzstiefel noch Skischuhe noch Pantoffeln. Selbst wenn eine Bedrohung die Menschen gezwungen hätte, das Zelt während des Schuhwechsels zu verlassen und auf den Schnee hinauszulaufen, hätten sie die Schuhe nicht zurückgelassen, sie mussten ja ihre Füße vor dem Erfrieren bewahren. Doch bei fast allen Wanderern waren die Füße ungeschützt. Wie kam es dazu? Welche Theorien man sich auch ausdenken mag, welche Außerirdischen oder Schneefahrzeuge auch ins Spiel kommen, man kann nicht die Augen davor verschließen: Wer die Wanderer beim Zelt bedrohte, verlangte, dass sie die Schuhe auszogen.

10. Es gibt eine weitere Merkwürdigkeit, die durch ihre scheinbare Unlogik verwirrt: das Auffinden der letzten vier Leichen in der Schlucht neben der Auflage. Dabei lagen sie sehr dicht beisammen, auf kaum 4 Quadratmetern. Hätten die Verstorbenen auf der Auflage gelegen, wäre das unauffällig gewesen. Aber warum fand man die Leichen daneben und in einer Entfernung, die eine spontane Verlagerung ausschließt? Die Antwort darauf lautet: Sie wurden absichtlich weggebracht, in der Hoffnung, dass die Entdeckung der Auflage nicht zur Entdeckung der Leichen führt. Eine andere, ebenso wahrscheinliche Antwort: Die Mörder fanden einfach in der Dunkelheit die Auflage nicht und warfen die Leichen in die verschneite Schlucht wie in ein Massengrab.

11. Warum verwendeten die Wanderer nicht die Teile der Kleidung, die sie von Kriwonischtschenkos und Doroschenkos Leichen geholt hatten? Nur Ljudmila Dubinina wickelte ihren Fuß in

die Hälfte einer zerschnittenen Strickjacke, und das war ihre eigene! Dafür zog sie Kriwonischtschenkos Pullover an. (Für dieses Kleidungsstück verzeichnete das physikalisch-technische Gutachten die größte radioaktive Belastung. Die anderen radioaktiven Kleidungsstücke waren, wie man weiß, ein Pullover und eine Pluderhose, die an Kolewatow gefunden wurden, die jedoch höchstwahrscheinlich ebenfalls Kriwonischtschenko gehörten.) Wie kam es dazu? Die Leichen von Doroschenko und Kriwonischtschenko wurden nicht in einem, sondern in mehreren Anläufen (mindestens zwei) ausgezogen. Zu einem bestimmten Zeitpunkt verließen also alle vier die Auflage, einer schlich zur Zeder und zog den Toten als Erstes Hose und zwei Pullover aus, ohne diese zu zerschneiden. Nach einiger Zeit wurde beschlossen, sich noch einmal den Leichen von Kriwonischtschenko und Doroschenko zu nähern. Diesmal wurde die Kleidung teilweise abgeschnitten, doch diese Stücke verwendeten die Wanderer nicht mehr. Der Tod war schneller.

Die Kette von seltsamen Ereignissen ließe sich fortsetzen, doch das Aufgezählte reicht längst aus, um den eindeutigen Schluss zu ergeben: Es waren Menschen, die die Angst auslösten und als Mörder auftraten. Böswillige, zielstrebige, von Logik geleitete Menschen, die man, da der Ausgang der Tragödie bekannt ist, durchaus einschätzen kann. Kein Kugelblitz, keine Gondel eines amerikanischen Ballons, keine Kufen eines Propellerschlittens, kein Fluch eines mansischen Schamanen, kein Schneegewitter und kein schrecklicher Infraschall wäre fähig gewesen, die Gruppe noch nach Stunden zu verfolgen, die Verstorbenen zu durchsuchen und einige der Leichen in ihr Schneegrab in der Schlucht zu werfen.

## 19. KAPITEL

## WER HAT SIE UMGEBRACHT? SKIZZE EINES TÄTERPROFILS

Was lässt sich über die Mörder sagen, wenn man zugrunde legt, was an Details zum Verbrechen aus den Ermittlungen bekannt ist und was sich an Schlussfolgerungen daraus ergibt?

1. Die Mörder waren keine Mitglieder der Djatlow-Gruppe, sonst wäre ein einvernehmliches Handeln der Gruppe ausgeschlossen gewesen. Die Wanderer entfernten sich alle gemeinsam vom Zelt, gingen in dieselbe Richtung und blieben dabei mindestens in Rufweite. In der Folge sieht man ein Zusammenarbeiten unter der Zeder und in der Schlucht.

2. Es waren nicht viele Mörder – zwei, maximal drei Personen, da sie offensichtlich Schwierigkeiten hatten, die ganze Wandergruppe unter Kontrolle zu halten. Gerade dieses Unvermögen verschaffte Solotarjow und Thibeaux-Brignolle die Gelegenheit, sich zu Beginn des Angriffs zu entfernen und ihre Kleidung, Schuhe und Kopfbedeckungen anzubehalten.

3. Die Angreifer besaßen eine Schusswaffe, da es ihnen sonst nicht gelungen wäre, neun Personen mit zumindest drei Äxten, fünf Messern und zwei Skistöcken gefügig zu machen. Gerade die haushohe Überlegenheit der Gegner an Kraft (bzw. an Schusswaffen) zwang mindestens sieben erwachsene, gesunde, tatkräftige, fähige und ausreichend erfahrene Männer dazu, den auf den ersten Blick vollkommen unsinnigen Forderungen nachzugeben und Kopfbedeckungen, Handschuhe und Schuhe auszuziehen. Ohne Schusswaffen hätten die Gegner den Widerstandswillen nicht so schnell

brechen können; es wäre unausweichlich zu einer handfesten Schlägerei gekommen mit entsprechenden Spuren an den Körpern und der Kleidung der Opfer.

4. Die Mörder zeigten offenbar nicht von Anfang an ihr wahres Gesicht. Das erklärt, warum einige Wanderer die Gefahr unterschätzten. Das aggressive Handeln der Angreifer wurde von der Djatlow-Gruppe (jedenfalls zunächst) als Überfall angesehen. Und das beruhigte einen Teil der Gruppe, der glaubte, man brauche nur die Nacht abzuwarten (oder sogar nur einige Stunden) und könne dann zum Zelt zurückkehren – womit alle Unannehmlichkeiten überstanden wären.

5. Die Gegner beabsichtigten von Anfang an, die Djatlow-Gruppe auszulöschen. Dabei durften keine Spuren tätlicher Gewalt hinterlassen werden, und es musste aussehen wie die Folge einer elementaren Kraft unbestimmter Natur. Deshalb bedrohten sie die Wanderer zwar mit der Waffe, hatten jedoch nicht vor, sie tatsächlich einzusetzen. Sogar als sie die letzten Wanderer umbringen mussten, geschah dies ohne Waffeneinsatz.

6. Die Angreifer gehörten nicht zu den bewaffneten Organen der Sowjetunion (Militär, Innenministerium, KGB). Wer die Mitglieder der Djatlow-Gruppe ermordete, fürchtete sich vor Nachforschungen, die die Entdeckung der Leichen möglicherweise auslösen würde. Es war den Mördern bewusst, dass man die Vermissten suchen und unweigerlich finden würde. Wenn die Leichen Spuren von Verletzungen durch Schuss- oder Stichwaffen trugen, konnte das fatal für die Mörder enden. Die Angst vor Nachforschungen veranlasste die Verbrecher, die in ihren Augen zweitbeste Lösung zu wählen, den Mord ohne Waffeneinsatz. Immerhin bedeutete dies nicht nur einen zusätzlichen Zeit- und Kraftaufwand, sondern auch ein echtes Risiko, da zumindest zwei der Wanderer noch Messer bei sich hatten (Slobodin und Kriwonischtschenko). Ihr ängstliches Verhalten ist ein ernstzunehmendes Indiz dafür, dass die Mörder

auf keinen Fall mit den bewaffneten Organen der UdSSR in Verbindung standen.

7. Die Angreifer gehörten keiner Randgruppe der sowjetischen Gesellschaft an, wie etwa Kriminellen, »schwarzen Goldsuchern« oder Zwangssiedlern*. Offenbar durchsuchten sie den Besitz der Wanderer im Zelt, da sie nach der Vertreibung der Gruppe bis zum Entdecken des Lagerfeuers an der Zeder und zu ihrem Abstieg ins Loswatal ausreichend Zeit hatten, doch die Wertsachen interessierten sie nicht. Die Djatlow-Gruppe besaß insgesamt etwa 2000 Rubel an Bargeld. Zum Vergleich: Der Preis einer Flasche Wodka betrug damals 22 bis 26 Rubel, eine Krankenschwester verdiente 450 Rubel im Monat, ein Unterleutnant beim Militär 1100 Rubel, ein Arzt mit Schnellausbildung (der sogenannte Kriegsjahrgang 1941–1945) 770 Rubel und ein Arzt mit »vollwertigem« Diplom 900 Rubel im Monat. Ein Jahr Studium an einer Hochschule kostete 400 Rubel (bevor Chruschtschow die Studiengebühren abschaffte) und der Preis für Männerschuhe bewegte sich zwischen 150 und 200 Rubel. Ein Häftling in einer Strafkolonie durfte Geschenke im Wert von maximal 300 Rubel im Monat erhalten (dabei gab es spezielle Regeln, doch hier interessieren nur die Zahlen). Also waren 2000 Rubel damals keine Riesensumme, aber doch ganz anständig. Kein Ganove hätte diesen Schatz links liegen lassen. Neben dem Geld besaßen die Wanderer Fotoapparate, Uhren und Alkohol. Es verschwand jedoch nichts davon. Warum? All das hatte für die Angreifer anscheinend nicht den geringsten Wert.

8. Gleichzeitig zeigten die Widersacher großes Interesse an den Sachen der Wanderer und unterzogen sie einer gründlichen Durchsuchung. Davon zeugen die 18 zerrissenen Gamaschen, die im Zelt gefunden wurden. Das ist ein derart sprechendes Indiz, dass es von

---

* Personen, die nach Verbüßen einer Haftstrafe nur an bestimmten entlegenen Orten wohnen durften

den Anhängern aller Theorien, sowohl der nicht kriminellen als auch der kriminellen, verschwiegen wurde. Es ist nicht schwer zu begreifen, warum – keiner von ihnen konnte sich diesen Umstand erklären. Er verblüffte offensichtlich auch Iwanow, der ihn im eigenhändig verfassten »Fundbericht der Gegenstände am Tatort« anführte (datiert auf den 5. bis 7. März 1959, Ausstellungsort Iwdel). Darin vermerkte der Ermittler lakonisch: »Gamaschen (alle zerrissen) – 9 Paar.« Das war alles, der Rest ist Schweigen. Sonst wurden sie nirgendwo mehr erwähnt. Dabei kann man sich kaum vorstellen, dass alle neun Paare zufällig »zerrissen« wurden. Man beachte, dass die Gamaschen weder »aufgerissen« noch »eingerissen« noch »teilweise löchrig« waren, sondern eben »zerrissen«. Solche Gamaschen, die die Unterschenkel und Skischuhe vor Feuchtigkeit schützen sollen, bestehen jedoch immer aus einem festen, groben Stoff wie Segeltuch, Leinen und dergleichen. Wie kann man bloß alle 18 Gamaschen zerreißen? Das geht nur mit Absicht, zufällig ist das nicht denkbar. Aber wozu das Ganze? Leere Gamaschen werden vom Besitzer üblicherweise aufgeschnürt zurückgelassen, ja, selbst einen festgezurrten Riemen hätte man einfach lösen können. Aber im Alleingang 18 Gamaschen bei schlechter Beleuchtung (im Licht einer Taschenlampe, einer Streichholzflamme, einer Kerze oder eines Feuerzeugs) zu inspizieren ist äußerst schwierig. Vor allem in einem kalten Zelt, in dem die Finger schnell taub werden. Da ist es tatsächlich für Männer mit starken Händen einfacher, das widerspenstige Leinen zu zerreißen, als in den Falten des steifen Stoffs nach dem Riemen zu suchen, die Knoten zu lösen und dann den Riemen zu lockern.

Übrigens weist die Tatsache, dass die Gamaschen zerrissen wurden, darauf hin, dass sie nicht leer waren. In ihnen befanden sich also kleine Gegenstände, die vielleicht praktischerweise gemeinsam aufbewahrt wurden, um sie am Morgen wieder rasch in die Rucksäcke packen zu können. (Man muss bedenken, dass die Rucksäcke abends geleert und am Boden des Zelts ausgelegt wurden, morgens packte man sie dann neu.) Für die Angreifer war der Inhalt dieser Gamaschen besonders interessant. Gleichzeitig blieben die Beutel mit Lebensmitteln, von denen zwölf Stück im Zelt gefunden wurden, nicht nur heil, sondern zum Teil auch vollständig gefüllt (z. B. zwei Beutel mit Zwieback, einer mit Zuckerstücken und mehrere mit Körnern wie Hirse oder Reis). Für diese Beutel interessierten die mysteriösen Angreifer sich nicht. Seltsam, oder? Warum waren sie so wählerisch? Wie man es auch wendet: Das, wonach die Verbrecher suchten, konnte nicht bei den Nahrungsmitteln versteckt gewesen sein.

9. Obwohl die vorige Annahme (dass die Mörder keiner Randgruppe angehörten) gut begründet und insgesamt glaubwürdig wirkt, kann sie die Gleichgültigkeit der Verbrecher gegenüber dem Geld ihrer Opfer nicht zur Gänze erklären. Im Unterschied zu Uhren, Pullovern oder Fotoapparaten, deren Besitzer leicht festzustellen sind (und die den Dieb dadurch im Fall der Ergreifung überführen könnten), kann Geld niemandem persönlich zugeschrieben werden. Das heißt, die Mörder hätten nichts riskiert, wenn sie es an sich genommen hätten. Trotzdem verzichteten sie auf diese Beute. Warum?

Einerseits zeugt es von eiserner Disziplin, einem einheitlichen Vorgehen und, wenn man so will, einer Gleichgesinntheit der Verbrecher. Doch diese Erklärung reicht nicht. So lässt sich der Verzicht auf das Geld andererseits durch eine tiefe Verachtung (aus religiösen, ideologischen oder politischen Motiven) erklären. Wenn die Mörder ihre Taten nicht als kriminell betrachteten, sondern zum Beispiel als religiös-mystische Handlung oder als zivilen Widerstand, dann konnten die Opfer selbst und ihr gesamter Besitz bei ihnen eine bedingungslose und unversöhnliche Feindseligkeit auslösen. Ein Mensch, der mit einer solchen Intensität hasst, raubt seine Opfer nicht aus, weil er damit Schande über sich bringen würde.

Hier bietet sich der Vergleich mit einem Soldaten an, der weiß, dass man den Feind töten, aber nicht ausplündern darf. Dieser Vergleich wirft ein überraschendes Licht auf die Motivation der Verbrecher. Sie handelten wie im Krieg. Doch was war das für ein Krieg? Wer kämpfte mit wem oder wogegen? Wir kommen darauf zurück.

10. Die Art, wie einige der Wanderer getötet wurden, lässt darauf schließen, dass die Angreifer über ausgezeichnete Fertigkeiten im Nahkampf verfügten. Überhaupt ist die Antwort auf die Frage, wie Ljudmila Dubinina, Semjon Solotarjow und Nikolai Thibeaux-Brignolle ihre Verletzungen erhielten, eine der einfachsten in diesem Fall. Sie erfordert keine komplizierten Erklärungen und keinen Rückgriff auf übernatürliche Kräfte. Alle Unstimmigkeiten sind einer naiven Auslegung der Worte aus dem gerichtsmedizinischen Gutachten zu verdanken, in dem Doktor Wosroschdjonny zu dem Schluss kommt, die Ursache der tödlichen Einwirkung sei eine »große Kraft mit anschließendem Sturz« (des Körpers), Niederwurf oder ein Schlag gewesen.

Die berüchtigte »große Kraft« überforderte das Vorstellungsvermögen eines überwältigenden Teils der Laienerforscher der Tragödie so sehr, dass sie bereit waren, alles Mögliche als ihre Ursache zu betrachten – von Kraftfahrzeugen über Geländewagen bis zu einem Sturz aus großer Höhe, alles außer dem in diesen konkreten Kontext ganz offensichtlich passenden Fußtritt. Oder einem Stoß mit dem Knie. Weiter unten wird genau beschrieben, wie diese Angriffe ausgeführt wurden, da die Verletzungen wirklich »sprechend« sind. Doch vorerst reicht die Feststellung, dass die Mörder körperlich gut in Form waren und über ausgezeichnete Fertigkeiten im Nahkampf verfügten.

11. Die Tatsache, dass die Angreifer keine eindeutigen Spuren auf dem Hang des Cholat Sjachl und an der Zeder hinterließen, zeigt zweierlei: Es handelte sich nicht um eine große Gruppe, und sie besaßen eine Ausrüstung, die keine lange erkennbaren Spuren im

Schnee zurückließ. Das konnten sowohl breite Ski wie bei den Mansen sein als auch Ski mit Fellen (wie bei einigen nordischen Völkern und Indianern in den USA und in Kanada verbreitet). Auch Schneeschuhe hinterlassen keine deutlichen Spuren. Zu jener Zeit waren sie bereits bekannt, in sowjetischen Büchern aus den 30er und 40er Jahren findet man entsprechende Beschreibungen. Der Vorteil von Schneeschuhen liegt darin, dass sie im Neuschnee praktisch nicht zerbrechen können, außerdem sind sie im Unterschied zu echten Ski leicht aus Hilfsmaterialien herstellbar. Es gibt jedoch auch Nachteile: Die Geschwindigkeit eines Menschen ist in Schneeschuhen wesentlich geringer als auf Ski, auch ist der Energieaufwand höher. Zudem darf man einen interessanten Umstand nicht außer Acht lassen: Eine Person mit Schneeschuhen an den Füßen kann einen Stoß mit dem Knie ausführen, ein Skifahrer jedoch nicht.

Zum Abschluss dieses Kapitels wird eine möglichst konkrete Antwort auf die Frage versucht, wem die Wanderer am Cholat Sjachl am Nachmittag beziehungsweise Abend des 1. Februar 1959 begegnet sind. Es war eine kleine Gruppe von Menschen (zwei oder drei Personen) mit (wahrscheinlich automatischen) Schusswaffen, die hoch entwickelte Fähigkeiten im Überleben an einem wilden, unbewohnten Ort hatten. Die Gruppe war diszipliniert, was von einer strikten Hierarchie zeugt. Diese Menschen verfügten über hervorragende körperliche Fähigkeiten, beherrschten äußerst spezifische Praktiken des Nahkampfs und waren wohl jünger als 40 Jahre. Sie hatten keinen Mangel an Ausrüstung und Nahrungsmitteln. Aus irgendeinem Grund hegten sie eine starke Abneigung oder sogar einen starken Hass gegen die Wandergruppe. Da Hass zwischen Gruppen von Menschen nicht spontan aufkommt, könnte die Abneigung erst sekundär als Folge von Misstrauen oder Vorsicht entstanden sein.

## 20. KAPITEL

## ABFOLGE DER EREIGNISSE AM CHOLAT SJACHL IN EINER ERSTEN ANNÄHERUNG

In einer ersten Annäherung soll nun ein allgemeines Bild von den Vorgängen am Hang des Cholat Sjachl skizziert werden. Gegen 15 Uhr, vielleicht auch etwas später, als das Zelt fertig aufgestellt war und nur noch der First mit den Spannseilen befestigt werden musste, griffen Personen mit Schusswaffen die Djatlow-Gruppe an und bedrohten sie mit körperlicher Gewalt. Im Anfangsstadium des Konflikts sonderten sich Thibeaux-Brignolle und Solotarjow von der Gruppe ab und beobachteten die Vorgänge beim Zelt aus einiger Entfernung, ohne die geringste Möglichkeit zum Eingreifen zu haben. Die Bewaffneten hatten nicht vor, die Wanderer sofort beim Zelt zu töten, sie wollten sie in die Kälte hinausjagen und dem Erfrierungstod aussetzen. Mit dieser Absicht verlangten die Unbekannten, dass die Mitglieder der Djatlow-Gruppe Schuhe, Handschuhe und Kopfbedeckungen auszogen. Dabei kam es zu Auseinandersetzungen, die Wanderer wehrten sich wahrscheinlich verbal und leisteten passiven Widerstand. Man kann davon ausgehen, dass in diesen Minuten vor allem die jungen Frauen ihren Ärger aktiv zeigten und damit die erste, noch leichte Gewaltanwendung der Angreifer provozierten. Ein indirekter Hinweis darauf sind Risse in der Kleidung von Sina Kolmogorowa (am Pulloverärmel). Zu diesem Zeitpunkt könnten auch die starken Einrisse am unteren Teil von Ljudmila Dubininas Hose entstanden sein.

Möglicherweise nutzte Rustem Slobodin das Durcheinander, um einen der Gegner anzugreifen. Der Versuch war jedoch nicht von

Erfolg gekrönt, Rustem wurde schwer zusammengeschlagen und vorübergehend außer Gefecht gesetzt. Er kam jedoch später wieder zu sich und konnte sich eine gewisse Zeit selbstständig fortbewegen. Anscheinend überschätzte er im Affekt seine körperlichen Fähigkeiten und bat seine Leidensgenossen nicht um Hilfe (objektiv betrachtet hätte ihm in dieser Situation auch niemand helfen können). Womöglich waren neben Rustem Slobodin noch andere Wanderer (insbesondere Sina Kolmogorowa und Georgi Kriwonischtschenko) körperlicher Gewalt (wenn auch nicht so schwerer Art) ausgesetzt. Die Angreifer setzten ihre Forderungen demonstrativ brutal durch. Wie dem auch sei, die Wanderer waren so schockiert von den blitzartigen Vorfällen und eingeschüchtert von der unmotiviert harten Vergeltung an ihren Kameraden, dass sie sich dem unbekannten Feind unterordneten und Schuhe, Handschuhe und Kopfbedeckungen auszogen. In der fortgeschrittenen Dämmerung fiel es den Angreifern schwer, die Gruppe unter Kontrolle zu halten, deshalb behielten einige Wanderer ihre Skimützen auf und Rustem Slobodin einen Filzstiefel an. Irgendwann beschlossen die Verbrecher, dass ihre Forderungen zur Genüge erfüllt waren, und sie schickten die Überfallenen fort.

Die Wanderer hielten die Möglichkeit, den Hang zu verlassen, für ihre Rettung. Sie glaubten, sie hätten das Schlimmste bereits hinter sich. Die Räuber würden sich ihren Besitz aneignen, den Alkohol austrinken und das Geld an sich nehmen, um dann am Morgen ihrer Wege zu gehen. Die Gruppe musste nur die Nacht im Wald überstehen, würde zum Zelt zurückkehren, die Ski herausziehen und ihre Route fortsetzen können, denn letztendlich wären sie alle am Leben und das Lager mit den Hauptvorräten wäre heil geblieben. Übrigens könnte gerade der Wunsch, die Position ihres Vorratslagers nicht preiszugeben, erklären, warum sie den irrationalen Fluchtweg in die entgegengesetzte Richtung vom Vorratslager und noch dazu gegen den Wind wählten. Die Diskussionen der Erfinder anderer Theorien darüber, dass alle neun Personen die räumliche Orientierung verloren und die Richtung zum Vorratslager nicht mehr kannten (oder sich irrten), entbehren jeder Grundlage. (Solotarjow hatte sogar einen Kompass dabei.) Dass die Gruppe sich vom Vorratslager wegbewegte, war sinnvoll, logisch und wurde sicher von allen gutgeheißen.

Solotarjow und Thibeaux-Brignolle schlossen sich den Flüchtenden an. Ersterer leuchtete mit der Taschenlampe den Weg, bis die Batterie leer war. Die Leistung von Batterien und Akkumulatoren lässt bei Kälte stark nach, was eine Verwendung von Elektrogeräten über längere Zeit unmöglich macht. Als die Taschenlampenbatterie leer war, warf Semjon das unbrauchbar gewordene Gerät weg. Das geschah beim dritten Steinfeld, das am weitesten vom Zelt entfernt war. (Dort wurde die Taschenlampe später vom Suchtrupp gefunden.) Somit stiegen die Wanderer mit einer Lichtquelle in das Loswatal hinab, was dafür spricht, dass es keine ernstlichen Stürze und Verletzungen am Hang des Cholat Sjachl gab. (Nebenbei bemerkt wurde ein ähnlicher Abstieg vom Hang ohne Schuhe 2008 von einer Wandergruppe wiederholt. Dieses eigenartige »Ermittlungsexperiment« rekonstruierte die Bewegung der Djatlow-Gruppe über den Hang ziemlich genau. Neun Wanderer liefen ohne Schuhe vom Zeltplatz zur Zeder, ohne sich irgendwelche Verletzungen zuzuziehen. Im Laufschritt benötigten sie 15 Minuten, im Schritttempo verlängerte sich die Zeit auf 40 Minuten. Diese Zahlen dienen nur zur Orientierung; die Djatlow-Gruppe konnte weitaus länger gebraucht haben.)

Während die Wanderer lebhaft die Vorfälle besprachen, bemerkten sie nicht, dass Rustem Slobodin zurückblieb. Anscheinend rief er nicht um Hilfe, sondern versuchte, den Schwindel und die Schwäche allein zu überwinden. Dabei unterschätzte Rustem offenbar die Lebensgefahr, in der er schwebte. Es ist äußerst unwahrscheinlich, dass eine Bitte um Hilfe unbeantwortet geblieben wäre und seine

Kameraden ihn bewusst zurückgelassen hätten. Erst weiter unten während einer kurzen Verschnaufpause bemerkte Igor Djatlow beim Durchzählen, dass einer aus der Gruppe fehlte, für die er als Leiter verantwortlich war. Deshalb ging Igor selbstständig auf die Suche nach Slobodin, möglicherweise noch bevor das Lagerfeuer bei der Zeder angezündet wurde. Das Licht der Flammen sollte Slobodin und Djatlow die Orientierung erleichtern. Das Beschaffen von Brennholz und das Feuermachen nahmen einige Zeit und Kraft in Anspruch. Als das Feuer bereits brannte und die Abgängigen nicht auftauchten, machte Sina Kolmogorowa sich auf die Suche nach ihnen. Beim Aufstieg auf den Hang entdeckte sie vermutlich die Körper der bereits toten Kameraden und beschloss, zum Zelt weiterzugehen. Wozu?, mögen sich die Leser fragen.

Darauf gibt es mehrere mögliche Antworten und keine lässt sich beweisen. Vielleicht wollte Sinaida Kolmogorowa in die Rolle einer Unterhändlerin schlüpfen, an das Gewissen des Feindes appellieren und ihn überreden, das Missverständnis friedlich beizulegen und ihren erfrierenden Kameraden zu helfen. Eine andere Variante geht von einem raffinierteren Aktionsplan aus. In der Annahme, dass der Feind nicht ewig im Zelt bleiben, sondern es nach Durchsuchung der Sachen verlassen werde, hoffte Sinaida, gleich beim leeren Zelt anzukommen und das Allernötigste für ihre Freunde unten beim Feuer mitnehmen zu können – nämlich Schuhe und Handschuhe. In jedem Fall ist Sinaida Kolmogorowas Weitergehen zum Zelt unter den gegebenen Umständen mit die vernünftigste Reaktion auf die schwierige Frage »Was tun?«. Bei nüchterner Analyse muss man Sinas Handlungen als rational und gerechtfertigt anerkennen. Eine andere Sache ist es, dass sich ihr Aufstieg auf den Hang folgenschwer verzögerte. Das gemeinsame Feuermachen unten bei der Zeder hatte sie zu viel Zeit, Kraft und Energie gekostet.

Was geschah währenddessen beim Zelt? Die Verbrecher sammelten die Sachen ein, die die Wanderer unter vorgehaltener Waffe ausgezogen hatten, und warfen sie chaotisch durch den Zelteingang. So entstand der ungeordnete Schuhhaufen links vom Eingang, wie er vom Suchtrupp, der das Zelt Ende Februar entdeckte, beschrieben wurde. Zwei Paar Skischuhe befanden sich im mittleren Teil des Zelts rechts vom Eingang. Die Wanderer selbst hätten auf keinen Fall ihre Schuhe für draußen mit den Ersatzschuhen aus den Rucksäcken bunt durcheinandergeworfen, da sie gleich nach dem Ausziehen des einen Paars in das andere schlüpften. Der Umstand, dass sieben Filzstiefel mit zwölf Skischuhen auf einem Haufen lagen, zeigt eindeutig, dass dieser Schuhhaufen nicht beim Auspacken der Rucksäcke entstand. Das Schuhchaos stammte nicht von der Djatlow-Gruppe.

Als die Unbekannten mit den Schuhen fertig waren, sammelten sie mithilfe von Djatlows Taschenlampe die kleineren Kleidungsstücke vor dem Zelt ein: Handschuhe, Fäustlinge und Mützen, die die Gruppe beim Ausziehen dorthin geworfen hatte. Einige Sachen übersahen sie schlicht, was indirekt darauf hinweist, dass es zu diesem Zeitpunkt schneite. (Boris Jefimowitsch Slobzow, ein Mitglied des Suchtrupps, gab bei seiner offiziellen Aussage zu den Ermittlungen an, er habe beim Zelt kleine Kleidungsstücke wie Skimützen u. Ä. gesehen.) So fanden sie auch Igor Djatlows kariertes Hemd nicht, in das Socken und Pantoffeln eingewickelt waren und das in einiger Entfernung vom Zelt lag. Möglicherweise vergaßen die Angreifer einfach, dass Igor die Sachen, die er beim Herausklettern aus dem Zelt in der Hand gehalten hatte, weggeworfen hatte, oder sie waren einfach unaufmerksam, da sie gleichzeitig eine Vielzahl von Faktoren und Vorgängen im Auge behalten mussten.

Als die Verbrecher so viele Kleidungsstücke wie möglich eingesammelt hatten, begaben sie sich ins Zelt. Einer von ihnen durchsuchte systematisch die Sachen der Wanderer, um Dokumente, Waffen und jenen Fotoapparat zu finden, den Semjon Solotarjow bei sich hatte. Allerdings (und diese These wird später gesondert begründet) suchten die Verbrecher möglicherweise gar nicht diesen Fotoapparat, sondern einen ganz anderen (oder mehrere andere), wahrscheinlich der Marke FED oder FED-2. Dieser Fotoapparat (bzw. diese Fotoapparate) spielt in der Geschichte um den Tod der Wanderer eine äußerst bedeutende Rolle, doch um Unklarheiten zu vermeiden, wird darauf erst später eingegangen. Im Zelt befanden sich mindestens vier Fotoapparate der Marke Zorki, von denen einer Solotarjow gehörte, doch diese Kameras interessierten die Angreifer nicht. Beim Durchsuchen der Sachen fanden sie natürlich alle vier Zorki-Kameras. Wahrscheinlich auch einen (oder mehrere) Fotoapparat(e) der Marke FED (FED-2), den (die) sie mitnahmen. Das heißt, dass alle Zorki-Fotoapparate der Djatlow-Gruppe im Zelt blieben. Anfang März bestimmte dann Juri Judin eindeutig, dass zwei davon Slobodin und Solotarjow gehörten. Ein (oder mehrere) Fotoapparat(e) der Marke FED (oder FED-2) verschwand(en) und wurde(n) nie gefunden. Man weiß nicht, wie viele FED-Kameras es gab, deshalb ist von einer unbestimmten Anzahl auszugehen. Aber mindestens einen solchen Fotoapparat besaßen die Wanderer und er verschwand zusammen mit dem eingelegten Film aus dem Zelt. Der Beweis folgt später (siehe 27. Kapitel, »Die Wanderung aus der Sicht ihrer Teilnehmer«).

Warum kann man mit Sicherheit sagen, dass das Zelt von denselben Personen durchsucht wurde, die die Djatlow-Gruppe verjagt hatten? Dafür spricht eindrucksvoll Georgi Kriwonischtschenkos Fotoapparat, in dem sich ein Film mit 34 Aufnahmen befand. Georgi war offenbar ein passionierter Fotograf, da es ihm nicht zu mühsam war, ein Stativ, einen Lichtfilter, das teure Wechselobjektiv Jupiter-11 und einen Sucher mit auf die Wanderung zu nehmen. Die letzten Fotos, die die Gruppe auf einem waldlosen Hang zeigen, wurden mit Kriwonischtschenkos Apparat gemacht. Als man die Kamera fand, war der gelbe Lichtfilter zerbrochen. Ein kaputter Lichtfilter ist wertlos, mit so einem Filter zu fotografieren wäre das Gleiche, wie in einen zerbrochenen Spiegel zu schauen: Wen interessiert ein Bild, das von Zickzacksprüngen durchzogen ist? Hätte Kriwonischtschenko den Lichtfilter zerbrochen, hätte er das unbrauchbar gewordene Teil weggeworfen. Doch der Lichtfilter lag in der Fototasche, wo ihn Ende Februar der Ermittler Tempalow entdeckte. In der festen Ledertasche (einem Köfferchen) gab es für den Lichtfilter ein eigenes Fach, in dem er sicher verwahrt wurde. Um das Glas des Filters zu beschädigen, musste man ihn aus der Tasche nehmen, oder er musste herausfallen.

Was folgt daraus? Der Lichtfilter wurde nicht von Kriwonischtschenko zerschlagen, also nicht vom Besitzer des Fotoapparats, sondern von einer Person, die die Ledertasche öffnete und die Kamera untersuchte. Sie ließ aus Unachtsamkeit den Lichtfilter herausfallen und legte ihn dann zurück, ohne das zersprungene Glas zu bemerken… Diese Person suchte gezielt nach einer anderen Kamera, einer ganz bestimmten, wollte aber vermeiden, dass ihr Interesse an den Fotoapparaten der Wanderer von einem späteren Ermittler in diesem Fall bemerkt wurde.

Während einer der Verbrecher mit der Taschenlampe das Zelt durchsuchte, machte der zweite die Schnitte in der Zeltwand rechts vom Eingang und beobachtete den Hang des Cholat Sjachl. Sie hatten allen Grund, eine Rückkehr der Djatlow-Gruppe zu befürchten. Im Prinzip hatten die Wanderer nur dann eine echte Überlebenschance, wenn sie die Feinde unerwartet und organisiert angriffen. Um seinem Kollegen die Durchsuchung des Zelts zu erleichtern, begann der Beobachter offenbar, einen Skistock abzuschneiden, der das stark durchhängende Zeltdach abstützen sollte. Die Verbrecher wussten anscheinend nicht, wie man den First richtig fixierte, deshalb wollten sie dafür einen Skistock verwenden. Doch der 1,3 bis 1,4 Meter lange Stock taugte unmöglich als Stütze für den schweren leinenen First, der nur 1 Meter hoch war (genau diese Höhe hatte das Zelt, wenn die schrägen Wände bis zum Boden reichten). Das Abschneiden des Stocks weist eindeutig darauf hin, dass die Angreifer sich ziemlich lange im Zelt aufhielten und sich vom durchhängenden First gestört fühlten, ohne sich mit dem Prinzip des Aufbaus auszukennen. Auf beiden Seiten des Zelts Ski aufzustellen, eine Schnur durch die Schlaufen im First zu ziehen, sie über die Enden der Ski zu werfen und an den Skistöcken zu befestigen: Das war nicht nur schwierig, sondern alles andere als naheliegend für einen Fremden, der nicht wusste, wie das Spannen des Zeltfirsts funktionierte und praktisch durchgeführt wurde. Der angeschnittene Skistock, den man im Zelt der Gruppe fand, beweist, dass sich dort Fremde aufgehalten hatten.

Die Durchsuchung war übrigens recht schnell beendet, sodass der Skistock als Stütze ohnehin nicht mehr benötigt wurde. Derjenige, der die Sachen durchsucht hatte, unterstützte danach seinen Kollegen beim Beobachten des Hangs und nahm dafür am gegenüberliegenden Ende des Zelts Platz. Dafür machte er auf seiner Seite ebenfalls einige kleine Schnitte in die Zeltwand.

Man kann nicht wissen, wie lange die Angreifer geplant hatten, im Zelt zu bleiben. Offensichtlich wollten sie sich davon überzeugen, dass keiner der Wanderer zurückkehrte. Vielleicht rechneten sie damit, dass es eine oder zwei Stunden dauern würde, bis die Mitglieder der Gruppe erfroren waren. Sicher ist, dass die Mörder vom Zelt aus die Zeder nicht sehen konnten, da sie sich unterhalb des direkten Sichtbereichs in einem »Schattenloch« befand. Aber womöglich bemerkten sie den Widerschein des Lagerfeuers. Oder einer von ihnen trat aus dem Zelt, patrouillierte in der Umgebung und entdeckte das Licht im Loswatal. Als die Verbrecher begriffen, dass das, was sie sahen, ein Lagerfeuer im Tal war, mussten sie sich eingestehen, dass sie den Überlebenswillen ihrer Opfer unterschätzt hatten. Die Wanderer verfügten über mehr Erfahrung und ihre Handlungen waren effektiver, als ihre Gegner erwartet hatten.

Unter der Zeder wurde also ein Lagerfeuer gemacht. Schwer

zu sagen, wie schnell das geschah. Es ist anzunehmen, dass ziemlich viel Zeit vergangen war, eine Stunde oder mehr. Für Menschen ohne Schuhe, Handschuhe und vollwertige Kopfbedeckung bedeutet diese Zeitspanne einen beträchtlichen Wärmeverlust. Wenn die Wanderer in den ersten Minuten nach der Vertreibung aus dem Zelt die Gefahr noch nicht in vollem Ausmaß erkannt hatten, dann musste ihnen nach einer Stunde klar sein, dass es um ihr nacktes Überleben ging.

Zu diesem Zeitpunkt, vielleicht auch etwas früher, trennte sich die Gruppe bei der Zeder. Solotarjow, Thibeaux-Brignolle, Kolewatow und Dubinina fällten einige Tannenwipfel und gingen in die Schlucht. Die Bäumchen verwendeten sie möglicherweise zum Verwischen ihrer Spuren. Einige Zeit später (eine halbe Stunde oder länger) tauchten die bewaffneten Angreifer bei der Zeder auf. Ihr Auftauchen blieb wahrscheinlich von den vier, die sich auf der Auflage in der Schlucht befanden, nicht unbemerkt, und Solotarjow, Thibeaux-Brignolle, Kolewatow und Dubinina verteilten sich. (Diese Taktik war vermutlich zwischen ihnen abgesprochen.) Für die Mörder war es eine unangenehme Entdeckung, bei der Zeder nur zwei der Wanderer vorzufinden. Das bedeutete, dass die Gruppe sich verstreut hatte, und nun mussten die Wanderer einzeln aufgespürt werden. Georgi Kriwonischtschenko befand sich auf dem Baum, er weigerte sich herunterzukommen und wollte lieber oben erfrieren als auf dem Boden Gewalt zu erleiden. Juri Doroschenko wurde einem Verhör unterzogen und durch Quetschung der Brust gefoltert. Das dadurch hervorgerufene Lungenödem, das durch die tiefen Temperaturen noch verschlimmert wurde, tötete ihn ziemlich schnell. Diese Tortur konnte kaum länger als 10 Minuten gedauert haben. Das fortschreitende Lungenödem führte zum Austreten von grauem Schaum aus Doroschenkos Mund und Nase, dessen Spuren der Gerichtsmediziner Wosroschdjonny später entdeckte. Jegliche Mutmaßungen von »Djatlow-Experten« darüber, dass Doroschenko angeblich an Epilepsie litt und unter der Zeder einen Anfall hatte, steht auf einer Stufe mit erfundenen Absurditäten wie einer Heptylvergiftung, einem Yetiangriff oder Attacken von Zwergen aus der Arktis. Juri Doroschenko konnte keinesfalls an Epilepsie gelitten haben, da er zum Studium am Lehrstuhl für Militärwesen des UPI zugelassen worden war, wofür er vor einer medizinischen Kommission bestehen musste. Auch wenn er die Ärzte hätte hintergehen können, wäre es unmöglich gewesen, seine sehr spezifische Erkrankung vor seinen Kollegen im Studentenheim über mehrere Jahre geheim zu halten. Das wäre im Institut auf jeden Fall bekannt geworden – mit den entsprechenden Folgen für Doroschenko, nämlich dem Ausschluss vom Studium und dem Verbot, an Wandertouren teilzunehmen.

Juri Doroschenkos Lungenödem wurde also künstlich hervorgerufen beziehungsweise provoziert. Das kann durch langsames Ersticken unter Einwirkung einer Masse von etwa 50 Kilogramm erfolgen, wofür es ausreicht, dass sich jemand auf die Brust eines liegenden Menschen setzt. Dieses Phänomen beschrieb der französische Gerichtsmediziner Alexandre Lacassagne, als er die Leichen von bei einem Erdrutsch erstickten Bergarbeitern untersuchte, die nach einer statischen Quetschung des Brustkorbs ohne Frakturen der Rippen gestorben waren. Die dabei beobachtete Veränderung in der Lunge benannte Lacassagne mit dem Terminus »rotes Lungenödem«.

Nebenbei bemerkt, war dieses Phänomen schon lange vor Lacassagne bekannt, und die Art der langsamen Hinrichtung durch eine Quetschung der Brust mit einer beträchtlichen Last war im mittelalterlichen Europa weit verbreitet. Ein Intensivverhör von Kriegsgefangenen unter ständiger Quetschung der Brust wird in den Militärvorschriften vieler Länder der Welt, etwa der USA, Israels oder Indiens, empfohlen. Dabei setzt sich der Soldat, der das Verhör durchführt, dem liegenden Gefangenen auf die Brust. Die Arme und Beine des Gefangenen werden zuvor in verschiedene Richtungen gespreizt und fixiert (wofür sie entweder an umliegende Gegenstände gebunden oder einfach von Verhörteilnehmern festgehalten werden). Der Verhörte und der Verhörende schauen dabei einander an, wobei Letzterer die Stärke der Quetschung regulieren kann, indem er sich etwas erhebt oder absenkt. Außerdem hat der Verhörende freien Zugriff auf Kopf und Hals des Verhörten, wo sich äußerst empfindliche Schmerzpunkte befinden: die Augen, die Ohren und (am Hals) die Luftröhre. Indem er auf sie einwirkt, kann er in kürzester Zeit den Widerstand des erbittertsten Feindes brechen. Diese Art des Intensivverhörs (manchmal auch »Expressverhör« genannt) ist unter Feldbedingungen äußerst praktisch, da es einfach und schnell zu Ergebnissen führt und keine speziellen Instrumente oder Medikamente erfordert. Im vorliegenden Fall beschleunigte sich das Lungenödem, da der Rücken auf den gefrorenen Boden gedrückt wurde. Die am Leben gebliebenen Wanderer mussten Juri Doroschenkos schreckliche Qualen und seinen Todeskampf mit anhören und womöglich auch mit ansehen.

Georgi Kriwonischtschenko blieb auf dem Baum, bis er das Bewusstsein verlor oder in einen Soporzustand fiel, eine durch die Unterkühlung bedingte starke Verlangsamung des Nervensystems. Die Mörder setzten ihre Schusswaffen nicht gegen ihn ein. Wie erwähnt hatten sie überhaupt nicht vor zu schießen, da sie keine verräterischen Spuren hinterlassen wollten. Kriwonischtschenko, der mit den Armen die Äste oder den Stamm der Zeder umfasst hielt, war im schneidenden Wind unwiderruflich am Erfrieren. Möglicherweise versuchte er zu verhindern, dass seine gefühllosen Arme nachgaben, darauf deutet die Tatsache hin, dass in seinem Mund Hautfetzen von seinen Fingern gefunden wurden. Georgi schlug die Zähne in die taub werdenden Finger der Hand, mit der er sich am Stamm festhielt. Indem er sich in seine erfrorenen Finger verbiss, die zu diesem Zeitpunkt bereits jedes Gefühl verloren hatten, schaffte Georgi eine Art »Verschluss«, der seinen Körper eine Zeit lang vor dem Hinunterfallen bewahrte. Doch schließlich verließ ihn alle Kraft, und er fiel. Dabei war sein Zustand bereits so schlecht, dass die Mörder ihn nicht mehr quälten. Es wäre sinnlos gewesen.

Georgi starb innerhalb weniger Minuten nach seinem Sturz von der Zeder. Um sich von seinem Tod zu überzeugen, legten ihm die Angreifer einen brennenden Tannenzweig auf das linke Schienbein. Das war eine ziemlich archaische und brutale Methode, um den Tod festzustellen. Im Krieg wird das normalerweise anders gemacht (durch Berühren der Augäpfel mit den Fingern; wenn keine Reaktion kommt, ist der Mensch tot). Doch in diesem Fall konnten die Angreifer sich nicht auf die erprobte Methode verlassen, da das Lagerfeuer offenbar bereits erloschen oder nahezu heruntergebrannt war und das Licht daher für eine eindeutige Überprüfung der Augenreaktion nicht ausreichte. Das Ergebnis der Feuerprobe ist bei beliebiger Beleuchtung sehr deutlich. Außerdem wollten die Verbrecher mit ihrer demonstrativen Grausamkeit und Brutalität vielleicht eine bestimmte psychologische Wirkung bei den versteckten Wanderern erzielen.

So entzündeten sie einen Zweig an der Glut des Feuers und warfen ihn auf Kriwonischtschenkos Bein. Zuvor schoben sie Kriwonischtschenkos Pluderhose bis übers Knie hinauf, um an das nackte Bein zu kommen. Doch stattdessen hatten sie die schwarze Trikothose vor sich, die bis unter die Socke und zur Ferse reichte. Die Verbrecher hielten sich nicht weiter damit auf und legten den brennenden Zweig einfach darauf. Tannenäste geben bekanntlich eine starke Hitze ab, verlöschen jedoch schnell. Die Flammen brannten sich durch die Hose und lange Unterhose des Toten, schafften es jedoch nicht, den Schnee auf der Baumwollsocke zu schmelzen. Das erklärt die seltsamen Brandlöcher auf Kriwonischtschenkos Trikot- und Unterhose, die unmöglich direkt vom Lagerfeuer stammen konnten. (Die Flammen oder glühenden Reste hätten die Socke auf jeden Fall durchgebrannt.) Es ist noch einmal darauf hinzuweisen, dass das Feuer die beiden unteren Hosen (die schwarze Trikothose und die lange Unterhose) auf Kriwonischtschenkos Bein beschädigte, während die Pluderhose darüber heil blieb. (Später zog Alexander Kolewatow sie an.) Diese Art der Beschädigungen auf der Kleidung beweist eindeutig, dass die Feuereinwirkung nicht zufällig war, sondern einen bestimmten (grausamen) Zweck erfüllte.

Als die Verfolger sich überzeugt hatten, dass Georgi tot war, ließen sie ihn liegen und machten sich auf die Suche nach den verbliebenen Wanderern. Wie deren Leichen zeigten, verlief der Gewaltakt ohne Waffenanwendung. Die letzten vier Wanderer starben (alle!) an den Folgen physischer Gewalt, die bei praktisch allen von derselben Art war. Thibeaux-Brignolles Kopf sowie Dubininas und Solotarjows Rippen wurden durch Stöße mit dem Knie gebrochen, während Kolewatows rechtes Ohr einen heftigen Schlag mit einem Gegenstand erhielt, der die Haut durchstieß und bis zum Knochen vordrang. Der Größe der Verletzung (3 x 1,5 cm) nach zu urteilen, könnte sie von einem Pistolengriff herrühren, dessen Kante auf den Kopf geschlagen wurde. Ein solcher Schlag musste zwangsläufig zu einer kürzeren oder längeren Bewusstlosigkeit führen und danach zu einer »Bewusstseinstrübung« (bei Boxern oft mit dem kurzen Wort »groggy« bezeichnet), die einen Menschen hilflos macht. In diesem Zustand war Alexander Kolewatow vollkommen unfähig, um sein Überleben zu kämpfen, und so erfror er letztendlich.

Danach brachten die Verbrecher die Körper der vier Ermordeten, die deutliche Spuren physischer Gewalt aufwiesen, zur Schlucht und warfen sie in den tiefen Schnee hinunter. Die Schlucht wurde so zum Massengrab der Wanderer. Die Verletzungen von Dubinina, Solotarjow, Kolewatow und Thibeaux-Brignolle waren einfach zu »sprechend«. Sie verrieten die Anwendung körperlicher und noch dazu zielgerichteter Gewalt, weshalb die Verstorbenen möglichst lange unentdeckt bleiben mussten. Die Zeit würde ihnen zusetzen. Im Frühling konnten die Leichen sich noch stark verändern. Womöglich machten Raubtiere aus dem Wald sich an ihnen zu schaffen und kaschierten die Körperverletzungen. Bei den anderen fünf Wanderern gab es weniger zu befürchten. Sie gingen problemlos als Erfrierungsopfer durch und deshalb beließen die Mörder sie am Ort ihres Todes.

## 21. KAPITEL

## WAS NOCH WICHTIG IST

Die skizzierte Abfolge der Ereignisse – vorerst allgemein und ohne Details – wirft einige grundsätzliche Fragen auf, ohne deren Beantwortung es unmöglich ist, die Theorie weiter zu untermauern.

Erstens: Warum bestimmte der Gerichtsmediziner Boris Wosroschdjonny nicht die Ursache der fatalen körperlichen Verletzungen von Ljudmila Dubinina, Semjon Solotarjow und Nikolai Thibeaux-Brignolle? Zweitens: Welche seltsamen Personen mit Schusswaffen (die sie anzuwenden vermieden) konnten in der menschenleeren Einöde des nördlichen Urals auftauchen?

Die Antwort auf die erste Frage liegt auf der Hand. Boris Alexejewitsch Wosroschdjonny war seit weniger als fünf Jahren Gerichtsmediziner, das heißt, seine ganze Arbeitserfahrung als Experte fiel in die zweite Hälfte der 50er Jahre. Das war eine Zeit, in der die stalinistischen Gulags aktiv reformiert und die Häftlingszahlen reduziert wurden. Das Strafvollzugssystem der UdSSR entließ damals eine enorme Anzahl von Berufskriminellen in die Freiheit und die Großstädte Sibiriens und des Urals erstickten geradezu unter einer Welle von Gewaltverbrechen jeder Art.

Die Straßenkriminalität wies eine extreme Brutalität auf und war ein Massenphänomen. (Dieses Problem verursachte den Verantwortlichen der Sowjetmacht bis zur Perestroika Kopfschmerzen.) Doch weder die professionellen Banditen noch die Straßenrowdys waren besonders sportlich, deshalb entwickelte sich jedes mehr oder weniger ernsthafte Handgemenge schnell in eine Messerstecherei. Selbst gefertigte Messer oder Ersatzstichwaffen (Stemmeisen, Schraubenzieher usw.) wurden in jener Zeit von praktisch allen Verbrechern und »Möchtegerngaunern« getragen. Wenn Wosroschdjonny Opfer von Kriminalverbrechen untersuchte, sah er hauptsächlich von Fäusten zertrümmerte Kiefer, ausgeschlagene Zähne, seitlich verdrehte Nasen sowie Stiefelabdrücke auf dem Körper und natürlich Stichverletzungen … Rippen, die von einem Stoß mit dem Knie gebrochen wurden, waren in der zweiten Hälfte der 50er Jahre sehr exotisch, da damals in der Sowjetunion so nicht gekämpft beziehungsweise gemordet wurde. Erst in den 70er Jahren begann in diesem unermesslich weiten Land ein wundersamer Triumphzug der Karatejünger verschiedenster Befähigung. Man kann Wosroschdjonny keinen Mangel an Professionalität vorwerfen, der Gerichtsmediziner hatte einfach noch nie zuvor gesehen, dass ein Mensch einem anderen solche Verletzungen zufügte.

Woher stammten nun die Verletzungen von Semjon Solotarjow, Nikolai Thibeaux-Brignolle und Ljudmila Dubinina?

Da sie sich in allen drei Fällen ähnelten, kann man davon ausgehen, dass die gleichen Handgriffe angewandt wurden. Dem Anschein nach wurde jedes der Opfer mit einem schmerzhaften Armgriff fixiert, in eine Liegeposition gezwungen, wonach der Todesstoß mit dem Knie von oben herab erfolgte. Jedem wurden wohl zwei Stöße versetzt, sowohl in der Seiten- als auch in der Rückenlage, um sozusagen einen garantierten Effekt zu erzielen. Es ist nicht schwierig, einen Menschen herumzudrehen, indem man ihn mit dem Arm steuert, das dauert nur Sekundenbruchteile. Ein Kniestoß von oben hat eine außergewöhnliche Kraft. Er besitzt wohl die größte Schlagkraft aus dem gesamten Kampfarsenal, das uns die Natur im Rahmen der anatomischen körperlichen Möglichkeiten zur Verfügung gestellt hat. Solche Stöße werden in allen Nahkampfschulen eingesetzt – vom klassischen japanischen Jiu-Jitsu bis zu seiner modernen Variante, Aikido, der sowjetischen Kampfsportart Sambo, den zahlreichen Karatestilen, Thaiboxen und so weiter. Interessanterweise praktizieren einige Schulen mit sogenannten Mischformen sogar Kniestöße auf den Kopf mit einem Halbsprung aus dem Stand. Ein solcher Stoß erfolgt normalerweise in einer Kombination aus mehreren Stößen mit dem Ziel, einen Zweikampf mit einem klaren Sieg (Knock-out) zu beenden.

Es gibt guten Grund zur Annahme, dass die tödlichen Verletzungen der erwähnten Wanderer eben unter Einsatz des Knies verursacht wurden.

Der erste Beweis dafür ist, dass die Stelle der verletzenden Kraftanwendung (des Stoßes) sehr präzise lokalisiert werden kann. Die Rippenbrüche von Dubinina und Solotarjow begannen bei der zweiten Rippe, die Schlüsselbeine waren unversehrt. Dabei bricht das Schlüsselbein sehr leicht, es reicht ein Druck von 15 Kilogramm. Ein Todesstoß mit dem Knie zielt jedoch nie auf das Schlüsselbein, und zwar aus dem einfachen Grund, weil das Knie vom Körper abrutschen und sich in die Erde bohren könnte. Und dort gibt es Steinchen, Zweige oder einfach den harten Boden, und die Gefahr, sich das Bein zu verletzen, wäre groß.

Ein technisch korrekt ausgeführter Todesstoß mit dem Knie zielt auf den Kopf eines liegenden Menschen oder auf die Brust unterhalb des Schlüsselbeins, aber nie auf den Bauch oder die Leiste. Die Stöße, die Dubinina und Solotarjow erhielten, waren aus der Sicht jedes beliebigen Nahkampfkenners sehr fachkundig, selektiv und gezielt gesetzt, und das war kein Zufall. Man darf nicht vergessen, dass Semjon 5 Zentimeter größer war als Ljudmila, eine andere Statur hatte und völlig anders angezogen war. Der Angreifer traf jedoch genau so, dass der Stoß mit Sicherheit tödlich war.

Ein zweiter wichtiger Hinweis darauf, dass zumindest Thibeaux-Brignolle mit der beschriebenen Methode getötet wurde, ist die äußerst charakteristische Verletzung auf seinem Arm, die der Gerichtsmediziner Wosroschdjonny feststellte. (»Auf dem rechten Oberarm auf der vorderen Innenseite diffuser grünlich blauer Striemen von 10 x 12 Zentimeter auf dem mittleren und unteren Drittel. Im Bereich des Striemens gibt es einen Bluterguss im darunter liegenden weichen Gewebe.«)

An dieser Stelle ist ein kleiner Exkurs angebracht. Ein Armgriff, mit dem der Gegner vom Stehen zum Liegen gebracht wird, sieht folgendermaßen aus: Es wird auf den Daumen Druck ausgeübt und gleichzeitig das Handgelenk in Richtung Ellbogen verdreht. Diese Bewegung, einfach und äußerst effektiv, ist die Grundlage für viele Techniken, zum Beispiel um sich zu befreien, wenn man an der Kleidung festgehalten wird, oder um etwa seinen Arm aus einem Haltegriff loszureißen. So weit die Theorie. In der Praxis gelingt es jedoch nicht immer, den Arm des Gegners zu verbiegen. Deshalb wird der Griff an Daumen und Handgelenk üblicherweise durch ein Verdrehen des Arms im Ellbogengelenk ergänzt. Das ist sozusagen ein Klassiker im Nahkampf. Wenn man an mehreren Stellen Druck auf den Arm ausübt, wird er schon irgendwo nachgeben! Doch der Ellbogengriff im Stand erfordert ein starkes Festhalten des Arms oberhalb des Ellbogens, genauer gesagt im unteren Drittel des Oberarms. Um den Unterarm zu verdrehen, muss man den Oberarm des Gegners wenigstens einen Sekundenbruchteil lang fixieren. Die menschliche Haut ist auf der Innenseite des Unter- und Oberarms ziemlich zart und bei Druckausübung bilden sich rasch Blutergüsse. Jeder Sambo- oder Jiu-Jitsu-Kämpfer entdeckt diese blauen Flecken auf seinem Körper, wenn er nach dem Training das Oberteil auszieht. Sie entstehen durch Druckausübung beim Ausprobieren der einen oder anderen Technik. Eben so einen Bluterguss bemerkte der Gerichtsmediziner also auf dem Arm von Nikolai Thibeaux-Brignolle. Und wo genau? Auf dem unteren Drittel des rechten Oberarms. Der Striemen war 10 x 12 Zentimeter lang. Das sind die Maße einer männlichen Hand, die einen Arm mit gekrümmten Fingern umfasst.

Der Ellbogengriff ist nicht nur ein Treffer ins Schwarze, er ist überhaupt die einzige vernünftige Erklärung für einen so großen Bluterguss an so einer (für eine Verletzung) schwer zugänglichen Stelle. Kein Sturz auf einen Stein oder Baumstamm, keine Lawinen oder »Firnschneebretter« können eine so ungewöhnliche Verletzung verursachen. Und das auf dem rechten Arm, dem Schlagarm, denn ein Rechtshänder schlägt mit der rechten Hand zu. Übrigens steckten beide Wollhandschuhe von Thibeaux-Brignolle in seiner rechten (!) Jackentasche.

Die Erforscher der Djatlow-Tragödie glaubten ernsthaft, dass Nikolai Thibeaux-Brignolle bewusstlos war und deshalb die Handschuhe nicht anzog … Ihnen fehlt es einfach an Lebenserfahrung, um zu begreifen, dass Thibeaux-Brignolle die Handschuhe auszog, um mit der nackten Hand sein Finnenmesser zu halten. Er attackierte seinen Feind mit dem Messer in der rechten Hand, und deshalb wandte dieser den Griff eben am rechten Arm an. Danach tötete er ihn mit einem Kniestoß auf die Schläfe. Es ist auch möglich, dass der Todesstoß nicht von der Person ausgeführt wurde, die Nikolai festhielt, sondern von einer zweiten. Solche Details werden sich nie aufklären lassen.

Wie schwierig ist es, mehrere Rippen mit einem Kniestoß zu brechen? Gar nicht schwierig. Menschliche Rippen können bereits bei einer Krafteinwirkung von nur 35 Kilogramm brechen. Das beweisen zahlreiche Fälle, in denen Menschen durch Herzmassage nach Atemstillstand verletzt wurden. Dabei gibt es natürlich keine gezielten Stöße, es kann bereits bei einer Druckausübung mit der offenen Hand auf einen entspannten Brustkorb zu mehreren Brüchen kommen.

Dasselbe kann auf den Schädel umgelegt werden, obwohl er viel fester als die Rippen ist. Die Formstabilität der härtesten Konstruktion unseres Skeletts – des Schädels – gibt eindeutig unter der zerstörerischen Einwirkung nach, die bei einem Faustschlag oder Kniestoß entsteht. In der Gerichtsmedizin ist es unbestritten, dass ein Faustschlag die Schädelknochen brechen kann. Und zweifellos kann das auch ein Stoß mit der Ferse oder dem Knie bewirken. Ein trainierter (exakt platzierter) Fußstoß ist notwendigerweise stärker als jeder beliebige Schlag mit der Faust, da eine wesentlich größere Masse des menschlichen Körpers bei gleicher (oder sogar größerer) Bewegungsgeschwindigkeit eingesetzt wird.

Die zweite Frage, woher die seltsamen Personen mit den Feuerwaffen kamen, ist viel interessanter und die Antwort ist nicht ganz offensichtlich. In dieser Abhandlung wurde schon bewiesen, dass keine mansischen Jäger oder sowjetischen Spezialeinheiten infrage kommen. Wer war es dann?

Als der Autor in einem der Foren, die sich mit dem Schicksal der Djatlow-Gruppe befassen, schrieb, dass im Ural Aufklärungstrupps aus NATO-Ländern aktiv waren, rief das regelrechte Heiterkeitsausbrüche unter den eifrigen Erforschern hervor. Sie hielten das für einen selten naiven Blödsinn. Diese »Insider« fanden sich selbst in jeder Hinsicht so kompetent, dass ihnen nichts anderes einfiel, als sich über diese neue Theorie lustig zu machen. Keiner wollte glauben, dass amerikanische Agenten Ski fahren und unter den Bedingungen des nördlichen Urals überleben konnten.

Der Autor hoffte auf eine konstruktive Debatte, doch dazu kam es nicht, die ganze Konstruktivität der Djatlow-Forscher beschränkte sich auf die Frage, ob die Amerikaner Tarnanzüge trugen und ob Schwarze dabei waren. Wie lustig, oder?

Obwohl der Großteil der Landfläche der USA viel südlicher liegt als die der UdSSR, legte man dort großen Wert auf die militärische Vorbereitung zur Kriegsführung unter arktischen beziehungsweise subarktischen Bedingungen. Ab 1948 wurden Soldaten der Landstreitkräfte regelmäßig auf zwei Militärbasen ausgebildet (in Fort Greely, Alaska, und Camp Greeley, Colorado). Dabei wurden sie in den folgenden Spezialdisziplinen unterrichtet: Überleben in der Arktis, Alpinismus, Skitraining, Lösen taktischer und technischer

Aufgaben unter arktischen Bedingungen. Alle Soldaten trainierten die praktische Luftlandung im Gebirge bei niedrigen Temperaturen. Das Marinekorps gründete 1951 ein eigenes Zentrum zur Vorbereitung auf die Kriegsführung unter kalten Bedingungen im Gebirge, das Mountain Warfare Training Center (MWTC). Das MWTC hatte eine Fläche von 190 Quadratkilometern am Osthang der Sierra Nevada auf Seehöhen zwischen 2000 und 4300 Metern. Ein sehr rauer Ort trotz seiner südlichen Lage (Nordkalifornien).

Der Nachrichtendienst des Verteidigungsministeriums der USA (Defense Intelligence Agency) nutzte die erwähnten Ausbildungszentren ausgiebig für die individuelle Vorbereitung von Personen, deren Aufklärungsarbeit in Gebirgsregionen mit strengem Klima fiel. Die Djatlow-Experten lachten herzlich über die Nachricht von einer NATO-Spezialeinheit auf Ski, doch man kann davon ausgehen, dass Agenten des amerikanischen Militärgeheimdiensts nach einer Spezialausbildung in den oben erwähnten Zentren weitaus besser Ski fahren konnten als die Mehrheit der UPI-Studenten. Außerdem besaßen sie Kenntnisse, Fertigkeiten, Medikamente und eine Spezialausrüstung, von denen die Djatlow-Gruppe nicht einmal eine Ahnung hatte.

Die Ignoranz der Laienerforscher der Djatlow-Tragödie, die sich seit vielen Jahren in die immer gleichen Fotografien, Erinnerungen und Dokumente aus den Ermittlungsakten vergraben, ist erschreckend. Doch angesichts dieser offenkundigen Wissenslücken muss man ausdrücklich betonen, dass Aufklärungstrupps der NATO-Länder in den 50er Jahren nicht nur im Ural auftauchen konnten, sondern dass sie dort tatsächlich überaus aktiv waren. In den 50er Jahren wurden massenhaft im Westen ausgebildete Agenten verdeckt in die UdSSR eingeschleust, um unterschiedliche Geheimoperationen durchzuführen. Es geht dabei um Hunderte, wenn nicht Tausende Personen, die eine Spezialausbildung in verschiedenen Trainingszentren in Europa und den USA erhalten hatten.

In westeuropäischen Ländern gab es mindestens sechs Geheimdienstschulen des Verteidigungsministeriums der USA, die Agenten für die Fernaufklärung strategischer Objekte der UdSSR (»Transitagenten«) ausbildeten, vor allem im Zusammenhang mit dem nuklearen Kreislauf. Die Standorte der sechs Schulen sind bekannt, einige ihrer Absolventen wurden in der UdSSR nach ihrer illegalen Einschleusung gefangen genommen. Die Gesamtzahl der in diesen Schulen von 1951 bis 1960 ausgebildeten Agenten kann auf 500 bis 600 Personen geschätzt werden.

Ein Aufeinandertreffen der Djatlow-Gruppe mit westlichen Aufklärungstrupps war also nicht nur theoretisch möglich, sondern durchaus wahrscheinlich. Wahrscheinlicher jedenfalls als irgendwelche dramatischen Begegnungen aus der bereits behandelten Liste. Mehr noch, ein solches Treffen konnte möglicherweise alles andere als zufällig passieren. Es könnte durch bedeutende Umstände lange vor dem beschriebenen Ereignis vorherbestimmt worden sein. Anders ausgedrückt, die jungen Wanderer waren Schachfiguren in einer schwierigen mehrzügigen Kombination, die ohne ihr Wissen von anderen Menschen an einem ganz anderen Ort begonnen wurde.

Die sowjetischen Atombetriebe im Ural und in Westsibirien lagen im Mittelpunkt des Interesses des amerikanischen Militärgeheimdiensts. Man kann mit großer Sicherheit behaupten, dass die Amerikaner in jenen Jahren keine Informationsquelle in der obersten staatlichen und politischen Führung der UdSSR oder unter hochrangigen technischen Experten mit Zugang zu Staatsgeheimnissen hatten. Was sie an Informationen bekamen, war meist unvollständig beziehungsweise fragmentarisch. Transitagenten und die von ihnen verschafften Proben waren die Hauptinformationsquellen über die Atombetriebe in der Sowjetunion. Um die sowjetischen Atombetriebe überwachen und ihre Produktivitätsentwicklung auskundschaften zu können, musste der amerikanische Geheimdienst immer wieder biologische und mineralische Proben aus ihrer nächsten Umgebung beschaffen. Das erforderte das Einschleusen von Transitagenten am laufenden Band, also regelmäßig.

Die Transitagenten wurden aus verschiedenen Richtungen und mit verschiedenen Methoden eingeschleust, mitunter viele Tausend Kilometer vom Objekt des Interesses entfernt. Die Aufgaben der Agenten beinhalteten ihr selbstständiges Aufsuchen des Aufklärungsgebiets, wofür ihnen die nötigen Geldmittel und glaubhafte Dokumente zur Verfügung gestellt wurden (Reiseauftragsdokumente, Bescheide über eine Haftentlassung, Mitarbeiterausweise der Sicherheitskräfte usw.). Abhängig von der konkreten Situation konnten sie sich als ganz unterschiedliche Personen ausgeben, von entlassenen Häftlingen oder Geologen bis hin zu Offizieren der Staatssicherheit oder militärischen Boten, die vertrauliche Post begleiteten.

Die Transitagenten, die von westlichen Geheimdiensten in die UdSSR eingeschleust wurden, waren darauf trainiert, ihre Aufgaben um jeden Preis zu erfüllen. Dafür erhielten sie Waffen und chemische Mittel mit einem breiten Wirkungsspektrum, für deren Einsatz sie eine spezielle Ausbildung durchliefen.

Die meisten der gefangenen Transitagenten weigerten sich trotz extrem brutaler Ermittlungsmethoden vehement, mit dem KGB zusammenzuarbeiten, und baten nicht um Gnade.

Ab 1956 erhielten die NATO-Länder die Bestätigung, dass das Gebiet der UdSSR gegen ein Eindringen aus nördlicher Richtung nicht geschützt war. Die schnellen Aufklärungsflugzeuge »Stratojet« starteten aus Thule (Grönland), Brize Norton (Großbritannien) und Fairbanks (Alaska) und drangen häufig über das Ufer des Nordpolarmeers tief in das Gebiet der UdSSR ein. Das dauerte bis in die Mitte des Jahrs 1960 an, bis der sowjetische Pilot Kapitän Wassili Poljakow mit dem Abfangjäger MiG-19 am 1. Juli 1960 im Gebiet des Kap Kanin eine RC-47 zerstörte. Eine Luftlandung der Transitagenten im Gebirge des nördlichen Urals bedeutete eine große Zeitersparnis beim Erreichen der Aufklärungsobjekte im südlichen Ural und in Westsibirien, ohne dabei den Geheimhaltungsgrad der Operation zu senken. Da dieses Gebiet bewaldet und praktisch menschenleer war und die Luftlandung in der Nacht erfolgte, konnte die Einschleusung der Transitagenten weder von der ansässigen Bevölkerung noch von den Behörden entdeckt werden. Durch den Besitz von schwer überprüfbaren Dokumenten, Waffen, beträchtlichen Geldmitteln und nicht zuletzt durch ihr Spezialtraining mussten die Agenten keine zufälligen Begegnungen fürchten, was das Risiko der Aufdeckung praktisch auf null senkte.

Ein zufälliges Aufeinandertreffen der Djatlow-Gruppe mit den ausgesetzten amerikanischen Agenten hätte für Letztere also keine Bedrohung dargestellt. Die Agenten spielten ihre Rolle, die vollkommen der Zeit und dem Ort entsprach, sie waren ausgezeichnet legendiert, das heißt, sie hatten eine glaubwürdige Geschichte vorbereitet, und bei einem einfachen Gespräch hätte man keinerlei Widersprüche bemerken können. Welche Gefahr stellte die zufällige Begegnung mit der Wandergruppe für sie dar? Überhaupt keine … Das ist eigentlich offensichtlich.

Ganz anders stellt sich die Lage dar, wenn man an die radioaktive Kleidung denkt. Bei einer gewöhnlichen Wanderung hätte es sie nicht geben dürfen. Es muss noch einmal hervorgehoben werden, dass in jener Zeit die Kontrolle über die Verbreitung von Spaltmaterial dem KGB oblag. Die Aufbewahrung von Kleidung mit radioaktivem Staub konnte als versuchter Verrat an den Staatssicherheitsorganen interpretiert werden.

Kann man davon ausgehen, dass die Kleidung mit dem radioaktiven Staub mit Georgi Kriwonischtschenko zu tun hatte und aufgrund seiner Arbeit in der »Atomstadt« in seinen Besitz gelangte? Das ist im Grunde eine logische Annahme. In diesem Zusammenhang müssen allerdings ein paar »Aber« erwähnt werden.

Erstens gab es nach der sogenannten Kyschtym-Explosion, bei der in der näheren Umgebung von Tscheljabinsk-40 im September 1957 eine beträchtliche Menge von radioaktiven Rückständen in die Atmosphäre gelangte, eine starke (wenn auch äußerst ungleichmäßige) Verseuchung der Stadt selbst, ihrer Straßen und Gebäude. Ende September und im Oktober 1957 wurden in Tscheljabinsk-40 Dekontaminationsarbeiten durchgeführt, die in ihrem Ausmaß mit den Arbeiten vergleichbar waren, die fast 40 Jahre später in der Gegend um Tschernobyl stattfanden. Dosimetrische Überwachungsposten maßen die Hintergrundstrahlung in der gesamten Stadt und ihrer Umgebung auf das Genaueste. Dabei wurden auch Wohnhäuser überprüft. In jenen Tagen und Monaten wurde die Stadt wahrscheinlich zur saubersten Stadt der Sowjetunion. Vor den Hauseingängen wurden spezielle Schuhwaschbecken mit fließendem Wasser montiert, damit die Menschen sich den Straßenstaub abwaschen konnten, bevor sie das Haus betraten. Dabei gab es fast keinen Staub auf den Straßen. Die Stadt war von Soldaten blitzblank geputzt worden, der Staub wurde in jenem Herbst mehrere Male von den Dächern, Fassaden und Simsen aller Gebäude gewaschen. Der Asphalt wurde ausgetauscht. Für diese Abhandlung ist besonders wichtig, dass die dosimetrische Überwachung auch persönliche Sachen, Kleidung und Schuhe der Stadtbewohner betraf. Mobile Posten durchstreiften Wohnungen, Wohnheime, Geschäfte, Schulen, Lager und überprüften der Reihe nach alle Gegenstände. Niemand konnte sich der dosimetrischen Überwachung entziehen. Verseuchte Gegenstände wurden konfisziert, ordnungsgemäß behördlich vermerkt, und die Besitzer erhielten eine materielle Kompensation für den Verlust ihres Eigentums. Also hatte Georgi Kriwonischtschenko keinen Grund, radioaktive Kleidungsstücke aufzubewahren. Die vorschriftsgemäße Übergabe an den dosimetrischen Überwachungsdienst war nicht nur seiner Gesundheit zuträglich, sondern er erhielt auch noch Geld dafür.

Zweitens ist völlig unklar, weshalb Georgi Kriwonischtschenko verseuchte Kleidung hätte verstecken sollen. Für wen? Darauf gibt es keine Routineantwort. So toll konnten Pullover und Hose gar nicht sein, dass sie es wert waren, dafür an Leukämie oder Kaposi-Sarkomen zu erkranken, also war der beste Platz für diese Kleidungsstücke der Mülleimer. Keinesfalls sollte Georgi sie auf eine Wanderung zum Otorten mitnehmen, wo er diese Sachen womöglich zwei Wochen oder länger am Körper tragen musste.

Drittens machten die Kleidungsstücke mit radioaktivem Staub ihren Besitzer zu einem potenziellen Landesverräter. Falls die Aufbewahrung solcher Sachen herauskam, hatte dies sehr ernste Folgen. Für Georgi Kriwonischtschenko hätte das sowohl den Verlust des Vertrauens am Arbeitsplatz als auch der Arbeit selbst bedeutet. Damit wären die möglichen Unannehmlichkeiten allerdings noch lange nicht zu Ende gewesen. Und wozu das Ganze?

Welchen Schluss kann man daraus ziehen? Ganz einfach: Auf einer gewöhnlichen Wanderung hatten radioaktiv belastete Sachen bei der Djatlow-Gruppe nichts zu suchen. Dennoch gab es sie.

Und das gibt Grund zur Annahme, dass die Wanderung vielleicht gar nicht so gewöhnlich war.

# 22. KAPITEL

## DIE »KONTROLLIERTE LIEFERUNG« ALS ERMITTLUNGSMASSNAHME DER STAATSSICHERHEIT

Bei der Wanderung der Djatlow-Gruppe handelte es sich von Anfang an um eine sehr ungewöhnliche Aktivität, dafür spricht eine Reihe höchst seltsamer Umstände und Zufälle im Zusammenhang mit einzelnen Teilnehmern und mit der Tour selbst.

Es soll die Hypothese gewagt werden, dass der Transport der Kleidung für die zuständigen Behörden kein Geheimnis war und keine Straftat darstellte.

Einer der Wanderer trug zwei Pullover und eine Hose mit radioaktivem Staub bei sich, um sie an einem vorher vereinbarten Ort einer Gruppe von Transitagenten zu übergeben. Diese Übergabe war von vornherein geplant, lange vor der Wanderung, und das Treffen mit den Transitagenten am Cholat Sjachl war durchaus nicht zufällig. Die vom KGB organisierte Operation würde man heute »kontrollierte Lieferung« nennen, doch in jener Zeit gab es diesen Begriff noch nicht. Er tauchte erstmals 1988 im »Übereinkommen der Vereinten Nationen gegen den unerlaubten Verkehr mit Suchtstoffen und psychotropen Stoffen« auf.

Im weitesten Sinne versteht man darunter eine Methode, aufgrund derer »unerlaubte oder verdächtige Sendungen mit Wissen und unter der Aufsicht der zuständigen Behörden aus dem Hoheitsgebiet eines oder mehrerer Staaten verbracht, durch dasselbe durchgeführt oder in dasselbe verbracht werden dürfen mit dem Ziel, eine

Straftat zu untersuchen und Personen zu ermitteln, die an der Begehung der Straftat beteiligt sind.«*

Operationen dieser Art unterteilen sich in ausländische und inländische kontrollierte Lieferungen, abhängig davon, ob bei ihrer Umsetzung die Staatsgrenze überschritten wird oder nicht. Ein weiteres Klassifizierungsmerkmal kann die Echtheit des »Lieferguts« sein. Wenn im Rahmen der Operation auf allen Etappen tatsächlich das Gut übergeben wird, über das die ausführende Person unterrichtet wurde, dann handelt es sich um eine »gewöhnliche« Lieferung. Wenn die handelnde Person falsch informiert wird und die Sicherheitsbehörden das Gut gegen eine ungefährliche Attrappe austauschen, spricht man von einer »kontrollierten Lieferung mit Unterschiebung«.

Eine kontrollierte Lieferung ist eine komplexe Ermittlungsmaßnahme, weil sie aus einer Vielzahl von elementaren Tätigkeiten besteht. Dazu gehört zum Beispiel die Befragung. (Die operative Befragung ist eine besondere Ermittlungsmaßnahme, die darin besteht, dass ein operativer Mitarbeiter, oder eine zuverlässige Person, über ein direktes Gespräch mit dem Informationsträger eine Information beschafft, ohne dabei die eigene dienstliche Zugehörigkeit und das wahre Ziel der Informationsbeschaffung zu verraten.) Außerdem kann es Testkäufe geben, die eine eigene Art der Ermittlung darstellen, oder (möglicherweise wiederholte) Observationen verschiedener Personen und Objekte. Häufig muss im Rahmen der Vorbereitung einer kontrollierten Lieferung das äußerst wichtige Problem gelöst werden, einen fest angestellten operativen Mitarbeiter (oder eine zuverlässige Person, einen »geheimen Mitarbeiter«) in das Umfeld des betreffenden Objekts einzuführen. Die Exeku-

---

* Vgl. Übereinkommen der Vereinten Nationen gegen die grenzüberschreitende organisierte Kriminalität, Art. 2 (i); www.un.org/Depts/german/uebereinkommen/ar55025anlage1-oebgbl.pdf

tivbehörden müssen oft verdeckt auf Personen einwirken, die zur Lösung von Problemen bei der Ermittlungsarbeit beitragen können, wobei diese Personen nicht wissen dürfen, wer der wahre Initiator ist und in wessen Interesse bestimmte Aktivitäten beziehungsweise Entscheidungen durchzuführen sind.

Eine Grundbedingung für eine kontrollierte Lieferung ist die Dokumentation der wichtigsten Etappen, um das nachfolgende gerichtliche Strafverfahren zu vereinfachen. Eine solche Dokumentation erfordert den Einsatz verschiedenster technischer Mittel (Fotografie, Video- und Audioaufnahmen), das Sicherstellen und Festhalten von Spuren betroffener Personen (Fingerabdrücke, Unterschriften usw.) und bedeutender Beweise (Verpackungen mit Spuren des beförderten Materials, gefälschte Dokumente, Stempel, Waffen usw.). Die sorgfältige Dokumentation der rechtswidrigen Aktivitäten im Rahmen der kontrollierten Lieferung ist eine der wichtigsten Aufgaben bei einer solchen Operation.

Die Dokumentation der illegalen Vereinbarung und die Übergabe der Gesetzesbrecher an das Gericht sind jedoch bei Weitem nicht die einzigen Aufgaben der kontrollierten Lieferung. Manchmal wird eine solche Operation angesetzt, um einen Mitarbeiter der Exekutivbehörden tief in eine gegnerische kriminelle Organisation einzuführen, um seine Zuverlässigkeit zu überprüfen. Sie kann auch dazu verwendet werden, um einem Gegner Fehlinformationen zu liefern. (In der Regel führen die Organe der Staatssicherheit solche Operationen durch, wenn es um neue oder kaum bekannte Stoffe, Materialien oder chemische Verbindungen ohne jeglichen Marktwert geht.)

Man muss anmerken, dass kontrollierte Lieferungen für die Teilnehmer äußerst gefährlich sind. Ein gewisser Prozentsatz aufseiten der Exekutivbehörden stirbt dabei entweder aufgrund von Lücken bei der Legendierung oder wegen Fehlern, die die geheimen Mitarbeiter selbst begehen. Dagegen ist kein Geheimdienst der Welt gefeit, obwohl solche Verluste natürlich schmerzlich sind und nur in Notfällen zugegeben werden.

Die kontrollierte Lieferung nahm bereits lange vor der Etablierung des Begriffs den ihr zustehenden Platz im Arsenal der Ermittlungsmethoden ein. 1954 wurde von lettischen Nationalisten radioaktiv belastetes Wasser für den englischen Geheimdienst MI-6 beschafft. Dabei handelte es sich um eine klassische Operation zur Desinformation eines feindlichen Geheimdiensts, der im Rahmen einer kontrollierten Lieferung eine Probe erhielt, die nicht echt war und deshalb keinen praktischen Nutzen für den Gegner hatte.

Dem amerikanischen Spion John Craig wurde 1957 eine Kappe aus Tomsk-7 übergeben. Später versuchten die Amerikaner, einen ähnlichen Trick mit jemandem aus Tscheljabinsk-40 durchzuziehen. Allerdings bekam die zuständige Behörde auf irgendeiner Etappe Wind von der Existenz eines »Maulwurfs« in der geschlossenen Stadt. Es ist nicht auszuschließen, dass es sich bei dem dubiosen Maulwurf von Anfang an um einen Strohmann des KGB handelte und die ganze Operation dazu dienen sollte, einen stabilen Kanal zur kontinuierlichen Desinformation des Feindes zu schaffen. (Die Geschichte der sowjetischen Sicherheitsbehörden kennt viele Beispiele dieser Art.)

Was auch immer dahintersteckte, der KGB beschloss, mit dem Feind aus Übersee Räuberschach zu spielen. Er plante die Übergabe eines in den Augen des Feindes besonders wertvollen Materials. Den Amerikanern schien diese Operation offenbar so vorteilhaft, dass sie für das wertvolle Gut direkt aus dem Herzen der sowjetischen Atomindustrie einen eigenen Transitagenten entsandten, der den »Postboten« in der Taiga abpassen sollte. Nicht umbringen, versteht sich, sondern ihn treffen und die Übergabe des radioaktiven Guts unter einem zuvor verabredeten Vorwand abwickeln.

## 23. KAPITEL

## GROSSE GEHEIMNISSE EINER KLEINEN STADT

An dieser Stelle sind einige Worte über die Geschichte der geschlossenen Stadt Tscheljabinsk-40 angebracht und über die Einschränkungen, unter denen das Personal der einzigartigen Produktionsanlage dort lebte und arbeitete. Die gemeinsame Verfügung des Zentralkomitees der KPdSU und des Ministerrats der UdSSR vom 9. April 1946, die die Vorgehensweise bei der Suche nach und dem Abbau von Uranvorkommen, der Gründung einer Atomenergiewirtschaft sowie der späteren Herstellung und den Tests von Atomwaffen in der UdSSR regelte, spielte eine überaus große Rolle für die alsbaldige Herstellung von Atomwaffen in der Sowjetunion. Doch das Kombinat Nr. 817 und die Stadt Tscheljabinsk-40 wurden bereits einige Zeit vor dieser Verfügung errichtet.

Dabei legte man gleich von Beginn an größten Wert darauf, die Bauarbeiten vor dem Feind streng geheim zu halten. Für die Errichtung eines Produktionszentrums für Plutonium im südlichen Ural gab es mehrere Argumente: die Entfernung von Moskau (als Hauptziel eines möglichen feindlichen Atomangriffs beim Ausbruch eines Dritten Weltkriegs), die Entfernung von den Staatsgrenzen (bis zur nächsten Staatsgrenze mit China waren es über 1800 km), das Vorhandensein wichtiger Industriezentren in unmittelbarer Nähe (die Städte Tscheljabinsk, Magnitogorsk, Swerdlowsk und andere Produktionsstätten), die vorhandene regionale Infrastruktur (Eisenbahnschienen, Kommunikations- und Elektroleitungen) und schließlich die hervorragenden Wasserressourcen mit fünf verbundenen Seen, die alle Wärmeableitungsprobleme für den mächtigen Atommeiler lösen würden.

Das war also die Motivation für die Standortauswahl der »Atomstadt« im Jahr 1945. Es gibt auch Gerüchte, dass die Windrose in dieser Region berücksichtigt wurde oder dass der unterste See deshalb ausgewählt wurde, um nicht eine radioaktive Verseuchung der anderen durch die natürlichen Wasserströmungen zu riskieren, doch all diese Argumente sind nachrangig. Der größte Vorteil bei der Lage einer der geheimsten Städte der Sowjetunion war die räumliche Entfernung von allen Grenzen. Dieser Umstand allein versprach sicheren Schutz vor den Augen fremder Spione.

Derselben Logik folgte man bei der Standortwahl für einige andere wichtige Objekte der sowjetischen Atomwaffenindustrie. Nahe der Ortschaft Werch-Nejwinski (im Gebiet Swerdlowsk, 160 km nördlich von Tscheljabinsk-40) wurde eine weitere »Nummernstadt« gebaut: Swerdlowsk-44. Dort wurde waffenfähiges Uran gewonnen. In der Nähe der Stadt Nischnjaja Tura (wieder im Gebiet Swerdlowsk, 300 km nördlich von Tscheljabinsk-40) entstand Swerdlowsk-45. Anfangs war hier die Erzeugung von Uran mit einer anderen Technologie als in Swerdlowsk-44 geplant, doch als sich die Ideen der Ingenieure für dieses Projekt nicht umsetzen ließen, wurde der Betrieb auf die Endmontage von Atomsprengköpfen umgestellt.

In Tscheljabinsk-40 plante man (und diese Pläne wurden auch verwirklicht) den ganzen technologischen Zyklus zur Gewinnung von waffenfähigem Plutonium – von der Befüllung des Atomreaktors mit Uranstäben und deren Bestrahlung mit einem Neutronenfluss bis hin zur Gewinnung von Plutonium-239 mit spektraler Reinheit mittels eines Pressverfahrens der Pulvermetallurgie. Der technische Prozess selbst teilte sich in mehrere Etappen: a) Bestrahlung der Uran-238-Stäbe im Atomreaktor mit langsamen Neutronen und Verwandlung eines bestimmten Teils des Urans in die Isotopen Plutonium-239, -240, -241 und -242; b) Auflösung der Uranstäbe in Salpetersäure in einer radiochemischen Anlage und Lieferung der

August 1949. Transport der ersten sowjetischen Atombombe auf ein Testgelände. Die Konstruktion war dieselbe wie die der amerikanischen Bombe »Fat Man«, die am 9. August 1945 über Nagasaki explodierte, allerdings war sie etwas kleiner. Es handelte sich um eine vollwertige Waffe, bereit zum Kampfeinsatz. Als sie am 29. August 1949 explodierte, wurde damit der gesamte sowjetische Vorrat an Plutonium-239 zerstört, und es dauerte einige Zeit, bis wieder Plutonium für neue Ladungen gewonnen werden konnte. Als das geschafft war, stellte man 1950 und 1951 auf Stalins Anordnung fünf gleichartige Bomben her, die beim Ausbruch eines dritten Weltkriegs zum Einsatz kommen sollten.

Lösung in ein chemisch-metallurgisches Werk, wo durch verschiedene chemische Reaktionen zahlreiche Abfallstoffe aus dem Hauptprodukt ausgeschieden werden sollten; c) Übergabe des erhaltenen Plutonium-239-Oxids in eine metallurgische (Affinerie-)Anlage, in der das Oxid zu einem Metall der nötigen Reinheit reduziert wurde. Aus dem Metall wurden standardisierte Guss- oder Schmiedestücke geformt, die mit einer Nickelschicht überzogen und zu einem Werk zur Produktion von Atomsprengköpfen abtransportiert wurden.

Was bedeutete es nun, dass die Stadt Tscheljabinsk-40 und das Kombinat Nr. 817 den Status »geschlossen« trugen und das angrenzende Gebiet als »besondere Sperrzone« gekennzeichnet war? Durch eine solche Zone gab es keinen Durchreiseverkehr – Eisenbahn, Autos und Fuhrwerke mussten sie umfahren. Alle Bewohner der besonderen Sperrzone mussten sich registrieren lassen und erhielten einen Reisepass. (Bis zur zweiten Hälfte der 50er Jahre

Gegend um Tscheljabinsk-40. Detail einer Karte des »Army Map Service« des Verteidigungsministeriums der USA, 1954. Nordöstlich von Kyschtym befindet sich seit 1945 am Südufer des Sees Irtjasch die Ortschaft des staatlichen Chemiewerks namens Mendelejew (später Produktionsverbund Majak). Am 17. März 1954 wurde die Ortschaft durch einen geheimen Erlass des Präsidiums des Obersten Sowjets der RSFSR zur Stadt erhoben und erhielt den Namen Osjorsk. Offiziell hieß sie von 1948 bis 1966 Tscheljabinsk-40 und von 1966 bis 1994 Tscheljabinsk-65. Am 4. Januar 1994 legte die Regierung der Russischen Föderation offiziell den Namen Osjorsk fest.

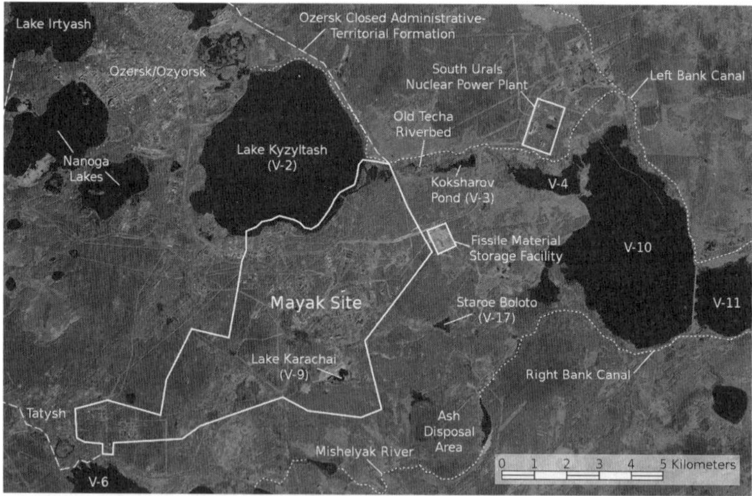


Osjorsk und der Produktionsverbund Majak in einer aktuellen Aufnahme (Quelle: Nasa World Wind screenshot; Landsat Global Mosaic visual layer; 30. April 2010)

besaßen die Kolchosbauern der UdSSR keine Pässe. Wenn sie verreisen mussten, erhielten sie vom Kolchosvorsitzenden eine Bestätigung mit einer Gültigkeit von 30 Tagen. Innerhalb dieser Frist mussten sie in die Heimatkolchose zurückkehren.)

Personen, die als unzuverlässig galten, sowie ihre Verwandten erhielten keine Pässe und mussten wegziehen. Als unzuverlässig galten vor allem Vorbestrafte, aber auch Personen, über die das Innenministerium Informationen besaß, die an ihrer Loyalität der Sowjetmacht gegenüber zweifeln ließen. Von etwa 96 000 Einwohnern wurden fast 3000 Personen als unzuverlässig eingestuft. Sie alle wurden in abgelegenere Orte des Gebiets Tscheljabinsk ausgesiedelt. Damit war die Suche nach unzuverlässigen Personen allerdings nicht abgeschlossen. In den darauffolgenden Jahren achteten die Mitarbeiter der Miliz und der Staatssicherheit weiterhin darauf, welche Scherze welche Bewohner der Sperrzone machten und wem sie welche Briefe schickten. (Es gab eine totale Briefzensur.) Aufgrund dieser unsichtbaren, doch effektiven Arbeit wurden weitere 545 Personen als unzuverlässig eingestuft. Sie alle wurden im Oktober 1948 ohne Angabe von Gründen in den Bezirk Uwelski im Gebiet Tscheljabinsk umgesiedelt.

Doch die Sicherheitsbestimmungen beschränkten sich nicht nur auf die Entfernung unzuverlässiger Personen aus dem streng geheimen Objekt. Die verbleibenden Bewohner in der Umgebung von Tscheljabinsk-40 wurden zum zentralen Bewachungsobjekt, wenn auch nur im Verborgenen. Die Personen, die die Überprüfung erfolgreich bestanden und den heiß ersehnten Sowjetpass erhalten hatten, mussten diesen immer bei sich führen und ihn auf Verlangen vorweisen. Die Kontrolle der Pässe oblag den Beamten der lokalen Behörden für innere Angelegenheiten. Sie konnte jederzeit an jedem beliebigen Ort durchgeführt werden: auf dem Markt, im Kino, am Busbahnhof in Kyschtym. (Kyschtym war die einzige Stadt in der streng geheimen Zone neben 98 gewöhnlichen Dörfern.) Innerhalb der besonderen Sperrzone war es unter Androhung strafrechtlicher Verfolgung verboten zu fischen, zu jagen oder Pilze zu sammeln. Die Bewohner durften Personen ohne Wohngenehmigung nicht bei sich übernachten oder wohnen lassen. Wenn man auf eine Person ohne entsprechende Dokumente traf, musste man sie den Behörden melden. Eine Unterlassung dieser Pflicht galt als Beihilfe zur Sabotage. Was das gemäß den Gesetzen jener Zeit hieß, muss den Lesern dieses Buchs nicht mehr erklärt werden.

Nun zu Iwan Maximowitsch Tkatschenko, der zuerst Generalleutnant im Ministerium für Staatssicherheit und später des Innenministeriums war. Tkatschenko bekleidete einen wahrlich einzigartigen Posten in der Beamtenhierarchie der UdSSR: Regierungsbevollmächtigter der Sowjetunion zur Kontrolle eines besonderen geschlossenen Objekts, so der genaue Wortlaut.

Deshalb war Tkatschenko streng genommen nicht der stellvertretende Direktor des Kombinats Nr. 817, sondern seine Macht überstieg in vieler Hinsicht die des Direktors. Seine Person ist hier in erster Linie deshalb von Interesse, weil das unter ihm eingeführte Überwachungssystem ohne merkliche Milderung bis in die zweite Hälfte der 70er Jahre beibehalten wurde. Er machte die »geschlossene Stadt« Tscheljabinsk-40 für ihre Bewohner zum Gefängnis.

Generalleutnant Iwan Maximowitsch Tkatschenko war ein würdiger Schüler des Genossen Beria* und ein Meister darin, Menschen den Mund zu stopfen. Als die Soldaten der Baubataillone, die mit der Errichtung des Kombinats Nr. 817 begonnen hatten, ihren Wehrdienst abgeleistet hatten, bot Tkatschenko ihnen an, als Zivilarbeiter auf der Baustelle zu bleiben. Der Unterschied zwischen Zivilarbeitern und Soldaten war nicht groß. Beide erhielten dieselbe Ration in den Speisesälen, es gab nichts zu kaufen (wenn man

* Lawrenti Beria leitete unter Stalin den Geheimdienst der Sowjetunion. Er gilt als Schlüsselperson des stalinistischen Terrors.

überhaupt Geld hatte), denn der Handel auf der Straße war streng beschränkt. Einige Jahre lang gab es auf der riesigen Baustelle, wo bis zur 40 000 Personen arbeiteten, nur ein einziges Geschäft. Im Unterschied zu den Soldaten durften die Zivilarbeiter ihre Familie nachziehen lassen, allerdings gab es keine Unterkunft für sie. Alle Gebäude wurden bereits von Arbeitern bewohnt und die Bauleitung kümmerte sich nicht um solche Kleinigkeiten wie die Unterbringung der Familien. Die aus dem Wehrdienst entlassenen Soldaten weigerten sich, zivile Sklaven zu werden, und als Folge… wurden sie alle in das Gebiet an der Kolyma* zwangsumgesiedelt. Die Bauarbeiter des Kombinats durften nicht in den europäischen Teil der UdSSR reisen, sie hätten ja etwas über das von ihnen erbaute Objekt verraten können.

Tkatschenko ließ jede Postsendung der Bauarbeiter und Angestellten des Kombinats Nr. 817 kontrollieren, eine Regel, die viele Jahre lang strikt befolgt wurde. Man machte nicht einmal ein besonderes Geheimnis daraus, im Gegenteil, das Wissen um die Kontrollen hielt die Briefeschreiber davon ab, unbedachte Worte zu verwenden.

Bis 1954 war den Bauarbeitern und Angestellten des Kombinats Nr. 817 ein Reiseverbot auferlegt. Das betraf nicht nur Reisen ins Ausland, wie man voreilig denken könnte, sondern alle Reisen über die Grenzen der geschlossenen Zone hinaus. Die Menschen lebten innerhalb des Gebiets, das in einer gemeinsamen Verfügung des Zentralkomitees der WKP(B) und des Ministerrats der UdSSR vom 9. April 1946 als »geschlossene Zone mit einer Fläche von 1159 ha« definiert worden war, praktisch wie im Straflager. Mit dem einzigen Unterschied, dass sie formal nicht als Verurteilte galten, nicht in Reih und Glied zur Arbeit, in die Banja und die Kantine marschierten und für ihre Arbeit Geld und Essensmarken erhielten. In

* Ostsibirischer Fluss, an dem es mehrere berüchtigte Straflager gab.

den Jahren 1949 bis 1950 begann der Bau von anständigen Unterkünften und die Spezialisten zogen aus den Baracken in besser ausgestattete Wohnheime und sogar einzelne Wohnungen. Doch das änderte nichts an der Tatsache, dass die Arbeiter die Zone nicht verlassen konnten. Das rief bei den Neulingen und jungen Spezialisten großen Ärger hervor, die solche Bedingungen nicht erwartet hatten, doch es nützte nichts – Generalleutnant Tkatschenko änderte seinen Beschluss nicht. Und die, die ihn dazu hätten zwingen können, also Beria und Meschik*, erachteten eine Einmischung als unnötig.

So war den Arbeitern im Kombinat Nr. 817 also das Recht aberkannt worden, die geschlossene Zone zu verlassen, außer mit einem besonderen Passierschein, den der Direktor B. G. Musrukow und der Regierungsbevollmächtigte I. W. Tkatschenko unterschreiben mussten. Einen solchen Passagierschein erhielt man (ausgenommen bei Dienstreisen) nur unter einer einzigen Voraussetzung – dem Tod eines nahen Verwandten. Allerdings war auch das nicht sicher. Während Musrukow üblicherweise mit solchen Ereignissen im Leben seiner Untergebenen verständnisvoll umging und die nötigen Papiere unverzüglich unterschrieb, verweigerte Tkatschenko nicht nur häufig die Unterschrift, sondern strich sogar die des Direktors durch, als wolle er seine Überlegenheit und seinen Sonderstatus demonstrieren.

Die Arbeiter durften die geschlossene Zone auch im Urlaub nicht verlassen. Dafür bekamen sie als »Urlaubsgeld« das 1,5-Fache des Gehalts. Um den Alltag etwas zu verbessern und den Menschen ein aus Sicht der Sowjetmacht akzeptables Freizeitvergnügen zu bieten, wurde ein Jachtklub gegründet, zumal die verbundenen malerischen Seen zum Bootfahren einluden. Natürlich durfte man im untersten See nicht fischen, da dort anfangs das Wasser aus den ers-

* Generalleutnant Pawel Jakowlewitsch Meschik war Berias Mitstreiter beim sowjetischen Geheimdienst.

ten Kreisen der sechs 1955 erbauten Atomreaktoren hineinfloss, doch darüber wussten die Angestellten des Kombinats auch selbst bestens Bescheid.

Unter dem Begriff »geschlossenes Gelände« muss man sich ein Gelände vorstellen, das gegen jedes unberechtigte Eindringen von außen gesichert war. Es handelte sich dabei um ein befestigtes Gebiet, dessen Grundriss im Juni 1947 von Beria und Malenkow* bestätigt wurde. An den für Durchbrüche gefährdeten Stellen der Außengrenze wurden sieben Reihen Stacheldraht mit einer Spannung von 1 Kilovolt montiert. Später stellte sich heraus, dass der amerikanische Geheimdienst die Agenten mit Zielort UdSSR trainierte, elektrisch gesicherte Stacheldrahtzäune mithilfe von Gummimatten zu überwinden. Ein Durchbruch an solchen Absperrungen galt für sie als optimal, da die Stellen normalerweise schwächer bewacht wurden. Als der KGB 1958 davon erfuhr, wurde die weise Entscheidung getroffen, die Spannung an den Zäunen auf 3 Kilovolt zu erhöhen – mehr als bei einem elektrischen Stuhl. Die Spannung war so hoch, dass es zu elektrischen Entladungen von einem Meter oder mehr in die Luftschicht kam. Man konnte sich der Absperrung also nicht einmal nähern. An den äußeren Stacheldrahtreihen hingen Emailletafeln mit dem unmissverständlichen Hinweis: »Stopp! Es wird ohne Vorwarnung geschossen!«

Langfristig plante man eine verschärfte durchgehende Verteidigungslinie des ganzen Geländes mittels motorisierter Schützenregimenter, Panzer- und Flugabwehrbataillons. In den folgenden Jahren wurden die Flugabwehranlagen ständig verstärkt, was angesichts der wachsenden Aktivitäten der amerikanischen Luftspionage nur verständlich ist. Doch die geschlossene Zone musste nicht nur vor ausländischen Feindangriffen geschützt werden, sondern

* Georgi Maximilianowitsch Malenkow war Vorsitzender des Ministerrats der UdSSR und ein Verbündeter von Beria.

auch vor inneren Unruhen. In der Nähe lagen die beiden mächtigen Industriezentren Tscheljabinsk und Swerdlowsk. Falls dort zivile Massenunruhen, Volksaufstände oder ein neues Machtzentrum, ein zweites Moskau, entstehen sollten, musste der Atombetrieb in Tscheljabinsk-40 eine Insel der Ruhe bleiben und durfte unter keinen Umständen in die Hände der Unruhestifter gelangen.

Die Bewachung der geschlossenen Zone glich der Bewachung der Staatsgrenzen. An schwer zugänglichen Orten gab es Verstecke für Horchposten, Kontrollstreifen zur Spurenfeststellung, stationäre Wachen und Routen für mobile Posten. Mit jedem Jahr wurde die technische Ausrüstung weiter perfektioniert (mit [Infrarot-]Scheinwerfern, induktiven Bewegungsmeldern, verbesserten Kommunikationsmitteln usw.). Es entstand tatsächlich eine Festung und das schließt nicht nur die eigentliche Produktionszone ein, sondern das gesamte Gelände rund um den Atombetrieb, darunter auch Osjorsk und Tatysch, die Wohnorte des Personals.

Und wie gelangten Menschen nun legal dorthin? Die Bauarbeiter und Angestellten des Kombinats Nr. 817 erreichten ihren Zielort in mehreren Etappen, und das auf ganz andere Art, als Unwissende vermuten mögen. Die jungen Spezialisten, die für die Arbeit in Tscheljabinsk-40 auserkoren wurden (das Auswahlverfahren allein dauerte sechs bis sieben Monate und erinnerte in vielen Punkten an die Aufnahme in den Staatssicherheitsdienst; mit dem einzigen Unterschied, dass die Anwärter nicht wussten, welche Arbeit sie genau verrichten würden), erhielten zuallererst eine »Zuweisung«, ein besonderes Dokument, das besagte, dass sie an einen gewissen »Ingenieur Soundso« abkommandiert wurden. Wo der Genannte arbeitete, stand nicht im Dokument. Dafür enthielt es die Information, dass diese Zuweisung militärischen Reisepapieren gleichgestellt war und zum Erwerb von Zug- beziehungsweise Flugtickets an den Militärkassen berechtigte.

Nach Erhalt der Zuweisung durchliefen die jungen Spezialisten eine mündliche Einführung mit dem Hinweis, dass sie sich zu einem bestimmten Termin auf dem Bahnhof in Tscheljabinsk oder Swerdlowsk einfinden sollten, wo eine »Ansprechperson« auf sie warten würde, der sie ihre Zuweisung zeigen sollten. Auf dem Bahnhof befanden sich rund um die Uhr solche Ansprechpersonen, die nur die Aufgabe hatten, den Neulingen den weiteren Reiseweg mitzuteilen. Erst dort erfuhren die Menschen ihr nächstes (doch bei Weitem nicht das endgültige) Reiseziel: Kyschtym an der Grenze zur besonderen Sperrzone. In dieser Stadt gab es eine mittelgroße Maschinenfabrik und viele Neulinge dachten, dies wäre das Ziel ihrer Reise. Dasselbe mussten übrigens auch die ausländischen Spione denken, wenn sie sich als junge Spezialisten getarnt auf die Suche nach dem geheimen Atombetrieb machten, dem mysteriösen Tscheljabinsk-40. Viele stiegen aus dem Zug, fuhren direkt in die Maschinenfabrik und rechneten mit einem baldigen Treffen mit dem geheimnisvollen Ingenieur aus ihrer Zuweisung.

In der Maschinenfabrik in Kyschtym gewöhnte man sich schnell an die jungen Leute mit den seltsamen adressenlosen Zuweisungen und wusste, wohin man sie schicken musste. Nein, nicht, was die Leser annehmen könnten, sondern in ein Hotel in einem ehemaligen Sanatorium des NKWD. Dort übernachteten die Neulinge und wurden üblicherweise am nächsten Tag im Kastenaufbau eines Lastwagens oder mit einem Autobus in die geschlossene Zone gebracht, das heißt nach Tscheljabinsk-40, das auf den Karten der Sowjetunion nicht existierte. Noch Anfang der 50er Jahre, als Osjorsk langsam zu einer normalen Stadt wurde (das erste Steingebäude entstand 1947 und an der Stalinstraße, später in Leninstraße umbenannt, baute man ab 1948 zweistöckige Ziegelhäuser), bot sich bei der Durchfahrt in die geschlossene Zone ein Angst einflößendes Bild: Wachtürme, Wachposten mit Maschinenpistolen und Hunden, mehrreihige Stacheldrähte. Viele Neulinge glaubten anfangs ernsthaft, man hätte sie heimlich ins Gefängnis gebracht.

Nach Überprüfung der Angekommenen folgte die Überstellung ins Wohnheim. Anstelle von Schlaf oder einem Abendessen erwartete die Gäste dort ein strenger und aufmerksamer Ausbilder des Innenministeriums (nach dem März 1954 übernahm dies der KGB). Es gab eine ausführliche Unterweisung ins Sicherheitssystem der Anlage, in der die Neulinge arbeiten würden. Erst jetzt erfuhren sie die ganzen Besonderheiten ihres bevorstehenden langjährigen Arbeitslebens: das Verbot, das Gelände zu verlassen, die totale Kontrolle der eingehenden und ausgehenden Postsendungen, erhebliche Einschränkungen beim Briefwechsel mit den Angehörigen (es war verboten, die Art der Arbeit, geografische Anhaltspunkte des Aufenthaltsorts, Vor- und Nachnamen von Kollegen u. Ä. anzuführen), die konkreten Arbeitsbedingungen und so weiter. Außerdem mussten sie eine Verschwiegenheitserklärung zur Wahrung von Staatsgeheimnissen unterschreiben. Obwohl alle Arbeiter in der geschlossenen Zone so eine Erklärung bereits während ihrer Ausbildung oder an einem früheren Arbeitsplatz unterschrieben hatten, wurde die Prozedur hier unweigerlich wiederholt.

So verlief also die Aufnahmeprozedur für einen Neuling im berüchtigten Tscheljabinsk-40. Einige Personen waren von den Umständen, in denen sie sich unerwartet wiederfanden, dermaßen schockiert, dass sie gleich am nächsten Tag zum Direktor des Kombinats stürzten und um Rücksendung baten. Dafür wurden alle denkbaren Argumente vorgebracht, von kleinen Kindern oder betagten Eltern zu Hause bis zu chronischen Erkrankungen und dem Versprechen aller möglichen Bestechungsgelder … Letzteres war geradezu lächerlich, da Tkatschenko den Direktor des Kombinats offiziell informiert hatte, dass ausnahmslos alle Räume des Verwaltungsgebäudes vom MGB abgehört wurden. Kein einziger Bittsteller fand Gehör. Kein einziger! Alle nach Tscheljabinsk-40 abkommandierten Personen erhielten eine Fahrkarte ohne Rückfahrt.

Übrigens schafften die allgegenwärtigen Abhöraktivitäten des

MGB für die Kombinatsarbeiter eine ganze Reihe spezifischer Probleme. Da Tkatschenko öffentlich verkündet hatte, dass er für die Verwendung der Wörter »Plutonium« und »Strahlung« jeden sofort »zehn Jahre ins Lager« schicken werde (kein Scherz!), wurde die salomonische Entscheidung getroffen, alle chemischen Begriffe und Bezeichnungen zu vermeiden.

Mit der Inbetriebnahme des ersten Atomreaktors »A«, der Werkhalle Nr. 1 des radiochemischen Werks, der metallurgischen Affinerieanlage und der Wasserentnahmeanlage (der sogenannten Wasserwirtschaft) nahm das Kontrollsystem über die Eingänge, Ausgänge und Ortswechsel innerhalb der gesamten Anlage die noch heute bestehenden Formen an, die nicht nur im ehemaligen Kombinat Nr. 817 (heute Produktionsverbund Majak), sondern auch in allen anderen russischen Betrieben dieser Art gelten. Abgesehen davon, dass sämtliche Objekte innerhalb derselben Schutzzone lagen, gab es zwischen ihnen Wachgrenzen, die es unmöglich machten, einfach von einem Gebäude ins nächste zu gehen. Nur eine sehr kleine Gruppe des obersten Verwaltungspersonals besaß einen Passierschein für alle Bereiche. Das geschlossene Gelände hatte eine zellulare beziehungsweise wabenartige Struktur. Ein Arbeiter aus einer »Zelle« konnte nicht nach Belieben in eine andere gehen.

Lange Zeit war die Verwendung der Wörter »Strahlung«, »Uran«, »Plutonium« und ähnlicher Begriffe, die auf eine Verbindung des Kombinats mit Spaltmaterialien hinwiesen, offiziell verboten, sogar bei beruflichen Gesprächen über Probleme im Büro des Direktors. Iwan Tkatschenko machte kein Geheimnis daraus, dass alle Räume der Kombinatsleitung von Offizieren der Staatssicherheit abgehört wurden, und übertrieb dabei offenbar die Möglichkeit einer Abhörung bewusst, sodass dieses Verbot viele Jahrzehnte lang die Regel war. Niemand wollte die Wachsamkeit der Staatssicherheitsoffiziere an sich selbst ausprobieren. Deshalb lernten die Kombinatsarbeiter, selbst wenn sie sehr fachliche Fragen diskutierten, mit verschiedenen Euphemismen auszukommen: »Lösung«, »Milch«, »Glühwürmchen« und Ähnliches bezeichneten in Wirklichkeit ganz andere Dinge. So wurde beispielsweise die Dokumentation des radiochemischen Betriebs so chiffriert, dass jede Komponente eine Nummer bekam, darunter auch gewöhnliches Wasser, Wasserstoffperoxid und medizinischer Alkohol. Alle Verbindungen, Reaktionen und wissenschaftlichen Begriffe wurden entweder mit Nummern oder mit willkürlich gewählten Termini bezeichnet. Da es äußerst schwierig war, sich in so einem Fachchinesisch zurechtzufinden, bestanden die Spezialisten des radiochemischen Werks darauf, dass sie bei der Schulung neuer Spezialisten die Technologie zur Gewinnung von Plutonium mit den normalen wissenschaftlichen Begriffen beschreiben durften. Der Generalleutnant bewilligte zähneknirschend ein einziges Exemplar einer handgeschriebenen »Schulungsunterlage«. Dieses Schriftstück wurde mit dem Stempelaufdruck »streng geheim« in einer Spezialbibliothek aufbewahrt, zu der man nur mit Tkatschenkos persönlicher Erlaubnis Zutritt bekam. Da man das Dokument nicht kopieren durfte, mussten es alle neuen Mitarbeiter von vorn bis hinten auswendig lernen und danach eine Prüfung über ihr theoretisches Wissen ablegen. Das hatte übrigens den großen Vorteil, dass die jungen Spezialisten gleich eine Vorstellung vom gesamten technologischen Zyklus erhielten und von Anfang an in jeder beliebigen Abteilung mitarbeiten konnten. Dadurch war das Personal austauschbar, wodurch Einbußen durch eine Strahlenüberdosis aufgrund verschiedener technologischer Fehler und Unfälle minimiert wurden.

Die 1. Spezialabteilung des KGB, verantwortlich für die Abschirmung der sowjetischen Objekte der Atomindustrie gegen Spionage, unternahm große Anstrengungen, um die Arbeiter in den Atombetrieben zu kontrollieren. Die sowjetische Staatssicherheit war sehr pingelig bei der systematischen Überprüfung von Geheimnisträgern aller Hierarchieebenen, auch wenn sie sich zuvor als verlässlich und loyal erwiesen hatten. Die Post unterlag der Zensur, verschickte Pakete wurden kontrolliert, Gespräche am Telefon oder zu Hause abgehört und alle Personen, mit denen die Geheimnisträger Kontakt hatten, überprüft. Die Informationen wurden von einem breiten Aufgebot von Agenten gesammelt, von »geheimen Mitarbeitern«, wie die Informanten manchmal vom fest angestellten KGB-Personal genannt wurden. Dabei wurden die geheimen Mitarbeiter selbst heimlich mit verschiedenen Methoden überprüft. Die Überwachung des Verhaltens der Beschäftigten in der Atomindustrie, darunter auch die in Tscheljabinsk-40, war allumfassend und flächendeckend, obwohl dies großteils im Verborgenen geschah.

Der sowjetische Geheimdienst beziehungsweise die Staatssicherheitsbehörde (zuerst MGB, später KGB) zog ernstlich die Möglichkeit in Betracht, dass feindliche Sabotagetrupps in die Schutzzone eindringen könnten, um mithilfe von Gewaltaktionen die Produktion des Kombinats Nr. 817 zu unterbrechen. Die vom radiochemischen Werk erzeugten Plutonium-235-Oxid-Stückchen wurden unter verschärfter Bewachung mit zwei Autos in das Affineriewerk geliefert. Das Auto mit dem Plutonium wurde nicht nur von einem Lastwagen mit Maschinenpistolenschützen und MGs begleitet, sondern entlang der Straße standen auch noch Wachposten im Abstand von 50 Metern.

Es ist ein heute weit verbreiteter Mythos im Zusammenhang mit Atomwaffen im Allgemeinen und ihrer Herstellung in der Sowjetunion im Besonderen, dass die sowjetischen Spezialisten nicht genau Bescheid wussten, wie gefährlich radioaktive Strahlung war, und hier mit der Trial-and-Error-Methode Erfahrungen sammelten.

Dies entspricht jedoch nicht den Tatsachen. Die Gefährlichkeit der ionisierenden Strahlung zerfallender Atome kannten die Wissenschaftler bereits von Beginn der Radioaktivitätsforschung. Bis 1945 wurde diese Gefährlichkeit unterschätzt, doch nach den Atombombenangriffen von Hiroshima und Nagasaki, wie makaber das auch klingen mag, standen den Medizinern umfassende Statistiken über die unterschiedlichen Auswirkungen von Atomkraft auf den Menschen zur Verfügung. Es stellte sich heraus, dass Atomwaffen dem Menschen nicht nur durch ihre Druckwelle und Wärmeeinwirkung während der Explosion Schaden zufügten, sondern auch durch die ionisierende Verstrahlung und radioaktive Verseuchung des Bodens, des Wassers und der Nahrungsmittel. Diese Erkenntnisse kurbelten die entsprechende Forschungsarbeit in den verschiedensten Ländern der Welt an, wie etwa in den USA, der UdSSR, Großbritannien, Frankreich, Kanada oder Schweden.

Die extreme Gefährlichkeit der alles durchdringenden ionisierenden Strahlung, die die inneren Organe und das Blut schädigen konnte, war 1949 bereits bestens bekannt. Forschungen zeigten, dass Plutonium als toxisches chemisches Element weit tödlicher wirkte als Zyanverbindungen, die bis zu diesem Zeitpunkt als »Vorzeigegift« galten. Die erste Betriebsetappe des radiochemischen Werks in Tscheljabinsk-40 endete mit der Fertigstellung der in diesem Kapitel bereits erwähnten Werkhalle Nr. 1 im Jahr 1950 und der Umkleideschleuse beim Eingang. Das vorherige Gebäude, in dem im Grunde das Plutonium für die erste sowjetische Atombombe erzeugt worden war, wurde nach der Inbetriebnahme der Werkhalle Nr. 1 buchstäblich begraben. Man schüttete einen riesigen Hügel auf und pflanzte Birken darauf. Heute wächst dort ein ganzer Wald … Die gesamte Kleidung der ersten Arbeiter des radiochemischen Werks wurde verbrannt und die Asche mitbegraben.

Diese Information ist hier nur deshalb angeführt, um die für jeden Radiochemie-Spezialisten offensichtliche Tatsache zu untermauern, dass die sowjetischen Wissenschaftler und Produktionsleiter bereits 1950 über die große Gefährlichkeit der Strahlung Bescheid wussten und alle möglichen Maßnahmen zu ihrer Senkung einsetzten.

Im Übrigen war das ganze Ausmaß der Gefährlichkeit der radioaktiven Kontamination auch ohne Hiroshima und Nagasaki aus der täglichen Arbeitserfahrung in Tscheljabinsk-40 ersichtlich. Es traten recht häufig Störfälle verschiedenster Art auf und man lernte sehr schnell die für solche Situationen nötigen Überlebenslektionen.

Um auf das Gelände der Produktionsanlage selbst zu gelangen, mussten die Arbeiter drei Kontrollpunkte überwinden. Bei jedem wurde überprüft, ob es sich tatsächlich um die Person handelte, auf die der Passierschein ausgestellt war. Dann befanden sich die Arbeiter im Gebäude der Umkleideschleuse, wo sie Arbeitsschuhe und -kleidung anzogen. Sogar die Unterhose musste ausgezogen werden, um sie nach der Arbeit nicht wegwerfen zu müssen. Die Kleidung blieb im »reinen« Teil des Gebäudes, nach dem man in einen Duschraum kam und danach in den »schmutzigen« Gebäudeteil, wo die Arbeitskleidung aufbewahrt wurde. Nach dem Kleidungswechsel folgte der Abstieg durch einen Tunnel von 200 Metern Länge, der die Umkleideschleuse mit der Werkhalle Nr. 1 verband. Am Ende des Tunnels befand sich ein weiterer Kontrollpunkt, bereits der vierte. Wachsoldaten mit Maschinenpistolen überprüften den Passierschein und erst danach gelangte man ins Innere der Werkhalle. Auf der Oberfläche war zwischen Birken und Kiefern die reinste Sanatoriumslandschaft angelegt, ein Brunnen (allerdings ohne Wasser), gepflegter Rasen, Blumenbeete mit Tulpen und Stiefmütterchen, kleine Sandwege dazwischen. Es war nur streng verboten, in der Spezialkleidung hinauszugehen, um keinen radioaktiven Staub hinauszutragen.

Beim Verlassen des radiochemischen Werks durchlief man radiometrische Kontrollen, die von unmittelbaren Zeitzeugen so beschrieben wurden: »Von Anfang an gab es bei der Arbeit in der Werkhalle (Nr. 1 – *Anm. des Autors*) für die Arbeiter sehr strenge Kontrollen. Alle Arbeiter mussten den Kontrollpunkt vollkommen entkleidet passieren. Beim Verlassen der Werkhalle wurde man besonders gründlich überprüft. Der Offizier (ein weiblicher in der Umkleideschleuse für Frauen, ein männlicher in der für Männer) bat jeden

Der unterirdische Korridor vom Gebäude der Umkleideschleuse zum radiochemischen Werk. Wände, Fußboden und Decke des Korridors waren mit glatten Metallplatten verkleidet, um die Dekontamination zu vereinfachen.

einzelnen Arbeiter, den Mund zu öffnen, inspizierte ihn, dann tastete er den Kopf ab, Zöpfe mussten gelöst werden, er schaute in die Ohren, die Finger mussten gespreizt werden und schließlich musste man sich hinhocken. (Die Autoren verschweigen taktvoll, dass in dieser Pose gehustet werden musste. – *Anm. des Autors*) Erst danach wurde man durchgelassen. [...] Als weiteres Hindernis musste man beim Hallenausgang einen dosimetrischen Bogen passieren.

Wenn ein Arbeiter sich nicht richtig die Hände abgewaschen hatte und radioaktive Beta- oder Gammaspuren darauf zurückgeblieben waren, dann klingelte es beim Durchgehen durch den Bogen, und er musste wieder zurück in den Duschraum. Manchmal musste man sich zwei- oder dreimal waschen. Wenn ein Werkhallenarbeiter sich die Radioaktivität nicht von den Händen waschen konnte, wurde der Diensthabende aus der Kommandantur gerufen, um einen Aktenvermerk zu machen, und erst dann wurde man aus dem Werk gelassen.«*

---

* Zit. nach: Sochina, L. P., Kolotinski, J. P., Chalturin, G. W., *Plutonium in jungfräulicher Hand. Dokumentation der Arbeit in einer chemisch-metallurgischen Plutoniumwerkhalle in seiner Gründungszeit (1949–1950)*, Jekaterinburg: LITUR, 2003. S. 73–74.

Eine kleine Anmerkung dazu: Die beschriebene Untersuchung ist im Großen und Ganzen dieselbe wie in einer Haftanstalt (natürlich ohne dosimetrische Kontrolle). Das mehrmalige Hinhocken verlangte der Wächter nicht spaßeshalber, sondern dadurch wollte man in der Vagina oder im Rektum verstecktes Diebesgut finden.

Der Diensthabende wurde auch nicht nur pro forma aus der Kommandantur gerufen. Er entließ einen Menschen, der radioaktive Strahlung emittierte, in die Stadt hinaus, was immer als besonderer Vorfall galt. Aufgrund der Akte des Diensthabenden wurde ein Bericht erstellt, den bereits am nächsten Tag die höchsten Amtsträger diskutierten – der Direktor des Kombinats, der Regierungsbevollmächtigte der UdSSR sowie die Leiter einiger Dienststellen und Abteilungen (dosimetrische, medizinische usw.). Für Verletzungen der Normen und Anforderungen in Sachen Strahlensicherheit wurden strenge Geldstrafen verhängt. Wenn ein Arbeiter pro Schicht eine Strahlendosis von mehr als 0,5 Röntgen erhielt (oder »Rem« – das biologische Röntgenäquivalent), dann galt er als Signalgeber (d. h., er signalisierte Probleme, Arbeitsunvermögen, Verletzung der Sicherheitsanforderungen). Der Signalgeber und sein Abteilungsleiter verloren ihre Prämie. Gab es in einer Abteilung regelmäßig Fälle von Strahlenüberdosis, wurde der Leiter rasch seines Amts enthoben, es ging also um eine ernste Angelegenheit.

Aufgrund dieser strengen Kontrollen in Tscheljabinsk-40 und auch in anderen Objekten der sowjetischen Atomindustrie ist die Annahme, Kriwonischtschenko habe »zufällig« eine Hose und zwei Pullover aus der Arbeit auf die Wanderung mitnehmen können, einfach lächerlich. Es war schlicht unmöglich, sie durch drei oder vier Wachpunkte mit dosimetrischer Überprüfung zu schleusen. Ein vorsätzliches heimliches Mitnehmen der Kleidung wäre ein Verbrechen gewesen. Das bedarf wohl keiner weiteren Erläuterungen mehr.

Kommen wir nun zum berüchtigten Kyschtym-Unfall 1957 und

zu der Frage, wie dieser mit dem Schicksal von Georgi Kriwonischtschenko zusammenhing. Am 29. September 1957 explodierte der Behälter Nr. 14 aufgrund einer unkontrollierten Eigenerwärmung der flüssigen radioaktiven Rückstände, woraufhin verschiedene Substanzen und chemische Verbindungen mit einer Gesamtradioaktivität von etwa 20 Millionen Curie in die Atmosphäre gelangten. (Das ist sehr viel: Bei der Explosion des Atomreaktors in Tschernobyl wurde die Gesamtemission auf 26 Mio. Curie geschätzt.) Direkt am Rand des explodierten Behälters erreichte die Gammastrahlung 1000 Röntgen in der Stunde. Da die ungefährliche einmalige Strahlendosis für Menschen bei 5 Röntgen liegt, konnten Aufräumarbeiter in der Nähe des Behälters maximal 3 Minuten arbeiten. Eine Wolke aus Gas und Schwebestoffen aus der Explosion streifte die Stadt Osjorsk nur teilweise, bevor sie vom Wind nach Nordosten abgetrieben wurde, wo sie sich über den Landwirtschafts- und Waldregionen der Gebiete Tscheljabinsk und Swerdlowsk auflöste.

Georgi Kriwonischtschenko begann am 11. September 1957 in Tscheljabinsk-40 zu arbeiten, das heißt weniger als drei Wochen vor dem Unfall. Er war in einer geschlossenen Organisation mit dem offiziellen Namen Postfach 404 beschäftigt. Im Alltag wurde diese geheimnisvolle Struktur etwas verständlicher Bauleitung Nr. 859 genannt (später: Bauleitung Südural). Diese Organisation hatte zwar nicht unmittelbar mit dem Produktionszyklus zur Gewinnung von Plutonium-235 zu tun, arbeitete jedoch für das Kombinat Nr. 817 und errichtete die nötige Infrastruktur wie Straßen, Gebäude und Stromleitungen. Als der Unfall am Sonntag des 29. September passierte, fand sich an diesem und den folgenden Tagen mehr als genug Arbeit für alle. An der Beseitigung der Folgen der Explosion jenes Behälters mit den radioaktiven Rückständen waren nicht nur das fest angestellte Personal des Kombinats Nr. 817 und die Bauleitung beteiligt, sondern auch 400 Soldaten der lokalen Garnison, die der Aufräumbrigade als Arbeitskräfte zugeteilt waren. Innerhalb der geschlossenen Zone ruhte diese Arbeit hauptsächlich auf den Schultern der Soldaten des Militärbezirks Ural, die die einheimische Bevölkerung aus der Niederschlagszone der radioaktiven Rückstände evakuieren sollten.

Die Bewegung der radioaktiven Wolke wurde von Flugzeugen mit Detektoren für Gammastrahlung verfolgt sowie von Kraftfahrzeugen mit Radiometern für Gamma- und Betastrahlung. Anfangs entzog sich das Ausmaß der Katastrophe einer näheren Bestimmung. Besonders irreführend war der Umstand, dass ein erheblicher Teil der radioaktiven Rückstände (insgesamt etwa 18 Mio. der insgesamt 20 Mio. Curie, die bei der Explosion an die Luft abgegeben wurden) unmittelbar über der besonderen Zone niederging. Da der Direktor des Kombinats sich zu der Zeit gerade nicht an seinem Arbeitsplatz, sondern in Moskau befand, rang sich niemand zu dem Entschluss durch, die Kombinatsarbeiter aus dem Gebiet der niedergegangenen radioaktiven Rückstände wegzubringen. Ungefähr 5500 Menschen blieben an ihren Arbeitsplätzen, ohne auch nur zu ahnen, dass über ihren Köpfen 18 Millionen Curie harter Gammastrahlung niedergingen.

Die Untersuchung der Hintergrundstrahlung außerhalb der besonderen Zone zeigte, dass das kontaminierte Gebiet anfangs vergleichsweise klein war. Es wurde eine Regierungskommission einberufen, um die Gründe für den Unfall zu erforschen und Wege zur Beseitigung seiner Folgen zu finden. Sie war der Meinung, dass solche Gebiete, in denen die Einwohner in einem Monat eine Strahlendosis von 0,01 Sievert und höher erhalten könnten, als zu gefährlich zum Wohnen einzustufen seien. Eine solche Dosis hatte zu 100 Prozent eine chronische Strahlenkrankheit innerhalb von zwei Jahren zur Folge. Auf dem Gebiet mit einer solchen radioaktiven Kontamination lagen vier Dörfer, die bis zum 10. Oktober 1957 zwangsevakuiert wurden. Die weitere Evakuierung stoppte der frühe Schneefall in diesem Jahr. Die Schneeschicht verhüllte das verseuchte Gebiet wie eine Decke und die Minustemperaturen verhinderten, dass die Feuchtigkeit sich im Boden ausbreitete.

Die Bewohner der evakuierten Dörfer durften nur ihre Dokumente und Gebrauchssachen in einem kleinen Koffer mit sich nehmen, alles andere Eigentum wurde vernichtet. Um eine spontane Rückkehr der Bewohner in ihre früheren Wohnorte zu verhindern, wurden einfach alle Bauwerke mit Panzern und Planierraupen dem Erdboden gleichgemacht. Das gesamte Vieh wurde getötet. Die Bewohner der evakuierten Dörfer Berdjanisch, Saltykowo, Galikajewo und Russkaja Karabolka erhielten eine finanzielle Kompensation für den Verlust ihres Eigentums (durchschnittlich etwas mehr als 2000 Rubel pro Person, Säuglinge und Greise eingeschlossen; das war für die Dorfbewohner nicht so wenig).

Nachdem das Schmelzwasser im Frühling 1958 zu fließen begann, wuchs das radioaktiv verseuchte Gebiet zusehends. Mit dem schmelzenden Schnee sickerten die Radionuklide in den Boden und gelangten von dort in Bäume, Gras und Pilze. Vor allem in die Pilze. Im Frühling 1959 erreichte die kontaminierte Fläche ihre größte Ausbreitung. Das für Menschen gefährliche Gebiet erreichte eine Größe von 105 x 10 Kilometern. Die anfängliche Aufregung und Panik wurde von der planmäßigen Arbeit der »Aufräumer« abgelöst. Bis November 1959 waren 24 Ortschaften mit einer Bevölkerung von knapp 14000 Personen aus dem gefährlichen Gebiet ausgesiedelt; 47000 Hektar Ackerland wurden im Gebiet Swerdlowsk von der landwirtschaftlichen Nutzung ausgeschlossen sowie 50000 Hektar in Tscheljabinsk.

In Tscheljabinsk-40 selbst nahm der Kampf gegen die Unfallfolgen regelrecht Züge einer Schlacht an. Die Stadt konnte nicht aufgegeben werden, denn das hätte den totalen Produktionsstopp für waffenfähiges Plutonium in der UdSSR bedeutet. Die radioaktiven Rückstände betrafen zwei Straßen, die Schulstraße und die Leninstraße, in der durch eine Ironie des Schicksals die besten Gebäude der Stadt standen, darunter auch die, in denen die Leiter des Kombinats Nr. 817 wohnten. Der Kampf um die Dekontamination der Stadt wirkte geradezu paranoid. Der Winter spielte den Aufräumarbeitern in die Hände, da er die radioaktiven Spuren des Unfalls konservierte und die Gefahr der Verschleppung der Radioaktivität durch den Staub eindämmte. Doch mit Frühlingsbeginn 1958 wurden die Dekontaminationsarbeiten sowohl in den Produktions- als auch in den Wohngebieten mit derselben Energie wieder aufgenommen.

Alle Kleidungsstücke und Einrichtungsgegenstände mit einer Radioaktivität ab 100 000 Becquerel pro 150 Quadratzentimeter wurden konsequent eingezogen und vernichtet. Dafür gab es eine finanzielle Kompensation. Ab Ende 1957 begann man, die Stadt besonders gut mit Industriewaren zu versorgen (nach sowjetischen Maßstäben, natürlich), damit die Menschen sich leichter von ihren alten Sachen trennten und keine potenziell radioaktiven Sachen vor den dosimetrischen Kontrollen versteckten.

Um die Produktion und das qualifizierte Personal zu erhalten, traf die Kombinatsleitung eine nicht öffentliche, in seiner Bedeutung jedoch epochale Entscheidung. Junge Arbeiter, die noch nicht lange im Kombinat waren und ihr »Strahlenlimit« noch nicht erreicht hatten, wurden von den gefährlichen Aufräumarbeiten entbunden, damit sie nicht vorzeitig eine zu große Strahlendosis abbekamen. An ihre Stelle traten die älteren Arbeiter, die bereits einige Zeit in der Produktion tätig waren. Obwohl man 30- bis 40-jährige Männer in der Blüte ihres Lebens wohl kaum alt nennen konnte. Diese Männer nahmen die Gefahr der unsichtbaren Strahlung auf sich, wohl wissend, dass die Jugend, die sie auf Kosten ihrer eigenen Gesundheit retteten, ihre Arbeitsplätze einnehmen würde. Diese Entscheidung der Kombinatsleitung blieb nicht lange geheim, sie sprach sich ziemlich bald herum. Doch keiner der »Alten« protestierte je dagegen. Alle wussten, dass das Kombinat weiterhin das wertvolle Plutonium herstellen musste, weil die Sowjetunion sonst ohne

Dosimetriestreife. Nach dem Unfall im September 1957 im Kombinat Nr. 817 wurden zur Verstärkung der Dosimetrie-Dienststelle des Kombinats junge Spezialisten aus allen Produktionsstätten herangezogen, darunter Georgi Kriwonischtschenko.

Atomwaffen dastehen würde. Und das Kombinat produzierte ohne Unterlass weiter, trotz der Tatsache, dass über seinem Gebiet 18 Millionen Curie radioaktiver Rückstände ausgestoßen worden waren.

Die jungen Spezialisten, die von der Produktion abgezogen wurden, schickte man zur Dosimetriestreife. Das war eine verhältnismäßig ungefährliche Arbeit, da die Dosimetristen nicht tief in den von ihnen entdeckten Kontaminationsherd vordringen mussten. Ihre Aufgabe bestand darin, die Grenze dieses Herds sowie die Art und Intensität der radioaktiven Verseuchung zu bestimmen.

Außerdem überprüften die Dosimetristen ständig sich selbst, um eine potenzielle Gesundheitsgefährdung durch die Strahlung sofort zu erkennen. In so einer Dosimetriestreife arbeitete auch Georgi Kriwonischtschenko im Winter und Frühling 1958. Während dieser Zeit wurde auf dem Kombinatsgelände an der Beseitigung der Verseuchungsherde gearbeitet. Die Produktionsräumlichkeiten wurden mehrmals ausgewaschen, der Straßenasphalt erneuert, das Erdreich in der unmittelbaren Umgebung abgetragen und weggebracht (die radioaktive Erde wurde für den Bau eines riesigen Damms von über 3 km Länge an einem der Seen verwendet). Dafür wurde saubere Erde aus Nachbarregionen aufgeschüttet, weswegen die Hintergrundstrahlung direkt neben den Produktionsanlagen fast der Norm entsprach, während die Verseuchung entfernterer Abschnitte immer noch sehr hoch war, was später zu vielen Problemen führen sollte. Da es nicht genug Arbeitskräfte für die unqualifizierten Tätigkeiten gab, kommandierte die Garnisonsleitung 400 Soldaten zur Unterstützung ab. Wenn diese die zulässige Strahlungsgrenze erreicht hatten, wurden sie durch andere Soldaten ersetzt. Dabei kamen auch Schüler der Militärschulen zum Einsatz, die zu jener Zeit nicht wussten, was genau und für wen sie arbeiteten.

Am 8. Mai 1958 beendete Georgi Kriwonischtschenko die Arbeit in der Dosimetriestreife und kehrte zur Baustelle zurück. Das Kombinat Nr. 817 musste nicht nur die Unfallfolgen beseitigen, sondern auch weiterentwickelt werden. Sein Gehalt stieg um 20 Prozent auf 1200 Rubel im Monat. Auf der Baustelle arbeitete Georgi bis zum 19. Januar 1959; an diesem Tag wurde er ausbezahlt, da er zur Arbeit im Unternehmen Postfach 73 überstellt wurde, einer Baugesellschaft, die die Atomstadt Krasnojarsk-26 errichtete. Gemäß den arbeitsrechtlichen Gesetzen jener Zeit betrug der jährliche bezahlte Urlaub zwölf Arbeitstage (das sind inklusive zweier Wochenenden insgesamt 14 Kalendertage), doch Georgi Kriwonischtschenko erhielt zusätzlich 15 bezahlte Tage als Schädlichkeitsausgleich (den sogenannten Freizeitausgleich). So betrug Georgis Gesamturlaub 29 Kalendertage, bevor er am 21. Februar 1959 an seinem neuen Arbeitsplatz erscheinen musste.

Allerdings liegen zwischen dem 19. Januar (dem Tag der Endabrechnung im Postfach 404) und dem 21. Februar (dem Tag, an dem er in der Personalabteilung des Postfachs 73 erscheinen sollte) nicht 29, sondern 32 Kalendertage. Sogar wenn man annimmt, dass Kriwonischtschenkos Urlaub nicht in Kalender-, sondern in Arbeitstagen berechnet wurde (was nicht stimmen kann, da für den Urlaub immer Kalendertage zählten), ergibt sich trotzdem eine seltsame Differenz. Dann hätte er bei einer sechstägigen Arbeitswoche mindestens 34 Tage frei haben müssen. Ein Fehler der Personalabteilung wäre bei Weitem nicht die größte Merkwürdigkeit bei diesem Arbeitsplatzwechsel, doch davon wird noch an geeigneter Stelle die Rede sein (siehe 25. Kapitel, »Mögliche Kandidaten«).

Hier ist noch etwas anderes interessant. Georgi Kriwonischtschenko wusste wie kein Zweiter aus der Djatlow-Gruppe über die Tücken der radioaktiven Strahlung, den »stillen Mörder«, Bescheid. Er kannte Kollegen, die entlassen wurden, um ihre fortgeschrittene chronische Form von »Strahlenschaden« behandeln zu lassen. (So nannte man damals Leukämie und andere Formen von Krebserkrankungen aufgrund einer Strahlenüberdosis.) Er verfügte nicht nur über theoretisches Wissen, sondern sah in der Praxis, wie methodisch und penibel man in Tscheljabinsk-40 die Spuren der radioaktiven Verseuchung bekämpfte. Er wusste genau, wie gefährlich das Aufbewahren und die Verwendung von radioaktiv belasteten Sachen war. Aufgrund seiner Dienstposition und seiner materiellen Situation konnte Georgi problemlos alles Belastete weggeben, die Ausgleichszahlung einstreichen und sich qualitativ hochwertige Waren kaufen; zumal es in Tscheljabinsk-40 keinen Mangel an Massenbedarfsgütern gab.

Die geschlossene Zone mit Sachen zu verlassen, die Spuren von hochaktiven Isotopen trugen, stellte einen direkten Verstoß gegen die behördlichen Vorschriften dar. Georgi hätte seine Karriere bei den Unternehmen des Ministeriums für Mittleren Maschinenbau riskiert und sogar seine Freiheit. Kaum jemand mit gesundem Menschenverstand hätte so etwas getan. Ja, und wozu auch? Um mit 25 impotent zu werden?

Aus diesem Grund konnte gerade Georgi Kriwonischtschenko, so paradox es klingen mag, keineswegs zufällig radioaktive Kleidungsstücke auf die Wanderung mitgenommen haben, obwohl er bei der Arbeit mit Radioaktivität in Berührung kam.

Das Merkwürdigste an dieser Geschichte ist, dass aus der Djatlow-Gruppe auch kein anderer als Besitzer der radioaktiven Kleidung infrage kommt. Den Studenten der Physikalisch-Technischen Fakultät des UPI kann man die kontaminierte Kleidung nicht zuschreiben. Sie enthielt ein reines, hoch konzentriertes Isotop mit einer ziemlich langen Halbwertszeit und harter Betastrahlung. Das war eindeutig ein Industrieprodukt, nichts für Universitätslabors, da es für Laien viel zu gefährlich war. Außerdem lassen drei verschiedene Kleidungsstücke mit demselben Isotop nicht gerade auf ein Versehen schließen. Wie bereits weiter oben erwähnt (im 14. Kapitel, »Physikalisch-technisches Gutachten. Eine Spur aus dem Nichts ins Nichts«), konnten die radioaktiven Flecken auf der Kleidung auch nicht aus der Osturalspur stammen, da dort in den ersten Jahren nach dem Unfall 1959 eine deutliche Gammaaktivität vorherrschte, während ein reiner Betastrahler nicht vorkam.

Wie man es dreht und wendet, wie sehr man die Situation auch analysiert, man steht vor einem logischen Dilemma: Georgi Kriwonischtschenko konnte auf keinen Fall irrtümlich oder aus Gedankenlosigkeit radioaktive Kleidung aus dem Betrieb mitgenommen haben, doch gleichzeitig konnte diese Kleidung innerhalb der Djatlow-Gruppe nur mit ihm zu tun haben. Dieser Widerspruch löst sich nur auf, wenn man davon ausgeht, dass Georgi Kriwonischtschenko gezielte Anstrengungen unternahm, um das verbotene Gut aus dem Kombinat Nr. 817 zu schmuggeln. Allerdings lässt sich diese Antwort noch etwas genauer formulieren: Möglicherweise hat Kriwonischtschenko selbst überhaupt nichts Derartiges unternommen – sondern ganz andere Personen, und zwar erst nach Georgis Abschied vom Kombinat. Später dann sorgten die geheimnisvollen Personen dafür, dass ihn die Ware erreichte, natürlich mit Georgis Wissen und Zustimmung.

Und in diesen seltsamen Wegen der mit radioaktiven Isotopen verseuchten Sachen verbirgt sich noch ein großes Rätsel der kleinen Stadt Tscheljabinsk-40.

## 24. KAPITEL

## WEDER ALPHATEILCHEN NOCH GAMMAQUANTEN ODER WAS IST GEHEIM AM GEHEIMEN ISOTOP?

Wer sich die Mühe gemacht hat, das physikalisch-technische Gutachten durchzulesen, das vom 18. bis 25. Mai 1959 von der städtischen sanitär-epidemiologischen Station Swerdlowsk erstellt wurde, kennt die Worte aus der Überschrift. Damals ließ der Ermittler biologische Proben aus den inneren Organen von Dubinina, Solotarjow, Kolewatow und Thibeaux-Brignolle, deren Kleidungsstücke und eine Bodenprobe aus dem Bach, in dem man die Leichen der Wanderer gefunden hatte, auf Radioaktivität untersuchen.

Hier stellen sich zwei Fragen, die man ohne die Theorie der kontrollierten Lieferung nicht beantworten kann. Erstens: Welche radioaktive Substanz von hoher Reinheit und mit ausschließlicher Betaaktivität enthielt die Kleidung der Verstorbenen? Zweitens: Warum wandte sich der Ermittler Iwanow mit dieser ersten Frage an das radiologische Labor der sanitär-epidemiologischen Station Swerdlowsk statt an eine Institution, für die eine solche Untersuchung kein Problem dargestellt hätte?

Immer der Reihe nach. Iwanow kümmerte sich nicht darum, die Art der radioaktiven Kontamination feststellen zu lassen, da niemand es von ihm verlangt hatte. Es gab eine gut unterrichtete Instanz, deren Vertreter bestens über den Isotopentyp auf der Kleidung der Wanderer Bescheid wussten. Sie wollten nur sichergehen, dass die radioaktiven Sachen nicht fehlten, sonst brauchten sie nichts von Iwanow. Weitergehende Ermittlungen wären für sie ohne Nutzen gewesen und bis zu einem gewissen Grad sogar schädlich.

Also wurde der Ermittler angewiesen, den Isotopentyp nicht bestimmen zu lassen, die Ermittlungen abzuschließen und das physikalisch-technische Gutachten im Abschlusstext der Verfügung über das Ende des Verfahrens nicht zu erwähnen. Außerdem wurde der Inhalt des Gutachtens selbst für geheim erklärt, es musste der Akte entnommen und als eigenes Dokument in einem »Spezialreferat« der Gebietsstaatsanwaltschaft abgelegt werden; dort lag es knapp 40 Jahre lang wohlbehütet, bis die Akte wieder mehr oder weniger vollständig zusammengestellt wurde. Nachfolgend die interessante Formulierung zur Entnahme im Originalwortlaut: »Die Aktenseiten 370–378 wurden als nicht sachdienliche Unterlagen aus der Akte entfernt und werden im Spezialreferat der Gebietsstaatsanwaltschaft aufbewahrt. Staatsanwalt für Strafsachen Iwanow. 10/VII-59.« Alles ganz normal, nicht wahr? Wir erinnern uns, dass der Staatsanwalt für Strafsachen die Ergebnisse des physikalisch-technischen Gutachtens zunächst für so bedeutend hielt, dass er sie in seinem Entwurf der Verfügung über die Einstellung des Verfahrens erwähnte, womit er allerdings den Gebietsstaatsanwalt Klinow verärgerte. Der strich den Absatz über das Gutachten wütend zweimal durch. Danach hatte der Ermittler Iwanow begriffen, machte eine 180-Grad-Wendung und betrachtete die Ergebnisse des radiologischen Gutachtens von nun an als »nicht sachdienlich«! Doch damit endet die Geheimniskrämerei noch nicht. Bereits am nächsten Tag, am 11. Juli 1959, schrieb Iwanow einer gewissen J. I. Rogowa, Leiterin des Archivs der Gebietsstaatsanwaltschaft, einen neuen großartigen Beschluss: »Im Auftrag von N. I. Klinow wird die Verwahrung (der Strafakte – *Anm. d. Autors*) im Geheimarchiv erbeten sowie die Verwahrung des Päckchens (mit dem physikalisch-technischen Gutachten) als streng geheime Verschlusssache.« Im geheimsten Abschnitt des Archivs lagen also viele Jahre lang sowohl das physikalisch-technische Gutachten als auch die Korrespondenz zwischen Iwanow und der Personalabteilung des Postfachs 404, also jener

Bauleitung Nr. 859 des Ministeriums für Mittleren Maschinenbau, bei der Georgi Kriwonischtschenko von 11. September 1957 bis 19. Januar 1959 gearbeitet hatte. Nach all diesen Manipulationen ließ sich Iwanow umsichtig Verschwiegenheitserklärungen über die Ermittlungsunterlagen von allen »fremden Beteiligten« unterschreiben, also von den Studenten aus der Suchmannschaft und Angehörigen der Toten.

Es ist auch bezeichnend, dass die territoriale Behörde des KGB den Ergebnissen von Lewaschows Gutachten seltsam gleichgültig gegenüberstand. Die Mitarbeiter der Staatssicherheit kümmerten sich nicht um die nähere Bestimmung des geheimnisvollen Betastrahlers und stellten keine Fragen über die verstorbenen Wanderer. Nicht einmal Kriwonischtschenkos Vater wurde befragt und ebenso wenig Slobodins Vater. Sonst arbeiteten ganze Abteilungen wegen Bagatellen wie Scherzliedern, die jemand auf Geldscheine gekritzelt hatte, beinahe rund um die Uhr und hier starben neun Menschen einen grausamen Tod, davon drei eindeutig nicht aufgrund der Kälte, zwei erwiesen sich als Geheimnisträger mit hoher Zugangsstufe, es wurden drei Kleidungsstücke mit Spuren eines hochaktiven Isotops von hoher Reinheit gefunden und … nichts! Die Gebietsleitung des KGB hielt sich raus. Was konnte das bedeuten? Eigentlich nur, dass die »gut unterrichtete Instanz« hochrangiger war als die Swerdlowsker Dependance des KGB und sich in Moskau befand. Wo im Übrigen die ganze Operation um die kontrollierte Lieferung eines radioaktiven Guts ihren Ursprung hatte.

Nun ist es an der Zeit, das radioaktive Gut genauer unter die Lupe zu nehmen. Schließlich plante und organisierte der KGB für diese geheimnisvolle Fracht eine derart ausgeklügelte Operation, dass es sogar noch ein halbes Jahrhundert später russischen Bürgern unglaubwürdig erscheint. Bevor das geheimnisvolle Isotop jedoch einen Namen bekommt und erklärt wird, was die KGB-Leute Ende Januar 1959 im Gebiet des Cholat Sjachl Wichtiges trieben, machen wir einen kleinen Exkurs in die Geschichte der sowjetischen Militärtechnologie.

Mitte der 50er Jahre gab es sowohl in den sozialistischen als auch in den wichtigsten kapitalistischen Staaten revolutionäre Fortschritte bei der Herstellung und dem Masseneinsatz verschiedenster Waffen. Nach Ende des Zweiten Weltkriegs vollzog sich bei praktisch allen Streitkräften ein Generationenwechsel, es entstanden Kernwaffen, die Düsenluftfahrt, ballistische Raketen unterschiedlicher Klassen, Atom-U-Boote, Boden-Luft-Raketen, verschiedenartige Radargeräte und so weiter. Die sowjetischen Konstrukteure für Militärtechnologie zerbrachen sich den Kopf über so zukunftsreiche Waffen wie Flugzeuge mit Atomantrieb, mobile Atomkraftwerke auf gepanzerten Fahrgestellen, großkalibrige Torpedos mit Kernladung zum Auslösen von Tsunamis, geflügelte Höhenraketen mit Interkontinental-Reichweiten und Ähnliches. Wenn man die Ereignisse dieser Epoche analysiert, stellt sich unwillkürlich das Gefühl ein, dass das Wort »unmöglich« wohl aus der russischen Sprache verschwand. Die zweite Hälfte der 50er Jahre war eine Zeit, in der man sich Aufgaben, die nur fünf Jahre zuvor vollkommen fantastisch geklungen hatten, vornahm und löste.

Im Spezialkonstruktionsbüro Nr. 43 (heute das Seefahrtsbüro für Maschinenbau Malachit in St. Petersburg) legte 1956/57 der damalige Leiter der langfristigen Planungsabteilung, Anatoli Borissowitsch Petrow, einen in jener Zeit revolutionären Ansatz für ein »atomares Kleinst-U-Boot« vor. Der Konstrukteur selbst nannte seine Idee »Unterwasserzerstörer«. Sein U-Boot sollte hinsichtlich Automatisierung, Geschwindigkeit und Tauchtiefe alle existierenden und zukünftigen feindlichen Atomschiffe übertreffen. Die Besatzung betrug nur 12 bis 15 Mann und die Wasserverdrängung lag unter 2000 Tonnen. Nach einigen Jahren Weiterentwicklung etablierte sich das Konzept des Unterwasserzerstörers und wurde schließlich in dem in vieler Hinsicht einzigartigen U-Boot-Projekt 705 umgesetzt.

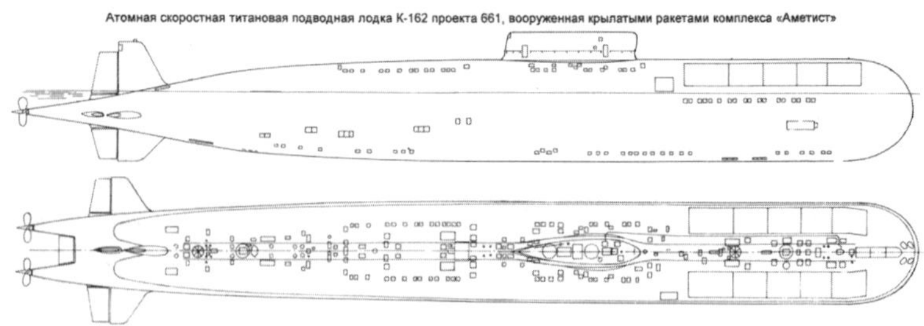


Projekt 661: Das U-Boot bedeutete einen Durchbruch in der völlig neuen Titantechnologie, was der Sowjetunion einen enormen Vorteil über den Feind verschaffen konnte. Der Geschwindigkeitsrekord bei der Unterwasserfahrt (44,9 Knoten = 83 km/h), den das U-Boot K-162 dieses Typs im Jahr 1970 aufstellte, ist bis heute unübertroffen.

Zeitgleich mit dem Projekt 705 trieb das SKB (= Spezialkonstruktionsbüro) Nr. 143 ein weiteres wirklich revolutionäres Projekt voran, das unter der Nummer 661 in die Geschichte einging. Obwohl es ebenfalls um die Herstellung eines U-Boots ging, war dieses Projekt hinsichtlich der Schiffskonstruktion und der Leistungsmerkmale »klassischer« als das Projekt 705. Trotzdem wurden darin viele bahnbrechende technologische Ideen verwirklicht.

Im Rahmen beider Projekte planten die sowjetischen Konstrukteure etwas beinahe Unmögliches – sie wollten auf Stahl als Hauptkonstruktionsmaterial verzichten und stattdessen Titan einsetzen.

Dabei muss man natürlich anerkennen, dass Stahl einschließlich seiner Legierungen aus technologischer Sicht durchaus nicht schlecht ist. Er lässt sich schmieden, stanzen, schweißen, biegen, hauchdünn auswalzen oder zu einem Traggerüst formen.

Allerdings gibt es einige prinzipielle Nachteile, von denen die Konstrukteure des SKB-143 unbedingt loskommen wollten: Stahl korrodiert im Meerwasser, hat eine ziemlich hohe Dichte (d. h. auch ein hohes Eigengewicht) und ist außerdem magnetisch.

Man wusste, dass Titan im Meerwasser die Eigenschaften eines Edelmetalls besitzt, es ist paramagnetisch und hat eine geringe

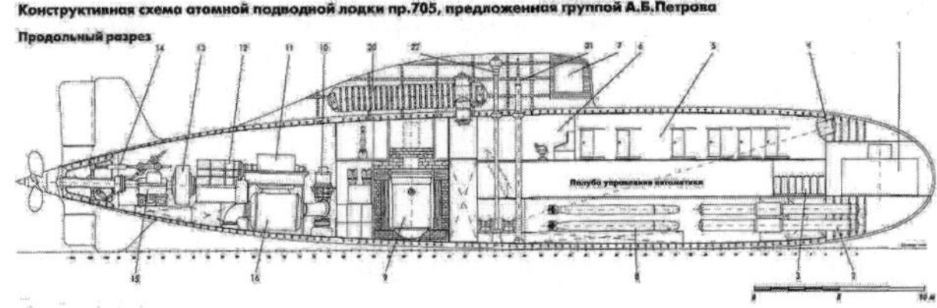


Das allererste Projekt 705 beziehungsweise eines von mehreren ersten Projekten des »Miniatur-Unterwasserzerstörers«, nach dem Entwurf des Leningrader Ingenieurs Anatoli Petrow. Das hochautomatisierte Atom-U-Boot aus Titan konnte bei einer Tauchtiefe von 600 Metern und einer Geschwindigkeit bei der Unterwasserfahrt von 43 Knoten von einer 12 bis 15 Mann starken Besatzung gesteuert werden.

Dichte. Auf dieses Metall setzte also Anatoli Petrow als potenzielles »Metall der Zukunft«.

Im Sommer 1958 stand die Sowjetunion an der Schwelle zu einem revolutionären technologischen Durchbruch beim Ausbau ihrer Unterwasserflotte. Ohne Chance, direkt mit den Dutzenden Flugzeugträgern und Hunderten Kreuzern der NATO-Länder zu konkurrieren, konnte die Sowjetunion mit ihren extrem schnellen und wendigen U-Booten aus Titan mit außergewöhnlichen taktischen und technischen Daten die feindliche Seestärke schwächen. Nebenbei bemerkt sind die U-Boote der Projekte 661 und 705 heute noch die schnellsten und manövrierfähigsten Unterwasserfahrzeuge der Welt. In den vergangenen Jahrzehnten schaffte es keine einzige Seemacht, auch nur ein U-Boot zu bauen, das in dieser Hinsicht an die sowjetischen herankam.

Dieser phänomenale Erfolg der Sowjetunion in der Titantechnologie musste natürlich vor den Geheimdiensten potenzieller Feinde streng geheim gehalten werden, wozu man auch das Mittel der Desinformation einsetzte.

Im Sommer 1958 wurde der KGB von Iwan Alexandrowitsch Serow geleitet, der während des Großen Vaterländischen Kriegs Erfahrungen im Widerstand gegen Geheimdienste gesammelt hatte und sich mit Desinformationsoperationen auskannte. Als der KGB den Auftrag erhielt, die umfassenden Tätigkeiten in der Titanthematik vor feindlicher Spionage zu schützen, begriff Serow genau, wie wichtig diese Aufgabe war. Dafür reichte es nicht, nur die Wahrheit zu verschleiern, dafür musste man aktiv lügen. Man musste die Amerikaner und ihre Verbündeten mit allen möglichen Methoden davon überzeugen, dass die UdSSR weiterhin auf den herkömmlichen Schiffbau mit Stahl setzte.

Wie ließ sich das erreichen? Indem man einen Agenten hinschickt, der ihnen erzählt, dass in den Schiffbaubetrieben der ganzen Sowjetunion massenhaft U-Boote aus Stahl gebaut werden? Das wirkt verdächtig und wirft nur eine Unmenge (für die Geheimhaltung) äußerst unbrauchbarer Fragen über die U-Boot-Arten, ihre Anzahl, die Bauzeiten und Ähnliches auf. Außerdem war der Bau stählerner Schiffe nichts Neues für den Feind. Alle NATO-Länder bauten (oder bauen noch immer) U-Boote aus Stahllegierungen. Die Information musste also erstens lückenhaft sein und sogar zum Teil verwirrend (das erhöht das Vertrauen in die Quelle, da ein gewöhnlicher Arbeiter nicht das große Ganze kennen kann), und zweitens durften die Werkstoffe für die neuen U-Boote nicht direkt erwähnt werden. Der Feind sollte den vom KGB gewünschten Rückschluss ruhig selbst ziehen, ohne ihn von einem Agenten vorgesagt zu bekommen. Dabei durfte die Information nicht eindeutig gefälscht sein und von Experten als unzuverlässig eingestuft werden. Gleichzeitig durfte sie der Staatssicherheit der UdSSR nicht ernstlich schaden, der KGB sollte beim Versuch, ein Geheimnis zu wahren, dem Feind keine anderen preisgeben.

Wie man sieht, ist die auf den ersten Blick einfache Aufgabe bei der Umsetzung gar nicht so trivial.

Und es fand sich tatsächlich eine elegante Lösung, die die oben angeführten Anforderungen zur Gänze erfüllte, während sie keine Bedrohung der staatlichen Sicherheit darstellte.

Die allgemeine Idee der geplanten Operation zur Desinformation eines feindlichen Geheimdiensts kann man folgendermaßen zusammenfassen: In der Sowjetunion wird die Massenherstellung von modernsten Korrosionsinhibitoren (Rosthemmstoffen) für Stahl in Meerwasser erwogen. Und da Chruschtschow eine beispiellose Verkleinerung der Überwasserflotte beschlossen hat, die nicht nur Schiffe aus dem Großen Vaterländischen Krieg betrifft, sondern auch noch nicht fertiggestellte Kreuzer und Zerstörer, kann die Nachfrage nach großen Mengen moderner Inhibitoren sich nur auf U-Boote beziehen. Ein umfangreiches Programm zum Bau von Atom-U-Booten erfordert unweigerlich modernste Antikorrosionstechnologien, da es eine ziemliche Geldverschwendung wäre, wenn die neuesten U-Boote dem Rost zum Opfer fielen.

Ein vielversprechender Inhibitor für Stahl im Meerwasser war in jener Zeit ein Farbanstrich auf Basis des Pigments Strontiumchromat, $SrCrO_4$. Im Prinzip gilt das noch heute. Farbanstriche bieten im Allgemeinen einen guten Schutz vor ungünstigen Außenbedingungen, da sie eine Schutzschicht bilden. Im Unterschied zu herkömmlichen Farben schützt das Strontiumchromat allerdings nicht nur durch eine isolierende Schicht, sondern auch als Inhibitor, da das enthaltene Strontium ein aktiveres Metall als Eisen ist, mit dem das salzige Meerwasser auf Mikroebene Verbindungen eingeht. Der unbestrittene Vorteil der Strontiumchromatfarbe ist, dass sie alle im Schiffbau verwendeten Stahlarten bei beliebiger Beschaffenheit und Temperatur des Wassers sowie bei verschiedensten Strömungsverhältnissen schützt. Chromate anderer chemischer Elemente, zum Beispiel Zink und Blei, dienen als alternative Pigmente, doch an die Qualität des Strontiumchromats kommt keines heran.

Das alles sah in der Theorie gut aus, doch in der Praxis gab es ein Problem, das alle Vorteile dieses Inhibitors aufhob – die Sowjetunion litt unter einem großen Strontiummangel. Natürlich vorkommendes Strontium ist überhaupt ziemlich selten, bei der Häufigkeit der chemischen Elemente in der Erdkruste ist es gerade noch unter den ersten 30 platziert. Aufgrund seiner hohen chemischen Aktivität kommt es nicht in Reinform vor, sondern bildet mit etwa 40 Mineralarten komplexe Verbindungen. Selbst wenn man solche Minerallagerstätten entdeckt, ist das Extrahieren von reinem Strontium schwierig, da man dabei zahlreiche Begleitkomponenten loswerden muss. So reich die sowjetische Erde auch sein mag, Ende der 50er Jahre waren kaum bedeutende natürliche Vorräte von strontiumhaltigen Mineralen bekannt. Unter diesen Bedingungen war es völlig undenkbar, Strontiumchromat in erheblichen Mengen für den U-Boot-Bau herzustellen.

Jedoch!

Jedoch fällt Strontium als Abfallprodukt in Atomreaktoren an. In chemischer Hinsicht ist es genau dasselbe Strontium, das auch in der Natur vorkommt, mit einem Unterschied – seine Isotope sind radioaktiv. Die meisten haben eine sehr kurze Halbwertszeit und verschwinden rasch, deshalb ist nur ein Isotop von Bedeutung: Strontium-90 (mit einer Halbwertszeit von 28,8 Jahren).

Da die natürlichen Vorkommen für eine Massenerzeugung des Inhibitors fehlten, kam das Strontium-90 aus den Atomreaktoren gerade recht. In diesem Punkt erwies sich Tscheljabinsk-40 als ideales Objekt zur Gewinnung von Strontium-90 in industriellem Umfang. Und Georgi Kriwonischtschenko, Baufachmann nach Ausbildung und Tätigkeit, war ein idealer potenzieller Agent, um dem Feind falsche Informationen zu liefern. Er konnte keine Einzelheiten des technologischen Prozesses kennen, ja nicht einmal das Endprodukt genau benennen, da alle Bezeichnungen von Substanzen und Komponenten mit Nummern verschlüsselt waren, die Außenstehende nicht verstanden. Georgi konnte nur erzählen, dass man ihn als Baufachmann für die technische Ausstattung einer Anlage hinzugezogen hatte, in der aus verbrauchtem Kernbrennstoff irgendeine Substanz gewonnen wurde, die zum Aufbringen auf den

Rumpf von U-Booten gedacht war. Ein geheimnisvolles Isotop, sehr wichtig für die U-Boot-Flotte, das hätten ihm die Produktionsarbeiter erzählt, die vor Kurzem noch seine Kommilitonen auf der Uni waren. Um was für eine Substanz es sich handelte, wisse er nicht, weil das nämlich streng geheim sei, mit einem speziellen Code verschlüsselt, und weshalb dieses Isotop auf den Bootsrumpf aufgetragen werden sollte, wisse er auch nicht …

Eine hervorragende Legende. Einerseits war sie hochinteressant, andererseits wies sie große Lücken auf, die die Gegenseite selbst schließen musste. Schließlich wirkte lückenlose Informiertheit äußerst verdächtig.

Um herauszufinden, welches Isotop so wichtig für die sowjetische U-Boot-Flotte war, brauchte der Gegner Produktproben, zu verschiedenen Zeiten und am besten an mehreren Stellen der neuen Fertigungsstraße entnommen, damit die Analyse ein objektives Bild von den Reinheitsstufen des Produkts ermöglichte.

Bei der Untersuchung der Proben durch Radiochemie-Experten würde der Gegner erfahren, dass in Tscheljabinsk-40 eine Fertigungsstraße bestand, in der man aus den Erzeugnissen der Plutoniumproduktion Strontium-90 extrahierte und das Chromat dieses Isotops gewann. Daraus könnten die Materialspezialisten gleich folgern, dass es die Korrosion aller Stahlarten im Salzwasser hervorragend hemmt. Und dann würde dem feindlichen Geheimdienst alles klar sein. Zumindest würde er das glauben.

Und keinen Gedanken an Titan verschwenden!

Der KGB bewahrte damit im Auftrag der Partei und der Regierung sehr kunstfertig eines der wichtigsten Geheimnisse des Landes. Eine solche Geschichte war ideal, um einen potenziellen Feind davon zu überzeugen, dass die UdSSR weiterhin in großen Mengen U-Boote aus Stahllegierungen herstellte.

Nebenbei konnte eine solche Information einen weiteren (aus Sicht des KGB) positiven Aspekt haben. Zu jener Zeit waren in der

UdSSR und den USA zusammen etwa 20 Atom-U-Boote im Betrieb. Schiffbauwissenschaftler erforschten ihre Eigenschaften aufs Genaueste und man wusste bereits, dass sogar das beste Atom-U-Boot in der Tiefe eine Isotopenspur hinterließ. Eine hundertprozentige Isolation des Kernreaktors und des Kühlmittels aus dem Primärkreis konnten weder die sowjetischen noch die amerikanischen Schiffskonstrukteure erzielen. Man überlegte bereits, einen hochempfindlichen Radioaktivitätsdetektor für Meerwasser zu konstruieren. Ein solches Gerät würde nicht nur feststellen können, dass ein U-Boot in einer bestimmten Tiefe vorbeigekommen war, sondern auch seine Bewegungsrichtung ermitteln (aufgrund der sich verringernden radioaktiven Spur). Zumindest theoretisch. Ein Anstrich des Rumpfs mit einem Inhibitor auf der Basis von Strontium-90-Chromat würde die Entdeckung des U-Boots erheblich erleichtern, da das Wasser, das die Außenhülle umströmte, vom Betastrahler stark kontaminiert wäre. Die Militärspezialisten der NATO-Länder würden wohl kaum widerstehen können, einen Betastrahlungsdetektor für Meerwasser zu konstruieren, der sowjetische Atom-U-Boote mit einem solchen Außenanstrich aufspüren könnte. Die Erfindung, Erprobung und Einführung eines solchen Geräts würde in erheblichem Ausmaß Kraft, Zeit, menschliche und finanzielle Ressourcen von anderen wichtigen Militärprojekten abziehen. Die sowjetische Spionageabwehr hätte dem Gegner also einen herrlichen »Täuschkörper« zugeworfen, und zwar in Form einer technischen Aufgabe, deren Lösung für die U-Boot-Abwehr vollkommen nutzlos war. Doch das würden die NATO-Länder erst viel später erfahren.

An dieser Stelle kann man die Diskussion über den geheimnisvollen Betastrahler auf der Kleidung der verstorbenen Wanderer beenden. Der Standpunkt des Autors wurde ausreichend dargelegt.

Jeder, der sich für eine objektive Analyse des physikalisch-technischen Gutachtens interessiert, sollte die folgenden Kernaussagen berücksichtigen:

1. Eine hochenergetische Betastrahlung (mit mehr als 0,6 MeV) kommt in der Natur in Reinform nicht vor, da natürliche Radioaktivitätsquellen eine Mischform radioaktiver Strahlung aufweisen (Alpha- plus Betastrahlung; Alpha- plus Gammastrahlung usw.). Das bedeutet, man kann die Betastrahlung auf den drei Kleidungsstücken der Wanderer aus der Schlucht nicht durch eine natürliche Radioaktivität gewisser Minerale oder Gesteine erklären, auf die die Studenten bei der Wanderung gestoßen waren.

2. Betastrahlung ist eine Art Radioaktivität, die bei einer Atomexplosion von reagierendem Kernbrennstoff entsteht. Während einer nuklearen oder thermonuklearen Explosion wird eine große Menge von radioaktiven Elementen und ihren Isotopen erzeugt, die nach einiger Zeit spontan zerfallen und dabei die ganze Kette der Atomumwandlungen durchlaufen. Diese Prozesse werden von allen Arten radioaktiver Strahlung begleitet. Weder die nukleare Explosion noch die darauffolgenden Umwandlungen ihrer Produkte konnten als Quelle eines exklusiven Betazerfalls dienen, das heißt, dass die Kontamination auf der Kleidung der Wanderer nichts mit den Atomexplosionen am Testgelände auf Nowaja Semlja drei Monate vor der Wanderung zu tun hatte.

3. Die Betastrahlung auf der Kleidung der Verstorbenen konnte nicht aus der Osturalspur stammen, da diese in den ersten Jahren eine hohe Gammaradioaktivität aufwies. Mit der Zeit durchliefen die Isotope, die Gammaradioaktivität ausstrahlten, eine Zerfallsreihe und verschwanden, weshalb die Osturalspur heute tatsächlich eine fast exklusive Betastrahlung zeigt. Doch in den ersten Jahren nach dem Unfall sah das ganz anders aus. Wäre die Kleidung tatsächlich durch die Osturalspur verseucht gewesen, hätte das Gutachten im Mai 1959 zwei Radioaktivitätsarten festgestellt – Beta- und Gammazerfälle.

4. Die radioaktiv belastete Kleidung der Verstorbenen lässt sich nicht mit einer zufälligen Kontamination durch Georgi Kriwo-

nischtschenko erklären. Das rigide Kontrollsystem in Tscheljabinsk-40 sowohl innerhalb der Industriezone als auch in der ganzen geschlossenen Zone machte eine zufällige Ausfuhr radioaktiver Sachen unmöglich. Kriwonischtschenko, der an den Aufräumarbeiten nach dem Unfall 1957 beteiligt war, wusste bestens über die Gefährlichkeit radioaktiver Strahlung Bescheid. In materieller Hinsicht war Georgi besser gestellt als die anderen Wanderer. Nicht nur, weil er aus der Familie eines wichtigen Wirtschaftsleiters stammte, sondern auch weil er an seinem Arbeitsplatz ein für jene Zeit sehr anständiges Gehalt bezog. Er machte Karriere im Ministerium für Mittleren Maschinenbau, und seinen Ruf am Arbeitsplatz für zwei Pullover und eine Trainingshose zu riskieren, wäre höchst unvorsichtig gewesen.

Alles Dargelegte erlaubt den Schluss, dass die radioaktive Verseuchung der Kleidungsstücke vorsätzlich und mit einem außergewöhnlichen Ziel passierte. Die Kleidung war der ideale »Behälter« für die Weitergabe der Isotopproben, sie konnte unter den anderen Sachen versteckt und dem »Empfänger« vor aller Augen übergeben werden, ohne jeglichen Verdacht zu erwecken. Wie Agenten aus Erfahrung wissen, ist das offen Sichtbare am besten versteckt.

## 25. KAPITEL

## MÖGLICHE KANDIDATEN

Ist die Fantasie mit dem Autor durchgegangen? Das könnten sehr kritische Leser sich an dieser Stelle fragen. Denn sie wissen natürlich, dass eine kontrollierte Lieferung deshalb »kontrolliert« heißt, weil die Bewegungen des wertvollen (oder gefährlichen) Lieferguts ständig durch Vertreter der Exekutivbehörden überwacht werden müssen. Man kann es nicht einfach irgendwelchen Kindern oder Studenten überlassen und hoffen, dass sie alles richtig machen, nur weil sie tolle Burschen sind. Das Gut muss kontrolliert und überwacht und außerdem vor zufälligem Verlust, Diebstahl oder Beschädigungen geschützt werden. Es muss sich immer ein (oder besser mehrere) Mitarbeiter der Exekutivbehörden in der Nähe befinden. Wo war er im vorliegenden Fall?

Es gab ihn beziehungsweise sogar mehrere.

Zunächst zu Semjon Solotarjow. Um es gleich zu sagen: Dieser Mann wird von zahlreichen Erforschern der Djatlow-Tragödie bereits seit vielen Jahren auf verschiedenste Weise verdächtigt. Alles, was mit ihm zu tun hat, wirkt trügerisch, alles erweist sich als anders, als es anfangs schien. Lange Zeit stand Solotarjow unter dem Verdacht, ein Verbrecher zu sein, der mit seiner Teilnahme an der Wanderung im Januar gewisse Probleme mit illegaler Goldsuche im Bezirk Iwdel lösen wollte.

Ein seriöser Erforscher der Djatlow-Tragödie, Alexej Koskin, brachte eine Reihe von interessanten Dokumenten über Semjon Solotarjow in Umlauf. Dabei handelt es sich um einen Lebenslauf, den dieser 1948 im zweiten Studienjahr am Staatlichen Institut für

Körperkultur Weißrussland (GoIFKB) schrieb, zwei Beurteilungen, die Solotarjow nach Praktika an Minsker Schulen erhielt, und seine »Wanderführerkarte«, in der Semjons Leistungen beim Wandern festgehalten waren. Außerdem veröffentlichte das große Internetinformationsportal »Heldentat des Volkes«* Dokumente über Solotarjows Auszeichnung mit dem Rotbannerorden im Mai 1945, was einen neuen Blickwinkel auf das Leben dieses Mannes eröffnete.

Vor dem historischen Hintergrund der 40er und 50er Jahre geben die aufgezählten Dokumente reichlich Anlass zum Nachdenken und erlauben einige hochinteressante Rückschlüsse. Versuchen wir, diese Dokumente zu analysieren und dabei zwischen den Zeilen zu lesen.

Als Erstes geht es um den Lebenslauf von Semjon Alexejewitsch Solotarjow. Dieses Dokument war einem Fragebogen beigelegt, der für Personalabteilungen bei der Arbeitssuche oder beim Eintritt in eine Bildungseinrichtung ausgefüllt werden musste. Offensichtlich schrieb Solotarjow den Lebenslauf gegen Ende seines zweiten Studienjahrs. Aufschlussreich ist allerdings nicht, wann er geschrieben wurde, sondern was darin steht.

Solche Dokumente unterlagen strengen Regeln, sowohl was ihre Anfertigung als auch den Inhalt betraf. Einerseits standen die Anforderungen auf der ersten Seite, die als eine Art Merkblatt für den Autor diente, andererseits wurden sie dem Arbeiter vom Personalbüro bei der Ausgabe des Formulars mitgeteilt (»ausführliche Beschreibungen ohne Abkürzungen, Korrekturen, Streichungen oder Hervorhebungen, Wiedergabe aller Änderungen von Dokumenten, Namensänderungen, Eheschließungen, Umzüge, Scheidungen, keine Auslassungen …«). Gewöhnlich kam die Personalabteilung

* Das Aufklärungsportal des russischen Verteidigungsministeriums ist eine elektronische Datenbank mit militärischen Dokumenten aus der Zeit des Großen Vaterländischen Kriegs.

ohne lange Belehrungen aus und erkundigte sich nur: »Schon einmal einen Lebenslauf geschrieben? Also wissen Sie, wie das geht?«

Semjon Alexejewitsch Solotarjow wusste im Juni 1948 natürlich bereits genau, wie ein korrekter Lebenslauf aussehen musste. Zweifellos hatte er ein solches Dokument bereits mehrere Male verfasst. Umso erstaunlicher sind die vielen Schnitzer, Widersprüche und Auslassungen, von denen sein Text nur so strotzt. Sie lassen sich nicht mit einem unbeholfenen Stil erklären, da Semjon sich flüssig und gut verständlich ausdrückt. Doch die Lücken in Solotarjows Lebenslauf, die für einen sowjetischen Studenten jener Zeit unvertretbar waren, sind sehr aussagekräftig. Sie geben viel über diesen Mann preis, auch nach mehr als sechs Jahrzehnten noch. Im Folgenden wird dieses bemerkenswerte Dokument genau analysiert.

Solotarjows saubere, leserliche Schrift zeigt die geübte Hand. Was übrigens nicht selbstverständlich ist in Anbetracht seiner Lebensumstände. Er wurde am 2. Februar 1921 in der Kosakensiedlung Udobnaja in der Region Krasnodar geboren. 1938 trat er dem Komsomol bei und beendete die zehnjährige Schule erst 1941, das heißt mit 20 Jahren. Das war in jener Zeit nicht ungewöhnlich, sondern kam recht häufig vor. Das Gesetz »Über die allgemeine Wehrpflicht«, das vom Obersten Sowjet der UdSSR am 1. September 1939 beschlossen wurde, sah die Möglichkeit vor, allen Schülern der Sekundarstufe einen Aufschub der Wehrpflicht zu gewähren, bis sie ihre Ausbildung abgeschlossen hatten, allerdings nur bis zu ihrem 20. Geburtstag. Einberufungen im Frühling gab es in der UdSSR erst ab 1967, deshalb hatte Solotarjow, der Anfang 1941 20 wurde, bis zum Herbst Zeit. (Die Einberufungen langten zwischen 15. September und 15. Oktober ein.) Der Beginn des Großen Vaterländischen Kriegs am 22. Juni 1941 betraf ihn also nicht sofort. Mit seiner Einberufung zum aktiven Wehrdienst hatte es Semjon also gut erwischt.

Dann beginnen die Merkwürdigkeiten. Semjon Alexejewitsch Solotarjow wurde am 19. Oktober 1941 zum Militär einberufen, doch erst am 10. Mai 1942, fast sieben Monate später, kämpfte er erstmals gegen die faschistischen Eindringlinge. Wenn man bedenkt, wie die freiwilligen Divisionen, die eilig aus Bewohnern Moskaus und Leningrads formiert und kurzerhand an die Frontlinie geschickt wurden, im Herbst und Winter 1941 richtiggehend verheizt wurden, ist eine Verzögerung von sieben Monaten ziemlich verwunderlich. Eine solche Frist wäre in dieser unseligen Zeit jedem Einberufenen willkommen gewesen.

Es kommt noch besser. Solotarjow beschrieb seine Teilnahme am Großen Vaterländischen Krieg mit einer erstaunlichen Formulierung: »Am 10. Mai 1942 begann mein Kampfeinsatz, und ich befand mich danach den ganzen Krieg über in Kampfoperationen und Kampfaufgaben.« Die sowjetische Personalverwaltung begrenzte den Frontdienst und die Teilnahme an Kampfhandlungen strikt. Für Letzteres galt nämlich das Prinzip »3 Tage für 1«.* Die Teilnahme an Kampfhandlungen wurde im Soldatenbuch von der Kampftruppe des Regiments (oder einem selbstständigen Truppenteil wie einer Brigade oder einem Bataillon) laut Armeebefehl genau verzeichnet, und zwar mit folgender Formulierung: »Ab (soundsovielten) nimmt die Armee an Kampfhandlungen teil.« Und für alle Soldaten dieser Armee wurde die Dienstzeit von diesem Tag an nach dem oben genannten Prinzip gerechnet, bis ein neuer Armeebefehl den alten ablöste. Alle Zeitperioden, in denen eine Armee an der Front kämpfte, wurden in den Soldatenbüchern aller Soldaten dieser Armee festgehalten, so wie die Arbeitsbücher der Zivilbürger ihre Beschäftigungszeiten wiedergaben. Ein Grenzsoldat, der den gesamten Krieg auf der Wrangelinsel oder Tschuktschen-Halbinsel verbrachte, galt keinesfalls als Teilnehmer an Kampfhandlungen, obwohl er die ganze Zeit seinen aktiven Wehrdienst leistete.

---

* Jeder Tag in Kampfhandlungen zählte dreifach für die Dienstzeit (somit auch für die Pensionsanrechnung etc.).

Alle Frontkämpfer verstanden diese feinen Unterschiede genau. Auch die Mitarbeiter in den Personalbüros der Sowjetunion kannten den Unterschied zwischen Frontdienst und Teilnahme an Kampfhandlungen. In Fragebogen und Lebensläufen wurde normalerweise ein kurzer standardisierter Vermerk mit folgendem Inhalt gemacht: »In der Zeit von (Datum) bis (Datum), von (Datum) bis (Datum) und von (Datum) bis (Datum) Teilnahme an Kampfhandlungen.« Eine konkretere Angabe wie die folgende war ebenfalls zulässig: »Teilnahme am Befreiungsfeldzug der Roten Armee in Osteuropa« oder »Befreiung des Bruderstaats Ukraine vom faschistischen Joch« oder »Teilnehmer im Kampf um den Kaukasus«. Kampfoperationen und Kampfaufgaben zu erwähnen galt jedoch als völlig unangebracht. Jeder wusste auch so, dass die Operationen und Aufgaben an der Front mit Kampf zu tun hatten.

Solotarjows Formulierung im Lebenslauf weicht also klar von der gängigen Praxis ab, was er sich offenbar mit Kenntnis des Personalbüros erlaubte.

Etwas mehr Informationen über Semjons Militärlaufbahn zeigt seine Auszeichnungsliste, die auf der Internetseite »Heldentat des Volkes« zu finden ist. Aus diesem Dokument, das zu Kriegsende am 15. Mai 1945 vom Kriegsrat der 70. Armee ausgestellt wurde, erfährt man: »(Solotarjow) nahm an den Kämpfen in den Fronten am Don und in Stalingrad teil sowie bei der Befreiung der westlichen Gebiete Weißrusslands. Bei der Invasion von Ostpreußen und Pommern war er Teil des 3. Grodnoer Gardekavalleriekorps der 2. Weißrussischen Front im Januar, Februar und März 1945.« In dieser Auszeichnungsliste wird kurz erwahnt, dass Solotarjow mit der Medaille »Für die Verteidigung Stalingrads« ausgezeichnet wurde. Am 15. Mai 1945 erhielt Semjon für seine in der Nacht vom 21. auf 22. April erwiesene Tapferkeit und seinen Heldenmut den Orden des Roten Sterns.

Solotarjow erhielt insgesamt die folgenden Auszeichnungen: den

Orden des Roten Sterns und drei Medaillen »Für die Verteidigung Stalingrads«, »Für die Einnahme Königsbergs« und »Für den Sieg über Deutschland im Großen Vaterländischen Krieg«. Er zählte diese Auszeichnungen jedoch nicht auf, gab weder die Nummer des Ordens noch die Nachweisnummern der Medaillen an. Eine solche Auslassung war in jener Zeit bei derartigen Dokumenten völlig undenkbar. Man darf nicht vergessen, dass Solotarjow in Minsk studierte, der Hauptstadt der weißrussischen Republik, in der berüchtigte Banden im Untergrund agierten, Nationalisten ebenso wie Kriminelle. Getarnte Verbrecher gaben sich als Soldaten aus und legitimierten sich mit fremden Dokumenten, etwa einem Auszeichnungsnachweis. Ein solcher Nachweis konnte einem zu einer erfolgreichen Legitimierung verhelfen. Die Personalabteilungen überprüften die Nummern der Medaillen, Orden, amtlichen Ehrennadeln auf Datum und Ort der Verleihung – äußerst wichtige Elemente für die Spionageabwehr. Und nun stellt sich die Frage: Wie konnte das Personalbüro des Minsker Instituts für Körperkultur Solotarjows Auszeichnungen kontrollieren, wenn dieser die nötigen Informationen nicht anführte?

Die Situation erscheint einigermaßen absurd. Eine knappe Erwähnung der vier Auszeichnungen, als hätte Solotarjow sich dazu zwingen müssen. Dabei waren vier Kampfauszeichnungen für einen Oberleutnant wahrlich nicht ohne. Die Sowjetmacht überhäufte die niederen Ränge nicht gerade mit Auszeichnungen und händigte sie auch nicht bei Jubiläen aus, da braucht man sich keinen Illusionen hinzugeben.

Wenn man Solotarjows Lebenslauf liest, könnte man denken, dass er einfach bescheiden war, doch bei der Personalaktenverwaltung hatte Bescheidenheit nichts verloren. Allerdings gab es »(vorsätzliches) Verheimlichen von Informationen« – in solchen Kategorien dachte man in den Personalabteilungen. Ganz offensichtlich konnte Semjon Solotarjow die vier Kriegsauszeichnungen nicht verbergen, da er sie bei verschiedenen feierlichen Anlässen anstecken und der Öffentlichkeit zeigen musste, doch gleichzeitig wollte er nicht das Augenmerk darauf lenken. Seltsam? Und wie, vor allem wenn man bedenkt, dass er den Lebenslauf 1948 schrieb, als Frontkämpfer besonders geliebt und verehrt wurden.

Weiter im Text. Semjon Solotarjow erwähnte bescheiden, dass er Komsomolorganisator des Bataillons »13. motorisiertes und mechanisiertes Pionierregiment« war. (So steht es im Dokument, doch korrekt hieß es »13. motorisiertes Pontonregiment«.) Wieder schrieb er wie beiläufig darüber, ohne ein Datum anzugeben. Heute weiß kaum noch jemand, dass der Komsomolorganisator eines Bataillons eine wichtige Funktion im Militär innehatte. Erstens enthob diese Position von verschiedenen Pflichten und zweitens war sie Offizieren vorbehalten. Solotarjow war in den Kriegsjahren kein Offizier, sondern nur Feldwebel, aber man kann seine Position mit Rücksicht auf die Kampfhandlungen und den Mangel an Offizieren erklären, von denen es trotz beschleunigter Ausbildung nie genug gab. Das Amt des Komsomolorganisators hatte eine Besonderheit, die es von allen anderen Offiziersämtern im Bataillon beziehungsweise Regiment unterschied. Der Inhaber war der erste Gehilfe des militärischen Spezialagenten; anders ausgedrückt, er war ein Grundpfeiler der militärischen Spionageabwehr, Informationsquelle über die allgemeine Stimmung der ganzen Truppe sowie einzelner Soldaten. Als Konsequenz erforderte diese Arbeit einen wohlwollenden Umgang mit den Untergebenen und Kontaktfreudigkeit.

Aus der Lektüre von Solotarjows Lebenslauf geht sein abwechslungsreiches Leben nicht sehr klar hervor. Über die Fronteinsätze schrieb Solotarjow äußerst knapp und zusammenhanglos: Seine ganzen Fronteinsätze reduzierte Semjon auf den April 1945, als er die Gelegenheit bekam, als Teil des 13. motorisierten Pontonregiments die Oder zu überbrücken.

Und was ist mit 1942? Und 1943? Und schließlich 1944? Wo war

Siegesparade auf dem Roten Platz am 24. Juni 1945. Man beachte, wie viele gemeine Soldaten und Feldwebel nur eine oder zwei Medaillen oder überhaupt keine haben. Der Prozentsatz der mehrfach ausgezeichneten Soldaten war bei den höheren Offiziersrängen deutlich größer.

Semjon Solotarjow, und was tat er, als er am 10. Mai 1942 zum ersten Mal im Kampf eingesetzt wurde?

Das sind keine müßigen Fragen, sondern Solotarjow hatte allen Grund, diese Zeit seines Wehrdiensts mit Schweigen zu übergehen.

Nähere Informationen finden sich in den Dokumenten, die mit dem Austausch seines Parteibuchs 1951 zu tun hatten. Solotarjow lebte damals in der Arbeitersiedlung Lermontowski, 10 Kilometer von Pjatigorsk entfernt. Anfangs arbeitete er am Lehrstuhl für Körperkultur am dort ansässigen Pädagogischen Institut, er wurde aber im Februar 1951 als Lehrer für Leibeserziehung an das Pharmazeutische Institut von Pjatigorsk versetzt. Beim Austausch der Parteibücher aufgrund der Umbenennung der WKP(B) in KPdSU und zur ordentlichen parteilichen Erfassung wurde für Solotarjow am 2. März 1954 im Pjatigorsker Stadtkomitee der Partei ein spezielles

Anmeldeformular ausgefüllt. In diesem Dokument stehen endlich ausführlichere Angaben über Solotarjows militärische Laufbahn:

– Oktober 1941 bis August 1942: Gruppenführer des 1570. selbstständigen Pionierbataillons zuerst an der südwestlichen Front, später an der Donfront;

– August 1942 bis Dezember 1942: Gruppenführer des 20. motorisierten Pionierbataillons an der Donfront;

– Dezember 1942 bis Juli 1943: Gruppenführer des 11. Leichtbrückendepots zuerst an der Donfront, später an der Zentralfront;

– Juli 1943 bis April 1945: Gruppenführer des 104. selbstständigen Pontonbataillons an der 2. und 1. Weißrussischen Front;

– April bis Mai 1945: Gehilfe des Zugführers des 13. motorisierten Pionier-Pontonregiments an der 2. Weißrussischen Front.

Diese Informationen sind deshalb außerordentlich interessant, weil sie nicht nur kein Licht in Solotarjows Frontbewegungen bringen, sondern im Gegenteil alles noch verworrener machen.

Im Oktober 1941, also gleich nach seiner Einberufung zum aktiven Wehrdienst, begann Solotarjow angeblich seinen Dienst als Gruppenführer des 1570. selbstständigen Pionierbataillons. Es soll hier noch nicht darum gehen, ob ein junger Hüpfer gleich Gruppenführer werden konnte, möglicherweise geschah das aufgrund der enormen Verluste der Roten Armee am Anfang des Kriegs. Doch das angeführte Bataillon kämpfte im Oktober 1941 bereits tüchtig an der Front! Hier stellt sich sogleich die Frage, wie das sein kann, schließlich hatte Solotarjow 1948 eigenhändig geschrieben: »Am 10. Mai 1942 begann mein Kampfeinsatz und ich befand mich danach den ganzen Krieg über in Kampfoperationen und Kampfaufgaben.« Das heißt, das ganze Bataillon kämpfte von Oktober 1941 bis Mai 1942, doch Solotarjow begann seinen Kampfeinsatz erst am 10. Mai 1942? Der Widerspruch zwischen Solotarjows Angaben von 1948 und 1951 sticht ins Auge. In einem der von ihm selbst verfassten Dokumente hatte er gelogen, vielleicht sogar in beiden.

Es wird noch interessanter. Bei der Donfront gab es tatsächlich ein 20. motorisiertes Pionierbataillon, außerdem wurde es aus dem 1570. selbstständigen Pionierbataillon formiert. Eine Art kontinuierliche Abfolge also. Zugegeben, die Umgestaltung erfolgte am 1. September 1942 und nicht im August, doch hier könnte sich Solotarjow einfach mit den Daten vertan haben. Allerdings existierte das 20. motorisierte Pionierbataillon nur einen Monat und wurde am 1. Oktober 1942 aufgelöst. Folglich konnte Solotarjow nicht im Oktober, November und Dezember in ihm gedient haben, wie im Fragebogen angegeben.

Hatte Semjon vielleicht etwas vergessen? War ihm aufgrund der vielen Jahre, die vergangen waren, etwas entfallen? Das ist nur schwer zu glauben, da die Auflösung einer Truppe ein bedeutendes Ereignis ist. In der Kriegszeit und auch später noch wurden Auflösungen nur auf Befehl des Verteidigungsministers beziehungsweise -volkskommissars durchgeführt, das heißt, weder der Oberbefehlshaber der Armee noch der Front oder des Bezirks konnte eigenmächtig einen solchen Befehl geben. Gründe für Truppenauflösungen waren meistens äußerst tragische Umstände wie große Verluste unter den Soldaten, Massenflucht vom Gefechtsfeld (Desertion) oder der Verlust der Truppenfahne. Sogar am Ende des Großen Vaterländischen Kriegs galt der Verlust der Truppenfahne noch als Schmach, die sich allen Soldaten der Truppe als unauslöschliches Stigma einbrannte. Eine solche Truppe wurde aufgelöst, und die Soldaten landeten unabhängig von Rängen und Auszeichnungen in Strafbataillonen.

Das Auflösungsritual selbst war ziemlich außergewöhnlich. Beim allgemeinen Truppenappell wurde der entsprechende Befehl verlesen. Danach erfolgte die »Verabschiedung von der Fahne«, natürlich nur, wenn sie nicht verloren worden war. Schließlich gaben die Soldaten ihre Waffen ab, da sie den neuen Dienst ohne sie antreten mussten.

Es ist schwer vorstellbar, dass Solotarjow den 1. Oktober mit dem 1. Dezember verwechselte, wenn auch nur deshalb, weil im Dezember Schnee liegt, während Ende September im Wolgagebiet der Altweibersommer regiert. Die Bäume tragen sogar noch ihre Blätter. Sollte Solotarjow wirklich vergessen haben, wann seinem Bataillon beim allgemeinen Appell der Auflösungsbefehl verlesen wurde? Nie und nimmer.

Es gibt allerdings noch weitere Enthüllungen. Nach der Auflösung des 20. selbstständigen motorisierten Pionierbataillons kam er zum 11. Leichtbrückendepot, wieder als Teil der Donfront. Dabei handelte es sich um einen Nachschubstützpunkt für Pioniertechnik und -material. In Zivilsprache: ein großes Lager. Natürlich war der Dienst auf einem Militärlager im Krieg ebenfalls gefährlich und verdient Respekt, schließlich sind Lager häufig Ziel von Bombardierungen, Sabotageakten oder Plünderungen. Man kann auch im Lager sterben, doch es ist trotzdem bei Weitem nicht die Frontlinie. Und hier soll noch einmal an Solotarjows schwammige Ausdrucksweise in seinem Lebenslauf von 1948 erinnert werden: »ich befand mich danach den ganzen Krieg über in Kampfoperationen und Kampfaufgaben«. Wenn man berücksichtigt, dass er von Oktober 1942 bis Juli 1943 in einem Lager im Hinterland diente – ganze zehn Monate –, klingt dieser Satz unangemessen pathetisch.

Im Sommer 1943 befand sich die Zentralfront, zu der das 104. selbstständige Pontonbataillon gehörte, im Mittelpunkt der Kampfhandlungen. Dabei handelte es sich um die Schlacht im Kursker Bogen, die den Verlauf des Zweiten Weltkriegs enorm beeinflusste. Die Niederlage der Wehrmacht im Juli beziehungsweise August dieses Jahrs war der Auslöser für den endgültigen Abbruch der strategischen Initiative der deutschen Truppen. Eine immense Bedeutung für den Erfolg der Roten Armee hatte die kompetente Versorgung des Kampfgebiets durch Pioniere, die sowohl die unmittelbare Ausstattung der Verteidigungslinie sicherstellten als auch umfassende Tätigkeiten im Hinterland durchführten (Errichtung von Ausweichstellen, Straßen, Flugplätzen, Brücken, Tarnungen für Lager usw.). Für die Pioniertruppen gab es sehr viel Arbeit. Im Juli 1943 kam Semjon Solotarjow dann angeblich ins 104. selbstständige Pontonbataillon, in dem er bis zum Ende des Großen Vaterländischen Kriegs diente. Dieses Bataillon befand sich übrigens seit März 1943 in der Reserve der Zentralfront, sodass Semjon aus dem Hinterland zu einer eingeschworenen Militärgemeinschaft geschickt wurde.

Im Oktober 1943 wurde die Zentralfront in Weißrussische Front umbenannt. Diese Bezeichnung trug sie gut vier Monate von 20. Oktober 1943 bis 24. Februar 1944. Dann folgte ihre Umbenennung in 1. Weißrussische Front. Das 104. selbstständige Pontonbataillon war bis September 1944, also fast sieben Monate, Teil der 1. Weißrussischen Front. Im September wurde die Truppe an die 2. Weißrussische Front überstellt und gegen Ende des Kriegs wurde sie Teil des 13. motorisierten Pionier-Pontonregiments. In diesem Regiment beendete Solotarjow den Krieg.

Wie man sieht, hat Semjon die Angaben seiner Kriegserfahrungen im Fragebogen ordentlich verbockt. Wenn man davon ausgeht, dass alles von ihm Geschriebene der Wahrheit entspricht, sah seine abwechslungsreiche Militärlaufbahn von Juli 1943 bis Mai 1945 in groben Zügen folgendermaßen aus: Zentralfront – Weißrussische Front – 1. Weißrussische Front – 2. Weißrussische Front. In Solotarjows Anmeldeformular steht aber etwas anderes: »Zentralfront, 2. Weißrussische und 1. Weißrussische Front«. Es fehlt nicht nur die Weißrussische Front, sondern die Reihenfolge seiner Dienste stimmt auch nicht. Allerdings wurde erst richtig die Ziffer »1« hingeschrieben, dann aber auf »2« ausgebessert. Das sieht man gut, wenn man das Dokument vergrößert. Dieses Dokument wurde zwar nicht von Solotarjow eigenhändig ausgefüllt, aber natürlich nach seinen Angaben und offenbar in seiner Anwesenheit. (Darin lag eben der Sinn im Austausch der Parteibücher; jedes Parteimitglied musste dafür vor einer von der Parteiorganisation einberufenen Kommission erscheinen und Fragen zu seiner Arbeit, seinen parteilichen Tätigkeiten, der Art des Kriegseinsatzes usw. beantworten.) Doch Solotarjow dachte offenbar etwas nach und nannte dann im Glauben, dass die Erwähnung der 1. Weißrussischen Front richtig war, schließlich auch sie. Es liegt hier also ein doppelter Fehler vor – Solotarjow vergaß die Weißrussische und die 1. Weißrussische Front und gab dann außerdem die Reihenfolge seiner Einsätze nicht richtig an.

Nun könnte man sagen: Ja und, was tut dies hier zur Sache? Das Dokument wurde im März 1954 ausgefüllt, also zehn Jahre nach den beschriebenen Ereignissen, wer kann sich da schon alles merken!

Aber die korrekte Anführung aller Kriegseinsätze war unbedingt notwendig. Und mit Semjons Gedächtnis stimmte alles. Er hatte zum Beispiel nicht vergessen, dass das 104. selbstständige Pontonbataillon beim Wechsel von der 1. Weißrussischen Front dem Stab der 48. Armee der 2. Weißrussischen Front unterstellt wurde. Das geschah im September 1944. Semjon wurde damals als Kandidat in die WKP(B) aufgenommen, und bei der Erfassung war er Mitglied der Parteiorganisation der 48. Armee.

Man darf die besonderen Umstände jener Zeit nicht aus den Augen lassen. Der schreckliche Krieg war erst vor Kurzem zu Ende gegangen, Zehntausende (wenn nicht Hunderttausende) aktive Feinde des sowjetischen Systems und Unterstützer der deutschen Besatzungsmacht waren noch auf freiem Fuß und versteckten sich in allen Ecken des riesigen Landes. Die Suche nach ihnen wurde aktiv fortgesetzt. Sogar Mitte der 70er Jahre gab es von Zeit zu Zeit noch Gerichtsverhandlungen über Feinde der Sowjetmacht, die sich seit 1945 versteckt halten konnten. Die Wachsamkeit der Personalabteilungen galt als wichtiger Schutz gegen die falsche Legitimierung von Feinden der Sowjetunion. Was eine Person während des Großen Vaterländischen Kriegs getan hatte, interessierte sowohl die Personalabteilungen von Unternehmen als auch die Parteibehörden. Schließlich war eine Mitgliedschaft in der KPdSU die beste Deckung für einen früheren Unterstützer der Besatzungsmacht. Deshalb handelte es sich bei Solotarjows Beschreibung seiner Einsätze im Großen Vaterländischen Krieg Anfang 1954 nicht um eine bloße Formalität.

Doch wie bereits erwähnt, brachte Semjon in seinen Angaben einiges durcheinander. Wenn man alles, was heute über seine Militärlaufbahn bekannt ist, zusammenfasst, steht dies außer Zweifel. Es beginnt schon mit seiner Dienstzeit an der 2. Weißrussischen Front. Damals trat er als Kandidat der WKP(B) bei, erhielt den Orden des Roten Sterns, die Medaillen »Für die Einnahme Königsbergs« und »Für den Sieg über Deutschland«. Solotarjows ganzer restlicher Frontdienst ist ein wahrer Dschungel. Klar ist nur, dass Semjon vieles über seine Dienstorte und Tätigkeitsart für sich behielt. Man weiß nicht, wann genau er an die Front kam, im Oktober 1941 oder im Mai 1942. Er diente jedenfalls nicht im Herbst 1942 im 20. motorisierten Pionierbataillon und war nicht bei dessen Auflösung dabei. In seinem militärischen Lebenslauf klafft eine unerklärliche Lücke von mindestens drei Monaten (Oktober bis Dezember 1942). Und an die Kampfeinsätze des 104. selbstständigen Pontonbataillons erinnerte sich Solotarjow nur sehr dunkel, weshalb er zu erwähnen vergaß, dass diese Truppe zuerst zur Weißrussischen und später zur 1. Weißrussischen Front gehörte.

Wenn man einen ehemaligen Frontkämpfer Mitte der 50er Jahre mit solchen Unstimmigkeiten und »Gedächtnislücken« erwischte, hätte man ihn zumindest gefragt: »Wessen Lebenslauf erzählen Sie uns da? Ist das sicher Ihr eigener, oder denken Sie sich das alles nur aus?« Und mit großer Wahrscheinlichkeit hätte dieser Verdacht Semjon in das Büro des Ermittlers der territorialen Verwaltung der

Staatssicherheit gebracht. Doch anscheinend stellte niemand Semjon Solotarjow solche unangenehmen Fragen – weder im Minsker Institut für Körperkultur noch später irgendwo.

Welcher Grund konnte hinter den Widersprüchen und Lücken in seinem Lebenslauf stecken? Die Fehler und Verwechslungen in Semjons Angaben zum Militärdienst lassen sich ganz plausibel erklären: Solotarjow hatte das 1570. selbstständige Pionierbataillon im Sommer 1942 verlassen und war erst im September 1944 als Mitglied des 104. selbstständigen Pontonbataillons an die Front zurückgekehrt. Deshalb kannte er alles, was während dieser Zeit in den Truppen passiert war, nur aus zweiter Hand. Solotarjow erzählte Dinge, die ihm selbst nicht widerfahren waren, er gab bloß eine bestimmte Legende wieder.

Dabei war diese Legende ziemlich allgemein gehalten und eindeutig nicht dafür vorgesehen, Mitarbeiter der Spionageabwehr in die Irre zu führen. Dafür hätte sie anders aufgebaut sein müssen und keine solchen augenscheinlichen Lücken enthalten dürfen. Offensichtlich erfüllte diese Legende einfachere beziehungsweise alltäglichere Aufgaben. Mit ihrer Hilfe konnte Solotarjow die Abschnitte seines Lebenslaufs erklären, die sich nicht ohne Weiteres übergehen ließen. Schließlich war klar, dass ein mit Orden behängter Frontkämpfer, noch dazu ein geselliger Bursche mit gefälligem Äußeren, die Aufmerksamkeit auf sich ziehen würde und verschiedene Personen ihn zu verschiedenen Anlässen über seine heroische Vergangenheit befragen würden. Bei solchen ungezwungenen Plaudereien sollte sich Semjon an das Grundgerüst seiner Geschichte halten und sich nach Möglichkeit nicht selbst widersprechen.

Wer nun glaubt, Solotarjow habe die Personalabteilung betrügen und sich nicht existente Verdienste anmaßen wollen, liegt falsch. Solotarjows Angaben über seine Tätigkeiten von 1948 bis 1954 entsprechen der Wahrheit. Allerdings sind sie äußerst unvollständig. Die Personen, die seine Dokumente ausstellten (im ersten Fall ein Mitarbeiter der Personalabteilung, im zweiten ein Mitglied des Stadtkomitees der KPdSU), billigten jedoch diese Unvollständigkeit. Sie forderten weder eine genauere Ausformulierung der Dokumente noch ihre Zerstörung. Im Gegenteil, sie akzeptierten sie und legten sie in den Archiven ab. Mit Billigung der zuständigen Leiter.

Es zeigt sich also:

1. Semjon Solotarjows Lebenslauf enthält Ungenauigkeiten, die in solchen Dokumenten formal nicht zulässig sind. Diese Ungenauigkeiten waren vom Autor beabsichtigt, da Solotarjow zuvor schon öfter einen Lebenslauf angefertigt hatte: etwa beim Einreichen seiner Dokumente in der Militärtechnischen Schule Moskau, nach dem Wechsel zur Militärtechnischen Schule Leningrad, bei der Immatrikulation ins Institut für Körperkultur, beim Parteieintritt.

2. Solotarjow gab die Erläuterungen zum Text des Lebenslaufs eindeutig einem Mitarbeiter der Personalabteilung, wahrscheinlich dem Leiter. Man muss bedenken, dass in jener Zeit diese Position (vor allem in einer Hochschule in der Hauptstadt) entweder ein aktives Mitglied der Staatssicherheit besetzte, das ins Betriebspersonal abkommandiert worden war, oder ein bereits pensionierter Mitarbeiter (z. B. aufgrund von Invalidität oder Krankheit) aus der sogenannten »aktiven Reserve«, der seine Arbeit für seine Alma Mater fortsetzte.

3. Solotarjows Erläuterungen wurden (zwingend!) überprüft und als zufriedenstellend zur Kenntnis genommen (d. h. als der Wahrheit entsprechend).

4. Mit großer Wahrscheinlichkeit machte der Mitarbeiter der Personalabteilung, der den Lebenslauf angefordert hatte, Solotarjow Vorschläge, was dieser am besten schreiben sollte, um gewisse Lücken zu kaschieren.

Es gibt also keinen Grund, am Wahrheitsgehalt von Solotarjows Lebenslauf zu zweifeln. Doch das verstärkt nur das Gefühl, dass etwas am Schicksal dieses Mannes seltsam ist. Ein Unterfeldwebel, der den ganzen Krieg unverletzt überstand – das war ein unglaubliches Glück, besonders wenn man bedenkt, dass von den Männern seiner Generation, der Jahrgänge 1921/1922, fast niemand überlebte: 97 Prozent kamen im Krieg um. Dieses Massensterben junger Männer dieser Generationen führte zu jener demografischen Krise, deren Auswirkungen noch heute zu spüren sind. Fast alle starben, doch Solotarjow zog sich nicht einmal eine Verletzung zu. Da fragt man sich, ob er überhaupt an der Front gedient hatte. Doch die Frage ist rein rhetorisch. Solotarjow war an der Front, zumindest im Winter 1942 während der Schlacht von Stalingrad und ab September 1944.

Was sagen all diese seltsamen Auslassungen und Unstimmigkeiten in den Dokumenten über die Fronteinsätze dieses Mannes aus?

Als Erstes hatte Semjon Solotarjow zweifellos überhaupt keine Angst vor einer Überprüfung seines Fragebogens, weder durch die Personalabteilung des Instituts für Körperkultur noch durch die zuständigen Behörden. In der Nachkriegszeit hatte jeder Leiter einer Personalabteilung Broschüren mit dem Vermerk »geheim« im Tresor liegen, in denen die hierarchischen Verhältnisse eines Großteils der Truppen der Armee, der Luftwaffe und der Flotte angeführt waren (die »Verzeichnisse der Truppenzugehörigkeit der Einsatzarmee«, von denen es über 20 gab). Anhand dieser Broschüren konnte man in wenigen Minuten vom Bürosessel aus überprüfen, zu welcher Armee und Front eine Division, ein Regiment oder ein selbstständiges Bataillon gehörte.

Semjon Solotarjow beschrieb sein Leben mit Sicherheit vorsätzlich unvollständig und ungenau, doch das setzt voraus, dass die Legende im Lebenslauf mit dem Leiter der Personalabteilung und dem MGB-Betreuer des Instituts für Körperkultur abgestimmt war. Das heißt, man wusste in der Minsker MGB-Verwaltung alles über Solotarjow, und es gab keine Verdächtigungen an seine Adresse. Ein unerwarteter Rückschluss, nicht wahr?

Hier stellen sich zwei Fragen: Wer dachte sich diese »Militärlegende« für Solotarjow aus und warum?

Natürlich sollte etwas vor Außenstehenden verborgen werden. Beim Militär gibt es viele Geheimnisse, vor allem in Kriegszeiten, doch nicht jeder Soldat oder Oberfeldwebel erhält einen neuen Lebenslauf. Offensichtlich kam Solotarjow an der Front mit Geheimnissen in Berührung, die Außenstehende nicht einmal viele Jahre nach Kriegsende erfahren durften. Diese Geheimnisse konnten mit Spionage oder Spionageabwehr zu tun haben. Es verwundert kaum, dass sich Vertreter solcher Abteilungen für Solotarjow interessierten. Agentengruppen, die die Frontlinie in beide Richtungen überquerten, wurden von Pionieren begleitet, die Durchgänge durch Minenfelder anlegen konnten. Diese Arbeit war extrem gefährlich und üblicherweise wurden dafür Freiwillige gesucht. Es wurde ein kleiner Trupp gebildet, der formal zur Pioniertruppe gehörte, doch faktisch den Aufklärungskräften unterstellt war (mitunter für Dutzende Kilometer). Formal galten solche Trupps freiwilliger Pioniere nicht als Agenten, doch sie überquerten die Frontlinie gemeinsam mit den Geheimdienstgruppen und trafen sie beim Rückweg an einem vereinbarten Ort wieder.

Diese Aufgabe erforderte besondere Eigenschaften: geschärfte Aufmerksamkeit, höchste Vorsicht, vollkommene Selbstkontrolle, Furchtlosigkeit, fachliche Spezialkenntnisse und -fähigkeiten. Und natürlich geistige und emotionale Stabilität, da nur Menschen mit eisernen Nerven diesem Stress gewachsen waren. Deshalb war es nur naheliegend, dass die Pioniere nach Überprüfung ihrer Akten für die Arbeit im Geheimdienst angeworben wurden. Oder bei der Spionageabwehr. Der SMERSch* schleuste seine Agenten ebenfalls aktiv über die Frontlinie.

---

* SMERSch (russ. Abk. der Losung »Tod den Spionen«) war ein sowjetischer militärischer Nachrichtendienst zur Spionageabwehr im Zweiten Weltkrieg.

Ob Semjon für diese Arbeit hinter der Front herangezogen wurde, ist ungewiss. Falls ja, so geschah dies vor dem Herbst 1944, da sich sein Fronteinsatz ab September desselben Jahrs vollständig nachvollziehen lässt. In der Endphase des Kriegs hatten Solotarjows Aufträge eher Routinecharakter. Er war ein gewöhnlicher Informant. Er stand mit dem operativen Bevollmächtigten seiner Truppe in Kontakt und berichtete ihm über die Stimmung seiner Kriegskameraden, über verdächtige oder verbrecherische Aktivitäten, deren Zeuge er wurde.

Nach Kriegsende ging Solotarjow laut seinem Lebenslauf an die »Technische Schule Moskau«. Gemeint war damit die Militärtechnische Rotbannerschule Moskau (MKWIU), die sich damals in der Stadt Bolschewo nahe Moskau befand. Das heißt, Semjon wollte den Offiziersweg einschlagen, was nur logisch war für einen Mann, der den Militärdienst gut kannte und bereits einiges an Dienstzeit (unter Berücksichtigung der »Kampfeinsätze«) angesammelt hatte. Doch hier tun sich weitere Unstimmigkeiten auf. Solotarjow beschrieb die Geschehnisse mit den folgenden Worten: »1945 wurde ich im Monat Juni zum Studieren nach Moskau an die Technische Schule geschickt. Im April 1946 wurde die Moskauer Schule aufgelöst, und die Studenten wurden an die Militärtechnische Schule Leningrad geschickt. Laut Erlass des Präsidiums (des Obersten Sowjets) der UdSSR über die letzte Demobilisierung wurde ich zur Disposition des lokalen Militärkommissariats demobilisiert.« Was für ein Kauderwelsch. Man könnte denken, dass es hier um das Minsker städtische Militärkommissariat geht, schließlich wurde der Lebenslauf in Minsk geschrieben. Aber tatsächlich wurde Solotarjow an seinen Einberufungsort abkommandiert, ans Militärkommissariat Udobnaja (in der Kosakensiedlung in der Region Krasnodar), wie das von Alexej Koskin veröffentlichte Reiseauftragsdokument zeigt. Darin steht, dass er bis spätestens 8. August 1946 zur Meldung beim angeführten Militärbezirkskommissariat erscheinen sollte. Laut diesem

Dokument erhielt Solotarjow außerdem seinen Ausweis der Roten Armee, Verpflegungs-, Bekleidungs- und Vergütungsnachweise, Anspruch auf Beförderung mit Schienen- oder Schiffsverkehrsmitteln und ein versiegeltes Kuvert mit einer Beurteilung seiner Person. Die militärische Erfassung war eine ernste Sache, eine Verweigerung hatte strafrechtliche Folgen, die in jenen düsteren Zeiten unausweichlich waren, als die Sowjetmacht das Wort »Toleranz« nicht kannte und dem eigenen Volk seine Schulden, Abgaben und Verpflichtungen nicht zu erlassen pflegte. Was glauben die scharfsinnigen Leser, kam Solotarjow bis 8. August 1946 der Meldepflicht im Militärkommissariat Udobnaja nach? Die Antwort darauf ist beileibe nicht offensichtlich.

Kurzum, Semjon Alexejewitsch sagte im Sommer 1946 der Sowjetarmee Lebewohl, verließ die ruhmvolle Stadt an der Newa und landete in – nein, nicht in heimatlichen Gefilden unweit seiner Eltern (des Vaters, Feldscher, und der Mutter, Hausfrau). Semjon fasste einen, milde ausgedrückt, dreisten Beschluss, der im Grunde gesetzeswidrig war. Er fuhr nach Minsk, nach Weißrussland, und blieb dort. Und er wurde nicht irgendein Maurer auf einer Baustelle oder Abortgrubenräumer, sondern Student am hervorragenden mit dem Orden des Roten Banners der Arbeit ausgezeichneten Staatlichen Instituts für Körperkultur Weißrussland (GoIFKB). Das war ein Kunststück, das Applaus verdient, da ehemalige Frontkämpfer bei der Aufnahme nicht bevorzugt wurden und, wie unschwer zu erraten ist, ihr Ausbildungsstand viel niedriger war als der früherer Schulabgänger. (Als einziges Entgegenkommen durften alle, die den aktiven Wehrdienst abgeleistet hatten, kostenlose Vorbereitungskurse besuchen.) Außerdem gab es auch beim Studium selbst keine Bevorzugungen für ehemalige Armeeangehörige. Doch Solotarjow, wie wir aus seiner Beurteilung wissen, die er nach Absolvierung des Instituts erhielt, war ein ausgezeichneter Student und bezog ein staatliches Stipendium. Was sagt man dazu? Der Mann hatte ein helles Köpfchen.

Doch genug davon und zurück zur Analyse von Semjon Solotarjows Lebenslauf. Am 15. August 1946, als er bereits die Frist zur Meldung im Militärkommissariat Udobnaja versäumt hatte, schrieb er ein Gesuch an den »Direktor des GoIFKB« (so hieß damals das Amt des Rektors), in dem er, Solotarjow, um einen Aufschub bat, sodass er nicht ab 1. September, sondern erst ab dem 10. den Unterricht am Institut besuchen müsse. Der Grund war äußerst prosaisch – er wollte nach Hause in die Kosakensiedlung Udobnaja fahren, um seine Eltern zu besuchen, die er seit 1941 nicht mehr gesehen hatte. Eine solche Bitte war geradezu eine Frechheit. Ein angehender Student verstieß durch das Ignorieren seiner militärischen Meldung grob gegen das Gesetz, beging also eine Straftat, und bevor er auch nur einen Tag studiert hatte, bat er um Erlaubnis, den Semesterbeginn zu schwänzen! Doch der Direktor erlaubte es. Auch in den folgenden Jahren gewährte er Solotarjow zu Beginn des Studienjahrs Aufschübe von einer Woche und mehr.

Semjon war ein Schlitzohr. Ihm gelang es, sich bei der militärischen Erfassungsbehörde des Instituts für Körperkultur in Minsk zu melden, während er frech die Anordnung ignorierte, in die Region Krasnodar zu fahren und im Militärkommissariat Udobnaja vorstellig zu werden. Bei einem gewöhnlichen Feldwebel hätte die Zulassungsstelle einfach die Annahme der Aufnahmedokumente verweigert, weil das formal unmöglich war. Doch Solotarjow erhielt offenbar keine grobe Antwort, im Gegenteil, seine Dokumente wurden akzeptiert, er wurde zu den Prüfungen zugelassen und schließlich am Institut aufgenommen. Normalerweise wäre das in jener Zeit ganz anders abgelaufen, die Kolchosen und Betriebe brauchten Arbeitskräfte, und wenn alle Männer an die Universitäten rannten, wer sollte dann arbeiten?

Es ist nur eine Erklärung für Solotarjows seltsames Aufnahmeverfahren am Minsker Institut für Körperkultur denkbar: Eine wichtige Behörde wollte, dass er dort studierte und das Institut erfolgreich absolvierte. Diese Behörde konnte ihm alle administrativen Hindernisse aus dem Weg räumen (und tat das auch) und alle eventuellen Probleme ausmerzen. Dabei gab die Behörde ihre Identität nicht preis und schickte auch keine Empfehlungsschreiben (zumindest findet man keine solchen Briefe in den offenen Archivbeständen). Die Autorität dieser Organisation erlaubte keinen Widerspruch. Alles wirkte wie selbstverständlich, aber man muss sich im Klaren darüber sein, dass das bei solchen Ereignissen nicht der Fall sein konnte. Es hatten sich wohl kaum die Partei oder der Komsomol für Solotarjow eingesetzt, dafür besaß er nicht den notwendigen Stand in diesen Organisationen und außerdem waren sie nie besonders konspirativ. Doch wenn man an Solotarjows Arbeit im Krieg beim SMERSch denkt, beantwortet sich die Frage von selbst, wessen Protegé er war.

Im Sommer 1946 brauchte das Ministerium für Staatssicherheit Solotarjow an einer zivilen Hochschule und machte ihn deshalb schnell zum Studenten, trotz seines Abschlusszeugnisses von 1941 voller Dreien, trotz der fünf Jahre im Krieg, in denen er alles Schulwissen vergessen hatte, ohne es je richtig beherrscht zu haben. Wenn es die Sicherheit des Landes erforderte, dass Genosse Semjon Alexejewitsch Solotarjow in einer Minsker Hochschule studierte, dann würde er dort auch studieren! Und so geschah es.

An dieser Stelle fragt man sich, zu welchem Zweck Semjon wohl am hervorragenden ordensgeschmückten Minsker Institut für Körperkultur studierte. Die Dokumente, die der Fonds zur Erforschung der Tragödie der Igor-Djatlow-Gruppe (eine gemeinnützige Organisation in Jekaterinburg unter der Leitung von Juri Konstantinowitsch Kunzewitsch) vor Kurzem im Institutsarchiv ausfindig machte, bringt etwas Licht in Solotarjows Minsker Zeit. Dank dieser Dokumente weiß man heute mit Sicherheit, dass Semjon eine Spezialfakultät am GoIFKB abschloss. Dieser Umstand gibt den Verstrickungen seines Lebens eine ganz bestimmte Richtung.

Die Spezialfakultäten an Instituten für Körperkultur waren damals nämlich für die Vorbereitung von Agenten und Partisanen für Kampfeinsätze vorgesehen. Sie bildeten hoch spezialisierte Athleten aus, die in kürzester Zeit die Aufklärungseinheiten der Einsatzarmee ergänzen konnten. Diese Entscheidung war absolut gerechtfertigt. Professionelle Sportler, die vier oder fünf Jahre lang als Aufklärer und Agenten ausgebildet wurden, konnten solche Aufgaben viel besser erfüllen als ein Soldat im Grundwehrdienst oder ein junger Offizier ohne entsprechende Erfahrung.

Nach Ende des Großen Vaterländischen Kriegs, der die Effektivität einer groß angelegten Partisanenbewegung gezeigt hatte, änderten sich die Anforderungen an die Spezialfakultäten. Nun mussten nicht nur Kämpfer mit den außergewöhnlichen körperlichen Fähigkeiten und Kenntnissen eines Agenten ausgebildet werden, sondern Leiter von Agentengruppen, die eine eigene Einheit innerhalb der Truppen methodisch vorbereiten konnten. Man darf nicht vergessen, dass einige osteuropäische Länder sich bis zum Abschluss des Warschauer Vertrags nicht ganz eindeutig zum Sozialismus bekannten. Bis Ende der 40er Jahre war nicht ausgeschlossen, dass die Tschechoslowakei, Polen und Ungarn sich für den bürgerlichen Weg entscheiden würden. (Im Zuge des Februarumsturzes 1948 in der Tschechoslowakei drohten sowjetische Repräsentanten dem Präsidenten Edvard Beneš mit einem echten Staatsstreich und Bürgerkrieg.) Deshalb war die westliche Grenze der UdSSR noch in der zweiten Hälfte der 40er Jahre gleichzeitig die Grenze des Sozialismus, und niemand konnte eine erneute Besetzung der westlichen Gebiete des Landes ausschließen, falls es zu einem neuen »Großen Krieg« mit den kapitalistischen Staaten kommen sollte. Für diesen Fall gab es dringenden Bedarf an Spezialisten, die im besetzten Gebiet schnell und hochprofessionell eine Partisanenbewegung ins Leben rufen konnten.

Die Spezialfakultäten boten eine genaue Vorbereitung zur Leitung von Agenteneinheiten. Das betraf vor allem Kenntnisse über Minen und Sprengsätze, Praktiken zum Ergreifen von Gefangenen und zum Führen von Intensivverhören, Erkunden von und Vorstoßen zu Zielen, Organisieren der Zusammenarbeit mit dem offiziellen Agentendienst, Errichten von Verstecken und verschiedenartigen Fallen, Kenntnisse und Fertigkeiten zur lokalen und operativen Tarnung (Änderung des Äußeren, Verwendung von gefälschten Dokumenten, Legendierung und Legitimierung). Natürlich erhob das MGB Anspruch auf die Studenten der Spezialfakultäten und betrachtete sie als Personalreserve des Geheimdiensts, obwohl sie keine festen Mitarbeiter waren und nicht für Routinearbeiten der territorialen Staatssicherheitsbehörden herangezogen wurden. Die Arbeit der Absolventen der Spezialfakultät wurde von den lokalen Staatssicherheitsbehörden beaufsichtigt. Immatrikulierte Personen wurden vom Geheimdienst gesondert erfasst. Wohin die Absolventen der Spezialfakultäten auch gingen, überall mussten sie sich bei der territorialen Staatssicherheitsbehörde melden. Sollte es zu Kampfhandlungen (oder anderen Ausnahmezuständen) kommen, unterstanden sie unverzüglich dieser Behörde.

Im Zusammenhang mit Semjon Solotarjows Ausbildung am Minsker GoIFKB muss auch erwähnt werden, dass in seinem Studienbuch Unterricht in Boxen, Ringen und Fechten aufgeführt ist. Insgesamt hielt der Aufwand sich offenbar in Grenzen, nur gut 20 Fächer verteilten sich über die ganze Studienzeit.

Bei einzelnen Studienfächern schwankte der Lernaufwand pro Semester dem Studienbuch nach zu urteilen zwischen 40 und 60 Stunden. Das ist eigentlich sehr wenig (wenn man berücksichtigt, dass ein Semester 17 Wochen dauerte und bis 1956 die Wochenarbeitszeit 48 Stunden betrug). Doch der Schein trügt. Viele Spezialfächer waren vor den Augen Außenstehender »verborgen«, da sie nicht im normalen Studienbuch auftauchten. Es gab ein besonderes Formular, das die Studienleistung in den Spezialfächern wiedergab und nach Abschluss des Studienjahrs nicht in der Hochschule verblieb, sondern der territorialen Staatssicherheitsbehörde zur Aufbewahrung übergeben wurde.

Die Tatsache, dass Semjon Solotarjow 1946 das Studium an der Spezialfakultät des Minsker GoIFKB aufnahm, spricht dafür, dass er in der zweiten Hälfte der 40er Jahre seine Kontakte mit dem Staatssicherheitssystem nicht einbüßte, sondern sie eher vertiefte. Übrigens mussten auch Studenten einer solchen Einrichtung einen vollwertigen Zivilberuf beherrschen, in dem sie später zumindest theoretisch ihr ganzes Leben lang arbeiten sollten.

Es gibt zwei Beurteilungen, die Solotarjow 1949 nach der Absolvierung von Schulpraktika erhielt. Das erste Praktikum dauerte von 21. März bis 8. Mai 1949 und Semjon erhielt dafür eine ausgezeichnete Beurteilung, eine wahre Lobesrede. Hier die besten Stellen: »Für die Dauer des Praktikums widmete er seine ganze Zeit und Aufmerksamkeit der Schule und bewies vortreffliche pädagogische Fähigkeiten. Er zeigte große Liebe und Enthusiasmus für seinen zukünftigen Beruf. Er erwarb schnell die Zuneigung und den Respekt der Schüler…« Des Weiteren wird hervorgehoben, dass er »praktisch und methodisch sehr gut vorbereitet« war, und seine Verdienste werden erwähnt: »Leitung der Vorbereitungen auf den städtischen Schulwettbewerb, in dem die Schule den 1. und 2. Platz errang […] Note für das Schulpraktikum: ausgezeichnet. Empfohlen für den Beruf des leitenden Lehrers in Leibeserziehungen in der Sekundarstufe.«

Man kann sich nur über Semjons pädagogische Erfolge freuen. Offenbar würde aus ihm ein toller Lehrer werden. Doch das zweite Schulpraktikum vom 21. November bis 31. Dezember 1949 absolvierte anscheinend ein ganz anderer Mann. In dieser Beurteilung heißt es: »Die Organisationsfähigkeit war befriedigend. Dem Schulpraktikum wurde keine ausreichende Aufmerksamkeit geschenkt. Er verspätete sich in zwei Fällen zum Unterricht. Es kam oft zum

Streit mit dem Praktikumsleiter und dem Mentor. Es fehlt ihm an Selbstkritik. Er brachte sich nicht in die Gruppenarbeit ein […] wirklich schwach in der Gymnastik, obwohl das sein Schwerpunkt ist. Mit seiner Vorbereitung kann er nicht einmal den Gymnastikunterricht für die männliche Gruppe des ersten Studienjahrs abhalten. Bei der Durchführung von sportlichen Tätigkeiten außerhalb des Unterrichts zeigte sich Gen. Solotarjow XXXXXXXXXXX aktiv (die mit X überschriebene Stelle kann als »nicht ausreichend« entziffert werden – *Anm. des Autors*). Gesamtnote für das Schulpraktikum: gut. Empfehlung für eine höhere Mädchenschule oder org. Arbeit.«

Ein niederschmetterndes Dokument. Tatsächlich ist es die offizielle Feststellung, dass Semjon Solotarjow nicht zum vollwertigen Lehrer für Leibeserziehung taugte. Die beiden Beurteilungen widersprechen sich buchstäblich in jedem einzelnen Punkt. Dabei liegt nur ein gutes halbes Jahr dazwischen. Die erste ist auf den 20. Mai 1949 datiert und die zweite auf den 5. Januar 1950. Wie kann das sein?

Die Antwort liegt auf der Hand, man muss sie nur richtig formulieren. In der Zeit zwischen dem ersten und zweiten Schulpraktikum änderten sich die Prioritäten in Semjon Solotarjows Leben radikal, er verlor jegliches Interesse am Studium und an seinem zukünftigen Beruf. Was war der Grund? Hatte er sich verliebt? War er krank geworden? Es ist wohl alles viel einfacher. So wie sein weiteres Leben verlief, erfuhr er wahrscheinlich nach dem ersten Schulpraktikum, dass er nicht als Lehrer für Leibeserziehungen würde arbeiten müssen. Die Lehrtätigkeit würde in seinem späteren Leben keine Rolle mehr spielen.

Dieser Schluss ist sehr interessant, besonders vor dem Hintergrund jener schweren Zeit, in der Semjon das hervorragende Minsker Institut abschloss. Die Weißrussische Sozialistische Sowjetrepublik war im Großen Vaterländischen Krieg beinahe dem Erdboden gleichgemacht worden. Ein Großteil der Infrastruktur, darunter auch die Schulen, wurde zerstört. Das weißrussische Volk erlitt enorme Verluste, ein Viertel der Bevölkerung überlebte den Krieg nicht. Es fehlte an Schulgebäuden und an Lehrern. 1950 begann sich die Situation etwas zu verbessern, doch von einer Lösung des Personalmangelproblems war man weit entfernt. Die Institute des Landes bildeten immer noch Spezialisten im Schnellverfahren aus (das Studium am Minsker GoIFKB dauerte bei Solotarjow nur vier Jahre), die in der Volkswirtschaft dringend benötigt wurden. Die anschließende Zuteilung erfolgte zwar auf freiwilliger Basis, doch in der Praxis durfte man sich ihr nicht widersetzen. Der Studienerfolg wirkte sich übrigens unmittelbar auf die Zuteilung aus, weshalb gute Leistungen und Beurteilungen erstrebenswert waren. Wer nicht zur Arbeit erschien, konnte strafrechtlich verfolgt werden. Man konnte auch nicht kündigen und aufhören zu arbeiten, sondern höchstens die Arbeitsstelle wechseln. Verspätungen waren ebenfalls unzulässig. Kurz gesagt, es gab eine totale Kontrolle der Arbeitskräfte, die direkt mit der militärischen Erfassung zusammenhing. Nach Absolvieren eines Instituts nicht in seinem Beruf zu arbeiten, war damals undenkbar.

Doch der Vorzugsschüler und staatliche Stipendiat Solotarjow hatte offenbar nicht vor, nach dem Studium als Lehrer zu arbeiten. Diesen Eindruck erweckt zumindest seine Beurteilung nach dem zweiten Schulpraktikum. Um so eine Bewertung zu erhalten, muss man seine Pflichten schon grob vernachlässigen. Details wie Verspätungen und Streitigkeiten zu erwähnen ist in solchen Dokumenten ganz und gar unüblich. Anscheinend waren Solotarjow und der Praktikumsleiter ziemlich heftig aneinandergeraten, und Letzterer war ernsthaft verärgert.

Solotarjows Gleichgültigkeit im Schulpraktikum und seine Bereitschaft, mit dem Vorgesetzten zu streiten, sprechen für Vertrauen in die eigene Stärke und einen verborgenen Rückhalt. Dass er diesen Rückhalt hatte, zeigen die späteren Ereignisse eindeutig – die hervorragende Beurteilung beim Abschluss des Instituts sowie der Lebenswandel, den sich Semjon fortan erlauben konnte.

Der junge Experte mit dem glänzenden Abschluss, der wunderbare Pädagoge, Sportler, Kriegsheld, lustige Geselle und Prachtkerl Semjon Alexejewitsch Solotarjow wurde wie durch ein Wunder nicht einer weißrussischen Schule zugeteilt wie die anderen Absolventen des Minsker GoIFKB. Seine Arbeitserfahrungen der folgenden Jahre sind genau bekannt: Von 1950 bis 1951 war Solotarjow als »Lehrer für Leibeserziehung« am Pädagogischen Institut Pjatigorsk tätig und von Februar 1951 bis Juni 1954 in derselben Funktion am Pharmazeutischen Institut Pjatigorsk. Gleichzeitig schaffte er es nebenbei, als nicht fest angestellter Wanderführer in den Sportvereinen »Funke«, »Arzt« und »Arbeit« der Region Krasnodar zu arbeiten. Welche Wanderer er wohin führte, ist nicht bekannt. Das Wichtigste ist, dass es sich um Saisonarbeit handelte, er besaß nicht einmal ein Arbeitsbuch, was zu jener Zeit völlig undenkbar war. Seine Arbeit wurde durch Bescheinigungen nachgewiesen, wie bei einem Saisonarbeiter auf einer Kolchose.

Auch später belastete Semjon sich nicht mit schweißtreibender Arbeit. 1953 war er sechs Monate in einer Touristenherberge in Pjatigorsk als »externer Wanderführer« beschäftigt und erhielt wieder Bescheinigungen als Beschäftigungsnachweis. Er hatte also gleichzeitig zwei Arbeitsplätze, wobei unklar ist, wie er die Wanderungen mit der Arbeit am Institut vereinbaren konnte. (Vor 1956 betrug die Wochenarbeitszeit 48 Stunden und eine Verweigerung von gemeinnütziger Arbeit wurde strafrechtlich geahndet.) Für einen gewöhnlichen Menschen war diese Art von »Vereinbarung« ganz und gar unmöglich. Das Arbeitsbuch war damals für einen Sowjetbürger als Dokument ebenso wichtig wie Reisepass oder Militärausweis. Es konnte nur bei Verlust durch eine Bescheinigung ersetzt werden. In so einem Fall mussten sowjetische Werktätige eine Bestätigung vom letzten Arbeitsplatz einholen, diese im Personalbüro abgeben, damit man sich dort davon überzeugen konnte, dass man einen aufrechten Sowjetbürger vor sich hatte und keinen »Schmarotzer, Drückeberger oder Nichtsnutz mit asozialem Lebenswandel«. Auch Haftentlassene besaßen keine Arbeitsbücher – bei ihnen wurden alle Dokumente durch eine entsprechende Bescheinigung ersetzt. Eine weitere Kategorie von Personen ohne Arbeitsbücher waren Arbeiter in sowjetischen Dörfern, die in der ruhmreichen Stalinzeit unter sklavenähnlichen Bedingungen lebten. Doch diese Beispiele haben mit dem vorliegenden Fall nichts zu tun.

Maja Piskarewa und Galina Sasonowa, zwei Erforscherinnen der Djatlow-Tragödie, fanden heraus, dass sich Semjon Solotarjow 1950 nach seiner Rückkehr aus Minsk nicht in Pjatigorsk niedergelassen hatte, was aufgrund seines Arbeitsplatzes (das Pädagogische Institut in Pjatigorsk) zu erwarten gewesen wäre. Semjon zog in die Siedlung Lermontowski, 10 Kilometer von Pjatigorsk entfernt. Außerdem zog seine Mutter zu ihm und lebte bis zu seinem Tod dort. (Semjons Vater blieb in der Kosakensiedlung Udobnaja, wo er 1959 kurz nach dem Tod des Sohns starb.)

Die Arbeitersiedlung Lermontowski (so hieß sie offiziell bis Juli 1957, als sie den Stadtstatus erhielt) war »geschlossen«, das heißt, es handelte sich um eine streng überwachte Siedlung, die der Ersten Hauptverwaltung beim Ministerrat der UdSSR unterstellt war. Ja, genau der Atomverwaltung, die Stalin ins Leben gerufen hatte, um schnellstmöglich eine Massenproduktion von Atomwaffen aufzubauen und weiterzuentwickeln. Am 29. Juli 1950 wurde die streng geheime Verfügung des Ministerrats der UdSSR Nr. 3342-1407ss erlassen, derzufolge das Gebiet um die Berge Beschtau und Byk (Bytschja) zur ersten industriellen Uranmine auf dem Gelände der UdSSR werden sollte (zuvor wurde Uranerz aus Bulgarien oder Ostdeutschland eingeführt). Die sogenannte Bergverwaltung Nr. 10 wurde gegründet, und es entstand eiligst die Infrastruktur der beiden Minen und Betriebe zur Erzeugung von Urankonzentrat. Diese Bergverwaltung hatte ihren Standort in der Siedlung Lermontowski, wo auch die Arbeiter wohnten, die mit der Gewinnung und Anreicherung des Uranerzes beschäftigt waren. Die Lagerstätte selbst befand sich buchstäblich am Rand des Dorfs. Das ganze Gelände wurde natürlich gesondert bewacht (zu den Lebensbedingungen in den Anlagen der Atomindustrie und dortigen Sicherheitsmaßnahmen siehe 23. Kapitel, »Große Geheimnisse einer kleinen Stadt«). An dieser Stelle muss betont werden, dass ein Außenstehender beim besten Willen nicht in einer besonderen Sperrzone leben konnte, zu der nicht nur das Betriebsgelände der Bergverwaltung gehörte, sondern auch die Wohnsiedlung des Personals. Doch Solotarjow wohnte in Lermontowski, noch dazu genau zu der Zeit, als die Produktionsanlage eingerichtet und der industrielle Erzabbau begonnen wurde.

Bis zum Sommer 1954 galt Solotarjow wenigstens formal als Institutslehrer, doch dann wandte er sich endgültig von der pädagogischen Laufbahn ab. Wer nun glaubt, Semjon hätte sich ganz seinem geliebten Hobby, dem Wandern, gewidmet, liegt völlig falsch. Seine Wanderaktivitäten nahmen nach 1954 rapide ab. 1951 unternahm er offiziell eine Wanderung im Nordkaukasus, 1952 zwei, 1953 waren es schon neun. In den Jahren 1954 und 1955 wanderte Semjon je einmal im Nordkaukasus, 1956 bis 1957 je zweimal. Sein Terminkalender war also nicht gerade vollgepackt. Was Solotarjow in diesen Jahren tatsächlich tat, ist aus den heute bekannten offiziellen Dokumenten nicht ersichtlich.

Woran lassen all diese Kapriolen in seiner Biografie denken? Wie schaffte es Semjon Solotarjow in diesen überaus harten Jahren der späten Stalinära, ein so freies und leichtes Leben zu führen? Die einzige glaubhafte Annahme ist, dass seine lächerliche Saisonarbeit als Wanderführer nur Ablenkung und Tarnung für eine anderweitige Tätigkeit war. Aber für welche?

Man könnte an eine kriminelle Tätigkeit denken. Bei den Berufskriminellen waren Arbeitsstellen beliebt, die sie selbst »Trottelarbeit« nannten, weil sie üblicherweise für Menschen mit körperlichen oder geistigen Behinderungen vorgesehen waren. Deshalb versuchten kluge Verbrecher, immer an eine Behindertenbescheinigung zu kommen und eine »Trottelarbeit« zu finden. Mit tatsächlich Behinderten als Kollegen konnten sie ihren Geschäften nachgehen. Dabei galten sie als Personen »auf dem Weg zur Besserung« und beantragten bei allen möglichen Instanzen die Erlaubnis zur Rückkehr in ihre Heimatstadt (entlassene Berufsverbrecher durften sich gewöhnlich nicht in einem Umkreis von 100 Kilometern von Großstädten niederlassen), eine Verbesserung der Wohnsituation (einem Tuberkulosekranken stand z. B. ein eigenes Zimmer zu) und so weiter. Wie man am schlauesten das sowjetische Arbeitsrecht austricksen konnte, war eine eigene Wissenschaft. Schließlich galten die Gesetze in der UdSSR bekanntlich nur für ehrliche Leute.

Doch Solotarjow war wohl kaum ein Krimineller. Nicht nur, dass er keine Vorstrafen hatte, Semjon machte den ganzen Krieg mit, ging durch die harte Schule des Lebens, zerbrach daran nicht, trank nicht, wurde in den schwierigen 40er Jahren nicht depressiv, sondern fand die Kraft, erfolgreich ein Studium abzuschließen. Dieser Mensch bewahrte sich seine positiven moralischen Eigenschaften und konnte sich nicht in einen abgebrühten Verbrecher verwandeln. Hier liegt etwas ganz anderes vor.

Die Verbindungen, die Semjon Solotarjow im Großen Vaterländischen Krieg zur militärischen Spionageabwehr aufgebaut hatte, wovon man mit Sicherheit ausgehen kann, brachen nach dem siegreichen Mai 1945 nicht ab, sondern wurden weiter gefestigt. Alle Merkwürdigkeiten in seinem Leben nach dem Krieg lassen sich damit erklären, dass seine Laufbahn auf die Vorgaben der sowjetischen Geheimdienste zugeschnitten wurde.

Solotarjows enger, wenn auch verdeckter Kontakt mit Staatssicherheitsbehörden ist ziemlich offensichtlich. Er begann die Offiziersausbildung an einer Militärschule, die jedoch Einsparungen unterlag. Aber Offizier konnte er auch am Institut für Körperkultur werden, das, wie jede andere Hochschule des Landes, einen Lehrstuhl für Militärwesen besaß. Dabei wusste man in der dortigen Studienabteilung sowie in der Personalabteilung des Instituts durchaus, was für ein ungewöhnlicher Student Semjon Solotarjow war, und dass er an der Spezialfakultät gelandet war, zeigte schließlich schon die Protektion durch die Staatssicherheit. Wahrscheinlich diente das Studium nur als Vorwand, um den Rang eines Reserveoffiziers zu erhalten. Vielleicht war für Solotarjow selbst und seine Betreuer im MGB noch nicht klar, zu welcher Arbeit der Student eingesetzt werden sollte, doch Mitte 1949 fiel eine Entscheidung über seine Zukunft. Das erkennt man eindeutig an Solotarjows geänderter Einstellung im zweiten Schulpraktikum.

Auch in den folgenden Jahren verlor Solotarjow nicht den Kontakt zum MGB. Im letzten Studienjahr wurde er Mitglied der KPdSU, absolvierte Abendkurse an der Universität für Marxismus-Leninismus und versuchte sich in der Arbeit als Organisator von Wanderveranstaltungen (Ausflüge, Vorbereitungen) im Süden Russlands. Wie erwähnt, arbeitete Solotarjow in den 50er Jahren in Touristenherbergen in Pjatigorsk und Teberda, er wanderte ausgiebig im West- und Nordkaukasus und unternahm im Winter 1957/1958 zwei Skitouren in den Karpaten. Sein Leben schien gemessen, ruhig und sogar routinemäßig zu verlaufen.

Hier ist die Frage angebracht, was das für ein Mitarbeiter der Staatssicherheit sein sollte, der knapp zehn Jahre lang durch die Berge wanderte, sich auf Flößen durch Flüsse treiben ließ und das wenig beschwerliche Leben eines ewigen Junggesellen führte. Wo war der verwegene Agent, der wie in gängigen Fernsehserien mit seiner Tokarew reihenweise Deserteure, Verräter, Abtrünnige und anderen antisowjetischen Abschaum niedermähte?

In Wirklichkeit gehörte Semjon Solotarjow eher zur Kategorie der geheimen Mitarbeiter zuerst des MGB und später des KGB, die nie mit Pistolen herumliefen oder jemandem auflauerten. Bei der Arbeit der territorialen Staatssicherheitsbehörden gab es von Anfang an einen sehr wichtigen und dabei streng geheimen Aufgabenbereich, der verhüllend »geheim-operativ« genannt wurde. Die zugehörige Abteilung hieß »geheim-operative Abteilung«. Unter dem Zaren wurde diese Arbeit »innere Aufklärung« genannt, doch in der Sowjetzeit verwendete man dafür den Euphemismus »Kampf gegen die innere Konterrevolution«. Im Unterschied zur herkömmlichen Spionageabwehr, die Staatsgeheimnisse schützte und das Verhalten von Geheimnisträgern kontrollierte, wurde beim Kampf gegen die innere Konterrevolution die Stimmung der breiten Volksmasse überwacht und durch speziell reglementierte Maßnahmen kontrolliert, zum Beispiel brachte man verschiedene Gerüchte in Umlauf oder wirkte prophylaktisch auf zu redselige Bürger ein. Die sowjetischen Staatssicherheitsbehörden begründeten bereits Anfang der 30er Jahre das wohl am weitesten verzweigte System der geheimen Aufklärung, in dem die Spitzel (offiziell »Gehilfen« oder »geheime Mitarbeiter« genannt) alle Gesellschaftsschichten durchdrangen.

Das System mit den geheimen Informanten war nach denselben Prinzipien aufgebaut wie die klassische Außenspionage: Es gab ein Agentennetz um einen Leiter, der »Resident« genannt wurde und offiziell nichts mit den Staatssicherheitsbehörden zu tun hatte. Der Resident wiederum arbeitete mit einem Betreuer zusammen, einem fest angestellten Mitarbeiter der lokalen Staatssicherheitsabteilung, dem er die schriftlichen Berichte seiner Agenten weitergab und den er mündlich über die wichtigsten Ereignisse im überwachten Gebiet informierte. Der Resident traf sich regelmäßig (zumindest einmal im Monat) mit den Agenten, wofür er ein Netz konspirativer Wohnungen benutzte; er gab ihnen Anweisungen und nahm die schriftlichen Berichte über vergangene Tätigkeiten entgegen. Die Dokumente, die die Arbeit der inneren Residenturen der Staatssicherheitsbehörden reglementierten, sind heute bekannt und allgemein zugänglich.

Das System der inneren Aufklärung hatte seine Wirksamkeit im Großen Vaterländischen Krieg gezeigt. Später wurde es nicht aufgegeben, sondern im Gegenteil perfektioniert und ausgeweitet.

Die Residenturen unterschieden sich prinzipiell nach Art der Objekte, deren Tätigkeiten sie beobachteten. Die Hauptarten waren »Fabriks- und Kolchosresidenturen«. Die Bezeichnung sagt bereits aus, was im Zentrum des Interesses stand. Es gab außerdem spezielle, weniger verbreitete Residenturen, zum Beispiel »Studenten- oder Lagerresidenturen«. Man muss Residenturen auch danach unterscheiden, ob sie landesweit von den geheim-operativen Abteilungen der Staatssicherheitsbehörden gegründet wurden oder von einer Abteilung der Kriminalbehörden. Sie hatten unterschiedliches Personal und erfüllten unterschiedliche Aufgaben, die sich praktisch nicht überschnitten. Die sowjetische Miliz, die über weitaus weniger Mittel verfügte als die Staatssicherheitsbehörden, nahm als Residenten normalerweise Pensionisten auf, die Erfahrung mit operativen Tätigkeiten hatten, in der Regel ehemalige Mitarbeiter der Kriminalbehörden. Für sie war das Residentengehalt ein guter Zuverdienst. Die Staatssicherheit ließ sich nicht so weit herab, bei ihr wurden Residentenposten mit festen Mitarbeitern besetzt. Ein kluger Betreuer versuchte, die Tätigkeiten der ihm unterstellten Residenturen gewöhnlich so zu organisieren, dass es für jeden Residenten eine Ablösung gab, die in Notfällen schnell einspringen konnte (durch Verletzung, Tod usw.). Solche Personen wurden »Ersatzresidenten« genannt, und es gab sie bei großen oder sehr bedeutenden Residenturen.

Die Größe eines zu einem Residenturnetz gehörigen Gebiets war genormt und hing direkt von der Bevölkerungszahl und der Art der

Beschäftigung ab. Auf einen Residenten kamen gewöhnlich bis zu 30 Agenten; in jeder Abteilung einer jeden Fabrik musste es einen geheimen Mitarbeiter geben, in den Abteilungen strategisch wichtiger Fabriken mit 1000 Beschäftigten und mehr war ein Informant pro 500 Arbeiter vorgesehen. Der Resident durfte nicht in den Objekten arbeiten, die er überwachte – das sollte persönliche Abrechnungen mit Arbeitskollegen ausschließen. Er gab seinen geheimen Mitarbeitern niemals schriftliche Anordnungen, zur besseren Tarnung und, um eine zufällige Aufdeckung durch Außenstehende zu verhindern. Außerdem akzeptierte der Resident von seinen Agenten nie schriftliche negative Informationen über die Arbeit von Parteiorganisationen. Solche Mitteilungen wurden nur mit Einverständnis des Betreuers angefertigt, wobei der Resident in seinem Bericht die Quelle der kompromittierenden Information nicht nannte und alle Verantwortung für deren Richtigkeit auf sich nahm. Der Resident führte weder Dokumente zu seinem Wohnsitz bei sich noch welche, die seine Verbindung mit den Staatssicherheitsbehörden zeigten, ja nicht einmal eine Dienstwaffe. (Er durfte nur solche Waffen besitzen, die auch normalen Sowjetbürgern gestattet waren.) Unter keinen Umständen durfte er Dritten gegenüber seine Zusammenarbeit mit den Staatssicherheitsbehörden preisgeben oder bei ihnen Hilfe beim Erfüllen seiner Dienstpflichten suchen. Alle Missverständnisse mit Exekutivbehörden musste er über seinen Betreuer lösen. Nicht einmal beim Verhör durch einen Staatsanwalt durfte er seine Funktion oder den Personalbestand seiner Residentur enthüllen. Er konnte den Staatsanwalt nur bitten, sich mit dem Betreuer in Verbindung zu setzen. Mit anderen Worten, die Residenten der sowjetischen Staatssicherheitsbehörden durften keinerlei Spuren ihrer Existenz in den Unterlagen anderer Behörden hinterlassen.

Der KGB und seine Nachfolger im postsowjetischen Russland enthüllten niemals die quantitative und qualitative Zusammensetzung ihrer Residenturen, doch heute hat man eine ziemlich genaue

Vorstellung davon, wie verzweigt diese Strukturen waren, und zwar dank offengelegter Daten des Sicherheitsdiensts der Ukraine. Der amerikanische Forscher Jeffrey Burds publizierte diese Daten in seiner äußerst interessanten Studie »Das sowjetische Agentennetz: Essays über die Geschichte der UdSSR in den Nachkriegsjahren (1944–48)«, die 2006 in New York auf Russisch erschien. Laut den Archivbeständen der sowjetischen Staatssicherheit gab es in der Ukrainischen Sozialistischen Sowjetrepublik per 1. Juli 1945 175 Residenturen, mit denen 1196 Agenten in Verbindung standen, die verdeckt gegen Entgelt arbeiteten, sowie 9843 Informanten. Wie man sieht, war die »innere Aufklärung« ein flächendeckendes Netz mit einem enormen Aufkommen an Unterlagen. Die inneren Residenturen der Staatssicherheit verhinderten durch ihre Arbeit subversive Aktivitäten und das Umsichgreifen von Proteststimmung in der Bevölkerung, indem sie den Staatssicherheitsbehörden erlaubten, frühzeitig präventive Maßnahmen zu ergreifen. Dieser Bereich hatte während der gesamten Zeit des Bestehens und Weiterentwickelns der Staatssicherheitsstrukturen in der UdSSR höchste Priorität.

Die Position des Residenten erforderte spezifische Charaktereigenschaften. Man musste ziemlich unstet und kontaktfreudig sein, sich dem Gesprächspartner anpassen und ihn für sich gewinnen können. Wie effektiv ein Agent arbeitete, hing in beträchtlichem Ausmaß von seinem persönlichen Verhältnis zum Residenten ab, sodass es der Arbeit sehr zuträglich war, wenn Letzterer leicht das Vertrauen anderer gewinnen konnte. Der Resident musste überdurchschnittlichen persönlichen Mut und Selbstbeherrschung zeigen, da er im Dienst mitunter feindlich gesinnten Personen ausgesetzt war. Die Arbeit brachte häufige Reisen und Treffen mit vielen Leuten mit sich, weswegen ein möglichst breiter Freundes- und Bekanntenkreis hilfreich war, um die Agentenkontakte besser zu verschleiern. Natürlich konnte der Resident für seine Legendierung nicht an einem Arbeitsplatz beschäftigt sein, der strenge Nachweise der Sollarbeitsleistung oder das genaue Einhalten der Arbeitszeiten verlangte. Seine offizielle Tätigkeit musste ihm erlauben zu reisen und über seine Zeit frei zu verfügen, ohne das Einverständnis des Vorgesetzten einholen zu müssen. Eine ideale Tarnung war die Arbeit in einer Konsumgenossenschaft oder Finanzaufsichtsbehörde, als reisender landwirtschaftlicher Spezialist (Agronom, Tierarzt) oder eine kulturelle Tätigkeit (Referent einer Vereinigung, Mitglied eines Sportverbands o. Ä).

Als gute Tarnung in der Arbeit dienten dem Residenten Liebesbeziehungen. Da es um die Wohnungsfrage in jener Zeit schlecht bestellt war, wurden die Wohnungen der Geliebten üblicherweise für konspirative Treffen benutzt. Wenn ein Resident Geliebte an verschiedenen Orten hatte, war das die beste Ausrede für ihn, dorthin zu reisen. Da ein normales Familienleben bei einem solchen Lebensstil ziemlich problematisch war, gab es unter den Residenten einen hohen Prozentsatz geschiedener oder alleinstehender Männer.

Der Junggeselle Solotarjow war als Wanderführer ideal für die Rolle eines Residenten. Seine Arbeit brachte einen großen Kreis an Bekannten aus den verschiedensten Regionen des Landes und aus verschiedenen sozialen Schichten mit sich. Der Tourismus war in jener Zeit ein »freies Terrain« ohne ideologische Bevormundung durch die Partei. Beim Wandern waren die Menschen wie befreit, fanden sich schnell mit anderen zusammen und die romantische Reiseatmosphäre selbst förderte das Aufbauen von vertrauensvollen Beziehungen. Ein aufmerksamer Mensch konnte viele interessante Informationen sammeln, wenn er beobachtete, wie Menschen sich in der informellen Situation einer Wanderung verhielten. Allerdings gehörte das direkte Sammeln von Informationen nicht zu den vorrangigen Aufgaben von Residenten, primär koordinierten sie die Arbeit der zahlreichen Agenten und geheimen Mitarbeiter. Und dafür brachte Semjon Solotarjow mit seinem Beruf alles Notwendige mit.

Maja Leonidowna Piskarewa, die bereits genannte Erforscherin der Djatlow-Tragödie, war mit Angehörigen von Semjon Solotarjow (einem Cousin und einer Cousine) in Kontakt getreten und legte 2012 einige Fotos von Anfang der 50er Jahre vor. Auf den ersten Blick zeigen diese Fotos nichts Ungewöhnliches. Doch bei genauerer Betrachtung gibt eines der Bilder Anlass zum Nachdenken.

Semjon Solotarjow ist mit seinen Cousinen zu sehen, schick gekleidet im Anzug und mit Krawatte. Scheinbar ein ganz normales Familienfoto.

Ein Detail in diesem Bild verdient besondere Aufmerksamkeit. Die Ordensspange auf Semjons Jackett zeigt nicht die Auszeichnungen, die er auf den Schlachtfeldern erhalten hatte. Das fällt nicht sehr auf, da die Spange schief angebracht und der untere Teil am Bildrand abgeschnitten ist. In der Vergrößerung sieht man, dass die Leiste für den Orden des Roten Sterns fehlt wie auch die Leisten für die Medaillen »Für die Einnahme Königsbergs« und »Für den Sieg über Deutschland«. Zum Vergleich wird die Ordensspange gegenübergestellt, die Semjon tatsächlich hätte tragen müssen (siehe Seite 426).

Wie kann das sein? Hatte Semjon vielleicht einfach ein fremdes Jackett angezogen?

Das ist unwahrscheinlich. Dann hätte er auch eine fremde Krawatte anziehen müssen. Oder besuchte er seine Cousinen mit umgebundener Krawatte, doch ohne Jackett? Und warum sollte er sich mit fremden Auszeichnungen fotografieren lassen? Er besaß doch selbst welche. Wenn er sich schon ein fremdes Jackett angezogen hätte, hätte er die Ordensspange abgenommen, schließlich war sie nur angesteckt wie ein normales Abzeichen. Dieses Szenario ist äußerst unglaubwürdig. Ein 30-jähriger Mann würde sich nicht mit fremden Federn schmücken, das wäre doch geradezu kindisch.

Aber warum trug er dann so eine seltsame Ordensspange? Wo

war sein Orden des Roten Sterns geblieben, und warum gab es stattdessen eine teilweise vom Revers verdeckte Leiste, die an die Medaille »Für die Einnahme Budapests« erinnert? Semjon hatte Budapest nicht »eingenommen« und deshalb auch keine solche Medaille erhalten.

Offenbar waren diese Auszeichnungen in irgendeiner Weise für Solotarjows Legende notwendig. Es ist bemerkenswert, dass ihre Anzahl mit der von Semjons tatsächlichen Auszeichnungen (vier Stück) übereinstimmt. Der Grund dafür lässt sich leicht erraten. Semjon machte kein Geheimnis aus seiner Kriegsvergangenheit – das wäre in jener Zeit nicht klug gewesen, in der der Großteil der männlichen Bevölkerung des Landes die Feuerprobe des Großen Vaterländischen Kriegs hatte bestehen müssen. Allerdings wurde diese Vergangenheit »modifiziert«. Warum? Hier kommt wieder die seltsame Lücke in seiner militärischen Laufbahn von fast 20 Monaten ins Spiel (von der Auflösung der Front bei Stalingrad am 31. Dezember 1942 bis zu seiner Aufnahme als Kandidat der WKP(B) Ende September 1944). Vielleicht musste diese Lücke unauffällig kaschiert oder an andere Fronteinsätze »angepasst« werden. Diese Legende hatte sich Semjon auf keinen Fall selbst ausgedacht, dafür konnte man damals sehr streng zur Verantwortung gezogen werden. Und ein normaler ehrlicher Frontkämpfer musste auch nichts erfinden. Die Legende, die die Vergangenheit von Semjon Alexejewitsch Solotarjow auf bestimmte Weise abänderte, wurde von einer Instanz vorgegeben, die Solotarjow vor Verfolgungen und Bestrafungen schützen konnte. Und dazu waren nur Exekutivbehörden in der Lage. Die Einzelheiten sind heute nicht mehr eruierbar und lustiges Drauflosraten führt nicht zur Wahrheit. Wichtig ist hier etwas anderes: Das von Maja Piskarewa publizierte Foto zeigt, dass Solotarjow Anfang der 50er Jahre immer noch eine enge Verbindung zu den Exekutivbehörden hatte und getarnt als harmloser »saisonaler Wanderführer« irgendeiner unauffälligen,

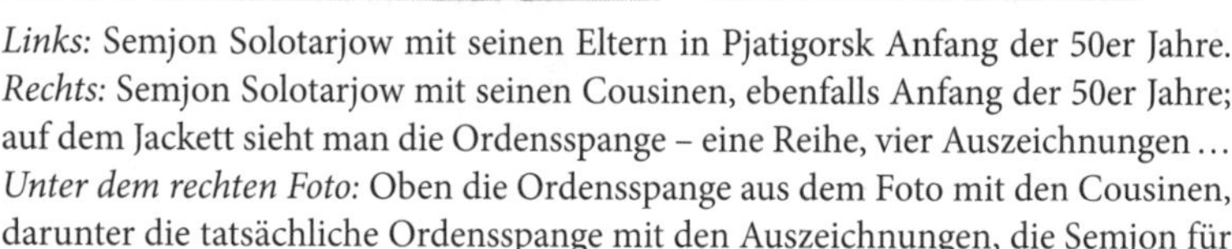

*Links:* Semjon Solotarjow mit seinen Eltern in Pjatigorsk Anfang der 50er Jahre. *Rechts:* Semjon Solotarjow mit seinen Cousinen, ebenfalls Anfang der 50er Jahre; auf dem Jackett sieht man die Ordensspange – eine Reihe, vier Auszeichnungen … *Unter dem rechten Foto:* Oben die Ordensspange aus dem Foto mit den Cousinen, darunter die tatsächliche Ordensspange mit den Auszeichnungen, die Semjon für seine Einsätze im Großen Vaterländischen Krieg erhielt. Die beiden Leisten stimmen nicht überein.

jedoch gefährlichen Arbeit nachging. So gefährlich, dass er seine Vergangenheit abändern und sich für einen anderen Menschen ausgeben musste. Schließlich konnte es in der Region Krasnodar viele Solotarjows geben.

Zurück zu den Verstrickungen in Semjons weiterem Leben. 1958 verließ er plötzlich den Nordkaukasus und ging zur Touristenherberge Artybasch am malerischen Ufer des Telezkoje-Sees im Altai. Der Arbeitsplatzwechsel lässt sich auf Anhieb nicht erklären, da der Umzug über mehr als 3500 Kilometer in jeder Hinsicht Semjons Lebensbedingungen zu verschlechtern schien.

Vorher hatte Solotarjow in einer reichen, warmen Gegend nicht weit von seinem Elternhaus gearbeitet (von Teberda waren es weniger als 100 km in die Kosakensiedlung Udobnaja, wo sein Vater und seine Schwestern wohnten) und plötzlich verließ er das alles ohne äußeren Zwang, um im Altai zu leben. Für wen unternahm er diesen

Umzug in eine andere Klimazone, in eine zwar schöne, doch raue und in jenen Jahren ärmliche Gegend? Eine Wanderkarriere konnte man besser im Kaukasus machen, wo die Berge steiler und die Wasserfälle höher sind. Dort gab es die besten Urlaubsorte des Landes, dort erholten sich die »hochrangigen« Touristen aus Moskau. Der Nordkaukasus galt damals als die Schweiz der Sowjetunion. 1958 war Solotarjow bereits Wanderführer für Boots- und Bergtouren. Weswegen wechselte er den Wohnort?

Hier muss man wieder auf Maja Piskarewa und Galina Sasonowa verweisen. Sie bemerkten, dass Solotarjows Umzug in die Siedlung Lermontowski mit der dortigen Gründung einer geschlossenen Zone sowie der Organisation der Gewinnung und Anreicherung von Uranerz zusammenfiel. Und 1958 wiederholte sich die Geschichte: Nach einer Winterreise in die Karpaten kam er kurz nach Pjatigorsk zurück und zog dann in den Altai. Im Sommer wanderte er am Telezkoje-See, machte Bootstouren auf dem Fluss Bija und besuchte dabei die Stadt Bijsk. Das waren alles malerische Orte, bei Touristen seit Langem bekannt. Insgesamt unternahm Semjon Solotarjow in vier Monaten acht Wanderungen an Land und zu Wasser. Interessanterweise wurde genau zu dieser Zeit im Juni 1958 in Bijsk unter strengster Geheimhaltung eine Filiale des NII-9 eröffnet, jenes wissenschaftlichen Forschungsinstituts, das 1944 gegründet worden war, um eine Technologie zur Gewinnung von Uranmetall, spezieller Verbindungen auf dessen Basis und Plutoniummetall zu entwickeln. (Heute heißt diese ehrwürdige Organisation Hochtechnologisches Wissenschaftliches Botschwar-Forschungsinstitut für Anorganische Materialien.) Die Filiale entstand nicht zufällig in Bijsk. Vergleichsweise nahe in Nowosibirsk gab es die Werke Nr. 80 und 250, in denen Spaltmaterialien für Atomwaffen gewonnen wurden. Die Filiale sollte deren Arbeit wissenschaftlich unterstützen und neue Ideen und technische Lösungen in die Produktion einbringen.

Und Solotarjow tauchte genau zur Eröffnung des streng geheimen wissenschaftlichen Zentrums in Bijsk auf.

Danach wird es sogar noch interessanter. Nachdem er bis zum Ende des Sommers im Altai durch Berg und Tal gewandert war, zog es Semjon plötzlich 1800 Kilometer weit weg in die Nähe von Swerdlowsk, wo er in der Touristenherberge Kourowka 90 Kilometer von der Stadt entfernt unterkam. Dort lebte er ohne erkennbare Tätigkeit den ganzen Herbst und Anfang des Winters hindurch in den Tag hinein, lernte flüchtig Studenten des UPI kennen und verließ die Touristenherberge kurz vor der verabredeten Wanderung mit einer Gruppe um Sergej Sogrin. Wieder warf er alles über den Haufen, denn bekanntlich wanderte Solotarjow nicht mit Sogrin, sondern mit Djatlow.

Maja Piskarewa gelang es, einen Verwandten von Semjon Solotarjow ausfindig zu machen und mit ihm schriftlich in Kontakt zu treten. Der Mann hatte die Geschichte der Wanderung von 1959 weit hinter sich gelassen und sich angeblich nie besonders für die Todesumstände seines Verwandten interessiert. Ja, es sei ein tragischer Tod gewesen, aber sterben müssten schließlich alle. Umso aufschlussreicher ist eine Aussage, die er der Forscherin gegenüber machte. Er meinte, die älteren Familienmitglieder hätten über Semjons Arbeit beim KGB Bescheid gewusst, das sei für sie kein Geheimnis gewesen. Semjon habe sogar Regierungsauszeichnungen aus der Zeit nach dem Krieg gehabt. Welche Auszeichnungen das waren und wann Semjon sie bekam, lässt sich heute nicht mehr feststellen, obwohl es in den Familienarchiven seiner zahlreichen Verwandten Fotos von Semjon mit mehr als vier Auszeichnungen geben müsste. Vielleicht gibt es da in Zukunft noch weitere Entdeckungen.

Auf jeden Fall ist die Information von Maja Piskarewa äußerst wertvoll, denn ein Verwandter des Verstorbenen bestätigt (wovon der Autor bereits 2010/2011 im Rahmen seiner Theorie der kontrollierten Lieferung ausging), dass Semjon Solotarjow für den sowjetischen Geheimdienst arbeitete. Natürlich sind Familiengeschichten subjektiv und können allein nichts beweisen, doch dies ist ein Durchbruch für das Verständnis der verborgenen Motive hinter der mysteriösen Geschichte von 1959.

Weiter geht es mit der Analyse von Semjon Alexejewitsch Solotarjows Leben, genauer gesagt, seinen Umzügen von einem Ort zum anderen.

Was mochte ihn so durchs Land getrieben haben? Schließlich war er bereits weit über dreißig, längst kein junger Kerl mehr, doch er lebte allein, ohne Zuhause und brachte seinen ganzen Besitz in zwei Koffern unter. Er hatte keine Familie, es gab in seinem Leben wohl keine feste Freundin, möglicherweise viele Frauen, aber keine ernsthaften Beziehungen. Man kann natürlich annehmen, dass er einfach keinen Bedarf an Liebe und Romantik hatte, doch wenn man bedenkt, wie hart der Alltag damals war, ohne jeden Komfort und jegliche Stabilität, klingt das nicht sehr wahrscheinlich. Solotarjow war fast den ganzen Krieg hindurch im Einsatz und schaffte es, unverletzt zu bleiben. Das ist nicht nur einfach Soldatenglück, das ist das beste Zeugnis für seinen Scharfsinn und gesunden Menschenverstand. Solche Menschen denken gründlich nach, bevor sie etwas tun, und können sogar ungünstige Situationen zum eigenen Vorteil nützen.

Wenn ein solcher Mensch sein bequemes Leben in der Nähe des Elternhauses in einer reich gesegneten Gegend hinwirft und ans andere Ende der Welt fährt, dann hatte er dafür einen sehr überzeugenden Grund.

Woran erinnern diese seltsamen Umzüge über Tausende Kilometer in Solotarjows letztem Lebensjahr?

An eine Flucht beziehungsweise den Versuch, die eigenen Spuren zu verwischen. Oder an die Versetzungen eines Offiziers aus dienstlichen Gründen. Oder an beides gleichzeitig.

Nehmen wir die Daten genauer unter die Lupe. Am 16. Juli 1956 wurden in einem Erlass des Präsidiums des Obersten Sowjets der UdSSR Tschetschenen, Karatschaier und Inguschen »von der Sondersiedlungsliste* gestrichen und von der administrativen Kontrolle des Innenministeriums der UdSSR befreit«. Bereits am 9. Januar 1957 wurde mit einem neuen Erlass des Präsidiums des Obersten Sowjets die Autonomie der Tschetscheno-Inguschischen ASSR als Teil der RSFSR wiederhergestellt; die Region Karatschai wurde auf dem Gebiet der Region Stawropol gegründet. Aus Kasachstan und Kirgisien kehrten die deportierten Völker in den Nordkaukasus zurück – Tschetschenen, Inguschen, Balkaren, Karatschaier. Die spontane Rückkehr brachte erste ernsthafte Ausschreitungen mit sich. Von 5. bis 7. April (also nur drei Monate nach dem Erlass) gab es schwere Unruhen bei der Eisenbahn, die von Wajnachen provoziert wurden. In diesen Tagen ergriff die Verkehrsmiliz mehr als 2100 tobende Tschetschenen und Inguschen in den Zügen und zwang sie zur Rückkehr an ihre Wohnorte in Zentralasien.

In der Folge spitzte sich die Situation weiter zu. Die Regionen, in die die Deportierten zurückkehrten, verwandelten sich in Zonen mit schwelenden Konflikten zwischen den Nationen. Kaum jemand erinnert sich an die Unruhen im August 1958 in Grosny, bei denen zigtausend russische Einwohner der ehemaligen Hauptstadt der Kosakenregion zweimal in das Gebäude des Gebietskomitees der KPdSU eindrangen und Gerechtigkeit gegen die randalierenden tschetschenischen Verbrecher forderten. Um die Russen ruhigzustellen, sah sich das Gebietskomitee der Partei gezwungen, eine direkte Telefonleitung mit der obersten politischen Leitung in Moskau herzustellen – eine noch nie da gewesene Begebenheit in der Geschichte der Sowjetunion!

---

* Unter Stalin wurden Millionen von Menschen wegen potenzieller Kollaboration mit den Deutschen aus dem Kaukasus nach Kasachstan und Zentralasien deportiert.

Wenn Solotarjow tatsächlich ein KGB-Resident war, konnte er sich nicht aus diesen dramatischen Ereignissen heraushalten, da Teberda, wo Semjon als Wanderführer arbeitete, direkt im Zentrum der neu geschaffenen Region Karatschai lag (das später zum Autonomen Bezirk Karatschai-Tscherkessien wurde). Semjons Umzug 1958 in den Altai konnte eine Folge seiner Aufdeckung oder der eines Agenten aus seinem Netz sein. Auf jeden Fall ist die zeitliche Nähe von Solotarjows Umzug in den Altai zu den wachsenden Spannungen im Nordkaukasus verdächtig. Der Hypothese von Solotarjows Verbindung zum KGB entsprechend war seine Versetzung an einen anderen Dienstort der beste Weg, um seine Sicherheit zu garantieren. Und der baldige erneute Umzug in die Touristenherberge Kourowka nahe Swerdlowsk sollte seine Spur noch weiter verwischen, sodass ihm bestimmt niemand folgen konnte.

Doch das ist vermutlich nicht die ganze Wahrheit. Wäre die Sicherheit eines Mitarbeiters eindeutig bedroht gewesen, hätte man seine Dokumente ausgetauscht und sie gründlich verfremdet. In den Jahren des Großen Vaterländischen Kriegs gingen sehr viele Nachweisdokumente von Standesämtern, Meldestellen und so weiter verloren, und es wäre für den KGB ein Leichtes gewesen, einen Reisepass, ein Diplom und einen Militärausweis für einen nicht existierenden »Alexander Solotow« (oder Solotnikow oder Solotowski) oder irgendeinen anderen erfundenen Namen zu beschaffen. Es ging also anscheinend nicht nur um die Bedrohung der persönlichen Sicherheit, obwohl man diese Möglichkeit nicht völlig außer Acht lassen sollte.

Es könnte noch ein ganz anderer Grund hinter den Umzügen gesteckt haben. Wenn Solotarjow sich in der Region Lermontowski/Pjatigorsk als guter Leiter eines Agentennetzes erwiesen hatte, das von der 1. Spezialabteilung des KGB betreut wurde (die unmittelbar dem Vorsitzenden des KGB unterstellt und für die Spionageabwehr in der Atomindustrie des Landes verantwortlich war), dann könnte seine Abkommandierung in den Altai bedeutet haben, dass er in der Region um Bijsk ein analoges Aufklärungsnetz aufbauen sollte. Ein geheimer Mitarbeiter der Spionageabwehr wie Solotarjow musste über äußerst spezifische Erfahrungen und Fertigkeiten verfügen, die man sich nicht in Vorlesungen oder durch Lehrfilme aneignete. Viele Feinheiten der Tätigkeit eines Residenten konnte man sich nur in der Praxis erarbeiten. Einen Menschen kennenzulernen, seine fachliche Eignung und seinen möglichen Wert bei der Arbeit einzuschätzen, ihn für sich zu gewinnen, ihn zur Mitarbeit zu überreden, das waren alles ziemlich schwierige Phasen beim Aufbau der Beziehung zwischen Agent und Resident, die gleichzeitig Verstand, Feingefühl und psychologisches Wissen voraussetzten. Man konnte oder musste nicht alle Menschen einschüchtern oder bestechen. Ein Resident musste genau wissen, welcher Zugang bei welchem Menschen der beste war.

Solotarjow war offenbar geübt in diesen Dingen, wenn man bedenkt, wie leicht er sich in die Studentengruppe um Djatlow einfügte. Daher konnte seine Erfahrung beim Aufbau einer Residentur der 1. Spezialabteilung in Bijsk sehr gefragt gewesen sein. Schließlich umfasste die Abschirmung eines Objekts gegen Spionage nicht nur eine gut organisierte Kontrolle der geheimen Dokumentation oder die Auswahl und Überprüfung des Personals. Der Hauptwert einer Spionageabwehr, ihr unersetzliches Herzstück, das waren die geheimen Informanten, die rechtzeitig vor jeder verdächtigen Aktivität im bewachten Gebiet warnen konnten. Sie erzählten, bei wem Verwandte ohne Wohngenehmigung aufgetaucht waren, wer einen Rundfunkempfänger manipuliert hatte und »Voice of America« hörte und wer sich im Bezirk mit einem Fotoapparat herumtrieb und »Vögelchen fotografierte und Kräuter sammelte«. Als mögliche Agenten kamen für einen Residenten vor allem Personen infrage, die aufgrund ihres Berufs mit vielen Menschen in Kontakt waren, wie Friseure, Angestellte in einer Banja, einem Geschäft oder einer

Werkstatt. Doch zu jedem von ihnen musste ein Zugang gefunden werden, um ihn von einer Zusammenarbeit zu überzeugen. Man darf nicht denken, dass sich alle auf einen Posten als Informant für den Geheimdienst erpicht zeigten. Es war eine Sache, im Freundeskreis zu tratschen, aber eine ganz andere, zweimal im Monat dem Residenten die bedeutenden Neuigkeiten zu schreiben. Das war ein sehr zweifelhaftes Vergnügen, besonders nach der väterlichen Warnung vor der strafrechtlichen Verantwortung, falls man einen Unschuldigen verleumdete oder bewusst unvollständige oder verzerrte Informationen weitergab.

Nachdem der Grund für Solotarjows Auftauchen im Altai annähernd geklärt werden konnte, blicken wir nun auf den nächsten Richtungswechsel in seiner Biografie, und zwar seinen Umzug in das Gebiet Swerdlowsk.

Dafür muss man sich die Situation in den Großstädten, den Studentenzentren aus Sicht der Leitung der Staatssicherheit ansehen, das heißt vor dem Hintergrund der schwierigen Verhältnisse in den Jahren 1957/1958. Aufgrund öffentlich zugänglicher Archive und Forschungsarbeiten in diese Richtung weiß man heute, dass die Niederschlagung des »Ungarischen Putsches« im Oktober/November 1956 bei einem Teil der sowjetischen Studentenschaft große Unzufriedenheit hervorgerufen hatte. Die Jugend war tief enttäuscht, als sie erkennen musste, wie weit Worte und Taten der »Kremlgötter« auseinanderklafften. Es wurde unter den Studenten modern, verbotene westliche Radiosender zu hören, wie »Radio Liberty«, »Radio Free Europe« oder »Voice of America«. Zur selben Zeit wurde die Politik der KPdSU vom chinesischen »Radio Peking«, das auf Russisch und in den Sprachen der Völker der UdSSR sendete, zunächst verdeckt, später immer offener kritisiert. Auch diesen Sender hörten die sowjetischen Studenten beziehungsweise ein gewisser Teil davon. Die antikommunistische Stimmung unter den jungen Sowjetbürgern erhärtete sich noch durch die zunehmenden wirtschaftlichen und landwirtschaftlichen Probleme, die von Chruschtschows Innovationen bewirkt wurden: Das objektiv gesehen rasante Wachstum im Maschinenbau, in der Metallurgie und Petrochemie jener Jahre wurde begleitet von einem steigenden Defizit bei einer breiten Palette von Konsumgütern und Grundnahrungsmitteln, von einer hohen Inflation und einem Sinken des ohnehin niedrigen Lebensstandards der Bevölkerung. Chruschtschow ließ außerdem mehrmals die Rückzahlung von Inlandsanleihen aufschieben, was das Volk abermals empörte, da es sich von den Machthabern systematisch ausgenommen fühlte.

In diesen Jahren entstanden die ersten illegalen Studentenzirkel, in denen junge Männer und Frauen mit dem ihnen eigenen Überschwang die nötige »Demokratisierung des Sozialismus«, »gesellschaftliche Mängel im Sowjetsystem« und den »Kampf für das Volkswohl« diskutierten. Der KGB konnte diese gefährliche Erscheinung nicht ignorieren, die nicht immer vorherzusehen und rechtzeitig zu unterbinden war. In die Jahre 1957 bis 1959 fielen die meisten politischen Gerichtsverfahren in der Geschichte der UdSSR nach Stalins Tod.

Ein beträchtlicher Teil der Prozesse jener Zeit betrafen Studentengruppen aus verschiedenen Städten des Landes. Natürlich führten nicht alle Ermittlungen zu Gerichtsverhandlungen, oft zog der KGB es vor, die Gruppen von innen her zu zerstören (indem er Streit unter den Mitgliedern provozierte) oder ihre Aktivitäten durch »prophylaktische« Einschüchterung einzudämmen, indem potenzielle Dissidenten für ein Gespräch ins Gebäude der territorialen Staatssicherheitsbehörde eingeladen wurden. (Oft reichte ein solches psychologisches Druckmittel aus, um einer Person die Lust auf illegale Tätigkeiten für das ganze restliche Leben zu nehmen.)

Trotzdem war die wachsende Unzufriedenheit der Studenten mit der Politik der KPdSU sehr gefährlich, vor allem vor dem Hintergrund, dass es 1956/1957 in der UdSSR keinen einzigen Spionagegerichtsprozess gegeben hatte.

Der KGB arbeitete aktiv daran, das Gesinnungsproblem in den Griff zu bekommen. Außerdem entsprachen das geheime Sammeln von Informationen, die verdeckte Unterwanderung und Manipulation von verdächtigen Studentengruppen durch Agenten genau den Möglichkeiten des KGB. Wenn man Solotarjows geheime Zugehörigkeit zum KGB als erwiesen betrachtet, waren sein Umzug in die Nähe von Swerdlowsk und das folgende effektive Eindringen ins Studentenmilieu aus Sicht des KGB äußerst logisch.

Die Erforscher der Djatlow-Tragödie kamen offenbar gar nicht auf die Idee zu fragen, warum Semjon Solotarjow überhaupt an dieser Wanderung teilnahm. Natürlich kennen sie die offizielle Version der Ereignisse. Semjon wollte mit einer Gruppe um Sergej Sogrin eine Tour im Subpolarural unternehmen, doch da er kurzfristig zu seiner Mutter in den Kaukasus reisen musste, änderte sich die Ausgangslage. Deshalb, so heißt es, wollte sich Solotarjow der Djatlow-Gruppe anschließen, doch ... diese Erklärung erklärt nichts. Sie ist unlogisch, widersprüchlich und ehrlich gesagt völlig sinnlos.

Die Routen und Zeitpläne der Gruppen von Sogrin und Djatlow sind bekannt. Ursprünglich war das Ende der Djatlow-Wanderung für den 9. Februar 1959 angesetzt, doch nach einer Sitzung der städtischen Routenkommission am 8. Januar wurde das Rückkehrdatum auf den 12. Februar verschoben. An diesem Tag sollte die Djatlow-Gruppe in Wischai ankommen und von dort mit einer Postkarte den Wanderklub des Swerdlowsker Polytechnischen Instituts über die erfolgreiche Beendigung der Wanderung informieren. Dann würden sie nach Swerdlowsk weiterfahren, wo die Gruppe zwei Tage später am 14. Februar ankommen sollte. Die Sogrin-Gruppe sollte dagegen am 18. Februar eintreffen, also lagen nur vier Tage zwischen der Ankunft der beiden Gruppen. Solotarjow begann sich darüber schon einen Monat vorher Sorgen zu machen, Mitte Januar erzählte er bereits herum, wie dringend er zu seiner Mama in den Kaukasus müsse, und so wurde er am 20. Januar in die Teilnehmerliste der Djatlow-Gruppe aufgenommen (also im letzten Moment, nur drei Tage vor Beginn der Tour).

Es bietet sich also folgendes Bild: Solotarjow erzählte Mitte Januar jedem, er müsse dringend verreisen. Wenn es so dringend war, warum fuhr er nicht gleich los? Aber nein, es war zwar dringend, aber erst in einem Monat. Dann allerdings so sehr, dass er auf die Wanderung mit seinem guten Freund Sogrin verzichtete und sich dem ihm kaum bekannten Djatlow aufdrängte (zugegeben, Djatlow und Kolewatow hatte er bereits bei einer Silvesterfeier in der Touristenherberge Kourowka kennengelernt). Dazu kommt, dass noch vor Beginn der »autonomen« Wanderung (beim Abschied von Juri Judin in der Siedlung Wtoroi Sewerny) das Datum für die Rückkehr nach Wischai von Igor Djatlow um zwei Tage verschoben wurde, auf den 14. Februar. Dieser mögliche Aufschub war nicht erst im letzten Moment bekannt geworden. In der Postkarte, die Igor Djatlow seinen Eltern am 26. Januar aus Wischai schickte, schrieb er eigenhändig: »Ich komme zwischen dem 12. und 15. Februar nach Swerdlowsk.« Das bedeutet, dass die Wanderer bereits beim Antritt der »autonomen« Wanderung eine mögliche Verschiebung des Rückkehrdatums auf den 15. Februar diskutierten. Dadurch schrumpfte der Abstand zur Sogrin-Gruppe auf zwei bis drei Tage. Was gewann Solotarjow dabei im Endeffekt?

Versuchen wir, Solotarjows Logik nachzuvollziehen: Als die Djatlow-Gruppe plante, bis zum 9. Februar nach Wischai zurückzukommen (d. h., sie würden eine Woche früher in Swerdlowsk sein als die Sogrin-Gruppe), erklärte er, dass er dringend zu seiner Mama musste, und bat deshalb um einen Wechsel in die Djatlow-Gruppe. Dann verschob die Stadtzentrale das Datum der Rückkehr nach Wischai auf den 12. Februar, doch Solotarjow sprach weiterhin vom Besuch bei seiner Mama und erreichte den Wechsel. Schließlich gab es unterwegs noch einen Aufschub, der den Unterschied bei den Rückkehrdaten beinahe eliminierte, doch Semjon Solotarjow erwähnte seine Mama nun nicht mehr, sondern blieb bei der Gruppe. Hätte Semjon wirklich unbedingt zu seiner Mutter fahren müssen, wie er behauptete, dann hätte er am 28. Januar gemeinsam mit Judin nach Swerdlowsk zurückreisen müssen. Doch stattdessen nahm er den erneuten Aufschub gelassen auf. Weder aus den Tagebüchern der Wanderer noch aus den Erinnerungen Juri Judins ist bekannt, dass es innerhalb der Gruppe deshalb zum Streit gekommen wäre. Anscheinend war Solotarjow der Aufschub plötzlich gleichgültig.

Es ist völlig unsinnig zu glauben, dass genau dieser Zeitgewinn um einen oder zwei Tage der Anlass für Solotarjows Wechsel von der Sogrin- zur Djatlow-Gruppe war. Der Grund war eindeutig ein ganz anderer. Solotarjows Erklärungen über die kurzfristige Reise in den Kaukasus dienten wohl von Anfang an dem Ziel, seinen Wechsel in die Gruppe von Igor Djatlow zu rechtfertigen. Was hielt ihn davon ab, Djatlow direkt zu fragen, ob er sich seiner Gruppe anschließen konnte? Wahrscheinlich war Solotarjow sich nicht sicher, dass Djatlow ihn mitnehmen würde. Schließlich plante dieser die Winterwanderung zum Otorten bereits seit November 1958 gemeinsam mit seinen Freunden und konnte die Teilnehmer persönlich auswählen. Solotarjow hätte nicht viele Chancen gehabt, wenn er Igor Djatlow direkt um eine Aufnahme in die Gruppe gebeten hätte. Stattdessen setzte Solotarjow seine Fähigkeit ein, Menschen zu manipulieren: Zuerst überzeugte er seine Umgebung von einer Sache, während er letztendlich eine andere machte. Dabei war der Wechsel aus der Sogrin- in die Djatlow-Gruppe offenbar nicht so einfach, da die Teilnehmer von der städtischen Wanderzentrale bestätigt werden mussten. Jedenfalls hatte diese Prozedur formellen Charakter, und solche Fragen wurden kaum an einem Tag gelöst.

Und wie wurde Solotarjows Gruppenwechsel tatsächlich organisiert? Beim Versuch, dies herauszufinden, macht man eine unerwartete und faszinierende Entdeckung.

Ursprünglich hatte Semjon Solotarjow flüchtig mit Sergej Nikolajewitsch Sogrin Bekanntschaft geschlossen, einem 20-jährigen Studenten des Swerdlowsker Polytechnischen Instituts, der eine 25-tägige Tour im Subpolarural plante, mit demselben dritten Schwierigkeitsgrad (dem höchsten) wie die Wanderung der Djatlow-Gruppe. Die Route lag jedoch 300 bis 400 Kilometer nördlicher. Bei Sogrins Tour gab es übrigens später einen Notfall – das Zelt brannte wegen Fahrlässigkeit teilweise ab, doch keiner der Wanderer kam ums Leben. (Hier drängt sich eine Analogie mit den Vorfällen am Cholat Sjachl auf.)

Solotarjow hatte den jungen Studenten so für sich eingenommen, dass dieser Semjon bei sich zu Hause in Swerdlowsk aufnahm. Nach seiner Kündigung in der Touristenherberge Kourowka zog Solotarjow bei Sogrin ein. Er bereitete sich gewissenhaft auf die Wanderung vor und trainierte sogar zwei- oder dreimal vorher. Semjons überraschender Wechsel in die andere Gruppe bereitete Sergej Sogrin unerwartete Schwierigkeiten: Die Gewichtslast, die für neun Personen berechnet war, musste nun auf acht Wanderer aufgeteilt werden. Dadurch kam es zu einer merklichen Überladung. Die Situation erschien so ausweglos, dass Sogrin Sina Kolmogorowa bat, statt an Igor Djatlows Wanderung an seiner teilzunehmen. Sina war nicht abgeneigt und sprach sogar mit Igor darüber, doch offenbar wollte sie keinen Konflikt heraufbeschwören und sagte Sergej Sogrin ab. Wichtig ist hier allerdings nicht die Stimmung zwischen Kolmogorowa und Djatlow unmittelbar vor Beginn der Wanderung, sondern dass Sogrin verzweifelt einen zusätzlichen Teilnehmer brauchte. Und zwar so dringend, dass er Sina Kolmogorowa abwerben wollte, obwohl sie das Problem der Gewichtsverteilung nicht gelöst hätte, da die Rucksäcke der Frauen nur halb so schwer

Semjon Alexejewitsch Solotarjow während der Wanderung der Djatlow-Gruppe. Überraschenderweise wurde er von allen Teilnehmern am häufigsten fotografiert, obwohl er sich nicht ins Bild drängte. Auf diesen Fotos, die wenige Tage vor dem Unglück entstanden, wirkt Semjon Solotarjow ruhig, konzentriert und vielleicht vom Leben erschöpft. Oder eher distanziert gegenüber den Geschehnissen um ihn herum?

waren wie die der Männer. Doch für Sogrin wäre selbst das eine Erleichterung gewesen.

Solotarjow pfuschte also sowohl Sogrin als auch Djatlow ganz schön ins Handwerk. Letzterer hätte beinahe seine treueste Begleiterin verloren.

Interessant ist auch die nächste Episode, die Sergej Sogrin bei verschiedenen Gelegenheiten erwähnte, wobei er anscheinend selbst die Zweideutigkeit daran bemerkte. Sogrin erinnerte sich, dass Solotarjow den Eindruck eines lebendigen, geselligen, weltoffenen Menschen erweckte und ein angenehmer Gesprächspartner war, der viel über das praktische Organisieren von Wanderungen und über regionale Routenbesonderheiten erzählen konnte, da er die attraktivsten sowjetischen Wanderziele kannte: den Kaukasus, den Altai, die Karpaten. Solotarjow verstand sich auch sehr gut mit Sergejs Vater, Nikolai Michailowitsch Sogrin, und die beiden führten auch ohne Sergej lange Gespräche.

Dieser Hinweis ist deshalb wichtig, weil die Verbindung zwischen

Nikolai Sogrin und Semjon Solotarjow vor dem Hintergrund der kontrollierten Lieferung sehr vielsagend ist.

Warum? Weil Nikolai Sogrin und seine Frau Maria Nikolajewna Sogrina ehemalige »Shanghaier« waren, sogenannte weiße Emigranten, die nach der russischen Revolution 1917 aus dem bolschewistischen Russland geflohen waren, da sie sich als Untertanen des Zarenreichs fühlten. In Shanghai wurde 1937 Sergej Sogrin geboren, weshalb er bis zu seinem zehnten Lebensjahr keine sowjetische Staatsbürgerschaft besaß. Dieses Detail, das von allen Erforschern der Djatlow-Tragödie übergangen wird, ist enorm wichtig für das Verständnis der Ereignisse im Januar 1959 bei der Vorbereitung der Tour.

Russische Emigranten begründeten bereits vor der Revolution in der Mandschurei im östlichen China eine bedeutende Diaspora in mehreren Enklaven. Entlang der Infrastruktur der Chinesischen Osteisenbahn siedelten sich die Familien der technischen Eisenbahnspezialisten an. Die Hauptstadt dieser Eisenbahner war Harbin, der wichtigste Verkehrsknotenpunkt in der Mandschurei. Im Norden Chinas beanspruchten russische Kosaken, die vor den Sowjets geflohen waren, ein beträchtliches Gebiet für sich. Die Kosakenbevölkerung in der Mandschurei und im nordöstlichen China bereitete der Sowjetmacht viele Jahrzehnte lang Kopfschmerzen. Für die Kosaken waren Leo Trotzkis Erlass über die »Durchführung einer Entkosakisierungspolitik« und der Umstand, dass der Kosakenstand in der UdSSR völlig entrechtet wurde, unverzeihlich. (Bis 1936 konnten Kinder aus Kosakenfamilien nicht studieren und alle Personen, die vom staatlichen Statistikamt als Kosaken geführt wurden, verloren grundlegende Bürgerrechte, unter anderem das Wahlrecht.) Von China aus unternahmen Kosaken Raubzüge im Fernen Osten und im Küstengebiet der UdSSR, was mit Vergeltungsangriffen aus Moskau beantwortet wurde.

Neben den Gebieten an der Grenze und im Zentrum der Mand-

Sergej Sogrin

schurei gab es eine bedeutende russische Diaspora in Peking und dem nahe gelegenen Tianjin.

Der russische Wohnbezirk in Shanghai stellte allerdings eine Besonderheit dar. Während die russische Diaspora anderswo in China engen Kontakt mit der dortigen Bevölkerung pflegte, bewahrte sich die russische Kolonie in Shanghai von Anfang an eine strenge ethnokulturelle Exklusivität. Das hing damit zusammen, dass die Russen hier in den Bezirken »Französische Konzession« und »Internationale Siedlung« wohnten, zu denen Chinesen keinen Zugang hatten.

Diese Stadtteile unterstanden nicht der Jurisdiktion der chinesischen Polizei und wurden von einer internationalen Verwaltung regiert. Obwohl die russische Kolonie formal auf chinesischem Staatsgebiet lag, befand sie sich in einem europäischen Umfeld. Die russischen Emigranten legten großen Wert auf ihre Sicherheit. Im

Januar 1927 gründeten sie das sogenannte Russische Shanghaier Regiment, das mehr als 20 Jahre bestand. In der Stadt war eine faschistische Organisation aktiv und ganz allgemein herrschte unter den Diasporabewohnern eine antisowjetische Stimmung vor.

Während des Zweiten Weltkriegs änderte sich die Einstellung der russischen Emigranten gegenüber der Sowjetunion etwas – nicht zuletzt deshalb, weil die USA und Großbritannien zu den Verbündeten Stalins gehörten. Doch ein gewisses Misstrauen blieb. Die Erinnerung an den Terror durch die Tscheka*, die Entkosakisierung und die Pogrome gegen die Kirche waren noch deutlich in den Köpfen der Emigranten präsent. Nachdem die Sowjetarmee im August und September 1945 die Mandschurei und Nordkorea eingenommen hatte, plante das sowjetische MGB eine systematische Säuberung unter den 60 000 Bewohnern der russischen Diaspora entlang der Chinesischen Osteisenbahn. Nach zwei Jahren bot der sowjetische Konsul in Shanghai den »russischen Shanghaiern« die sowjetische Staatsbürgerschaft und die Rückkehr in das Heimatland an. Die meisten lehnten dankend ab. Als zwei Jahre danach die International Refugee Organization (IRO) begann, unter der Schirmherrschaft der UNO russische Emigranten aus Shanghai auszuführen, nutzten mehr als 5500 Menschen diese Möglichkeit.

Im Herbst 1947 folgten etwa 4000 russische Emigranten dem Vorschlag des sowjetischen Konsuls, unter ihnen die Familie Sogrin.

In der UdSSR stellte sich heraus, dass niemand in der Heimat auf sie gewartet hatte. Die »ausländischen Rückkehrer« wurden nicht einmal für sehr schlecht bezahlte Arbeiten genommen, da im Land Angst und eine düstere Stimmung vor einem unvermeidlich scheinenden Dritten Weltkrieg vorherrschten. Der Winter 1947/1948

---

* Die Tscheka (russ. Abk. für Außerordentliche Allrussische Kommission zur Bekämpfung der Konterrevolution, Spekulation und Sabotage) war von 1917 bis 1922 die Staatssicherheitsbehörde der Bolschewiken. Der allgemein verwendete Name »Tschekisten« für Geheimdienstmitarbeiter leitet sich daraus ab.

erwies sich für die Rückkehrer aus China als sehr hart, die Menschen überlebten hauptsächlich durch den Verkauf ihres persönlichen Besitzes. Einige gaben heimlich Nachhilfe in Fremdsprachen, andere nähten Auftragsstücke, wieder andere verdingten sich als Tagelöhner. Es war schwierig, ein Auskommen zu finden und nicht an der Kälte zu sterben. Und schon bald sahen die Remigranten sich einem neuen Unglück ausgesetzt – das Ministerium für Staatssicherheit begann, sie zu überprüfen und die frischgebackenen Bürger der Sowjetunion wegen vergangener Sünden zu verhaften. Von 1947 bis 1950 wurden sehr viele »Shanghaier Russen«, die Stalins »Immunitätsgarantie« unvorsichtigerweise geglaubt hatten, eingesperrt.

An den Sogrins ging dieser Kelch jedoch vorüber. Ihr Leben verbesserte sich allmählich: Nikolai Sogrin arbeitete als Buchhalter in einer Fabrik für Filmmaterial in Swerdlowsk, der Sohn Sergej begeisterte sich ab der sechsten Klasse für das Wandern. Nach der Schule wurde er problemlos am UPI aufgenommen, wo er bereits im ersten Studienjahr verdientermaßen als Wanderexperte galt. Niemand warf der Familie Sogrin ihre Shanghaier Vergangenheit vor oder verfolgte sie deswegen, niemand erinnerte sich, dass sie Nachkommen einer reichen Kaufmannsfamilie waren und enge Verwandte (und Freunde) im »Wilden Westen« hatten, in Brasilien, den USA … Wenn man bedenkt, dass Swerdlowsk eine geschlossene Stadt war und die sowjetische Staatssicherheit die ehemaligen Remigranten damals überaus kritisch und voreingenommen beurteilte, möchte man ausrufen: »Glück gehabt!«

Wenn man denn an Glück glauben will.

Doch was, wenn Nikolai Michailowitsch Sogrin bereits seit seiner Shanghaier Zeit enge Verbindungen zum sowjetischen Geheimdienst pflegte? Dann erhält dieses ungewöhnliche Glück eine ganz logische Erklärung. Ein Mensch mit Sonderverdiensten genießt Sonderbehandlung, das ist nur verständlich.

Dass Solotarjow ausgerechnet durch Sergej Sogrin in die Studentengruppe eingeführt wurde, passt zu den Ereignissen im Januar 1959. Obwohl einige Unstimmigkeiten bleiben.

Sergej ist wohl der einzige der heute noch lebenden Beteiligten an jenen Ereignissen, der engen Kontakt mit Semjon Solotarjow hatte. Schließlich lebten sie ein paar Wochen lang zusammen in einem Haus. Sogrin müsste einige Einzelheiten über Semjons äußere Erscheinung aufklären können: Hatte er Zahnprothesen und Kronen? Wenn ja, welche Farbe hatte das Metall, aus dem sie gemacht waren? Hatte Solotarjow Tätowierungen? Wenn ja, wo und welche? Die Antworten auf diese Fragen sind entscheidend, denn sowohl Juri Judin als auch Solotarjows Verwandte bestätigten, dass er keine Tätowierungen und Zahnprothesen hatte. Das widerspricht jedoch dem gerichtsmedizinischen Gutachten zu Solotarjows Leiche. Hier könnte Sogrin klärend eingreifen, und diese Fragen wurden ihm auch bereits mehrfach gestellt. Doch er reagierte immer sehr empfindlich darauf und gab keine eindeutige Antwort.

Noch seltsamer wirkt Sergej Sogrins Unwille zu erzählen, was mit Solotarjows Sachen in seinem Haus passierte. Man kann seine Aussagen so zusammenfassen: Es gab keine Sachen von ihm, niemandem wurde etwas übergeben, und überhaupt reicht es mit diesen ganzen Verschwörungstheorien! Damit widerspricht er eindeutig der Verfahrensakte, aus der hervorgeht, dass er, der Student Sogrin, dem Ermittler Iwanow persönlich eine Inlandsanleihe, Jacketts, Krawatten und andere Besitztümer Solotarjows übergeben hatte. Die Erforscher der Djatlow-Tragödie interessiert vor allem der Verbleib der Dokumente des Verstorbenen, also Pass und Arbeitsbuch. Es gibt übrigens gewichtige Argumente dafür, dass Solotarjow zwei Arbeitsbücher besaß, was ein grober Verstoß gegen das Arbeitsrecht jener Zeit war. Aber das ist hier nicht relevant. Im Gegensatz zu der Tatsache, dass Semjon nach der Kündigung in der Touristenherberge sein Arbeitsbuch hätte zurückbekommen müssen, doch es wurde nirgends erwähnt. Solotarjows grünes Jackett fand einen Eintrag in der Akte, Vermerke zu Pass und Arbeitsbuch aber fehlen. Obwohl Letztere für die Ermittlungen viel wichtiger waren.

Schließlich ein weiteres hochinteressantes Detail: Sergej Nikolajewitsch Sogrin gab zu, dass er Lew Nikitowitsch Iwanow zu Beginn der Ermittlungen aktiv geholfen hatte und täglich im Büro des Ermittlers erschienen war, um ihn in die Feinheiten des Wanderns einzuweihen. Iwanow war der freiwillige Gehilfe so sympathisch, dass er Sogrin sogar damit beauftragte, die Fotos aus den Filmen zu entwickeln, die während der Suchaktion im Februar und März gemacht wurden. Eine ungewöhnliche Bitte in Anbetracht dessen, dass man Mitte März bereits fest von der Theorie eines »Mordes durch wilde Mansen« überzeugt war und in Iwdel junge Mansen in Einzelhaftzellen saßen. Unter diesen Bedingungen wirkt das Hinzuziehen eines Außenstehenden zur Arbeit mit Ermittlungsmaterial ziemlich merkwürdig. Noch wichtiger ist hier, wie der junge Sogrin mit dem verantwortungsvollen Auftrag umging. Er entwickelte die Fotos aus allen Filmen und machte von jedem Bild einen Abzug für sich selbst. Sogrin besaß also dieselben Fotos wie der Ermittler. Vorsichtig geschätzt müsste es etwa 70 solcher Fotos geben (möglicherweise auch mehr), darunter Bilder von den Fundorten der Toten und aus der Leichenhalle in Iwdel. Das war äußerst findig von ihm, aber leider umsonst, da die begehrten Fotos nach einiger Zeit verschwanden. Wie das passierte, kann Sogrin nicht erklären, jedoch steht außer Zweifel, dass man solche Bilder nicht irrtümlich wegwirft. Und falls er sie bewusst loswerden wollte, hätte er wohl kaum jemandem von ihrer Existenz erzahlt.

Hier hatte eindeutig jemand anderer seine Hände im Spiel. Der erste Kandidat für die Rolle des Fotodiebs ist Sergejs Vater Nikolai Michailowitsch Sogrin. Wenn Nikolai tatsächlich seit seiner Shanghaier Zeit mit dem sowjetischen Geheimdienst zusammenarbeitete und im Winter 1959 indirekt an Solotarjows Einführung ins

Studentenmilieu beteiligt war, dann konnte er die Vorfälle objektiv einschätzen. Auch ohne alle Einzelheiten zu kennen, wusste er, wie unvorsichtig es von seinem Sohn war, die Fotos aus der Strafakte zu kopieren. Nachdem Sergej den Stapel Fotos heimlich heimgebracht hatte, verbrannte der Vater sie ebenso heimlich und bewahrte damit seinen Sprössling vor der zu erwartenden Anzeige.

Es gibt noch andere Erklärungen für das geheimnisvolle Verschwinden der Fotos aus Sogrins Haus, doch der Autor möchte hier nicht näher darauf eingehen. Im Prinzip reicht das Dargelegte bereits mehr als aus, sodass die Leser selbst in diese Richtung weiterüberlegen können.

Wenden wir uns einem anderen bemerkenswerten Umstand im Zusammenhang mit Solotarjows Wechsel aus der Sogrin- in die Djatlow-Gruppe zu.

Es geht um den Ausschluss von Wladislaw Bijenko aus der Djatlow-Gruppe. Er war gleich alt wie Igor Djatlow, galt als lustiger, unerschütterlicher Bursche, den nicht einmal die schlimmsten Neuigkeiten aus dem Sattel werfen konnten. Am 20. Januar 1959 wurde er in das Komsomolkomitee des Instituts gerufen und gefragt, womit er in den Winter- und Sommerferien 1958 beschäftigt gewesen war. Wladislaw antwortete ehrlich, dass er Wandertouren unternommen hatte. (Etwas anderes hätte er auch nicht sagen dürfen, schließlich kannte das Komsomolkomitee die richtige Antwort!) Nach dieser frechen Antwort händigte man ihm gleich eine Arbeitszuweisung für eine Praktikumsstelle im Forstwirtschaftsbetrieb »Stoßarbeiter« mit Beginn 25. Januar aus. An der Wanderung zum Otorten würde der lustige Wladislaw Bijenko also nicht teilnehmen können.

Hier springt das seltsame Zusammentreffen zweier Ereignisse ins Auge: Bijenko erhielt die Zuweisung zum Holzfällen genau an dem Tag, als Semjon Solotarjow seine Absicht bekannt gab, in die Djatlow-Gruppe zu wechseln. Doch dieses Detail wird von den meisten Erforschern der Djatlow-Tragödie ignoriert. Kurioserweise glaubt sogar Wladislaw Bijenko selbst Jahrzehnte später ernsthaft, dass dies nur eine seltsame Verkettung von Umständen war.

Interessanterweise taucht in den Ermittlungsprotokollen Solotarjows Wechsel von der Sogrin- in die Djatlow-Gruppe überhaupt nicht auf. Das ist eine von vielen »Verschwiegenheiten« in Bezug auf Semjon, die auf den ersten Blick völlig unverständlich sind. Solotarjow unterschied sich schließlich stark von den anderen verstorbenen Wanderern. Außerdem stellte der Ermittler Iwanow keine Fragen zu den Biografien der Verstorbenen beziehungsweise falls er sie stellte, wurden die erhaltenen Antworten nicht in die Akte aufgenommen. Und das geschah womöglich nicht von ungefähr, denn wenn Solotarjow auf der Ebene der städtischen Wanderzentrale oder des Wanderklubs des Polytechnischen Instituts verdeckte Hilfe von KGB-Agenten erhalten hatte (anders konnte es nicht gewesen sein), durfte dies nicht in den offiziellen Ermittlungsdokumenten erscheinen. Alles musste so aussehen, als hätte die Situation sich von selbst gelöst: Ein Mann bat erfolgreich um einen Wechsel der Gruppe.

Es gibt also einen ernsthaften Kandidaten für die Mitwirkung an der Operation der kontrollierten Lieferung: Semjon Alexejewitsch Solotarjow. Allerdings ist eine einzelne Aufsichtsperson aus verschiedenen Gründen ein bisschen wenig. Erstens muss das Gut rund um die Uhr beaufsichtigt werden, was eine Person aus physiologisch offensichtlichen Gründen nicht leisten kann. Zweitens sind die Beobachtungen und Schlussfolgerungen einer Person immer subjektiv und sogar der ehrlichste Mitarbeiter der Staatssicherheit ist manchmal versucht, seine persönlichen Verdienste in der schwierigen Untergrundarbeit hervorzuheben oder sie sogar zu übertreiben und etwas dazuzuerfinden. Deshalb ist ein zweites Paar Augen nicht nur eine Absicherung, sondern auch eine unabdingbare Kontrolle.

Bei der Theorie der kontrollierten Lieferung wurde von Anfang an mitbedacht, dass es neben Solotarjow einen zweiten KGB-Verbindungsmann geben musste. Dies lenkt die Aufmerksamkeit auf die Personen, die gemeinsam mit ihm in der Schlucht gefunden wurden, da dieser zweite nach den unvorhergesehenen Entwicklungen am Cholat Sjachl unweigerlich bei Solotarjow bleiben musste. Wenn auch nur deshalb, weil er Semjons wahres Gesicht kannte und wusste, dass er der Anführer war. Das schränkt die Auswahl des geheimnisvollen zweiten auf zwei Kandidaten ein: Nikolai Thibeaux-Brignolle und Alexander Kolewatow. Ersterer hätte für die Rolle perfekt gepasst, vor allem da er ähnlich wie Solotarjow fast vollständig bekleidet, das heißt besser auf Unvorhergesehenes vorbereitet war als die anderen. Allerdings kollidiert diese Überlegung mit anderen Argumenten. Es reicht, eines davon anzuführen, um Thibeaux-Brignolles Mitwirken an der verdeckten KGB-Operation ausschließen zu können. Nikolai stammte aus einer Familie, die Repressalien ausgesetzt gewesen war, und das ließ an seiner Loyalität der Sowjetmacht und ihrem Geheimdienst gegenüber zweifeln. Bei der Bewertung von Nikolais Persönlichkeit durch KGB-Mitarbeiter überwog dieser Nachteil alle denkbaren Vorteile.

So bleibt nur Alexander Kolewatow, der bis heute eine unbekannte Größe ist, über den es nichts Besonderes zu sagen gibt. Anscheinend war er ein gewöhnlicher Student im vierten Studienjahr an der Physikalisch-Technischen Fakultät des UPI, ein gebürtiger Uralbewohner wie einige andere aus der Wandergruppe (abgesehen von Semjon Solotarjow, Georgi Kriwonischtschenko, Rustem Slobodin und Juri Doroschenko). Es gibt keinerlei Hinweise auf eine Verbindung zum KGB, man hätte genauso gut jeden anderen aus der Gruppe verdächtigen können. Doch dieser Eindruck ändert sich, wenn man zwei von Alexej Koskin entdeckte Dokumente näher betrachtet: eine Beurteilung Kolewatows und seinen Antrag zur Aufnahme in das zweite Studienjahr am Polytechnischen Institut in Swerdlowsk.

Alexander Kolewatow

Worum geht es? 1953 schloss er mit 19 Jahren die Fachschule für Bergbau und Metallurgie in Swerdlowsk ab und wurde nach Moskau versetzt. Und zwar nicht einfach nur nach Moskau, sondern an eines der geheimsten wissenschaftlichen Forschungsinstitute der UdSSR zur Umsetzung des »Uranprojekts«. Es handelte sich um das sogenannte Laboratorium »B«, gegründet im Mai 1946 als Teil der 9. Verwaltung des sowjetischen NKWD zum Schutz vor ionisierender Strahlung. Dieses Labor hatte sich innerhalb von nur einem Jahr zu einem eigenen Institut entwickelt, das anfangs in Tscheljabinsk angesiedelt war und nach 1949 nach Tscheljabinsk-40 übersiedelte. Ja, genau in die »Atomstadt«, in der etwas später Georgi Kriwonischtschenko arbeitete und wo im September 1957 eine der weltweit größten technischen Atomkatastrophen passierte. Im Januar 1953 wurde dieses namenlose »Nummerninstitut« (Postfach Nr. 3394) nach Moskau verlegt, wo es nach einiger Zeit dem Ministerium für Mittleren Maschinenbau unterstellt wurde und im Januar 1967 den nichtssagenden Namen Allsowjetisches Wissenschaftliches Forschungsinstitut für Anorganische Materialien erhielt. Diese ehrwürdige Institution wurde vom Gründungszeitpunkt an von

Alexander Konstantinowitsch Uralez-Ketow geleitet, der auch die oben erwähnte Beurteilung Alexander Kolewatows unterschrieb.

Anfang der 50er Jahre war es ziemlich schwierig, Arbeit in Moskau zu finden. Die Hauptstadt bot ihren Bewohnern den größtmöglichen Komfort: eine gut organisierte Versorgung mit Nahrungsmitteln und Industriewaren, stabile städtische Transportmittel, öffentliche Ordnung und vorbildlich arbeitende Kommunaldienste. Hier gab es die besten Theater und die faszinierendsten Kunstausstellungen, hier erschienen die literarischen Neuheiten, hier war die intellektuelle Blüte der sowjetischen Gesellschaft am Werk. Nicht umsonst schrieb der Dichter Alexander Twardowski über das Moskau jener Zeit: »Mit der Hauptstadt wird man belohnt.« Aufgrund der Meldepflicht konnte man nicht einfach in die Stadt kommen und selbstständig nach Arbeit suchen. Nur Moskauer erhielten hier eine Arbeit, für Nichtmoskauer war eine Festanstellung in der Hauptstadt gleichbedeutend mit einem Lotteriegewinn.

Alexander Kolewatow gewann in dieser Lotterie. Als Absolvent einer gewöhnlichen Fachschule für Bergbau und Metallurgie im abgelegenen provinziellen Swerdlowsk schaffte er es, dem geheimen wissenschaftlichen Forschungsinstitut in Moskau zugewiesen zu werden. Das ist kein schlechter Start ins Arbeitsleben – eine sichere Arbeit mit einer Geheimhaltungszulage von 15 Prozent, eine Wohngenehmigung in der Hauptstadt, ein Platz im Wohnheim, das Gefühl, etwas zu einer großen Staatsangelegenheit beizutragen (was einem jungen Menschen durchaus wichtig ist). Alexander kam mit interessanten Menschen zusammen, war an der innovativsten Suche der wissenschaftlichen Welt beteiligt (wenn auch nur als Laborant), und er fand Zeit für seine Hobbys, Zielschießen und Wandern. Während seiner Zeit in Moskau bestieg Kolewatow den Berg Sablja im Subpolarural, etwa 300 Kilometer nördlich vom Otorten gelegen. Er wurde vom Wehrdienst befreit, da seine Arbeit im wissenschaftlichen Forschungsinstitut für die Verteidigungsindustrie relevant war. Alexander Kolewatow führte also ein privilegiertes Leben. Er blieb drei Jahre lang Laborant, von August 1953 bis September 1956, wie es für einen jungen Spezialisten üblich war.

Im Jahr 1955 immatrikulierte er sich im Allsowjetischen Polytechnischen Institut für Fernunterricht, um so mit wenig Aufwand einen Hochschulabschluss zu erlangen. Nicht umsonst galten Fernstudien in der Sowjetzeit als leichte Übung, denn der Studienaufwand war viel niedriger als bei regulären Studienformen. Fernstudenten waren in der Regel Personen von außerhalb der Stadt, die bereits gearbeitet und oft auch eine Familie hatten, und die Lehrenden behandelten sie bis zu einem gewissen Grad herablassend. Gleichzeitig unterschieden sich die Diplome von Fernstudien und regulären Studien nicht, und die Besitzer Letzterer wurden nicht bevorzugt behandelt. Für Alexander Kolewatow war das Studium am Allsowjetischen Polytechnischen Institut für Fernunterricht ein wahres Geschenk, da er so ruhig im Moskauer »Postfach« weiterarbeiten konnte, während der Prüfungszeit bezahlten Urlaub erhielt und sich ohne besondere Anstrengungen auf das ersehnte blaue Büchlein mit der eingeprägten Aufschrift »Diplom« freuen konnte.

Doch nach dem ersten Studienjahr beschloss Alexander Kolewatow, das Institut zu wechseln und regulärer Student zu werden, weshalb er aufhören musste zu arbeiten. Und weil er am Swerdlowsker UPI studieren wollte, musste er auch von Moskau nach Swerdlowsk umziehen. Diese Entscheidung ist völlig unerklärlich, da seine Situation sich in jeder Hinsicht zum Nachteil veränderte.

Kolewatow schuf sich damit nur Probleme. Er verlor seine Arbeit und damit auch sein Gehalt. Anstelle eines gemütlichen Fernstudiums, das nur in der Prüfungszeit etwas stressiger wurde (wofür er aber bezahlten Urlaub erhielt), musste Kolewatow sich an einen viel aufwendigeren Stundenplan gewöhnen. Zwar genoss er als regulärer Student alle Vorzüge des Studentenlebens, doch das darf nicht überbewertet werden. Und eine Wohngenehmigung in Swerdlowsk war in jener Zeit mit einer in Moskau nicht zu vergleichen.

Der Umzug nach Swerdlowsk ließe sich durch den Verlust seines Arbeitsplatzes erklären: Wenn Alexander seine Einkommensquelle verloren hätte, wäre eine Rückkehr in die Heimat verständlich gewesen. Doch der Ablauf war anders, Kolewatow wechselte vom Fernstudium zum UPI und wurde erst dann gekündigt, eben weil das reguläre Studium am UPI beginnen sollte.

Man sieht hier eine deutliche Parallele zu Semjon Solotarjow, beide zogen aus einer bessergestellten Region in den Ural. Zu so einem Schritt entschloss sich niemand ohne gewichtigen Grund. Offenbar verschaffte ein Studium am Swerdlowsker Polytechnischen Institut Kolewatow gewisse Vorteile, die er durch das Fernstudium nicht bekommen hätte. Welche konnten das sein?

Zunächst gab es an dieser Hochschule einen Lehrstuhl für Militärwesen, nach dem Studium konnte man das Institut mit dem Dienstgrad Reserveoffizier abschließen. Das war am Allsowjetischen Polytechnischen Institut für Fernunterricht nicht möglich. Der Offiziersrang befreite von der Einberufung zum aktiven Wehrdienst als Soldat. Doch für das Moskauer Institut hätte Kolewatow diesen Dienstgrad eigentlich nicht gebraucht. Das Wissenschaftliche Forschungsinstitut des Ministeriums für Mittleren Maschinenbau konnte ihm einen Aufschub der Einberufung sichern. (Der Aufschub musste bis zum Erreichen des 27. Lebensjahrs jährlich erneuert werden.) Die Einberufung zum aktiven Wehrdienst wäre für Kolewatow allerdings vorteilhaft gewesen. Ihn hätte eine Festanstellung im Unternehmen erwartet und nach der Rückkehr aus der Armee wäre er kein junger Spezialist mit zeitlich begrenzter Wohngenehmigung in Moskau gewesen, sondern ein Angestellter mit entsprechendem Wohnraum. Alexander Kolewatow wäre also ein hundertprozentiger Moskauer geworden mit einem Ingenieursdiplom vom Allsowjetischen Polytechnischen Institut für Fernunterricht.

Doch das reichte ihm nicht. Offenbar hatte Alexander einen besseren Lebensplan, der den Dienstrang eines Reserveoffiziers erforderte.

Das Moskauer Wissenschaftliche Forschungsinstitut, in dem Alexander Kolewatow als Laborant arbeitete, war von Mitarbeitern und Agenten des KGB durchdrungen. Sie wurden allerdings nicht von der geheim-operativen Abteilung der lokalen Verwaltung der Staatssicherheit betreut, sondern von der Spionageabwehrabteilung. Zweifellos kannte Kolewatow den Betreuer aus dem Aufsichtsdienst des Unternehmens sehr gut und laut Beurteilung hatte er sich von seiner besten Seite gezeigt.

Um in seinem Arbeitsbereich Karriere zu machen, begann Kolewatow das Fernstudium. Doch dann erhielt er ein viel verlockenderes Angebot vom KGB, wo man junge, gesunde, sportliche Komsomolzen gut brauchen konnte. Alexander Kolewatow war ein hervorragender Sportler, Wanderer, Mitglied des Komsomolbüros, Leiter der Schießabteilung, Inhaber der dritten Leistungsklasse für Erwachsene in der Kugeldisziplin. Zugegeben, nicht die höchste Klasse, doch schießen konnte man auch beim KGB lernen. »Wollen Sie bis ins hohe Alter die Härte von Vanadium-Legierungen nach Rockwell und Brinell messen oder sich vielleicht mit etwas Verantwortungsvollerem beschäftigten?«, das wurde Alexander möglicherweise beim Sondierungsgespräch im Büro des stellvertretenden Aufsichtsdirektors gefragt. Kolewatow lehnte dieses Angebot nicht ab, niemand an seiner Stelle hätte es abgelehnt. So ein Angebot war ehrenhaft, es bewies, dass man das Vertrauen der Leitung besaß, und verhieß glänzende Perspektiven.

Für so eine Karriere taugte allerdings das Fernstudium am Polytechnischen Institut nicht. Dazu brauchte man ein reguläres Studium an einem Lehrstuhl für Militärwesen und beim Abschluss die Schulterstücke eines Reserveoffiziers. Aus diesem Grund erfolgte der interessante Transfer nach Swerdlowsk ans UPI. Warum inte-

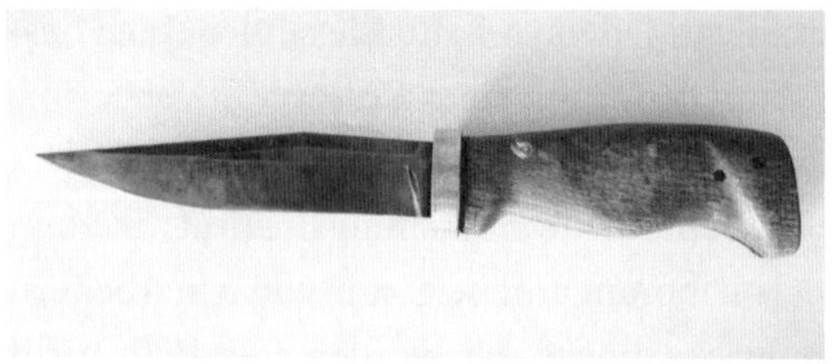

Selbst gefertigtes Finnenmesser aus der Mitte der 50er Jahre, wie es die Wanderer dabeigehabt haben könnten. Die Klinge ist aus Werkzeugstahl, der Griff aus Teakholz, darin ein Bohrloch für einen Ring oder eine Aufhängung.

ressant? Weil es in der UdSSR nicht üblich war, von einem Fernstudium in ein reguläres Studium zu wechseln (umgekehrt schon, aber das Fernstudium war z. B. weniger anspruchsvoll, wie bereits erwähnt). Kolewatow hätte niemals vom Allsowjetischen Polytechnischen Institut für Fernunterricht ans Swerdlowsker UPI wechseln können, wenn nicht eine einflussreiche Person verdeckt für ihn angefragt hätte. Dass es möglich war, lässt auf eine sehr überzeugende Anfrage schließen.

Es ist klar, warum Alexander gerade an das UPI wechselte. Erstens kehrte er in seine Heimat zurück, was die Eingewöhnung vereinfachte, und zweitens bildete das Swerdlowsker Polytechnische Institut Spezialisten für die Arbeit in den Atomanlagen im Ural und in Sibirien aus. Durch das Studium am UPI konnte Kolewatow ganz ungezwungen viele seiner zukünftigen Kollegen kennenlernen, was seinen Wert als zukünftiger Mitarbeiter bei der Spionageabwehr erhöhte.

Hier ein weiteres wichtiges Detail: Alexander Kolewatow besaß ein Finnenmesser mit schwarzem Griff und einer Lederscheide. So ein Messer war damals nichts Besonderes, findige Lagerinsassen schleiften ständig Sägen und Feilen zu Messern mit den typisch zusammengesetzten Griffen aus Plexiglas- oder Kunststoffringen. Doch Kolewatows Finnenmesser war bei der Miliz registriert und er besaß eine Bewilligung dafür. Da hielt sich jemand aber ungewöhnlich genau an das Gesetz! Und das zu einer Zeit, als jeder zweite Berufsschüler einen Schraubenzieher, eine Ahle oder eine Feile in der Jackentasche mit sich trug und nach Einbruch der Dämmerung ganze Stadtteile von Jugendbanden kontrolliert wurden. Kolewatows Gesetzestreue erklärt sich nur dadurch, dass er keinen schwarzen Fleck in seinem Lebenslauf riskieren wollte, etwa eine Festnahme wegen illegalen Waffenbesitzes mit entsprechender Protokollaufnahme in der Miliz. So viel Wert auf einen makellosen Lebenslauf legt nur ein Mensch mit großen Plänen für die Zukunft. Wegen einer vorübergehenden Festnahme hätte man ihn nicht des Instituts oder des Lehrstuhls für Militärwesen verwiesen, daran wäre die Ingenieurskarriere von Alexander Kolewatow nicht gescheitert. Auch ins Gefängnis wäre er für einen einmaligen Gesetzesverstoß nicht gekommen.

Ganz anders lagen die Dinge bei einem KGB-Anwärter: Hier konnte eine Festnahme durchaus einen Ablehnungsgrund darstellen. Wenn Alexander 1957 tatsächlich in die Personalreserve des KGB aufgenommen und ihm eine Stelle im Geheimdienst nach Studienabschluss versprochen wurde, musste er jeden auch noch so trivialen Gesetzesverstoß vermeiden. Deshalb ließ Alexander sein Messer bei der Miliz registrieren.

Welcher Schluss ergibt sich aus alldem? Es kann nicht mit Sicherheit behauptet werden, dass Alexander Kolewatow Kontakte zum KGB hatte, allerdings lassen seine ungewöhnlichen Lebensumstände dies mit hoher Wahrscheinlichkeit vermuten.

Auf diese Weise legen die Biografien zumindest zweier Personen aus der Djatlow-Gruppe eine feste Verbindung zum KGB nahe. Das sind Solotarjow, der perfekt für die Rolle des Leiters des Agentennetzes (des Residenten) passt, und Kolewatow, der möglicherweise seit seiner Übersiedlung von Moskau nach Swerdlowsk Teil dieses Agentennetzes war. Hier stellt sich die begründete Frage: Welche Rolle spielten Georgi Kriwonischtschenko und Rustem Slobodin bei

Georgi Kriwonischtschenko

der Operation der kontrollierten Lieferung, und wussten sie überhaupt davon?

Kriwonischtschenkos Rolle war wohl sehr wichtig, mehr noch als die von Solotarjow und Kolewatow. Heutzutage gibt es viel veröffentlichtes Material über die Einschleusung von NATO-Spionen in die UdSSR, deshalb kann man gut ermessen, wie sich ausländische Spione gegen die Aktivitäten der sowjetischen Spionageabwehr absicherten. Die Amerikaner legten allergrößten Wert auf unangekündigte Überprüfungen ihrer Agenten und Informationsquellen. So musste zum Beispiel ein Agent drei Stunden nach seiner erfolgreichen Landung ein vereinbartes Signal übermitteln. Diese Anforderung beruhte auf einschlägigen Erfahrungen: Wenn sich ein Agent nicht in den ersten Stunden meldete, hatte das einen Grund – entweder war er auf der Flucht oder bereits gefangen. In drei Stunden konnte man einen gefangenen Agenten nicht umdrehen, deshalb gab er wahrscheinlich das Signal »Arbeit unter Überwachung«. Das sowjetische MGB beziehungsweise der KGB kannte diese Vorgehensweise natürlich und versuchte deshalb, die Fallschirmspringer nicht im Landungsgebiet zu ergreifen, sondern erst ein paar Tage später in einiger Entfernung davon. So konnte der ausgesetzte Agent der Geheimdienstzentrale seine erfolgreiche Landung melden und sich an die Erfüllung seiner Aufgabe machen.

Georgi Kriwonischtschenko (in der Mitte) mit Freunden

Doch die NATO-Geheimdienste hatten noch Dutzende anderer Kunstgriffe auf Lager, um von der Aufdeckung eines Agenten zu erfahren. So wurde dem Agenten beispielsweise während der Kontaktaufnahme manchmal aufgetragen, Einzelheiten zu Gegenständen, die er bei sich hatte, mitzuteilen. Das konnte die Markierung einer bestimmten Patrone im Magazin seiner Pistole sein oder die Anzahl der Kettenglieder bei seiner Armbanduhr. Für die Antwort blieb nur wenig Zeit, meist nicht mehr als fünf bis zehn Minuten. Die Logik dahinter ist klar – bei einer Festnahme durch den KGB wurden dem Agenten seine Waffe und die Uhr abgenommen, deshalb konnte er diese Fragen nicht beantworten.

Die Initiatoren der kontrollierten Lieferung rechneten mit einer möglichen Überprüfung durch die Amerikaner beim Treffen in der Taiga. Wie diese Überprüfung aussehen würde, konnte niemand voraussehen, deshalb musste man besonders auf der Hut sein. Wenn in der Operation vereinbart war, dass die »Lieferung« aus Tscheljabinsk-40 stammte, brauchte man eine Person, die die

Gegebenheiten dort kannte. Weder Solotarjow noch Kolewatow verfügten über dieses Wissen. Selbst wenn der KGB ihnen eine Dienstreise in die Anlage verschafft und sie entsprechend instruiert hätte, wären ihnen trotzdem viele Details verborgen geblieben. Der Informationsstand der Gegenseite war nicht bekannt, deshalb musste man mit höchst unerwarteten und hinterlistigen Kontrollfragen rechnen, die Vor- und Vatersnamen dieses oder jenes Leiters oder genaue technische Details betrafen. Der amerikanische Geheimdienst konnte ohne Weiteres über die Anzahl der Fenster oder Stockwerke eines bestimmten Gebäudes Bescheid wissen, und ein Außenstehender würde sich da mit Sicherheit blamieren. Kriwonischtschenko jedoch, der bereits mehrere Jahre in Tscheljabinsk-40 gearbeitet hatte, wäre aufgrund seiner Betriebserfahrung für solche Fragen gewappnet gewesen. Kein im Schnellsiedeverfahren ausgebildeter KGB-Mitarbeiter hätte ihm bei einer möglichen Überprüfung das Wasser reichen können. Deshalb war Georgi in dieser Situation unabkömmlich. Auch seine äußere Erscheinung entsprach vollkommen dem erwarteten arglosen Intelligenzija-Typ: Mit abstehenden Ohren, spindeldürr und nur 169 Zentimeter groß machte er den Eindruck eines harmlosen Burschen, der gerade erst das Institut abgeschlossen hatte, das ganze Gegenteil eines brutalen KGBlers. Außerdem war Kriwonischtschenko ein Absolvent des UPI, kannte Igor Djatlow gut und daher war es für ihn viel einfacher, sich einer Wanderung von UPI-Studenten anzuschließen, als für den unbekannten Semjon Solotarjow.

Georgi Kriwonischtschenkos Geschichte weist ein ziemlich interessantes Detail auf, das bei allen Theorien außer jener der kontrollierten Lieferung stillschweigend übergangen wird. Es kann auch nicht erklärt werden ohne eine verborgene Kraft (eine »geheimnisvolle Instanz hinter den Kulissen«), die die Personen dieser Geschichte wie Spielfiguren auf einem Schachbrett bewegte.

Worum geht es?

Wie bereits erwähnt, kündigte Solotarjow vor der Wanderung bei der Touristenherberge Kourowka, doch nicht nur er verließ seinen Arbeitsplatz. Auch Kriwonischtschenko beendete die Arbeit in Tscheljabinsk-40, erhielt seine Abrechnung und konnte nicht mehr zurück. Aus den heute bekannten Dokumenten der Personalabteilung des ehemaligen Postfachs 404 ist bekannt, dass Georgi Kriwonischtschenko auf die Baustelle einer anderen »Atomstadt« abkommandiert worden war: nach Krasnojarsk-26, in die Bauleitung mit der Postfachnummer 73. Georgi erhielt die Endabrechnung am 19. Januar 1959, ihm blieben 29 Kalendertage bezahlter Urlaub, und er musste am 21. Februar 1959 in der Region Krasnojarsk erscheinen.

Wenn man sich aufmerksam mit all diesen Daten und Zahlen auseinandersetzt, merkt man, dass sie keinen Sinn ergeben. Als Erstes betrug der jährliche bezahlte Urlaub damals 14 Kalendertage. Er wurde folgendermaßen berechnet: Nach Arbeitsbeginn musste man ohne Unterbrechung mindestens elf Monate arbeiten, bevor man einen Urlaubsantrag stellen konnte. Nach sechs oder zehn Monaten konnte man nicht in Urlaub gehen, es mussten elf volle Monate sein. Kriwonischtschenko hatte am 11. September 1957 beim Postfach 404 zu arbeiten begonnen, also ging er ziemlich genau Mitte August 1958 das erste Mal in Urlaub. Bis zum nächsten Urlaubsantrag mussten mindestens sechs weitere Monate vergehen. Im dritten und letzten Arbeitsjahr gab es keine strengen Urlaubszeitbeschränkungen mehr, doch die Personalabteilung entließ Mitarbeiter am Anfang des Arbeitsjahrs nur ungern in den Urlaub, da dies bei Kündigungen, Todesfällen, längeren Erkrankungen und so weiter zu Problemen bei der Abrechnung führen konnte. Diese Details tun aber bei Georgi Kriwonischtschenko nichts zur Sache, da er nicht einmal zwei Jahre dort arbeitete, das heißt, bei ihm ist die Berechnung der Urlaubszeiten klar.

Den ersten Urlaub verbrauchte er also vollständig im August/

September 1958, wonach er die nötige Zeit für den zweiten Urlaub abarbeiten musste. Aber das schaffte er nicht, weil er am 19. Januar 1959 kündigte. So betrug die für den zweiten Urlaub anrechenbare Arbeitszeit nur fünf Monate, weniger als ein halbes Jahr. Er konnte also im Januar 1959 auf keinen Fall den ganzen bezahlten Urlaub von 14 Kalendertagen erhalten. Er hatte höchstens auf sechs Tage Anspruch, und auch das war nicht sicher. Wenn einem Arbeiter weniger als der halbe Urlaub zustand, wurde ihm gewöhnlich angeboten, sich die Urlaubstage auszahlen zu lassen. Im vorliegenden Fall wäre das ein großzügiges Angebot gewesen, bei Georgis Gehalt von 1200 Rubel im Monat hätte ihm die Auszahlung etwa weitere 300 Rubel gebracht.

Doch es gab noch ein Problem mit Kriwonischtschenkos Urlaubstagen. Er hatte schließlich nicht einfach gekündigt, sondern wechselte in eine Struktur, die ebenfalls zum Ministerium für Mittleren Maschinenbau gehörte, er würde im selben Bauleitungsbereich arbeiten wie zuvor. Seine Arbeitszeit galt nicht als unterbrochen, somit änderte sich auch die Berechnung seines nächsten Urlaubsanspruchs nicht. In der Praxis hieß das, dass der Urlaub vom alten Arbeitsplatz am neuen erhalten blieb. Anders ausgedrückt: Wenn Kriwonischtschenko in Tscheljabinsk-40 für Mai 1959 einen Urlaub geplant hatte, galt dieser Maiurlaub mit derselben Dauer auch nach seinem Wechsel nach Krasnojarsk-26. Dieser Logik zufolge durfte Kriwonischtschenko beim Wechsel überhaupt keine Urlaubstage (oder eine entsprechende Ausgleichszahlung) erhalten.

Die restlichen 15 Tage, die das Personalbüro für Georgi berechnet hatte, der sogenannte Freizeitausgleich, sind noch merkwürdiger. Aus ziemlich offensichtlichen Gründen war es nicht erlaubt, sich Freizeitausgleichstage anzusparen. »Freizeitausgleich für schädliche und gefährliche Arbeitsbedingungen« stand den Arbeitern des Ministeriums für Mittleren Maschinenbau nicht einfach für eine abstrakte Schädlichkeit zu, sondern für die radioaktive Strahlung, der sie ausgesetzt waren und die nahe am zulässigen Limit lag oder es sogar überschritt. Die Arbeiter durften der Arbeit fernbleiben, damit die Strahlendosis sich über einen möglichst großen Zeitraum »verlaufen« konnte, in dem der Organismus sich selbst regulieren, die verstrahlten Zellen (vor allem Blutzellen) abbauen und sich mehr oder weniger erholen konnte. Während des Freizeitausgleichs nahm der Arbeiter eine bestimmte Medizin, Vitamine und trank guten Rotwein, der traditionellerweise zum Speiseplan der in der Atomindustrie Beschäftigten und der Besatzung von Schiffen mit Atomantrieben gehörte. Der Freizeitausgleich diente also der Selbstregeneration des Organismus. (Ob diese Maßnahmen wirksam waren und was die Arbeiter dazu meinten, ist ein anderes Thema, doch das würde den Rahmen dieser Abhandlung sprengen.)

Wenn man diese Tage ansparte, sie also nicht sofort verbrauchte, sondern dem Urlaub anschloss, verlor der Freizeitausgleich jeden Sinn. Was nutzte es, wenn ein Mensch, der das Limit der Strahlendosis erreicht hatte, am nächsten Tag wieder zur Arbeit ging, wieder dieselbe Strahlendosis erhielt und die darauffolgenden Tage ebenfalls? Am Ende litt er an der Strahlenkrankheit, hatte aber dafür eine Woche Freizeitausgleich angespart. Das brachte dem Versehrten oder Verstorbenen gar nichts.

Doch selbst wenn man über Kriwonischtschenkos 15 zusätzliche bezahlte Tage hinwegsieht und annimmt, dass er sie einfach seinem Urlaub anhängen durfte, gibt es trotzdem eine wesentliche Diskrepanz. Georgi erhielt 29 bezahlte Tage (obwohl er 29–7 = 22 Tage hätte erhalten müssen, da er kein ganzes zweites Jahr gearbeitet hatte) und hätte am 21. Februar 1959 an seinem zugewiesenen Arbeitsplatz in der Region Krasnojarsk erscheinen müssen. Wunderbar! Wenn man vom 21. Februar 29 Tage zurückzählt und sogar daran denkt, dass der Januar 31 Tage hat, sieht man, dass die Personalabteilung im Postfach 404 Georgi nicht am 19., sondern am 23. Januar hätte abrechnen müssen.

Zu bedenken ist, dass die Endabrechnung in einem geschlossenen Betrieb eine anspruchsvolle Prozedur war, die einen ausgefüllten Laufzettel verlangte und nicht besonders schnell abgewickelt werden konnte. Da zwischen Tscheljabinsk-40 und Swerdlowsk mindestens 115 Kilometer auf einer kurvenreichen und unebenen Straße liegen, konnte Georgi Kriwonischtschenko es einfach nicht schaffen, die notwendigen Tätigkeiten am Arbeitsplatz abzuschließen, nach Hause zu fahren, die Wandersachen in einen Rucksack zu packen, dann ins Studentenwohnheim zu fahren und sich mit der ganzen Gruppe gemeinsam zum Bahnhof aufzumachen.

Aus diesem Grund konnte Kriwonischtschenko Tscheljabinsk-40 nur am 19. Februar verlassen haben, doch der Mitarbeiter der Personalabteilung, der für seine Personalakte zuständig war, machte einige eindeutige Schnitzer. Er verrechnete sich bei der Urlaubsdauer für das zweite Arbeitsjahr, zu dieser falschen Zahl addierte er fälschlicherweise die angesammelten Freizeitausgleichstage, bekam eine falsche Summe heraus und zählte sie zum Abrechnungstag dazu, was schließlich überhaupt keinen Sinn mehr ergab. Selbst wenn man die falsche Berechnung beiseitelässt, musste Kriwonischtschenko nach 29 Tagen Urlaub und Freizeitausgleich in der Region Krasnojarsk nicht am 21. Februar erscheinen, sondern am 17.! Wenn man auch noch berücksichtigt, dass Georgi tatsächlich nur fünf oder sechs Urlaubstage zustanden und nicht 14, kommt man sogar auf den 9. Februar! Merkwürdig, oder? Noch merkwürdiger ist allerdings, dass dieser Fehler niemanden interessierte.

All diese Berechnungen waren reine Fiktion und niemand kam jemals auf die Idee, sie zu überprüfen oder anzuzweifeln. Man kann davon ausgehen, dass eine unsichtbare, jedoch sehr mächtige Instanz sich um das Hauptproblem kümmerte (und es auch löste), nämlich dass Georgi Kriwonischtschenko garantiert bei der Wanderung dabei sein konnte, ohne dass ihn die Bürokratie oder irgendwelche Missverständnisse aufhielten. Zweifellos hatte Georgi alle bürokratischen Pflichten in Tscheljabinsk-40 tatsächlich am 19. Januar 1959 erfüllt, er fuhr danach nach Swerdlowsk und verbrachte einige Tage mit seiner Familie in der Wohnung in der Moskauer Straße. In diesen Tagen wechselte Semjon Solotarjow von der Sogrin- in die Djatlow-Gruppe, und Georgi Kriwonischtschenko spielte als alter Freund von Djatlow dabei keine unwesentliche Rolle. Es fällt außerdem auf, dass Solotarjow sich der Gruppe anschloss, ohne die obligatorischen 350 Rubel in die Wanderkasse einzuzahlen. Alle finanziellen Fragen sollten nach der Wanderung geklärt werden. Kriwonischtschenko musste sich während der Vorbereitungen zur Tour in Swerdlowsk befinden, damit nichts die Operation »kontrollierte Lieferung« in letzter Minute gefährden konnte.

Weiter im Text. Georgi plante zweifellos keine Rückkehr an den früheren Arbeitsplatz, weshalb seine »Abkommandierung« aus Tscheljabinsk-40 echt war. Allerdings hatte er wahrscheinlich auch nicht vor, in Krasnojarsk-26 zu erscheinen. Falls das radioaktive Gut erfolgreich an die »empfangende Partei« übergeben werden konnte, würde er wahrscheinlich entweder weiter in der Operation tätig sein (wenn das geplant war) oder zur Ausbildung in eine der KGB-Schulen geschickt werden, da er sich in der praktischen Arbeit bereits bewährt und persönlichen Mut bewiesen hatte, sowohl bei der Ausführung von geheimen Anweisungen des KGB als auch bei der Erfüllung seiner Dienstpflichten am Arbeitsplatz. (Man denke an die Beseitigungsarbeiten nach dem Unfall 1957.) Von einer besseren Empfehlung konnte man nur träumen.

In diesem Zusammenhang stellt sich die Frage, wie viel Georgi Kriwonischtschenkos Eltern von den letzten Ereignissen seines Lebens wussten. Mit ziemlicher Sicherheit kannte zumindest sein Vater alle Hintergründe der bevorstehenden Wanderung zum Otorten und förderte bis zu einem gewissen Grad sogar die Kontakte seines Sohns zu KGB-Mitarbeitern. Die Arbeit für den KGB war angesehen, lukrativ und hatte einen romantischen Nimbus. Sie war nicht mit dem Arbeitsalltag eines Bauleiters auf einer Baustelle (wenn auch in einem Atombetrieb) zu vergleichen. Aufgrund von Georgis Teilnahme an einer Geheimoperation der 1. Spezialabteilung der zentralen Verwaltung des KGB eröffnete sich ihm ein breites Spektrum an Karriereaussichten. Georgis Vater kannte dieses Gebiet gut, da er seit Ende der 1930er Jahre eng mit leitenden Offizieren des NKWD aus dem Gulagsystem zusammengearbeitet hatte. Häftlinge wurden aktiv auf den Baustellen der Volkswirtschaft eingesetzt und es ist bekannt, dass Alexej Kriwonischtschenko bereits 1940 verschiedene Produktionsprobleme direkt mit Kruglow, dem Stellvertreter von Lawrenti Beria, gelöst hatte. Nach der Verhaftung Berias im Juni 1953 wurde Kruglow Innenminister der UdSSR.

Deshalb hätte Georgi wohl kaum einen radikalen Karrierewechsel geplant, ohne sich vorher mit seinem Vater zu beraten.

In der vom KGB geplanten Operation spielte Georgi Kriwonischtschenko offenbar eine wichtige Rolle. Er musste die Sachen mit dem radioaktiven Staub persönlich übergeben und dabei alle Bedingungen der Operation erfüllen. Solotarjow war der Leiter, er musste möglicherweise die Personen fotografieren, die mit Kriwonischtschenko Kontakt aufnahmen, nachdem sie eine zuvor vereinbarte Parole ausgesprochen hatten (obwohl man Letzteres natürlich nicht mit Sicherheit wissen kann). Alternativ könnte Solotarjow eine komplexere Aufgabe zugekommen sein, bei der er den Kontakt zur Gegenpartei herstellen und die Verhandlungen führen musste. Erinnern wir uns an Semjons seltsame Tätowierungen, die möglicherweise gar nicht echt waren und deshalb vom Gerichtsmediziner Wosroschdjonny nicht regelkonform fotografiert und in Formalin aufbewahrt wurden. Er könnte bemerkt haben, dass Solotarjow keine richtigen Tattoos auf den Armen hatte, sondern Imitate aus wasserfester Tusche.

Vielleicht gehörte es zu Semjons Legende, dass er ehemaliger Gefängnisinsasse war, ein schwerer Junge, ein ehemaliger Soldat der

Rustem Slobodin

Russischen Befreiungsarmee oder ein Polizist – es gibt viele Möglichkeiten, auf die hier nicht im Detail einzugehen ist. Kolewatow war Solotarjows Gehilfe und mochte die Funktion eines »Ersatzspielers« erfüllen, falls Kriwonischtschenko krank werden sollte. Der KGB, der die kontrollierte Lieferung lange vorbereitet hatte, konnte den Ausgang einer wichtigen Spionageabwehroperation nicht vom Gesundheitszustand eines einzelnen Menschen abhängig machen, also war sicher dafür vorgesorgt, dass man Kriwonischtschenko durch jemand anderen ersetzen musste (obwohl es aus den weiter oben beschriebenen Gründen nicht erwünscht war).

Unter den möglichen Beteiligten an der Operation »kontrollierte Lieferung« fehlt noch Rustem Slobodin. Nach Absolvieren des UPI begann er, in einem geschlossenen Betrieb mit der Chiffre Postfach 10 zu arbeiten, besser bekannt unter dem Namen Uralchimmasch. Der Betrieb fertigte Vorrichtungen für den Transport und die Aufbewahrung gefährlicher chemischer Substanzen: Behälter, Kolben und Ähnliches sowie die dazugehörigen Spezialarmaturen – verschiedene Verbindungsstücke, Ventile, Verschlussklappen und so weiter. Neben vielen harmlosen Dingen wie Tanks für den Transport von Düngemitteln wurden im Uralchimmasch damals auch weitaus geheimere Vorrichtungen hergestellt und ausgeliefert, etwa Pumpen zum Befüllen von Fliegerbomben und Containern mit Giftgas oder Treibstofftanks für Raketen verschiedener Klassen.

Die Überzeugung, Kriwonischtschenko habe etwas mit den radioaktiv belasteten Sachen zu tun, gründet sich darauf, dass seine Leiche entkleidet gefunden wurde (ohne Winterhose und Pullover) und dass Kolewatow und Dubinina diese Sachen trugen. Rustem Slobodin kann jedoch keine Verbindung zu den belasteten Kleidungsstücken nachgesagt werden. Die Fotos, die während der Wanderung entstanden, geben keinen Grund zur Annahme, dass Rustem sich angespannt oder unwohl gefühlt hätte (siehe 27. Kapitel, »Die Wanderung aus der Sicht ihrer Teilnehmer«). In Slobodins Biografie fehlen außerdem verdächtige Momente, die engere Kontakte mit dem KGB vermuten lassen. Jedenfalls erlauben die derzeit verfügbaren Informationen keinen anderen Schluss.

## 26. KAPITEL

## DIE THEORIE DER KONTROLLIERTEN LIEFERUNG UND DIE VORBEREITUNGEN ZUR WANDERTOUR

Wie verlief die Operation der kontrollierten Lieferung radioaktiver Sachen durch Georgi Kriwonischtschenko vor dem Hintergrund der angeführten Informationen?

Die komplexe Operation konnte nicht auf der Ebene der territorialen Verwaltung des KGB für Swerdlowsk geplant und umgesetzt worden sein. Die Idee einer solchen Aktion musste aus Moskau stammen, und zwar von einer ziemlich hohen Ebene, da sie die Abstimmung verschiedener Instanzen erforderte: vom Zentralkomitee der KPdSU über den Ministerrat bis hin zur Akademie der Wissenschaften.

Möglicherweise gab die Entdeckung von Aktivitäten eines westlichen Geheimdiensts in Tscheljabinsk-40 oder einem Zulieferbetrieb den Anstoß. Man enttarnte vermutlich einen ausländischen Spion und machte ihn dann zum Doppelagenten. Seine Kontakte wurden natürlich vollständig von der sowjetischen Spionageabwehr kontrolliert.

Die praktische Umsetzung der Desinformationsoperation begann mit der Auswahl eines geeigneten Menschen als Kontaktmann. Dem umgedrehten Agenten konnte man wie jedem Doppelagenten nicht ausreichend vertrauen. Man musste dem ausländischen Geheimdienst eine Person liefern, die von Anfang an bei der sowjetischen Staatssicherheit gearbeitet hatte, sozusagen einen »Patrioten mit Leib und Seele«. Es mag durchaus sein, dass ursprünglich Alexander Kolewatow für diese Rolle vorgesehen war, doch dann fand man einen besseren Kandidaten: Georgi Kriwonischtschenko. Kolewatow war schließlich Student und musste erst in die Atomanlage eingeführt werden. Georgi Kriwonischtschenko dagegen arbeitete bereits in Tscheljabinsk-40 und, ebenfalls nicht unwichtig, sein Vater war eine bedeutende Führungskraft. Er leitete die Baugesellschaft, die Kraftwerksanlagen in der gesamten Uralregion errichtete, und konnte daher als Quelle für verschiedene Geheiminformationen dienen. Deshalb entschied man sich für Georgi, dem die Rolle des bösen Vaterlandsverräters zufiel. Vielleicht wurde Kolewatow vom KGB als Ersatzmann für die Operation betrachtet, falls Kriwonischtschenko aus irgendwelchen Gründen ausschied. Dann hätte Kolewatow einspringen können.

Für Georgi wurde die folgende Legende erschaffen, die über den Doppelagenten den ausländischen Geheimdienst erreichte: Er stammte aus einer reichen Nomenklaturafamilie, war tief enttäuscht von der sowjetischen Realität und träumte davon, den »Duft der Freiheit zu atmen« und in den Westen zu gehen, um dort Boogie-Woogie zu hören und ein Luxusauto mit Lederausstattung zu fahren. Das ist keineswegs eine Übertreibung des Autors. Nach den Weltfestspielen der Jugend und Studenten 1957 in Moskau hegten nicht wenige junge Menschen in der UdSSR solche Fantasien, was natürlich auch im Westen bekannt war. Außerdem konnte man sich Georgi Kriwonischtschenko als klugen Spezialisten vorstellen, der mit Unterstützung seines Vaters bald eine ausgezeichnete Karriere in einem Bereich machen würde, der die westlichen Geheimdienste sehr interessierte. Die im KGB entwickelte Legende wirkte nicht nur glaubwürdig, sondern aus der Sicht eines potenziellen Feindes auch überaus anziehend. Der westliche Geheimdienst vertraute der Information, die ihm zugespielt wurde, und stimmte der Anwerbung von Georgi zu. Der Doppelagent meldete die erfolgreiche Anwerbung seinen Vorgesetzten im Ausland. Und diese erteilten dem neuen Agenten gleich den Auftrag, Staubproben von bestimmten Plätzen im geschlossenen Gebiet der Kyschtym-Anlage (westliche Bezeichnung für das Werk in Tscheljabinsk-40) zur Übergabe vorzubereiten. Natürlich gab es auch Instruktionen, wie der Auftrag am besten zu erfüllen sei, ohne die Aufmerksamkeit der Spionageabwehr zu erregen. Die Ausfuhr der Proben mithilfe von Kleidung wurde als einfachste, vernünftigste und sicherste Lösung angesehen, da man die Radioaktivität auf dem Pullover und der Hose bei einem Misserfolg leichter erklären konnte als ein verdächtiges Päckchen mit verseuchter Erde.

Sobald Kriwonischtschenko diesen Auftrag erfüllt hatte, informierte der Doppelagent die Auftraggeber im Westen. Nun musste das wertvolle Gut dem feindlichen Geheimdienst noch übergeben werden. Ein Treffen in Swerdlowsk schied aus, da die Stadt für Ausländer (und auch für Sowjetbürger) geschlossen war.

Anfang Februar 1959 sollte in Swerdlowsk ein internationaler Wettkampf im Eisschnelllauf stattfinden, was ein außergewöhnliches Ereignis in einem so verschlossenen Land wie der Sowjetunion war. Zweifellos rückte Swerdlowsk für die sowjetischen Geheimdienste schon lange davor ins Zentrum der Aufmerksamkeit, denn für ihre Zwecke versprach der ungezwungene Austausch zwischen Sowjetbürgern und Ausländern großen Nutzen. Außerdem wurden bei solchen repräsentativen Veranstaltungen auch immer die Exekutivbehörden aktiv: Obdachlose wurden vertrieben, die Passkontrollen verschärft, Orte mit Menschenansammlungen kontrolliert. Unter solchen Bedingungen wäre ein persönliches Treffen von Kriwonischtschenko und einem Verbindungsmann des westlichen Geheimdiensts in Swerdlowsk schierer Wahnsinn gewesen. Gar nicht zu reden von einem Treffen mit einem ausländischen Agenten, der unter der Deckung der Botschaft arbeitete.

Ein Treffen war allerdings nötig, aus Sicht des westlichen Geheimdiensts sicher auch, um Kriwonischtschenko kennenzulernen und zu beurteilen, wie man ihn weiter einsetzen konnte. Aus diesem Grund schied eine kontaktlose Übergabe durch Hinterlegen der radioaktiven Sachen in einem Versteck aus.

So entstand die Idee, sich während einer Wanderung zu treffen. Dieses Arrangement bot für westliche Beobachter viele Vorteile. Weitab von bewohnten Gebieten ermöglichte es, die Fortbewegung der Wandergruppe verdeckt zu überwachen und eine eventuelle Eingreiftruppe des KGB rechtzeitig zu bemerken. Außerdem waren bei einem Treffen von zwei Gruppen die Kräfte ausgeglichen, was die Erfolgsaussichten verbesserte, falls die Operation fehlschlagen und eine gewaltsame Lösung nötig werden sollte. All das erhöhte die Überlebenschancen des in die UdSSR geschickten Verbindungsmannes und seiner Begleitung beträchtlich.

Als klar wurde, dass das Treffen mit den Vertretern des ausländischen Geheimdiensts während einer Wanderung stattfinden sollte, begannen die KGB-Betreuer der Operation mit den Vorbereitungen. Wie bereits mehrfach erwähnt, verfügte der KGB in jenen Jahren nicht über Spezialeinheiten im heutigen Sinne dieses Worts. In den operativen Einheiten gab es Mitarbeiter, die für Spezialaufgaben ausgebildet waren (Festnahmen in Wohnungen, Treppenhäusern und auf der Straße, Durchsuchungen, heimliches Eindringen in Gebäude etc.), doch es gab nichts, das mit der heutigen Gruppe »A«* zu vergleichen wäre. Eine mehrtägige Skiwanderung im uralischen Winter durch dünn besiedelte Gegenden überstieg bei Weitem die normalen Einsatzbedingungen der operativen Mitarbeiter des KGB. Nur bei den Grenztruppen gab es Offiziere, die eine solche Aufgabe mühelos meistern konnten, da das Zurücklegen von weiten Strecken auf Ski, winterliche Verstecke und Nachtlager unabdingbare Bestandteile ihrer Einsatzausbildung waren. Deshalb wäre es

* Die Gruppe »A« bzw. »Alfa« ist eine Spezialeinheit des russischen Geheimdiensts zur Terrorismusbekämpfung, deren Mitglieder eine besonders intensive Ausbildung durchlaufen.

nur logisch gewesen, die »Wandergruppe« aus jungen Grenzoffizieren zusammenzustellen, die bereits bewiesen hatten, dass sie Aufgaben aktiv und zeitnah erfüllen konnten.

Doch das geschah nicht, die Gruppe wurde nicht durch Grenzoffiziere vervollständigt. Über die Gründe kann man nur spekulieren, doch offenbar waren sie schwerwiegend genug. Letzten Endes wird eine Studentenwandergruppe am besten von einer Studentenwandergruppe dargestellt, umso mehr, als auch Frauen dabei waren. Gerade weil es so unwahrscheinlich erschien, verdeckte KGB-Mitarbeiter mit einer Gruppe gewöhnlicher Studenten zu entsenden, war diese Variante für die Lösung der Aufgabe optimal.

Natürlich konnte man Kriwonischtschenko nicht allein entsenden. Ein bewährter, findiger Tschekist mit Wandererfahrung war nötig, der Georgi in Schwierigkeiten mit Wort und Tat beistehen und ihm vormachen würde, wie man am besten agierte. So kam Semjon Solotarjow ins Spiel. Er passte perfekt für die Rolle, die er bei der Wanderung zu übernehmen hatte – ein erfahrener Wanderer, älter als die anderen, Junggeselle, sympathisch. Als ehemaliger Frontkämpfer konnte er von vornherein auf großen Respekt und Interesse bei den Studenten zählen.

Ende 1958 formierte sich die Einsatzgruppe allmählich: Kriwonischtschenko, Solotarjow, Kolewatow. Letzterer war nach Meinung des Autors unbedingt erforderlich als Ersatzmann für Georgi, damit keine ungünstigen Umstände (eine Erkrankung, ein Verkehrsunfall, ein Notfall bei den Angehörigen) die ganze Operation zum Scheitern bringen konnten.

Solotarjow näherte sich den UPI-Studenten an und wurde langsam ins Studentenmilieu eingeführt. Wenn Semjon eine Studentenresidentur leiten sollte, musste er ohnehin die Menschen kennenlernen, mit denen er arbeiten würde. Es war wichtig für seine operative Tarnung, dass er das Vertrauen der UPI-Studenten gewann. Semjon wurde von Sergej Sogrin eingeführt, möglicherweise war Djatlow ursprünglich gar nicht als Teilnehmer der KGB-Aktion vorgesehen. Oder genau umgekehrt: Igor Djatlow und seine Gruppe waren von Anfang an bei der Aktion eingeplant und Solotarjows Hinzustoßen musste zufällig und sogar unfreiwillig aussehen. Es gehörte zum normalen Ablauf bei einer operativen Tarnung, zuerst ein Objekt anzuzielen, während in Wirklichkeit ein anderes gemeint war. Hauptsache, man knüpfte die nötigen Kontakte.

Genau das tat Solotarjow Ende 1958 erfolgreich bei einer Silvesterfeier mit UPI-Studenten in der Touristenherberge Kourowka, wo Semjon als leitender Wanderführer arbeitete. Danach besuchte Semjon seine neuen Bekannten ein paar Mal im Studentenwohnheim, zog schließlich bei Sergej Sogrin ein und ließ sogar seine persönlichen Sachen bei ihm. Außerdem plante er eine Wanderung mit Sogrin, zumindest waren alle davon überzeugt.

Zur gleichen Zeit vereinbarten die Moskauer Betreuer der Operation mit dem westlichen Geheimdienst Zeit und Ort für die Übergabe der radioaktiven Proben und für ein persönliches Kennenlernen mit dem Agenten, der unter Mithilfe von Georgi Kriwonischtschenko (beziehungsweise von dessen Vater; einen langfristigen Einsatz musste jedoch der KGB organisieren) langfristig in der UdSSR eingesetzt werden sollte. Kriwonischtschenko ging mit der Djatlow-Gruppe auf eine Wanderung, deren Route und Dauer bereits im November/Dezember 1958 festgelegt worden war, sodass der westliche Geheimdienst ein Treffen an einem ihm passend erscheinenden Ort planen konnte. Der Ort war wirklich gut gewählt, da der Cholat Sjachl der erste Uralberg auf dem Weg der Gruppe war, auf dem kein Wald wuchs, sodass die Zugänge von allen Seiten kontrolliert werden konnten. Er lag etwa gleich weit von verschiedenen Siedlungsorten entfernt. Bis Iwdel und Ous (im Gebiet Swerdlowsk) waren es etwa 130 Kilometer, bis Troizko-Petschorsk (auf der anderen Seite des Uralrückens, in der ASSR der Komi) gut 150 Kilometer. Für einen entsprechend vorbereiteten Aufklärungstrupp wäre es kein Problem gewesen, die genannten Siedlungen in drei bis vier Tagen selbstständig zu erreichen.

Die Überlegungen der Gegenseite sind nachvollziehbar: Ihre Agenten würden vor der Rückkehr der Djatlow-Gruppe die Zivilisation erreichen. Doch der KGB musste sich mit diesem Treffpunkt einverstanden erklären, da man den Gegner nicht in eine offensichtlich nachteilige Lage versetzen durfte – das hätte sofort Misstrauen ausgelöst. Als Datum für das Treffen wurde der erste Tag des letzten Wintermonats gewählt, für jeden leicht zu merken. Natürlich wurden auch die Wartedauer und die Möglichkeit eines zweiten Treffens (wahrscheinlich auf dem Rückweg der Gruppe) vereinbart, falls eine der beiden Seiten den ersten Termin nicht einhalten konnte. Alle technischen Schwierigkeiten wurden ordnungsgemäß aus dem Weg geräumt.

Im Januar 1959 kam ein Vertreter der zentralen Verwaltung des KGB nach Swerdlowsk, der die Vorbereitungen der Operation vor Ort betreute. Wie bei anderen Aktionen, deren Erfolg vom menschlichen Faktor abhing, tauchten laufend verschiedenste Probleme auf, die nur eine Person mit entsprechenden Vollmachten umgehend lösen konnte. Dieser Betreuer musste die Gruppe bis zum Wanderstart unterstützen und ihre Rückkehr mit einem Bericht über die getane Arbeit erwarten. Die Anwesenheit dieser unbekannten Person, ihre unsichtbare Hand, die alle Ereignisse im Zusammenhang mit der Wanderung steuerte, ist in zahlreichen Details spürbar, obwohl ihr Name nie irgendwo festgehalten wurde. Deshalb bleibt sie hier einfach »der Betreuer«.

In dieser Endphase der Vorbereitungen gab es offenbar ein Problem mit dem mobilen Funkgerät. Aus einer Erklärung von Rimma Kolewatowa, die in den Ermittlungsakten enthalten ist, weiß man, dass der Wanderklub über ein Funkgerät verfügte, das die Gruppe hätte mitnehmen können. Gewicht, Größe und Reichweite dieses Geräts sind heute nicht mehr von Bedeutung. Wichtig ist, dass Igor Djatlow ein erfahrener Amateurfunker war, er hatte ein eigens registriertes Rufzeichen, außerdem hatte er genau mit diesem Funkgerät bereits gearbeitet. Er nahm es mit auf die Silvesterfeier, die eine große Gruppe von Swerdlowsker UPI-Studenten in der Nacht vom 31. Dezember 1958 auf den 1. Januar 1959 im Wald zwischen den Bahnstationen Kourowka und Bojzy organisierten, etwa 70 Kilometer von Swerdlowsk entfernt. Igor trug das Funkgerät damals selbst und probierte es für die bevorstehende Wanderung zum Otorten aus.

Allerdings erhielt er es dann doch nicht für die Wanderung. Ist es vorstellbar, dass der KGB seine Mitarbeiter bei einer riskanten Operation nicht mit Kommunikationsmitteln ausstattete? Gegenfrage: War es denn nötig? Versuchen wir zu klären, welche Information die Operationsteilnehmer hätten übermitteln sollen.

Vielleicht wäre es eine vereinbarte Phrase als Zeichen für den Erfolg der Operation gewesen. Eine Mitteilung auf einer bestimmten Frequenz in der Art wie: »Die Sonne scheint, und die Tomate ist rot.« Und am nächsten Morgen hätte der Vertreter des KGB vom Erhalt der Funkmeldung erfahren, in der der planmäßige Ablauf am Hang des Cholat Sjachl mitgeteilt wurde. Und weiter? Die Djatlow-Gruppe hätte ihre Wanderung fortgesetzt, und die ausländischen Agenten wären munter ihres eigenen, niemandem bekannten Wegs gegangen. Schließlich hätten sie Kriwonischtschenko ihr wahres Ziel nicht verraten.

Oder hätten die Teilnehmer an der Operation umfassendere Informationen weitergeben sollen, zum Beispiel genaue Personenbeschreibungen der feindlichen Agenten? Doch wie hätte man das vor Djatlow verbergen können, der als Leiter der Wanderung für alle ausgehenden Funkmeldungen verantwortlich war? Dabei wäre die Konspiration unweigerlich aufgedeckt worden, was aus Sicht des KGB nicht nur unzulässig, sondern völlig überflüssig war. Gab es einen wichtigen Grund dafür, die Merkmale der ausländischen Agenten genau am 1. Februar vom Cholat Sjachl aus zu senden? Reichte es nicht auch noch am 14. Februar vom Postamt in Iwdel aus? Das Verfolgen der Bewegungen der verdeckten Agenten durchs Land, das Enthüllen von Treffpunkten, Parolen und Anwerbungsversuchen hatte Zeit bis nach Solotarjows Telefonanruf aus Iwdel, bereits nach einer Stunde wären die Staatssicherheitsbehörden im ganzen Ural informiert gewesen, nach welchen Burschen man auf Bahnhöfen, in Zugabteilen und Lkws Ausschau halten musste. Selbst wenn die ausländischen Agenten einen gewissen Vorsprung hatten, wie weit wären sie denn gekommen, wenn man die Ausmaße der Uralregion und des ganzen Landes berücksichtigt? Der KGB hatte ohnehin nicht vor, die westlichen Agenten zu fangen, im Gegenteil, die Operation sollte dem ausländischen Geheimdienst weismachen, dass er einen sicheren Zugang zu einer Person aus Tscheljabinsk-40 hatte. Die eingeschleusten Maulwürfe mussten natürlich identifiziert werden, aber das konnten Solotarjow, Kriwonischtschenko und Kolewatow ruhig nach ihrer Rückkehr machen. Möglicherweise indem sie für ein oder zwei Wochen nach Moskau fuhren und die Archive der 2. Hauptverwaltung des KGB (Spionageabwehr) auf Vordermann brachten. Doch im Zelt am Hang des Cholat Sjachl konnten sie sich nicht damit beschäftigen, nicht einmal mit Igor Djatlows Funkgerät vor der Nase. Wozu wurde es dann überhaupt gebraucht?

Im KGB wusste man genau, dass das Funkgerät die ausländischen Agenten beunruhigen konnte. Es trug nichts zur Lösung der Aufgabe bei, sorgte womöglich nur für Schwierigkeiten, also erhielt die Gruppe das Funkgerät gleich gar nicht. Das passierte anscheinend wie von selbst, doch es besteht der dringende Verdacht, dass der Betreuer dabei seine Hände im Spiel hatte. Später konnte niemand schlüssig erklären, warum Djatlow das fest eingeplante Funkgerät nicht erhalten hatte. Doch noch interessanter ist, dass der Staatsanwalt sich bei seinen Ermittlungen überhaupt nicht mit dieser Frage beschäftigte, obwohl sie direkt mit der Organisation der Wanderung zusammenhing. Bei dieser fehlenden Neugier spürt man wieder die unsichtbare Hand des Betreuers, der wohl dazu riet, sich nicht in dieses Thema hineinzusteigern. Der Ermittler Iwanow umging es stillschweigend.

Im Januar 1959 hatte die Gruppe noch andere Probleme. So stellte sich heraus, dass Djatlow nicht an der Wanderung teilnehmen konnte, weil der Lehrstuhl, an dem er erst seit Kurzem arbeitete, ihm nicht freigab. Wenn die Wanderung ausgefallen wäre, hätte das die lange vorbereitete Operation des KGB platzen lassen und das war gänzlich undenkbar, die Wanderung musste unter allen Umständen stattfinden. Aus den Briefen von Thibeaux-Brignolle weiß man, dass bei den Treffen der älteren Wanderer (Djatlow, Thibeaux-Brignolle, Kriwonischtschenko, Slobodin und Axelrod) nach einigen Diskussionen beschlossen wurde, die Wanderung ohne Djatlow zu machen. Thibeaux-Brignolle erwähnte sogar den Namen des neuen Kandidaten für die Leitung der Gruppe, Juri Jewgenjewitsch Werchoturow, ein junger Ingenieur aus Lyswa, der den Wanderklub im dort ansässigen Turbogeneratorenwerk gegründet hatte. Doch der neue Leiter passte dem KGB vor allem deshalb nicht, weil er Solotarjow nicht kannte. Vielleicht verfügte der KGB auch über Informationen zu diesem Mann, die ihn als ungeeignet für die Wandergruppe erscheinen ließen.

Nach einem kleinen Kunstgriff gab der Lehrstuhl Igor Djatlow plötzlich für die Wanderung frei. Dabei musste Djatlow der Arbeit mindestens drei Wochen fernbleiben – ein vollwertiger Urlaub! Jeder, der das sowjetische Arbeitsrecht nicht nur vom Hörensagen kennt, weiß, dass die Personalabteilung nur äußerst ungern Urlaub im Voraus gewährte, das heißt, für dessen Anspruch man noch nicht lange genug gearbeitet hatte. Der erste Urlaub nach Arbeitsantritt wurde gewöhnlich nach elf Kalendermonaten gewährt, der zweite nach weiteren sechs Monaten. Urlaub »auf eigene Rechnung«

(also unbezahlt) war verpönt und wurde von Arbeitskollegen argwöhnisch beäugt. Doch hier unterlief der sowjetischen Verwaltung ein seltsamer Fehler, beziehungsweise man ließ Gnade walten – Djatlow erhielt ein Reiseauftragsdokument. Keine schlechte Dienstreise, bei der man mit Freunden über Berg und Tal wandert. Doch anscheinend fanden sich ausreichend gewichtige Gründe für eine solche Entscheidung. Auch dieser sonderbare »Zufall« wird von Laienerforschern gern übersehen, da er zu keiner Theorie passt. Außer natürlich zu einer, die davon ausgeht, dass von Anfang an eine gewisse mächtige Institution an den Vorbereitungen zur Wanderung beteiligt war und unbemerkt den Wanderern alle Hindernisse aus dem Weg räumte …

Unmittelbar vor dem Aufbruch der Gruppe, nachdem ihre endgültige Zusammensetzung und die Route festgelegt waren, übermittelte der KGB diese Informationen über den vorhandenen Kommunikationskanal an die Gegenseite. (Dabei soll standardmäßig vom amerikanischen Geheimdienst ausgegangen werden, obwohl es prinzipiell auch der Geheimdienst eines anderen NATO-Landes gewesen sein konnte, der englische oder französische etwa.) Die Gegenseite begann, sich auf das Treffen vorzubereiten, und teilte den genauen Ort mit, an dem die Wanderer mit den Agenten zur Übergabe des Guts in Kontakt treten sollten. Aus offensichtlichen Gründen durfte dieser Treffpunkt nicht irgendwo im Wald liegen. Es eignete sich nur ein gut bestimmbarer Orientierungspunkt, wie zum Beispiel der Berg Otorten. Oder der Cholat Sjachl. Da der Zeitplan der Djatlow-Gruppe bereits mit der Abfahrt aus Swerdlowsk bekannt war, war es nicht schwierig, Tag und Ort des bevorstehenden Zusammentreffens festzulegen.

Nun kommen wir zu der Frage, woher die Kleidung mit den Spuren radioaktiven Staubs stammte. Aus dem radiologischen Gutachten ist bekannt, dass die Gruppe mindestens drei radioaktiv belastete Kleidungsstücke besaß: zwei Pullover und eine Hose.

Bekanntlich konnten die Quellen mit Betastrahlung genau lokalisiert werden. (Auf den Pullovern waren das Stellen von 70 bzw. 75 $cm^2$, auf der Hose von 55 $cm^2$.) Das bedeutet, dass die radioaktiven Quellen nicht diffus verteilt, sondern sehr konzentriert waren. Das physikalisch-technische Gutachten zeigte ein deutlich geringeres Verseuchungsniveau, nachdem die Proben in gewöhnlichem kaltem Wasser durchgespült worden waren: Nach drei Stunden sank die Radioaktivität um Dutzende Prozente. Der Staub ließ sich also ziemlich leicht ohne spezielle Chemikalien herauswaschen. Die Kleidung befand sich mit Sicherheit für längere Zeit im Wasser. (Laut Schätzung des Gerichtsmediziners lagen die Leichen mindestens sechs, höchstens 14 Tage im Wasser.) Das heißt, dass die ursprüngliche Verseuchung beträchtlich gewesen sein musste. Die genauen Werte lassen sich heute nicht mehr feststellen, doch man kann eine Annäherung an den Verseuchungsgrad versuchen. Vorausgesetzt, diese Größe verringerte sich jeden Tag, den die Kleidung im Bach lag, um die Hälfte (und das ist eine sehr korrekte Annahme) und die Aktivität betrug nach 14 Tagen im Wasser etwa 200 Becquerel, dann muss die ursprüngliche Aktivität im Bereich von 3 Millionen Becquerel gelegen haben. Diese Schätzung ist nicht übertrieben, eher im Gegenteil, doch das Ergebnis ist auch so beeindruckend. Eine Quelle mit einer Aktivität von 100 000 Becquerel an Betastrahlung gehört zur Kategorie der radioaktiven Abfälle, die unbedingt in einem Endlager entsorgt werden müssen. So etwas darf man auf keinen Fall zu Hause aufbewahren oder länger verwenden, da es die Gesundheit gefährdet. Bei den Pullovern und der Hose liegt eine vielfache (zigfache) Überschreitung des Schwellenwerts von 100 000 Becquerel vor.

Wenn der KGB tatsächlich eine kontrollierte Lieferung radioaktiver Materialien an amerikanische Agenten plante, war es unwahrscheinlich, dass die verseuchten Kleidungsstücke im Haus eines der Wanderer bei seinen Sachen aufbewahrt wurden. Die extra für die Übergabe präparierten Kleidungsstücke hatten einen hohen Wert für die Initiatoren der Operation und waren sehr gefährlich. Der KGB war seinen Mitarbeitern und Gehilfen gegenüber nie so zynisch eingestellt, dass er ihr Leben umsonst aufs Spiel gesetzt hätte. Deshalb übergab man den Wanderern die Sachen erst in den letzten Stunden vor dem Beginn der Tour.

Und dafür gibt es eine ziemlich unerwartete indirekte Bestätigung.

Die Gruppe um Igor Djatlow erhielt ursprünglich wetterfeste Kleidung (Kapuzenjacken und Hosen) vom Wanderklub des Polytechnischen Instituts. Die Kleidung war nicht optimal, aber in jener Zeit wohl das Beste, was die sowjetische Konsumgüterindustrie herstellen konnte. Doch direkt vor Beginn der Wanderung wurde die Kleidung zurückgefordert. Alexander Kolewatows ältere Schwester erzählte davon bei ihrer Befragung durch die Staatsanwaltschaft: »Man kann schon sagen, dass bei der Ausrüstung der Gruppe im Sportklub des UPI um vieles gekämpft werden musste. Mein Bruder ›griff sich‹, wie er es selbst ausdrückte, für jeden Wanderer wetterfeste Kleidung, doch einige Zeit später sagte man ihm, dass die wetterfeste Kleidung nur für Bergsteiger gedacht war, und man verlangte sie zurück (dafür kam jemand zu uns nach Hause). Am letzten Tag, dem Beginn der Wanderung, holte Alexander sich Wollpullover und ›schmuggelte‹ sie nach Hause, indem er drei Pullover gleichzeitig anzog.«

Dieser Umstand klingt absurd – und ist vor allem deshalb interessant. Zuerst erhielten die Wanderer wetterfeste Kleidung in der erforderlichen Menge, also wurde sie in diesem Moment von niemand anderem benötigt. Doch plötzlich erwachte in Lew Semjonowitsch Gordo, dem Leiter des institutseigenen Wanderklubs, das Verwaltungsgenie, das eine Beschädigung von Staatseigentum befürchtete (Zerreißen, Verbrennen oder Sonstiges), und er verlangte die kostbare Ausrüstung unter einem formalen Vorwand zurück. Darüber konnte man sich nur wundern, besonders weil Genosse Gordo nicht einmal über die Wanderroute der Gruppe Bescheid wusste. Wie bereits im 1. Kapitel erwähnt, kannte Mitte Februar 1959, ganz am Anfang der Suchaktion, niemand den genauen Tourenverlauf, da Djatlow im Wanderklub des UPI kein Sitzungsprotokoll der Routenkommission abgegeben hatte. Deshalb musste die Route mühevoll durch Befragung von Bekannten und Verwandten der vermissten Wanderer rekonstruiert werden. Gordo aber sorgte sich um die Ausrüstung. Er befürchtete, man könne seinen Befehl missachten, und schickte sogar jemanden zum Abholen der Kleidungsstücke zu Kolewatow nach Hause. Was für ein Pflichtbewusstsein, man spürt direkt den Geist des erfahrenen Lageristen.

Die erzwungene Rückgabe der wetterfesten Kleidung durchkreuzte die Pläne der Gruppe und drohte, den rechtzeitigen Start der Wanderung zu verhindern. Und in diesem Moment schaffte Alexander Kolewatow äußerst findig Wollpullover herbei, woher, ist nicht bekannt. Die Pullover waren natürlich bei Weitem nicht wetterfest, aber doch ein gewisser Ersatz. Es gab wohl genug davon für alle Teilnehmer, da laut Rimma Kolewatowa der Bruder mehrmals Pullover holen ging. Hier drängt sich der Verdacht auf, dass ein geheimer Helfer unbedingt wollte, dass die Djatlow-Gruppe ihre Wanderung rechtzeitig beginnen konnte. Und kurzerhand das Problem löste.

An diesem Helfer der Djatlow-Gruppe fasziniert besonders seine Anonymität. Er wollte eindeutig unerkannt bleiben. Und das Wichtigste: Auch Kolewatow wollte die Existenz des Gönners nicht preisgeben. Was wäre leichter gewesen, als die zehn Pullover zu einem Bündel zusammenzubinden und alle gleichzeitig nach Hause zu tragen? Aber nein! Alexander ging ein paar Mal zu dem geheimnisvollen Ort und kam mit mehreren Pullovern am Körper zurück. Ein seltsames Verhalten für einen 24-jährigen Mann. Hatte er Angst, jemand könnte ihn mit einem Stapel Pullover in der Hand sehen?

Der Erklärungsversuch, dass Alexander die Pullover von verschiedenen Freunden abholte, hält keiner Kritik stand. Damals war es üblich, persönliche Sachen zu teilen, und wenn er die Pullover von Freunden erhalten hätte, wäre die Heimlichtuerei überflüssig gewesen, auf die Rimma Kolewatowa mit der Formulierung »›schmuggelte‹ sie nach Hause« hinwies.

Merkwürdig, nicht wahr? Erst recht beim Gedanken daran, dass einige Tage später alle Wanderer unter rätselhaften Umständen starben und zwei Pullover sich als radioaktiv verseucht herausstellten.

Ein interessanter Ausgang für die Geschichte mit den mysteriösen Pullovern. Die Sachen der Wanderer wurden im Zuge der Identifizierung den ursprünglichen Besitzern zurückgegeben. Die Ermittlungsakten enthalten ein Dutzend Protokolle darüber. So gab man zum Beispiel Alexander Bagautdinow die Filzstiefel zurück, die Alexander Kolewatow vor der Wanderung von ihm ausgeborgt hatte. Bijenko, der nicht mit auf die Wanderung gehen konnte, bekam die 350 Rubel wieder, die er während der Vorbereitung in die Wanderkasse eingezahlt hatte. Dem Wanderklub des Instituts wurde der von der Gruppe entliehene Besitz zurückgegeben. Der Ermittler wollte sogar das zerschnittene Zelt an den Lehrstuhl für Sport des Polytechnischen Instituts zurückgeben, doch dort wollte man es nicht haben. (Das ist übrigens ein wichtiges Indiz dagegen, dass die Ermittler jemanden deckten und Spuren verwischten. Wenn tatsächlich Spuren verwischt werden, versucht man, wichtige Beweisstücke zu vernichten und nicht zu verteilen.) Doch man findet in den Protokollen zur Identifizierung und Rückgabe keine Spur von den Pullovern. Der geheime Besitzer dieser Sachen wollte keine Aufmerksamkeit auf sich ziehen, und der Ermittler Iwanow schien ihn erst gar nicht zu suchen. Die überzähligen Pullover, die keinem aus der Wandergruppe gehörten, verschwanden wie eine Fata Morgana in der Wüste, doch aus Rimma Kolewatowas Aussage weiß man genau, dass es sie gab.

Im Zusammenhang mit den Vorbereitungen zur Tour fällt noch etwas auf: Warum hatten die Wanderer (bzw. die KGB-Mitarbeiter) keine Waffen bei sich? Konnte eine Geheimoperation des KGB ohne Waffen umgesetzt werden?

Das ist eine normale Praxis, an der nichts unmöglich oder unvernünftig ist. Obwohl sich das Risiko dabei nicht bestreiten lässt. Doch darin liegt die Besonderheit einer verdeckten (operativen) Arbeit – sie ist immer riskant.

Betrachten wir die konkrete Situation bei der Wanderung der Djatlow-Gruppe, an der nach Meinung des Autors drei verdeckte KGB-Mitarbeiter teilnahmen. Gegen eine Ausstattung von Solotarjow, Kolewatow und Kriwonischtschenko mit Schusswaffen sprachen wichtige Gründe technischer Art sowie der besondere Charakter ihrer Aufgabe. Vor allem wäre es unmöglich gewesen, die Waffen über längere Zeit (etwa zwei Wochen Wanderung) vor den nicht eingeweihten Teilnehmern zu verbergen, weil alle ihre Rucksäcke, bevor sie auf dem Boden ausgelegt wurden, vollständig leerten. Ein Aufdecken der Operation, egal ob durch die »eigenen Leute« oder durch die »Ausländer«, hätte auf jeden Fall das Scheitern für den KGB bedeutet. Sämtliche Anweisungen des Geheimdiensts zur Arbeitsorganisation seiner verdeckten Mitarbeiter untersagten es kategorisch, Außenstehenden gegenüber die Zugehörigkeit zum KGB zu enthüllen, nicht einmal unter Lebensgefahr.

Geheime Taschen in den Rucksäcken oder Jacken für die Pistolen hätten das Problem nicht gelöst. Bei einer mehrtägigen Winterwanderung mit Temperaturen von –20 bis –40 Grad und weniger musste man die Waffen mit einem Winteröl einschmieren. (In den 50er Jahren gab es Waffenöle für den Sommer und den Winter; das Winteröl war zähflüssiger und ähnelte in seiner Konsistenz Butter.) Vor ihrer Verwendung mussten sie gereinigt und erneut eingeölt werden. Das machte die Verwendung von Handfeuerwaffen im Winter, noch dazu im Gebirge, schwierig. Es wäre für Solotarjow, Kolewatow und Kriwonischtschenko unmöglich gewesen, das Reinigen und erneute Einölen der Waffen vor den anderen zu verbergen.

Man stelle sich nur für eine Sekunde vor, was geschehen wäre, wenn ein ganz normaler Student, ein guter Komsomolze, eine Pistole in Solotarjows Hand entdeckt hätte ... Der Student wäre sofort überzeugt gewesen, dass er nun Solotarjows wahres Gesicht erblickte – das eines Verbrechers, Banditen! Da hätten auch keine Erklärungen von »geheimen Mitarbeitern« oder einer »verdeckten Operation« geholfen. Damals kannte niemand solche Spionageabwehrmethoden (wer doch davon wusste, saß hinter Stacheldraht im Lager). Keiner der Studenten hätte geglaubt, dass ein Wanderführer Aufgaben im Interesse der Staatssicherheit erfüllte. Das kann auch heute noch kaum einer glauben. Hätte jemand im Winter 1959 eine Pistole bei Solotarjow (oder Kriwonischtschenko oder Kolewatow) entdeckt, wäre die Wanderung der Djatlow-Gruppe beendet gewesen. Der Besitzer der Waffe wäre gefesselt und zurück in die Zivilisation zur nächsten Milizstation geschleppt worden. Denn eine Pistole konnten in jener Zeit nur Milizionäre oder Offiziere der Sowjetarmee besitzen, alles andere war illegal.

Außerdem hätten die ausländischen Spione, auf die die Gruppe treffen sollte, sich anfangs (d. h. bevor die Parole ausgesprochen wurde) als Soldaten der Inneren Truppen ausgeben können, die flüchtige Verbrecher verfolgten, und aufgrund dieser Legende die Dokumente und persönlichen Sachen der Wandergruppe überprüfen wollen. Wenn sie dabei Pistolen gefunden hätten, wäre die Operation der kontrollierten Lieferung gescheitert, noch bevor sie richtig begonnen hatte. Eine solche Überprüfung war durchaus denkbar, da eingeschleuste verdeckte Agenten in der UdSSR, besonders wenn sie in Gruppen auftraten, sich als Mitarbeiter der Miliz, des KGB oder des staatlichen Kurierdiensts mit geheimer Post tarnen konnten.

Solotarjow, Kolewatow und Kriwonischtschenko hatten nicht

den Auftrag, die ausländischen Agenten gefangen zu nehmen, deshalb war bei einer planmäßigen Abwicklung der Operation keine Gewaltkomponente vorgesehen. Offenbar waren die Initiatoren der Operation überzeugt, dass eine Bewaffnung nicht zur Erreichung des Ziels beitrug, sondern dabei nur stören konnte.

Auch wenn nur einer der drei bewaffnet gewesen wäre, zum Beispiel Solotarjow, wären alle erwähnten Risiken gleich geblieben, während der Einsatz der Waffe praktisch keinen Effekt gehabt hätte. Außerdem hätten die beiden anderen dies als Misstrauen oder Geringschätzung ihrer Fähigkeiten auslegen können, was dem Verhaltenskodex des KGB widersprochen hätte. Deshalb galt das Prinzip: eine Waffe für jeden oder für keinen.

Natürlich konnte niemand von den Initiatoren einen Massenmord an der ganzen Gruppe vorhersehen. Offensichtlich glaubte man, dass eine ausgezeichnete Tarnung in einer Gruppe echter, nichtsahnender Wanderer der beste Schutz für die Teilnehmer an der Operation war. Außerdem zeigte die Gegenseite wahrscheinlich ein sehr großes Interesse an dieser Operation, weshalb die Betreuer aus dem KGB sicher waren, dass sie alles schlucken würde. Diese Überheblichkeit sollte sich noch grausam rächen.

Hier muss auch die Frage behandelt werden, warum der KGB der Djatlow-Gruppe während der Operation keinen Begleitschutz zur Verfügung stellte. Das ist ein weiteres Argument, mit dem einige Erforscher der Djatlow-Tragödie die Theorie der kontrollierten Lieferung zu widerlegen versuchen. Ihrer Meinung nach hätte der KGB die Sicherheit seiner Mitarbeiter auf der Wanderroute durch Entsendung eines bewaffneten Trupps gewährleisten müssen. Wie das in der Praxis hätte aussehen sollen, lassen die Gegner der Theorie dagegen offen.

Überlegen wir zunächst, welche Aufgaben so ein Begleitschutz hätte übernehmen sollen, da dies seine Zusammensetzung und Bewaffnung beeinflusste. Ein solcher Trupp (oder mehrere Trupps) konnte die Djatlow-Gruppe unter keinen Umständen physisch beschützen, da er beim Treffpunkt nicht anwesend sein durfte. Sollte er sich vielleicht am Feind rächen, falls die Djatlow-Gruppe ermordet wurde? Den Feind mit ganzer Kraft verfolgen? Ihn gefangen nehmen oder vernichten? Wie viele Personen müssten in einem solchen Trupp sein? Zehn? 20? 50? Eine Kompanie? Ein Bataillon?

In jedem Fall hätte der Einsatz eines Begleitschutzes aus Sicht der Initiatoren eine planmäßige Abwicklung der Operation verhindert.

Außerdem ist keineswegs sicher, dass ein Trupp von zehn Personen unter diesen Bedingungen auch nur drei bewaffnete Agenten eines feindlichen Geheimdiensts festnehmen konnte, die physisch, taktisch und im Schießen trainiert waren. Eine solche Operation im offenen Gelände erforderte eine ganze Truppeneinheit oder zumindest einen Zug, der durch Scharfschützen und idealerweise einen Hundeführer mit Hund verstärkt wurde. Besser noch mehrere Züge, damit sie aus verschiedenen Richtungen vorrücken konnten. Ende der 50er Jahre besaß keine einzige territoriale Verwaltung des KGB eine solche Spezialeinheit, das heißt, für eine solche Operation musste man sich an die Grenztruppen wenden. Da gab es allerdings nicht nur eine administrative Barriere (wenn auch innerhalb einer Behörde), sondern auch eine rein technische. Schließlich mussten all diese Menschen rekrutiert, mit Waffen und Ausrüstung ausgestattet, untergebracht, nach Iwdel überführt werden und so weiter. Man denke daran, wie viele Dutzende und Hunderte Personen davon wüssten, dass der KGB im tiefsten Ural eine streng geheime Operation durchführte und dafür Grenztruppen aus dem Norden benötigte!

Die schwierige Organisation und die drohende Enthüllung der Geheimoperation waren das erste ernstliche Minus für die Initiatoren aus dem KGB. Doch es gibt noch eines.

Der wichtigste Vorzug eines Treffens auf dem Cholat Sjachl (oder Otorten oder jedem anderen Berg auf der Wanderroute) war die große Abgeschiedenheit. Die fast unbesiedelte Gegend, die Winterzeit und die dadurch bedingte besondere Fortbewegungsart erlaubten es, die Anwesenheit von Fremden leicht zu bemerken. Vor allem, wenn es sehr viele waren.

Wer konnte garantieren, dass der Feind den Begleitschutz nicht schon auf dem Weg zum Treffen sah? Wer konnte garantieren, dass der Feind, nachdem er die Djatlow-Gruppe entdeckt hatte, nicht noch ein oder zwei Tage abwartete, um sich davon zu überzeugen, dass sie von niemandem begleitet wurde? Die Wanderroute war schließlich bekannt.

Ein Begleitschutz konnte rein gar nichts zum Gelingen der Operation der kontrollierten Lieferung beitragen. Er würde schon allein durch seine Anwesenheit stören. Deshalb hatte der Einsatz eines solchen Trupps keinen praktischen Sinn.

Wie sollte die Übergabe der Sachen ablaufen? Das war der einfachste Teil der Operation, da er nur den Austausch einer zuvor vereinbarten Parole samt Antwort erforderte. Zu einem festgelegten Zeitpunkt musste die Djatlow-Gruppe an einem festgelegten Ort scheinbar zufällig auf eine Gruppe von »Wanderern« aus einer anderen Region des Landes stoßen (sei es aus Armawir oder Wladiwostok, das spielt keine Rolle, da die Herkunft unter diesen Bedingungen nicht überprüft werden konnte). Möglicherweise gab es mehrere Treffpunkte auf der Wanderroute. Das ließ einen Spielraum bei der Fortbewegung für beide Seiten. Nach dem Austausch der vereinbarten Sätze mussten die fremden »Wanderer« im Lauf des Gesprächs um die Hose und die Pullover bitten (ob als Geschenk oder für Geld ist nicht wichtig), unter dem Vorwand, dass einer von ihnen seine Sachen am Lagerfeuer beschädigt oder auf andere Weise unbrauchbar gemacht hatte. Wichtig ist, dass Kriwonischtschenko der Bitte bereitwillig nachkommen, seine Hose und Pullover ausziehen und sie den neuen Freunden geben musste. Im Gegenzug mochte er Geld erhalten (möglicherweise eine hohe

Summe), doch essenziell war, dass er seine Sachen vor mehreren Zeugen übergab, was jeden Anschein von Geheimnistuerei oder Illegalität ausschloss. Die ganze Operation musste vollkommen offen ablaufen, am besten bei einem gemeinsamen Essen, bei dem auch fotografiert wurde. Das operative Fotografieren der ausländischen Spione musste unter Beachtung einiger Bedingungen erfolgen, über die Solotarjow Bescheid wusste. Dafür hatte er einen speziellen Fotoapparat bei sich und wahrscheinlich einen speziellen Film. Hier wird noch einmal betont, dass Semjon Solotarjow zwei Fotoapparate besaß: Einer davon (mit der Nr. 55149239) wurde im Zelt gefunden und von Judin im März 1959 identifiziert, den zweiten trug Solotarjow um den Hals, als seine Leiche zwei Monate später im Bach gefunden wurde. (Es wurde keine Nummer des Fotoapparats in Iwanows Akte festgehalten und über seinen Verbleib ist nichts bekannt.)

Nach dem freundschaftlichen Essen und der Übergabe der Sachen mit dem radioaktiven Staub an die ausländischen Agenten mussten sich die beiden Wandergruppen wieder trennen. Möglicherweise war vorgesehen, dass zum Beispiel ein anschließendes Treffen zwischen Kriwonischtschenko und einem der Agenten geplant wurde, um diesem eine Arbeit in der geschlossenen Stadt zu verschaffen oder einen neuen aktiven Kommunikationskanal zu organisieren. Die Details der Spionageabwehroperation sind unbekannt und werden es auch bleiben. Wichtig ist hervorzuheben, dass es zwischen dem Treffen auf dem Cholat Sjachl, das tragisch für die Djatlow-Gruppe endete, und den radioaktiven Sachen einen direkten kausalen Zusammenhang gab. Ohne diese Sachen hätte das Treffen nie stattgefunden.

Ungefähr so hätten die Ereignisse auf Igor Djatlows Wanderung ablaufen sollen. Aus mehreren Gründen geschah alles ganz anders als geplant, und die gesamte Gruppe fand den Tod.

## 27. KAPITEL

## DIE WANDERUNG AUS DER SICHT IHRER TEILNEHMER

Was die Wanderfotos über die Kommunikation in der Djatlow-Gruppe verraten und warum es mehr Fotoapparate gab, als in den Ermittlungsakten steht

Vor einigen Jahren veröffentlichte Alexej Alexandrowitsch Koskin, ein Erforscher der Djatlow-Tragödie aus Jekaterinburg, die Fotos der Wanderer im Internet. Dabei handelt es sich um die Filme in den Fotoapparaten von Kriwonischtschenko, Djatlow, Solotarjow und Slobodin sowie einzelne Filme, die bei den Sachen der Wanderer im Zelt gefunden wurden. Nach Schließung des Verfahrens verblieb das gesamte Fotomaterial beim Ermittler Iwanow und wurde erst nach seinem Tod von seiner Tochter an den gemeinnützigen Gedenkfonds der Djatlow-Gruppe übergeben. Durch die großzügige Bereitstellung der Fotos ermöglichte es Koskin allen Interessierten, die Wanderung der Djatlow-Gruppe selbst nachzuvollziehen.

Auf fotki.yandex.ru sind die Fotos auf Koskins Seite* zu sehen.

Das verfügbare Material ist nicht nur für Schaulustige aufschlussreich, sondern auch aus kriminalistischer Sicht, da es Informationen über die tatsächlichen Bedingungen während der Tour und die Beziehungen innerhalb der Gruppe gibt.

Worum geht es?

Kriminalpsychologen wissen seit Langem, dass ein großer Teil von

---

* https://fotki.yandex.ru/users/aleksej-koskin/album/159797

ermittlungsrelevanten Informationen nonverbal übertragen werden kann. Ohne sprechen zu müssen, verrät ein Mensch viel über sich, seine Stimmung und sein Befinden durch seine Körperhaltung, die Motorik unkontrollierter Bewegungen und Ähnliches. In der Vernehmungslehre spielen nonverbale Informationsquellen (unbewusste Signale) eine wichtige Rolle, sie werden von dieser praxisorientierten Disziplin ausführlich beschrieben, klassifiziert und untersucht.

Obwohl Fotos statische Abbildungen sind, also kein Urteil über die Bewegungsdynamik des Aufnahmeobjekts zulassen, können sie trotzdem als wertvolle Quellen für die Ermittlungs- und Fahndungsarbeit dienen. Der Fotograf hält Informationen auf verschiedenen Ebenen fest, teils bewusst, teils unbewusst. Er wählt gezielt das Aufnahmeobjekt aus, »inszeniert« es (etwa durch Einstellung, Bildausschnitt, Regieanweisungen etc.), wählt den Hintergrund und bezieht gegebenenfalls andere Personen mit ein. Zur Ebene der »bewussten« Informationen gehört auch das allgemeine »Motiv« des Bildes, das heißt die Idee beziehungsweise Intention, die der Fotograf dem Betrachter vermitteln will.

Darüber hinaus enthält ein Foto Informationen, deren der Fotograf sich beim Fotografieren nicht bewusst ist oder die er einfach nicht berücksichtigt, weil er sie für unbedeutend hält oder gar nichts von ihnen ahnt. Amateurfotos zeigen in aller Regel unterbewusste Vorlieben (Sympathien) des Fotografen. Menschen vermeiden es, ihnen unangenehme Personen, Ereignisse oder Objekte zu fotografieren beziehungsweise solche Fotos aufzubewahren. Wenn solche Fotos dennoch gemacht werden, dann meist im Auftrag anderer (für Verwandte, Freunde, Arbeitgeber usw.), aber niemals für sich selbst. Ein Gruppenfoto spiegelt ziemlich genau die zwischenmenschlichen Beziehungen wider, sowohl zwischen den fotografierten Personen als auch zwischen ihnen und dem Fotografen. Letzterer gibt also nicht nur Informationen über seine Umgebung preis, sondern auch über sich selbst, ohne etwas davon zu ahnen.

Für die psychologische Analyse besonders interessant sind ungestellte, spontane Gruppenaufnahmen. Solche Fotos entstehen in für den Fotografen bedeutenden, interessanten oder lustigen Momenten. Nicht immer ist der Charakter solcher Augenblicke nachvollziehbar (außer der Fotograf gibt selbst darüber Auskunft), doch die allgemeine Zusammenstellung der Bilder ist mitunter sehr aussagekräftig. Vor allem ungestellte Gruppenaufnahmen zeigen eine Art unbewusstes »Sympathieranking« des Fotografen, da er niemals einen Menschen in die Bildmitte nehmen würde, den er nicht mag, dem er feindlich gesinnt ist oder der ihm einfach nur gleichgültig ist. In der Mitte befindet sich fast immer die Person, die der Fotograf am sympathischsten findet, während eine Person am Rand der Komposition ihn nicht sehr interessiert. Wer im Bild »abgeschnitten« dargestellt wird, ist ihm bestenfalls gleichgültig, es können aber auch feindselige Gefühle mitschwingen.

Dass die psychologischen Veranlagungen und Vorlieben eines Fotografen (sowohl bewusste als auch unbewusste) sich direkt darauf auswirken, was und wie er fotografiert, ist in der heutigen Zeit eine unwiderlegbare Tatsache. Ziehen wir also diesen Ansatz heran, um die Fotos von der letzten Wanderung der Djatlow-Gruppe zu untersuchen.

Zunächst ist ein Überblick über das für die Analyse verfügbare Material angebracht.

Aus den Ermittlungsakten weiß man, dass vier der Wanderer einen Fotoapparat besaßen (Djatlow, Solotarjow, Kriwonischtschenko und Slobodin); vier Apparate wurden im Zelt gefunden. Der Fotoapparat Nr. 488747 mit dem zerbrochenen Lichtfilter gehörte Kriwonischtschenko und enthielt einen Film mit 34 belichteten Fotos. Dieser Film wird bei Alexej Koskin als Film Nr. 1 bezeichnet.

In den Fotoapparaten von Solotarjow (Fabriknr. 55149239) und Slobodin (Fabriknr. 486963) befanden sich Filme mit je 27 belichteten Bildern. Im Fotoarchiv von Alexej Koskin gibt es zwei solche Filme mit den Nummern 2 und 4. Welcher Film wem von beiden gehörte, wird später versucht herauszufinden, im Moment ist nur festzuhalten, dass es auch hier eine vollständige Übereinstimmung mit den Ermittlungsunterlagen gibt.

Wie viele Bilder auf dem Film in Djatlows Fotoapparat (mit der Fabriknr. 55242643) belichtet waren, ist nicht bekannt. Dieses Gerät tauchte überhaupt erst Ende März 1959 in der Inventurliste der gefundenen Sachen auf. In der ursprünglichen Liste, die Staatsanwalt Tempalow am 27./28. Februar 1959 erstellt hatte, sind nur drei Fotoapparate erwähnt. Vielleicht hatte einer der Studenten bei der Entdeckung des Zelts Djatlows Fotoapparat an sich genommen, bevor der Staatsanwalt die Inventurliste erstellte. Dieser unbekannte Student entwickelte Djatlows Film, um möglicherweise selbst die Gründe für die Tragödie herauszufinden. Doch da sich das nicht geheim halten ließ, musste er den Fotoapparat und den Film den Ermittlern übergeben. So tauchte der vierte Apparat schließlich Ende März auf, eventuell mit dem dazugehörigen Film, ohne dass die belichteten Bilder ordnungsgemäß verzeichnet wurden.

Man kann mit einiger Wahrscheinlichkeit davon ausgehen, dass keiner der von Alexej Koskin zur Verfügung gestellten Filme aus diesem Fotoapparat stammte. Diese Annahme wird später noch begründet.

Da die Wanderer vier Fotoapparate besaßen, jedoch mindestens sechs Filme gefunden wurden, hatten ein oder zwei Wanderer mehr als einen Film verschossen. Zu diesen »herrenlosen« Filmen zählen in Koskins Sammlung Film Nr. 3 mit 17 Bildern und Film Nr. 6 mit 28 Bildern.

Film Nr. 6 wurde mit ziemlicher Sicherheit von Georgi Kriwonischtschenko schon in der Siedlung Wtoroi Sewerny fertiggeknipst. Beim Verlassen der Siedlung legte er einen neuen Film ein, der bis zum Tod der Gruppe im Fotoapparat blieb. Dafür spricht, dass das letzte Bild von Film Nr. 6 fast identisch ist mit dem ersten Bild auf Film Nr. 1. Es sieht so aus, als hätte der Fotograf, nachdem er bemerkt hatte, dass der Film bald voll sein würde, den Film gewechselt, um nichts Interessantes zu verpassen. Film Nr. 3 bleibt sozusagen »herrenlos«, da noch nachgewiesen wird, dass er von keinem der bekannten Fotoapparate stammen konnte. Dasselbe gilt für Film Nr. 5. Daraus lässt sich schließen, dass die Djatlow-Gruppe mehr als vier Fotoapparate bei sich hatte. Vor allem aufgrund des Inhalts der Filme kann man mit ziemlicher Sicherheit erraten, wem die verschwundenen Fotoapparate gehörten.

Es ergibt sich folgende Gesamtaufstellung der Filme und belichteten Bilder (der Einfachheit halber wird dieselbe Nummerierung der Filme und Bilderreihenfolge verwendet wie bei Alexej Koskin):

– Nr. 1: 33 belichtete Bilder, ein weiteres Bild in der Mitte des Films ist verdorben, das heißt, es waren insgesamt 34 Bilder. Der Film gehörte Georgi Kriwonischtschenko.

– Nr. 2: 27 belichtete Bilder, dieser Film gehörte Semjon Solotarjow (da der andere Film mit 27 belichteten Bildern Slobodins war, was zur gegebenen Zeit noch bewiesen wird).

– Nr. 3: 17 belichtete Bilder, Besitzer unbekannt (wahrscheinlich Thibeaux-Brignolle).

– Nr. 4: 27 belichtete Bilder, gehörte Rustem Slobodin.

– Nr. 5: 24 belichtete Bilder, unbekannter Besitzer (wie bei Film Nr. 3).

– Nr. 6: 36 qualitativ ziemlich hochwertige Aufnahmen, von denen 28 direkt mit den Wanderern und der Tour zu tun haben. Man kann mit Bestimmtheit sagen, dass dieser Film Georgi Kriwonischtschenko gehörte und chronologisch vor Film Nr. 1 lag. (Genau genommen müsste er als Film Nr. 0 bezeichnet werden, da er dort aufhört, wo Nr. 1 beginnt.)

– Lose Fotos: acht einzelne Aufnahmen mit eindeutigem Bezug zur Wanderung der Djatlow-Gruppe, die aber nicht aus den vorher

Film Nr. 6, Bild 10. Semjon Solotarjow, von Georgi Kriwonischtschenko fotografiert

genannten Filmen stammen. Die Herkunft dieser Bilder ist bekannt, jedoch nicht ihre Zugehörigkeit.

Nun zu den Filmen und Bildern selbst. Wir beginnen mit Film Nr. 6 (entsprechend Koskins Nummerierung), der zeitlich Film Nr. 1 vorausgeht.

*Film Nr. 6.* Die ersten acht Fotos haben keinen Bezug zur Wanderung und sind offenbar unwichtige Alltagsaufnahmen.

Auf dem neunten Bild sieht man Georgi Kriwonischtschenko an einem Tisch mit Freunden. Die Wanderfotos beginnen mit dem zehnten Bild. Und hier gibt es bereits die erste Entdeckung: Semjon Solotarjow ist mit einem Rucksack und einem Gepäcksack auf der Schulter zu sehen. Er ist allein auf dem Bild und geht direkt auf den Fotografen zu. Kriwonischtschenko hielt ihn als Ersten aus der Gruppe fest – eine äußerst ungewöhnliche Wahl, es sei denn, die beiden kannten sich schon vorher. Dies sollte man im Hinterkopf behalten.

Das elfte Foto ist ebenfalls sehr interessant, nicht nur aus psy-

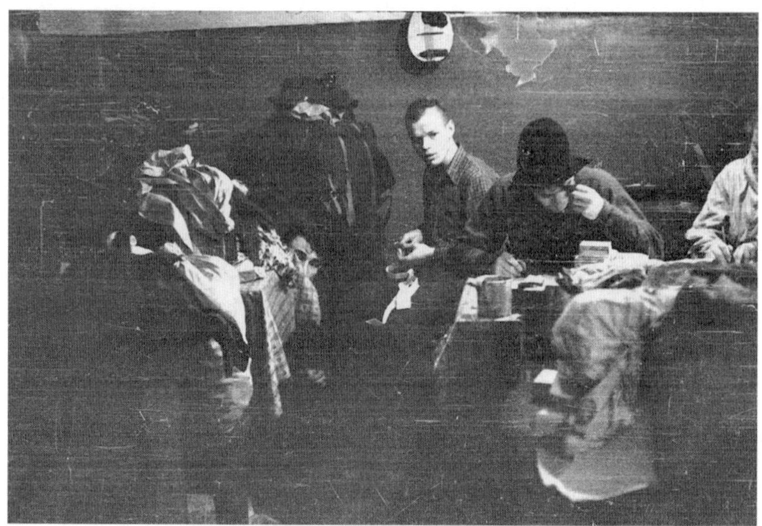

Film Nr. 6, Bild 12. Igor Djatlow und Nikolai Thibeaux-Brignolle (mit Hut)

chologischer, sondern auch aus künstlerischer Sicht. Es ist ein Porträt von Sina Kolmogorowa, ein Schnappschuss. Der Fotografierende bat Sina offenbar, zu ihm herzusehen, und fing den Moment ein. Die junge Frau sieht darauf bezaubernd aus, solche Bilder werden manchmal als »Charakteraufnahmen« bezeichnet, da sie die Stimmung der involvierten Personen genau widerspiegeln. Die Sympathie, die der Fotograf für das Aufnahmeobjekt hegt, ist offensichtlich, es ist, als würde er dem Betrachter sagen: Schau, ein tolles Foto eines tollen Menschen!

Das zwölfte Bild zeigt Igor Djatlow und Nikolai Thibeaux-Brignolle, der an seinem Hut erkennbar ist, in einem Zimmer eines Wohnheims. Die Rucksäcke der Wanderer sind zu sehen, an der Wand über Igors Kopf hängt eine Mandoline. Besondere Aufmerksamkeit verdient die dritte Person, die im Bild abgeschnitten wurde: Ljudmila Dubinina. Es hätte dem Fotografen keine Mühe bereitet, das Objektiv ein wenig nach rechts zu schwenken, um sie ins Bild zu bringen, doch das unterließ er. Ob absichtlich oder nicht, auf jeden

Fall schloss Kriwonischtschenko Ljudmila aus dem Bild aus, was seine Einstellung ihr gegenüber deutlich macht.

Die Bilder 13 und 14 von der Gruppe auf dem Anhänger eines Lastwagens kann man genau datieren. Diese Fahrt per Anhalter von Iwdel in die Siedlung 41. Kwartal fand am Nachmittag des 26. Januar 1959 statt. Einige Wanderer sind gar nicht zu sehen (Judin, Kolewatow, Slobodin), dafür sind auch Ljudmila Dubinina und Juri Doroschenko abgebildet, die Georgi Kriwonischtschenko sonst fast nie fotografierte.

Auf der nächsten Aufnahme, Nr. 15, läuft Kolewatow am Fotografen vorbei. Dies ist eines der wenigen Bilder mit Alexander Kolewatow und wohl das einzige, auf dem er allein abgebildet ist. Kolewatow vermied es offensichtlich, fotografiert zu werden.

Bild 16 ist ein gestelltes Gruppenfoto. Die Wanderer ließen sich mit ihren neuen Bekannten aus der Siedlung 41. Kwartal fotografieren (Soldaten der Inneren Truppen aus der Lagerbewachung, eine Frau mit Brille usw.). Die Aufteilung der Wanderer sticht ins Auge: Doroschenko neben Dubinina und Kriwonischtschenko (dem Besitzer des Fotoapparats) links, Djatlow rechts, weit weg von Kolmogorowa. Möglicherweise wollte Igor nicht fotografiert werden und kam erst in letzter Minute auf Wunsch der Gruppe dazu. Er wählte einen Platz am Rand und hielt dabei etwas Abstand zur nächsten Person. Bemerkenswert ist auch, dass trotz der wohl angenehmen Temperaturen und der Windstille (davon zeugen die offenen Kragen der Frauen) Alexander Kolewatow seine Jacke fest zugeknöpft und die Kapuze übergezogen hatte. So erscheint Kolewatow auf fast allen Fotos.

Die Bilder 17 und 18 sind wenig informativ. Auf einem sieht man das Abladen der Ski vom Lastwagen, auf dem anderen einen Hund.

Bild 19 zeigt Sina Kolmogorowa beim Fotografieren. Noch eine persönliche Aufnahme von Sina und eine weitere Bestätigung, dass Kriwonischtschenko sie mochte.

Film Nr. 6, Bild 16. Gruppenfoto in der Siedlung 41. Kwartal

Die Bilder 20 bis 24 enthalten keine relevanten Informationen. Georgi fotografierte Bewohner der Siedlung und Häuser in der Landschaft. Nur auf Bild 20 kann man drei der Wanderer sehen, die mit dem Einstellen der Ski beschäftigt sind und nicht auf den Fotografen achten.

Die Aufnahmen 25 und 26 zeigen offenbar die Verabschiedung von den Forstwirtschaftsarbeitern vor dem Aufbruch nach Wtoroi Sewerny. Die Wanderer stehen auf Ski. Die Fotos wurden kurz nacheinander gemacht. Sie sind deshalb interessant, weil auf dem zweiten Bild Nikolai Thibeaux-Brignolle auftaucht, der auf dem ersten fehlt. Georgi schwenkte den Fotoapparat etwas nach rechts, um Nikolai aufs Bild zu bekommen. Dabei schloss er Alexander Kolewatow aus. (Auf dem ersten Foto steht dieser mit dem Rücken zum Fotografen.) Das Bestreben, Nikolai Thibeaux-Brignolle abzubilden, der zwar neben dem fotografierten Objekt stand, doch nicht im Bild war, sieht man bei Kriwonischtschenko auch später. Auf dem Film Nr. 1 gibt es ebenfalls doppelte Bilder mit einem ähnlichen Schwenk des Fotoapparats.

Film Nr. 6, Bilder 25 und 26. Die Gruppe mit Bewohnern der Siedlung 41. Kwartal kurz vor dem Aufbruch

Dies zeugt von einem sehr guten Verhältnis zwischen dem Fotografen und Nikolai. Umso interessanter ist die Trennung der Gruppe bei der Zeder. (Theoretisch hätte Kriwonischtschenko bei Solotar-

Film Nr. 6, Bild 28. Dubinina, Solotarjow und Kolmogorowa

jow und Thibeaux-Brignolle bleiben müssen und nicht bei Doroschenko.) Aber dazu später.

Bild 27 ist eine Landschaftsaufnahme ohne relevante Informationen.

Bild 28: Dubinina, Solotarjow und Kolmogorowa haben es sich auf kreuzförmigen Gestellen zum Trocknen von Fisch bequem gemacht. Den Fotografen zog vielleicht die Allegorie der Szene an, die jeder Christ kennt. Die Tatsache, dass die Fotografierten nur wenige Tage später tot sein würden, verleiht diesem Bild eine gewisse Mystik. Die Aufnahme ist nicht gestellt und zeigt Semjon Solotarjow neben Sina Kolmogorowa. Sie sind übrigens auf vielen Fotos zusammen abgebildet, im Gespräch oder einfach nur nebeneinander. Das lässt vermuten, dass Semjon und Sina sich auf der Wanderung oft freundschaftlich unterhielten. (Bei der Aufteilung an der Zeder blieb Sina weder bei Kriwonischtschenko noch bei Solotarjow.)

Bild 29 zeigt ein Panorama des unbewohnten Wtoroi Sewerny.

Auf Bild 30 ist Juri Judin mit einem geologischen Bohrkern zu

Film Nr. 6, Bild Nr. 32. Thibeaux-Brignolle

sehen. Juri wusste, dass er fotografiert wird, und interagierte mit dem Objektiv. Leider hat Judin im entscheidenden Moment gezwinkert und die Augen geschlossen. Eigentlich hätte Kriwonischtschenko das Foto noch einmal schießen müssen, doch das tat er nicht. Möglicherweise ging es ihm bei dem Bild nicht um Judin, sondern um den Bohrkern. Juri Judin gehörte offenbar nicht zu Kriwonischtschenkos »psychologischer Komfortzone«.

Die Bilder 31 und 32 zeigen den Spaßvogel Thibeaux-Brignolle. Anscheinend war er mit einem Tisch umgefallen, woraufhin ein anderer Wanderer diesen aufstellte (auf dem zweiten Foto steht der Tisch wieder) und dann Nikolai aufhalf. Beide Fotos zeigen die Filzstiefel am Rucksack, mit denen Thibeaux-Brignolle am 1. Februar den Hang hinunterging. Daraus lässt sich schließen, dass die Filzstiefel Nikolais »Hausschuhe« waren und die dramatischen Ereignisse sich beim Zelt zu entwickeln begannen, als er schon die Schuhe gewechselt hatte.

Auf den Aufnahmen 33 bis 35 sieht man die Verabschiedung von Juri Judin durch Sina Kolmogorowa und Ljudmila Dubinina. Es sind berührende und herzliche Szenen.

Film Nr. 6, Bild 36 (oben), und Film Nr. 1, Bild 1 (unten). Die Siedlung Wtoroi Sewerny, fotografiert von Georgi Kriwonischtschenko

Das letzte Bild des Films, Nr. 36, entstand beim Verlassen der ehemaligen Bergwerkssiedlung Wtoroi Sewerny, es ist eine Art Blick über die Schulter zurück.

Die Aufnahme zeigt verschneite Häuser, teilweise bereits ohne Dach, und einen tristen Hang. Sie hinterlässt einen beklemmenden Eindruck. Dennoch wurde die Ansicht mit dem ersten Foto des Films Nr. 1 ein weiteres Mal festgehalten.

*Film Nr. 1* (33 belichtete sowie ein verdorbenes Bild).

Alle Aufnahmen zeigen die Wanderung der Djatlow-Gruppe. Die erste wurde beim Verlassen der Siedlung Wtoroi Sewerny gemacht, sie ist fast identisch mit dem letzten Foto des Films Nr. 6. Die zweite ist eine Landschaftsaufnahme ohne relevante Informationen für die Analyse.

Film Nr. 1, Bilder 8 und 9. Semjon Solotarjow und Sina Kolmogorowa (oben), Nikolai Thibeaux-Brignolle (unten)

Auf Bild 3 ist die Gruppe bei einer Rast zu sehen. Die Wanderer sind gleichmäßig verteilt, man spürt keine Anspannung oder Bedrohung (sonst hätten die Personen auf dem Foto einander das Gesicht zugewandt, sich in Paare aufgeteilt oder einen Kreis gebildet).

Bei Bild 4 gab Georgi Kriwonischtschenko jemandem seinen Fotoapparat und wurde auf seinem eigenen Film abgelichtet. Ein seltsames »Autoporträt«. Auf fast allen Bildern von ihm kann man sein Finnenmesser in der Scheide sehen, Georgi versteckte es nicht. In diesem beiläufigen (doch im Grunde auffälligen) Zeigen der Waffe spürt man ein gewisses Geltungsbedürfnis und, wenig verwunderlich, ein Gefühl der Schutzlosigkeit. Kolewatow und Thibeaux-Brignolle besaßen ebenfalls solche Finnenmesser, doch sie verbargen sie. (Nur einmal sieht man das Messer von Thibeaux-Brignolle auf den Fotos dieser Wanderung.)

Die Bilder 5, 6 und 7 sind sehr bekannt, sie zeigen in unterschiedlicher Zusammensetzung Slobodin, Thibeaux-Brignolle, Kriwonischtschenko, Solotarjow sowie beide Frauen vor dem steilen Ufer der Loswa, alle lachend und gut aufgelegt, vielleicht unter Einfluss von Alkohol. Dieselbe Szene gibt es auch auf anderen Filmen (Nr. 4 und 5).

Auf Bild 8 unterhält sich Semjon Solotarjow mit Sina Kolmogorowa. Das Foto ist nicht gestellt, die Personen achten nicht darauf, dass sie fotografiert werden. Rechts am Rand ist Nikolai Thibeaux-Brignolle abgeschnitten, nur ein Teil seines Beins ist sichtbar.

Bild 9 zeigt Nikolai Thibeaux-Brignolle mit einem Ski in den Händen bei der Rast. Es ist praktisch die Fortsetzung der vorigen Aufnahme, nach einem kleinen Kameraschwenk. Die Fotos 8 und 9 demonstrieren deutlich das oben beschriebene unterbewusste Bedürfnis, Menschen zu fotografieren, für die man Sympathien hegt. Georgi Kriwonischtschenko machte extra ein Einzelfoto von Thibeaux-Brignolle, weil er bedauerte, dass er ihn vorher abgeschnitten hatte.

Nun folgen Aufnahmen ohne Personen. Sie können zwar etwas über die psychologische Verfassung des Fotografen aussagen, sind aber für die Analyse der kommunikativen Beziehungen innerhalb der Gruppe nicht von Belang.

Film Nr. 1, Bild 21. Rustem Slobodin, dahinter Kolewatow und vorn rechts Solotarjow

Bild 18 ist ein gestelltes Foto von Igor Djatlow. Man spürt direkt, dass Igor nicht posieren wollte oder schlecht gelaunt war. Seine nachlässige Haltung ist wie eine stumme Frage: »Was starrst du mich so an?«

Auf Bild 19 sieht man wieder Semjon Solotarjow, ein Schnappschuss. Semjon konzentriert sich auf den Weg durch den Schnee und denkt nicht ans Posieren.

Bild 20 zeigt Sina Kolmogorowa, wie sie etwas in ihr Tagebuch schreibt, im Hintergrund Solotarjow. Dieses Foto ist ebenfalls nicht gestellt. Man merkt beim Betrachten, wie zugetan Georgi Kriwonischtschenko Sina war.

Bild 21 ist sehr aussagekräftig. Die Personen darauf verhalten sich komplett gegensätzlich: Slobodin hat das Gesicht zum Himmel erhoben, wirkt aufmerksam und unbefangen, dagegen Kole-

Film Nr. 1, Bild 27. Djatlow, Kolewatow und Solotarjow (von links), die anderen Mitglieder der Gruppe abgewandt

watow hinter ihm engstirnig und abweisend. Er ist nicht nur der Einzige im Bild mit übergezogener Kapuze, sondern auch mit bis obenhin zugeknöpfter Jacke. Solotarjow vorn rechts hat den Kopf gesenkt und duckt sich seitlich weg, als ob er nicht fotografiert werden wollte. Der Kontrast ist frappierend.

Kolewatow zeigt sich auch auf den wenigen anderen Fotos, auf denen er mit abgebildet ist, reichlich »unterkühlt«. Er blickt ins Objektiv, bleibt jedoch bewegungslos und gleichgültig. Kein Lächeln, keine grüßende Geste (was in einer solchen Situation normal wäre) – keine Emotionen. Dieses Verhalten vor der Kamera lässt auf einen bestimmten Charakter schließen: Er ist reserviert, verschlossen, neigt zur Selbstkontrolle und improvisiert nicht gern. Er plant seine Handlungen und setzt seine Vorhaben pedantisch um. So ein Mensch ist einerseits schwer zu durchschauen, andererseits aber berechenbar, weil er bestimmte Dinge um jeden Preis vermeidet. Dennoch kann Alexander Kolewatow in anderen Situationen durchaus über einen ausgeprägten Sinn für Humor verfügt haben, das steht hier gar nicht infrage.

Die Bilder 22 bis 25 zeigen die Natur und die Umgebung.

Bild 26 und die folgenden Fotos gehören eindeutig zu den Ereignissen vom 31. Januar und 1. Februar, also zu den letzten 24 Stunden im Leben der Wanderer (dazu passen die Tagebucheinträge von Igor Djatlow). Zunächst ist Igor Djatlow beim Aufstieg zum Pass abgebildet, bereits an der Waldgrenze und oberhalb des Flusses Auspija. Die Wanderer haben ihre Kapuzen aufgesetzt und zugeschnürt, der Wind bläst ihnen ins Gesicht.

Noch 300 Meter bis zum Pass. Danach wären sie ins Loswatal abgestiegen und hätten im Wald in einem windstillen Gebiet übernachten können. Am nächsten Tag hätten sie in einem Durchgang den Otorten erreicht, den Punkt auf ihrer Route, der am weitesten von bewohntem Gebiet entfernt war. Doch das geschah nicht. Unterhalb des Passes drehte die Gruppe um und stieg zurück ins Auspijatal. Es scheint, als wäre diese Entscheidung völlig widersinnig gewesen. Doch das täuscht.

Bild 27 ist außergewöhnlich interessant. Allem Anschein nach wurde es gemacht, als die Wanderer sich bereits fast auf dem Pass befanden, um ins Loswatal abzusteigen (damit hätten sie bereits am 31. Januar 1959 den Cholat Sjachl verlassen). Wäre die Gruppe weitergegangen, hätte das Zelt am 1. Februar nicht am Hang des Cholat Sjachl gestanden, und die Tragödie wäre möglicherweise nicht passiert. Doch es kam anders. Aus Djatlows letzten Tagebucheinträgen ist bekannt, dass die Gruppe, nachdem sie die Waldgrenze hinter sich gelassen hatte, plötzlich umkehrte und ihr Lager im Auspijatal aufschlug. Es gibt keine logische Erklärung für diese Umkehr. Die Annahme, dass die Gruppe das Auspijatal am 31. Januar nicht verließ, da sie das Vorratslager für den Rückweg anlegen musste, hält keiner Kritik stand. Das Vorratslager hätte auch auf der anderen Seite des Passes angelegt und auf dem Rückweg mitgenommen werden können. Dafür hätte es nicht einmal die ganze Gruppe gebraucht, da die Gesamtlast (52 kg Lebensmittel sowie Ski und

Film Nr. 1, Bilder 28 und 29. Alexander Kolewatow und Nikolai Thibeaux-Brignolle (links), Rustem Slobodin (rechts)

Schuhe) auch von zwei oder drei Personen getragen werden konnte. Wenn sie es über den Pass geschafft hätten, dann hätte die Gruppe mindestens einen Tag gewonnen, der so verloren war. Außerdem hatte die Rückkehr ins Auspijatal den großen Nachteil, dass man den Pass am nächsten Tag erneut ersteigen musste.

Auf dem Foto ist offenbar der Moment festgehalten, als entschieden wurde, ob man weitergehen oder umkehren sollte. Solotarjow, Kolewatow und Kriwonischtschenko (als Fotograf) sind Djatlow zugewandt, während die anderen fünf Wanderer abseits stehen und sich nicht am Gespräch beteiligen. Sie schauen nicht einmal in Djatlows Richtung, als wollten sie sich aus allem heraushalten. Dass das Gespräch unangenehm war, sieht man an der Haltung der beteiligten Personen. Solotarjow steht etwas seitlich zu Djatlow, sein Kopf ist leicht vorgeneigt, und er hält beide Hände vor den Bauch (ein erfahrener Nahkämpfer kaschiert normalerweise so seine Absicht, einen Überraschungsschlag zu versetzen).

Solotarjow ist angespannt, seine Haltung zeigt eine verborgene Drohung, sie ist optimal für einen unerwarteten Angriff, auch wenn er nicht vorhat, sich auf jemanden zu stürzen. Die Entfernung zwischen Djatlow und Solotarjow beträgt etwa 1,5 Meter, das ist mehr als der Abstand bei einem freundschaftlichen, angenehmen Gespräch. Djatlow sieht auf dem Foto verwirrt aus, seine Arme hängen neben dem Körper herab, die Kopfhaltung ist aufrecht. So

Film Nr. 1, Bilder 31 und 32. Aufstieg auf den Cholat Sjachl

steht eine überrumpelte Person da, die sich für etwas zu rechtfertigen scheint. Offenbar war er auf das, was ihm Solotarjow in diesem Moment sagte, nicht vorbereitet.

Dieses Gespräch ist in Djatlows Tagebuch nicht erwähnt. Das kann einerseits bedeuten, dass es so gar nicht stattfand, andererseits, dass es mit einer psychologischen Niederlage Djatlows endete. Das konnte er sich in seinem eigenen Tagebuch nicht eingestehen, weshalb er es überging. Wahrscheinlich trifft die zweite Annahme zu, da das Verhalten der Gruppe (die Rückkehr vom Hang ins Auspijatal) sonst nicht logisch zu erklären wäre. Indessen zwangen gewisse Gründe die Gruppe zur Umkehr und ließen sie am nächsten Tag nur eine kurze Strecke zurücklegen. Dieses auf den ersten Blick merkwürdige Verhalten der Wanderer in den letzten 24 Stunden (die auch so schon dem Zeitplan hinterherhinkten) ist ein gewichtiges Argument dafür, dass es unter ihnen einen »Bremser« gab, der sie vorsätzlich in diesem Gebiet zurückhielt, in Erwartung eines gewissen Ereignisses für den 1. Februar. Und wenn dieses Ereignis das Treffen aus der Theorie der kontrollierten Lieferung war, durfte die Djatlow-Gruppe den Pass auf keinen Fall vor dem vereinbarten Termin überqueren. Diese Hypothese wurde bereits ausgiebig behandelt.

Auf dem Bild 28 sieht man das Lager, das die Djatlow-Gruppe im Wald bei der Auspijaquelle aufgeschlagen hatte. Kolewatow und Thibeaux-Brignolle stehen vor dem Zelt. Sie lachen und unterhalten sich lebhaft. Die Aufnahme ist nicht gestellt, die beiden wissen nicht, dass sie fotografiert werden. Das Bild zeigt, dass Alexander und Nikolai sich gut verstanden. Man erkennt auch den Unterschied zwischen den Witterungsverhältnissen am Pass und unten im Wald. Während es oben schneite und ein starker Wind ging, ist es unten ruhig, die Bäume sind voller Schnee. Diese Beobachtung lässt sich auch auf den 1. Februar umlegen. Die Gruppe suchte im Wald Schutz vor dem Wind am Hang. Bei der Zeder stürmte es ebenfalls, da sie sich nicht weit von der Waldgrenze auf einem erhöhten Platz befand. Genau aus diesem Grund entstand die Auflage in der Schlucht. Sie lag im Windschatten, das schützte viel besser vor Wärmeverlust als das Lagerfeuer, wie die Wanderer genau wussten.

Die Bilder 29 und 30 sind gestellt. Rustem Slobodin posiert in einer angebrannten Wattejacke. Es kann sein, dass diese Aufnahmen bereits am Morgen des 1. Februar 1959 entstanden. Rustem ist bester Laune, seine Haltung drückt Gelassenheit und eine gewisse Selbstironie aus, er vertraut auf seine Kräfte. Diese beiden Fotos gehören zu den besten aus diesem Film.

Die letzten Aufnahmen, Nr. 31 und 32, zeigen die Gruppe beim Aufstieg auf den Cholat Sjachl. Die Fotos wurden oberhalb der Waldgrenze auf dem nackten Hang im dichten Schneetreiben gemacht, es stürmt, und die Sicht ist schlecht. Ein Wanderer hat das

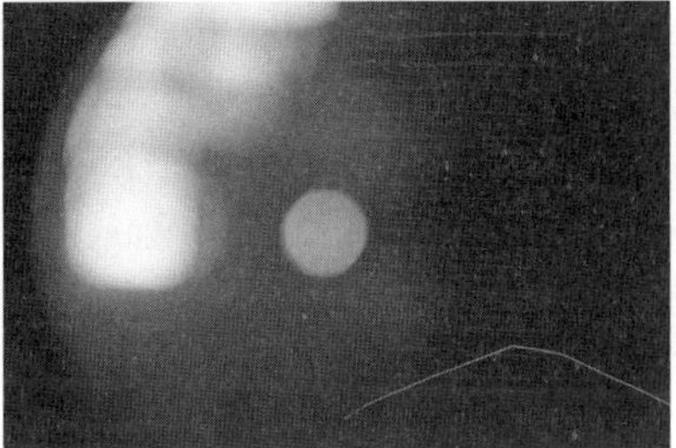

Film Nr. 1, Bild 33. Die mysteriöse Aufnahme, die seit Jahren für Spekulationen sorgt, aber eine einfache Erklärung hat.

Zelt als breite Rolle auf dem Rücken, es war also nicht ordnungsgemäß zusammengelegt worden. Das deutet darauf hin, dass der Marsch am 1. Februar ursprünglich in der waldlosen Zone geplant war, genauer gesagt oberhalb der Waldgrenze.

Auf dem Foto 33 ist ein »leuchtendes Objekt« abgebildet, das viele Laienerforscher zu allen möglichen Mutmaßungen verleitete. Die einen spielten mit Photoshop und fanden in den Lichtflecken menschliche Gesichtszüge, andere sahen ganz ohne Hilfsmittel leuchtende Bälle, die nichts beweisen oder erklären, doch aus irgendeinem Grund am Tod der Wanderer schuld sein sollen. Besonders fortgeschrittene Forscher erdachten sogar ein Szenario, bei dem das Foto entstand, als ein Feind versuchte, ins Zelt zu schauen. (Dabei soll Kriwonischtschenko den Fotoapparat genommen und das Gesicht fotografiert haben; in Wirklichkeit hätte er in so einer Situation wohl eher nach seinem Finnenmesser gegriffen.) Doch leider ist die Herkunft dieses Fotos so prosaisch, dass man sich sogar etwas schämen möchte für die Hobby-Sherlocks, die sich nicht die Mühe machten, einen Fotografen aus einem beliebigen Kriminallabor zurate zu ziehen. Dort hätte man ihnen die Herkunft einer solchen Aufnahme problemlos erklärt.

Um den Film im Fotoapparat zu entwickeln, musste man ihn vor dem Herausnehmen erst zurück in die Patrone spulen, aus der er beim Fotografieren Bild für Bild herausgezogen worden war. Diese

Patrone befand sich im Gehäuse des Fotoapparats. Allerdings durfte der Film nicht bei gespanntem Verschluss zurückgespult werden. Bei den Fotoapparaten der Marke Zorki aus den 50er Jahren konnte man sehr leicht überprüfen, ob der Verschluss gespannt war oder nicht: Man drückte den Auslöser. Die Apparate hatten keine Anzeigevorrichtung (Hebel, Markierung oder Drehscheibe) für die Einstellung des Verschlusses. War der Verschluss gespannt, dann funktionierte er und beim Drücken des Auslösers wurde ein Bild gemacht, wenn nicht, dann passierte nichts. Danach wurde der Film von der Rolle zurück in die Patrone gespult (im Gehäuse des Fotoapparats). Das ist alles.

Was geschah im vorliegenden Fall? Staatsanwalt Iwanow übergab dem Kriminallabor die Fotoapparate, die im Zelt der verschwundenen Wanderer gefunden worden waren, mit der Anweisung, die Filme herauszunehmen, sie zu entwickeln und die Fotos ihm, dem Ermittler, auszuhändigen, damit er sie im Verfahren berücksichtigen konnte (oder auch nicht, das musste nach Beurteilung der Informationen auf den Fotos entschieden werden). Seine Anweisung wurde ausgeführt. Ein Mitarbeiter des Labors überprüfte jeden einzelnen Fotoapparat, indem er auf den Auslöser drückte, bevor er die Filme zurückspulte. Der Verschluss von Georgi Kriwonischtschenkos Fotoapparat war gespannt, also wurde ein Foto gemacht.

So entstand Bild 33, das in den letzten Jahren einige Laienerforscher an die Existenz von Außerirdischen glauben ließ. Die Verschlüsse der anderen Fotoapparate waren nicht gespannt, deshalb gibt es nur ein einziges solches Bild. Andernfalls hätten wir es wohl mit einer ganzen Sammlung von mysteriösen Objekten zu tun. Der Einwand, dass die Zorki mit gespanntem Verschluss nicht in die Fototasche (ein Lederetui) gepasst hätte, ist Unsinn, wer das behauptet, kennt sich mit dem Thema nicht aus. Der Auslöser dieses Fotoapparats stand nicht hervor und die Tasche streifte ihn beim Öffnen beziehungsweise Schließen nicht. Man konnte also den Verschluss spannen, den Apparat für das nächste Bild vorbereiten und die Tasche getrost schließen. Genau das tat Georgi Kriwonischtschenko auf dem Cholat Sjachl.

Somit zeigt das berüchtigte Foto Nr. 33 weder ein UFO noch das Gesicht eines Menschen, der ins Zelt blickt, noch eine »Feuerkugel« oder den laufenden Motor einer fallenden Rakete. Dieses Bild entstand versehentlich beim Entwickeln des Films im Fotolabor. Was sich beim Drücken des Auslösers gerade vor dem Objektiv befand, wurde abgelichtet. Es sind Lichtreflexe in Glasscheiben zu sehen, von Schreibtischlampen oder Zigaretten gegenübersitzender Kollegen. Deshalb maß der Ermittler Iwanow der Aufnahme nicht die geringste Bedeutung bei. Sie war schließlich nur aufgrund von Schlamperei oder Vergesslichkeit statt im Papierkorb in seinen Händen gelandet.

Zum Abschluss der Analyse von Georgi Kriwonischtschenkos Filmen hier eine kurze Zusammenfassung:

1. Als Erstes ist darauf hinzuweisen, dass längst nicht alle Wanderer zur »psychologischen Komfortzone« des Fotografen gehörten. Georgis Aufmerksamkeit und Sympathie galten Semjon Solotarjow, Nikolai Thibeaux-Brignolle, Sina Kolmogorowa, Igor Djatlow und Rustem Slobodin (in absteigender Reihenfolge hinsichtlich der Sympathiewerte, obwohl das natürlich etwas hypothetisch ist). Das zeigt: Die Gruppe war keine Einheit, sondern teilte sich in Untergruppen auf.

2. Kriwonischtschenko ignorierte Juri Doroschenko und Ljudmila Dubinina. Allerdings gab es keine Spannungen oder eine Feindschaft, Georgi hatte einfach keine Berührungspunkte mit ihnen, vielleicht gefiel ihm irgendetwas an ihnen nicht. Das konnte verschiedene Gründe haben, zum Beispiel der Altersunterschied, verschiedene Interessen oder Ähnliches.

3. Den Fotos zufolge nahm Alexander Kolewatow eine Sonderstellung innerhalb der Gruppe ein. Er vermied es, fotografiert zu

werden. Vielleicht kopierte er Semjon Solotarjows Verhalten, der sich ebenfalls nicht ins Bild drängte. Kolewatow ist auf fast allen Fotos emotionslos und mit übergezogener Kapuze zu sehen (nur auf einer Aufnahme trägt er keine Kopfbedeckung). Er schien sich von seiner Umgebung und den Vorfällen um ihn herum zu distanzieren. Offenbar identifizierte er sich nicht mit der Gruppe.

4. Solotarjow hat auf sehr vielen Fotos den Kopf gesenkt, obwohl er sicher wusste, dass er fotografiert wurde. Das legt die Vermutung nahe, dass Semjon sich nicht gern fotografieren ließ beziehungsweise nicht wollte, dass die Aufnahmen in fremde Hände gelangten. Die einzigen gestellten Fotos mit Solotarjow, auf denen er mit dem Fotografen interagierte, entstanden ganz am Anfang beim Fluss Loswa. Die Ausgelassenheit auf diesen Bildern könnte daher kommen, dass hier Alkohol zur Stimmungsauflockerung geflossen war. Möglicherweise war dies der Grund für Semjons ganz untypisches Verhalten während der Aufnahmen.

5. Die vielen Fotos mit Naturansichten oder unbelebten Motiven (44 % aller Bilder von Film Nr. 1) kennzeichnen die innere Verfassung des Fotografen. Bei Laienfotografen bewegt sich die Anzahl der Aufnahmen ohne Personen für gewöhnlich im Bereich von 20 Prozent. Der Einwand, dass Georgi vielleicht einfach gern künstlerische Fotos machte, erweist sich als haltlos. Auf dem Film Nr. 6 vom Beginn der Wanderung gibt es nur wenige Aufnahmen ohne Menschen, die Anzahl liegt im Normbereich (bei den 28 Bildern von der Wanderung zeigen nur fünf keine Personen, das sind 18 %). Georgi Kriwonischtschenko mutierte wohl kaum nach dem Verlassen von Wtoroi Sewerny zum künstlerischen Landschaftsfotografen. Die starke Zunahme von Fotos ohne Menschen lässt auf eine wachsende innere Anspannung schließen, ein Gefühl der Unruhe, Schuld, Ungewissheit. Manchmal ist das ein Hinweis auf eine Erkrankung des Fotografen, doch das trifft hier eher nicht zu. Wenn man davon ausgeht, dass Georgi Kriwonischtschenko besser

als die anderen über das Ziel der Reise Bescheid wusste und eine riskante Entwicklung der Ereignisse befürchtete, dann ist sein inneres Unbehagen durchaus nachvollziehbar.

6. Der Verschluss des Fotoapparats war gespannt, wovon Bild 33 zeugt. Nachdem er bei schlechter Sicht am Hang fotografiert hatte, bereitete Georgi den Apparat auf ein erneutes Fotografieren vor. Kriwonischtschenkos Fotoapparat war der einzige von den vier im Zelt gefundenen, dessen Verschluss gespannt war. Möglicherweise war das nur eine Angewohnheit von Georgi, und er machte das immer so (obwohl das ziemlich ungewöhnlich wäre, da man so bei jedem Film ganz unnötig mehrere Bilder verlor). Wahrscheinlicher ist aber eine andere Annahme: Georgi plante, die Unbekannten zu fotografieren, und bereitete sich darauf vor. Es ist nicht bekannt, wie Solotarjow, Kriwonischtschenko und Kolewatow das Treffen genau ablaufen lassen wollten, vielleicht sollte Kriwonischtschenko mit seinem Fotoapparat die Aufmerksamkeit auf sich ziehen, damit Solotarjow unbemerkt handeln konnte. Dabei war Semjon offenbar erfolgreich, da er sonst seinen zweiten Fotoapparat nicht bis zu seinem Tod hätte bei sich behalten können. Der gespannte Verschluss bei Kriwonischtschenkos Fotoapparat ist ein wichtiger Hinweis darauf, dass Georgi sich auf ein Ereignis am Hang vorbereitete – im Gegensatz zu den Besitzern der anderen Fotoapparate, Djatlow und Slobodin. Neben den sonstigen Merkwürdigkeiten der letzten 24 Stunden (Aufstieg zum Pass und Umkehr am 31. Januar, kurzer Marsch am 1. Februar) lässt der gespannte Verschluss vermuten, dass ein Teil der Gruppe sich auf geplante und erwartete Ereignisse am Nachmittag des 1. Februar in dieser Gegend vorbereitete, die jedoch aus unbekannten Gründen zu einer Tragödie führten.

*Film Nr. 2* enthält 27 belichtete Bilder, die allerdings eine andere Wanderung zeigen als die der Djatlow-Gruppe.

Was sagt es über einen Menschen aus, der einen Fotoapparat zum

Wandern mitnimmt, aber eine Woche lang keine einzige Aufnahme macht? So einiges.

Erstens interessierte er sich nicht besonders für seine Wanderkameraden. Das heißt nicht, dass er sich von ihnen absonderte. Er konnte durchaus ein guter Kumpel sein, der sich nur innerlich von der Gruppe distanzierte. Gründe dafür waren vielleicht der große Altersunterschied oder unterschiedliche Interessen oder aber – ein anderer Informationsstand über die Ereignisse.

Zweitens kann man davon ausgehen, dass ihm der Fotoapparat nicht besonders viel bedeutete. Solotarjow war kein begeisterter Fotograf, obwohl seine Fotos durchaus hohe Qualität hatten. Doch auf dieser Wanderung wäre er leicht ohne seine Zorki mit der Fabriknummer 55149239 ausgekommen, schließlich benutzte er sie vom 23. Januar bis zum 1. Februar nicht. Trotzdem schleppte Semjon den Fotoapparat mit. Warum?

Die Antwort kommt möglicherweise etwas unerwartet, doch im Zusammenhang mit der Theorie der kontrollierten Lieferung ist sie logisch und die einzig richtige. Den Fotoapparat mit der Fabriknummer 55149239, den Semjon auf der Wanderung kein einziges Mal verwendete, brauchte er, um zu verschleiern, dass er einen anderen Fotoapparat dabeihatte. Das klingt nur im ersten Moment seltsam. Hätte Semjon nicht von Anfang an einen Fotoapparat getragen, dann hätte er sich nicht am Nachmittag des 1. Februar den Spezialapparat für das Treffen mit den ausländischen Agenten um den Hals hängen können. Wie hätte das für die anderen ausgesehen, wenn Semjon am achten Tag plötzlich seine Spezialkamera hervorgezaubert hätte? Zumindest wäre es zu unangenehmen Fragen gekommen. Und zu Misstrauen: Was wollte dieser Mann verbergen und zu welchem Zweck? Stattdessen konnte er in wenigen Sekunden die gewöhnliche Zorki-Kamera gegen eine ähnliche, mit einem Spezialfilm versehene Kamera austauschen. Außerdem hatte der zweite Fotoapparat möglicherweise nicht nur einen Spezialfilm, sondern auch einen lautlosen (oder leisen) Mechanismus. Es gab beim KGB bereits solche lautlosen Kameras, die sich äußerlich nicht von herkömmlichen Apparaten unterschieden. Dieser heimliche Kameratausch war also der Grund für das ganze Spiel. Und ein Austausch fand zweifellos statt. Der unnötige Fotoapparat mit der Fabriknummer 55149239 blieb im Zelt, wo er schließlich auch gefunden wurde, und den zweiten Apparat nahm Solotarjow mit in die Schlucht.

Somit beweist Film Nr. 2, dass Semjon Solotarjow einen Fotoapparat mit auf die Wanderung nahm, ohne damit seine Kameraden und die Wanderung selbst fotografieren zu wollen. Bei dieser Tour war Semjon Solotarjow kein gewöhnlicher Teilnehmer, sondern er erfüllte seine Spezialaufgaben, agierte im eigenen Interesse und traf Entscheidungen nach seiner eigenen Logik. Womöglich führte das zu Problemen für die ganze Gruppe. Womöglich trifft auch das Gegenteil zu – die Unfähigkeit der Gruppe, Solotarjows Logik zu folgen, bestimmte den tragischen Ausgang der Wanderung.

*Film Nr. 3* besteht aus 17 Fotos. Dieser Film befand sich nicht in einem Fotoapparat, sondern wurde im Zelt in einer fest verschlossenen Dose gefunden, zusammen mit neun weiteren (unbenutzten) Filmen, einer Videofilmrolle und 700 Rubel. Film Nr. 3 ist deshalb interessant, weil er erstaunlicherweise nicht die Aufmerksamkeit des Ermittlers Iwanow erregte. (Übrigens drängt sich das Gefühl auf, dass der Staatsanwalt überhaupt keine Erkenntnisse aus dem Studium der Fotos gewann; wenn er sie überhaupt angesehen hatte, dann wohl eher wie ein Fotoalbum der Großmutter statt wie wichtige Beweisstücke.)

Zunächst die Ausgangsdaten.

Wann wurden die Fotos auf Film Nr. 3 gemacht? Dieser Zeitraum lässt sich ziemlich genau bestimmen. Die erste Aufnahme zeigt Mitglieder der Djatlow-Gruppe kurz vor dem Aufbruch aus der Siedlung 41. Kwartal. (Analoge Fotos gibt es auf den Filmen Nr. 4 bis 6.)

Georgi Kriwonischtschenko und Nikolai Thibeaux-Brignolle tauschten den Fotoapparat und fotografierten einander bei einer Rast auf dem Eis der Loswa. So waren sie auf ihren eigenen Filmen abgebildet. Links Film Nr. 1, Bild 4 (aus Kriwonischtschenkos Fotoapparat), rechts Film Nr. 3, Bild 4.

Bekanntlich gingen die Wanderer am 27. Januar 1959 um 16 Uhr begleitet von einem Kutscher mit einem Pferdefuhrwerk los. Mit diesem Zeitpunkt beginnen die Bilder des Films. Das letzte Bild wurde beim Marsch der Gruppe auf dem »Mansenpfad« gemacht, also bereits nachdem die Gruppe die zugefrorenen Flüsse Loswa und Auspija überquert hatte. Aus den Tagebüchern der Wanderer weiß man, dass das am 30. Januar passierte. Also wurde der Film am Abend des 30. Januar oder am Vormittag des 31. Januar aus dem Fotoapparat genommen, in schwarzes Papier gewickelt und in eine fest verschlossene Dose gelegt, in der auch das Geld und die Ersatzfilme der Gruppe aufbewahrt wurden.

Konnte es Semjon Solotarjows Film sein? Nein, denn in seinem Fotoapparat befand sich die ganze Zeit Film Nr. 2 mit 27 Bildern aus der Zeit vor der Wanderung. Außerdem wurde bereits geklärt, dass Solotarjow bei der Wanderung überhaupt nicht fotografierte.

Konnte es Georgi Kriwonischtschenkos Film sein? Nein, denn in seinem Fotoapparat befand sich während der Überquerung der zugefrorenen Flüsse Loswa und Auspija Film Nr. 1.

Konnte es Rustem Slobodins Film sein? Nein, denn in seinem Fotoapparat befand sich Film Nr. 4 mit Aufnahmen aus der Siedlung 41. Kwartal und mit Bildern, die später auf dem Eis der Loswa und Auspija gemacht wurden.

Konnte der Film schließlich Igor Djatlow gehört haben? Wieder muss die Frage verneint werden, da auf Bild 4 Igor mit einem Fotoapparat in der Hand zu sehen ist, wobei er eindeutig nicht posierte und nicht wusste, dass er fotografiert wurde. Man kann bereits vorwegnehmen, dass keiner der bekannten Filme sich mit Igor Djatlows Fotoapparat in Verbindung bringen lässt.

Daraus ergibt sich ein sehr interessanter und für alle Anhänger einer nicht kriminellen Theorie unangenehmer Schluss: Die Djatlow-Gruppe besaß mehr als die vier Fotoapparate, die in den Ermittlungsakten verzeichnet sind. Das bestätigt die hinreichend bekannte Äußerung von Juri Judin, dem zehnten und einzigen überlebenden Wanderer, dass es mehr als vier Fotoapparate in der Gruppe gab und fast jeder einen besaß. Juri Judin glaubte überhaupt an einen kriminellen Hintergrund der Ereignisse und machte einige Aussagen, die viele Erforscher der Tragödie nur ungern akzeptieren wollen. Zum Beispiel, dass die Akten, wie heute bekannt, stark »frisiert« beziehungsweise »gefälscht« waren und dass darin viele wichtige Dokumente fehlen, etwa die Ergebnisse der histologischen Untersuchung der ersten fünf Leichen (die im Februar/März gefunden worden waren). Judins Aussagen werden von den Vertretern aller möglichen Hypothesen gewöhnlich ignoriert, als wollten sie nicht mit einem älteren Mann diskutieren. Jedoch steht nun fest, dass Judin recht hatte und es mehr als vier Fotoapparate gab. Gehen wir zunächst einmal von fünf aus.

Was kann man über die Zugehörigkeit des unbekannten fünften

Film Nr. 1, Bild 3. Auf dem Foto von Georgi Kriwonischtschenko während einer Rast auf dem Eis der Loswa sind mindestens fünf Fotografen mit Ausrüstung zu erkennen.

Fotoapparats sagen? Er lässt sich mit ziemlicher Sicherheit Nikolai Thibeaux-Brignolle zuordnen.

Dafür gibt es einige voneinander unabhängige Argumente.

Erstens sprechen die Porträtaufnahmen auf den Filmen Nr. 3 und 1 dafür, die zufällig beide die Nummer 4 tragen. Georgi Kriwonischtschenko und Nikolai Thibeaux-Brignolle tauschten den Fotoapparat und fotografierten einander. Die Aufnahmen wurden offensichtlich am selben Ort und zur selben Zeit gemacht. Es ist kaum vorstellbar, dass Kriwonischtschenko seinen Fotoapparat Thibeaux-Brignolle gab und selbst zum Beispiel Solotarjows nahm. Oder Rustem Slobodins, der übrigens hinter ihm gut sichtbar ist. Nein, Kriwonischtschenko nahm den Fotoapparat der Person, die ihm ihren gegeben hatte. Eine Angelegenheit von wenigen Augenblicken, du fotografierst mich und ich dich.

Zweitens weist der Inhalt des Films deutlich auf seine Zugehörigkeit hin. Selbst ohne den ersten Punkt wäre Thibeaux-Brignolle die naheliegendste Wahl für den Besitzer des Films. Von 17 Bildern waren sieben Thibeaux-Brignolle gewidmet (mehr als 40 %). Offenbar ließ er sich gern fotografieren, das zeigen auch die Filme aus den anderen Fotoapparaten. Nikolai posierte immer bereitwillig, und da er über einen eigenen Fotoapparat verfügte, konnte er diesem harmlosen Vergnügen nachgehen. Sein leichter Hang zum Narzissmus, die Eitelkeit, die daraus sprechen, sind nicht weiter bedenklich. Die Bilder 13 bis 15 wurden eindeutig mit Selbstauslöser gemacht, im 13. Foto sieht man, dass Thibeaux-Brignolle es nicht rechtzeitig schaffte, seinen Platz vor dem Objektiv einzunehmen. Er ist im Fallen mit hochgerissenem Knie am unteren Rand des Fotos abgebildet. Anscheinend hatte er die Lage des Fotoapparats nicht genau berücksichtigt, ähnlich bei den zwei folgenden Bildern.

Drittens gibt es einen weiteren stichhaltigen Hinweis darauf, dass Nikolai Thibeaux-Brignolle seinen eigenen Fotoapparat mit auf die Wanderung nahm. Dazu muss man das Bild 3 aus Film Nr. 1 (von Kriwonischtschenko) aufmerksam studieren. Was ist zu sehen? Djatlow steht mit einem Fotoapparat in der Hand dem fotografierenden Kriwonischtschenko zugewandt. Thibeaux-Brignolle hält eine geöffnete Fototasche (gut zu erkennen, wenn man das Foto mit einer hohen Auflösung betrachtet). Rustem Slobodin steht seitlich zum Fotografen und die Haltung seiner erhobenen Hände lässt ebenfalls an einen Fotoapparat denken (das ist allerdings nicht sicher). Schließlich ist ganz links Solotarjow abgebildet, der, wie man mit Bestimmtheit weiß, mit seiner Zorki niemanden fotografierte und sie auch niemand anderem überließ. Nach Adam Riese ergibt das mindestens fünf Fotografen mit Fotoapparaten.

Begeisterte Anhänger von paranormalen Theorien oder der Lawinentheorie könnten einwenden, dass der Autor hier viel zu frei mit den Fakten umgeht. Schließlich ist Rustem Slobodins Fotoapparat nicht zu sehen, vielleicht hatte er ihn an Nikolai Thibeaux-Brignolle weitergegeben (nur wozu?). Doch dieser Einwand hält keiner

Film Nr. 3, Bilder 8 und 10. Juri Doroschenko (links) und Semjon Solotarjow (rechts im Vordergrund)

Prüfung stand, denn es ist klar, dass Rustem seinen Fotoapparat während dieser Rast nicht Thibeaux-Brignolle überlassen hatte, da es in dieser Kamera (auf Film Nr. 4) Bilder gab, die zu genau dieser Zeit entstanden sind. Folglich hätten laut den Zweiflern in Slobodins Fotoapparat gleichzeitig zwei Filme eingelegt sein müssen (Nr. 3 und 4). Das ist natürlich völlig unmöglich.

Deshalb gab es mindestens fünf Fotografen in der Gruppe und der fünfte war Nikolai Thibeaux-Brignolle. Er machte die 17 Bilder auf Film Nr. 3 und legte danach am 30. Januar oder am Morgen des 31. Januar einen neuen Film ein.

Sein Fotoapparat wurde nicht gefunden, was darauf hinweist, dass die Mörder die Sachen der Djatlow-Gruppe durchsucht hatten. Thibeaux-Brignolle hatte seinen Fotoapparat bei der Vertreibung der Gruppe aus dem Zelt nicht mitgenommen und ihn auch nicht Solotarjow gegeben. Der Fotoapparat, der bei Solotarjows Leiche gefunden wurde, gehörte nicht Nikolai Thibeaux-Brignolle. (Diese Behauptung wird später begründet.)

Genug der Arithmetik. Es folgt eine Analyse der Aufnahmen auf dem Film.

1. Die Person, die die Bilder auf Film Nr. 3 machte, war dabei in einer ruhigen, gutmütigen und sogar friedfertigen Verfassung. Damit unterschied sie sich radikal vom Fotografen des Films Nr. 1 (Kriwonischtschenko), dessen innere Anspannung ab dem Beginn

Film Nr. 3, Bild 9. Nikolai Thibeaux-Brignolle (vorn); in der Vergrößerung (rechts) weisen Pfeile auf den Griff seines Messers und den Haken, an dem es aufgehängt ist.

der autonomen Wanderung durch unbewohntes Gebiet stark anstieg. Nur auf drei von 17 Fotos sind keine Menschen abgebildet, ein weiteres Foto zeigt die sich entfernende Gruppe vor den im Hintergrund aufragenden Uralbergen. Auf jeden Fall ist das Verhältnis zwischen den Personen- und Landschaftsfotos nicht kritisch oder verdächtig, sondern es liegt im Durchschnitt.

2. Der Fotograf von Film Nr. 3 hinterließ uns die wohl besten Aufnahmen von Juri Doroschenko und Semjon Solotarjow (Bilder 8 und 10). Das weist darauf hin, dass Nikolai Thibeaux-Brignolle gut mit diesen ihm kaum bekannten Männern auskam und dass sie zu seiner »psychologischen Komfortzone« gehörten. Man kann diese Fotos allerdings auch so interpretieren, dass Nikolai Thibeaux-Brignolle Doroschenko und Solotarjow bereits vor der Wanderung kennengelernt, sich mit ihnen angefreundet und ein gutes Verhältnis zu beiden aufgebaut hatte. Die beiden Fotos sind außerdem ein weiteres Argument gegen gewisse Unterstellungen, es hätte einen Konflikt zwischen Solotarjow und den anderen Wanderern gegeben. Solotarjow unterhielt vielmehr ein freundschaftliches Verhältnis mit allen aus der Gruppe, insbesondere Kriwonischtschenko, Thibeaux-Brignolle, Slobodin (und mit Djatlow, wofür es konkrete Hinweise von Zeitge-

nossen gibt). Übrigens zeigt Bild 10 auch, dass Film Nr. 3 unmöglich aus Igor Djatlows Fotoapparat stammen konnte. Er ist im Hintergrund zu sehen, was nicht der Fall wäre, wenn er seinen Fotoapparat jemandem gegeben hätte, damit dieser ein Foto von ihm macht.

3. Interessant für diese Abhandlung ist auch, dass die weiblichen Wanderer dem Fotografen von Film Nr. 3 offenbar völlig gleichgültig waren. Dass Ljudmila Dubinina nicht zu Georgi Kriwonischtschenkos »psychologischer Komfortzone« gehörte, wurde bereits beschrieben. Dennoch hatte Georgi ein warmes und kameradschaftliches Verhältnis zu Sina Kolmogorowa. Bei Thibeaux-Brignolle ist nicht einmal das festzustellen, er wollte die Frauen überhaupt nicht fotografieren. Wenn eine der beiden auf seinen Fotos auftauchte, war das reiner Zufall, etwa auf Bild 9, auf dem Ljudmila Dubinina im Hintergrund zu sehen ist. Aber diese Aufnahme stammte gar nicht von Thibeaux-Brignolle selbst. Er hatte seinen Fotoapparat einem anderen gegeben, damit dieser ihn schnell knipste. Wenn Nikolai selbst den Bildausschnitt gewählt hätte, wäre Ljudmila zweifellos nicht mit auf dem Foto gewesen. Dasselbe Verhalten sieht man übrigens bei Rustem Slobodin (siehe weiter unten).

Aufgrund dieser Beobachtung drängt sich ein Schluss förmlich auf: Innerhalb der Gruppe gab es keinen Kampf um das weibliche Geschlecht. Die Männer konkurrierten nicht um die beiden Frauen. Das weiß man aus den Erinnerungen von Zeitgenossen, und die Wanderfotos bestätigen es.

4. Bild 9 aus Film Nr. 3 ist aus mehreren Gründen relevant. Zum einen zeigt es das Wetter im Tal der Flüsse Loswa und Auspija während der Wanderung. Thibeaux-Brignolle hatte die Wattejacke ausgezogen, trug die aufgeknöpfte Windjacke über dem Pullover und lief so auf den Ski dahin. Es ging ihm gut, er lächelte und posierte für den Fotografen. Weder Ende Januar noch am 1. Februar 1959 wurden in diesem Gebiet Wetterextreme beobachtet, und dieses Foto ist eine eindeutige Bestätigung dafür.

5. Zum andern enthält Bild 9 Details, die anscheinend keinem anderen Erforscher der Tragödie beim Betrachten von Alexej Koskins Fotosammlung auffielen. Sie betreffen das Messer an Nikolai Thibeaux-Brignolles linker Seite. Es ist bekannt, dass er ein nicht registriertes Finnenmesser bei sich hatte (d. h. ohne Nummer und vermutlich selbst hergestellt). Auch Kolewatow und Kriwonischtschenko besaßen ein sogenanntes Finnenmesser mit Klinge und Rücken (also mit nur einer scharfen Seite) sowie einem Schutz für die Hände. Auf dem Foto sieht man den Messergriff und den Handschutz, der über eine einfache Hakenvorrichtung an der Tasche hing. Das Messer wurde somit offen getragen, ähnlich wie Kriwonischtschenkos Messer, das auf vielen Wanderfotos zu sehen ist.

6. Die Befestigung des Messers auf der linken Körperseite weist eindeutig darauf hin, dass Thibeaux-Brignolle Rechtshänder war. Deshalb ist es nicht erstaunlich, dass er kurz vor seinem Tod seine Wollhandschuhe in die rechte Tasche der Felljacke steckte, die er zu diesem Zeitpunkt trug. Das ist für einen Rechtshänder eine natürliche, automatische Bewegung. Aus der Tatsache, dass sich beide Handschuhe in der Tasche befanden, schlossen einige Laienerforscher, dass Thibeaux-Brignolle bewusstlos war und seine Wanderkameraden ihn zu wärmen versuchten, nachdem er die schwere Kopfverletzung erlitten hatte. Ihre Logik sieht ungefähr so aus: Wäre Thibeaux-Brignolle bei Bewusstsein gewesen und hätte sich selbst angezogen, dann hätte er unbedingt die Handschuhe übergestreift. Der naheliegendere Gedanke, dass Nikolai die Handschuhe selbst auszog und sie in die Tasche steckte, kam den hellen Köpfen nicht. Außerdem lassen die beiden Handschuhe in nur einer Tasche vermuten, dass Thibeaux-Brignolle sie hastig mit der rechten Hand einsteckte, während er etwas in der linken hielt, das er nicht loslassen wollte. Das konnte eine Taschenlampe sein oder ein Messer, je nachdem, wie groß Nikolai die Gefahr einschätzte.

Film Nr. 4, Bild 21. Solotarjow, Doroschenko, Kolewatow (vornübergebeugt sitzend), Kolmogorowa, Dubinina, Kriwonischtschenko, Thibeaux-Brignolle, Djatlow (von links)

*Film Nr. 4* enthält 27 belichtete Bilder und gehörte Rustem Slobodin. Die Wanderung beginnt ab Bild 13, das heißt, die ersten zwölf Aufnahmen zeigen Motive aus der Zeit vor der Wanderung.

Auf Bild 5 ist Igor Djatlow zu sehen, wie er auf einen Baumstamm klettert und über die Schulter schaut, als wolle er fragen: »Hast du mich fotografiert?« So eine Aufnahme konnte nur jemand machen, der ein sehr gutes und vertrauensvolles Verhältnis zum Fotografierten hatte. Djatlow blödelte vor ihm herum und hatte keine Scheu, sich zum Narren zu machen.

Die anderen Wanderer tauchen auf Bild 17 auf (im Speisesaal, ein von den Kameraden unbemerkter Schnappschuss), auf dem Igor Djatlow, Georgi Kriwonischtschenko, Alexander Kolewatow und Semjon Solotarjow (mit dem Rücken zum Fotografen) zusammen an einem Tisch sitzen, während Sina Kolmogorowa im Bild abgeschnitten ist.

Die folgenden Bilder mit den Nummern 18, 19 und 20 wurden in der Siedlung 41. Kwartal gemacht. Alle drei sind gestellte Gruppenfotos. Auf den ersten beiden posieren die Waldarbeiter und auf dem dritten Bild haben sich die Wanderer zu ihnen gesellt. Wer von ihnen ist zu sehen? Juri Judin, Igor Djatlow, Ljudmila Dubinina, Nikolai Thibeaux-Brignolle, Alexander Kolewatow und Sina Kolmogorowa.

Bild 21 zeigt die Gruppenrast auf dem vereisten Fluss. Es erlaubt, den Besitzer des Films zu bestimmen. Auf dem Foto ist die ganze Gruppe abgebildet, außer natürlich dem Fotografen – Rustem Slobodin. Das Foto ist nicht gestellt, Kolewatow sitzt vornübergebeugt auf einem Rucksack und hat wie üblich die Kapuze seiner dunklen Windjacke übergezogen, Solotarjow posiert nicht und weiß wahrscheinlich gar nicht, dass die Gruppe fotografiert wird. Also konnte Solotarjow seinen Fotoapparat nicht an Slobodin weitergegeben haben, damit dieser ihn fotografierte, deshalb muss Film Nr. 4 unweigerlich aus Slobodins Fotoapparat stammen und Film Nr. 2 aus Solotarjows. So und nicht anders.

Bild 22 ist verwackelt. Es zeigt Thibeaux-Brignolle und Solotarjow mit vertauschten Kopfbedeckungen. Die Aufnahme entstand auf der zugefrorenen Loswa, und es gibt ähnliche Fotos dieser Szene auf dem Film aus Kriwonischtschenkos Fotoapparat (Film Nr. 1, Bilder 5 bis 7) und auf Film Nr. 5 (Bilder 15 bis 17). Offenbar waren alle Wanderer in diesem Moment bei bester Laune. Wer mochte, fotografierte und hielt sozusagen den Augenblick fest. So gibt es Bilder von drei verschiedenen Fotografen mit demselben Motiv, die beinahe gleichzeitig am selben Ort gemacht wurden. Nur Solotarjow machte keine solchen Bilder. Das bestätigt die Annahme, dass er auf der Wanderung überhaupt nichts fotografierte. (Obwohl er einen Fotoapparat besaß, den er allen zeigte; so hatte ihn auch Juri Judin gesehen, der auf dieser Wanderung kein einziges Mal mit der Gruppe im Zelt übernachtete, wo alle ihren Rucksack entleerten.)

Das ist alles an relevanter Information von Film Nr. 4. Die restlichen Aufnahmen sind wenig aussagekräftig: Bild 23 zeigt die

Film Nr. 5, Bild Nr. 1. Es ist unwahrscheinlich und sogar absurd, dass Igor Djatlow jemandem seinen Fotoapparat gegeben haben soll, um sich fotografieren zu lassen, doch dabei dem Fotografen den Rücken zukehrte und somit von hinten abgebildet wurde.

Gruppe aus der Ferne von hinten, die Bilder 24 bis 27 sind teilweise beschädigt und überbelichtet.

Was kann man nun über den Besitzer von Film Nr. 4 und über seine kommunikativen Beziehungen innerhalb der Gruppe sagen?

1. Der Fotograf, Rustem Slobodin, war zweifellos gut mit Igor Djatlow befreundet und hatte wahrscheinlich ein sehr vertrauensvolles Verhältnis zu ihm (im Vergleich zu den anderen Wanderern).

2. Die geringe Anzahl an Aufnahmen ohne Menschen lässt darauf schließen, dass der Fotograf ganz locker mit den anderen Wanderern umging. Sicher war er während der Wanderung frei von einer inneren Anspannung oder Unruhe, die auch nur entfernt an die von Georgi Kriwonischtschenko erinnern könnte.

3. Wie beim Fotografen von Film Nr. 3 (Thibeaux-Brignolle) bemerkt man eine innere Distanziertheit zu den beiden Frauen der Gruppe. Möglicherweise wurde diese Distanz sogar demonstrativ zur Schau getragen. Doch hier interessiert nicht der Grund für dieses Verhalten, sondern vor allem der Umstand, dass so das Risiko

Film Nr. 5, Bilder 11 und 12. Beide Fotos entstanden kurz nacheinander.

von Konflikten innerhalb der Gruppe minimiert wurde, die aus einer Konkurrenz um die Aufmerksamkeit der Frauen hätten entstehen können.

4. Es fällt auf, dass der Fotograf Aufnahmen einzelner Personen zu vermeiden versuchte. Rustem bevorzugte eindeutig Gruppenfotos. Das ist ein wichtiger Hinweis auf sein Verhalten innerhalb der Gruppe: Er positionierte sich im Kollektiv gleichermaßen zugänglich. Er schien niemanden aus der Gruppe zu favorisieren, ging mit

Sina Kolmogorowa (links und Mitte) und Ljudmila Dubinina mit Fotoapparaten unbestimmter Zugehörigkeit.

allen gleich freundschaftlich um. Solche Menschen zeigen gewöhnlich einen hohen Grad an Empathie, sie sind bereit, andere zu verteidigen, für deren Rechte zu kämpfen, im Namen des Kollektivs zu agieren, sich für das Gemeinwohl einzusetzen.

*Film Nr. 5* mit 24 belichteten Bildern. Er müsste eigentlich zum Fotoapparat von Igor Djatlow gehören, da dieser der Letzte ist, dem keiner der bisherigen Filme zugeordnet werden konnte.

Doch bereits Bild 1 weckt ernstliche Zweifel daran, dass dieser Film irgendwann einmal in Igor Djatlows Fotoapparat lag. Auf dem Foto sieht man die Wanderer bei der Ankunft in der Siedlung 41. Kwartal, wie sie mit örtlichen Bewohnern und Soldaten der Inneren Truppen posieren. Eine ähnliche Aufnahme gibt es von Kriwonischtschenko (Film Nr. 6). Doch auf diesem Bild steht Igor Djatlow mit dem Rücken zum Fotografen, unterhält sich mit Alexander Kolewatow oder beobachtet das Abladen der Ski vom Lastwagen. Djatlow weiß nicht, dass er fotografiert wird, während Kolewatow den Fotografen ansieht und direkt ins Objektiv lächelt. Nebenbei bemerkt ist das eine der wenigen Aufnahmen von Kolewatow mit einem Lächeln auf den Lippen.

Es ist unwahrscheinlich, dass Igor Djatlow seinen Fotoapparat einem seiner Freunde gab, damit dieser ihn zusammen mit den Wanderkameraden fotografierte, und dann dem Fotografen den Rücken zukehrte. Posieren geht anders. Auch auf dem nächsten Foto posiert Igor nicht. Mit den eigenen Aufnahmen geht man normalerweise verantwortungsvoller um. Besonders wenn man auf ein Erinnerungsfoto hofft, das man viele Jahre aufbewahren wird.

Die Bilder 3 und 4 wurden vor dem Verlassen der Siedlung 41. Kwartal gemacht und die Bilder 5 bis einschließlich 10 zeigen die Fortbewegung der Gruppe auf Ski. Es sind ungestellte Fotos, Momentaufnahmen, deren Sinn mitunter nicht ganz nachvollziehbar ist. Man kann mit Sicherheit davon ausgehen, dass der Fotoapparat mit Film Nr. 5 von verschiedenen Personen verwendet wurde, sodass sich unmöglich feststellen lässt, wem er gehörte. Dafür weiß man genau, wem er nicht gehörte.

Bei dieser Feststellung helfen zwei Fotos, die Alexej Koskin mit 11 und 12 nummeriert hat. Auf ihnen ist dieselbe Szene auf dem Eis der Loswa zu sehen, die auch Rustem Slobodin (Film Nr. 4, Bild 21) und Georgi Kriwonischtschenko (Film Nr. 1, Bild 3) festgehalten haben. Deshalb kann Film Nr. 5 nicht aus den Fotoapparaten dieser beiden Männer stammen. Bei dieser Rast befand sich in Thibeaux-Brignolles Fotoapparat bekanntlich Film Nr. 3 und Solotarjow benutzte seinen »offiziellen« Fotoapparat überhaupt nicht.

Theoretisch bleibt also nur Igor Djatlow mit seinem Apparat, doch auch er konnte die Fotos nicht gemacht haben, da er selbst auf ihnen abgebildet ist, wie er einen kleinen Gegenstand in seinen bloßen Händen betrachtet. (Vermutlich hält Djatlow hier seinen eigenen Fotoapparat, doch das ist nicht genau zu erkennen. Djatlow taucht übrigens noch einmal auf diesem Film auf, im Hintergrund von Bild 18, was wiederum indirekt bestätigt, dass die Bilder 11 und 12 nicht mit seinem Fotoapparat gemacht wurden.)

Bei diesen beiden Bildern drückte Slobodin auf den Auslöser,

Film Nr. 5, Bilder 13 und 10. Nikolai Thibeaux-Brignolle (links); Semjon Solotarjow, im Hintergrund vermutlich Sina Kolmogorowa (rechts)

doch der Fotoapparat mit Film Nr. 5 gehörte ihm nicht. (Vielleicht stammte Bild 11 auch von Solotarjow, der dann den Fotoapparat an Slobodin weitergab, aber auch dann hätte Semjon einen anderen als seinen eigenen Fotoapparat verwendet.)

Wem konnte der geheimnisvolle Fotoapparat gehört haben, von dessen Existenz Film Nr. 5 zeugt? Vielleicht Sina Kolmogorowa, die einen eigenen Apparat besaß und gern fotografierte. Unter den Wanderfotos gibt es zumindest zwei Aufnahmen, auf denen sie beim Fotografieren zu sehen ist. Doch es gibt auch ein Bild von Ljudmila Dubinina mit einem Fotoapparat um den Hals (Film Nr. 5, Bild 14).

Wenn jemand einen Fotoapparat in den Händen oder um den Hals hat, bedeutet das natürlich noch nicht, dass es der eigene ist. Bekanntlich besaß Solotarjow einen Fotoapparat, doch dieser ist auf keinem der Wanderfotos zu sehen. Der Inhalt von Film Nr. 5 hilft auch nicht beim Ermitteln des Besitzers. Eine einfache Analyse der Personen, die abgebildet beziehungsweise nicht abgebildet wurden, lässt darauf schließen, dass der Fotoapparat mit Film Nr. 5 von mehreren Personen verwendet wurde.

Sina Kolmogorowa ist häufiger als die anderen im Bild, sowohl auf den Fotos in der Siedlung 41. Kwartal als auch bei der Rast auf Ski. Die meisten Frauen lassen sich gern fotografieren, deshalb kann sie ihre Kamera einem anderen gegeben haben, damit er sie allein oder mit der Gruppe zusammen fotografierte. Bei Männern ist ein solches Verhalten nicht so häufig zu beobachten. Natürlich gaben die anderen Wanderer auch ihren Fotoapparat weiter, um sich fotografieren zu lassen, oder verwendeten dafür den Selbstauslöser (wie bei drei Fotos von Thibeaux-Brignolle, Film Nr. 3), doch ihre Kameras wanderten nicht von einer Hand zur nächsten wie der Apparat mit Film Nr. 5. Außerdem enthält dieser Film nur eine Landschaftsaufnahme, die restlichen 23 Fotos zeigen Menschen. Das ist eher typisch für Frauen.

Der Autor beharrt nicht auf der absoluten Richtigkeit seiner Annahme und ist der Meinung, dass die Zugehörigkeit des sechsten Fotoapparats noch weiterer Nachforschungen bedarf. Doch er geht davon aus, dass man gegenwärtig den unbekannten Fotoapparat, aus dem Film Nr. 5 stammte, Sina Kolmogorowa zuordnen kann.

Dieser Film enthält einige Aufnahmen einzelner Wanderer, etwa von Thibeaux-Brignolle und Juri Doroschenko. Wenn die Fotos von der Besitzerin des Fotoapparats gemacht wurden, zeigen sie ihre Sympathie zu diesen Männern. Bei Bild 10 (auf dem Solotarjow seine Ski vom Schnee befreit) ist Sina Kolmogorowa vermutlich selbst im Hintergrund zu sehen, in diesem Fall müsste also jemand anders fotografiert haben.

Trotzdem ist dieser Film äußerst wichtig für das Verständnis der Ereignisse auf der Wanderung der Djatlow-Gruppe, da allein seine Existenz auf einen sechsten Fotoapparat in der Gruppe schließen lässt.

Die *losen Aufnahmen* enthalten acht Fotos unbekannter Herkunft, das heißt, es ist nicht klar, aus welchem Film und von wem sie stammen, obwohl sie allem Anschein nach während der Wanderung mit tragischem Ende entstanden. Möglicherweise sind sie (oder ein Teil davon) aus Igor Djatlows Film, dessen Fotos nicht unter den bereits veröffentlichten sind. Die Aufnahmen sind ziemlich bekannt und wurden in dieser Abhandlung zum Teil bereits verwendet (man kann sie im Internet auf Alexej Koskins Seite betrachten*).

Am Ende dieser ausführlichen Untersuchung der von Alexej Koskin veröffentlichten Fotos ziehen wir Bilanz und fassen zusammen:

1. Es gab einen deutlichen Gruppenkern, der aus Igor Djatlow, Rustem Slobodin, Georgi Kriwonischtschenko und Nikolai Thibeaux-Brignolle bestand. Diese Personen fotografierten sich gegenseitig und tauchten daher öfter als die anderen auf den Bildern auf. Der Kern bestand also aus UPI-Absolventen. (Man kann Djatlow ebenfalls als Absolventen bezeichnen, da er das Studium fast beendet hatte und sich auf die Diplomprüfung vorbereitete.) Zweifellos kannten sie sich seit Längerem und hatten ein kameradschaftliches, vertrauensvolles Verhältnis zueinander.

2. Semjon Solotarjow fügte sich nahtlos in diesen Gruppenkern ein. Er wurde wohl am häufigsten von allen fotografiert (Thibeaux-Brignolle mit seinen Selbstporträts ausgenommen). Es steht außer Zweifel, dass Semjon, falls er anfangs von den Wanderern reserviert empfangen worden war, schnell das Eis brechen konnte. Die Analyse der Wanderfotos bestätigt, dass Semjon Solotarjow nicht für Spannungen innerhalb der Gruppe sorgte und in keinem Konflikt mit Igor Djatlow stand. Alle Theorien über Konflikte, weil Solotarjow nicht in die Studentenrunde gepasst hätte, kann man als gegenstandslos zurückweisen.

3. Da es einen Kern in der Gruppe gab, muss es auch eine Peripherie gegeben haben (wie immer in größeren Gruppen Gleichgesinnter, unabhängig von dem gemeinsamen Ziel). Zu dieser Peripherie zählten Alexander Kolewatow, Juri Doroschenko, Sina Kolmogorowa und Ljudmila Dubinina. Juri Judin gehörte ebenfalls dazu, bevor er die Gruppe verließ.

---

* https://fotki.yandex.ru/users/aleksej-koskin/album/160257

4. Das Fehlen von Frauen im Gruppenkern senkte die Wahrscheinlichkeit von Konflikten, die auf die eine oder andere Weise mit dem »weiblichen Faktor« zu tun hatten, beträchtlich. Grundsätzlich gilt die Anwesenheit von Frauen in Gruppen mit Männerüberhang aus Sicht der Viktimologie als Destabilisierungsfaktor, und das aus ganz verschiedenen Gründen. Wichtig ist hier nur, dass sich für das Starten einer Konfliktkette eine Frau im dominanten Kern befinden muss, deren Meinung in der Gruppe zählt. Das war bei der Djatlow-Gruppe nicht der Fall.

5. Die Analyse der Wanderfotos auf Alexej Koskins Seite gibt Grund zur Annahme, dass die Gruppe mehr Fotoapparate bei sich hatte, als in den Akten festgehalten wurde. Es waren mehr als die vier Stück, die die Ermittler den Angehörigen der verstorbenen Wanderer zurückgaben. Die Zuordnung der Fotoapparate führt zum folgenden, höchst unerwarteten Ergebnis: Zwei gehörten Semjon Solotarjow (einer blieb im Zelt, den anderen nahm er mit in die Schlucht), je einen besaßen Rustem Slobodin, Igor Djatlow, Georgi Kriwonischtschenko und Nikolai Thibeaux-Brignolle. Bei einem weiteren Apparat steht die Zugehörigkeit im Moment nicht eindeutig fest, vermutlich gehörte er Sina Kolmogorowa.

6. Ist es möglich, dass Thibeaux-Brignolle seinen Fotoapparat mit in die Schlucht nahm, wo er dann bei Solotarjows Leiche gefunden wurde? Anders gefragt: Zählt der Autor hier nicht einen Fotoapparat doppelt? Diese Annahme ist unlogisch, weil Thibeaux-Brignolle und Solotarjow gleich gut bekleidet waren und Ersterer einfach keinen Grund hatte, Semjon seinen Fotoapparat zu geben. Semjon hatte keine größere Chance, die Nacht zu überleben, als Nikolai selbst. Wenn Thibeaux-Brignolle es tatsächlich geschafft hätte, seinen Fotoapparat aus dem Zelt mitzunehmen, wäre dieser wahrscheinlich bei seiner Leiche gefunden worden. Man kann natürlich annehmen, dass Solotarjow den Apparat von Thibeaux-Brignolles Leiche an sich nahm, um ihn bis zu seinem eigenen Tod um den

Hals zu tragen, doch warum sollte Semjon gerade den Fotoapparat nehmen, wenn für sein Überleben Thibeaux-Brignolles Wollhandschuhe und die Schaffelljacke viel wichtiger gewesen wären? Darauf gibt es keine vernünftige Antwort, vor allem wenn man berücksichtigt, dass Thibeaux-Brignolles Leiche nicht von seinen Kameraden entkleidet worden war und er anscheinend als einer der letzten starb. All diese Argumente sprechen dafür, dass die oben angeführte Zuordnung der Fotoapparate stimmt und dass Thibeaux-Brignolles Fotoapparat nichts mit dem zu tun hatte, der bei Solotarjows Leiche gefunden wurde.

7. Wenn die Wanderer mehr als die vier aktenkundigen Fotoapparate besaßen, was war dann mit den anderen Kameras passiert? Ein zufälliges Verschwinden von gleich zwei Fotoapparaten und das anschließende zufällige Sterben aller Wanderer klingt nicht sehr glaubwürdig. Es drängt sich die Vermutung auf, dass die beiden Ereignisse miteinander zu tun hatten oder sich sogar gegenseitig bedingten. Im 18. Kapitel, »Vorläufige Analyse der Ereignisse am Cholat Sjachl vom 1. Februar 1959«, wurde bereits erwähnt, dass eine ganze Reihe von schwerwiegenden, doch indirekten Beweisen auf eine Durchsuchung des Zelts hinweisen (der zerbrochene Lichtfilter von Kriwonischtschenkos Fotoapparat, der nicht ganz durchgeschnittene Skistock aus Bambus, die kurzen Einschnitte in der hangabwärts ausgerichteten Zeltwand usw.). Bei der Durchsuchung konnten auch der fünfte und der sechste Fotoapparat der Wanderer verschwunden sein, die vorläufig Thibeaux-Brignolle und Kolmogorowa zugeordnet wurden. Warum verschwanden zwei Apparate und die anderen vier blieben im Zelt? Wonach suchten die mysteriösen Diebe, beziehungsweise wie entschieden sie, was sie mitnahmen? Die zurückgelassenen Fotoapparate der Marke Zorki waren vergleichsweise neu: Solotarjow und Djatlow besaßen Kameras aus dem Jahr 1955, Kriwonischtschenko und Slobodin aus dem Jahr 1954. (Das ist anhand ihrer Fabriknummer leicht festzustellen.) Im

Fotoapparate der Marke Zorki (links) und FED (rechts). Obwohl eine Zorki hinsichtlich Mechanik, Optik und Kinematik eine genaue Kopie der FED ist und sogar dieselben Abmessungen hat, kann man sie unmöglich verwechseln.

Prinzip sahen sie ähnlich aus, da sie vom selben Typ waren. Anscheinend unterschieden sich die entwendeten Fotoapparate deutlich von ihnen.

Diese Unterschiede sind offensichtlich, wenn man bedenkt, dass die Fotoapparate der Marke Zorki die ersten in der UdSSR mit vergüteter Optik waren, und zwar von Beginn der Herstellung 1948 in Krasnogorsk bei Moskau an. Die Standardobjektive »Industar-22« (und alle weiteren Modelle) besaßen vergütete Linsen, erzeugt auf Fabrikmaschinen, die aus dem besiegten Deutschland im Zuge der Reparationsleistungen nach dem Krieg ausgeführt worden waren. Indessen erhielten die Fotoapparate der Marke FED bis 1955 (FED-2 bis 1956) weiterhin die unvergüteten Objektive »Industar-10«, da die deutschen Maschinen ganz banal nicht für alle Optikwerke der Sowjetunion ausreichten. »Industar-22« und »Industar-10« sind äußerlich leicht zu unterscheiden. Die vergütete Linse wirkt dunkler und bei schrägem Lichteinfall zeigen sich farbige (meist blaue) Reflexe, während die unvergütete heller glänzt. Außerdem sind die beiden Objektive vorn unterschiedlich beschriftet, was sogar aus einigen Metern Entfernung auffällt. Die Zorki mit dem »Industar-22« kostete aufgrund ihrer besseren Eigenschaften fast das Anderthalbfache der FED mit dem »Industar-10« (370 bzw. 250 Rubel). Deshalb ist es nicht verwunderlich, dass die finanziell schlechtergestellten Wanderer Thibeaux-Brignolle und Kolmogorowa preiswertere Fotoapparate besaßen. Die Personen, die das Zelt der Wanderer durchsuchten, interessierten sich nicht für die Zorkis, da sie gezielt nach einem anderen Modell suchten. Als sie zwei solcher Kameras gefunden hatten, zerbrachen sie sich nicht den Kopf darüber, welche die richtige war, sondern nahmen einfach beide mit.

8. Der fehlende Film aus Igor Djatlows Fotoapparat und die gleichzeitige Existenz von Wanderfotos unbekannter Herkunft (»lose Aufnahmen«) lassen vermuten, dass Alexej Koskin im Moment noch nicht alle Bilder von der tragischen Wanderung gesammelt und systematisiert hat. Möglicherweise führt eine weitere Suche in diese Richtung zu neuen unvorhersehbaren Entdeckungen.

Im Sommer 2012 gelang es Maja Piskarewa, der schon öfter genannten Erforscherin der Djatlow-Tragödie, Angehörige von Thibeaux-Brignolle ausfindig zu machen und sie zu interviewen. Im Rahmen dieser Abhandlung ist der Teil des Gesprächs relevant, in dem Nikolais Fotoapparat erwähnt wurde. Eine von Majas Gesprächspartnerinnen, Marina Jewgenjewna Kasanzewa, eine Tochter von Thibeaux-Brignolles Cousine, erzählte eine sehr interessante Geschichte. Es stellte sich heraus, dass der Ermittler Iwanow Nikolais Schwester Jelisaweta einen Fotoapparat gezeigt und sie gefragt hatte, ob sie ihn als Nikolais erkenne. Jelisaweta bejahte dies. Daraufhin gab Iwanow den Fotoapparat in einen Safe und sagte, er könne ihn nicht den Angehörigen übergeben, da er stark radioaktiv sei.

In welcher Ermittlungsphase dieser »stark radioaktive« Fotoapparat von Thibeaux-Brignolle aufgetaucht war, wissen wir nicht. Auch nicht, woher er kam und wohin er verschwand. Es ist nicht bekannt, wo, wann und von wem seine Radioaktivität festgestellt wurde. Und auch nicht der Grad an Radioaktivität. Doch das Zusammentreffen all dieser bislang unbekannten Faktoren gibt reichlich Anlass zum Nachdenken. Es kann durchaus sein, dass der KGB sich sehr viel aktiver in den Ermittlungsprozess einbrachte als gedacht (natürlich nicht direkt, sondern durch den Gebietsstaatsanwalt Klinow).

Allerdings geht es gar nicht darum beziehungsweise nicht nur. Die These, dass es in der Gruppe mehr Fotoapparate gab als bisher angenommen, wurde nun durch die Aussage einer Angehörigen bestätigt, die keinen Grund zum Zweifeln gibt. Außerdem wurde eine weitere Annahme des Autors bestätigt, nämlich dass zumindest einer der unbekannten Fotoapparate Nikolai Thibeaux-Brignolle gehörte.

Das ist eine wirklich interessante Entdeckung, von der man noch nicht weiß, wohin sie führt beziehungsweise führen kann. Vielleicht tauchen in einem halben Jahr zuverlässige Informationen über einen fehlenden Fotoapparat von Sina Kolmogorowa oder Ljudmila Dubinina auf. Und diese neuen Informationen geben den Anstoß zu neuen, völlig unerwarteten Rückschlüssen.

## 28. KAPITEL

## NOCH MEHR MERKWÜRDIGKEITEN

In der Geschichte der letzten Wanderung von Igor Djatlow gibt es noch einen für die Theorie der kontrollierten Lieferung höchst interessanten Aspekt, den jedoch die Laienerforscher dieser Tragödie bis jetzt ignoriert haben. Während sie in der Mazeration von Rustem Slobodins Füßen und der Aufstellung des Zelts am Cholat Sjachl Machenschaften des »bösen KGB« erkannten, übersahen sie die wirklich verdächtigen Ereignisse und Beweise.

Worum geht es?

Zu Beginn ein Zitat aus dem Wandertagebuch der Gruppe: »24. Januar. Auf dem Bahnhof wurden wir schrecklich gastfreundlich empfangen: Man ließ uns nicht hinein, und der Milizionär spitzte die Ohren; in der Stadt war alles ruhig, keine Verbrechen und Ruhestörungen, wie im Kommunismus; und da begann J. Kriwo zu singen, einen Augenblick später wurde er ergriffen und abgeführt. Der Milizionär rief dem Bürger Kriwonischtschenko in Erinnerung, dass es laut Punkt 3 der Verhaltensvorschriften auf Bahnhöfen verboten ist, die Ruhe der Passagiere zu stören. Das ist wohl der erste Bahnhof, auf dem Lieder verboten sind und wir ohne sie auskommen müssen.«

Nun die Schilderungen desselben Vorfalls aus den Tagebüchern der beiden Frauen. Sinaida Kolmogorowa: »25.01.59 […] Wir sind schon zweimal der Miliz aufgefallen. Einmal wurde Jurka Kriw. in die Milizwache abgeführt, als er Geld für Pralinen sammeln wollte. Das war zum Lachen. […]« Und hier Ljudmila Dubininas Eintrag: »24. Januar. […] Es gab einen kleinen Vorfall – Jurka K. wurde in die Miliz abgeführt, man warf ihm Betrug vor. Unser Jurka hatte den Einfall, mit einer Mütze um den Bahnhof herumzugehen und dabei ein Lied zu singen. Wir mussten Jurka heraushauen …«

Schwer zu sagen, wie gerade Ljudmila Dubinina Georgi Kriwonischtschenko aus der Verkehrsmilizwache auf dem Bahnhof von Serow heraushaute. Schlug sie mit der Faust auf den Tisch, drohte sie mit Bestrafung für eine »Überschreitung der Dienstbefugnisse«, bestach sie den Beamten, oder sah sie ihm einfach tief in die Augen? Doch wahrscheinlich bedurfte Juri ihrer Hilfe gar nicht.

Was war am Bahnhof der Stadt Serow am 24. Januar 1959 um 7 Uhr morgens passiert? Georgi Kriwonischtschenko, der mit der Knausrigkeit der Kassenwartin Ljudmila Dubinina unzufrieden war, weil sie kein Taschengeld ausgab, beschloss, um Almosen zu bitten, indem er sich als eine Art »Bettelbarde« ausgab und mit vorgehaltener Mütze lauthals singend um den Bahnhof herumging. Wir wissen, dass Kriwonischtschenko und Slobodin verschiedene Musikinstrumente beherrschten (Gitarre, Mandoline, Akkordeon), sie sangen nicht schlecht und besaßen die Gabe, die unter Künstlern Bühnenpräsenz genannt wird. Daher war das Singen von Liedern an einem öffentlichen Ort für sie nichts Ungewöhnliches. Doch das Almosensammeln lässt die Geschichte reichlich ungereimt klingen.

Es beginnt damit, dass der Bahnhof in Serow bei der Ankunft der Gruppe geschlossen war. Also war auch der Bahnhofskiosk geschlossen, und das Sammeln von Geld, um sich dort Pralinen zu kaufen, war sinnlos. Nun gut, der Kiosk öffnete vielleicht eine halbe Stunde später. Doch wenn man berücksichtigt, dass die Wanderer fast 2000 Rubel an Bargeld in den Taschen hatten, gab es keinen vernünftigen Grund für diese Aktion. Wie viel Kleingeld konnte Kriwonischtschenko von den mitleidigen Großmütterchen und Großväterchen erhalten, die sich zum Schutz gegen den Wind unter dem Vordach des verschlossenen Bahnhofs aneinanderdrückten? Drei Rubel? Fünf Rubel in Kupfermünzen? Niemand hätte wohl einen ganzen

Rubel oder gar einen Zehner in die Mütze geworfen. Wenn Georgi besonders aufdringlich gewesen wäre, hätte man ihm im besten Fall geraten »sich die Visage zu waschen und arbeiten zu gehen«.

Hatte Georgi sich dumm verhalten? Unbedingt! Sowohl auf den ersten Blick als auch auf den zweiten.

Das Schlimmste war nicht einmal die Sinnlosigkeit seiner Geldsammelaktion. Es ging um seinen guten Ruf. Als Ingenieur, der in einem geschlossenen Objekt arbeitete, riskierte er reichlich Unannehmlichkeiten. Ein Spezialist, der Zugang zu streng geheimen Informationen hatte, musste in jeder Hinsicht unbescholten sein. Das betraf gleichermaßen schädliche Angewohnheiten (Alkoholismus, Drogenmissbrauch, Spielsucht) und antisoziales Verhalten (ausschweifender Lebensstil, Landstreicherei, Gewalt in der Familie, ungewöhnliche sexuelle Orientierung usw.).

Wegen Bettelei und Störung der öffentlichen Ordnung an einem Bahnhof bei der Miliz zu landen, das war eine unglaubliche Dummheit. Wäre diese Geschichte am Arbeitsplatz bekannt geworden, hätte das Urteil einer disziplinarischen Parteikommission nichts Gutes für Georgi Kriwonischtschenko verheißen. Er hätte vielleicht nicht gleich seine Stelle verloren, doch die Geschichte wäre noch lange an ihm haften geblieben und bei jedem Weiterkommen auf der Karriereleiter wieder aufgetaucht.

Eine Festnahme war für Kriwonischtschenko höchst unerwünscht und außerdem gefährlich, weil er sein Finnenmesser bei sich trug (das später auch in der Schlucht bei ihm gefunden wurde). Man muss bedenken, dass in jener Zeit Finnenmesser unter den Paragrafen für den unerlaubten Besitz von Hieb- und Stichwaffen fielen.

Nun soll rekonstruiert werden, wie der Verkehrsmilizionär, der Kriwonischtschenko festnahm, die Situation erlebte. Am 24. Januar 1959 um 7 Uhr morgens begann ein gewisser Mann, seine Umgebung »mit vorgehaltener Mütze« zu belästigen, er sang irgendwelche Volkslieder, verlangte Geld »für Pralinen« und spielte den Clown.

Der Mann wurde zur Ordnung gerufen, er wurde gebeten, sich zu beruhigen, doch er wollte sich einfach nicht zusammenreißen, weshalb die Abführung in die Milizwache erfolgte. Bei der persönlichen Durchsuchung des jungen Mannes wurde ein Finnenmesser ohne Nummer und Genehmigung durch die Behörden des Innenministeriums entdeckt, ein eindeutiger »Verstoß gegen die Vorschriften zur Bewahrung der Gesundheit des Volkes, der öffentlichen Sicherheit und Ordnung«.

Eine spannende Geschichte, oder? Da war Georgi Kriwonischtschenko mit seinen Liedern in etwas hineingeraten. Und wenn man weiß, dass auch Nikolai Thibeaux-Brignolle ein nicht registriertes Finnenmesser besaß, wird es noch spannender. Die Wanderung, die dem 21. Parteitag der KPdSU gewidmet war, konnte tatsächlich zu Ende sein, noch bevor sie richtig begonnen hatte. Die Gruppe wäre bis Serow gekommen und dann im Kittchen gelandet, weil zwei Wanderer unerlaubte Blankwaffen besaßen. Das war keine Wandergruppe, sondern eine echte Bande (aus Sicht der Miliz). Die jungen Leute konnten für ein paar Tage in Serow festsitzen, bis die »Umstände geklärt« waren und die Überprüfung des Ermittlers abgeschlossen war. Das galt natürlich nur, wenn der Milizposten auf dem Bahnhof seinen Pflichten ordnungsgemäß nachkam, das heißt akribisch und streng nach Vorschrift handelte.

Nun stellt sich die einfache Frage, wie Ljudmila Dubinina und die anderen Kriwonischtschenko aus seiner misslichen Lage »heraushauen« konnten, wie Ljudmila schrieb. Gingen sie zur Wache, baten darum, den »guten Jungen Jurka« freizulassen, und der Milizionär zeigte sich verständnisvoll und ließ ihn gehen? Geld nahm er keines, ja nicht einmal das Messer behielt er. Und Jurkas Freunde behelligte er auch nicht mit der Suche nach weiteren unerlaubten Stichwaffen. Glaubt das wirklich irgendjemand?

So ein Ablauf der Ereignisse ist fern jeder Realität. In Russland (wie auch in der UdSSR) vollzieht sich eine Abführung in die

Milizwache ganz anders. Als Erstes gibt es eine persönliche Durchsuchung, damit der Festgenommene nicht plötzlich eine Waffe hervorholen und alle Anwesenden umbringen kann. Freikaufen ist möglich, den Milizionär angreifen und flüchten im Prinzip ebenfalls, man kann auch ein wichtiges Dokument vorweisen, das sämtliche Fragen an den Besitzer überflüssig macht, aber einfaches Zureden hilft nichts. Garantiert nicht.

Es gibt jedoch keinen Grund, an den Tagebuchaufzeichnungen der Wanderer zu zweifeln. Jeder beschrieb das, was er sah, und war sich sicher, dass er die Ereignisse am Bahnhof richtig verstanden hatte. Georgi Kriwonischtschenko wurde tatsächlich von einem Verkehrsmilizionär festgenommen und in die Wache abgeführt. Und man ließ ihn unerklärlicherweise frei, bat ihn, nicht mehr zu lärmen, und wies ihn auf Paragraf 3 der Verhaltensregeln bei der Eisenbahn hin. Der Milizionär verlangte von Kriwonischtschenko kein Geld, erstellte kein Protokoll über den Vorgang und nahm ihm auch nicht sein Finnenmesser ab, sondern wies ihn nur zurecht und schüttelte ihm zum Abschied fast noch die Hand. Ein Wunder!

Was steckte tatsächlich hinter diesem seltsamen Vorfall?

Der Autor wagt die Vermutung, dass am 24. Januar 1959 am Bahnhof in Serow ein wichtiges Ereignis im Rahmen der Operation der kontrollierten Lieferung stattfand, das durch Kriwonischtschenkos Abführung in die Milizwache getarnt wurde. Diese seltsame Festnahme verbarg womöglich zwei Aktionen (mit verschiedenen Zielen): Erstens konnte Georgi ohne Wissen seiner Kameraden einen wichtigen Telefonanruf machen, zweitens konnte er jene radioaktiv belastete Kleidung erhalten, die er am Hang des Cholat Sjachl übergeben sollte. Es wurde weiter oben angeführt, dass Alexander Kolewatow die Kleidung am Tag vor Beginn der Wanderung beschafft haben konnte, also am 22. Januar. Doch es ist auch denkbar, dass die radioaktiven Sachen erst später zur Gruppe kamen, am Bahnhof in Serow. Aufgrund ihrer Gefährlichkeit konnten die Initiatoren der Operation beschlossen haben, dass die Kleidung mit dem Isotopenstaub erst im allerletzten Moment übergeben werden sollte, also am Ende der »zivilisierten Welt«.

In der Milizwache konnte Kriwonischtschenko verlangt haben, dass er telefonisch mit dem diensthabenden Offizier der KGB-Verwaltung für Stadt und Gebiet Swerdlowsk verbunden wurde. Danach ließ er sich über eine spezielle Leitung direkt zu dem richtigen Mitarbeiter durchstellen. Wenn der Anruf bereits zuvor vereinbart worden war, dann wurde er erwartet und alles ging schnell. Das Ganze hätte höchstens 3 Minuten gedauert, einschließlich der Erklärung für den Milizionär.

Worum konnte es in diesem Gespräch gehen und wozu diente es überhaupt? Die Antwort liegt nahe. Indem der Betreuer bei jeder sich bietenden Gelegenheit mit der Gruppe in Verbindung blieb, behielt er die Kontrolle über die Situation. Ein solcher Anruf war nicht nur logisch, sondern auch erwünscht (wenn auch nicht unbedingt nötig, da die Gruppe auf ein selbstständiges Arbeiten eingestellt war).

Man muss im Kopf behalten, dass die Verhaftung am Bahnhof zu Beginn der Wanderung passierte, nach der ersten Nacht unterwegs. Wenn während dieser Zeit etwas passiert war, das die Operation gefährden konnte, zum Beispiel ein Konflikt zwischen Djatlow und dem Neuling in der Gruppe, Solotarjow, dann hatte der KGB Zeit, einen Reserveaktionsplan zu starten, den es zweifellos gab. Möglicherweise sah dieser Plan die Übergabe des Fotoapparats von Solotarjow an Kolewatow vor, falls Ersterer aus der Gruppe ausgeschlossen werden sollte. Vielleicht war auch ein raffiniertes Vorgehen geplant, um gegebenenfalls Igor Djatlow »auszuschalten«. Darüber kann man nur spekulieren. Wichtig ist, dass es keinen Konflikt zwischen Semjon Solotarjow und dem Leiter der Wanderung gab, die Nacht im Zug war gut gewesen, die Gruppe hatte Spaß, sang Lieder und lag noch gut im Zeitplan. Die Operation kontrollierte Lieferung verlief nach Plan. Das teilte Georgi dem Betreuer am Telefon mit.

An dieser Stelle mag man sich fragen, warum gerade Georgi Kriwonischtschenko diesen wichtigen Anruf machte und nicht Semjon Solotarjow, der die Operation vor Ort leitete. Ganz einfach: Solotarjow durfte bei den anderen Wanderern nicht negativ auffallen. Eine Festnahme Solotarjows hätte sie vielleicht besorgt oder wütend gemacht und dazu geführt, ihn von der Wanderung auszuschließen. Djatlow hätte zu Solotarjow sagen können: »Die Gruppe will dich nicht mehr dabeihaben, weil du uns durch dein unsoziales Verhalten blamierst.« Wie hätte Solotarjow sich rechtfertigen sollen? Kriwonischtschenko hingegen drohten keine solchen Sanktionen. Er kannte die meisten Wanderer aus der Gruppe seit Jahren, war allgemein beliebt und eng mit Igor Djatlow befreundet. Er war ein Spaßvogel, der gut sang und Mandoline spielte. Bekanntlich nahm ihm niemand seinen dummen Streich übel. Es ist klar, dass man den Vorfall ganz anders beurteilt hätte, wenn der Neuling Semjon Solotarjow dafür verantwortlich gewesen wäre.

Den Überlegungen zu Georgi Kriwonischtschenkos seltsamer Festnahme am Bahnhof bleibt nur hinzuzufügen, dass ihn sein Sonderstatus aufgrund der Teilnahme an einer Spezialoperation des KGB in der Milizwache schützte. Da er entsprechend vorbereitet war, wusste er genau, wie die Situation sich entwickeln würde, und dass durch seine Festnahme keine Konsequenzen drohten. Es würde kein Protokoll über eine Ordnungswidrigkeit geben, keine Geldstrafe, keine persönliche Durchsuchung, keine Beschlagnahmung des Messers – nichts von allem. Der diensthabende Milizionär würde ihn nur vor den anderen der Form halber zurechtweisen und wieder freilassen.

Wie die Tagebucheinträge der Wanderer zeigen, geschah es genau so.

Um die Reihe von seltsamen und schwer erklärbaren Ereignissen auf der Wanderung der Djatlow-Gruppe abzuschließen, kommen wir zu einem weiteren interessanten Detail, das die meisten Erforscher dieser Tragödie geflissentlich übersehen. Aufmerksame Leser haben wahrscheinlich bemerkt, dass in dieser Abhandlung die Bestattungsorte aller Wanderer angeführt wurden außer dem von Semjon Solotarjow. Das geschah nicht deshalb, weil der Autor den Ort nicht kennt. Es hat einen ganz anderen Grund.

Dank der Bemühungen von Alexej Koskin ist der Standort des erwähnten Grabs kein Geheimnis. Solotarjow wurde nur wenige Meter von Georgi Kriwonischtschenkos Grab bestattet, was ohne ihre gemeinsame Verbindung zum KGB völlig unerklärlich wäre. Beide Gräber befinden sich in Swerdlowsk, auf dem alten Iwanowskoje-Friedhof, der 1959 bereits geschlossen war, das heißt, es fanden dort keine Begräbnisse mehr statt (um genau zu sein, nur noch Bestattungen in Familiengräbern, die älter als 25 Jahre waren).

Die merkwürdigen Umstände bei der Beerdigung von Georgi Kriwonischtschenko wurden schon erwähnt. Georgi war der einzige der ersten fünf Verstorbenen, der in einem verschlossenen Sarg und auf einem anderen Friedhof bestattet wurde als seine Kameraden. Kriwonischtschenkos Eltern hatten nicht darum gebeten, und es ist nicht klar, wer die Beerdigung auf dem Iwanowskoje-Friedhof, die eine Spezialgenehmigung erforderte, durchsetzte und zu welchem Zweck. Doch das geschah im März 1959 und zwei Monate später wiederholte sich die Geschichte. Nur dieses Mal mit Solotarjow.

Alles war gleich, der verschlossene Sarg, das von den anderen Wanderern getrennte Begräbnis, die Grabstätte auf dem geschlossenen Friedhof, auf dem noch keine Angehörigen des Verstorbenen lagen. Natürlich war wieder eine Sondergenehmigung für das Begräbnis notwendig. Doch wenn sich für Georgi Kriwonischtschenkos Beerdigung dessen einflussreicher Vater, Verwaltungsleiter der Firma Uralenergostroimechanisazija mit Kontakten in die Führungsspitze des Gebiets, hätte einsetzen können, wer hätte ein

Wort für den einfachen Kubankosaken Semjon Solotarjow einlegen sollen? (Zur Erinnerung: Georgi Kriwonischtschenkos Vater verneinte, eine Genehmigung für die Beerdigung seines Sohns auf dem Iwanowskoje-Friedhof erwirkt zu haben; die Familie verließ ein Jahr nach Georgis Tod für immer Swerdlowsk und die schicke Wohnung im Nomenklaturahaus Nr. 29 in der Moskauer Straße und zog nach Kasachstan.) Solotarjow hatte überhaupt keinen Bezug zu Swerdlowsk und seine Mutter, die von der Sowjetmacht nicht einmal eine Pension erhielt, hatte keine Kontakte zur Stadtleitung. Eine Bestechung konnte sie sich ebenfalls nicht leisten. Und es gab keine Freunde, die ihr dafür hätten Geld geben können.

Wie konnte Semjon Solotarjow auf dem Iwanowskoje-Friedhof beerdigt werden und noch dazu in der Nähe von Georgi Kriwonischtschenko? Es lässt sich keine sinnvolle Erklärung dafür finden, wenn man nicht davon ausgeht, dass sowohl Solotarjow als auch Kriwonischtschenko wichtige Teilnehmer an einer Spezialoperation des KGB waren. In dieser Abhandlung wird eine enge Verbindung der beiden mit den Behörden der Staatssicherheit vorausgesetzt, was die Vorfälle sofort logisch und absolut glaubwürdig erklärt.

Der KGB sorgte immer für eine würdevolle Verabschiedung seiner Mitarbeiter. Eine Bestattung auf einem guten Friedhof galt als eine Art Statussymbol der Organisation für deren Sonderstellung im Vergleich mit anderen Verwaltungsorganen der Sowjetmacht. Je höher der Verstorbene in der Hierarchie des KGB gestanden hatte, desto respektabler war seine letzte Ruhestätte.

Zurück zum Februar 1959, als unter der Zeder die ersten Leichen der Wanderer gefunden wurden. Anfangs hielt man die Toten für Kriwonischtschenko und Solotarjow. Ja, Doroschenkos Leiche wurde als die von Solotarjow identifiziert. Obwohl die UPI-Studenten aus der Suchmannschaft Juri Doroschenko kannten, störten zwei objektive Umstände seine Identifizierung: die Bartstoppeln und die veränderte Hautfarbe, die von allen, die die Leichen sahen, als »braun«, »dunkelrotbraun« und ähnlich beschrieben wurde. Die Bartstoppeln in Doroschenkos Gesicht ließen an den schnurrbärtigen Solotarjow denken, weshalb in den ersten Funkmeldungen über den Leichenfund sein Name fiel.

Wie stellte sich die Situation aus Sicht der verantwortlichen KGB-Mitarbeiter dar, die die Operation der kontrollierten Lieferung betreuten? Sie erfuhren, dass einige der vermissten Wanderer aus bisher unbekannten Gründen verstorben waren. Ob ihr Tod eine Folge der misslungenen Spezialoperation war oder keinen Bezug dazu hatte, wusste man noch nicht, nur dass es sich um mit dem KGB verbundene Personen handelte – Kriwonischtschenko und Solotarjow. Kriwonischtschenko hätte am Tag der Durchführung der Operation die radioaktive Kleidung tragen müssen, doch er wurde unbekleidet gefunden, also war das Schicksal der Kleidungsstücke fraglich. Solotarjow (in Wirklichkeit Doroschenko) war ebenfalls entkleidet, das heißt, die Kleidung mit dem Isotopenstaub musste gesondert gesucht werden. Aber was sollte man mit den Leichen von Kriwonischtschenko und Solotarjow machen?

Der KGB übernahm die traurige Aufgabe der Organisation des Begräbnisses mit all ihren Schwierigkeiten. Außerdem gab es in vielen Abteilungen die Tradition, die Gräber der Mitarbeiter entweder am Tag der Tschekisten, dem 20. Dezember, oder an ihrem Todestag zu besuchen. Doch am Todestag der Djatlow-Gruppe konnten die Gräber von vielen Freunden und Angehörigen besucht werden, die nicht in Kriwonischtschenkos und Solotarjows Geheimnis eingeweiht waren. Verständlicherweise hätte eine Gruppe von unbekannten ernsten Männern in Zivil eine Vielzahl von überflüssigen Fragen hervorrufen können. Deshalb musste für die Gräber von Kriwonischtschenko und Solotarjow ein Platz abseits der anderen Wanderer gefunden werden, am besten auf einem anderen Friedhof.

Es war also der KGB, der für seine Mitarbeiter die Zuteilung zweier Plätze auf dem geschlossenen (und daher wenig besuchten)

Iwanowskoje-Friedhof durchsetzte. Das passierte in einem gemeinsamen Antrag für beide, weshalb sich die Plätze in unmittelbarer Nähe zueinander befinden. Wäre die Frage der beiden Bestattungen zu verschiedenen Zeiten mit einigen Monaten Abstand und aufgrund des Antrags verschiedener Personen entschieden worden, hätten sich die Gräber weiter voneinander entfernt oder überhaupt auf unterschiedlichen Friedhöfen befunden.

Anfangs lief alles nach Plan. Die Leichen wurden vom Pass nach Iwdel gebracht, wo wahrscheinlich der KGB-Betreuer zur Identifizierung von Solotarjow hinbestellt worden war (schließlich war Semjon unter den Studenten kaum bekannt gewesen und seine Verwandten lebten Tausende Kilometer entfernt, also war die Frage seiner Identifizierung nicht so einfach, wie es auf den ersten Blick scheint). Und nun helle Aufregung: »Solotarjow« war gar nicht Solotarjow. Semjon war 172 Zentimeter groß, doch auf dem Tisch der Leichenhalle lag eine Leiche mit 180 Zentimeter Größe. Man brauchte nur ein Maßband anzulegen, um den Fehler bei der Identifizierung von »Solotarjow« aufzudecken.

Dann luden die Ermittler der Reihe nach die Angehörigen aller Männer aus der Gruppe ein. Die Leiche mit den Bartstoppeln konnte niemand identifizieren. Nicht einmal seine eigene Mutter erkannte ihn. War der Unbekannte also doch Solotarjow? Aber der Genosse aus der am besten informierten Organisation der Sowjetunion wusste genau, dass, wer auch immer in der Leichenhalle lag, nicht Semjon war. Nun erfolgte eine zweite Identifizierung, nur wurde diesmal nicht Juri Doroschenkos Mutter eingeladen, sondern eine Frau, mit der er ein intimes Verhältnis gepflegt hatte. Sie identifizierte schließlich die nackte Leiche.

Während dieser Zeit wurde bereits die Frage entschieden, wo die Verstorbenen begraben werden sollten. Das Gebietskomitee verzichtete gnädig auf eine Bestattung in Iwdel und stimmte einer Beerdigung in Swerdlowsk zu. Offenbar waren auf dem Iwanowskoje-Friedhof bereits zwei Plätze reserviert, also sollten dort auch zwei Menschen begraben werden: Kriwonischtschenko und Doroschenko. Wenn sie schon nebeneinander am Lagerfeuer gestorben waren, sollten sie auch nach dem Tod vereint sein. Doch nein! Doroschenko wurde auf den Michailowskoje-Friedhof gebracht, denn der zweite Platz auf dem Iwanowskoje-Friedhof war von Anfang an für Solotarjow bestimmt. Bereits damals Anfang März hatte der KGB keinen Zweifel daran, dass er tot war, obwohl seine Leiche erst viel später gefunden wurde.

Und tatsächlich, als Mitte Mai 1959 Semjons Mutter nochmals in Swerdlowsk erschien (das erste Mal war sie einen Monat zuvor angereist), musste sie nicht für die Bestattung des Sohns sorgen. Andere Leute kümmerten sich darum. Obwohl, das ist hervorzuheben, keiner von ihnen seine Verbindung mit dem KGB offenlegte, wie das auch Semjon selbst zu Lebzeiten nicht getan hatte. Doch der Verwaltungsapparat, dem diese geheimnisvollen Freunde angehörten, war mächtig genug, um alle Probleme zu beseitigen, die bei der Auswahl des Bestattungsorts und der Organisation der Trauerfeier auftreten konnten.

Die These von der verdeckten Beteiligung des KGB an den Bestattungen von Kriwonischtschenko und Solotarjow erklärt deren Beerdigung auf dem Iwanowskoje-Friedhof und die räumliche Nähe der Gräber zueinander. Ohne den Einfluss des mächtigen Verwaltungsapparats wären beide (oder zumindest einer von ihnen) gemeinsam mit den anderen Wanderern auf dem Michailowskoje-Friedhof beigesetzt worden.

Aber warum wurde Alexander Kolewatow nicht auch auf dem Iwanowskoje-Friedhof begraben? Schließlich war er laut der Theorie der kontrollierten Lieferung der dritte Wanderer aus der Gruppe, der im Interesse des KGB agierte. Warum sorgte der KGB sich um das Schicksal zweier verstorbener Mitarbeiter, vernachlässigte jedoch den dritten?

Das hatte wohl mit seiner fehlenden offiziellen Zugehörigkeit zum KGB zu tun. Alexander konnte im Januar 1959 nach formalen Merkmalen nicht als fest angestellter Mitarbeiter des Geheimdiensts gelten, da er weder einen Hochschulabschluss noch den Dienstgrad eines Reserveoffiziers besaß. Natürlich schloss das eine enge Zusammenarbeit mit der Staatssicherheit nicht aus, etwa die Erfüllung gewisser Aufträge für den KGB oder Aufklärungstätigkeiten als Teil einer von Solotarjow geleiteten Studentenresidentur. Kolewatow plante möglicherweise, sein Schicksal an den Geheimdienst zu binden – die Arbeit war prestigeträchtig und verhieß für die damalige Zeit beträchtliche materielle Vorteile. Doch er konnte erst in den Personalbestand des KGB aufgenommen werden, nachdem er ein Studium absolviert und den Dienstgrad eines Reserveoffiziers erhalten hatte. Bei Solotarjow und Kriwonischtschenko stellte sich die Situation ganz anders dar: Sie besaßen ihre Hochschuldiplome und Offiziersränge. Anfang 1959 konnte Kriwonischtschenko bereits problemlos die einjährige Swerdlowsker KGB-Schule absolviert haben, ohne dass sein Umfeld davon wusste. Die entsprechende Tarnung hatte man rechtzeitig vorher ausgearbeitet.

# 29. KAPITEL

## 6. FEBRUAR 1959 – DER TAG, AN DEM NICHTS GESCHAH

In den Ermittlungsunterlagen findet sich ein Dokument, das auf den 6. Februar 1959 datiert ist, davon war bereits die Rede (siehe 15. Kapitel, »Fälschung oder Schlamperei?«). Es ist faszinierend, nur weist es auf etwas ganz anderes hin, als die Anhänger von Verschwörungs- und Fälschungstheorien glauben.

Zunächst muss man akzeptieren, dass das Protokoll der Vernehmung Wassili Popows durch den Milizkapitän Tschudinow tatsächlich auf den 6. Februar datiert ist, dass bei diesem Schreiben nicht heimlich herumradiert oder etwas ausgebessert wurde und es auch keine andere Deutung geben kann. Das Datum wurde zweimal und in beiden Fällen gut lesbar notiert. Inhaltlich geht es in diesem Dokument darum, dass die Wanderer den Ort Wischai in der zweiten Januarhälfte 1959 passierten. Popow bestätigte eigenhändig, dass er zwei Gruppen gesehen hatte, die in Richtung Uralgebirge gingen, jedoch mit keiner von ihnen Gesprächskontakt gehabt hatte. Unabhängig davon beschrieb er einen kräftigen Wind Anfang Februar im Bezirk Wischai, der stärker gewesen war als jeder andere in seiner Erinnerung. Laut den Aufzeichnungen hatte man Popow zwei Fragen gestellt – über die Wanderer und über das Wetter. Und er beantwortete beide.

Es ist klar, dass der Leiter der Milizwache Popow nicht einfach so aufsuchte und ihm diese Fragen stellte. Sein Interesse hatte einen speziellen Grund, der allerdings aus dem Protokoll nicht hervorgeht. Und warum tauchte dieses seltsame Dokument in den

Akten zu dem Verfahren auf, das erst drei Wochen später eröffnet wurde?

Als Kapitän Tschudinow Popow vorlud, wusste er genau, was er tat. Der Grund für die Vernehmung liegt auf der Hand. Wenn die Information von jemand anderem stammte, dann war er, Kapitän Tschudinow, nicht für ihre Genauigkeit und Richtigkeit verantwortlich. Die Verantwortung ging auf den Befragten über, der Kapitän übernahm die Rolle eines Statisten, der nur die Worte eines anderen in schriftlicher Form wiedergab. Eigentlich musste er nicht einmal das tun, Wassili Andrejanowitsch Popow schrieb seine Antworten selbst nieder. Der Befragte wurde über die rechtlichen Folgen einer Falschaussage belehrt. Zugegeben, ein geschicktes, um nicht zu sagen hinterlistiges Vorgehen.

Der Kapitän handelte natürlich nicht aus eigener Initiative und dachte nicht aus Naivität an das Erstellen eines Protokolls. Offensichtlich führte er eine Anweisung der Milizleitung aus, wobei ihm diese so merkwürdig vorkam, dass er den zusätzlichen Papierkram nicht scheute und überlegte, wie er die Verantwortung für einen möglichen Fehler auf jemand anderen abschieben konnte. Vielleicht fiel ihm das auch nicht selbst ein, sondern er wurde von der Person, die ihm die Anweisung gab, gewarnt, sich vor unangenehmen Folgen vorzusehen.

Doch warum fragte man den Leiter der Milizwache in der Siedlung Polunotschnoje nach den Studenten, die Wischai passiert hatten? Schließlich hatte Wischai seine eigenen Mitarbeiter des Innenministeriums, dort gab es ein Lager, in dem sich regelmäßig Verbannte melden mussten, die für die Forstwirtschaft arbeiteten. Wahrscheinlich wurden auch sie befragt, doch ihre Aussagen blieben nicht erhalten, da die Exekutivbeamten in Wischai keine Protokolle erstellten, sondern einfach am Telefon antworteten. Womöglich hätte Kapitän Tschudinow dasselbe tun sollen, doch er ging gerissener vor und deshalb befand sich in seiner Tischlade eine Spur des geheimnisvollen Gesuchs in Form des Vernehmungsprotokolls von Popow.

Woran lässt diese Vorgehensweise der mysteriösen Milizinstanz denken? Jemand wollte offenbar die Fortbewegungen von Wandergruppen genau in dem Gebiet verfolgen, das Igor Djatlow und seine Freunde zum Ziel hatten.

Konnte das Zufall sein?

Wohl kaum. Im Jahr 2008 tauchte eine äußerst interessante Information auf, die nicht in den Ermittlungsunterlagen enthalten war, doch einen direkten Bezug zu den beschriebenen Ereignissen hatte. Es geht um folgende Geschichte: Ende Januar 1959 plante eine Wandergruppe des Pädagogischen Instituts Perm eine Wanderung auf den Otorten, also auf den Berg, zu dem auch die Djatlow-Gruppe wollte. Wie diese mussten auch die Permer Studenten bis nach Serow fahren und danach einer ähnlichen Route folgen.

Ljudmila Borissowna Wsewoloschskaja, eine Studentin des Pädagogischen Instituts Perm, kam in Serow an, ergatterte erfolgreich ein Zelt von der ansässigen Militärgarnison (anscheinend gegen etwas Schmiergeld) und besuchte sogar das städtische Sportkomitee, um die Lage zu sondieren. Dort teilte man ihr ohne Umschweife mit, dass gerade erst UPI-Studenten (die Wandergruppen um Djatlow und Blinow) durch Serow gekommen waren, und es wurde nachgefragt, wann denn die Studenten aus Perm zu erwarten wären. Die Wanderung war bereits vereinbart, sodass die baldige Ankunft der Permer Studenten kein Geheimnis darstellte. Am nächsten Tag jedoch erhielt Ljudmila Wsewoloschskaja ein Telegramm vom Leiter der Wanderung aus Perm, in dem stand, dass das Sportkomitee die Tour auf den Otorten verboten und eine ganz andere Route entlang des Flusses Wischera auf den Berg Ischerim vorgeschlagen hatte.

Verärgert rief Ljudmila im Wanderklub des Instituts an, um herauszufinden, wo das Problem lag, was überhaupt los war. Sie erhielt von den Kameraden eine erstaunliche Antwort, die ungefähr so lautete: Die Wanderroute wurde vom städtischen Sportklub nicht genehmigt mit der Erklärung, die »Permer« hätten am Otorten nichts zu suchen, wenn schon eine Wanderung stattfinden sollte, dann zum Ischerim. Das war alles. Wsewoloschskaja wollte nicht zum Ischerim, dafür hätte sie nach Perm zurückkehren müssen, und sie befand sich in der Nähe ihres Zuhauses. (Ihr Vater war Architekt in der Siedlung Polunotschnoje.) Nachdem sie dem Militär das nicht mehr benötigte Zelt zurückgeben hatte, fuhr Ljudmila nach Polunotschnoje zu ihrer Familie – die Ferien standen bevor.

Erst zu Beginn des neuen Semesters, als sie in das Pädagogische Institut Perm zurückkehrte, erfuhr sie von den tragischen Ereignissen um die Wandergruppe im Ural. Zuerst von ihrem Verschwinden und dann vom Tod aller Teilnehmer.

Doch es wird noch rätselhafter. Bereits am 7. Februar machte sich in etwa dasselbe Gebiet die Karelin-Gruppe auf, die problemlos vom Stadtkomitee und von den Lokalbehörden die Genehmigung für ihre Tour bekommen hatte und auch bei den Lagerkommandanturen passieren durfte, wo die Wanderer die Reisepapiere vorweisen mussten. Die Routen der Karelin-Gruppe und der Djatlow-Gruppe stimmten nicht vollständig überein, aber sie kreuzten sich. Außerdem war sogar ein Treffen beider Gruppen möglich. Im Prinzip hatten sie dieselben Stationen. (Die Karelin-Gruppe war etwas südöstlicher unterwegs.)

Der chronologische Ablauf sah also folgendermaßen aus:

Am Morgen des 24. Januar 1959 passierten die Gruppen von Djatlow und Blinow ungehindert die Stadt Serow. Bereits am nächsten Tag, dem 25. Januar, erfuhren die Wanderer aus dem Pädagogischen Institut Perm überraschend, dass sie am Otorten nichts zu suchen hätten, was ihnen in Perm mitgeteilt wurde! Der Weg in Richtung Otorten war ihnen versperrt, obwohl das städtische Sportkomitee die Route nur wenige Tage zuvor genehmigt und Wsewoloschskaja in Serow schon ein Zelt für die Gruppe beschafft hatte. Dann blieb das Gebiet Otorten einige Zeit ohne Angabe von Gründen geschlossen. Am 28. Januar verabschiedete sich Juri Judin in der Siedlung Wtoroi Sewerny von den anderen Wanderern und kehrte zurück in die Zivilisation. Am Abend des 28. und am Morgen des 29. Januar hielt er sich in Wischai auf, wo er von den letzten Neuigkeiten der Djatlow-Gruppe hätte erzählen können, wenn ihn jemand danach gefragt hätte, aber man interessierte sich dort nicht besonders für die umherziehenden Wanderer. Juri Judin konnte jedoch einem Vertreter des KGB-Betreuers begegnet sein, einem geheimen Mitarbeiter des KGB, der die Gruppe bis zum Beginn der autonomen Wanderung überwacht hatte. So gelangte die Information, dass sich eine Person von der Gruppe getrennt hatte, zu dem KGB-Mitarbeiter, der sie am Morgen des 29. Januar 1959 nach oben bis zu einer Instanz mit Entscheidungsgewalt weiterleitete. Danach verging einige Zeit, während der niemand etwas über die Studenten des Swerdlowsker UPI auf dem Weg zum Otorten wusste. Bei der Operation der kontrollierten Lieferung verlief bis jetzt noch alles normal.

Doch plötzlich sammelten am 5. oder 6. Februar 1959 Behörden des Innenministeriums Informationen über durchziehende wandernde Studenten und unabhängig davon über das Wetter im Wandergebiet. Dieses Gesuch erschien Kapitän Tschudinow so verdächtig beziehungsweise sogar gefährlich, dass er sich nicht mit einer Antwort am Telefon zufriedengab, sondern Wassili Popow, einen Einwohner von Wischai, der nach Polunotschnoje gekommen war, abpasste, ihm einen Stift in die Hand drückte und so die Antworten auf seine Fragen von ihm eigenhändig geschrieben erhielt. Tschudinow gab die Information telefonisch weiter und bewahrte das Dokument mit den Antworten umsichtig auf. Aber damit war die Geschichte noch nicht zu Ende. Bereits am nächsten Tag, dem 7. Februar 1959, reiste die nächste Gruppe von UPI-Studenten unter Leitung von Wladislaw Karelin ungehindert in dieses Gebiet.

Was konnte dieser Zickzackkurs bedeuten?

Man muss zugeben, dass die geheimnisvolle Instanz, die ihre Identität niemandem offenbarte, dabei doch sehr mächtige Befugnisse hatte. Anscheinend fühlte sich jemand plötzlich beunruhigt, und dieses Gefühl erreichte am 5. oder 6. Februar seinen Höhepunkt. Wahrscheinlich am 5., denn am 6. setzten bereits Kontrollmaßnahmen ein.

Kommen wir auf die Annahme zurück, dass die Fortbewegung der Djatlow-Gruppe im besiedelten Gebiet überwacht wurde und dass es möglicherweise eine verdeckte Betreuung durch Mitarbeiter des KGB gab, um alles zu vermeiden, was die Operation gefährden konnte. Wie heute bekannt ist, verlief anfangs alles erfolgreich und die Gruppe begann am 27. Januar 1959 ihre autonome Wanderung. Das Treffen zur Übergabe des Guts im Rahmen der kontrollierten Lieferung war für den 1. Februar am Pass zwischen den Tälern der Flüsse Loswa und Auspija geplant. An diesem Punkt würde die Djatlow-Gruppe unweigerlich vorbeikommen. Wahrscheinlich war ein gewisses Zeitfenster vorgesehen, in dem die Gruppe, die zuerst auftauchte, das Erscheinen der anderen abwarten sollte. Damit am Treffpunkt für die Spezialoperation keine Unbeteiligten stören konnten, wurde das Gebiet um den Otorten auf Befehl des KGB geschlossen, gleich nachdem die Gruppen von Djatlow und Blinow die Stadt Serow passiert hatten. Diese Maßnahme ist einleuchtend. Natürlich war das ein inoffizieller Befehl, und die ausführenden Personen wussten wohl kaum, von wem er stammte. Der KGB hatte ein weit verzweigtes Netz an inoffiziellen Mitarbeitern, darunter auch Personen in den staatlichen Behörden, und verfügte somit über die wunderbare Möglichkeit, seine Entscheidungen durchzusetzen, ohne unerwünschte Aufmerksamkeit zu erregen.

Am 5. oder 6. Februar 1959 beunruhigte also irgendetwas die KGB-Mitarbeiter, die in die Operation der kontrollierten Lieferung eingeweiht waren. Was für eine Unruhe war das, und wodurch wurde sie hervorgerufen? Trotz der ungewissen Situation kann man mit einiger Sicherheit sagen, was genau passiert war beziehungsweise was nicht.

Die Gruppe besaß kein Funkgerät, und es war von Anfang an keine Verbindung zur »weiten Welt« vorgesehen. Warum, das wurde im 26. Kapitel, »Die Theorie der kontrollierten Lieferung und die Vorbereitungen zur Wandertour«, ausführlich erörtert. Doch ein fehlendes Funkgerät bedeutete noch lange nicht, dass die Djatlow-Gruppe auf ihrer Tour nicht an bestimmten Kontrollpunkten überwacht werden konnte. Da der KGB wusste, dass der Otorten der am weitesten entfernte Punkt auf der Wanderung war und die Gruppe den Berg auf jeden Fall besteigen würde, mussten nur dort in der Nähe ein paar Beobachter platziert werden mit der Aufgabe, die Fortbewegung der Wanderer zu verfolgen. Technisch war dies ganz einfach, da die Richtung, aus der die Djatlow-Gruppe kam, bekannt war. Man musste sich ihr nicht einmal nähern, die Aufgabe ließ sich problemlos von einem Baum aus mit einem Fernglas ausführen.

An dieser Stelle kommt ein interessanter Umstand ins Spiel, der von den Anhängern aller möglichen Theorien über Anomalien und Raketen-Spezialeinheiten nie berücksichtigt wurde. Es geht dabei um die Kopfbedeckungen der Wanderer. Nikolai Thibeaux-Brignolle hatte seinen alten grünen Hut mit Krempe mit auf die Wanderung genommen. Das war eine Art Wandertradition, Nikolais persönlicher Talisman. Auf Fotos von früheren Wanderungen ist er ebenfalls mit diesem Hut zu sehen. Doch neben Nikolais für den Winter etwas unpassenden Hut besaßen die Wanderer sogar noch unpassendere Filzbarette. Gleich zwei Stück. Ein Filzbarett nützt im Uralwinter ungefähr so viel wie »eine Kombizange in einer russischen Banja«, um den berühmten sowjetischen Sänger Wyssozki zu zitieren. Ein Barett schützt praktisch überhaupt nicht gegen die Kälte, da die Ohren frei sind. Dafür kann man ein Barett sehr gut von einer Mütze mit Ohrenklappen unterscheiden, sogar aus ein paar Kilometern Entfernung durch ein Fernglas. Und wer aus der Gruppe hatte für die Winterwanderung im nördlichen Ural ein Barett mitgenommen? Richtig, Solotarjow. Die Wanderfotos von ihm mit Barett sind bekannt. Und er hatte gleich zwei Barette dabei. Sie wärmten zwar nicht, erfüllten aber einen ganz anderen, äußerst praktischen Zweck.

Ein Barett eignet sich gut, um über eine gewisse Entfernung hinweg verdeckte Signale zu senden: Trägt man statt des Baretts eine Mütze, bedeutet das eine Sache, mit dem Barett auf dem Kopf übermittelt man eine andere Botschaft und ganz ohne Kopfbedeckung eine dritte. Mit zwei Baretten konnte Solotarjow noch mehr Signale geben beziehungsweise bei einer Aufteilung der Gruppe weiterhin Botschaften übermitteln. Man weiß schließlich nicht, wie es nach dem Treffen mit der Gegenseite weitergehen sollte, vielleicht war vorgesehen, dass sich jemand unter einem Vorwand der Djatlow-Gruppe anschloss oder dass umgekehrt jemand aus der Gruppe die anderen begleitete. Auf jeden Fall war es vernünftig, sich eine Option für eine (freiwillige oder erzwungene) Aufteilung der Gruppe zu überlegen. In diesem Fall sollten beide Gruppenteile in der Lage sein, über die Kopfbedeckungen weiterhin Signale zu übermitteln.

Es ist bekannt, dass die Djatlow-Gruppe die Besteigung des Otorten für den zehnten Tag der Wanderung plante. Die Tour begann am 23. Januar, somit wäre es der 2. Februar gewesen. Doch an diesem Tag lebten die Wanderer nicht mehr, deshalb konnten die Kontrollposten keinen von ihnen erblicken. Da es bei der Fortbewegung einer Gruppe immer zu Verzögerungen kommen kann, war ein Zeitfenster mit einkalkuliert. Es betrug anscheinend ungefähr drei Tage.

Die Djatlow-Gruppe tauchte weder am 2. noch am 3. noch am 4. Februar 1959 am Otorten auf. Als der Kontrollposten des KGB erkannte, dass die Frist abgelaufen war, wurde eine entsprechende

Funkmeldung losgeschickt. Die Situation erwies sich als ungewöhnlich. Am 2. Februar hatten im Bezirk Wischai und nördlich davon starke Schneestürme begonnen, und es war nicht klar, ob ein Zusammenhang zwischen dem Nichterscheinen der Djatlow-Gruppe und den sich verschlechternden Wetterbedingungen bestand. Vielleicht war die Wanderroute geändert worden, möglicherweise verzichtete die Gruppe auf die Besteigung des Otorten und ging stattdessen gleich auf den Ojko-Tschakur, der ebenfalls auf der Route lag. Oder hatten die Wanderer sich im Schneetreiben verlaufen? Das war durchaus möglich, wenn man die magnetische Anomalie im Gebiet des Cholat Sjachl berücksichtigt, die den Kompass zur »blinden« Orientierung ziemlich unbrauchbar machte. Außerdem konnte die Gruppe einfach beschlossen haben, die Wanderung abzubrechen und umzukehren. Dabei mussten diese radikalen Änderungen des Zeitplans und der Wanderroute gar kein Scheitern der Operation »kontrollierte Lieferung« bedeuten. Das Treffen zur Übergabe hätte schließlich vor den Schneestürmen stattfinden müssen.

Aus diesem Grund traf der Betreuer der Operation am 5. Februar die nachvollziehbare Entscheidung, den Umständen auf dem Hin- und Rückweg der Gruppe nachzugehen; gleichzeitig sollte in Erfahrung gebracht werden, ob die Wanderer in der Zwischenzeit zurückgekehrt waren. Damit erklärt sich die Anfrage, die an die Behörden des Innenministeriums direkt an der Route oder in unmittelbarer Nähe gestellt wurde. Zweifellos erhielten die Milizwachen in Iwdel, Wischai und Burmantowo ähnliche Anfragen. Nur dass dort keiner der Milizionäre so pedantisch reagierte wie Kapitän Tschudinow in Polunotschnoje. Jeder von ihnen gab eine mehr oder weniger formelle Antwort, die ungefähr lautete wie die in Kapitän Tschudinows Schreibtischschublade.

Niemand hätte jemals von dem seltsamen Interesse am Weiterkommen der Studentengruppe Ende Januar erfahren, wenn der Leiter der Milizwache in der Siedlung Polunotschnoje nicht übervorsichtig gewesen wäre. Als drei Wochen später die Suchaktion begann, erinnerte sich der Milizkapitän an die schriftlich festgehaltene Aussage von Wassili Popow. Nachdem die Ermittlungen eingeleitet worden waren, informierte Kapitän Tschudinow den Staatsanwalt von Iwdel, Wassili Tempalow, über dieses Protokoll.

Den interessierte das Dokument natürlich, also ließ er es sich bringen und machte sich mit ihm vertraut. Allerdings fand er nichts Relevantes darin. Wozu sollte die Erwähnung von Schneestürmen schließlich nütze sein? Deshalb vergaß er das Dokument wieder und kam nie darauf zurück.

Man muss also feststellen, dass am 6. Februar 1959 nichts Bemerkenswertes passierte. Niemand leitete an diesem Tag das Strafverfahren ein, niemand fand die Leichen der Wanderer, es dachte nicht einmal jemand daran, eine groß angelegte Suchaktion zu organisieren. Anders gesagt: Der 6. Februar ist der Tag, an dem nichts geschah. Mit einer nichtigen Ausnahme: Ein unbekannter, jedoch hochgestellter KGB-Mitarbeiter, der die Operation »kontrollierte Lieferung« leitete, begriff, dass er irgendwo in den verschneiten Ausläufern des Urals die Djatlow-Gruppe verloren hatte.

## 30. KAPITEL

# OPERATION »KELCH« ODER WAS SUCHTE DER US-GEHEIMDIENST IM FRÜHJAHR 1959 IM NÖRDLICHEN URAL?

Die Arbeit der Geheimdienste der NATO-Länder beschränkte sich nicht auf das Ausforschen der Standorte und der Leistungsfähigkeit von sowjetischen Atomanlagen. Sie schloss auch eine adäquate Einschätzung der Bedrohung durch sowjetische Raketen ein. Der Präsident der USA hatte einen eigenen Geheimdienstausschuss für Lenkwaffen, der die Einsätze aller amerikanischen Geheimdienste hinsichtlich einer objektiven Einschätzung der Raketengefahr durch die UdSSR koordinierte und steuerte.

Der Westen war vom erfolgreichen Start des ersten künstlichen Erdsatelliten in der Sowjetunion am 4. Oktober 1957 ohne Übertreibung erschüttert. Obwohl dieser Erfolg streng genommen vor allem ideologischer Natur war. Aus militärtechnologischer Sicht waren die Starts von Sputnik 2 und 3 (am 3. November 1957 bzw. 15. Mai 1958) weitaus bedeutender.

Die von der Sowjetunion angegebenen technischen Parameter der Satelliten (vor allem ihre Masse: 508 kg bei Sputnik 2, 1327 kg bei Sputnik 3) zeigten eindeutig, dass das Land in der Lage war, einen Sprengkopf der Megatonnenklasse in den Kosmos zu befördern. Ein Experte konnte problemlos das Gewicht der Atommunition und ihre Leistung berechnen. Das Ergebnis war genau genug, um die Zerstörungskraft der Munition zu bestimmen. Durch aufmerksames Studium der Flugbahndaten der Satelliten und da man ihre Masse kannte, bekam der amerikanische Geheimdienst eine ziemlich genaue Vorstellung von der Leistungsfähigkeit der R7-Rakete.

Um die Telemetriedaten der sowjetischen Raketen abzufangen, nahmen die Amerikaner Abhörstationen in der Türkei und im nördlichen Iran in Betrieb. Während erstere für das Testgelände in Kapustin Jar vorgesehen war, war die zweite Station im Städtchen Behschahr auf den Start der R7 in Tjuratam ausgerichtet. Da die Telemetriesignale ziemlich schwach waren, beschlossen die amerikanischen Geheimdienste, drei RB-47-Flugzeuge für die funktechnische Aufklärung aus der Luft auszurüsten. Die strategische Luftstreitmacht der US-Luftwaffe stellte unverzüglich die entsprechend umgebauten Flugzeuge zur Verfügung. Am Tag, an dem die R7 gestartet wurde, drangen diese Flugzeuge mit 18 Meter langen Antennen tief in das Gebiet der Sowjetunion ein, um so vollständig wie möglich die Telemetriedaten, die von den Raketen an die Bodenüberwachungsstation übermittelt wurden, abzufangen. Nur eines noch dazu: Die Hauptverwaltung für Aufklärung des sowjetischen Generalstabs brachte ziemlich schnell in Erfahrung, dass der amerikanische Geheimdienst Informationen abfing, weshalb bei neueren sowjetischen Raketen eine Verschlüsselung der Telemetriedaten vorgenommen wurde.

Bis zum Sommer 1958 hatten sogar die misstrauischsten Skeptiker um Präsident Eisenhower begriffen, dass die UdSSR in der Lage war, einen Sprengkopf von beliebiger herstellbarer Stärke auf das Gebiet der USA zu schicken. Und das auf jeden beliebigen Punkt des Landes.

Das amerikanische politische Establishment war von dem Gedanken schockiert, dass eine russische Rakete schneller das Weiße Haus oder das Kapitol erreichen konnte als jeder amerikanische Bomber den Kreml. Außerdem war klar, dass der Kreml, falls Chruschtschow Raketen zum Weißen Haus schicken würde, bis zum Gegenbesuch längst evakuiert wäre.

Die Staatsführung der Sowjetunion, die durch ihren Geheimdienst über die Stimmung in Washington informiert war, versuchte, die Situation im eigenen Interesse zu nutzen. Ende 1957/Anfang 1958 führte der KGB eine groß angelegte Operation zur Desinformation des Feindes durch, die die Lage so darstellen sollte, als verfügte die UdSSR über eine hohe Anzahl von Raketenbasen, von denen aus ein massierter Einsatz ballistischer Raketen verschiedener Klassen möglich wäre, insbesondere von Interkontinentalraketen. Die Operation war ein voller Erfolg.

Ausgerechnet am 1. April 1958 schickte die CIA der US-Regierung und den Geheimdiensten des Verteidigungsministeriums ein von Allen Dulles unterzeichnetes Memorandum über die Bedrohung durch Raketen der UdSSR. Darin waren 25 (!) Raketenbasen aufgezählt, von denen aus die Sowjetunion nach Meinung des wichtigsten Geheimdienstes der USA ballistische Raketen gegen die Vereinigten Staaten und ihre Verbündeten aus der NATO starten konnte. Jeder Experte, der mit der Geschichte der sowjetischen Raketentechnologie vertraut ist, bestätigt ohne Zögern, dass es an mindestens der Hälfte der genannten Orte niemals ballistische Raketen gab. Weder vor noch nach 1958. Es vergingen mehr als drei Jahre, ehe die Amerikaner und Engländer von dem Spion Penkowski aufgeklärt wurden, der damit eine wunderbare Aktion des sowjetischen Geheimdiensts auffliegen ließ. Er teilte seinen Freunden aus den Geheimdiensten der NATO-Länder mit, dass die Sowjetunion 1958 aus Baikonur nur eine, maximal zwei R7-Raketen in Richtung USA hätte losschicken können. Noch dazu ohne Garantie, dass sie ihr Ziel erreichen würden, da der Einsatz von R7-Raketen in den ersten Jahren noch sehr unsicher war. Die Gesamtmenge an Nuklearwaffen im sowjetischen Arsenal betrug damals kaum 300 Stück, was nicht mit dem nuklearen Potenzial der Vereinigten Staaten vergleichbar war.

Doch wie gesagt erfuhren die Amerikaner die Wahrheit erst viel später. Im Frühjahr und Sommer 1958 erhitzte die angebliche Raketengefahr die Gemüter in Washington.

Am 9. Oktober 1958 unterschrieb derselbe Allen Dulles, Leiter der CIA, ein neues Memorandum, das an den oben erwähnten Geheimdienstausschuss des US-Präsidenten für Lenkwaffen adressiert war und eine äußerst vielsagende Überschrift trug: »Sowjetisches Entwicklungsprogramm für ballistische Interkontinentalraketen«. Darin stellte der Leiter des größten und reichsten Geheimdiensts des Landes eine wichtige Frage, auf die die amerikanischen Geheimdienste eine gemeinsame Antwort finden mussten: Sind die Sowjets schon 1961 in der Lage, 500 Interkontinentalraketen in Betrieb zu nehmen? Wie sehr Allen Dulles' Vorstellung von der Herstellungs- und Entwicklungsgeschwindigkeit bei sowjetischen Interkontinentalraketen danebenlag, zeigt der Umstand, dass es erst nach 1966 in der UdSSR 500 Raketen dieser Klasse gab.

Im Dezember 1958 erhielt die CIA Informationen über Arbeiten zur Schaffung eines Stationierungsgeländes für Interkontinentalraketen nördlich von Swerdlowsk. Das war der Militärstartplatz »Dnjepr«, der zunächst über zwei Startanlagen für die Rakete R7A mitsamt der nötigen Infrastruktur verfügen sollte (Montage- und Versuchshallen, Lager für Sprengköpfe und Raketenstufen, unterirdische Sauerstoffwerke usw.). Der amerikanische Geheimdienst erfuhr davon weder durch den Piloten eines Aufklärungsflugzeugs noch den Kryptografen, der die Verschlüsselung des sowjetischen Generalstabs geknackt hatte. Die Information kam von einem verdeckten Agenten, der im Bezirk Swerdlowsk arbeitete. Die genaue Lage der Raketenbasis kannte der amerikanische Agent nicht, woraus man schließen kann, dass diese Person nicht unmittelbar an den Arbeiten zu ihrer Schaffung beteiligt war. Wahrscheinlich arbeitete der Informant bei der Eisenbahn, weshalb er den Transport von Frachten, die mit Raketentechnik zu tun hatten, beobachten konnte und eine ungefähre Vorstellung davon bekam, wohin diese Frachten gingen. Er war der Meinung, es handelte sich um das Gebiet Nischni Tagil-Werchnjaja Salda-Nischnjaja Salda.

Das ist ein ziemlich großes Gebiet im Ural von etwa 600 Quadratkilometern. Im Prinzip lag der amerikanische Informant damit richtig, in den folgenden Jahren wurde dort tatsächlich ein großer Verband strategischer Raketentruppen aufgestellt, die sogenannte 42. Division (manchmal auch Tagiler Division genannt). Dieser Verband ist bis heute im Einsatz.

Dabei ist jedoch interessant, dass der höchsten sowjetischen Militärführung die Brisanz des Transports von Militärtechnik sehr wohl bewusst war. Zur Geheimhaltung bediente sie sich aller möglichen Tricks, von der Unterschlagung der Frachtliste für die transportierten Güter bei Ausstellung der Dokumente bis zu ihrer Tarnung bei der Beförderung auf offenen Bahnsteigen. Ballistische Raketen und ihre Bestandteile wurden bereits in den 60er Jahren in speziellen Eisenbahnwaggons transportiert, die sich äußerlich nicht von Passagierwaggons unterschieden. Nun, die Gardinen an den Fenstern waren immer zugezogen und die Türen ließen sich nicht öffnen, dafür konnte man das Dach abnehmen. Ganz zu schweigen davon, dass sich Unbeteiligte dem Zug nicht nähern durften, wofür ein eigener Wachtrupp sorgte. Es war praktisch unmöglich, auf einen offenen Bahnsteig mit einem solchen Zug zu gelangen und unter die Plane zu schauen, ohne dabei eine Kugel in die Stirn oder ins Genick zu riskieren.

Es wurden außerordentliche Maßnahmen ergriffen, um Orte zu tarnen, die mit dem Aufbau der Raketen- beziehungsweise Nuklearinfrastruktur des Landes zu tun hatten (Konstruktionsbüros, Betriebe, Testgelände). Das Gleiche galt für Einsatzgebiete von Raketenverbänden. In Dokumenten aus den 50er und 60er Jahren wurden alle Eigennamen von Städten und geografischen Punkten mit der Hand eingefügt, wofür im maschinengeschriebenen Text Lücken gelassen wurden. Damit verhinderte man, dass die Schreibkräfte im Sekretariat des Zentralkomitees der KPdSU oder des Ministerrats der UdSSR bei ihrer Arbeit mit den Dokumenten zu viel über die Raketentechnik erfuhren.

Doch trotz der ganzen List der sowjetischen Spionageabwehr konnte ein amerikanischer Agent im November 1958 herausfinden, welche Fracht in das Gebiet nördlich von Swerdlowsk transportiert wurde. Ob ihm dabei eine geschwätzige informierte Person half oder seine eigene fundierte technische Ausbildung, wird man nie erfahren, da nicht bekannt ist, dass der KGB in jenen Jahren einen CIA-Agenten in dieser Gegend aufgedeckt hätte. Somit kann der russische FSB* beim besten Willen keine Klarheit in diese Sache bringen, während die amerikanische CIA es zwar könnte, aber aus verständlichen Gründen keinen Wunsch dazu verspürt.

Die Information darüber, dass die Sowjetunion ein Startgelände für ihre Interkontinentalraketen im Gebiet Nischni Tagil-Werchnjaja Salda-Nischnjaja Salda errichtete, weckte verständlicherweise sehr großes Interesse bei der CIA. Im Dezember 1958 fand ein reger Meinungsaustausch zwischen den Vertretern der verschiedenen amerikanischen Geheimdienste statt, dessen Resultate im nächsten interessanten Dokument der CIA festgehalten wurden. Es handelt sich um ein Memorandum vom Leiter der Gruppe für die Überwachung der Raketenindustrie, das an den Leiter der Abteilung für Wirtschaftsspionage adressiert war, das heißt an seinen eigenen Chef. Dieses Memorandum wurde auf Grundlage eines mündlichen Berichts erstellt, der offenbar ein paar Tage früher abgeliefert worden war. (Das Dokument selbst ist auf den 6. Januar 1959 datiert.) Von besonderem Interesse ist der zweite Punkt mit der simplen und schnörkellosen Bezeichnung »Neues Projekt im Gebiet Swerdlowsk«. Der Absatz, der diesem neuen Projekt gewidmet ist, wurde

---

* Inlandsgeheimdienst der Russischen Föderation und damit direkter Nachfolger des KGB

an zwei Stellen geschwärzt, anscheinend fanden die CIA-Mitarbeiter, die beschlossen, das Dokument im Juli 2011 offenzulegen, dass diese Informationen ihre Aktualität sogar 52 Jahre nach ihrer Aufzeichnung noch nicht verloren hatten. Trotzdem lassen der Inhalt der Sätze und die Größe der Lücken darauf schließen, was die Amerikaner geheim zu halten versuchten.

Man kann unschwer erraten, dass der strenge amerikanische Zensor die Wortverbindung »COVERT AGENTS« (»verdeckte Agenten«) unkenntlich gemacht hat, da sie eine Länge von genau 13 Zeichen plus ein Leerzeichen davor und danach hat. Wenn man davon ausgeht, dass genau diese Wortverbindung ausgelassen wurde, ergibt sich ein vollständiger und in sich logischer Satz, der übersetzt lautet: »Als Ergebnis der Analyse, die für das Projekt Nr. 37.2443 durchgeführt wurde, und aufgrund einer ersten Auswertung der Daten von zwei völlig unabhängigen Quellen [VERDECKTEN AGENTEN] sind wir nun mit einer intensiven Untersuchung des Gebiets Swerdlowsk als mögliches Produktionszentrum von Lenkraketen mit mittlerer und/oder interkontinentaler Reichweite beschäftigt.«

Auch Punkt 4 dieses Dokuments, in dem ebenfalls vom Zensor Schwärzungen vorgenommen wurden, ist äußerst interessant. Darin wird die Frage gestellt, ob das Programm zur Datensammlung durch eine kurzzeitige Einschleusung von Agenten mit einer Dauer von bis zu 45 Tagen unterstützt werden sollte. Man ging davon aus, dass Agenten nach einer Einführung in das Sammeln von Informationen über Raketenwaffen in der Lage wären, die nötigen Angaben von »zufälligen« Quellen zu erhalten, und bereits im Februar 1959 detailliert von amerikanischen Experten dazu befragt werden könnten.

Nur zwei Tage später, am 8. Januar 1959, veranlasste das Erscheinen dieses Dokuments die Herausgabe eines neuen Memorandums mit der aussagekräftigen Überschrift »Die Notwendigkeit der höchsten Priorisierung der Raketenthematik«, das von dem Leiter des Sonderausschusses für Planungen (Ad Hoc Requirements Committee – ARC), dem CIA-Mitarbeiter James Q. Reber, unterschrieben ist. Um die Wichtigkeit dieses Dokuments zu verstehen, sind einige Worte zum Sonderausschuss ARC und zu seinem Leiter angebracht.

Der ARC war eine sehr wichtige und streng geheime Abteilung, in der alle Anfragen zur Informationseinholung und zur Durchführung von Spionagetätigkeiten aller Unterabteilungen der CIA zusammenliefen. Der ARC musste diese Anfragen nach ihrer Prioritätsstufe und ihrem Erfüllungstermin verteilen sowie Finanzierungsquellen und die Höhe der erforderlichen Mittel zur Umsetzung bestimmen. Diesem Sonderausschuss oblagen außerdem die Abstimmung und Koordination der Tätigkeiten der operativen Abteilungen der CIA mit den anderen Geheimdiensten des Landes. Schließlich war es wichtig, dass die Kollegen bei ihrer Jagd nach Informationen nicht parallel arbeiteten, sich nicht gegenseitig störten oder gar zu Konkurrenten wurden. Der ARC war an der Planung der brisantesten Spionageaktionen des ganzen Landes beteiligt, und James Reber kann man als einen der am besten informierten amerikanischen Geheimdienstmitarbeiter jener Zeit bezeichnen.

Am 8. Januar 1959 schickte Reber also dem Vizedirektor der CIA für Planung ein Memorandum, in dem er feststellte, dass die zuvor durchgeführte Aufklärungsoperation »TALENT« nicht effektiv war und dass es bei der Einschätzung des Raketenprogramms der UdSSR große Lücken gab. Der amerikanische Geheimdienst sah sich vor die Aufgabe gestellt, wichtige Raketengebiete auf dem Staatsgebiet der UdSSR verdeckt zu beobachten. Es gab vier solcher Gebiete von besonderem Interesse und Reber zählte sie alle auf: Kapustin Jar, Tjuratam (Baikonur), das Eisenbahnnetz im Ural und ein Gebiet im Polarural einschließlich des Eisenbahnnetzes. Der Autor des Memorandums betonte, dass die Uralregion in hohem Maße vor einer aufklärenden Beobachtung geschützt war, was eine Massenproduktion von Raketen ermöglichte.

Somit deklarierte der Leiter einer der wichtigsten Abteilungen der CIA, der für die Planung von Spionageoperationen verantwortlich war, im Januar 1959 eine verdeckte Beobachtung des Eisenbahnnetzes im Ural als eine der Prioritäten der amerikanischen Geheimdienste. Man muss sich darüber im Klaren sein, dass eine solche Beobachtung nicht nur mit den Mitteln der Luftaufklärung durchgeführt werden konnte. Es war eine komplexe Operation geboten, die auch Funkabhörung und Durchdringung der betreffenden Gebiete mit Agenten einschloss. Fotografien von fahrenden Zügen (oder stehenden auf Abstellgleisen) allein waren wenig aussagekräftig. Wie bereits erwähnt, wurde der Tarnung von militärischen Frachten, vor allem geheimen, in der Sowjetunion die nötige Bedeutung beigemessen. Zur korrekten quantitativen und qualitativen Einschätzung des Güterstroms war eine Beobachtung auf dem Boden im Gebiet der Eisenbahnstrecken erforderlich. Dabei war es wünschenswert, dass es mehrere Agenten gab, die verschiedene Streckenabschnitte beobachteten. Sie mussten sich dazu nicht an einem Ort niederlassen, sich legitimieren, eine Arbeit suchen oder Freundschaften mit den Einheimischen aufbauen. Ganz und gar nicht. Es genügte, der aufzuklärenden Route zu folgen, die Umstände im Umfeld zu beobachten und bei jeder sich bietenden Gelegenheit verschiedene Personen scheinbar zufällig in ein Gespräch zu verwickeln. Genau solche Agenten konnten die Zugehörigkeit der transportierten Einheiten zu einer bestimmten Truppenart, die Art der Fracht und ihren endgültigen Bestimmungsort feststellen.

Deshalb ist das Memorandum vom 8. Januar 1959 faktisch eine Anweisung für den amerikanischen Geheimdienst, umgehend eine Spionagetätigkeit in den Gebieten aufzunehmen, die zum Eisenbahnnetz des Urals und der ASSR der Komi gehörten. James Reber wies dieser Tätigkeit die höchste Priorität der CIA zu. Die Art der Aufklärungstätigkeit und ihre außergewöhnliche Wichtigkeit verlangten die Mobilisierung aller Ressourcen, die für die Lösung dieser Aufgabe erforderlich waren. Das war kein Fünfjahresplan oder ein vages Projekt für das folgende Jahr. Es war eine Tätigkeit, die die CIA umgehend erledigen musste, ohne an Geld und Leuten zu sparen. Weil diese Aufgabe ein Geheimdienstmitarbeiter vom Rang eines James Reber auf die Agenda gesetzt hatte, wurde fraglos unverzüglich mit ihrer Umsetzung begonnen. Zwar gibt es noch keine öffentlich zugänglichen Informationen zu konkreten operativen Aktionen der amerikanischen Geheimdienste in diesem Zusammenhang, doch allein die Existenz eines solchen Memorandums beseitigt jeglichen Zweifel daran, dass der amerikanische Geheimdienst genau wusste, was sich Ende 1958 beziehungsweise Anfang 1959 im Gebiet Swerdlowsk abspielte.

Der weitere Gang der Ereignisse ist ebenfalls interessant. Die Vorschläge des ARC-Chefs fanden Gehör, und der amerikanische Geheimdienst ergriff die nötigen Maßnahmen zu ihrer Umsetzung.

Im Januar, Februar und möglicherweise auch in der ersten Märzhälfte 1959 wurden vorläufige Informationen zu Infrastrukturobjekten im Ural gesammelt, die mit Raketentechnologie zu tun hatten. Es entstand eine Liste von Orten mit potenziellen Produktionsstätten und Truppenteilen des gesuchten Profils. Der amerikanische Geheimdienst musste dann die Adressen der Objekte ausforschen, um zu überprüfen, ob sie tatsächlich mit dem sowjetischen Raketenprogramm in Verbindung standen.

Am 31. März 1959 wurde eine Aufklärungsoperation mit der Bezeichnung »Kelch« (engl. »chalice«) beschlossen. Ab 1. April sollten für eine Dauer von 45 Tagen Ziele in der UdSSR erkundet werden, die mit der Produktion und dem Einsatz von ballistischen Raketen zusammenhingen. Die Luftaufklärung (vor allem durch U2-Flugzeuge) sollte Detailfotos von zuvor bestimmten Objekten in der ASSR der Komi, im subpolaren, nördlichen, zentralen und südlichen Ural sowie in Kasachstan liefern. Der Plan der Operation »Kelch« enthielt eine kurze Charakterisierung der Ziele, ihre geografische Lage und statistische Angaben zur Anzahl der Tage mit wenig Bewölkung im April und Mai. An solchen Tagen sollten die Aufklärungsflugzeuge die Ziele fotografieren.

Was war nun das Ergebnis all dieser Anstrengungen? Konnte die Aufgabe gelöst werden? Suchte der amerikanische Geheimdienst vielleicht eine Nadel im Heuhaufen, die es gar nicht gab?

Die Amerikaner lagen nicht falsch. Es gelang ihnen tatsächlich, die Errichtung eines Startgeländes für ballistische Interkontinentalraketen im Frühstadium aufzudecken. Ein paar Jahre später wurde im Gebiet der Siedlung Swobodny die 42. Raketendivision bestehend aus zwei Raketenregimentern aufgestellt, die mit den für die damalige Zeit hochmodernen R16-Raketen ausgerüstet war. (Die Division trat Anfang 1963 in den Dienst, doch mit der Schaffung der notwendigen Infrastruktur begann man wesentlich früher.)

Die Rakete R16 und die Umstände ihrer Stationierung blieben viele Jahre für einen Großteil der sowjetischen Bevölkerung streng geheim. Die Rakete selbst wurde erst bei einer Militärparade am 7. November 1964 einer breiten Öffentlichkeit präsentiert. Zu diesem Zeitpunkt stellten allerdings die Rakete sowie die Einzelheiten der Ausstattung des Startgeländes und ihres Einsatzes für den Feind längst kein Geheimnis mehr dar. In der freien amerikanischen Presse war bereits einige Male darüber berichtet worden.

Aus all diesen Details ergibt sich folgendes Bild:

1. Bis Dezember 1958 erhielt die Leitung der CIA von verdeckten Agenten Informationen über die Errichtung eines militärischen Startplatzes für die Interkontinentalrakete R7A. Aufgrund von Analysen des Güterverkehrs auf Eisenbahnstrecken in den Norden von Swerdlowsk wurde die mögliche Lage dieses streng geheimen Objekts annähernd bestimmt (nordöstlich von Nischni Tagil). Zu diesem Zeitpunkt verfügte der amerikanische Geheimdienst bereits über Informationen über die Schaffung von analogen Militärstartplätzen im Bezirk Plessezk und im Subpolarural, im Gebiet Wor-

kuta-Salechard. Allerdings wusste die CIA damals noch nicht, dass die Bauarbeiten zu letzterem Objekt im Sommer 1958 eingestellt worden waren und die militärpolitische Führung der UdSSR in der Folge auf seine Inbetriebnahme verzichtete.

2. Da der CIA-Führung die Kenntnisse über die mutmaßlichen sowjetischen Einsatzgebiete von Interkontinentalraketen nicht ausreichten, initiierte sie Anfang Januar 1959 eine groß angelegte Aufklärungsoperation, deren Hauptziel die Beobachtung des Güterstroms auf den Eisenbahnstrecken Swerdlowsk – Serow und Workuta – Kotlas war. Diese Beobachtung sollte zur Entdeckung von raketentechnologischen Produktions- und Einsatzorten führen. Neben der unmittelbaren Beobachtung sollten noch Informationen von »zufälligen« Quellen (Soldaten, Bahnbediensteten, Geologen, Einheimischen etc.) eingeholt werden, die allein deshalb über für die amerikanischen Geheimdienste interessante Einzelheiten Bescheid wussten, weil sie sich am richtigen Ort aufhielten. Diese Art der Recherche beschränkte sich auf einen kurzen Zeitraum, damit die gesammelten Daten bereits im Februar 1959 von amerikanischen Experten für Raketentechnologie analysiert werden konnten.

3. Aus der Umsetzung von Punkt 2 erhielt die CIA-Führung offenbar ein konkretes Bild über die Situation in der Uralregion. Die Analyse der Informationen von den Agenten führte zur Ausarbeitung einer groß angelegten Aufklärungsoperation mit der Bezeichnung »Kelch«. Das Ziel dieser Operation war herauszufinden, wo genau die Objekte lagen, in denen ballistische Interkontinentalraketen hergestellt wurden. Dazu sollten Aufklärungsflugzeuge der CIA und der Luftstreitkräfte der USA gezielte Luftaufnahmen von zuvor ausgewählten Geländeabschnitten machen. Die Operation »Kelch« war für die Dauer von anderthalb Monaten im April und Mai 1959 angesetzt.

Wenn man sich eine Karte des Urals ansieht, fällt auf, dass der Berg Otorten, den die Djatlow-Gruppe zum Ziel hatte, etwa gleich weit vom Militärstartplatz »Wolga« für die Interkontinentalrakete R7A (in der Nähe von Workuta) und einem analogen Objekt bei Nischni Tagil (Militärstartplatz »Dnjepr«) entfernt ist, und zwar 700 beziehungsweise 500 Kilometer. Das bedeutet, dass sich dieses Gebiet sehr gut für den Abwurf einer Gruppe von Transitagenten eignete, die mit etwa demselben Kraft- und Zeitaufwand in beide Richtungen aufbrechen konnten – entweder in den Norden zum Militärstartplatz »Wolga« oder in den Süden zum »Dnjepr«. Bei einer Aussetzung der Gruppe direkt im Gebirge würden die Agenten keine unnötige Zeit für die Anreise in diese entlegenen Gebiete benötigen, wie es bei Grenzübertritten aus benachbarten Regionen der Sowjetunion der Fall war, dasselbe galt für den Weg zurück. Die Agenten befanden sich gleich im gewünschten Gebiet und mussten nicht lange durch eine Vielzahl von geschlossenen Städten und Regionen reisen (mit all den damit verbundenen Schwierigkeiten).

Als die Theorie der kontrollierten Lieferung 2010 das erste Mal vorgestellt wurde, reagierten erfahrene Spurensucher und Wanderer mit einem müden Lächeln. Sie argumentierten: »Was für ausländische Agenten sollten dort in den Bergen unterwegs gewesen sein? Das ist Taigagebiet! Dort gibt es nur Wald und Schnee! Bis zum nächsten Haus sind es über 100 Kilometer!« Sie glaubten ernsthaft, dass junge Komsomolzen in Wattejacken durchaus 350 Kilometer durch die unbewohnte Taiga stapfen konnten, während Russen, die vor den Kommunisten in den Westen geflohen waren, unmöglich 100 Kilometer von der nächsten Behausung entfernt überleben könnten. Offenbar kannten die Gegner der Theorie die Geheimdienstarbeit nur aus Spionagefilmen. Doch auch ihre Vorstellung von der Verlassenheit des Gebiets um die Berge Cholat Sjachl und Otorten ist etwas übertrieben. Heute sind die Orte auf beiden Seiten des Uralgebirges tatsächlich menschenleer geworden, was mit der wirtschaftlichen Entwicklung der letzten Jahrzehnte zu tun hat. Doch 1959 sah die demografische Situation dort etwas anders aus.

Es gab Überreste des riesigen Gulagsystems und die Mehrheit der ehemaligen Häftlinge musste nach der Entlassung weiterhin in den Taigasiedlungen leben und arbeiten. Diese Menschen hatten noch nicht ihre ganze Freiheit zurückerlangt, obwohl sie nicht mehr hinter Stacheldraht lebten. Die Taiga im Ural war voller ehemaliger Straflager, die dank des politischen Tauwetters von Chruschtschow in Sondersiedlungen umgewandelt worden waren.

Wenn man vom Cholat Sjachl nach Südosten in Richtung Iwdel ging (d. h. entgegengesetzt zur Djatlow-Gruppe), gelangte man bereits nach 60 bis 70 Kilometern in einen bewohnten Ort. Nach Südwesten in Richtung Krasnowischersk kam man nach 100 Kilometern zu einer Siedlung und westwärts nach 85 bis 90 Kilometern.

Es ist naiv zu glauben, dass eine speziell ausgebildete und ausgerüstete Gruppe eine Strecke von 130 bis 140 oder sogar 150 Kilometern durch verschneites unbewohntes Gebiet nicht in drei bis vier Tagen überwinden konnte. Das ist durchaus machbar, vor allem wenn man berücksichtigt, dass sie viel Zeit für die Zubereitung von Nahrung einsparte (sie musste nicht wie die sowjetischen Wanderer Reis, Grütze oder Ähnliches kochen) und über Amphetamine verfügte, die effektivsten der damals bekannten Psychostimulanzien. Somit konnte sich eine solche Gruppe in jede der oben erwähnten Richtungen bewegen. Der Erfolg bei der Erfüllung ihrer Aufgabe hing von der Qualität ihrer Legendierung und der individuellen Vorbereitung der einzelnen Agenten ab.

Aufgrund eines Zusammentreffens seltsamer Umstände fand sich die Gruppe um Igor Djatlow im Epizentrum der Tätigkeiten des amerikanischen Geheimdiensts im Januar/Februar 1959. Es ist schwer festzustellen, wie adäquat die KGB-Führung die Vorgänge in diesen Wochen am Ural einschätzte. Man kann nicht ausschließen, dass die Führung der sowjetischen Spionageabwehr den Ernst der Lage gar nicht erkannte, beziehungsweise erst lange nachdem die Operation »Kelch« abgeschlossen gewesen war.

Vor dem Hintergrund der Aktivitäten des amerikanischen Geheimdiensts im nördlichen Ural lassen sich übrigens auch die beobachteten Feuerbälle ganz anders interpretieren (siehe 10. Kapitel, »Neue Theorie: Achtung, Feuerbälle am Himmel!«). Es trat dort tatsächlich ein Phänomen auf, das man durchaus als Feuerbälle bezeichnen kann, nur hatten sie einen ganz und gar irdischen und menschlichen Ursprung.

Der Ermittler Lew Nikitowitsch Iwanow beendete seine Nachforschungen in diese Richtung plötzlich ohne offensichtliche Gründe. Dabei hatte er sogar eine Ausgabe der Zeitung *Tagiler Arbeiter* aufgestöbert, die übrigens noch vor Einleitung des Verfahrens erschienen war, hatte einen Artikel über die Feuerbälle ausgeschnitten und ihn der Akte beigelegt.

Als Lew Nikitowitsch Iwanow von Offizieren der Swerdlowsker Flugabwehr erfuhr, was sich in Wirklichkeit hinter den Feuerbällen verbarg, begann der Ermittler zu begreifen, womit er es hier zu tun hatte. Und er ließ die Finger von diesem Thema.

## 31. KAPITEL

## WAS GENAU PASSIERTE AM 1. FEBRUAR 1959 NACH 16 UHR AM CHOLAT SJACHL?

Nun ist wohl der Zeitpunkt gekommen, sich mit dem Grund für die Vorfälle am Cholat Sjachl zu beschäftigen. Was führte zur Tragödie, und hätte sie vermieden werden können?

Um die innere Logik des Geschehens zu verdeutlichen, ist ein Modell von den geplanten Aktionen im Rahmen der kontrollierten Lieferung hilfreich. Das allgemeine Bild der Operation wurde bereits weiter oben skizziert: Kriwonischtschenko trug in seinem Rucksack die Kleidung mit dem Isotopenstaub, um sie unterwegs auftauchenden Agenten eines ausländischen Geheimdiensts zu übergeben. Solotarjow und Kolewatow hatten die Aufgabe, ihn abzusichern, ihm bei unerwarteten Zwischenfällen Rückendeckung zu geben, die Aufmerksamkeit von ihm wegzulenken und Unstimmigkeiten auszugleichen, die während des Gesprächs auftreten könnten. Für das Treffen wurde wahrscheinlich ein gewisses Zeitfenster bestimmt. Trotzdem war eine Verspätung der Wanderer nicht erwünscht, und die Djatlow-Gruppe sollte genau zum vereinbarten Zeitpunkt am Ort des geplanten Treffens auftauchen. Eine Abweichung hätte zwar kein Scheitern der Operation bedeutet, aber doch unnötigen Verdacht bei der Gegenseite hervorrufen können. Solotarjow hatte zusätzlich die Aufgabe, die Personen, die das Gut übernehmen sollten, zu fotografieren. Für diesen Zweck besaß er neben dem gewöhnlichen Fotoapparat, der später im Zelt gefunden wurde, einen zweiten mit einem Spezialfilm.

Letzteres muss wahrscheinlich näher erläutert werden.

Die Mitarbeiter des KGB, die Solotarjow und Kriwonischtschenko beauftragt hatten, wussten genau, dass die Verhältnisse zum Fotografieren möglicherweise nicht die besten sein würden. Deshalb hatten sie Solotarjow einen Spezialfilm mit dem Decknamen »Schild« ausgehändigt. (Mit diesem Namen wurde eine ganze Reihe von Spezialfilmen bezeichnet, die vom KGB in der zweiten Hälfte der 50er Jahre entwickelt wurden. Sie waren für die Verwendung unter besonderen Bedingungen vorgesehen und besaßen als Haupteigenschaft zwei übereinanderliegende lichtempfindliche Schichten, die Lichtwellen verschiedener Spektralteile aufnahmen. Somit bestand jede Aufnahme eines solchen Films aus zwei Bildern mit unterschiedlicher Belichtung. Man konnte eine der Schichten belichten, ohne die Bilder auf der zweiten Schicht zu zerstören.) Der KGB verwendete die »Schild«-Filme in zahlreichen Spezialoperationen im In- und Ausland, da einige dieser Filme Aufnahmen bei schlechten Lichtverhältnissen oder im für den Menschen begrenzten beziehungsweise nicht sichtbaren Spektrum erlaubten. Äußerlich unterschieden sich die »Schild«-Filme nicht von gewöhnlichen Filmen, und wenn man eine Filmrolle in die Hand nahm, konnte man unmöglich ihre Spezialeigenschaften erraten. Beim KGB galten diese Filme als sehr verlässlich und einzigartig, doch wie die Praxis zeigte, wurden ihre Eigenschaften eindeutig überschätzt.

Die Fortbewegung der Djatlow-Gruppe vor dem 31. Januar ist im Kontext der kontrollierten Lieferung nicht von Interesse. Die Wanderung lief ordnungsgemäß unter Einhaltung des Zeitplans ab. Es ist sehr wahrscheinlich, dass Georgi Kriwonischtschenko auf dem Bahnhof in Serow telefonisch mit dem Betreuer der Operation Kontakt aufnahm und über die Verhältnisse innerhalb der Gruppe berichtete. Der nächste Kontakt mit dem Betreuer fand möglicherweise bei der Unterbringung der Gruppe in Wischai statt. Dort kam es wie in Serow zu einer etwas ungereimten Situation (bei der die Gruppe aus dem Klub in ein Hotel geschickt wurde), die auf einen solchen Kontakt schließen lässt. Nachdem die autonome Wanderung begonnen hatte, wurden die Handlungen der ganzen Gruppe durch die Instruktionen bestimmt, die Solotarjow in Swerdlowsk erhalten hatte. Davon wusste natürlich niemand außer Solotarjow und seine eingeweihten Kollegen Kolewatow und Kriwonischtschenko.

Am 31. Januar befanden sich die Wanderer also im Gebirge. Während sie zuvor erst der Loswa und dann der Auspija flussaufwärts auf gleichmäßig ansteigendem Gelände gefolgt waren, war die Gruppe nun von Bergen umringt, die zwar nicht sehr steil oder hoch aufragten, aber doch die Horizontlinie deutlich nach oben verschoben (was das Eintreten der Dämmerung zeitlich beeinflusst). Offenbar war der 31. Januar ein Tag mit guter Stimmung, und das Skilaufen ging flott voran, da Igor Djatlow trotz der allgemeinen Ermüdung am Ende der Wanderung beschloss, die Gruppe noch über den Pass, der später seinen Namen erhalten würde, in das Loswatal zu führen, um dort zu übernachten. Am 1. Februar würde also der Cholat Sjachl hinter ihnen liegen, sie würden weiter zum Otorten wandern und sich somit von dem Ort des geplanten Zusammentreffens mit den ausländischen Agenten entfernen.

Das passte allerdings nicht zu den Plänen von Solotarjow und seinen Untergebenen. Schließlich war die kontrollierte Lieferung für den 1. Februar 1959 am Hang des Cholat Sjachl vorgesehen (oder auf seinem Gipfel; der exakte Treffpunkt ist nicht bekannt, im Prinzip aber auch nicht so wichtig). Die Djatlow-Gruppe lief also vor der Zeit ins »Ziel« ein, und das drohte die ganze Operation scheitern zu lassen. Kriwonischtschenko trug die radioaktive Kleidung noch nicht, Solotarjow hatte den Fotoapparat mit dem Spezialfilm noch nicht griffbereit, sondern dieser befand sich noch tief im Rucksack. Also folgte eine der einfachen Aktionen, die man beim Ausarbeiten der Operation bereits bedacht hatte. Die Djatlow-Gruppe wurde ein wenig aufgehalten, gerade so viel, dass sie nicht vor der Zeit das Loswatal erreichen würde und gezwungen war, den Hang des Cholat Sjachl am nächsten Tag erneut zu erklimmen. Möglicherweise sorgte Alexander Kolewatow für den notwendigen Aufschub, indem er eine Verletzung des Beins vortäuschte. Vielleicht hatte er sich auch tatsächlich wehgetan, die Verletzung selbst ist weniger wichtig als ihr zeitgerechtes Auftreten.

Wie man weiß, wurde bei Kolewatows Leiche ein gelockerter Mullverband entdeckt, der auf den linken Knöchel gerutscht war. Ursprünglich war dieser Verband wohl am Unterschenkel oder Knie angelegt worden, was jedoch eindeutig nicht in den letzten Stunden vor dem Tod geschah, als die Wanderer anderes im Kopf hatten. Da Alexander einen diffusen Striemen an der Innenseite des linken Knies aufwies, erscheint die Hypothese eines Druckverbands am verletzten Gelenk logisch.

Nachdem die Gruppe die Waldgrenze hinter sich gelassen und den Aufstieg zum Pass begonnen hatte, musste sie umkehren und in den Wald zurückgehen. Dieser Aufstieg und die Umkehr wurden im letzten Eintrag in Djatlows Tagebuch am 31. Januar beschrieben: »Langsam entfernen wir uns von der Auspija. Ein sanfter Anstieg. Die Fichten werden von einem schütteren Birkenwald abgelöst. Dann die Waldgrenze. Harschschnee. Kahle Gegend. Wir müssen ein Nachtlager suchen. Wir steigen südwärts ab – ins Auspijatal. Das ist wohl die schneereichste Stelle. Erschöpft errichten wir das Nachtlager. Es gibt wenig Brennholz. Das Feuer machen wir auf Holzstämmen, keiner hat Lust, eine Grube zu graben. Abendessen im Zelt. Hier ist es warm …«

Über den Grund für die Rückkehr vom Hang kann man nur spekulieren. Immerhin wäre Kolewatows Verletzung (ob vorgetäuscht oder nicht, zufällig oder vorsätzlich ist nicht von Bedeutung) ein triftiger Grund gewesen, in den Schutz des Walds zurückzukehren und im Auspijatal ein Lager zu errichten.

War die Gruppe wegen des Mannes zurückgekehrt, der im Verdacht steht, ein geheimer Mitarbeiter des KGB zu sein?

Am 31. Januar schlugen die Wanderer also ihr Lager im Tal der Auspija am Fuß des Cholat Sjachl auf. Wenn die Theorie der kontrollierten Lieferung stimmt, befanden sich zu dieser Zeit bereits Personen zur Übernahme des Guts auf dem Berg. Aus offensichtlichen Gründen mussten sie frühzeitig am Treffpunkt ankommen, um den Ort genauestens zu untersuchen. Von ihrer Aufmerksamkeit hingen sowohl das eigene Überleben als auch der Erfolg der Operation ab. Die vorherige Kontrolle ermöglichte der ausländischen Spezialeinheit, einen potenziellen Hinterhalt des KGB, eine Absperrung oder eine Durchsetzung des Geländes durch Truppen rechtzeitig aufzudecken.

Die Agenten, die sich am 31. Januar bereits auf dem Gipfel des Cholat Sjachl befanden, wurden mit Sicherheit auf die seltsame Wandergruppe aufmerksam, die zuerst den Wald verließ und den Aufstieg auf den Hang begann, dann jedoch in den Wald zurückkehrte. Das Verhalten wirkte verdächtig. Erstens tauchten die Wanderer einen Tag vor dem vereinbarten Termin auf, zweitens waren es neun Wanderer statt zehn, wie ursprünglich erwartet. (Die ausländischen Agenten wussten nicht, dass Judin umgekehrt war.) Die Spezialeinheit blieb jedoch an ihrem Platz und setzte die Beobachtung fort. Da keine weiteren verdächtigen Aktivitäten im kontrollierten Gebiet festgestellt wurden, gab es offenbar keinen Grund, den Ort zu verlassen.

So endete der 31. Januar 1959. Das Leben der Wanderer würde in weniger als 24 Stunden vorbei sein.

Der 1. Februar brach an. Wie war das Wetter an diesem Tag im Gebiet des Passes? Von der Antwort hängt ab, wie man die Handlungen der Wanderer bewertet und ob man ihre Motive richtig versteht. Bei »erfahrenen Wanderern« und »materialkundigen« Erforschern der Tragödie herrscht in dieser Frage ein ziemliches Chaos an Einschätzungen vor. Viele meinen, dass es damals einen Schneesturm gab und die Temperaturen deutlich unter –25 °C lagen.

In Wirklichkeit war es an diesem Tag im Gebiet des Otorten deutlich wärmer. Jewgeni Bujanow führt in seinen Büchern einen Wetterbericht für den Bezirk Iwdel für diesen Tag an: Die Temperatur sank auf –20 °C bis –21 °C, es gab nur etwa 0,5 Millimeter Niederschlag, die Feuchtigkeit betrug etwa 56 Prozent, der nordnordwestliche Wind hatte eine Geschwindigkeit von 1 bis 3 m/s. Der Bezirk Iwdel war fast halb so groß wie Belgien, weshalb die Daten zwar ziemlich ungenau, aber doch interessant sind. Wie man sieht, gab es keine Schneestürme. Die Lufttemperatur erreichte erst in der Nacht –20 °C, das heißt gegen 23 oder 24 Uhr, als die Wanderer der Djatlow-Gruppe bereits lange tot waren. Tagsüber war die Luft deutlich wärmer. Doch wie warm?

Darüber verraten die Fußabdrücke einiges, die beim Abstieg vom Hang entstanden waren. Der Schnee wurde unter dem Gewicht der Menschen fest zusammengepresst, mit solchem Schnee hätte man eine Schneeballschlacht machen können. Und das ist bei Temperaturen zwischen 0 Grad und –5 Grad möglich. Wenn die Temperatur niedriger ist, wird der Schnee so trocken, dass er nicht mehr zusammenklebt. Neben der rein empirischen Einschätzung gibt es noch einen objektiven Beweis für diese Aussage. Zu derselben Zeit, als sich die Djatlow-Gruppe dem Otorten näherte, befand sich eine Wandergruppe unter Leitung von Sergej Sogrin (genau die, der sich anfangs Semjon Solotarjow hatte anschließen wollen) auf einer 500-Kilometer-Tour über die Berge Sablja, Nerojka und Telpos-Is. Aus den Tagebüchern der Wanderer sind die Temperaturen Ende Januar beziehungsweise Anfang Februar 1959 in dieser Gegend genau bekannt. So weiß man zum Beispiel aus den Aufzeichnungen von Viktor Maljutin, dass es am 31. Januar morgens beim Aufstehen der Gruppe –10 Grad hatte und es sich tagsüber auf –5 Grad erwärmte. Er schrieb außerdem, dass die Schneeflocken auf der Kleidung schmolzen, was für eine Temperatur um die 0 Grad oder sogar höher spricht. Die –5 Grad beruhten also möglicherweise auf einem Anzeigefehler des Thermometers. Am folgenden Tag herrschte dieselbe Temperatur vor, bis zum Mittagessen fiel Schnee, dann klarte es auf, und die Temperatur sank bis zum Abend auf –16 Grad. Sehr starken Frost gab es erst in der Nacht auf den 3. Februar, als die Temperatur auf –30 Grad fiel.

In diesen Tagen war die Gruppe um Sergej Sogrin etwa 330 bis 340 Kilometer nördlich von der Djatlow-Gruppe unterwegs, eine Entfernung, die eine Wetterfront in einem Tag überwinden kann. Das Tief, das Viktor Maljutin am 31. Januar 1959 beschrieb, brachte eine Erwärmung und stellenweise Schneefall mit sich. Im Lauf des Abends und der Nacht bewegte es sich nach Süden zum Otorten. Am Morgen des 1. Februar befand sich auch die Djatlow-Gruppe in seinem Wirkungsbereich. Diese Annahme passt hervorragend zu dem Schnee, der unter den Füßen der Wanderer zusammengepresst wurde, sowie zur Wettervorhersage für den Bezirk Iwdel.

Hier fragen sich aufmerksame Leser vielleicht: Und was ist mit den letzten Fotos der Wanderer aus Georgi Kriwonischtschenkos Apparat, auf denen man sie auf dem baumlosen Hang im dichten Schneesturm sieht? Diese Fotos widersprechen doch eindeutig der Wettervorhersage, laut der es an dem Tag praktisch keinen Schneefall gab und die Windgeschwindigkeit nur 1 bis 3 m/s betrug! Doch der Eindruck täuscht. Es fiel tatsächlich kein Schnee, sondern es gab nur ein Schneetreiben, bei dem bereits früher gefallener Schnee herumgewirbelt wurde. Auf einem vegetationslosen kahlen Hang wie dem des Cholat Sjachl kann es sogar bei windstillem Wetter zu Windstößen von bis zu 10 m/s oder mehr kommen, die ein Schneetreiben verursachen. Im Gebirge entstehen ständig solche Phänomene, sie haben nichts mit der Bewegung von Wetterfronten zu tun, sondern mit örtlichen Turbulenzen, die sich bilden, wenn Luftmassen über unregelmäßige Oberflächen strömen. (In Städten kann man diese Erscheinungen das ganze Jahr über beobachten, besonders bei Hochhäusern.) Solche Turbulenzen sind von kurzer Dauer und sehr wechselhaft, was fälschlicherweise auf unbeständiges Wetter schließen lassen kann. Die letzten Fotos von Georgi Kriwonischtschenko widersprechen dem Wetterbericht also nicht, sie halten nur die Witterung eines Augenblicks fest. Bereits wenige Minuten nach diesen Aufnahmen konnte sich der Wind und damit das Schneetreiben gelegt haben, um nur eine Viertelstunde später wieder zu beginnen. Doch gleichzeitig herrschte in den ausgedehnten Tälern der Loswa und Auspija rund um den Cholat Sjachl windstilles und für den Winter untypisch warmes Wetter vor.

Am 1. Februar 1959 machte das Wetter der Djatlow-Gruppe im Großen und Ganzen also Freude. Besonders morgens und tagsüber, als fast kein Wind zu spüren war und die Temperatur um die 0 Grad betrug. Das milde Wetter trug offenbar dazu bei, dass sich die Wanderer träge aus dem Schlaf erhoben (was sie in ihren Tagebüchern selbst als »passives« Aufstehen bezeichneten). Die niedrige Bewölkung und der ruhige, unstetige Schneefall verdeckten die Sonne, was die Wanderer daran hinderte, die Dauer des lichten Tages richtig einzuschätzen. (An den vorherigen Tagen waren sie in viel ebenerem Gelände unterwegs gewesen.) Das Frühstück und das darauffolgende Errichten des Vorratslagers nahmen außerdem eine beträchtliche Zeitspanne in Anspruch. Erst gegen 14 Uhr (vielleicht auch etwas früher) begannen sie eilig zusammenzupacken, da sie begriffen, dass es früher dämmern würde als in der Ebene.

Alexej Koskin machte zu Recht darauf aufmerksam, dass auf einem der letzten Fotos deutlich zu sehen ist, wie ein Wanderer das schlampig zusammengewickelte Zelt auf den Schultern trägt. Diese Schlampigkeit sagt einiges über die Umstände beim letzten Packen der Wanderer aus: Es war keine Zeit, um das lange Zelt ordentlich zusammenzulegen, sie wollten am Hang oberhalb der Waldzone marschieren (im Wald hätte die seitlich überstehende Zeltplane an

Ästen hängen bleiben und aufreißen können) und sie rechneten nicht mit Wind. (Ein schlecht gepacktes Zelt hätte dem Wind mehr Angriffsfläche geboten und das Tragen erschwert. Wäre es an diesem Tag wirklich stürmisch gewesen, hätten die Wanderer sicher fünf zusätzliche Minuten für das sichere Verstauen des Zelts aufgewendet.) Dieses Foto zeigt hervorragend, dass die Gruppe am 1. Februar 1959 bei gutem Wetter hastig zusammengepackt hatte, und widerspricht gleichzeitig der weitverbreiteten Meinung, dass die Wanderung bei schrecklicher Kälte und winterlichen Stürmen stattfand.

Um 14:34 Uhr sank die Sonne, die vielleicht aufgrund der niedrigen Bewölkung gar nicht sichtbar gewesen war, tiefer als 6° 30' über dem Horizont und verschwand hinter den Ausläufern des Uralgebirges. Also konnte das Sonnenlicht die Landschaft um die Wanderer nicht mehr erhellen, nicht einmal, wenn der Himmel klar gewesen wäre. Das war höchst unangenehm für alle, die in die Spezialoperation des KGB involviert waren, da das Fotografieren der ausländischen Agenten zu den wichtigsten Aktionen der Operation gehörte.

Dass der Sonnenuntergang früher als erwartet eintrat, störte die Pläne von Kolewatow, Solotarjow und Kriwonischtschenko und ließ sie möglicherweise ziemlich nervös werden. Beim Aufstieg auf den Hang des Cholat Sjachl schoss Letzterer die Fotos, auf der eine Kolonne von Skifahrern im Schneetreiben zu sehen ist. Vielleicht entstanden diese Fotos kurz vor Sonnenuntergang, als man noch hoffen konnte, dass die Bilder einigermaßen gelingen würden. Schließlich hatte der Film in Kriwonischtschenkos Fotoapparat nur eine Lichtempfindlichkeit von 65 GOST.

An dieser Stelle sind noch einige Anmerkungen zu den Bildern fällig, die angeblich das Aufstellen des Zelts am Hang dokumentieren. Gewöhnlich werden sie (wie die letzten Fotos von Kriwonischtschenko) von Verfechtern der Lawinentheorie als Beweis angeführt, dass das Zelt beim Aufstellen tief in den Schnee eingegraben wurde und dass das Wetter am Nachmittag des 1. Februar 1959 schrecklich war. Aus diesen Fotos schließt man, dass die Wanderer die Schneedecke durchbrochen und eine Wand am Hang über dem Zelt errichtet hatten, die, nachdem sich auf ihr eine kritische Schneemasse angehäuft hatte, auf das Zelt herabrutschte und die Wanderer im Inneren lebendig unter sich begrub. Der abrutschende Schnee wäre also mit einem Lawinenunglück samt allen Folgen zu vergleichen gewesen: Das Zelt wurde an verschiedenen Stellen aufgeschnitten, die Verletzten wurden aus dem Schnee befreit, sie wurden gewärmt, man ging den Hang hinab und so weiter.

Aufmerksame Leser erinnern sich wahrscheinlich, dass die erwähnten zwei Bilder in dieser Abhandlung nicht zu den letzten Fotos der Gruppe gezählt werden. Außerdem gibt es keinen Grund zur Annahme, dass sie tatsächlich die Wanderer beim Aufstellen des Zelts zeigen. Das Zelt ist nirgends zu sehen, es sind weniger als neun Wanderer und man kann nicht eindeutig sagen, was sie gerade tun. Vielleicht schaufeln sie Schnee weg. Oder sie graben etwas aus. Doch darum geht es gar nicht. Das Hauptproblem ist, dass sich diese Fotos unmöglich genau datieren lassen. Sie gehören zu den »losen Aufnahmen«, die im 27. Kapitel, »Die Wanderung aus der Sicht ihrer Teilnehmer«, erwähnt wurden. Wer also glaubt, sie zeigen, wie am 1. Februar das Zelt am Cholat Sjachl aufgestellt wurde, macht den Wunsch zur Tatsache. Es muss noch einmal betont werden, dass die Bilder von Georgi Kriwonischtschenkos Film Nr. 1 mit Sicherheit die letzten Aufnahmen der Djatlow-Gruppe sind.

Man kann nur mutmaßen, wie genau die Initiatoren der Operation des KGB das Treffen mit den ausländischen Agenten geplant und welche Instruktionen sie Solotarjow, Kolewatow und Kriwonischtschenko gegeben hatten. Doch gewisse Einzelheiten ergeben sich aus der Spezifik der kontrollierten Lieferung von selbst. Sie setzt voraus, dass ein Gut übergeben wird und dass dessen weitere Beförderung sowie die Personen, die das Gut übernommen haben, überwacht werden können. Es ist nicht bekannt, wie die Operation weiter ablaufen sollte, womöglich war vorgesehen, dass Kriwonischtschenko einige Zeit später »zufällig« auf einen der ausländischen Agenten traf, die er auf dem Pass gesehen hatte. Bei diesem zweiten Treffen würde er als Person gelten, die ihre Zuverlässigkeit bereits unter Beweis gestellt hatte. In der operativen Arbeit heißt das »Festigung des zuvor hergestellten Agentenkontakts«. In diesem Fall genoss er viel größeres Vertrauen als ein Unbekannter, was es erleichterte, die ausländischen Agenten in die Operation einzubeziehen und den vom KGB vorbereiteten Ablauf umzusetzen.

Natürlich sind das Spekulationen. Doch man muss all diese Überlegungen im Kopf behalten, wenn man verstehen will, wie sich Solotarjow, Kriwonischtschenko und Kolewatow in jener Situation verhielten – entsprechend den Instruktionen ihrer KGB-Betreuer.

Um eine Beschattung der ausländischen Agenten an den Orten zu organisieren, an denen sie möglicherweise auftauchen würden (Bahnhöfe, Züge, Busse, Geschäfte und Gasthäuser usw.), waren aussagekräftige Informationen zu ihrem Äußeren erforderlich, am besten Fotos. Das bedeutete erstens, dass die sowjetische Spionageabwehr von Solotarjow, Kolewatow und Kriwonischtschenko verlangte, sie sollten freundlich mit den Agenten umgehen, damit das Treffen sich in die Länge zog. Zweitens mussten sie alle Agenten ins Gespräch involvieren, sich ihre Stimmen einprägen und eventuell charakteristische Gesprächsmerkmale feststellen. Drittens mussten Kolewatow und Kriwonischtschenko Solotarjow »zuarbeiten« und für optimale Fotografierbedingungen sorgen. Dazu mussten sie die Aufmerksamkeit der anderen auf sich ziehen. Zweifellos hatte Solotarjow die Aufgabe, Ganzkörperaufnahmen von den Agenten zu machen, wobei außerdem Gegenstände mit genau bekannten Abmessungen auf dem Bild zu sehen sein mussten (etwa Skistöcke oder Personen, deren Größe bekannt war). Dadurch würde man die

Größe der Unbekannten sogar dann feststellen können, wenn diese bis zu den Knien im Schnee eingesunken waren.

All diese Anforderungen bestimmten das Verhalten von Kriwonischtschenko, Kolewatow und Solotarjow beim Kontakt mit den ausländischen Agenten.

Der erste Kontakt fand am Hang des Cholat Sjachl statt, wahrscheinlich nicht weit vom Zeltplatz der Djatlow-Gruppe entfernt. Viele Teilnehmer der Suchmannschaft, die im März 1959 dorthin kamen, fanden Igor Djatlows Entscheidung für diesen Standort schwer nachvollziehbar, da der Platz für ein Lager wenig geeignet erschien. Er wirkte zwar nicht gefährlich (das Gefälle des Hangs darüber betrug nur 15 Grad, das Zelt selbst stand auf einer fast horizontalen Fläche), jedoch ungemütlich beziehungsweise ungünstig. Das drückte Maslennikow bei seiner Befragung am 10. März 1959 so aus: »Da er wusste, dass es sich um den Hang des Hauptbergs handelte, konnte Djatlow diesen Ort nicht vorsätzlich zum Nachtlager gewählt haben.« Das klingt logisch und intuitiv richtig. Igor Djatlow hätte tatsächlich nicht freiwillig an diesem Ort übernachtet. Er war gezwungen gewesen, das Zelt dort aufzustellen. Allerdings nicht von einer bestimmten Person.

Davon konnte keine Rede sein. Es gab einfach ein (scheinbar) überraschendes Zusammentreffen am Hang des Cholat Sjachl mit Wanderern, die mit Rufen in der Art von »Hallo, Kameraden! Woher kommt ihr denn?« aus dem dämmrigen Schneenebel auftauchten. Es folgte ein spontanes Gespräch, ganz freundschaftlich, mit allgemeinen Fragen, wer, woher und wohin ging … Möglicherweise wollte Igor Djatlow sich nicht länger aufhalten, sondern seine Gruppe hangabwärts ins Loswatal führen, wo ihnen nicht der Wind um die Ohren pfiff, aber leider konnten sich Kolewatow und Kriwonischtschenko nicht vom Gespräch mit den wer weiß woher aufgetauchten Männern losreißen …

Dann wurde auch schon klar, dass es keinen Sinn hatte weiterzugehen, da es sehr bald stockdunkel sein würde. Deshalb musste die Gruppe das Zelt an diesem Ort aufstellen, nur 2 Kilometer vom vorigen Lager entfernt! Die »erfahrenen Wanderer«, die seit Jahren das Rätsel um die Djatlow-Gruppe erfolglos zu lösen versuchen, ersinnen hartnäckig mögliche Erklärungen dafür, was die Wanderer aus dem Zelt verjagt haben konnte: aufgescheuchte Bären, Elche, Yetis bis hin zu Natriumraketenmotoren. Kurz, sie erfinden viel Überflüssiges und übersehen dabei das wichtigste, offensichtlichste und grundlegendste Rätsel: Warum war der letzte Wanderabschnitt der Gruppe so kurz, nur knapp 2 Kilometer?

Die Antwort besteht aus drei zusammenhängenden und sich ergänzenden Elementen: 1) Igor Djatlow und die anderen Wanderer der Gruppe schätzten die Dauer des lichten Tages im Gebirgsgelände nicht richtig ein und verließen deshalb das Lager im Auspijatal sehr spät. 2) Der Aufstieg der Gruppe auf den Hang des Cholat Sjachl wurde von dem unerwarteten Zusammentreffen mit einer anderen Wandergruppe unterbrochen (unerwartet für alle außer Solotarjow, Kolewatow und Kriwonischtschenko). 3) Dieses Treffen stellte anfangs keine Bedrohung dar, da die Djatlow-Gruppe sich mit der gewohnten Routine an das Aufstellen des Zelts machte, dabei ohne Hast vorging und es fast schaffte, die Sache zu Ende zu bringen.

Die Bedrohung trat ganz am Ende des Zeltaufstellens ein und hing direkt mit dem vorhergehenden Treffen am Hang zusammen.

Beim ersten Treffen gab es keine Übergabe der Kleidung mit den Spuren radioaktiven Staubs, obwohl die dafür nötigen Parolen und Antworten ausgesprochen worden waren. Die ausländischen Agenten wussten, dass sie die richtigen Personen getroffen hatten, dasselbe galt für die Wanderer aus der Djatlow-Gruppe, die an der KGB-Operation beteiligt waren. Kriwonischtschenko jedoch dehnte gemäß seinen Instruktionen die Begegnung aus und übergab die Kleidung noch nicht. Stattdessen schlug er vor, sich etwas später zu treffen, nachdem das Zelt aufgestellt war. Im Grunde ein ganz normaler Vorschlag, eine Wandergruppe lud eine andere ein, sodass der Aufschub allein noch keinen besonderen Verdacht geweckt haben konnte. Vor allem, da Solotarjow, Kriwonischtschenko und Kolewatow dieses Vorgehen zuvor geplant und die Details des Gesprächs diskutierten hatten, also gut darauf vorbereitet waren. Vielleicht sollten die ausländischen Agenten selbst merken, dass die Übergabe der Kleidung am Hang zu verdächtig wirken würde. Also mussten sie einem späteren erneuten Treffen zustimmen und versprechen, der Djatlow-Gruppe einen Höflichkeitsbesuch abzustatten.

Allerdings kam es beim ersten Treffen zu einem Vorfall (oder mehreren Vorfällen), die anfangs unbedeutend wirkten, aber fatale Folgen nach sich zogen. Etwas ließ die ausländischen Agenten wachsam werden, vielleicht traf das auch auf beide Seiten zu. Was für Vorfälle das waren, kann niemand genau sagen, da die Beteiligten nicht mehr am Leben sind. Mitglieder der Djatlow-Gruppe konnten misstrauisch geworden sein, weil die ausländischen Agenten eine Redewendung oder einen idiomatischen Ausdruck nicht richtig verwendet oder verstanden hatten oder einen Witz nicht begriffen, der in der Sowjetunion weit verbreitet war. Die Geheimdienste auf der ganzen Welt legen größten Wert auf die sprachliche Vorbereitung ihrer Agenten, doch Schnitzer lassen sich nicht vollständig ausschließen, da sogar Muttersprachler außerhalb des traditionellen Sprachmilieus nach einigen Jahren ihre Sprachfertigkeit merklich einbüßen. Der Verdacht der Djatlow-Gruppe konnte auch durch einen ungewohnten Akzent geweckt worden sein. Es ist nicht zu 100 Prozent sicher, dass der ausländische Geheimdienst für die Operation ethnische Russen eingesetzt hatte. Der englische Geheimdienst SIS beauftragte für das Eindringen in Gebiete im Ural und in Sibirien Emigranten aus dem Baltikum: Letten und Esten, die mit deutlichem Akzent sprachen.

Hätte ein Wanderer der Djatlow-Gruppe bei einem der Unbekannten einen Akzent bemerkt und ihn darauf angesprochen, wäre dieser auf jeden Fall nervös geworden. Man darf nicht vergessen, dass sich die Agenten »wie im Krieg« fühlten, sie befanden sich mit einem Militärauftrag in feindlicher Umgebung und waren sich bewusst, dass sie alles riskierten, also waren ihre Nerven sehr angespannt. Es ist auch nicht auszuschließen, dass Kriwonischtschenko, Kolewatow oder Solotarjow ihre Aufgaben nicht ganz geschickt erfüllten und so Fragen und Misstrauen provozierten. Jemand konnte bemerkt haben, wie Semjon Solotarjow bei offenbar unzulänglichen Lichtverhältnissen zu fotografieren versuchte, und bereits einige Worte dazu reichten aus, um Zweifel unter den Agenten zu säen. Da aus dem Zelt zwei Fotoapparate verschwunden waren (vermutlich die von Thibeaux-Brignolle und Kolmogorowa), kann es auch sein, dass nicht Solotarjow negativ durch Fotografieren auffiel, sondern einer der unbeteiligten Wanderer. Vielleicht nahm Sina Kolmogorowa ihre FED-Kamera aus dem Rucksack und verdarb mit den arglosen Worten »He, Leute, machen wir doch ein Foto zur Erinnerung!« die ganzen Vorkehrungen der Tschekisten.

Wie auch immer, das erste Treffen endete zweifellos friedlich und sogar mit demonstrativ zur Schau getragener Freundlichkeit, sonst hätte die Djatlow-Gruppe ihr Zelt auf keinen Fall am Hang aufgestellt. Solotarjow hätte (gemeinsam mit Kolewatow und Kriwonischtschenko) darauf bestanden, dass die Gruppe den Hang unverzüglich verließ, um von den unbekannten »Wanderern« wegzukommen. Doch das geschah nicht. Es soll noch einmal betont werden, dass Igor Djatlow selbst vielleicht einen anderen Lagerplatz gewählt hätte. Doch seine Freunde überredeten ihn, an Ort und Stelle zu bleiben, mit dem Argument, dass später noch die Wanderkameraden kommen, mit ihnen trinken, sich entspannen, Witze erzählen und singen würden, dieses und jenes, und schließlich müssten sie ihnen etwas Kleidung abgeben, wenn sie darum baten. Am nächsten Tag würden sie die Verzögerung mit einem ordentlichen Marsch wieder einbringen.

Ein weiteres Mal rückt ein grundlegend wichtiger Umstand in den Blick: Die Djatlow-Gruppe hätte an diesem Tag vom Auspijatal ins Loswatal wandern können und sollen, das war die Hauptaufgabe dieser Etappe. Nicht einmal der kurze lichte Tag hätte dagegen gesprochen, weil die Entfernung sehr gering war: nur 3 bis 3,5 Kilometer. Eine solche Wanderung wäre sogar unter schlimmsten Wetterbedingungen (bei Frost und im dichten Wald mit vom Wind geknickten Bäumen) in etwa zwei Stunden zu schaffen gewesen. Doch am Hang gab es weder Frost noch Windbruch. Die Wanderung barg also keine fatalen Gefahren. Dennoch stellten sie das Zelt am Hang fast in der Mitte der Strecke auf, am ungemütlichsten Punkt der Tagesroute.

Maslennikow, der führende Swerdlowsker Wanderexperte in jener Zeit, vermutete einige Monate später bei der Befragung in der Staatsanwaltschaft, dass Djatlow sich in der Richtung vertan hatte und irrtümlich auf den Hang des Cholat Sjachl geriet, während er eigentlich den Pass, der später seinen Namen erhielt, überqueren wollte. Er hätte sich geradeaus halten müssen, führte die Gruppe aber nach links. Aber! Auch wenn das stimmen würde, hätte Igor Djatlow diesen Fehler problemlos korrigieren können, indem er mit der Gruppe hangabwärts gegangen wäre. Die Richtungen »bergauf« und »bergab« konnten die Wanderer bei allen Wetter- und Sichtverhältnissen unterscheiden. Unten war es fast windstill und ruhig mit einer Lufttemperatur um die –5 Grad, genau das Gegenteil von den Windböen am Hang. Nichts schien die Gruppe daran zu hindern, ins Loswatal zu gehen, außer eines: der menschliche Faktor. Das Aufstellen des Zelts am Hang lässt sich nur durch menschliche Einwirkung erklären, die von der Gruppe selbst als nicht bedrohlich eingeschätzt wurde. Zumindest anfänglich.

Was geschah danach? Die zwei Wandergruppen trennten sich für eine gewisse Zeit. Die Djatlow-Gruppe suchte eine ebene Fläche für ihr Zelt, und die unbekannten Wanderer, die die nötigen Kleidungsstücke noch nicht erhalten hatten, kehrten in ihr Lager zurück, das sich bereits länger als einen Tag auf dem Gipfel des Cholat Sjachl befand (oder irgendwo nahe dem Gipfel an einem Punkt, von dem aus man die südlichen und östlichen Zugänge zum Berg beobachten konnte). Dort erwartete sie wahrscheinlich ein weiteres Gruppenmitglied, das ihren Besitz bewachte. Es konnten kaum mehr als drei ausländische Agenten gewesen sein, das kann man ziemlich sicher aufgrund der Art ihrer Handlungen sagen. Zweifellos diskutierten sie untereinander das Treffen und analysierten alle Einzelheiten. Die verdächtigen Details wurden als Beweis eingestuft, dass die Mitglieder der Djatlow-Gruppe für den KGB arbeiteten. Kurz gesagt, die Agenten durchschauten das Spiel der sowjetischen Spionageabwehr. Da die Operation zum Erhalt von Kleidungsstücken mit Isotopenstaub unter der Kontrolle des KGB ablief, verlor sie in ihren Augen jeglichen Sinn.

Nach Diskussion ihrer Lage beschlossen die ausländischen Agenten, die ganze Gruppe zu liquidieren, da eine selektive Tötung der verdächtigen Personen ihre zukünftige Sicherheit nicht garantieren würde. Wie ließ sich das bewerkstelligen? Technisch wäre es am einfachsten gewesen, Schuss- oder Stichwaffen einzusetzen, die die eingeschleusten Agenten zweifellos bei sich hatten. Doch die getöteten Wanderer würden vermisst und früher oder später gefunden werden. Vielleicht war noch eine andere Gruppe in dieser Gegend unterwegs, die in den nächsten Tagen am Cholat Sjachl auftauchen würde und womöglich ein Funkgerät dabeihatte. Ein eindeutig gewaltsamer Tod der Wanderer hätte dem KGB ein genaues Bild der Vorfälle vermittelt. Auf allen Bahnhöfen und Haltestellen der Uralregion wären Milizposten stationiert worden, das gesamte Agentenaufgebot für Staatssicherheit und innere Angelegenheiten wäre auf die Fahndung nach verdächtigen Personen abgestellt worden und die Mörder wären eingekreist gewesen. Nein, das war für die ausländischen Geheimagenten keine Perspektive.

Die Ermordung der Wanderer musste wie ein natürlicher Tod aussehen. Dafür eignete sich Vergiften, da aller Wahrscheinlichkeit nach die Ausrüstung der Swerdlowsker gerichtsmedizinischen Zweigstelle nicht auf dem neuesten Stand der Technik war und somit ein exotisches Alkaloid, über das die besten Geheimdienste der Welt ohne Zweifel verfügten, kaum bestimmt werden konnte. Doch das Vergiften von neun Personen warf viele praktische Fragen auf: Welches Gift sollte verwendet werden (eines, das sofort wirkte oder mit Verzögerung)? Wie sollte es verabreicht werden (unbemerkt oder offen unter Androhung von Waffengewalt)? Was sollte man nach dem Mord mit den Leichen machen (einen Unfall inszenieren oder sie einfach liegen lassen)? Wie sollte man schließlich mit den Wanderern verfahren, die sich nicht heimlich vergiften ließen? Von einer Vergiftung der ganzen Gruppe wurde abgesehen, vor allem, da das Winterwetter im Ural einen viel realistischeren Plan nahelegte: Die Menschen sollten ohne Schuhe und warme Kleidung mit vorgehaltener Waffe in den Schnee hinausgejagt werden, damit sie dort erfroren. Einfach und effektiv.

Das wichtigste Element bei einem solchen Mord war, dass das Opfer bis zu seinen letzten Minuten über sein Schicksal im Unklaren blieb. Das Opfer musste überzeugt sein, die Situation werde sich jeden Moment aufklären und der Konflikt sich von selbst auflösen. Diese Bedingung war zwingend notwendig, denn wenn das Opfer begriff, dass alles auf seine Ermordung hinauslief, würde es sich unweigerlich aktiv zur Wehr setzen und die Angreifer möglicherweise verletzen. Das wollten die ausländischen Agenten strikt vermeiden.

Der Angriff musste aus mehreren aufeinanderfolgenden Etappen bestehen: a) Entwaffnen der Djatlow-Gruppe (da der Feind davon ausging, dass sich bewaffnete Personen in der Gruppe befanden); b) Abnehmen der warmen Bekleidung (Kopfbedeckungen, Jacken, Handschuhe, Schuhe) für einen raschen Erfrierungstod; c) Hinausjagen der Wanderer in die Kälte vom Zeltplatz weg; d) Durchsuchen des Zelts und Finden der FED-Kamera, mit der das Treffen am Hang fotografiert worden war, um sie zu zerstören oder den Film darin unbrauchbar zu machen; e) Verwüsten des Zelts, damit es unbrauchbar war (falls einer der Wanderer nach Abzug der Angreifer zurückkäme); f) Feststellen des Todes aller Wanderer einige Stunden nach dem Hinausjagen in die Kälte (oder am Morgen des nächsten Tages). Nach Präzisierung aller nötigen Einzelheiten stiegen die Agenten zum Lager der Djatlow-Gruppe ab.

Es war zwischen 15:30 und 16 Uhr, als die tragischen Ereignisse begannen.

Zu diesem Zeitpunkt waren die Wanderer mit dem Aufstellen des Zelts praktisch fertig, sie mussten nur noch den First mit den Spannseilen hochziehen, doch dazu brauchte es nicht viele Hände. Deshalb befand sich ein Teil der Gruppe bereits im Zelt, während ein paar Wanderer noch draußen waren. Das konnten Semjon Solotarjow, Nikolai Thibeaux-Brignolle und vielleicht eine weitere Person gewesen sein, doch solche Mutmaßungen tragen nichts zum Verständnis der Situation bei. Es spricht jedoch für sich, dass später die Windjacken aller neun Wanderer im Zelt gefunden wurden, das heißt, keiner trug seine Jacke, als sie den Hang hinabflüchteten (obwohl sie sie auf den letzten Fotos anhatten). Natürlich hatten die Personen im Zelt die vom Schnee durchnässten Windjacken ausgezogen, aber dass sich später auch die Jacken der anderen im Zelt befanden, beweist, dass keiner von ihnen der erzwungenen Entkleidung entkommen war. Genauer gesagt, dem Beginn dieser Aktion.

Allerdings waren Solotarjow und Thibeaux-Brignolle besser bekleidet als die restliche Gruppe. Warum? Dies lässt sich wohl durch die größte Schwachstelle im Plan ihrer Feinde erklären: die Schwierigkeit, eine ziemlich große und unorganisierte Gruppe von Personen zu kontrollieren. Man versuche einmal, neun Menschen zum Gehorchen zu bringen. Der erste hört vielleicht den Befehl nicht richtig, der zweite begreift ihn nicht, der dritte verweigert die Ausführung und der vierte versucht, das Kommando an sich zu reißen. Deshalb schafften es die Agenten vermutlich nicht einmal mit vorgehaltener Waffe, die Wanderer zu einer schnellen, bedingungslosen und präzisen Ausführung ihrer Befehle zu zwingen. Nach den ersten Zurufen und Drohungen folgte eine Konfliktphase mit hitzigen Wortwechseln. Die Angreifer begründeten ihr Tun mit einer erfundenen Erklärung, zum Beispiel, dass ihr Zelt ausgeraubt worden war und sie die Djatlow-Gruppe dafür in Verdacht hatten. Unter dem Vorwand, die Schuldigen zu suchen, nötigten sie die fehlenden Personen, aus dem Zelt zu steigen. Die Wanderer regten sich über die auf sie gerichteten Pistolen auf sowie über die Anschuldigungen gegen sie. Sie verlangten ihrerseits Erklärungen, begannen zu streiten und sogar zu drohen. Die erste Etappe des Konflikts verlief also ziemlich trivial und ohne besondere Gewalt auf beiden Seiten. Den Wanderern war die Bedrohung noch nicht in vollem Ausmaß bewusst und vielleicht begriffen nicht einmal Solotarjow, Kolewatow und Kriwonischtschenko gleich, dass ihre Operation gescheitert war und ein Vergeltungsakt bevorstand.

Hier kommen wir zu den möglichen Verhaltensmustern, die sich bei den Wanderern im Zuge des Konflikts zeigten. In Internetforen zur Djatlow-Tragödie ist mitunter das Argument zu lesen, man brauche, um es mit sieben jungen, gesunden Männern (und zwei Frauen) aufzunehmen, ebenso viele Personen. Waffen hätten die jungen Männer kaum eingeschüchtert, sodass zahlenmäßig unterlegene Angreifer auf erbitterten Widerstand gestoßen wären und wohl oder übel ihre Waffen hätten gebrauchen müssen. Keinesfalls wären zwei gut ausgebildete und bewaffnete Spione imstande gewesen, die Djatlow-Gruppe in ihre Gewalt zu bringen, ohne Handgemenge und ohne Schießerei.

Diese Einschätzung der Ereignisse ist reichlich lebensfremd, und es gibt genug Beispiele, die dem direkt widersprechen. Man denke nur an Flugzeug- oder Schiffsentführungen, bei denen eine Handvoll Terroristen, oft nicht einmal mit echten Waffen, sondern mit Attrappen ausgerüstet, Hunderte Menschen in Schach halten. Welche Verhaltensmuster die Opfer zeigen, hat mit zwei grundsätzlich verschiedenen psychologischen Typen zu tun. Während die einen auf Gefahr mit Gewalt reagieren können, sind die anderen dazu überhaupt nicht fähig.

Natürlich wird sich ein Mensch, auf den der Anblick von Gewalt wie ein Schock wirkt, nicht mit erhobenen Fäusten auf den Feind stürzen. Sein Verhaltensmuster führt entweder dazu, dass er sich unterordnet und niemanden zu provozieren versucht oder dass er sich unbemerkt davonschleicht. Ein Vertreter des anderen Typs, der bei Gefahr wütend wird, stellt sich innerlich auf aktive Handlungen ein. Das hat zur Folge, dass er entweder angreift und den anderen um jeden Preis besiegen will oder dass er flüchtet, solange die Kraft dafür ausreicht. Die Flucht ist hier kein Zeichen von Feigheit, sondern ein bewusster Akt der Selbstrettung. In Wirklichkeit sind noch viel mehr Verhaltensmuster möglich, doch die genannten illustrieren bereits, was nicht nur Psychologen wissen: In einer Gruppe, die sich selbst überlassen ist, handeln die Einzelnen nie einheitlich. Verschiedene Menschen finden für ein und dasselbe Problem verschiedene (mitunter gegensätzliche) Lösungswege.

Deshalb konnten die Mitglieder der Djatlow-Gruppe, als die Pistolen auf sie gerichtet wurden, nicht das Gleiche gedacht und sich schon gar nicht gleich verhalten haben. Selbst mit Messern in der Hand hätten sie sich nicht gemeinschaftlich auf den Feind gestürzt und verteidigt.

Wahrscheinlich begann jemand mit den Fremden zu streiten, ein anderer führte schweigend die Befehle aus, während ein dritter zwar ebenfalls schwieg, aber tatenlos erst einmal abwartete, wie sich die Situation entwickeln würde. Aus den Erinnerungen ihres jüngeren Bruders weiß man, dass Ljudmila Dubinina als sehr starrköpfig galt,

Ljudmila Dubinina als Jugendliche

sie konnte durchaus einen beharrlichen und sogar dreisten Wortwechsel mit den Angreifern begonnen haben. Vielleicht wurde sie dabei von einigen anderen unterstützt und daraus folgte die erste Gewaltanwendung durch die bewaffneten Personen.

Diese Annahme ist einerseits rein hypothetisch, aber andererseits nahe an der Wahrheit, da sie gut zu den bekannten Fakten passt.

Die Anhänger von »naturwissenschaftlichen« und »ufologischen« Theorien übergehen bei der Analyse meist den Umstand, dass praktisch alle Wanderer der Djatlow-Gruppe körperliche Verletzungen aufwiesen, die nicht lebensgefährlich waren. Gewöhnlich werden die schweren Verletzungen von Thibeaux-Brignolle, Solotarjow und Dubinina erwähnt, die findigsten Erforscher murmeln noch etwas von Slobodin, doch alle verschweigen, dass auch die anderen Leichen Verletzungen aufwiesen. Und zwar jede.

So war das Gesicht von Sina Kolmogorowa von Striemen überzogen, die sogar noch auf den Fotos von ihrem Begräbnis unter einer Schicht Schminke gut erkennbar waren; ihre Hände zeigten zahlreiche Striemen und Schürfwunden, besonders aussagekräftig ist eine

Hautablederung von 3,2 Zentimetern Länge und 2 Zentimetern Breite auf der rechten Hand. Angeblich hatte sie sich diese Wunden am Lagerfeuer beim Sammeln von Reisig und Zweigen zugezogen. Wie soll es beim Abreißen von Tannenzweigen mit nackten Händen zu einer Hautablederung kommen? Wenn man sich in Sinas rechter Hand jedoch ein Messer vorstellt, das sie festzuhalten versuchte, als es ihr jemand abnahm, wird die Verletzung verständlich. Alexander Kolewatow hatte eine gebrochene Nase, eine Halsverletzung im Bereich des Schildknorpels und einen »Defekt des weichen Gewebes« auf der rechten Wange. Igor Djatlow wies einen blauen Fleck von 2 Zentimetern Durchmesser auf dem Nasenrücken auf, hatte verkrustetes Blut auf den Lippen, Abschürfungen auf beiden Jochbeinen, zwei davon auf dem linken Jochbein waren 3 Zentimeter lang, und zusätzlich Abschürfungen auf den Stirnhöckern und über der linken Braue. Bei Juri Doroschenko gab es wie bei Igor Djatlow ebenfalls Blut auf den Lippen, außerdem Blut in der Nase und im Ohr. Im unteren Drittel seines rechten Unterarms stellte der Gerichtsmediziner mindestens drei rotbraune Schürfwunden fest, mit Längen von 4, 2,5 und 5 Zentimetern. Praktisch der gesamte untere Bereich von Juri Doroschenkos rechtem Unterarm war ein durchgehender Bluterguss. Solche Abschürfungen kann man sich nicht beim Abreißen von Zweigen zuziehen. Jedoch ergibt alles einen Sinn, wenn man bedenkt, dass ein Rechtshänder seinen Kopf sowohl in liegender als auch in stehender Position mit dem rechten Unterarm vor Schlägen schützt. Dazu braucht man kein Box- oder sonstiges Spezialtraining, das ist ein angeborener Reflex.

Die schweren und sogar lebensgefährlichen Verletzungen von Thibeaux-Brignolle, Solotarjow und Dubinina verschleiern den Umstand, dass auch sie vergleichsweise harmlose Verletzungen aufwiesen. Ljudmila Dubinina hatte eine gebrochene Nase, einen massiven Striemen auf der Vorderseite des rechten Oberschenkels (10 x 15 cm) und eine Hautverletzung bis zum Knochen am Scheitel. Vielleicht

Nikolai Thibeaux-Brignolle und Juri Doroschenko, für immer jung

gab es weitere Verletzungen, doch zu diesem Zeitpunkt versuchte Wosroschdjonny bereits, ihnen keine besondere Aufmerksamkeit zu schenken. (Hier muss man an die »ungewöhnliche Beweglichkeit des Zungenbeins« denken, die der Gerichtsmediziner nicht als Bruch bezeichnen wollte, obwohl es genau das war.) Bei Nikolai Thibeaux-Brignolle wurde links über der Oberlippe eine Abschürfung von 3 x 4 Zentimetern entdeckt und ebenfalls eine seltsame Beweglichkeit des Nasenknorpels, die der Gerichtsmediziner nicht als Bruch erkennen wollte.

Was ergibt sich daraus? Fast alle Wanderer wurden ordentlich verprügelt, und zwar noch oben beim Zelt. Die Wunden lassen sich nicht anders erklären.

Man muss nur beachten, dass sich 90 Prozent auf der linken Körperseite befanden, also von einem Rechtshänder stammen mussten. Wären die blauen Flecken und Abschürfungen nicht von einem Menschen verursacht worden, dann wären sie gleichmäßiger über die rechte und linke Körperseite verteilt gewesen. Wenn sich die Wanderer selbst verletzt hätten, dann hätten sich die Wunden auf die rechte Körperhälfte konzentriert, da diese bei Rechtshändern motorisch aktiver ist.

Im Februar 2008 wiederholten einige Enthusiasten den Abstieg der Djatlow-Gruppe vom Zeltplatz am Hang des Cholat Sjachl ins Loswatal, wo sie an der Zeder ein Lagerfeuer entfachten. Dabei versuchten die Freiwilligen, die Ereignisse vom Februar 1959 getreu den Ermittlungsakten nachzustellen: Sie verzichteten in ihrem Experiment auf Schuhe, Handschuhe und Oberbekleidung. (Dasselbe wurde im Februar 2010 von einer anderen Gruppe wiederholt, allerdings mit Schuhen.) Man muss diesen Enthusiasten dankbar sein, da sie mit einfachen Mitteln einige abwegige Hypothesen von Laienerforschern entkräfteten. Das betrifft zum Beispiel die Erblindung der Wanderer aufgrund einer chemischen Vergiftung (ob durch Raketentreibstoff oder Industriealkohol ist unwesentlich). Als Beweis führten die Erforscher das folgende absurde Argument an: Die Wanderer rissen grüne Tannenzweige ab, ohne zu merken, dass es gleich daneben dürres Holz gab, das weitaus besser zum Feuermachen geeignet war. Also mussten sie nach Holz getastet haben. Doch die Nachahmer rissen ebenfalls Tannenzweige ab, obwohl sie nicht durch Raketentreibstoff erblindet waren. Sie legten sich die Zweige zur Wärmeisolierung unter die Füße, um nicht auf Socken im Schnee zu stehen. Für das Feuer wurde tatsächlich Trockenholz verwendet, die Tannenzweige jedoch dienten zum Isolieren. Die Fantasie der »wahren Erforscher« reichte zwar aus, um sich 1959 noch nicht existierende ballistische Hydrazinraketen auszudenken, doch die Wärmeisolierung für die Füße als naheliegende Erklärung kam ihnen nicht in den Sinn.

Die Experimente in den Jahren 2008 und 2010 lieferten für die Anhänger aller nicht kriminellen Theorien entmutigende Ergebnisse. Keiner der Teilnehmer zog sich irgendwelche charakteristischen Verletzungen zu.

An dieser Stelle kommt ein äußerst bedeutender Faktor ins Spiel, der noch einmal unterstreicht, dass es anfangs beim Zelt zu Gewaltanwendungen kam. Als die Wanderer, die sich aufgeregt hatten (möglicherweise Dubinina und Kolmogorowa), geschlagen wurden, setzte der oben beschriebene Verhaltensmechanismus in Stresssituationen ein. Jeder Einzelne aus der Gruppe musste reagieren, ohne sich mit den anderen beratschlagen zu können. Angesichts der rohen Gewalt nutzte Semjon Solotarjow den Tumult und die schlechte Sicht und verließ die Gruppe. Vielleicht nahm er Thibeaux-Brignolle mit sich, vielleicht entschied sich dieser dazu auch selbst. Wichtig ist, dass dies passierte, als das erzwungene Entkleiden der Gruppe gerade erst begonnen hatte. Den Flüchtenden fehlten nur die Handschuhe und Windjacken, also die Kleidungsstücke, die man als Erstes auszieht. (Das gilt natürlich nur für die Wanderer, die ihre Jacken und Handschuhe nicht im Zelt gelassen hatten.) Nikolai Thibeaux-Brignolle blieben dünne gestrickte Wollhandschuhe, doch sie zählten nicht zur Oberbekleidung: Über sie wurden entweder Fäustlinge gezogen, oder sie wärmten die Hände im kalten Zelt. Der Umstand, dass sowohl bei Thibeaux-Brignolle als auch bei Solotarjow wie beim Rest der Gruppe Windjacke und Handschuhe fehlten, weist darauf hin, dass sie zu Beginn der Entkleidungsaktion dabei waren. Doch sie behielten Jacke und Schuhe an, setzten sich also kurz darauf ab.

Es fällt auf, dass die nicht kriminellen Theorien (Lawine, Ballongondel, Fliegerbombe, mystische Mansen usw.) ziemlich ungeschickte Erklärungen für die bessere Bekleidung der schwer verletzten Solotarjow und Thibeaux-Brignolle fanden. Den Anhängern dieser Theorien zufolge wurden die im Zelt verletzten Wanderer am Hang von den Kameraden gewärmt, die ihr Leben zu retten versuchten. Die Kameraden überwanden ihre Angst vor einer neuen Lawine (oder Gondel), durchsuchten den Schnee im Dunkeln nach Kleidung und Schuhen der Verletzten, zogen sie ihnen an und beförderten die beiden dann behutsam hangabwärts. Als Beweise dafür, dass Thibeaux-Brignolle gewärmt wurde, während er bewusstlos war, müssen die Wollhandschuhe in seiner rechten Jackentasche und die zusammengeknüllte Socke im linken Filzstiefel herhalten. Warum man aber Ljudmila Dubinina nicht wärmte und auch die eigenen Filzstiefel, Jacken und Mützen nicht aus dem Zelt holte, wird nicht erklärt. Das ist alles im Grunde überhaupt nicht nachvollziehbar.

Man kann Solotarjow und Thibeaux-Brignolle ihre Flucht vom Zelt weg nicht verübeln. Semjon Solotarjow begriff als Erster, welche Gefahr ihnen drohte, und ohne die Absicht des Gegners zu kennen, wusste er genau, wie dieser Angriff ausgehen würde. Der Versuch, sich selbst zu retten, war absolut logisch und gerechtfertigt. Das Gleiche gilt für Thibeaux-Brignolle, obwohl dieser die Vorfälle und ihre Hintergründe viel schlechter einschätzen konnte. Doch die Flüchtenden stürzten zweifellos nicht aufs Geratewohl davon, sondern blieben in der Nähe, um die Ereignisse zu beobachten.

Was geschah dann?

Die Angreifer befahlen den Wanderern, Wattejacken und Schuhe auszuziehen, wieder mit Drohungen und Flüchen. (Unter der Windjacke aus grobem Leinen trug man die wärmende Wattejacke.) Diese Befehle wurden bereits ohne Schläge ausgeführt, da die Angreifer keine überflüssigen Spuren hinterlassen wollten. Außerdem hatte die Gruppe sich zu diesem Zeitpunkt durch die Vorfälle bereits innerlich unterworfen und war zu keinem aktiven Widerstand fähig. Das galt für alle bis auf einen.

## 32. KAPITEL

## WARUM ERFROR RUSTEM SLOBODIN ALS ERSTER?

Rustem Slobodin war nicht nur ein guter Sportler, sondern außerdem ein wagemutiger Bursche. Im Sommer 1958 war Rustem gemeinsam mit seinem Vater von der kirgisischen Hauptstadt Frunse (heute Bischkek) ins usbekische Andijon gewandert. Das sind 300 Kilometer durch dünn besiedelte Gebirgsgegend (im westlichen Tian-Shan-Hochgebirge), wobei »dünn besiedelt« in diesem Fall ein Synonym für gefährlich ist. Je weniger Menschen in einer Gegend wohnen, desto gefährlicher sind zufällige Treffen, besonders wenn ethnische Russen beim Wandern auf Kirgisen, Uiguren, Usbeken, Dunganen oder Vertreter anderer Völker treffen, deren Mentalität sich deutlich von ihrer eigenen unterscheidet. Diese Wanderung sagt sehr viel über den Charakter der beiden Abenteurer aus. Sie glaubten an ihre Kräfte, sie verließen sich ganz aufeinander und konnten für sich einstehen. Diese Wanderung war die beste Charakterisierung von Rustem als Wanderer wie auch als Kamerad und Mann.

Als Igor Djatlow sich am Hang des Cholat Sjachl im Visier einer Pistole (oder Maschinenpistole) befand, wagte Rustem Slobodin womöglich, sich der unerwarteten Bedrohung gewaltsam zu widersetzen. Das geschah, nachdem Solotarjow und Thibeaux-Brignolle in der Dunkelheit verschwunden waren, denn die übrigen Wanderer hatten zu diesem Zeitpunkt bereits die Wattejacken abgelegt und begannen, die Schuhe auszuziehen. Das tat auch Slobodin, um nach außen hin seine Unterordnung zu zeigen. Doch als er die Schuhe ausziehen sollte, nutzte Rustem die Gelegenheit, sich unauffällig zu bücken, und er hob Kolewatows Finnenmesser vom Boden auf, das dieser ihm vielleicht direkt vor die Füße geworfen hatte, zog die Klinge aus der Scheide und versuchte, den nächsten Gegner zu attackieren.

Wollte er diesen Mann umbringen oder nur entwaffnen, indem er ihm das Messer an den Hals setzte? Wir wissen es nicht, doch dieser heftige Angriff traf auf ebenso heftigen Widerstand. Slobodin wurde nach Strich und Faden verprügelt, nun nicht mehr als Warnung oder zur Einschüchterung, sondern um ihn fertigzumachen. Er erhielt einige harte Schläge auf den Kopf, nach denen jeder k. o. gegangen wäre, und sein linkes Bein wurde durch tiefe Tritte unter ihm weggezogen (auf dem unteren Drittel des linken Unterschenkels blieben davon zwei gut erkennbare Abschürfungen zurück), sodass er im Schnee landete. Er trug außerdem links eine Schädelfissur davon, beidseitige Blutergüsse in den Schläfenmuskeln, Abschürfungen und Kratzer auf der Stirn, Abschürfungen am linken Jochbein sowie auf dem Oberlid des rechten Auges. Muss man noch das Nasenbluten erwähnen? All diese Verletzungen sind typisch für Boxer und andere Nahkämpfer. Wenn man außerdem seine zerschlagenen Fäuste berücksichtigt (ganz genau: Abschürfungen der Fingergrundgelenke beider Hände) sowie die aufgerissene Haut und die blauen Flecken im unteren Bereich des rechten Unterarms (wie auch bei Juri Doroschenko), dann erübrigt sich die Frage, ob es oben beim Zelt Schlägereien gab.

Eine Schlägerei, an der Rustem Slobodin beteiligt war, fand tatsächlich statt. Dafür gibt es eine ziemlich unerwartete, wenn auch indirekte Bestätigung, und zwar wurde Kolewatows Finnenmesser gesondert von der Scheide gefunden. Das Messer entdeckte man bereits im März 1959 im Zelt, während die Scheide aus Kunststoff erst im Mai auftauchte, nachdem der Schnee am Zeltplatz geschmolzen war. Diskussionen über eine »geheimnisvolle« Messerscheide, deren Zugehörigkeit nicht bekannt ist, sind völlig sinnlos, da Rimma Kolewatowa sie im Beisein von Juri Judin offiziell als die ihres Bruders identifizierte und sie von den Ermittlern zurückerhielt.

Dabei fehlte der Riemen der Scheide, das heißt, der Besitzer musste erst den Gürtelriemen öffnen, um die Scheide abzunehmen, und ihn dann wieder zumachen. Das ist ziemlich seltsam, da ein am Gürtel hängendes Messer in der Scheide dem Träger keine Unbequemlichkeiten bereitet, man gewöhnt sich schnell daran und bemerkt es nicht mehr. Man kann sogar problemlos damit schlafen. Doch Kolewatow wollte die Messerscheide offenbar loswerden. Nun gut. Zusätzlich aber wurde das Messer außerhalb des Zelts aus der Scheide gezogen. Wenn Kolewatow tatsächlich seine verschütteten Freunde aus dem Schnee gerettet hätte, indem er das Zelt mit dem Finnenmesser von innen aufschnitt, hätte sich das umgekehrte Bild ergeben: Die Messerscheide hätte im Zelt gelegen und das Messer draußen. Doch so war es nicht. Etwas veranlasste Alexander Kolewatow dazu, das Messer mit der Scheide vom Gürtel zu nehmen und es in den Schnee zu werfen, als ob er es nicht mehr brauchen würde. Diese Handlung ist sogar bei jedem beliebigen nicht kriminellen Szenario absurd. Warum sollte man ein Messer loswerden wollen, das den Träger nicht nur nicht stört, sondern im Gegenteil seine Chancen auf ein Überleben unter unbekannten Umständen stark erhöht? Das Wegwerfen des Messers kann nur logisch erklärt werden, wenn man von einer erzwungenen Entwaffnung ausgeht. Dabei war die Bedrohung in dieser Situation unüberwindbar und übermächtig. Zumindest schätzte Kolewatow sie so ein.

Man kann natürlich annehmen, dass Kolewatow das Messer im Zelt gezogen, die Zeltwand durchschnitten und es dann im Zelt weggeworfen hatte. Doch das ist realitätsfern. Jemand, der ein bei der Miliz registriertes Messer besitzt und am Gürtel trägt, würde es nie zur Seite legen und vergessen. Er weiß, dass er für dieses

Finnenmesser verantwortlich ist und ihm bei Nachlässigkeit bis zu fünf Jahre Gefängnis drohen. Die Anhänger der Lawinentheorie mögen einwenden, Kolewatow sei so mit dem Befreien der verletzten Kameraden aus dem Schnee beschäftigt gewesen, dass er es nicht schaffte, sein Messer zurück in die Scheide zu stecken … Eine absurde Vorstellung: Kolewatow eilte den Kameraden zu Hilfe, warf sein Finnenmesser weg und nahm dann die Scheide vom Gürtel, was nicht nur sinnlos war, sondern außerdem wertvolle Zeit vergeudete.

Wie man es auch dreht und wendet, es lässt sich keine normale Erklärung dafür finden, dass die Messerscheide außerhalb des Zelts entdeckt wurde. Kolewatow hatte sie eindeutig an dieser Stelle gemeinsam mit dem Messer abgenommen, alles andere ergibt keinen Sinn. Außerdem ist es unwahrscheinlich, dass Alexander dies freiwillig tat. Nachdem er die Scheide auf den Schnee gelegt hatte, nahm jemand das Messer heraus, um es zu verwenden. Das beweist der Umstand, dass die Scheide leer war.

Wie bereits erwähnt, könnte Rustem Slobodin Kolewatows Messer aus der Scheide gezogen haben. Es gibt dafür keine objektive Bestätigung, außer seine im Vergleich zu den anderen Wanderern sehr schweren Verletzungen. Als die Angreifer ihn verprügelten, schossen sie übers Ziel hinaus, er ging nicht nur zu Boden, sondern ihm wurden geradezu die Lichter ausgeblasen. Das war auch der Grund, warum Slobodin noch einen Filzstiefel trug. Als er den ersten ausgezogen hatte, schnappte er sich das Messer. Nachdem er dann bewusstlos dalag, zog ihm niemand den zweiten Filzstiefel aus.

Die Vergeltung an Rustem war der traurige Höhepunkt der Szene beim Zelt. Die erschütterten Wanderer verstanden nicht, was hier vor sich ging, und führten unterwürfig den letzten Befehl ihrer Peiniger aus: »Schert euch weg von hier, solange ihr noch könnt!« Sie fassten Rustem Slobodin, der noch nicht ganz seine Sinne wiedererlangt hatte, unter die Arme und stiegen den Hang hinab, wobei sie intuitiv nicht zum Vorratslager gingen, um dessen Lage nicht an den Feind zu verraten.

Die Wanderer rannten nicht. Sie wurden ja nicht verfolgt. Ihre erste Reaktion auf die Vorfälle war vollkommen verständlich: Sie waren erleichtert, dass sie die schmachvollen, abscheulichen und widersinnigen Erniedrigungen und Schläge hinter sich hatten. Das Wetter war mit etwa –5 Grad bis –7 Grad verhältnismäßig mild und bei dem psychoemotionalen Stress, unter dem die Wanderer standen, schien die Kälte weder extrem noch gefährlich. Sehr bald, nur einige Dutzend Meter vom Zelt entfernt, stießen Solotarjow und Thibeaux-Brignolle zur Gruppe. Beim Marsch hangabwärts wurde der Vorfall kontrovers diskutiert. Solotarjow wusste mehr als die anderen und verfügte über die meiste Lebenserfahrung, bestimmt schlug er einen Plan vor, vielleicht drängte er ihn den anderen sogar auf. Was für ein Plan das war, darüber kann man nur mutmaßen.

Es ist bekannt, dass die Spuren hangabwärts teilweise nebeneinander verliefen, dann wieder auseinandergingen, wobei die allgemeine Richtung dieselbe blieb und die Wanderer einander zumindest hören konnten. Mit Sicherheit diskutierten sie lebhaft und versuchten, sich gegenseitig zu überzeugen. Was beweist das? Objektiv gesehen nichts beziehungsweise nur, dass die Gruppe zusammenbleiben wollte. Für einen Psychologen ergibt dieses seltsame Schwarmverhalten jedoch durchaus einen Sinn. Die Wanderer teilten sich intuitiv in Untergruppen. Wenn jemand eine vernünftige Handlungsweise vorschlug, näherten sich ihm die Befürworter, wenn der nächste einen vernünftigen Vorschlag machte, gingen einige der Wanderer zu ihm. Das heißt allerdings nicht, dass die Personen zwischen den Wortführern hin- und herliefen. Nein, es handelte sich um eine unbewusste, unwillkürliche Bewegung.

Abschließend zu den Ereignissen beim Zelt und dem anschließenden Marsch hangabwärts muss auf einen weiteren wichtigen Umstand hingewiesen werden, den alle Anhänger nicht krimineller

Theorien geflissentlich ignorieren. Es geht um die angebliche Evakuierung der Schwerverletzten ins Loswatal. Jewgeni Bujanow hat viel von Wundern erzählt, zu denen ein Mensch aufgrund seines Überlebenswillens fähig ist. Er führte sogar Beispiele aus der Geschichte des Bergsteigens an, die zeigen sollten, dass ein 1,5 Kilometer langer Abstieg für eine Frau mit einer Herzkontusion (einem Bluterguss im Herzmuskel von 4 cm!) ein Klacks sei. Natürlich verschwieg Jewgeni Bujanow bei den Heldentaten der Bergsteiger einige spezifische Details. So vergaß er zu erwähnen, dass ausländische Bergsteiger bereits in den 70er Jahren in ihrem Verbandskasten immer Amphetamine und Schmerzmittel dabeihatten. Außerdem verfügten sie über genügend Zeit zum Verarzten. Bei Rippenbrüchen muss ein festes Korsett angelegt werden, als einfachste Variante wird ein Handtuch fest um den Brustkorb gewickelt. Ohne ein solches Korsett ist nicht nur jede Fortbewegung undenkbar, auch jedes Niesen oder Husten ist so schmerzhaft, dass man davon bewusstlos werden kann. Dubinina und Solotarjow hatten beide weit über zehn Rippenbrüche. Die ganze Apotheke der Djatlow-Gruppe beschränkte sich auf Alkohol und Kodeintabletten, und Korsette wurden den Verletzten auch nicht angelegt. Bujanows Argument, dass »sich ein Mensch mobilisieren kann«, ist nur heiße Luft, so etwas kann nur jemand sagen, der das selbst noch nie erlebt hat. Der Autor dieser Abhandlung hat sich einmal zwei Rippen gebrochen und kann versichern, dass ein Mensch mit auch nur zwei gebrochenen Rippen ohne Anästhesie und Erste Hilfe kaum fähig ist, sich fortzubewegen. Deshalb war jemand mit zahlreichen frischen Rippenbrüchen ohne entsprechende medizinische Hilfe auf keinen Fall in der Lage, 1,5 Kilometer weit einen Berg hinabzugehen.

Doch das führt nur zu etwas anderem hin, das mit den weiter oben beschriebenen Verhaltensmustern zu tun hat. Jewgeni Bujanow und andere Anhänger der Hypothese von nicht kriminellen Ereignissen am Hang wollen uns glauben machen, dass die Djatlow-

Gruppe in einer schwierigen Stresssituation einheitlich und präzise wie ein Uhrwerk handelte: Die Wanderer gruben die Verletzten aus dem Schnee und führten sie mit vereinten Kräften hangabwärts, wobei sie optimistisch planten, später zum Zelt zurückzukehren. Diese Geschichte ist leider völlig unrealistisch, denn die »kollektive Intelligenz« funktioniert nicht so, wie Bujanow es sich wünschen würde.

Ein menschliches Kollektiv entscheidet sich automatisch für die einfachsten und offensichtlichsten Lösungen: Wenn der Boden eines Boots leck ist, muss man Wasser hinausschöpfen. Auf diesen naheliegenden Gedanken kommen alle Bootsinsassen von allein und einig schreiten sie zur Tat. Wenn es aber darum geht, wohin man rudern soll beziehungsweise ob man überhaupt rudern oder besser den kaputten Motor reparieren soll, gibt es Streit. Je höher der Intellekt der Gruppenmitglieder, je besser sie sozialisiert sind, desto mehr Handlungsmöglichkeiten (auch paradoxe Varianten) können sie vorschlagen und diskutieren.

Sehen wir uns nun die Situation beim Zelt genau an, indem wir voraussetzen, dass die Verletzungen eines Teils der Gruppe eine nicht kriminelle Ursache hatten (eine Lawine, ein Schneebrett, eine Ballongondel, eine rollende Fliegerbombe, ein Rudel Bären, eine Herde Elche usw.). Wer sagt, dass die Entscheidung, die Verletzten unverzüglich den Hang hinabzuführen, die optimale Lösung war? In der Stresssituation, noch dazu unter großem Zeitdruck, bot sich zweifellos eine ganze Menge guter Lösungen an, nämlich für jeden Beteiligten eine andere: Einer wollte vielleicht die Messer und Äxte aus dem Zelt holen, der nächste fand es unmöglich, ohne Schuhe weiterzugehen, ein dritter beharrte stur darauf, die Flasche mit dem Alkohol zu finden. Als Jewgeni Bujanow in Internetforen und in seinen Büchern Beispiele für Gruppen in Bergnot anführte, klammerte er diskret eine Information aus, die wesentlich zum Verständnis des Verhaltensmusters beiträgt, das die vom Erfrieren bedrohten Wanderer zeigten. Und zwar, dass sich die Bedrohung bei ihnen lange hinzog, oft über mehrere Tage. Der anfängliche Stress und das chaotische Verhalten wurden von einem vollkommen rationalen, zielgerichteten kollektiven Vorgehen abgelöst, das im Endeffekt dazu führen konnte, dass die Wanderer sich retteten (oder starben, doch erst nach einer beträchtlichen Zeit, nicht innerhalb weniger Stunden). Bujanows »Diskretion« ist verständlich, da diese Information alle von ihm angeführten Analogien mit der Djatlow-Gruppe entkräftet.

Der Abstieg der Gruppe vom Cholat Sjachl ohne Oberbekleidung, Handschuhe, Schuhe und Waffen war auf keinen Fall die optimale Lösung zur Rettung der Verletzten, nicht einmal wenn man annimmt, dass Solotarjow, Dubinina und Thibeaux-Brignolle aufgrund einer nicht kriminellen Ursache im Zelt verletzt wurden. Vielleicht hätte einer diesen Weg gewählt, doch ein anderer hätte sich bestimmt geweigert, Kraft und Zeit auf dieses selbstmörderische Vorgehen zu verschwenden, und wäre beim Zelt geblieben, um die dort zurückgelassenen Sachen zu bergen. Sogar bei einem möglichen weiteren Lawinenabgang. Denn ob noch eine Lawine abgehen würde, war ungewiss, aber ohne Filzstiefel, Handschuhe und Wattejacken drohte der sichere Tod. Wer die Vorfälle so darstellt, als hätten die Wanderer das nicht gewusst, spricht ihnen jeglichen gesunden Menschenverstand ab.

Die Gruppe zog sich geschlossen und einigermaßen organisiert zurück. Das heißt, dass der Auslöser der Todesangst für die Wanderer mit dem Zeltplatz zusammenhing. Sie glaubten, eine höhere Überlebenschance zu haben, wenn sie im Wald übernachteten. Bei allem Erfindungs- und Hypothesenreichtum muss man zugeben, dass eine solche Angst nur durch einen kriminellen Faktor verursacht werden konnte.

Bei ihrem Marsch den Hang hinab benutzen die Wanderer eine Zeit lang eine Taschenlampe, doch 400 bis 500 Meter vom Zelt entfernt war die Batterie leer, und die Taschenlampe wurde im Bereich des dritten Steinfelds zurückgelassen, wo man sie später fand. Diesen Teil des Wegs legte die Gruppe anscheinend am schnellsten zurück, Gründe dafür waren die allgemeine Aufregung und die damit verbundene Adrenalinausschüttung im Blut sowie die Lichtquelle. Nachdem die Taschenlampe aus war, ging es im Dunkeln weiter. Es war allerdings nicht stockdunkel, schließlich kann man in einem verschneiten Wald auch nachts nahe Gegenstände unterscheiden, da sie sich vor dem hellen Hintergrund abzeichnen, doch die Geschwindigkeit der Gruppe verringerte sich stark. Als sie sich der Waldgrenze näherten, wurden die Wanderer immer häufiger von niedrigen Sträuchern behindert, die sie umgehen mussten. Während sie die ersten 400 Meter in maximal 15 Minuten geschafft hatten, brauchten sie für die nächsten 600 Meter bereits 10 Minuten oder sogar eine Viertelstunde (eine ziemlich vernünftige Schätzung). Zu diesem Zeitpunkt, etwa einen Kilometer vom Zelt entfernt, blieb Rustem Slobodin zurück und fiel in den Schnee.

Rustem verlor etwa 20 Minuten nach seiner Verletzung erneut das Bewusstsein, was vollkommen ins Bild seines Schädel-Hirn-Traumas passt. Man weiß, dass Menschen, die einen schweren Knock-out erlitten und sich dabei ein tödliches gedecktes Hirntrauma zugezogen haben, wieder zu sich kommen und sich eine gewisse Zeit gut fühlen können (bis die Blutung innerhalb des Schädels auf die Hirnhäute zu drücken beginnt). Dieses Phänomen der scheinbaren Munterkeit eines sterbenden Menschen wird manchmal sehr treffend als »verzögerter Tod« bezeichnet. Übrigens wird die Geschwindigkeit dieses Vorgangs von der Bewegungsaktivität des Verletzten und der Umgebungstemperatur wesentlich beeinflusst, da beides die Blutung verlangsamt.

Niemand bemerkte, dass Rustem Slobodin verschwunden war. Die Gruppe ging weiter, ohne auf den zurückgebliebenen Kameraden aufmerksam zu werden. Rustem starb als Erster, das zeigt die hohe Temperatur seines Körpers, als er am Hang stürzte. (Wie bereits erwähnt, bildete sich unter ihm ein sogenanntes Leichenbett, eine Schicht geschmolzenen Schnees, die entsteht, wenn ein noch warmer Körper auf den Boden fällt. So ein Leichenbett gab es nur am Fundort von Slobodins Leiche, die anderen Wanderer, die am Hang und bei der Zeder gefunden wurden, waren schon stark abgekühlt, als sie zu Boden sanken.) Ein weiterer Anhaltspunkt dafür ist, dass Rustems Kleidung keine Brandlöcher von Funken aufwies wie die Kleidung der Wanderer, die einige Zeit am Lagerfeuer verbracht hatten. Um sich zu wärmen, rückten die frierenden Wanderer nahe an das offene Feuer heran und erhielten so die typischen Schäden an der Kleidung. Anhand dieses Kriteriums kann man eindeutig feststellen, wer beim Lagerfeuer unter der Zeder dabei war und wer nicht. Rustem Slobodin starb bereits am Hang, und zwar bevor das Feuer entfacht war. Dorthin hatte er es leider nicht mehr geschafft.

## 33. KAPITEL

## DEN TOD IM NACKEN

Als die Wanderer einige Dutzend Meter in den Wald hineingegangen waren, hielten sie an, um Atem zu schöpfen und den Plan in die Tat umzusetzen, den sie sich zurechtgelegt hatten. Doch als sie Slobodins Fehlen bemerkten, verlief nichts mehr nach Plan. Wahrscheinlich ahnte noch keiner, dass Rustem bereits tot und somit jeder Rettungsversuch sinnlos war. Igor Djatlow beschloss, Rustem Slobodin zu suchen, da er sich für das Schicksal aller Mitglieder seiner Gruppe verantwortlich fühlte. Igor verließ die anderen, noch bevor das Lagerfeuer unter der Zeder entfacht worden war. Das weiß man mit Sicherheit, da es auf seiner Kleidung (vor allem auf seinen Socken) keine Brandlöcher gab. Bemerkenswert ist noch ein weiterer Umstand. Ende Februar 1959 trug Djatlows Leiche die Weste, die Juri Judin bei seinem Abschied in der Siedlung Wtoroi Sewerny Juri Doroschenko gegeben hatte. Offenbar überließ Doroschenko die Weste Djatlow, als dieser zurück auf den Berg ging. Doroschenko dachte wohl, dass er sich am Feuer auch ohne Weste würde wärmen können, während Igor sie am Hang gut brauchen konnte. Eine scheinbar kleine Episode, die doch so viel über diese Menschen und ihre kameradschaftlichen Beziehungen untereinander aussagt.

Zum selben Zeitpunkt wechselte laut Meinung des Autors ein weiteres Kleidungsstück den Besitzer: Nikolai Thibeaux-Brignolle zog sein kariertes Hemd aus und gab es Juri Doroschenko, vermutlich als Ersatz für seine Weste. In diesem karierten Hemd wurde Doroschenko Ende Februar gefunden. Die Anhänger von nicht kriminellen Theorien argumentieren eifrig, dass die verletzten Wanderer Thibeaux-Brignolle und Solotarjow von ihren Kameraden gewärmt wurden, indem diese den Bewusstlosen Pullover und Jacken überzogen. Doch wie hätte der »bewusstlose« Nikolai Thibeaux-Brignolle einem schlecht angezogenen Kameraden sein warmes Flanellhemd geben können? Dass die Kleiderweitergabe von Doroschenko an Djatlow und von Thibeaux-Brignolle an Doroschenko eindeutig stattfand, bevor das Feuer unter der Zeder brannte, ist sehr wichtig. Es weist darauf hin, dass die Umverteilung von Kleidungsstücken unter den Wanderern bereits vor dem ersten Todesfall begann. (Man glaubte, Slobodin wäre noch am Leben.) Diese Tatsache erlaubt es, die Logik der Wanderer besser zu verstehen, die einige Zeit danach Kleidung von den Leichen ihrer Kameraden schneiden mussten (dazu später mehr).

Die Entscheidung, den Hang des Cholat Sjachl wieder hinaufzugehen, war unverzeihlich leichtsinnig. Igor Djatlow war schlechter angezogen als die anderen. Er trug keine Kopfbedeckung und hatte nur eine Socke an. Nach dem Abstieg war er mit Sicherheit bereits stark ausgekühlt, er hätte nicht zurückgehen dürfen, ohne seine Füße vor der Kälte zu schützen. Vielleicht hätte man aus einem Pullover oder der oben erwähnten Weste Fußlappen machen können (so wie es Ljudmila Dubinina mit ihrer Strickjacke tat). Doch Igor Djatlow nahm sich nicht die Zeit dafür, er trieb sich selbst den Berg hinauf, um Rustem zu suchen.

Ein Feuer an einer erhöhten Stelle als Orientierungspunkt für die anderen Wanderer zu entfachen schien angebracht. Allerdings konnte es auch die Angreifer anlocken. Die Frage, ob sie ein Feuer machen sollten oder nicht, spaltete wahrscheinlich die Gruppe. Zumindest eine Person, Semjon Solotarjow, musste begriffen haben, dass das wahre Ziel der Vertreibung aus dem Zelt und der Entkleidung keine Plünderung war, sondern eine als Unfall getarnte Ermordung der Wanderer. Deshalb kann man mit ziemlicher Sicherheit davon ausgehen, dass Semjon gegen ein Lagerfeuer unter der Zeder war und sich nicht oder nur kurz am Holzsammeln beteiligte. Vielleicht machte er einen Vorschlag, wie die Gruppe ohne Feuer überleben konnte, doch die anderen schenkten ihm zumindest anfänglich kein Gehör. Solotarjow verließ den Platz an der Zeder wahrscheinlich schon vor dem Feuer, da seine Kleidung keine Spuren von Funken zeigte, anders als beispielsweise die von Kolmogorowa, Kolewatow und Dubinina. Außerdem fehlten bei Semjon Hautverletzungen, wie sie an den Händen von Kriwonischtschenko und Doroschenko festgestellt wurden, die Kleinholz und Tannenzweige gesammelt hatten.

Solotarjows Verlassen der Gruppe darf man nicht als Zerwürfnis oder Konflikt einstufen. Es ist durchaus möglich, dass sein Vorhaben, in der Nähe einen »Unterschlupf« zu errichten, positiv aufgenommen wurde. Dafür spricht auch, dass sich ihm später Dubinina, Thibeaux-Brignolle und Kolewatow anschlossen.

Angenommen die Gruppe hatte um 15:30 Uhr mit dem Zeltaufstellen begonnen, und der Angriff erfolgte um 16 Uhr, dann versuchten die Wanderer bereits um 17 Uhr, ein Feuer unter der Zeder zu entfachen. Da niemand außer Thibeaux-Brignolle Schuhe anhatte, mussten sie Tannenzweige abschneiden oder abreißen, um sie sich zur Wärmeisolierung unter die Füße zu legen. Niemand dachte daran, Tannenbäumchen ins Feuer zu werfen, dafür gab es ausreichend Trockenholz um sie herum. Damit sie die Tannenzweige nicht aus dem Wald holen und sich dabei die Füße im Schnee abfrieren mussten, kletterten Doroschenko und Kriwonischtschenko in die Zeder hinauf und rissen (oder schnitten) grüne Zweige ab. Bei der Zeder gab es also einiges zu tun.

Die Feuerstelle wurde bewusst östlich des Baums angelegt, sodass sich der Stamm zwischen dem Feuer und dem Hang befand und die Flammen für einen Beobachter vom Zelt aus verdecken konnte. Deshalb schützte die Zeder das Feuer nicht vor dem Nordwind, was wiederum den Wert als Wärmequelle deutlich minderte.

Allerdings sollten sich alle Bemühungen als nutzlos erweisen.

Gegen 17 Uhr (oder wenig später) war das Feuer entfacht. Laut der Theorie von Ermittler Iwanow hatte die Djatlow-Gruppe zu diesem Zeitpunkt gerade erst begonnen, das Zelt am Hang aufzustellen. In Wirklichkeit waren da bereits zwei Wanderer gestorben beziehungsweise am Rande des Todes (Rustem Slobodin und Igor Djatlow). Weil der Ermittler sich beim Bestimmen des Einbruchs der Dunkelheit zeitlich geirrt hatte, wurden die tragischen Ereignisse in die Abend- beziehungsweise Nachtstunden verschoben, in denen es am 1. Februar 1959 bekanntlich zu einer Abkühlung kam. Das passte perfekt ins Bild eines »Erfrierungstodes«, entsprach aber, wie weiter oben dargelegt wurde, nicht den Tatsachen.

Das Feuer half der Djatlow-Gruppe in keiner Weise, ihre Probleme zu lösen. Es wurde viel wertvolle Zeit und Kraft darauf verwendet, während das Ergebnis gering war. Die Wanderer begriffen, dass das Feuer sie auf der vom Wind umwehten Anhöhe nicht wärmen konnte. (Die Wärme wurde einfach fortgeblasen.) Außerdem war Igor Djatlow nicht zurückkehrt, was darauf schließen ließ, dass ihm ebenfalls etwas zugestoßen war. Die Beunruhigung und Panik wuchsen weiter, während die Kräfte der Frierenden nachließen. Nach 17 Uhr war die psychische Anspannung viel höher als eine Stunde zuvor am Beginn der Konfliktsituation.

Unter diesen Umständen war eine weitere Aufspaltung der Gruppe unausweichlich. Man denke nur an die verschiedenen Verhaltensmuster in Stresssituationen. Da verwundert es nicht, dass nur kurze Zeit, nachdem Igor Djatlow die Gruppe verlassen hatte, Sina Kolmogorowa ihm folgte. Offenbar fühlte sie sich ihm besonders verbunden. Doch wenn zwei junge, kräftige Männer in Not geraten waren, wie konnte ihnen da eine einzelne Frau helfen? Überhaupt nicht, sie hätte einfach nicht genug Kraft gehabt, um beide zum Feuer zu schleppen. Trotzdem suchte Sina nach Igor. Und bemerkenswerterweise schloss sich ihr niemand an. Warum? Die Antwort ist einfacher, als es auf den ersten Blick scheint. Sina Kolmogorowas Entscheidung wurde von ihren Kameraden nicht gutgeheißen, deshalb ging sie allein los.

Das war nicht alles. Auch Ljudmila Dubinina, Alexander Kolewatow und Nikolai Thibeaux-Brignolle verließen die Zeder. Dafür sind viele Gründe denkbar. Vielleicht hatte Georgi Kriwonischtschenko darauf bestanden, als ihm irgendwann bewusst wurde, dass Solotarjows Bedenken zum Feuermachen gerechtfertigt waren. Er selbst wollte das Feuer um jeden Preis in Gang halten, da es seiner Meinung nach für die Rückkehr von Igor Djatlow nötig war. Zweifellos hielten sich anfangs auch Dubinina und Kolewatow am Feuer auf, Ljudmilas Taschentuch wurde unter der Zeder gefunden und Alexanders Skijacke hatte am linken Ärmel mehrere Brandlöcher (außerdem wiesen seine Socken laut Wosroschdjonnys Notiz in der Akte der gerichtsmedizinischen Untersuchung »Versengungsspuren« auf). Wahrscheinlich schloss sich Thibeaux-Brignolle ihnen an. (Es ist auch möglich, dass er die Gruppe bereits zusammen mit Solotarjow verlassen hatte.) Wichtig ist, dass sich die Gruppe eine gewisse Zeit nach dem Entfachen des Feuers endgültig aufteilte (oder auseinanderbrach, wie man will), sodass nur Georgi Kriwonischtschenko und Juri Doroschenko unter der Zeder zurückblieben. Offensichtlich war das ihre bewusste Entscheidung, sie glaubten, dass vom Feuer Rustems, Igors und Sinas Schicksal abhing.

Die Wanderer, die die Zeder verließen, schlossen sich vernünftigerweise Semjon Solotarjow an, der in einer Schneewehe in der Schlucht ein echtes »Partisanenlager« eingerichtet hatte. Es fehlte nur noch eine Zeltbahn, wie sie sowjetische Partisanen und Diversanten über ihren Gräben im Schnee aufspannten. Den Platz für sein Lager hatte Semjon sehr gut gewählt. Er war nicht in den Wald zurückgekehrt, da er wusste, dass er im lockeren Tiefschnee ohne Ski den Feind ohnehin nicht abhängen könnte. Deshalb kehrte er ein Stückchen zurück und wich von der direkten Linie Zelt – Zeder ab. In seinem Schneeversteck konnte er den Gegner heimlich beobachten, wie dieser der Gruppe zur Zeder folgte. Solotarjow hatte zweifellos einen Rettungsplan, der im Prinzip mit ein wenig Glück realisiert werden konnte. Dafür spricht die Tatsache, dass er nicht tief in den Wald hineinflüchtete. (Man darf nicht das Vorratslager vergessen, in dem es ein Paar Ersatzski und Lebensmittel gab. Wenn Semjon bis zum Morgen durchgehalten hätte, hätte er durchaus die Chance gehabt, es zu finden, das Gebiet um den Pass zu verlassen und die Verfolger abzuschütteln. Die Umsetzung dieses Plans setzte allerdings eines voraus – er musste die Nacht überleben.)

Also kamen ein paar der Wanderer von der Zeder zu Solotarjow in seinen Schneegraben. Nun waren sie zu viert: Dubinina, Kolewatow, Solotarjow und Thibeaux-Brignolle. Mit vereinten Kräften erweiterten sie den Unterschlupf und legten den Boden mit Tannenbäumchen aus, die sie gleich neben der Schlucht abgerissen hatten. Solotarjow selbst hatte wahrscheinlich zunächst nur zwei oder drei von der Zeder mitgenommen. (Männer der Suchmannschaft sahen verstreute Zweige auf dem Weg zur Schlucht, maßen ihnen im März 1959 aber keine Bedeutung bei.) Auf dem Boden der Schneegrube bildeten insgesamt vierzehn junge Tannen und eine Birke die bewusste Auflage. Darauf fanden alle vier Wanderer Platz.

Ungefähr so konnte sich die Lage um 17:15 Uhr dargestellt haben, das heißt eine gute Stunde nach der Vertreibung der Djatlow-Gruppe vom Zelt.

Was passierte inzwischen oben beim Zelt?

Die ausländischen Agenten mussten als Erstes den Schauplatz des Verbrechens so aussehen lassen, als wären die Wanderer ohne warme Kleidung direkt aus dem Zelt geflüchtet. Dafür versuchten die Verbrecher, die Sachen, die die Gruppe unter vorgehaltener Waffe zurückgelassen hatte, einzusammeln und ins Zelt zu bringen. Hier unterliefen ihnen mindestens zwei Fehler.

Erstens wurden Sachen im Zelt gefunden, die sich nicht gleichzeitig dort hätten befinden dürfen. Was ist gemeint? Nach einer Skiwanderung zog man sich um. Die Skischuhe wurden gegen Filzstiefel oder Pantoffeln getauscht, die Wind- und Wattejacken gegen Pelzwesten und Pullover. Es ist klar, dass sich aufgrund der Enge im Zelt nicht alle zur gleichen Zeit umzogen. Deshalb konnten niemals beide Kleidungsgarnituren gleichzeitig ausgezogen sein, eine davon hatten die Wanderer auf jeden Fall an. Schließlich war es Winter und im unbeheizten Zelt war die Temperatur nur wenig höher als draußen. Doch es befanden sich zu viele Kleidungsstücke und Schuhe im Zelt.

Die Suchmannschaft entdeckte darin alle neun Windjacken der Wanderer sowie eine Pelz- und sechs Wattejacken (d. h. die Oberbekleidung von sieben Personen, was genau der Tatsache entspricht, dass Thibeaux-Brignolle und Solotarjow ihre Jacken anbehalten hatten). Hatten sich diese sieben etwa bereits umgezogen? Leider nein, es wurden auch drei Pullover, zwei Pelzwesten und ein kariertes Hemd im Zelt gefunden. Noch beeindruckender ist die Schuhstatistik: acht Paar Skischuhe sowie die »Hausschuhe« der Wanderer, also sieben Filzstiefel, zwei Paar Pantoffeln, acht Paar Stulpen aus Trikot und sieben aus Wolle. (Auf den Stulpen waren Fersen und Sohlen aufgenäht, damit sie ebenfalls als Pantoffeln verwendet werden konnten.) Wenn man annimmt, dass die Djatlow-Tragödie nicht kriminellen Charakter hatte, bekommt das Bild der Vorfälle absurde Züge: Ein Angstmoment trat ein, als sich gerade alle Wanderer gleichzeitig umzogen? Das entbehrt jeder Wahrscheinlichkeit, da normale Menschen sich nicht in der Kälte gleichzeitig umziehen. Selbst wenn die Djatlow-Gruppe sich zum Schlafengehen vorbereitete und deshalb bereits alle die Wanderschuhe ausgezogen hatten, würde sie trotzdem nichts dazu bringen, sich auch noch die »Hausschuhe« auszuziehen, bevor sie flüchteten, weder »amerikanische Ballongondeln« noch eine Lawine. Sie wären einfach in ihren Filzstiefeln, Pantoffeln oder Stulpen losgegangen, aber sicher nicht nur mit Socken wie Igor Djatlow.

Der zweite Fehler der Angreifer war, dass sie den Hang beim Zelt nicht vollständig »säuberten«, weshalb dort indirekte Hinweise auf die erzwungene Entkleidung der Gruppe zurückblieben. Dieser Fehler unterlief den ausländischen Agenten, weil sie die Sachen bei schlechter Sicht so schnell wie möglich zusammensammeln mussten. Außerdem konnten sie nicht ausschließen, dass die Wanderer zurückkehren und sie angreifen würden. Sie übersahen Igor Djatlows Kleiderbündel, das in einer Schneewehe lag (ein kariertes Hemd und Pantoffeln), was darauf hinweist, dass er es im Moment des Angriffs gerade zum Umziehen aus dem Rucksack genommen hatte. Igor musste das Zelt verlassen und behielt das Bündel in der Hand, da er es später nicht in der Dunkelheit aus einem Haufen anderer Sachen heraussuchen wollte. Doch als er vor dem Zelt den Lauf einer Pistole auf sich gerichtet sah, musste er das Hemd mit den darin eingewickelten Pantoffeln wegwerfen, gut 10 Meter weit. Natürlich tat er das nicht freiwillig. Wie sonst sollte man ein so seltsames Verhalten erklären? Ein Mann nimmt im Zelt Sachen aus dem Rucksack, um sie anzuziehen, klettert dann jedoch ins Freie und wirft sie einige Meter weit weg. Doch wenn man annimmt, dass er dazu gezwungen wurde, bekommt sein Verhalten sogleich einen Sinn. Wer hätte an seiner Stelle anders gehandelt? Nach Aussagen der Suchmannschaft lagen in der Nähe des Zelts zahlreiche kleinere Gegenstände im Schnee (Socken, Münzen, Skimützen usw.), die man im März 1959 nicht alle einsammeln konnte. Darunter befand sich auch die Scheide von Kolewatows Finnenmesser, die erst im Mai gefunden wurde, als der Schnee am Hang vollständig geschmolzen war. All dieser Kleinkram rund um das Zelt ist der beste Beweis für eine erzwungene Entkleidung der Gruppe. Die Verbrecher konnten unmöglich alles beseitigen, da Schnee, Wind und Dunkelheit sie behinderten. Doch wie sich später herausstellen sollte, gingen sie geschickt genug vor, um die Swerdlowsker Gebietsstaatsanwaltschaft zu täuschen.

Nachdem sie die von den Wanderern ausgezogenen Schuhe und Kleidungsstücke wahllos ins Zelt geworfen hatten, begannen die Spione (bzw. einer von ihnen), den Besitz der Djatlow-Gruppe zu durchsuchen. Der stark durchhängende Zeltfirst, den die Wanderer nicht mehr hatten spannen können, störte dabei sehr, da man sich im Zelt nicht frei bewegen konnte. Deshalb sollte ein Skistock als Stütze dienen. Die Stöcke der Wanderer waren dafür jedoch zu lang. Bei einer Firsthöhe von 1 Meter (wenn das Zelt so aufgestellt wurde, dass die Zeltwände bis zum Boden reichten, und das war hier der Fall) war ein Skistock mit einer Länge von 1,4 Metern als Stütze ungeeignet. Die Plane bestand nicht aus Gummi, man kann in eine Zelthöhe von 1 Meter keinen Skistock hineinzwängen, der fast anderthalb Mal so hoch ist. Man kann ihn auch nicht schief in einem Winkel zum Zeltboden einspannen. Versuchen kann man es, aber beim kleinsten Windstoß würde die großflächige Zeltwand den Stock umwerfen. Der ausländische Spion, der die Sachen der Gruppe durchsuchte, hatte offenbar weder den Wunsch noch die Zeit noch die Kraft, sich mit dem richtigen Spannen des Zeltfirsts zu beschäftigen, und ging deshalb pragmatisch vor. Er nahm ein Messer und begann, den Skistock in der gewünschten Höhe abzuschneiden.

Kein einziger Wanderer der Djatlow-Gruppe hätte etwas so Unvernünftiges gemacht, und zwar einfach deshalb, weil die Gruppe keine Ersatzskistöcke besaß. Es gab Ersatzski (schließlich konnten Ski brechen), doch ein unbrauchbarer Bambusstock war äußerst problematisch. Wenn einer der Wanderer den Stock abgeschnitten hätte, hätte er am nächsten Tag mit nur einem Stock weiterwandern müssen. Eine ziemliche Dummheit, so mit seiner Ausrüstung umzugehen. Der manipulierte Skistock ist ein untrüglicher Hinweis darauf, dass sich im Zelt für einige Zeit Fremde aufhielten, die nichts Gutes im Schild führten.

Wenn die Ermittler Iwanow und Tempalow nur etwas erfahrener, aufmerksamer oder einfach klüger gewesen wären, hätten sie diesen Skistock nicht nur fotografiert, abgemessen und im Protokoll festgehalten, sondern ihn auch als wertvolles Indiz aufbewahrt, das beinahe die ganze Angelegenheit aufklären würde. Aber leider gibt es weder Fotos von diesem Skistock noch eine genaue Beschreibung der Einschnitte. Man weiß nur aus den Aussagen der Suchmannschaft von seiner Existenz, und dass er im Zelt unter den Sachen der verschwundenen Wanderer lag.

Übrigens gelang es dem Spion nicht, den Stock ganz durchzuschneiden, entweder wurde er von seinem Partner aufgehalten, oder er gab dieses Unterfangen selbst auf, da er zu viel Zeit damit verlor.

Was war das Ziel der Durchsuchung? Für die ausländischen Agenten war zweifellos jede Information von Interesse, mit der eine Verbindung der vertriebenen Wanderer zum KGB nachgewiesen werden konnte. Das konnten entsprechende Dokumente und Waffen sein, doch die Wanderer hatten nichts dergleichen dabei. Die Mörder interessierten sich für die Fotoapparate der Gruppe. Ein Hinweis darauf, dass die Etuis von Fremden geöffnet und wieder geschlossen wurden, ist der zerschlagene Lichtfilter von Georgi Kriwonischtschenkos Fotoapparat. Wie bereits weiter oben erwähnt, war ein zerbrochener Lichtfilter für den Fotografen wertlos. Wenn Georgi ihn am Hang zerbrochen hätte, als er die letzten Fotos schoss, hätte er ihn gleich dort weggeworfen. Doch der Lichtfilter befand sich an seinem Platz, wobei Georgi ihn bei seinen letzten Fotografien nicht verwendet hatte. (Die gelben oder orangen Filter, die gemeinsam mit dem Zorki-Apparat verkauft wurden, verwendete man beim Fotografieren im Schnee bei Sonnenschein.) Das verdeckte Interesse der Fremden an den Fotoapparaten der Wanderer ohne auffällige Beschädigungen der Ausrüstung lässt vermuten, dass sie einen ganz bestimmten Fotoapparat suchten, und das war keine Kamera der Marke Zorki mit dem Objektiv »Industar-22«, von dem sie ganze vier Stück fanden.

Der Spion, der die Sachen durchsuchte, fand zu seiner Verwunderung nicht eine, sondern zwei FED-Kameras, von denen beide so aussahen wie die, die er suchte. Da er nicht wusste, welche die richtige war, nahm er sicherheitshalber beide mit. Wenn es nur einen solchen Fotoapparat gegeben hätte, hätte er nur den Film beschädigen oder entwenden müssen. Das wäre später den Ermittlern kaum besonders aufgefallen, was machte es schon, wenn sich in einem der Apparate kein Film befand? Aber gleich zwei FED-Kameras ohne Film hätten den Verdacht geweckt, dass die Fotos gezielt entwendet wurden. Einen solchen Verdacht wollten die Verbrecher natürlich vermeiden. Also verschwanden die Fotoapparate, die wohl Thibeaux-Brignolle und Kolmogorowa gehört hatten, aus dem Zelt. Möglicherweise hatte einer der beiden die Fremden während ihres ersten Kontakts fotografiert, damit unbeabsichtigt ihr Misstrauen geweckt und den späteren Angriff provoziert.

Den Spezialapparat von Semjon Solotarjow konnten die ausländischen Agenten gar nicht finden, den hatte sein Besitzer die ganze Zeit um den Hals hängen, und er befand sich somit im Loswatal. Es ist durchaus denkbar, dass Solotarjow die Agenten unbemerkt fotografiert hatte. Aus diesem Grund war ihm sein zweiter Fotoapparat so wichtig, der Film darin belegte die erfolgreiche Ausführung seines Auftrags.

Während einer der Feinde im Zelt herumkroch und mit der Taschenlampe leuchtete, postierte sich sein Kollege beim Eingang und zerschnitt mehrmals die hangabwärts gerichtete Zeltwand. Damit erleichterte er sich die Überwachung der Umgebung und schloss aus, dass die Wanderer heimlich zurückkehrten, um sie anzugreifen und sich Sachen zu holen. Falls es drei Spione waren, richtete sich der dritte am anderen Ende des Zelts ein, wo er ebenfalls die Wand an mehreren Stellen durchschnitt. (Die Schnitte konnten aber auch von dem Spion stammen, der die Sachen durchsuchte und danach den Hang beobachtete.)

Das ganze Theater mit den Sachen der Wanderer (sie im Schnee zusammensuchen, ins Zelt bringen, alles durchsuchen) dauerte wahrscheinlich nicht lange. Vielleicht eine halbe Stunde. Man kann nur mutmaßen, wie lange die ausländischen Agenten planten, im Zelt zu bleiben. Das ist heute auch gar nicht mehr wichtig, denn die Wanderer selbst beschleunigten unabsichtlich den Ablauf der Ereignisse, als sie das Lagerfeuer unter der Zeder anzündeten.

Wie in dieser Abhandlung bereits erwähnt wurde, befand sich dieser Baum etwas unterhalb des vom Zelt aus sichtbaren Bereichs in einer Art Bodensenke. Dennoch war in der mondlosen Nacht der Lichtschein des Feuers zu bemerken. Das war ein offensichtlicher Hinweis darauf, dass die aus dem Zelt verjagten sowjetischen Wanderer nicht nur dem Erfrierungstod am Hang entkommen waren, sondern die Waldgrenze erreicht hatten und nun um ihr Überleben kämpften. Wenn Menschen ohne Schuhe, Kopfbedeckungen, Handschuhe und Oberbekleidung in der Kälte eine Stunde durchhalten konnten, wer konnte dann sagen, ob sie am Lagerfeuer nicht die ganze Nacht überleben würden? Die Wanderer erwiesen sich als viel zäher, als ihre Feinde angenommen hatten, und das bedeutete, dass die Wirkung von Wind und Kälte nicht ausreichte und sie mit roher Gewalt getötet werden mussten.

Ungefähr eine Stunde nach der Vertreibung der Wanderer aus dem Zelt, also gegen 17 Uhr oder etwas später, folgten die Feinde ihnen den Hang hinab in Richtung Feuer. Allerdings mussten die ausländischen Agenten damit rechnen, dass das Feuer im Wald nur dazu diente, ihre Aufmerksamkeit auf sich zu ziehen, damit die Djatlow-Gruppe (bzw. ein Teil davon) in der Zeit, in der die Agenten bergab gingen, zum Zelt zurückkehren und sich ihre Sachen zurückholen konnte. Ein solches Ablenkungsmanöver wäre ein logischer und vernünftiger Schritt gewesen, es hätte reale Überlebenschancen eröffnet, zumindest für einige von ihnen. Deshalb machten die Feinde das Zelt unbrauchbar und setzten vom First bis zur Seitenwand mindestens sechs Schnitte von je 1 Meter Länge. Die Anhänger nicht krimineller Theorien bringen sie mit der angeblichen Evakuierung der Verletzten zusammen. Dass man diese geradlinigen Schnitte aber unmöglich auf dem vom Schnee zu Boden gedrückten Leinenstoff hätte anbringen können, stört die Lawinenanhänger überhaupt nicht. Die Beschädigungen des Zelts, die im Gutachten nachgewiesen und fotografisch festgehalten wurden, sind nur erklärbar, wenn jemand die Plane bewusst minutenlang mit dem Messer bearbeitet hatte. So viel dazu.

Es ist ungewiss, ob die Agenten bei ihrem Abstieg die am Hang erfrorenen Wanderer Rustem Slobodin, Sina Kolmogorowa und Igor Djatlow entdeckten. Womöglich fanden sie deren Leichen erst auf dem Rückweg nach oben, als sie die anderen Wanderer bereits erledigt hatten. Es gibt jedoch keinen Zweifel daran, dass die Mörder die Leichen am Hang nicht nur sahen, sondern sie auch durchsuchten. Igor Djatlow wurde mit dem Gesicht nach oben gefunden, eine Position, die bei einem Erfrierungstod praktisch nie vorkommt. (Ein Erfrierender versucht reflexartig, die der Kälte ausgesetzte Fläche zu minimieren, und nimmt die »Haltung eines frierenden Menschen« ein, siehe Seite 75). Igors Pelzweste war ganz aufgeknöpft, und die Reißverschlüsse der beiden Außentaschen waren geöffnet, was sehr merkwürdig wirkt. (Es muss erwähnt werden, dass diese Details in Tempalows Tatortbericht vom 27. Februar 1959 nicht festgehalten wurden.) Auch bei Sinaida Kolmogorowa gab es keine für die Todesumstände typische Haltung, sie wurde auf der rechten Seite liegend mit ausgestrecktem linkem Bein und halb angewinkeltem rechtem gefunden. Der tote Rustem Slobodin zeigte ebenfalls eine seltsame Haltung; er lag zwar auf der Brust, aber linker Arm und linkes Bein waren zur Seite gestreckt.

Die Körperhaltung der Leichen ist nicht durch Agoniebewegungen zu erklären. In der Agonie sind die Bewegungen zwar chaotisch, jedoch kraftlos und nicht weit ausholend, sie ähneln eher Krämpfen. (Von zielgerichteten Handlungen wie dem Öffnen von Knöpfen oder Reißverschlüssen kann gar keine Rede sein.) Es lässt sich keine andere rationale Erklärung für die untypische Haltung der Erfrorenen finden, außer der, dass die Leichen kurz nach dem Tod umgedreht wurden (bevor die Leichenstarre eintrat).

Die ausländischen Agenten machten sich also nach 17 Uhr auf den Weg ins Loswatal und erreichten es gegen 17:15 beziehungsweise 17:20 Uhr. Da sie über Winterschuhe und Schneeschuhe verfügten, hatten sie keine Schwierigkeiten, den felsigen verschneiten Hang zu bewältigen, weshalb sie ziemlich schnell vorankamen. Sie bemerkten Solotarjows Lager im Bach nicht und folgten der Spur der Djatlow-Gruppe direkt zur Zeder. Dort erwartete sie eine schwere Enttäuschung: Statt neun Personen befanden sich nur zwei Wanderer am Lagerfeuer.

Man kann nur spekulieren, wie die folgende Unterhaltung ablief, doch es gibt einen deutlichen Hinweis darauf, dass es zumindest bei einem der beiden Wanderer zu roher Gewaltanwendung mit tödlichem Ausgang kam. Juri Doroschenko wurde zu Tode gefoltert, und Georgi Kriwonischtschenko musste diesen Gewaltakt wahrscheinlich vom Baum aus beobachten. Er blieb so lange dort oben, bis er die Kontrolle über seinen Körper verlor und vom Baum fiel. Aber der Reihe nach.

Der Gerichtsmediziner beschrieb einen grauen Schaum auf Juri Doroschenkos Gesicht, der dem Verstorbenen aus Mund und Nase geflossen war. Es war mit Sicherheit Schaum und nicht Erbrochenes, da diese Substanzen sich stark voneinander unterscheiden und ein Gerichtsmediziner sie nicht verwechseln kann. Der Schaum war ein ernstes Symptom eines rasch fortschreitenden Lungenödems, das in kürzester Zeit zum Tod führen kann, wenn keine speziellen Reanimationsmaßnahmen gesetzt werden. Dafür sind zwei Ursachen denkbar: Das Lungenödem konnte von einem Anstieg des hydrostatischen Blutdrucks in den Kapillaren herrühren (ein sogenanntes hydrostatisches Lungenödem) oder als Folge einer erhöhten Durchlässigkeit der Kapillarwände in den Alveolen auftreten (Permeabilitätsödem). Letzteres ist bei Vergiftungen durch toxische Gase (Chlor, Phosgen, Quecksilberdampf etc.) möglich, bei Bauchspeicheldrüsenentzündung, Niereninsuffizienz und einigen weiteren Erkrankungen. Doch in all diesen Fällen ist ein Permeabilitätsödem ziemlich selten, am häufigsten entsteht es, wenn eine beträchtliche Menge fremder Substanzen in die Atemwege eindringt, zum Beispiel der Mageninhalt oder Wasser (beim Ertrinken).

Ein hydrostatisches Lungenödem kann durch einige schwere Erkrankungen des Herzens oder der Blutgefäße, durch Bronchialasthma oder einen Pneumothorax verursacht werden. Juri Doroschenko hatte keine Krankheit, die ein Lungenödem hätte auslösen können. Er hatte kein Asthma, keine schwere Bauchspeicheldrüsenentzündung, keine beginnende Venenverengung, keinen Herzklappenfehler oder ähnliche Erkrankungen. Das weiß man mit Sicherheit, da Juri am Lehrstuhl für Militärwesen des UPI studierte, wofür er vor einer entsprechenden medizinischen Kommission hatte bestehen müssen, denen eine Krankheit nicht verborgen geblieben wäre. Auch wandern und bergsteigen hätte er nicht gekonnt, schon gar nicht mit einem 30 Kilogramm schweren Rucksack auf dem Rücken. Aus diesen Gründen sind alle Versuche, bei Juri Doroschenko eine Krankheit als Ursache für den grauen Schaum zu finden, keinen Deut wert. Doroschenko war gesund, das ist eine Tatsache.

Der Schaum aus seinem Mund und seiner Nase stammte eindeutig aus der Lunge. Die Konsistenz war klebrig und fest, da er über längere Zeit, während die Uralwinde über die Leiche am Hügel strichen, nicht verschwand. Auch den Transport der Leiche von der Zeder auf den Pass und weiter mit dem Hubschrauber sowie die

Auftauzeit in der Leichenhalle überstand der Schaum. Der Gerichtsmediziner Wosroschdjonny sah und beschrieb ihn und hinterließ den Erforschern der Djatlow-Tragödie damit ein weiteres paradox wirkendes Rätsel. Wenn man von unsinnigen Theorien wie Ertrinken im wasserlosen Gelände oder Vergiftung durch toxische Gase (warum wurden die anderen Wanderer nicht vergiftet?) absieht, dann bleibt nur eine einzige Erklärung für diesen Schaum, und sie gehört in den Rahmen einer kriminellen Theorie über den Tod der Gruppe.

Der Auswurf von rötlichem (braunem) Schaum kann auch bei einem völlig gesunden Menschen wie Juri Doroschenko vorkommen, wenn ein sogenanntes rotes Lungenödem vorliegt. Es entwickelt sich bei Druck auf den Rumpf eines Menschen, der nicht durch Schläge verursacht wird, das heißt, es bleiben keine Spuren auf der Leiche. Es kommt zu einem langsamen Ersticken, das abhängig von den äußeren Bedingungen, der Größe und Anwendungsstelle der Belastung Dutzende Minuten dauern kann.

In zahlreichen Ländern der Welt kennt man Methoden für sogenannte Intensivverhöre von Kriegsgefangenen, die unter Feldbedingungen (d. h. ohne Ausrüstung) zur schnellen Informationsgewinnung durchgeführt werden können. Ein solches Verhör beginnt damit, dass der Verhörte auf den Rücken gelegt wird und seine Arme zur Seite gestreckt und fixiert werden. Diese Position macht ihn völlig wehrlos. Der Verhörende setzt sich auf die Brust seines Opfers, sodass sich dessen Kopf zwischen seinen Oberschenkeln befindet. Dann beginnt das eigentliche Verhör, das heißt abwechselnde Fragen und Antworten.

Ein Intensivverhör ist eine überaus schmerzhafte Prozedur, da der Verhörende die ganze Zeit über statischen Druck auf die Brust des Verhörten ausübt, wodurch das erwähnte rote Lungenödem entsteht. Das Gewicht eines kräftigen Mannes in Winterkleidung und mit einer Waffe in der Hand kann durchaus 100 Kilogramm und mehr erreichen. Ein solcher Mann übt sitzend eine viel höhere statische Belastung auf die Brust der unter ihm liegenden Person aus, als die 50 Kilogramm, die der Gerichtsmediziner Lacassagne als Grenzwert für ein rotes Lungenödem beschrieb.

Als die ausländischen Geheimagenten also bei der Zeder ankamen, fühlten sie sich betrogen, da sie nur zwei Personen vorfanden, wobei eine davon (Georgi Kriwonischtschenko) auf dem Baum saß oder schnell hinaufkletterte, als sich die Feinde näherten. Deshalb wurde Juri Doroschenko einem Intensivverhör nach allen Regeln der Kunst mit langsamem Ersticken im Liegen unterzogen. Er sollte ihnen sagen, wohin der Rest der Gruppe gegangen und was ihr Rettungsplan war, doch er beantwortete ihre Fragen nicht (das wird später noch bewiesen). Vielleicht wurden ihm noch andere Fragen gestellt, zum Beispiel über die Identitäten der Wanderer, ihre Angehörigen und so weiter. Wichtig ist, dass alle Wanderer, die zu diesem Zeitpunkt noch am Leben waren, Juri Doroschenkos Folter beobachten beziehungsweise seine Schreie hören konnten, da die Auflage in der Schlucht in Hörweite der Zeder war.

Die Lage des Verhörten verschärfte sich durch die Unterkühlung des Körpers und die Entkräftung aufgrund des Kampfs gegen die Kälte. Außerdem wurde die Entwicklung des roten Ödems dadurch begünstigt, dass Doroschenko auf dem hartgefrorenen Boden lag, was den Gefäßkrampf verschlimmerte und die tödlichen Folgen beschleunigte. Man kann davon ausgehen, dass der Erstickende ziemlich schnell in einen Agoniezustand kam, etwa 5 bis 7 Minuten nach Beginn des Verhörs. Das ist eine glaubwürdige Schätzung, vielleicht ist sie sogar zu hoch angesetzt. Auf jeden Fall mussten die Peiniger das Verhör abbrechen, bevor es richtig begonnen hatte. Als sie sahen, dass aus Doroschenkos Mund und Nase blutiger Schaum austrat, wandten sie möglicherweise sogar einfache Erste-Hilfe-Maßnahmen an. Vielleicht drehten sie ihn um und klopften ihm auf den Rücken in der Erwartung, er werde wieder zu atmen beginnen.

Doch Juri Doroschenko hätte nur durch eine unverzügliche Reanimation gerettet werden können. Er starb mit dem Gesicht nach unten liegend, und so ließen ihn die Mörder zurück. Vorher hatte er aber mit Sicherheit auf dem Rücken gelegen, denn der ausgetretene Schaum aus Mund und Nase rann nach unten über die Wange zum Ohr. Außerdem fand man in Juris Haaren Nadeln und Moos, was nicht möglich gewesen wäre, wenn er die ganze Zeit mit dem Gesicht nach unten gelegen hätte.

Abschließend zur Diskussion von Juri Doroschenkos Ermordung muss man noch auf zwei Umstände eingehen, damit keine Missverständnisse aufkommen. Erstens ist hervorzuheben, dass das rote Lungenödem nicht als Folge eines Lawinenunglücks am Hang entstehen konnte. Der junge Mann starb an dem Lungenödem, und zwar innerhalb sehr kurzer Zeit. Wenn das Ödem im Zelt am Berghang entstanden wäre, hätte es Doroschenko niemals geschafft, noch zur Zeder abzusteigen. Schon gar nicht hätte er sich am Feuermachen beteiligen können (was er zweifellos tat). Zweitens ist es wichtig zu erklären, dass sich die anfangs karminrote Farbe des Schaums aufgrund des Zerfalls der Blutkörperchen über einen längeren Zeitraum ins Graue veränderte. Bekanntlich wird Blut an der Luft dunkler, sodass der Schaum eine graubraune Färbung aufwies. Relevant ist nur, dass der Schaum zu Beginn nicht weiß war, sondern Blut enthielt.

Georgi Kriwonischtschenko musste unweigerlich Doroschenkos Qualen mit ansehen. Als die Feinde auftauchten, befand er sich, wie erwähnt, entweder auf dem Baum, oder er kletterte schnell hinauf. Georgi hatte wahrscheinlich begriffen, dass der Feind zwar mit der Waffe drohte, aber nicht vorhatte, sie zu verwenden. Einen sich aktiv wehrenden Mann ohne Einsatz von Schusswaffen von einem Baum herunterzuholen ist ziemlich schwierig. Man riskiert, sich dabei zu verletzen (was die Agenten verständlicherweise nicht wollten, sie hatten einen Marsch von vielen Kilometern bis zur nächsten

Eisenbahnlinie vor sich und mussten dafür gesund bleiben). Also plante Georgi möglicherweise, einfach eine Zeit lang auf dem Baum zu bleiben, in der Hoffnung, dass die Aufmerksamkeit der Verbrecher früher oder später von irgendetwas abgelenkt würde, sodass er hinuntersteigen und sich unten verstecken konnte.

Es ist eine Tatsache, dass Georgi Kriwonischtschenko auf die Zeder kletterte und sich in den letzten Minuten seines Lebens verzweifelt festzuhalten versuchte. Dafür gibt es in den Ermittlungsakten einen unerwarteten Beweis.

Der Gerichtsmediziner Wosroschdjonny entdeckte bei der Obduktion von Kriwonischtschenkos Leiche ein Stück Epidermis (1 x 0,5 cm) im Mund des Verstorbenen. Er führte dieses Hautstückchen auf eine Wunde mit Hautablederung auf dem Finger der rechten Hand zurück. Es sieht aus, als hätte der Verstorbene sich in der Agonie in die Finger gebissen und dabei die Kiefer fest zusammengepresst. Er hatte sich nicht auf die Finger gehaucht, um sie zu wärmen, sondern fest in die eigene Hand gebissen. Warum?

Die Antwort liegt wohl in der Unterkühlung des Organismus, mit der Georgi zu kämpfen hatte. Bei sinkender Körpertemperatur verlangsamen sich automatisch alle biochemischen Reaktionen, insbesondere die sogenannte Zellatmung. Immer weniger Sauerstoff wird vom Blut in jede Zelle des Körpers transportiert, weshalb es zu einem Sauerstoffmangel im Gewebe kommt (in der Medizin Hypoxie genannt). Die Symptome dafür sind plötzliche Schläfrigkeit, tiefe Apathie, Kraftlosigkeit (Bewegungsunlust). Beim Eintreten einer Hypoxie endet der aktive Kampf ums Überleben, obwohl der Erfrierende noch einige Zeit bei Bewusstsein bleibt und alles um sich herum mitbekommt. Während ein Erfrierender anfangs starke Schmerzen in den sich abkühlenden Gliedmaßen hat, verschwindet in diesem Stadium das Empfindungsvermögen. Gleichzeitig verschwindet auch die Fähigkeit zu präzisen koordinierten Handlungen. Georgi konnte sich in diesem Zustand nicht an den Ästen der Zeder festhalten, da seine Hände ihm nicht mehr ganz gehorchten, die Finger öffneten sich unter dem Gewicht des Körpers. Doch er konnte den Stamm oder einen Ast mit dem Arm umfassen und mit den Zähnen in den Finger beißen (oder in mehrere Finger bzw. in den Rand der Handfläche), um eine Art Verschluss zu schaffen, der ihn vor dem Hinunterfallen bewahrte. Als die Unterkühlung weiter fortschritt und Kriwonischtschenko das Bewusstsein verlor, ließ gleichzeitig die Kontrolle über seine Handlungen nach. Das führte dazu, dass die Hand von den zusammengebissenen Zähnen wegrutschte und so ein abgelöstes Hautstück im Mund zurückblieb.

Angenommen, Kriwonischtschenko und Doroschenko wären die ganze Zeit allein unter dem Baum gewesen, und es hätte weit und breit kein Angstmoment gegeben, warum unternahm dann keiner der beiden etwas zur Selbstrettung? Selbst wenn sie erschöpft waren und sich kaum mehr bewegen konnten, hätte einer von ihnen um Hilfe rufen können. Und gleich wären die besser bekleideten Kameraden Thibeaux-Brignolle und Solotarjow herbeigestürzt. Sie hätten ihre Kameraden zumindest vom windigen Platz an der Zeder in die Schlucht tragen können.

Doch das geschah nicht. Weder Georgi Kriwonischtschenko noch Juri Doroschenko riefen die Kameraden, die nur 60 bis 70 Meter von ihnen entfernt waren, zu Hilfe. Und keiner der Freunde kam, um nachzusehen, warum die Stimmen verstummt waren und kein Holz mehr knackte. Dieses Verhalten ist völlig unverständlich, wenn man nicht davon ausgeht, dass das Angstmoment, das die Wanderer aus dem Zelt vertrieben hatte, ihnen den Hang hinab gefolgt war. Die ganze Zeit über, während Georgi Kriwonischtschenko auf der Zeder am Erfrieren war, standen seine Mörder unter dem Baum.

Dieser Vorgang zog sich recht lange hin, eine Viertelstunde oder mehr. Anfangs konnte Georgi auf mögliche Zurufe der Agenten noch antworten, doch dann verstummte er, um seine schwindenden Kräfte und sein erlöschendes Bewusstsein auf das Festhalten zu konzentrieren. Irgendwann biss er sich in die rechte Handfläche und die Finger, um den ungehorsamen Körper vor dem Abstürzen zu bewahren.

Schließlich gaben seine Arme nach und Georgi fiel. Der Aufprall ließ ihn offenbar nicht mehr zu sich kommen. Vielleicht war Kriwonischtschenko bereits tot oder sehr kurz davor. Und dann machten die Agenten mit seinem Körper etwas, was die Anhänger nicht krimineller Theorien geflissentlich übersehen.

Sie beschlossen, sich von seinem Tod zu überzeugen.

Es geht um die großflächige Verbrennung (31 x 10 cm) auf Georgi Kriwonischtschenkos linkem Schienbein. Die Haut war teilweise verkohlt, was nur bei direktem Kontakt mit offenem Feuer möglich ist. Doch interessanterweise verbrannte dabei nicht die dünne Baumwollsocke am linken Fuß. Das ist eine weitere paradoxe und wirklich aussagekräftige Tatsache, die viel über die tatsächlichen Ereignisse am Lagerfeuer verraten kann, doch sie wird von allen möglichen Erforschern der Tragödie einfach ignoriert. Einige wenige erwähnen diese Verbrennung und erklären sie damit, dass der frierende Georgi die Hitze der Flammen nicht spürte, die Arme und Beine ins Feuer streckte und sich so diese merkwürdige Wunde zuzog. Weiter wird nicht gefragt. Doch wie kann die lange Unterhose am Schienbein bis zur Haut durchbrennen, während die Socke keinerlei Spuren aufweist?

Eine solche Verletzung ist nur möglich, wenn ein brennender Tannenzweig auf das Bein gelegt wird. Er wird sehr heiß, brennt aber schnell ab. Kriwonischtschenkos Fuß in der Socke steckte in einer ziemlich dicken Schneeschicht, die von innen zu schmelzen und eine Eiskruste zu bilden begonnen hatte, als der Fuß noch warm war. Dieser 1,5 bis 2 Zentimeter dicke »Mantel« aus Eis und Schnee schützte die dünne Baumwollsocke vor dem Verbrennen. Georgis Hose und Unterhose hatten keinen solchen Schutz und brannten unter den heißen Flammen des Tannenzweigs in wenigen Sekunden durch. Die Gesamtdauer des Feuers betrug 10 oder 20 Sekunden, da es bei einer kürzeren Einwirkung der Flammen zu keiner Verkohlung der Haut gekommen wäre. (Das gilt nicht für Wärmequellen mit sehr hohen Temperaturen wie Gasschweißgeräte, Acetylen-Sauerstoff-Brenner usw., die es in der Taiga nicht geben konnte.)

Der brennende Tannenzweig wurde auf Kriwonischtschenkos Schienbein gelegt, als dieser auf dem Rücken lag. Wäre Georgis Unterschenkel in das Lagerfeuer geraten, dann wäre eine Brandwunde um das ganze Bein herum entstanden. Die Verbrennung befand sich jedoch nur vorn auf dem Schienbein.

Doch damit hören die Seltsamkeiten in Verbindung mit der verbrannten Kleidung und Haut nicht auf. Die wichtigste Entdeckung steht noch bevor.

Neben der erwähnten Trikothose und der langen Unterhose trug Georgi Kriwonischtschenko eine weitere Hose, und zwar die mit dem radioaktiven Staub, die später bei Alexander Kolewatow gefunden wurde. Dieses Kleidungsstück hatte eine Besonderheit: Im Unterschied zu den herkömmlichen dünnen Trainingshosen besaß sie unten keinen Steg, der die Ferse umfasste, sondern einen Gummizug (deshalb wurde sie im radiologischen Gutachten etwas ungenau als Pluderhose bezeichnet). Aus dem gerichtsmedizinischen Gutachten von Wosroschdjonny ist bekannt, dass sie »stark zerrissen und stellenweise verbrannt« war. Es ist jedoch von keinem Brandloch mit einer Größe von 31 x 10 Zentimetern die Rede. Wosroschdjonny, der sonst die Risse und Schnitte der Kleidung akribisch beschrieb, hielt in diesem Fall keine solche Beschädigung fest.

Kriwonischtschenkos äußerste Hose war nicht durchgebrannt, die dünne Trainingshose darunter allerdings schon, ebenso wie die lange Unterhose direkt am Körper, dazu die verkohlte Haut am Schienbein. Konnte Georgi Kriwonischtschenko sich solche Verbrennungen auf natürliche Art zugezogen haben?

Den Anhängern nicht krimineller Theorien fällt dazu nichts ein.

Es gibt jedoch eine einfache und logische Erklärung, wenn man davon ausgeht, dass sich zum Zeitpunkt von Georgis Tod unter der Zeder Menschen befanden, die ihm und der Djatlow-Gruppe feindlich gesinnt waren. Nachdem Georgi vom Baum neben das herabgebrannte Feuer gefallen war, wollten seine Feinde sichergehen, dass er sich nicht nur tot stellte. Dafür legten sie ihm einen brennenden Tannen- oder Fichtenzweig auf das Bein. Rund um die Zeder lagen genug Zweige, die die Wanderer abgerissen hatten. Einer der Agenten nahm einen 20 bis 30 Zentimeter langen Ast und warf ihn auf die Glut des Feuers. Als das Holz zu brennen begann, ging er damit zu Kriwonischtschenko und zog das linke Hosenbein hoch (bis zum Knie oder höher), um dessen Bein freizulegen. Das ging leicht, weil die Pluderhose einen Gummizug hatte, doch unter der Pluderhose befand sich die Trikothose mit einem Steg um die Ferse, die man nicht hochziehen konnte. Um sich nicht damit aufzuhalten, warf der Agent den Zweig einfach so auf das Schienbein. Die Flammen durchbrannten die Trainingshose, die lange Unterhose und versengten das Bein – aber nicht die Socke und die nach oben gezogene Pluderhose.

Deshalb konnte Alexander Kolewatow die Hose einige Zeit später noch verwenden.

Auf den brennenden Tannenzweig deutet noch ein anderes Detail hin. Der Rand der Socke war teilweise versengt und zerrissen. Das heißt, dass eine starke Hitze auf die Socke am linken Fuß einwirkte, was jedoch nicht lange dauerte und den Schnee auf der Socke nicht zum Schmelzen brachte. Das passt genau zur oben angeführten Erklärung.

Die Agenten warfen natürlich kein Holz ins Feuer, sie brauchten es ja nicht. Deshalb brannte die ganze Zeit, während sie Juri Doroschenko verhörten und Georgi Kriwonischtschenkos Tod abwarteten, nur das Holz, das die Wanderer ins Feuer geworfen hatten. Es brannte insgesamt etwa eine Stunde lang, das wurde von der

Suchmannschaft, die die Feuerstelle Ende Februar 1959 entdeckte, bestimmt. Auch dies entspricht vollkommen dem Ablauf der Ereignisse laut der vorgestellten Theorie. Wenn man also davon ausgeht, dass das Feuer unter der Zeder gegen 17 Uhr oder etwas später entfacht wurde, dann erlosch es gegen 18 Uhr. Zu diesem Zeitpunkt waren nur mehr die Wanderer am Leben, die sich im Unterschlupf beim Bach versteckt hielten.

Nach den Gewalttaten an Doroschenko und Kriwonischtschenko bei der Zeder fanden sich die Mörder in einer für sie unangenehmen Situation. Sie hatten keine brauchbaren Informationen erhalten und wussten nicht, wohin sie sich nun wenden sollten. Für diese Überlegung spricht, dass zwischen dem Mord an Kriwonischtschenko und Doroschenko und dem Sterben der letzten vier Wanderer eine gewisse Zeit verging. Wie viel genau, ist schwer zu schätzen, es können einige Dutzend Minuten gewesen sein oder einige Stunden, aber es muss auf jeden Fall eine Weile gedauert haben, denn währenddessen wurden Doroschenkos und Kriwonischtschenkos Leichen von den anderen ausgezogen.

Warum bemerkten die Mörder die Spur zur Auflage in der Schlucht nicht? Das konnte mehrere Gründe haben, erstens die schlechten Sichtverhältnisse (Dunkelheit, vielleicht Schneefall), zweitens das unregelmäßige Waldgelände (Sträucher und Bäume störten bei der allgemeinen Beurteilung des Tatorts) und schließlich die verwirrende Menge an Spuren in der Umgebung. Wenn die Annahme zutrifft, dass sich mindestens fünf bis sechs Wanderer bei der Zeder aufhielten, dann hinterließen sie unzählige verschiedenartige Spuren. Das konnten abgebrochene Zweige sein, Schleifspuren und ungeordnete Fußspuren. Dieses Spurenchaos hinderte die ausländischen Geheimagenten daran festzustellen, wohin der Rest der Djatlow-Gruppe geflüchtet war. Möglicherweise waren manche verräterische Spuren auch bereits vom Schnee verweht.

Eine andere Überlegung ist ebenfalls nicht von der Hand zu weisen: Vielleicht gab es zu diesem Zeitpunkt gar keine Spur, die direkt zur Schlucht verlief. Als Solotarjow sich aufmachte, um das Lager zu errichten, näherte er sich der Schlucht wahrscheinlich in einem Bogen. Das heißt, er durchstreifte das Waldstück bei der Zeder, um die optimale Stelle zu finden, an der er in die Tiefe graben würde. Er trug Schuhe und warme Kleidung, also war das Umhergehen für ihn kein Problem. Wenn auch Nikolai Thibeaux-Brignolle (noch ein Wanderer mit Schuhen) nach einem Zufluchtsort suchte, dann fächerten sich die Spuren von der Zeder weg in mehrere Richtungen auf, was die Verfolger irritieren musste.

Auf jeden Fall wählten die Agenten zunächst die falsche Spur von der Zeder weg. Die Überlebenden nutzten diesen Fehler des Feindes. Nachdem sie sich davon überzeugt hatten, dass die Mörder fort waren, verließen zumindest zwei der vier Wanderer die Schlucht und gingen zur Zeder, um sich Kleidungsstücke ihrer verstorbenen Kameraden zu holen. Dabei zogen sie Kriwonischtschenkos Leiche den chinesischen Pullover aus und die Pluderhose mit dem radioaktiven Staub, die für die kontrollierte Lieferung vorgesehen gewesen war, sowie die Baumwollhose, die er darunter trug. Auch Doroschenkos Leiche wurde teilweise entkleidet, man nahm seine Hose und den Pullover mit. Vielleicht zog man den Verstorbenen noch andere Sachen aus, es ist allerdings nicht genau bekannt, was sie anhatten. Die Männer trugen Georgi Kriwonischtschenkos Leiche einige Meter von der Zeder weg und legten sie neben Juri Doroschenko. Dadurch erklärt sich auch die auf den ersten Blick merkwürdige Anordnung der beiden Leichen (Kriwonischtschenko neben Doroschenko, sein linkes Bein war zur Seite abgewinkelt und lag auf dem Bein von Doroschenko). Beim Tragen oder Entkleiden von Kriwonischtschenkos Leiche rutschte eine Baumwollsocke von seinem rechten Fuß. Diese Socke zog natürlich der Leiche niemand mehr an, sie wurde einfach auf die Feuerstelle geworfen, wo die Suchmannschaft sie vier Wochen später fand.

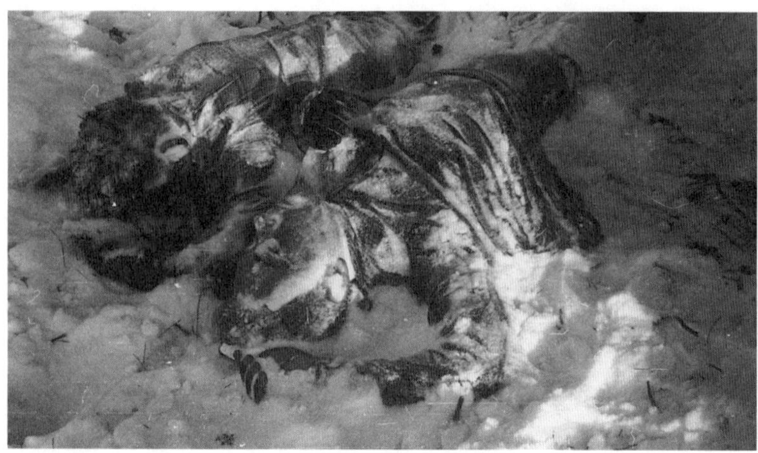

Die Leichen von Georgi Kriwonischtschenko und Juri Doroschenko. Sie liegen parallel, die Köpfe zeigen in dieselbe Richtung; es sieht aus, als hätte jemand die Verstorbenen zurechtgelegt, wie für ein würdiges Totenlager.

Die Socke ist ein wichtiger Hinweis darauf, dass die Rückkehr der überlebenden Wanderer zur Zeder und die Entkleidung der Leichen einige Zeit nach dem Erlöschen des Feuers stattfand.

Wenn man von einer nicht kriminellen Theorie ausgeht, ist der Grund für diese Verzögerung völlig unklar. Warum eilten die vier in der Schlucht ihren Kameraden nicht gleich zu Hilfe, als sie das Verlöschen des Feuers bemerkten? Und warum entkleideten sie die Leichen im Dunkeln? Nimmt man aber an, dass die Mörder einige Zeit bei der Zeder verharrten, ergeben sich die Antworten von selbst.

Wahrscheinlich gingen zuerst die beiden am besten angezogenen Männer zur Zeder, also Semjon Solotarjow und Nikolai Thibeaux-Brignolle. Ihnen dürften die oben beschriebenen Handlungen – Verlegen von Kriwonischtschenkos Leiche und Entkleiden der Verstorbenen – keine großen Schwierigkeiten bereitet haben. Danach kehrten die Männer zurück zum Bach. Unterwegs entdeckten sie, dass Kriwonischtschenkos schwarze Baumwollhose ein großes Brandloch hatte. Also schnitten sie die Hose kurzerhand auseinander. Das unbrauchbare löchrige Hosenbein warfen sie in den

Wald, wo es Anfang Mai 1959 vom Hund des mansischen Jägers Kurikow gefunden wurde. Das zweite Hosenbein nahmen sie mit in die Schlucht.

Die gewonnenen Sachen wurden auf der Auflage über den Tannenzweigen ausgelegt, um die Wanderer im Sitzen besser gegen den Schnee zu isolieren. Die Kleidung bildete in den Ecken der Auflage vier Plätze, was darauf hinweist, dass die Wanderer eine gewisse Zeit gemeinsam dort verbrachten. Die folgenden Kleidungsstücke lagen in den Ecken:

- ein beiger chinesischer Wollpullover,
- eine stark zerrissene braune Hose,
- ein brauner Wollpullover,
- ein schwarzes Hosenbein aus Baumwolle.

Außerdem zogen die Wanderer die Pluderhose und den Pullover (bzw. die zwei Pullover) von Kriwonischtschenko mit dem radioaktiven Staub an. Möglicherweise fand auch eine Umverteilung von Kleidung innerhalb der Gruppe statt. Wie man aus den Obduktionsergebnissen weiß, hatten Solotarjow und Thibeaux-Brignolle, die beide Schuhe trugen, je ein Paar Wollsocken an den Füßen (genau genommen hatte Solotarjow am linken Fuß zwei Socken und am rechten eine, bei Thibeaux-Brignolle befand sich im rechten Filzstiefel eine verrutschte Socke, sodass sie insgesamt drei Paar Wollsocken besaßen). Es ist jedoch fast undenkbar, dass sie auf einer Winterwanderung nur ein Paar Socken angezogen hatten. Wahrscheinlich gab jeder von beiden ein Paar Socken an die Kameraden weiter. (Dubinina trug zwei Paar plus eine verbrannte und Kolewatow drei Paar Baumwoll- und ein Paar Wollsocken, insgesamt also vier Paar.) Ein ähnliches Ungleichgewicht ist auch bei der Oberbekleidung festzustellen: Thibeaux-Brignolle hatte unter der warmen Pelzjacke nur einen Pullover und ein Unterhemd an, Solotarjow trug unter der Pelzweste und der Flauschjacke einen Baumwollpullover und zwei Unterhemden (eines davon mit Ärmeln). Indessen wurde Dubinina im Mai 1959 mit zwei Wollpullovern, einem karierten Hemd und einem Trikotunterhemd gefunden. Kolewatow war ebenfalls nicht schlecht gegen die Kälte geschützt (im Vergleich zu Solotarjow und Thibeaux-Brignolle), vielleicht sogar am besten von den vieren: Unter seiner Skijacke trug er einen Pullover aus Trikotstoff, einen aus Wolle, ein kariertes Baumwollhemd und ein Hemd aus aufgerautem Stoff. Bei Alexander fehlten eigentlich nur Kopfbedeckung, Handschuhe und Schuhe.

Wenn man die Kleidung der vier Wanderer betrachtet, drängt sich der Schluss auf, dass versucht wurde, die vorhandenen Ressourcen gerecht zu verteilen. Bei Solotarjow und Thibeaux-Brignolle war der Oberkörper vergleichsweise schlecht geschützt. Dafür hatten beide Schuhe und Kopfbedeckungen und Nikolai Thibeaux-Brignolle zusätzlich ein Paar Strickhandschuhe. In der Sprache moderner Gamer ausgedrückt, verleihen Schuhe dem Helden einen wichtigen Überlebensbonus. Solotarjow und Thibeaux-Brignolle konnten sich durch Bewegung aufwärmen, laufen, im Wald die Lage ausspähen … Ljudmila Dubinina und Alexander Kolewatow hatten zwar keine Schuhe, dafür war ihr Oberkörper vergleichsweise gut geschützt. (Ljudmila trug außerdem eine Strickmütze.) Diese »Komplementarität« der Kleidung entstand wohl kaum zufällig, sondern die Wanderer gaben untereinander einzelne Stücke weiter. Damit sollte das Überleben aller vier bis zum Morgen gesichert werden.

Insgesamt kann man sagen, dass die Gruppe ausreichend warm angezogen war, um die Nacht durchzustehen. Ljudmila Dubinina, die am wenigsten anhatte, löste gleich nach dem Abstieg vom Hang auf optimale Weise ihr Hauptproblem, die fehlenden Schuhe, indem sie ihre Strickjacke in zwei Hälften schnitt und die so entstandenen Teile um die Füße wickelte (darunter trug sie noch Woll- und Baumwollsocken). Dass es zu diesem frühen Zeitpunkt stattfand, dafür spricht eindeutig das Brandloch, das von Wosroschdjonny auf einem dieser provisorischen Fußlappen festgestellt wurde. Bei

Ljudmila war die Gefahr von Erfrierungen an den Gliedmaßen am größten, doch das hätte sie nicht daran gehindert, die Nacht zu überleben. Man darf auch nicht vergessen, dass die Gruppe sich in einem »aerodynamischen Loch« im Gelände und zudem im Waldgebiet befand, der Platz auf der Auflage war also vor Wind geschützt.

Zum Thema Bekleidung muss abschließend noch ein Umstand erwähnt werden, der manche Erforscher der Djatlow-Tragödie verwirrt, vor allem die, die sich erst seit Kurzem mit dieser Geschichte beschäftigen. Es geht um die berüchtigte »Entkleidung« von Ljudmila Dubinina durch Semjon Solotarjow. Der Mythos, und es ist eindeutig ein Mythos, geht auf eine Passage in der Verfügung über die Einstellung des Ermittlungsverfahrens vom 28. Mai 1959 zurück, die wörtlich lautet: »Die verstorbenen Thibeaux-Brignolle und Solotarjow wurden gut bekleidet entdeckt, schlechter bekleidet war Dubinina. Ihre Jacke aus Kunstpelz und Mütze wurden bei Solotarjow gefunden, Dubininas bloßer Fuß war in Kriwonischtschenkos Wollhose eingewickelt.« Aufgrund dieses Auszugs entstand vor einigen Jahren die Theorie, Solotarjow hätte dem schwächsten Gruppenmitglied verbrecherisch die letzte Kleidung abgenommen.

Was kann man zu der Sache sagen? Die Verfügung über die Einstellung des Verfahrens wurde in dieser Abhandlung bereits ausreichend und dabei verdient negativ charakterisiert. Der Ermittler Iwanow hatte es geschafft, dass das Dokument in vielen Punkten den bei den Ermittlungen festgestellten Sachverhalten widersprach. Iwanow lag auch bei der Art der Kleidungsstücke der Verstorbenen daneben, dabei hätte er einfach im gerichtsmedizinischen Gutachten nachlesen konnen, wer wie angezogen gewesen war. Wenn man sich das Ende des Satzes ansieht, »Dubininas bloßer Fuß war in Kriwonischtschenkos Wollhose eingewickelt«, kann man daraus schließen, dass Dubinina nur an einem Fuß der Schuh fehlte, was nicht der Wahrheit entsprach, und dass sie Kriwonischtschenkos Hose zum Wärmen des Fußes verwendet hatte, was ebenfalls nicht stimmte. Wosroschdjonny, der die Leichen selbst ausgezogen hatte, beschrieb genau einen »grauen versengten Wolllappen aus einer Weste mit Ärmeln«. Der Staatsanwalt hätte nur dieses Gutachten heranziehen müssen, doch die Mühe machte er sich anscheinend nicht. Deshalb sind Iwanows Aussagen über die Bekleidung wenig wert.

Die »Jacke aus Kunstpelz«, die angeblich Dubinina gehört hatte, doch bei Solotarjow entdeckt wurde, ist nur einer von vielen Schnitzern des Staatsanwalts. In Wirklichkeit trug Semjon Solotarjow die ganze Zeit seine eigene Jacke aus Kunstpelz, während Ljudmila Dubinina am Hang gezwungen worden war, ihre Kunstpelzjacke auszuziehen. Die Verbrecher hatten sie ins Zelt geworfen, wo sie Ende Februar vom Suchtrupp gefunden wurde. Staatsanwalt Tempalow nahm sie in die Liste der Sachen aus dem Zelt auf, natürlich ohne ihre Zugehörigkeit festzuhalten.

Die Annahme, dass die Strickmütze von Solotarjow Ljudmila Dubinina gehört hatte, mag zutreffen. Der Autor hat hoffentlich überzeugend dargelegt, dass die vier Wanderer in der Schlucht versuchten, die Kleidung untereinander aufzuteilen, daher konnte die Weitergabe der Mütze durchaus sinnvoll gewesen sein (wenn Ljudmila zuerst zwei Mützen trug). Auf jeden Fall darf man der Mär vom »bösen Solotarjow, der ein erfrierendes Mädchen seiner Kleider beraubte«, keinen Glauben schenken. Wenn es dazu gekommen wäre, hätte Semjon Solotarjow auch den anderen Wanderern Kleidung abnehmen können. Außerdem wäre die Gruppe nach einer solchen Niederträchtigkeit auseinandergebrochen, und es hätte keine vier Sitzplätze auf der Auflage gegeben.

Nach diesem Exkurs geht es nun mit der Beschreibung der Ereignisse vor dem Hintergrund der Theorie der kontrollierten Lieferung weiter.

Während die vier Wanderer auf der Auflage saßen, entwarfen sie mit Sicherheit einen Plan für das weitere Vorgehen. Nun, da klar war, dass die Angreifer den Berg herabgestiegen waren und offenbar vorhatten, die ganze Gruppe zu vernichten, fragte sich jeder einzelne: Was tun? Bestimmt versuchten die vier, Notizen zu den Vorfällen zu machen, dafür hatte die Gruppe sowohl die Mittel als auch die Zeit. Kolewatow besaß Bleistifte und ein Notizbuch, von denen er sich laut den Aussagen seiner Bekannten nie trennte, und auch Dubinina hatte zwei Bleistifte bei sich. Zusätzlich besaß Dubinina Geldscheine, die zum Aufschreiben dienen konnten. Wie man jedoch aus den Ermittlungsergebnissen weiß, wurden bei den Leichen keine Aufzeichnungen gefunden, auch Alexander Kolewatows Notizbuch war verschwunden. Der Autor sieht das als gewichtiges Argument dafür, dass die Leichen der Wanderer gründlich durchsucht worden waren.

So stellte sich die Lage um etwa 18:30 bis 18:45 Uhr dar. Was passierte dann?

Irgendwann trennte sich die Gruppe ein weiteres Mal. Man kann nicht sagen, warum dies geschah und ob die Trennung nur für kurze Zeit geplant war oder ob die Wanderer sich bis zum Morgen aufteilen wollten, in der Hoffnung, zwei Paare hätten höhere Überlebenschancen. Was auch immer der Grund dafür war, Ljudmila Dubinina und Nikolai Thibeaux-Brignolle gingen zur Zeder. Vermutlich wollten sie die letzten dort verbliebenen Kleidungsstücke holen.

Sie trugen Kriwonischtschenkos Finnenmesser bei sich, das die anderen bereits beim ersten Gang zur Zeder gefunden und mitgenommen hatten.

An der Zeder standen Ljudmila und Nikolai vor einer Aufgabe, deren Schwierigkeit sie eindeutig unterschätzt hatten. Sie mussten die Leichen bewegen, umdrehen und Hemden aufknöpfen (auf der Brust sowie an den Ärmeln). Und all das in Eile und im Dunkeln. Zuvor war Kriwonischtschenkos Leiche bereits verlagert worden, allerdings von zwei Männern, die auch beide Verstorbene teilweise entkleidet hatten. Nun musste der geschwächte Thibeaux-Brignolle feststellen, dass er es nicht schaffte, Doroschenkos Leiche herumzudrehen. Vielleicht hatten es die beiden Wanderer mit einer unerwarteten Komplikation zu tun, und zwar mit der Leichenstarre, die bei kräftigen, athletisch gebauten Menschen sehr schnell eintritt. Gewöhnlich beginnt sie zwei Stunden nach dem Tod, doch das ist ein Durchschnittswert, also kann man nicht ausschließen, dass bereits eine Stunde nach Doroschenkos Tod sein Schultergürtel und seine Arme nicht mehr die volle Beweglichkeit in den Gelenken aufwiesen. Deshalb war es fast unmöglich, ihm das Hemd auf herkömmliche Weise auszuziehen.

Doch die beiden fanden einen Ausweg: Sie schnitten mit dem Finnenmesser die Ärmel von Doroschenkos Hemd ab. Dabei hinterließen sie auf beiden Armen viele kleine Schnitte (um die zehn). Die Tatsache, dass bei den Pullovern der Verstorbenen keine Schnitte notwendig waren, während Doroschenkos Hemdärmel abgeschnitten werden mussten, lässt darauf schließen, dass diese Kleidungsstücke von verschiedenen Personen geholt wurden und dass einige Zeit dazwischen lag.

Die Ärmel des warmen Hemds waren wertvoll, man konnte sie als Handschuhe verwenden (wenn man ein Ende zuband). In diesem Sinn war auch Kriwonischtschenkos Hemd, genauer gesagt dessen Ärmel, für die Überlebenden interessant. Doch es gelang ihnen nicht, diese ebenfalls abzuschneiden. Daran konnte sie nur eines gehindert haben: das Auftauchen der Mörder. Nachdem diese erfolglos die Umgebung abgesucht hatten, ohne den Rest der Gruppe zu finden, kehrten sie zur Zeder zurück. Und trafen dort auf Ljudmila Dubinina und Nikolai Thibeaux-Brignolle.

Dann passierte das Unvermeidliche: Thibeaux-Brignolle versuchte, mit dem Messer die Feinde aufzuhalten, und setzte sein Leben auf Spiel, um Ljudmila einen Vorsprung bei der unweigerlichen Verfolgungsjagd zu verschaffen.

Doch die Flucht misslang. Thibeaux-Brignolle wurde sofort mit einer Griffkombination entwaffnet. Sein rechter Arm wurde gepackt und sein Ellbogengelenk verdreht. Dabei entstand der blaue Fleck im unteren Drittel seines Oberarms (der 10 x 12 cm große Striemen über dem Ellbogen), von dem bereits im 21. Kapitel, »Was noch wichtig ist«, die Rede war. Der heftige Schmerz im verdrehten Arm zwang Nikolai auf den Boden, wo ihm ein Stoß mit dem Knie auf die rechte Schläfe versetzt wurde. Unklar ist, ob der Mann, der ihn festhielt, oder sein Partner den Stoß ausführte. Aus Sicht der Kampftechnik ist beides denkbar. Danach lebte Thibeaux-Brignolle vielleicht noch 10 Minuten, das hängt davon ab, wie schnell sich die Blutung in seiner Hirnschale ausbreitete, doch während dieser Zeit war er bewusstlos.

Die Mörder hetzten nun Ljudmila Dubinina hinterher, die in Richtung Auflage im Bach lief und es nicht mehr schaffte, sich zu verstecken. Ihr Vorsprung war offenbar nicht sehr groß. Die Feinde holten sie 10 bis 15 Meter vor dem Bach ein, ungefähr dort, wo später die halbe Weste, die ihr vom Fuß gerutscht war, gefunden wurde. Diese Hälfte zieht nun die Aufmerksamkeit auf sich und weist auf sehr vieles hin. Wenn Ljudmila Dubinina frei über sich hätte bestimmen können, dann hätte sie den Stoff auf jeden Fall wieder um den Fuß gewickelt, da er sie vor Erfrierungen retten konnte. Doch nachdem sie den provisorischen Fußlappen verloren hatte, band sie ihn nicht wieder um. Offenbar war ihr das in dieser Situation nicht möglich. Ljudmila rannte entweder um ihr Leben, kämpfte verzweifelt darum, oder sie war bereits tot (und der Stoff fiel von ihrem Bein, als die Leiche fortgetragen wurde). Was auch immer mit Dubinina passierte, es geschah nicht auf der Auflage und nicht in der Schlucht.

Ljudmila wies die schrecklichsten Verletzungen von allen Mitgliedern der Djatlow-Gruppe auf. Versuche, das Fehlen von Augen, Zunge und Mundboden durch die Strömung im Bach zu erklären, die diese Organe »fortgeschwemmt« haben sollte, sind nicht zufriedenstellend. Die Wirkung von Wasser auf den Körper ist bekannt. Wasser löst die Haut ab, zerstört die Lunge (aufgrund des Erhaltungsgrads der Lunge bestimmte der Gerichtsmediziner Wosroschdjonny die Aufenthaltsdauer der Leichen im Wasser mit weniger als 15 Tagen), doch es kann weder die Augen noch die Zunge vernichten. Und noch weniger kann Wasser die beiden festen, glatten, symmetrisch angeordneten und komplex aufgebauten Kieferzungenbeinmuskeln, die den Mundboden bilden, wegschwemmen. Wenn sich Wasser tatsächlich so zerstörerisch auf den menschlichen Körper auswirken würde, wären als Erstes die Ohrmuscheln weggeschwemmt worden, da sie am schlechtesten am Körper befestigt sind. Doch bekanntlich waren bei allen vier Wanderern im Bach die Ohren an ihrem Platz.

Im Rahmen einer kriminellen Theorie ist die Verletzung von Ljudmila Dubininas Augäpfeln (was zu ihrem späteren Verlust führte) nicht schwer zu erklären. Das Eindrücken der Augen mit dem Finger ist ein markantes Beispiel für Foltermethoden, die im Gegensatz zur sexuell-sadistischen Folter mit höchster Effizienz zur Problemlösung beitragen sollen, das heißt in kürzester Zeit und mit minimalem Kraftaufwand für die Folternden. Aus praktischer Sicht stellt das Ausüben von Druck auf die Augen die einfachste Variante einer professionell durchgeführten Folter dar. Möglicherweise befanden sich die ausländischen Agenten bei den Gewalttaten an Thibeaux-Brignolle und Dubinina in einer kritischen Verfassung. Sie hatten gemerkt, dass ihr Plan zum »Ausfrieren der Gruppe« gescheitert war, die Wanderer hatten sich zerstreut. Also waren sie frustriert und begannen, einfach ausgedrückt, durchzudrehen. In so einem aggressiven Zustand der Frustration lassen die Fähigkeit zum rationalen Handeln und die Impulskontrolle stark nach.

Man darf auch nicht vergessen, dass die Mörder eventuell unter der Wirkung von psychostimulierenden Präparaten standen: Amphetamin oder das stärkere Methamphetamin. Beide Substanzen galten als sogenannte »Militärdrogen«, die bereits während des Zweiten Weltkriegs weite Verbreitung bei Truppenteilen fanden, die in Stresssituationen unter Aufbietung aller Kräfte agieren mussten: Piloten, Landetruppen, Spione. Besonders verbreitet waren sie in der Wehrmacht und in der US-Armee. Diese Substanzen und ihre Derivate setzten die Schmerzempfindlichkeit herab, verbesserten die Muskelreaktion, erlaubten es, bis zu 72 Stunden ohne Schlaf auszukommen, ohne dass die Leistungsfähigkeit merklich nachließ. Doch wie jedes Wundermittel hatten diese Drogen auch ihre Schattenseiten, die sich auf das Verhalten auswirkten. Abgesehen davon, dass man von ihnen psychisch abhängig wurde, beeinträchtigten sie die Angemessenheit der eigenen Handlungen und die Aggressivität stieg abrupt an.

Psychostimulanzien auf der Basis von Amphetamin und Methamphetamin waren unter Agenten westlicher Geheimdienste, die heimlich in der UdSSR ausgesetzt wurden, weit verbreitet, da sie den verdeckten Agenten über mehrere Tage außergewöhnliche physische Kräfte verliehen, was beim Verlassen des Aussetzungsgebiets besonders wichtig war. Wenn solche Personen an der Ermordung der Djatlow-Gruppe beteiligt waren, standen sie zweifellos unter dem Einfluss entsprechender Präparate.

Und das zeigte sich in ihren Handlungen, als sie bemerkten, dass sie einen Teil der Gruppe verloren hatten. Beim Abstieg hatten sie möglicherweise in der Dunkelheit die erfrorenen Wanderer Kolmogorowa, Slobodin und Djatlow übersehen und glaubten, sie wären noch am Leben. Deshalb konnten sie an den Fingern abzählen, dass von den neun Personen, die sie umbringen wollten, bisher nur drei tot waren. Die zweite Frau hatten sie gefasst, aber das Schicksal der fünf restlichen Wanderer war ihnen unbekannt.

Es ist durchaus möglich, dass solche Überlegungen die Verbrecher veranlassten, ihr Opfer zu foltern. Man kann nur mutmaßen, was sie damit zu erreichen versuchten und wie sie vorgingen. Sie konnten zum Beispiel fordern, dass sich alle, die sich im Wald versteckten, widerstandslos ergeben sollten. Sonst würden sie Dubinina langsam die Augen eindrücken. Mit den Fingern. Einzeln. Und wenn Kolewatow und Solotarjow diese Forderung erfüllten und ihren Unterschlupf verließen, konnten die ausländischen Agenten Ljudmilas Folter fortsetzen, um von den Männern Antworten auf ihre Fragen zu erhalten. Die junge Frau war also das schwächste Glied unter den überlebenden Wanderern, und die Spione benutzten sie für ihre Zwecke. Objektiv betrachtet konnte die Misshandlung viele Minuten andauern, von denen jede Ljudmila unter enormen Schmerzen endlos vorkommen musste. Die tatsächliche Dauer hing direkt von den Ergebnissen ab und vielleicht auch von Ljudmilas Reaktion auf ihre Peiniger. Es ist nicht auszuschließen, dass ein Satz, eine Anspielung oder eine Drohung aus Dubininas Mund sie zu besonderen Gräueltaten veranlasste. Natürlich schrie das Opfer, bat die Peiniger aufzuhören oder biss vielleicht sogar einen von ihnen, auf jeden Fall provozierte Ljudmila durch irgendetwas den Folternden, sodass dieser ihr die Zunge mit den umliegenden Zungenbeinmuskeln herausriss oder -schnitt. Für diesen Akt gibt es keine rationale Erklärung, es ging ihm wohl eine jähe, heftige Erregung voraus, wie Zorn, Entrüstung, Schmerz.

Im Protokoll des gerichtsmedizinischen Gutachtens findet sich keinerlei Beschreibung von Ljudmilas Mundverletzungen, obwohl Wosroschdjonny erkannt haben musste, auf welche Art die Zunge entfernt worden war. Wahrscheinlich entdeckte der Experte etwas, das er unmöglich in das offizielle Dokument aufnehmen konnte, wenn er nicht den offiziellen Stand der Ermittlungen, die am 9. Mai 1959 bereits unaufhaltsam ihrem Ende zugingen, zunichtemachen wollte. Doch Wosroschdjonnys Protokoll enthält trotzdem einen indirekten Hinweis auf eine gewaltsame Entfernung der Zunge und des Mundbodens. Der entsprechende Auszug aus dem Gutachten lautet: »Ungewöhnliche Beweglichkeit der Hörner des Zungenbeins und des Schildknorpels beim Abtasten des Halses. […] Die ungewöhnlich beweglichen Hörner des Zungenbeins sind XXXXXXX [ein Wort aus sieben Buchstaben ist durchgestrichen, das dem russischen Wort für »gebrochen« entsprechen müsste], das weiche Gewebe um das Zungenbein weist eine schmutzig graue Farbe auf. Der Mundboden und die Zunge fehlen. Der obere Rand des Zungenbeins liegt frei.«

Die Hörner des Zungenbeins, deren Form annähernd dem Buchstaben W entspricht, brechen bei einem seitlich von unten nach oben ausgeführten Schlag auf den Hals leicht. Auch wenn die Wirbel dabei nicht verletzt werden, gilt ein solcher Schlag als (potenziell) tödlich, da er schnell ein starkes Ödem hervorruft, das die Luftröhre verengt und innerhalb von 10 bis 30 Minuten zum Erstickungstod führt. Am Zungenbein sind jedoch auch die beiden Zungenbeinmuskeln befestigt, die den Mundboden bilden. Die Verletzung des W-förmigen Knochens konnte neben einem seitlichen Schlag von unten nach oben als Ursache auch einen ruckartigen Riss der Zunge nach oben haben, bei dem die Mundbodenmuskeln die Krafteinwirkung auf die dünnen Höcker übertrugen. Man kann mit einiger Wahrscheinlichkeit davon ausgehen, dass Letzteres der Grund für die gebrochenen Hörner des Zungenbeins bei Dubinina war.

Die Folter von Ljudmila Dubinina endete, als sie mit einem Kniestoß auf die Brust getötet wurde. Bei dem Stoß auf die linke Brustseite fand ein direkter Bruch (ein Bruch im Gebiet der unmittelbaren Kraftanwendung) von sechs Rippen statt, während rechts an mindestens zwei Stellen weitere vier Rippen einen indirekten Bruch aufwiesen. Direkte Rippenbrüche werden oft von Quetschungen und Rissen durch die gezackten Ränder begleitet, sodass man sagen kann, dass Ljudmilas Brustkorb sich binnen Sekunden in einen Knochenbrei verwandelte. Der Brustkorb bog sich beim Stoß so stark durch (10 cm oder mehr), dass dabei das Herz zusammengepresst und verschoben wurde. Selbst wenn man die folgende

Blutung im Herzmuskel außer Acht lässt, würde eine solche Verletzung unweigerlich zu einer Störung der Herzfunktion und damit zu einem Kollaps führen. Nach diesem Stoß kam Dubinina nicht mehr zu sich und blieb höchstens noch ein paar Minuten am Leben. Woschdjonny vermutete, dass Ljudmila nach der Verletzung noch 10 bis 20 Minuten gelebt haben konnte, doch das war eine sehr großzügige Schätzung.

Hier soll noch einmal wiederholt werden: Die Natur von Ljudmila Dubininas Verletzungen machte einen Transport ins Loswatal unter den gegebenen Bedingungen völlig unmöglich. Im Bereich des zweiten bis fünften Rippenpaars sind die Muskeln, die für die Bewegung der Arme verantwortlich sind (genau genommen für das Senken der Arme zum Rumpf hin), am Brustkorb befestigt. Wenn man die Arme zur Seite bewegt, strecken sich diese Muskeln und üben Druck auf die Rippen aus. Bei einem Rippenbruch verschieben sich dabei die Splitter, und die Rippen klaffen weiter auseinander. Bei der geringsten Änderung der Belastung oder durch die normalen Erschütterungen des Körpers beim Gehen verletzen die Splitter das umliegende Gewebe und dabei auch die Pleurahöhle (falls das nicht schon beim Bruch selbst passiert ist). Blut dringt in die Höhle ein, was zu einem Hämatothorax führt (die Füllung der Pleurahöhle mit Blut, wodurch Druck auf die Lunge ausgeübt wird). Bei Ljudmila war ein Hämatothorax bei beiden Lungenflügeln unvermeidbar. Diese lebensgefährliche Komplikation erfordert eine Drainage der Pleurahöhle (die Brustmuskeln werden mit einer Nadel durchstochen und das Blut wird abgesaugt), wobei dies in Ljudmilas Fall sofort hätte stattfinden müssen.

Bei einem drohenden Hämatothorax oder Pneumothorax (Eindringen von Luft in die Pleurahöhle bei einem offenen Rippenbruch) dürfen Personen mit zwei oder mehreren gebrochenen Rippen auf keinen Fall die Arme heben, ohne dass der Brustkorb zuvor mit einem Druckverband fixiert wurde. Für Ljudmila Dubinina wäre ein Transport nur in liegender Position mit den Armen auf dem Bauch möglich gewesen.

Die Fragen beziehungsweise Forderungen der ausländischen Agenten an Ljudmila Dubinina waren rein taktischer Natur und änderten nicht das strategische Ziel ihrer Handlungen: die Ermordung der gesamten Gruppe. Ob es zu einer Verfolgungsjagd auf die noch lebenden Wanderer kam oder ob sich Semjon Solotarjow und Alexander Kolewatow ergaben, um Dubinina weitere Qualen zu ersparen, kann man unmöglich sagen. Klar ist nur, dass die beiden in der Nähe der Schlucht starben. Vielleicht versuchte Kolewatow, der keine Schuhe trug, nicht einmal zu entkommen, da er wusste, dass er nicht lange durchhalten könnte. Er wurde mit minimalem Kraftaufwand getötet, indem man ihm den Pistolengriff rechts hinter das Ohr schlug und den Bewusstlosen dann in die Schlucht warf. Anscheinend war Alexanders allgemeiner Zustand zu diesem Zeitpunkt so schlecht, dass die Mörder nicht an seinem baldigen Tod zweifelten. Der Gerichtsmediziner beschrieb bei Kolewatow eine Deformierung des Halses im Bereich des Schildknorpels, woraus man schließen kann, dass der Knorpel selbst beschädigt war (wie bei Ljudmila Dubinina; zum wiederholten Mal ergibt sich eine erstaunliche Übereinstimmung bei den Verletzungen der Wanderer). Doch aus Wosroschdjonnys einzelnem Satz über diese Verletzung erfährt man nicht, ob sie zu Lebzeiten oder nach dem Tod zugefügt wurde. Deshalb soll hier nicht behauptet werden, dass Kolewatow noch einen (potenziell tödlichen) Schlag auf den Adamsapfel erhielt, obwohl das nicht auszuschließen ist.

Warum wurde Kolewatow im Gegensatz zu Dubinina nicht gefoltert? Wahrscheinlich war Solotarjow zu diesem Zeitpunkt bereits in der Gewalt der Agenten oder befand sich in der Nähe. Das bedeutet, dass die Mörder sich ziemlich sicher fühlten und ihre Hauptaufgabe als erfüllt betrachteten. Möglicherweise hatten sie von Ljudmila Dubinina erfahren, dass sich nicht fünf, sondern nur zwei Wanderer

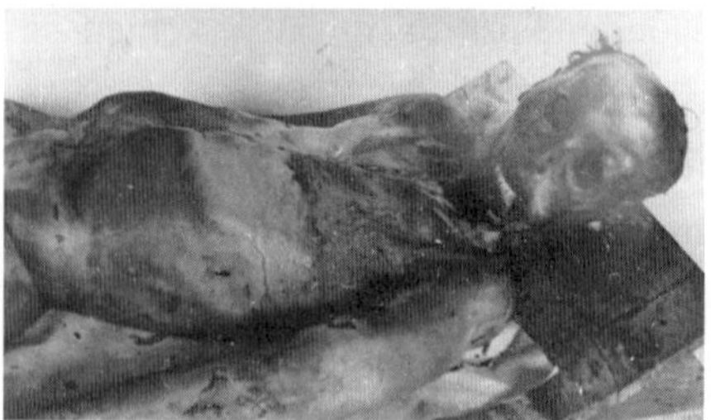
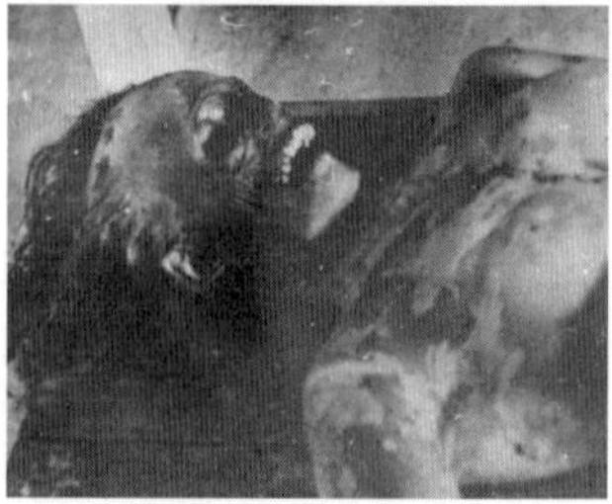

Zwei der letzten vier Wanderer bei der Obduktion. *Links:* Semjon Solotarjow; sein Brustkorb mit fünf gebrochenen Rippen ist stark deformiert. *Rechts:* Das Foto gibt eine Vorstellung vom Zustand des weichen Gewebes der im Bach gefundenen Leichen. Die Ablösung der Epidermis mitsamt den Haaren und den Nagelplatten beginnt normalerweise ab einem sechstägigen Aufenthalt einer Leiche im Wasser. Der Gerichtsmediziner stellte eine Freilegung der Schädelknochen im Bereich der Augenbrauenbogen fest, doch dort gibt es fast kein weiches Gewebe. Ohren und Haare sind erhalten und von einer Freilegung des ganzen Schädels kann keine Rede sein. Ein klarer Widerspruch zu den nicht kriminellen Theorien vom Verschwinden weicher Teile und Organe.

im Wald versteckten, während die anderen wohl schon tot waren. Aber das sind nur Mutmaßungen.

Mit dem gefangenen Semjon Solotarjow gingen sie allerdings anders um als mit Kolewatow. Das Fehlen der Augen ist keine Folge einer kurzen Gewaltanwendung, sondern das Ergebnis einer ähnlichen Folter wie bei Ljudmila Dubinina.

Wenn sein Versuch, die Fremden am Hang zu fotografieren, ihren Angriff provoziert hatte, dann hatten diese Menschen zweifellos einige Fragen an ihn. Am meisten musste sie der Film aus dem Fotoapparat interessieren, den Solotarjow trotz der dramatischen Ereignisse in den letzten Stunden seines Lebens sorgfältig aufbewahrt hatte. Selbst wenn Solotarjow in weiser Voraussicht die Filmrolle rechtzeitig aus dem Fotoapparat genommen und im Wald versteckt hätte, in der Hoffnung, dass ihn früher oder später eine Suchmannschaft finden würde, hätte er das Versteck bei einem intensiven Verhör unweigerlich verraten. (Man darf die menschlichen Fähigkeiten, sich einer kunstfertigen Folter zu widersetzen, nicht überschätzen.)

Semjon widerfuhr dasselbe Schicksal wie Ljudmila: Nach brutalen Qualen, bei denen er beide Augen verlor, wurde er auf dieselbe Art getötet. Der Stoß mit dem Knie deformierte Semjon Solotarjows Brustkorb so sehr, dass dieser danach tiefer eingedrückt war als der Bauch.

Selbst wenn man von der Anzahl der Rippenbrüche absieht (und der bei einem solchen Stoß unweigerlichen Verletzung der Lunge) und sich einzig auf den gesunden Menschenverstand verlässt, ist es ganz offensichtlich, dass sich ein Mensch mit solchen schweren Verletzungen nirgends selbstständig hinbewegen kann.

Die Vernichtung der Djatlow-Gruppe war gegen 19 Uhr beendet, wahrscheinlich sogar etwas früher. Den Mördern war natürlich bewusst, dass sie sich nicht an ihren ursprünglichen Plan gehalten und den letzten vier Wanderern verräterische Wunden zugefügt hatten. Deshalb kamen sie zu dem nachvollziehbaren Schluss, deren Leichen zu verstecken, um die Entdeckung und damit die Aufklärung der Ereignisse so lange wie möglich hinauszuzögern. Die Verbrecher gingen davon aus, dass die Toten, je später sie gefunden wurden, umso stärker dem postmortalen Zerfall ausgesetzt waren (bis zur Zersetzung der Überreste). Als die Mörder die Leichen von Ljudmila Dubinina, Alexander Kolewatow, Semjon Solotarjow und Nikolai Thibeaux-Brignolle in die Schlucht warfen, wollten sie damit nichts inszenieren, sondern einfach Zeit gewinnen.

Zum Schluss noch einige Worte über die möglichen Handlungen (bzw. die scheinbare Tatenlosigkeit) des Initiators dieses Auftrags, des KGB. Grundsätzlich konnte die Operation »kontrollierte Lieferung« des radioaktiven Guts, das den potenziellen Feind desinformieren sollte, nur gemeinsam von der Ersten und Zweiten Hauptverwaltung des KGB (d. h. Auslandsspionage und Spionageabwehr) gemeinsam durchgeführt worden sein. Diese Operation erforderte in großem Umfang Organisations- und Vorbereitungsarbeiten sowie beträchtliche materielle und menschliche Ressourcen.

Eine so groß angelegte Desinformationsaktion musste auf höchster Ebene betreut werden, entweder vom stellvertretenden Vorsitzenden des KGB oder sogar vom Vorsitzenden selbst. Die Leitung erfolgte von Moskau aus, und die territorialen Behörden des KGB in den Gebieten Swerdlowsk und Tscheljabinsk hatten keine Ahnung von den Einzelheiten der Operation. In Swerdlowsk befand sich ein (höchstens noch ein zweiter) Verbindungsoffizier aus Moskau, der über den wahren Hintergrund der Wanderung der Djatlow-Gruppe Bescheid wusste. Das war alles.

Als sich zeigte, dass die Gruppe nicht wie vorgesehen zurückkehren würde, sorgte man sich in Moskau hauptsächlich um die Staatssicherheit und fragte sich, ob die Übergabe des radioaktiven Guts stattgefunden hatte, und wenn nicht, was mit ihm passiert war. Der KGB organisierte offiziell nicht die Suchaktion und durfte das auch nicht tun, obwohl er möglicherweise indirekte Hilfestellung leistete, indem in den nötigen Büros die Telefone klingelten und gewisse schwerfällige Prozesse beschleunigt wurden.

Zur selben Zeit überprüften die Abteilungen zum Schutz vor feindlicher Spionage der besonderen geschlossenen Objekte Postfach 404 und Postfach 205, in denen Kriwonischtschenko und Slobodin arbeiteten, gemeinsam mit der territorialen Verwaltung eine Information über das Verschwinden zweier Geheimnisträger, die zur vermissten Wandergruppe gehörten. Nachdem diese Information bestätigt worden war, begann die operative Suche (das heißt in diesem Kontext, dass die vermissten Personen mit verdeckten Maßnahmen zur Informationssammlung über ihren Aufenthaltsort durch Agenten und mit technischen Mitteln gefunden werden sollten: Überwachung von Angehörigen und nahestehenden Personen, Überprüfung ihrer Korrespondenz und Telefongespräche usw.). Diese Tätigkeiten wurden vollkommen unabhängig von den Moskauer Betreuern der Operation »kontrollierte Lieferung« durchgeführt, ihr Ziel war es, eine eventuelle böse Absicht in den

Handlungen der Geheimnisträger aufzudecken und den Schaden durch den potenziellen Verrat zu minimieren.

Als das leere Zelt am Hang des Cholat Sjachl gefunden wurde und bald die ersten Leichen auftauchten, veranlasste der KGB umgehend, dass Moskauer Wanderexperten in das Gebiet der Tragödie reisten. Die Initiatoren der Operation wollten möglichst objektive Informationen einholen und sich nicht mit dem zufriedengeben, was aus Swerdlowsk gemeldet und dabei möglicherweise verzerrt wiedergegeben wurde. Natürlich war alles so eingerichtet, dass die »leitende Instanz« nirgends aufschien, dass nicht einmal die Wanderexperten Bardin, Schuleschko und Baskin wussten, von wem die Anweisung kam, sich mit dem Ablauf der Suchtätigkeiten vertraut zu machen.

Eine Zeit lang blieb unklar, was auf dem Pass genau geschehen war, und, das war das Wichtigste, auch das Schicksal der Kleidungsstücke mit dem Isotopenstaub war unbekannt. Sie befanden sich nicht im Zelt, und die Leichen von Kriwonischtschenko und Solotarjow (wie weiter oben erwähnt, hielt man Doroschenkos Leiche einige Tage lang für die von Solotarjow) waren fast unbekleidet gefunden worden. Dass Kriwonischtschenko offenbar die Sachen für die Übergabe angezogen hatte, bedeutete, dass die tragischen Ereignisse entweder am Tag der »Verabredung« oder nach dem Zusammentreffen mit den ausländischen Agenten stattgefunden haben mussten. Ob jedoch der Tod der Wandergruppe in kausalem Zusammenhang mit diesem Treffen stand, konnte niemand mit Sicherheit sagen.

Als Anfang Mai 1959 im Bach die Leichen der letzten vier Wanderer und die unter den Schneemassen verschüttete Auflage entdeckt wurden, wurden die Studenten der Suchmannschaft augenblicklich aus dem Ausgrabungsgebiet abberufen. Eine solche Umsichtigkeit war kaum dem Oberst Ortjukow zuzuschreiben, wahrscheinlich folgte er einer »Empfehlung« des KGB, der die Verbreitung von Informationen zur tatsächlichen Lage im Suchgebiet minimieren wollte. (Man darf nicht vergessen, dass die Studenten, die nach Swerdlowsk zurückkehrten, sich mit einem großen Personenkreis darüber unterhielten, und es interessierten sich nicht nur Studenten dafür.) Zu diesem Zeitpunkt waren die Initiatoren der Operation »kontrollierte Lieferung« möglicherweise bereits zu dem Ergebnis gekommen, dass die von ihnen erdachte Aktion gescheitert war, und sie vermuteten das Schlimmste: eine brutale Ermordung der Wandergruppe. Deshalb war der rechtzeitige Ausschluss der Studenten aus ihrer Sicht sinnvoll.

Die spätere Obduktion der Leichen bestätigte die düstersten Befürchtungen der KGB-Betreuer. Man empfahl den Ermittlern, die bekannt gewordenen Informationen zu vertuschen und die Vorfälle verzerrt darzustellen. Der Gerichtsmediziner Wosroschdjonny, der mit den Leichen der Ermordeten arbeitete und das Gutachten erstellte, begriff wahrscheinlich genau, was von ihm verlangt wurde, wenn er auch nicht wusste, von wem die Forderung ausging, das Gutachten zu verzerren. (Er nahm wahrscheinlich an, dass die Gebietsstaatsanwaltschaft das Verfahren beeinflusste, während der Befehl von einer sehr viel höheren Ebene kam.) Das ist der Grund für die seltsamen Ambivalenzen, die Unvollständigkeiten und die Ausbesserungen in den Texten der gerichtsmedizinischen Gutachten. Wosroschdjonny erfüllte einerseits die Forderungen des Ermittlers Iwanow und befürchtete andererseits, dass man ihn dafür später zur Verantwortung ziehen würde.

Doch daran dachte niemand, jedes Glied in der Ermittlungskette erfüllte seine Arbeit hervorragend. Nach der Obduktion der letzten Leichen rekonstruierten die Betreuer der Operation aus dem KGB problemlos die Ereignisse am Hang des Cholat Sjachl. Nun war nur noch das Schicksal der Sachen mit dem Isotopenstaub ungewiss. Das radiologische Gutachten brachte Klarheit, man erfuhr, dass die kontrollierte Lieferung nicht stattgefunden hatte. Die Operation des KGB endete mit einem vollkommenen Misserfolg und dem Tod von daran beteiligten und unbeteiligten Personen. Von der obersten Moskauer Leitung kam der nach außen hin unlogische, doch absolut gerechtfertigte Befehl, die Ermittlungen einzustellen. Im Folgenden versuchte der KGB, die Mörder mit seinen eigenen Methoden und Möglichkeiten ausfindig zu machen, was aber wohl zu keinem Ergebnis führte.

## 34. KAPITEL

## WIE GING ES WEITER?

Was geschah wirklich, nachdem der KGB mit einer bei den russischen Geheimdiensten sehr beliebten Operation zur Desinformation Schiffbruch erlitten hatte? Es war schließlich keine Lappalie, dass neun Personen gestorben waren, darunter an der Operation Unbeteiligte und außerdem Frauen. Dafür musste jemand zur Verantwortung gezogen werden.

Passierte das?

Offenbar ja.

Am 6. Juli 1959 geschah etwas, das mit nichts in der Geschichte der sowjetischen Staatssicherheit zu vergleichen ist, weder vor noch nach diesem Datum. Nicht einmal in der Zeit des Großen Terrors von 1936 bis 1938 hatte es etwas Ähnliches gegeben. An einem Tag wurden drei der fünf stellvertretenden Vorsitzenden des KGB ihres Amtes enthoben. Man kann sagen, dass sie in hohem Bogen hinausflogen …

Wer waren diese drei?

Sergej Sawitsch Beltschenko, der hochrangigste von ihnen, war bei seinem Rausschmiss Generaloberst. Beltschenko wurde 1902 geboren und war im Juli 1959 noch keine 60 Jahre alt. Zum stellvertretenden Vorsitzenden des KGB beim Ministerrat der UdSSR war er am 18. Januar 1956 ernannt worden. Am 18. Februar 1958 erhielt er den Rang Generaloberst. Er betreute eine Vielzahl verschiedener Tätigkeiten des KGB und war dem Vorsitzenden gegenüber für die Arbeit bedeutender Unterabteilungen verantwortlich. Es sollen nur die wichtigsten aufgezählt werden: Hauptverwaltung der Grenztruppen, Verwaltung des Militärbauwesens, Abteilung für Regierungsfernmeldetruppen, Ermittlungsabteilung. Außerdem vertrat er den KGB in der Kommission des ZK der KPdSU für Ausreisen.

Am 6. Juli 1959 wurde Beltschenko in den Ruhestand entlassen, angeblich aufgrund seines Gesundheitszustands. Das klingt zwar ernst, ist im Grunde jedoch lächerlich, wenn man erfährt, dass der »kranke« Generaloberst erst 42 Jahre später im Januar 2002 starb, nachdem er all seine Widersacher überlebt hatte. Bis zu seinem 100. Lebensjahr bewahrte er sich einen klaren Verstand, war physisch aktiv und hatte einen wachen Geist. Noch mit weit über 90 Jahren gab er Interviews, traf sich mit jungen russischen Geheimdienstmitarbeitern und erzählte aus der Geschichte der Tscheka, die er miterlebt und teilweise mitgestaltet hatte. Nach seinem Tod erschien ein ziemlich interessantes Buch mit seinen Erinnerungen, obwohl man dem Text anmerkt, wie sorgfältig Beltschenko manche Fragen stillschweigend überging.

Die zweite Person, die am selben Tag ihres Amtes enthoben wurde, war Generalmajor Iwan Tichonowitsch Sawtschenko, ein Mann mit ebenso ungewöhnlichem Schicksal. Er wurde 1908 geboren und war ab März 1954, als der KGB gegründet wurde, dessen stellvertretender Vorsitzender.

Zum Zeitpunkt seiner Absetzung war Sawtschenko in einem Bereich tätig, der für jeden Geheimdienst auf der ganzen Welt von Bedeutung ist. Er koordinierte Desinformationsoperationen, die vom KGB selbst oder von verschiedenen sowjetischen Organisationen und Behörden durchgeführt wurden. Jede Desinformationsaktion erforderte eine wohlüberlegte Herangehensweise und eine Abstimmung nicht nur mit dem Vorsitzenden des KGB, sondern auch auf Ebene des ZK der KPdSU. Für diese Abstimmungen war Sawtschenko zuständig.

Es gab kaum einen Menschen, der besser über die Staatsgeheimnisse der Sowjetunion jener Zeit informiert war, als er. Sawtschenko kannte sowohl die Geheimnisse der Partei, da er elf Jahre im Zentralkomitee gearbeitet hatte, als auch die der Staatssicherheit und des Militärs. Dabei verfügte er nicht nur über ein Überblickswissen, sondern wusste auch über viele Einzelheiten Bescheid, schließlich war ein solches Wissen für eine erfolgreiche Desinformation des Feindes erforderlich. Es ist sehr schade, dass General Sawtschenko keine Memoiren hinterließ, ein solches Buch wäre zweifellos ein packender Thriller geworden, der ein ganz anderes Bild der Sowjetunion zeigen würde als das heute bekannte.

Am 6. Juli 1959 verlor Iwan Tichonowitsch Sawtschenko sein Amt als stellvertretender Vorsitzender des KGB, wurde aber nicht in den Ruhestand geschickt. Hier griff offenbar die Parteileitung unterstützend ein, sonst wäre Sawtschenko wohl ebenso schwer »erkrankt« wie Generaloberst Beltschenko. Fünf Tage wurde er vom Vorsitzenden zur Disposition gestellt, während man über sein Schicksal entschied. Schließlich wurde der Generalmajor am 11. Juli 1959 zum Vorsitzenden des KGB beim Ministerrat der Moldauischen SSR ernannt. Moldawien war die kleinste Republik der UdSSR, und ihr KGB war kleiner als manche Gebiets- oder Stadtverwaltung (z. B. waren die KGB-Verwaltungen der Städte und Gebiete Leningrad und Swerdlowsk viel größer). Trotz des klingenden Titels handelte es sich um eine verdeckte Verbannung an die Peripherie und eine Degradierung um nicht nur eine, sondern zwei Stufen. Faktisch schied Sawtschenko damit aus dem Kreis des Zentralapparats der Staatssicherheit aus und wurde Chef einer territorialen Verwaltung.

Der Dritte, der am 6. Juli seinen Posten verlor, war schließlich Generalmajor Pjotr Iwanowitsch Grigorjew. Er war noch unter fünfzig, Geburtsjahr 1910, und damit der Jüngste der Runde.

Seit Gründung des KGB im März 1954 war er stellvertretender Vorsitzender für Personalwesen. Seine Ernennung erhielt er gleichzeitig mit dem weiter oben erwähnten Sawtschenko. Am 31. Mai 1954 wurde er wieder gemeinsam mit Sawtschenko zum Generalmajor befördert. Die beiden gehörten damit zu den zehn ersten Generälen der Nachkriegszeit.

In seiner Position als stellvertretender Vorsitzender betreute Grigorjew die Arbeit der Personalverwaltung, der Abteilung für Bildungsanstalten und der Sonderinspektion der Personalverwaltung. Letztere entspricht den heutigen »Internen Ermittlungsdiensten« und untersuchte kriminelle Tätigkeiten hochrangiger KGB-Mitarbeiter.

Im Sommer 1959 wurde die Sonderinspektion aufgelöst, sodass Grigorjew noch die ersten beiden Aufgaben blieben. Am 6. Juli wurde er als stellvertretender Vorsitzender des KGB entlassen und wie Sawtschenko auf unbestimmte Zeit zur Disposition gestellt, was jedoch nicht lange dauerte. Bereits am 11. Juli (wieder gleich wie bei Sawtschenko) erhielt Generalmajor Grigorjew eine neue Zuweisung. Er wurde zum stellvertretenden KGB-Bevollmächtigten für die Koordination und Kommunikation mit den Ministerien für Staatssicherheit und Inneres der DDR ernannt. Nicht einmal Bevollmächtigter, sondern nur sein Stellvertreter! Dieser Abstieg war sogar noch eindeutiger als der von Iwan Tichonowitsch Sawtschenko.

So verloren am 6. Juli 1959 drei von fünf stellvertretenden Vorsitzenden des KGB (plus einem weiteren Ersten Stellvertreter) gleichzeitig ihr Amt. Selbst die Zerschlagung der berüchtigten »Beria-Bande«, als neben dem Innenminister Beria auch seine engsten Mitkämpfer entmachtet und verhaftet wurden, fand über einen größeren Zeitraum hinweg statt.

Was geschah 1959?

Fand etwa Alexander Nikolajewitsch Schelepin, bescheidener Protegé von Chruschtschow und seit 25. Dezember 1958 Vorsitzender des KGB beim Ministerrat der UdSSR, man müsse die Bürokratie eindämmen, und er könne ebenso gut mit zwei Stellvertretern und einem Ersten Stellvertreter auskommen? Dem war nicht so, da die frei gewordenen Stellvertreterposten nachbesetzt wurden, und zwar am 28. August 1959 mit A. I. Perepelizyn und am 31. August mit W. S. Tikunow. Nur der »stellvertretende Vorsitzende des KGB für Personalwesen« verschwand für einige Zeit vom Dienststellenplan des KGB, wurde jedoch später wieder eingerichtet. Also lässt sich die Amtsenthebung der drei Stellvertreter nicht mit einem Kampf gegen die Bürokratie erklären.

Gab es einen anderen Grund dafür? Und welchen?

Am ehesten erinnert der seltsame Schlag gegen die Stellvertreter an organisatorische Umstrukturierungen nach einer schweren Niederlage bei der Tätigkeit des KGB. Doch die offizielle Geschichte der sowjetischen Staatssicherheit schweigt über große Blamagen und Reinfälle in jener Zeit.

Was kann man sagen über einen Misserfolg, der zu einem solchen Ergebnis führte, vorausgesetzt, er hat tatsächlich so stattgefunden? Vor allen Dingen kann man sich sicher sein, dass die Vorfälle mit einer missglückten Operation innerhalb des Landes zusammenhängen. Wenn die Auslandsspionage schuld gewesen wäre, hätte ihr Betreuer, der Erste stellvertretende Vorsitzende des KGB, Generalmajor Konstantin Fjodorowitsch Lunjow, sich dafür verantworten müssen. Doch das geschah nicht (obwohl um der Objektivität willen anzumerken ist, dass auch Lunjow Ende August 1959 seinen Posten verlor und nach Kasachstan zur Leitung des dortigen KGB geschickt wurde). Außerdem musste der Misserfolg in nicht zu großem zeitlichem Abstand zu den durch ihn bedingten Umstrukturierungen stehen, etwa einen Monat oder anderthalb, jedoch maximal zwei. Dieser Zeitabstand war nötig, damit der KGB die Dokumente vorbereiten konnte, in denen die Vorfälle erklärt und analysiert wurden, sie mussten im ZK der KPdSU präsentiert werden, woraufhin die schwierige Situation von den Parteibetreuern diskutiert wurde, dann gab es einen Bericht für die oberste parteiliche und staatliche Führung, welche eine Entscheidung traf, die danach dokumentarisch ausgefertigt werden musste. Die Umstrukturierungen passierten Anfang Juli, das heißt, dass die Staatsführung sie einige Tage oder sogar eine Woche zuvor beschlossen und dass ihr Auslöser irgendwann Anfang beziehungsweise Mitte Mai 1959 stattgefunden hatte. Und schließlich kann man davon ausgehen, dass dieser Misserfolg mit der sowjetischen Atomindustrie zusammenhing, genauer gesagt mit ihrer Abschirmung gegen Spionage.

Denn vor der Absetzung der stellvertretenden Vorsitzenden des KGB fand noch ein ungewöhnliches, bezeichnendes Ereignis statt. Während des gesamten Bestehens des KGB, also seit dem 13. März 1954, oblag die Abschirmung sowjetischer Atomanlagen gegen Spionage der 1. Spezialabteilung, die zu keiner der Verwaltungen gehörte, sondern eine eigenständige organisatorische Position innehatte. Die 1. Spezialabteilung war direkt dem KGB-Vorsitzenden Serow unterstellt, der ihre Arbeit persönlich beaufsichtigte. Der Chef der Spezialabteilung, Oberst Alexander Iwanow, hatte das Recht, sich in allen Dienstangelegenheiten direkt an den Vorsitzenden zu wenden. Sein Status entsprach faktisch dem Status eines stellvertretenden Vorsitzenden des KGB, was die außergewöhnliche Wichtigkeit dieses Arbeitsbereichs in den Augen der obersten Staatsführung hervorhob.

Eine Woche vor der Absetzung der drei stellvertretenden Vorsitzenden des KGB ordnete Schelepin eine neue Zuordnung der 1. Spezialabteilung an und entzog ihr den Status einer selbstständigen Untereinheit. Ab Ende Juni 1959 war die 1. Spezialabteilung der 5. Verwaltung des KGB untergeordnet, die für die Abschirmung der Industrie und des Transports gegen Spionage verantwortlich war. Damit wurde der Status der Abteilung selbst und ihres Leiters stark herabgesetzt. Während Oberst Iwanow anfangs alle Probleme direkt mit dem Vorsitzenden des KGB entscheiden konnte, hatte er nun den Zugang zu ihm verloren. Zwischen ihnen standen zwei Instanzen wie eine Wand, die der Oberst nicht übergehen konnte (der Chef der 5. Verwaltung und der stellvertretende Vorsitzende, der für die 5. Abteilung zuständig war). Diese Degradierung wurde vorgeblich zum Abbau von Bürokratie vorgenommen, doch jeder, der mit dem Arbeitsablauf der sowjetischen Administration vertraut ist, weiß, dass der Amtsschimmel damit sogar noch gefüttert wurde. Diese Erklärung klingt ähnlich unstimmig wie die, dass der kerngesunde General Beltschenko aufgrund von Krankheit in den Ruhestand entlassen wurde.

Es ist noch anzumerken, dass die Degradierung auch weitere Spezialabteilungen des KGB betraf (insgesamt sechs), doch was mit der 1. Spezialabteilung geschah, unterschied sich deutlich von den Reformen der restlichen fünf Abteilungen. Diese waren nämlich rein technische Abteilungen, die Hilfsaufgaben erfüllten (wie das Anfertigen von Geheimschriften und Begleitdokumenten für die Tarnung, von Gutachten für Dokumente und Handschriften, das Einrichten einer Funkabhörung, Herstellen und Anwenden operativer Technik usw.). Sie wurden nie vom Vorsitzenden des KGB betreut, und deshalb war ihr anfänglicher Status niedriger als jener der 1. Spezialabteilung.

Die Zuordnung dieser Abteilung zur 5. Verwaltung wirkt völlig unlogisch, da die Atomindustrie der Sowjetunion extremer Geheimhaltung unterlag. Die 1. Spezialabteilung des KGB wurde in jener Zeit deshalb »1.« und »Spezial-« genannt, weil sie Aufgaben von außergewöhnlicher Wichtigkeit und höchster Geheimhaltung erfüllte. Nicht einmal das Thema Raumfahrt war so geheim, da es eher das internationale Ansehen des Staates betraf als sein Überleben. Die Eingliederung der 1. Spezialabteilung in die Verwaltung, die sich um die Abschirmung der Industrie und des Transports gegen Spionage kümmerte, kann man als demonstrative Herabstufung durch die Staatsführung auslegen.

Was war der Grund dafür? Warum passierte sie genau in der Zeit, als über das Schicksal der drei stellvertretenden Vorsitzenden des KGB entschieden wurde?

Eine zufällige Übereinstimmung ist wenig wahrscheinlich. Es drängt sich der Verdacht auf, dass es zwischen der Umstrukturierung der 1. Spezialabteilung und der Amtsenthebung der drei stellvertretenden Vorsitzenden des KGB einen kausalen Zusammenhang gab. Schelepins Reform im Sommer 1959 wirkt im Nachhinein fingiert und lebensfremd. Kaum verwunderlich, dass diese Neuerungen sehr bald rückgängig gemacht wurden.

Konnte der Tod der Djatlow-Gruppe im Rahmen der in dieser Abhandlung vermuteten Operation der kontrollierten Lieferung der Grund für die beschriebenen Umstrukturierungen im KGB sein? Prinzipiell ja, wenn eine solche Operation schiefging, noch dazu mit solchen Folgen, mussten ihre Initiatoren auf jeden Fall dafür büßen. Dabei hätten ihnen weder die besten Beziehungen im Apparat des ZK der KPdSU geholfen noch eine persönliche Bekanntschaft mit Mitgliedern der obersten Partei- und Staatsführung.

Jeder, der eine gescheiterte Operation zur Spionageabwehr vorbereitet und sanktioniert hatte (wie es auf Sawtschenko, Beltschenko und Grigorjew zutraf), musste seinen Teil der Verantwortung dafür tragen. Generalmajor Grigorjew konnte als »oberster Personalleiter des KGB« beschuldigt werden, für die Operation der kontrollierten Lieferung zu junge, schlecht vorbereitete und nicht von der Sache überzeugte Personen ausgewählt zu haben. Sawtschenko als »leitenden Ideologe für Desinformationsoperationen« belastete sein Einverständnis, das Leben von nichtsahnenden Studenten aufs Spiel zu setzen und damit den Tod unbeteiligter Personen in Kauf zu nehmen. Schließlich konnte man Generaloberst Beltschenko dafür verantwortlich machen, dass er der Djatlow-Gruppe keinen Begleitschutz aus der ihm unterstellten Hauptverwaltung der Grenztruppen gewährt hatte (und auch später die Mörder nicht fasste).

Vielleicht wurde im Vorfeld der Operation überlegt, die Wandergruppe aus bewaffneten Grenzoffizieren zusammenzustellen, die die ausländischen Agenten hätten gefangen nehmen können, doch

Beltschenko war aufgrund seiner Erfahrung in der Spionageabwehr kategorisch gegen diesen Plan gewesen. Vielleicht hatte sich gerade Beltschenko als professioneller operativer Mitarbeiter gegen einen Begleitschutz für die Djatlow-Gruppe ausgesprochen, weil er bei der großen Anzahl der in die Operation involvierten Personen ihre Enttarnung und den Verlust der Geheimhaltung befürchtete. Man kann hier einige Mutmaßungen anstellen, doch als in Moskau die Suche nach dem Sündenbock begann, versuchte jeder, seine Fehler hinter einem anderen zu verstecken. Vergeblich.

Interessant ist ein weiterer Umstand, der die Absetzung von Generaloberst Beltschenko, den es von den dreien am schlimmsten traf, in einem anderen Licht erscheinen lässt. Sergej Sawitsch Beltschenko hatte ein sehr gutes Verhältnis zu Breschnew und Andropow, den beiden künftigen Generalsekretären des Zentralkomitees der KPdSU.

Bei seiner Bekanntschaft mit so einflussreichen Personen ist es nur schwer vorstellbar, dass Beltschenko nach Chruschtschows Absetzung nicht wieder in den KGB aufgenommen wurde. Als Breschnew den »sehr verehrten Nikita Sergejewitsch Chruschtschow« vom Parteiolymp stieß, war Beltschenko erst 62 Jahre alt. Ein jugendliches Alter für einen Generaloberst. Sergej Beltschenko hätte zum KGB zurückkehren und noch gut 15 Jahre in der Lubjanka arbeiten können. Iwan Tichonowitsch Sawtschenko etwa diente nach seiner Degradierung im Sommer 1959 noch wackere 20 Jahre in den Reihen des KGB und ging erst im Mai 1980 in den wohlverdienten Ruhestand. Das heißt, theoretisch hätte Beltschenko durchaus zurückkehren können, aber das passierte nicht. Obwohl er sich bester Gesundheit erfreute und unbestreitbare Verdienste aufwies. Doch etwas in seiner Dienstliste disqualifizierte Sergej Sawitsch Beltschenko gründlich und verhinderte die Rückkehr zum KGB sogar trotz seiner guten Beziehungen zur obersten Führung.

Es gibt also im Krieg der Geheimdienste »Patzer«, die einem nie verziehen werden. Die einem Gesichtsverlust gleichkommen und nicht einmal bei einer loyal eingestellten Führung auf Verständnis stoßen. So etwas verbindet die Biografien der Generäle Beltschenko, Sawtschenko und Grigorjew. Dieses »etwas« setzte Mitte oder Ende Mai 1959 einen Mechanismus von internen Ermittlungen und der Suche nach Schuldigen in Gang. Bevor die letzten vier Leichen in der Schlucht gefunden wurden, hatte eine nicht kriminelle Ursache für den Tod der Wanderer noch im Rahmen des Möglichen gelegen. Und es gab keine formellen Gründe für eine Umstrukturierung. Doch nachdem die Leichen von Dubinina, Solotarjow, Kolewatow und Thibeaux-Brignolle entdeckt und gerichtsmedizinisch untersucht worden waren, änderte sich das. Zumindest die Personen, die die Operation »kontrollierte Lieferung« vorbereitet hatten, wussten nun genau, was am 1. Februar 1959 am Cholat Sjachl passiert war. Das physikalisch-technische Gutachten bestätigte, dass die Übergabe der radioaktiven Proben nicht stattgefunden hatte. Sie waren bei den Verstorbenen geblieben, also hatte der Gegner die von vornherein gegen ihn gerichtete Operation durchschaut. Das alles führte zur unvermeidlichen Bestrafung der Verantwortlichen. Da das ziemlich hochrangige Personen waren und die Mühlen der Bürokratie langsam mahlen, erfolgten die Umstrukturierungen in Bezug auf die drei stellvertretenden Vorsitzenden des KGB erst gut einen Monat nachdem das Ermittlungsverfahren eingestellt worden war.

Und erst dann wurde die Akte tatsächlich geschlossen.

# NACHWORT

In den vergangenen Jahren ist um die Tragödie am Cholat Sjachl ein gewisser Kult entstanden, der eine bunte Mischung von Anhängern, Insidern und Erforschern aus allen Ecken Russlands und sogar aus dem Ausland vereint. Das ist ein völlig neues Subkulturphänomen in Russland, das es im russischsprachigen Internet in dieser Art noch nicht gegeben hat. Für die Entschlüsselung der Vorfälle im Februar 1959 am Cholat Sjachl begeistern sich Menschen verschiedenster Altersgruppen, Leidenschaften und Berufe, sodass man sich mitunter verblüfft fragt, was so unterschiedliche Menschen dazu bringt, eine Tragödie zu erforschen, die vor einem halben Jahrhundert passierte. Dieses Phänomen ist allerdings im Westen bestens bekannt, vor allem in den USA, wo Psychologen Personen, die sich in historische Rätsel vertiefen, auch als »Totengräber« bezeichnen. Die einen sind auf den Kult um Elvis Presley und die geheimnisvollen Umstände seines Todes fixiert; andere suchen die Wahrheit hinter dem Tod von James Dean; wieder andere versuchen, die Intrigen um den Mord an Abraham Lincoln zu durchleuchten. Beim letzten Fall ist bemerkenswert, dass nicht der ehemalige amerikanische Präsident im Mittelpunkt steht, sondern sein Mörder Booth, um dessen Figur sich die größten Geheimnisse bei diesem Verbrechen ranken. Es mag verwundern, doch das sind wahre Massenbewegungen.

Die russischen »Totengräber« sind noch nicht so zahlreich und verschworen. Der psychologische Typ weist einige Merkmale auf, die ihn schon bei kurzen Diskussionen im Internet ziemlich schnell entlarven. Solche Menschen neigen zu einer leeren »Philosophiererei«, das heißt zu langatmigem, diffusem Gerede, das keinerlei klare Argumentation erkennen lässt. In Dialogen schweifen sie häufig ab, wechseln unvermittelt das Thema und geben Antworten ohne echten Informationsgehalt. Charakteristisch sind übermäßige Verallgemeinerungen, bei denen nichtige Beobachtungen oder spekulative Erwägungen zu offensichtlich widersinnigen Rückschlüssen führen.

Die »Djatlow-Totengräber« kauen seit Jahren dieselben Gedanken, Theorien und Vermutungen durch. Sie schmoren in ihrem eigenen Saft, sind einander bestens bekannt und verachten ihre jeweiligen Gegner zutiefst. Am liebsten setzen sie sich in Foren lang und breit mit den Fakten auseinander, die sie gehortet haben, und jonglieren mit ihnen aus purer Lust am Streiten und Widersprechen. Dabei kann ein und derselbe »Totengräber« in verschiedenen Forumsfäden mit Begeisterung einander direkt widersprechende Behauptungen aufstellen. Aber während er alle und jeden rügt, sämtliche Theorien widerlegt, ist er zugleich unfähig, eigene Argumente vorzubringen.

In der heutigen Zeit ist das Gebiet, in dem die Mitglieder der Djatlow-Gruppe ihren Tod fanden, viel zugänglicher geworden als vor einem halben Jahrhundert. Man kann sogar mit dem Auto dorthin fahren. Solche Ausflüge sind zwar extrem, aber durchaus möglich.

Das war nun wohl alles … Der Autor verabschiedet sich und lässt den Leser allein mit dem Rätsel vom Djatlow-Pass, das vielleicht nach der Lektüre dieser Abhandlung weit weniger rätselhaft erscheint.

Alexej Rakitin, Mai 2012